中国金融前沿问题研究
（2022）

主　编：林建华
副主编：李　斌

中国财经出版传媒集团
中国财政经济出版社
北京

图书在版编目（CIP）数据

中国金融前沿问题研究.2022/林建华主编；李斌副主编. -- 北京：中国财政经济出版社，2023.11
ISBN 978-7-5223-2192-9

Ⅰ.①中… Ⅱ.①林…②李… Ⅲ.①金融—中国—文集 Ⅳ.① F832-53

中国国家版本馆 CIP 数据核字（2023）第 073528 号

责任编辑：陈志伟　　　　　　　责任印制：史大鹏
责任校对：徐艳丽　　　　　　　责任设计：卜建辰

中国金融前沿问题研究（2022）
ZHONGGUO JINRONG QIANYAN WENTI YANJIU（2022）

中国财政经济出版社 出版

URL：http://www.cfeph.cn
E-mail：cfeph@cfemg.cn

（版权所有　翻印必究）

社址：北京市海淀区阜成路甲 28 号　邮政编码：100142
营销中心电话：010-88191522
天猫网店：中国财政经济出版社旗舰店
网址：https://zgczjjcbs.tmall.com
北京时捷印刷有限公司印刷　各地新华书店经销
成品尺寸：160mm×230mm　16 开　37.25 印张　532 000 字
2023 年 11 月第 1 版　2023 年 11 月北京第 1 次印刷
定价：118.00 元
ISBN 978-7-5223-2192-9
（图书出现印装问题，本社负责调换，电话：010-88190548）
本社质量投诉电话：010-88190744
打击盗版举报热线：010-88191661　QQ：2242791300

编 委 会

主　编： 林建华
副主编： 李　斌
编　委： 马运生　刘克珍　陈　波　高文丽
　　　　　　曾　妮　熊　源　刘　诺　贺芃斐

2021年以来，全球经济在疫情的反复冲击下艰难复苏。疫情引发的全球供应链不畅、劳动力短缺引发"工资——价格"螺旋、能源价格上涨、发达经济体宽松的宏观经济政策等因素促使全球通胀走高，推动主要央行货币政策转向，新兴经济体加息潮蔓延，金融市场风险加大。发达经济体货币政策的溢出效应日益明显，跨境资本流动方向易变、波动加大，新兴市场经济体面临较大的挑战。

2021年是中国"十四五"规划的开局之年。中国经济发展正处于由高速增长阶段转向高质量发展阶段的关键时期，既是发展方式、经济结构、增长动力的转型期和攻坚期，也是金融体系问题集中暴露、风险易于积聚的阶段。在内部特定环境与外部压力并存的严峻时期，金融系统肩负着重要的使命，不仅要有效支持实体经济发展，更需时刻警惕可能出现的风险隐患，保证经济、金融体系平稳运行。

2021年中央经济工作会议强调，要继续实施积极的财政政策和稳健的货币政策，引导金融机构加大对实体经济特别是小微企业、科技创新、绿色发展的支持，研究制定化解风险的政策，完善金融风险处置机制。面对复杂严峻的国内外形势和诸多风险挑战，中国人民银行坚决按照"稳定大局、统筹协调、分类施策、精准拆弹"的基本方针，靠前站位、统筹谋划，全力做好防范化解金融风险等各项工作。鉴于复杂的经济金融环境，围绕实践中面临的重点、难点、热点问题，结合研究特色和辖区工作实际，中国人民银行武汉分行在"防范经济金融风险""金融支持实体经济增长""金融支持农村经济发展"和"区域金融发展"等特色领域开展了深入研究。本书主要致力于湖北经济金融问题的探讨，同时学习借鉴了学术界优秀研究方法，既有一定的学术前沿性，又不乏对经济金融实践的指导性。此次汇编的26篇论文精选自2021年度中国人民银行武汉分行重点课题成果，是湖北辖内人民银行干部职工金融研究成果的优秀代表，具有较强的理论价值与和政策参考作用。主要内容涵盖以下四个专题：

专题一，宏观经济金融问题研究。把握风险演化特征，深入理解金融风险对宏观经济和金融体系运转的影响动态，系统探究金融风险的传导和扩散路径，积极探索应对风险冲击的政策组合，完善包含经济金融双重稳定在内的多目标宏观政策组合调控框架，这些问题的解决对于牢牢守住不发生系统性金融风险底线，并在百年未有大变局之际实现中华民族伟大复兴大有裨益，值得我们钻研与探索。本专题探讨了新冠疫情等各类风险事件对国际收支状况的影响、债券违约风险的传染效应、气候变化转型风险、洗钱风险等当前经济金融工作的重点、难点、热点问题。同时，本专题对碳市场机制、跨境资本流动宏观审慎管理、金融数据开放共享等问题也给予一定关注。这些研究为新发展阶段深入理解我国金融市场运行机理、掌握经济金融体系运行态势，防范化解经济金融风险提供了新的经验依据，具有重要的学术价值和现实指导意义。

专题二，农村金融问题研究。在当前全面推进乡村振兴的新的历史阶段下，农村经济发展对金融服务产生了全新的需求，对农村金融供给提出了新的挑战。加快发展农村普惠金融，创新适应农村实际、农业特点和农民需求的金融产品和金融服务，也是当前所需解决的短板。本专题相关文章梳理了乡村振兴全新阶段对金融的需求与挑战，同时对普惠金融与乡村振兴之间的关联性进行了实证分析，提出金融支持乡村振兴所须务实的解决路径与对策。

专题三，区域经济金融问题研究。部分地区经济下行与金融问题相互交织，经济金融循环不畅，信贷增长较为缓慢。为促进区域协调发展，需要有针对性采取措施，因地制宜增加信贷增长缓慢地区的信贷投放，畅通经济金融良性循环。金融发展差异是形成区域经济发展差距的重要因素，本专题相关文章就"差异化货币政策能否促进区域协调发展"进行深入研究，试图为政策实施提供经验依据。此外，本专题对绿色金融与城市生态效率的协调发展、票据融资对货币政策效率影响、房产价值区域差异等问题进行了探讨，为推动区域经济金融良好运行提供一定政策参考。

专题四，银行实务和央行金融管理问题研究。随着"碳达峰、碳中和"目标的推进，国内绿色金融体系也在加速发展和完善。伴随《银行业金融机构绿色金融评价方案》的实施，央行将绿色债券正式纳入考核业务范围，评价结果将纳入央行金融机构评级等政策和审慎管理工具。这一方案的实施对绿色债券市场的影响如何？本专题相关文章就这一问题进行了回答并提出了可供参考的对策建议。此外，房地产贷款集中度管理制度是我国房地产金融宏观审慎管理的一项长期性制度安排，这一制度实施对地方法人银行的影响也是本专题关注的重点。这些问题的研究为完善金融监管体系、提高金融监管效率提供了重要的参考依据。

调查研究是谋事之基、成事之道。正确的决策离不开调查研究，正确的贯彻落实同样也离不开调查研究。高质量发展是我国"十四五"时期经济社会发展的主题，调查研究工作高质量发展是建设现代中央银行制度和金融高质量服务实体经济的必然要求，也是实现金融治理体系和治理能力现代化的现实选择。本书的出版一方面旨在更好地推广中国人民银行武汉分行辖区的金融研究成果，进一步激发经济和金融实务工作者的研究参与热情；另一方面也是中国人民银行武汉分行积极主动适应现代中央银行履职需要，以更高标准推进调查研究工作行稳致远，助力经济高质量发展。希望本书的出版能为广大读者思考和研究后疫情时代的经济金融形势提供有益参考借鉴，为推动经济金融事业发展，走好中国特色金融发展之路贡献一份力量。

编者

2023年6月

目录

宏观经济金融问题研究

基于合理碳价格预测下的碳市场机制研究 ················ 3

改进老年人金融服务研究
——基于对2 412位老年人和22家商业银行的问卷调查 ········ 45

从新冠疫情看各类风险事件对国际收支状况的影响及应对
——以美国、德国、日本、俄罗斯为例 ················ 65

RCEP框架下我国支付清算产业的发展路径 ················ 105

区域贸易协定对全球经贸格局的效应分析
——基于全球价值链视角 ····················· 131

跨境资本流动宏观审慎管理的国际经验及启示
——基于我国跨境资本流动的压力测试 ················ 157

债券违约风险传染效应研究
——基于宏观资产负债表和网络分析模型 ··············· 181

气候变化转型风险压力测试的实践与探索
——基于3家全国性银行4个高碳行业的分析 ············· 206

居民部门杠杆率对城镇居民消费的影响研究
——基于收入分层视角 ······················ 224

金融数据开放共享瓶颈分析及可行路径研究 ················ 242

"数据主权"时代下数据跨境流动规则浅析及对我国征信
数据监管的启示 ························· 260

提高小微企业信用贷款可获得性路径研究 …………… 284
互联网金融业务快速发展背景下的洗钱风险研究 …………… 297

农村金融问题研究

农村地区金融消费者权益保护问题研究
　　——基于湖北省农村地区的调查报告 …………… 317
乡村振兴战略下金融支持农村经济发展的路径研究
　　——以湖北省襄阳市为例 …………… 337
普惠金融发展对乡村振兴的动态影响研究
　　——以恩施州为例 …………… 353

区域经济金融问题研究

建设武汉区域金融中心路径研究 …………… 371
荆州市绿色金融与生态效率的时空耦合研究 …… 407
差异化货币政策能促进区域协调发展吗？
　　——基于双重差分方法 …………… 428
生态价值实现与碳减排融合发展可行性研究
　　——以鄂州为例 …………… 450
票据融资对货币政策效率影响问题研究
　　——以十堰市为例 …………… 478
新支付格局下湖北省务工人员现金使用状况调查研究
　　——以建筑行业农民工群体为例 …………… 496
"房住不炒"背景下房产价值区域差异的影响研究 …………… 509

银行实务和央行金融管理问题研究

纳入央行考核对绿色债券发行利率的影响研究 …………… 527
疫情防控常态化下基层央行培训模式研究 …………… 540
浅析房地产贷款集中度管理制度对地方法人银行的影响
　　——以仙桃农村商业银行为例 …………… 565

宏观经济金融问题研究

基于合理碳价格预测下的碳市场机制研究

中国人民银行武汉分行金融研究处课题组

摘要：碳市场建设中的碳价格形成问题围绕市场机制、碳价格和碳减排三大主体，涉及三个核心问题：一是碳市场机制如何影响碳价格形成；二是碳价格作为市场信号如何有效引导社会资金参与碳减排，最大化发挥碳价格的激励约束作用；三是碳减排进程如何反作用于碳市场，引发碳市场机制的调整。由于上述三个核心问题相互交织关联，而且碳市场建设和机制选择依赖于对未来经济、减排进程等一系列高度不确定因素的预测，增加了研究难度，因此需要摒弃现有将碳市场机制与价格信号相互孤立研究的思路，而是从价格信号上追溯市场交易形成机制，在研究范式上化繁为简，从一般到特殊逐步拓展分析。

对此，本文首先基于经济主体减排成本下的碳排放供求关系，探究一般化的不受其他因素干扰的碳价格。在STIRPAT拓展模型的碳排放影响因素分析基础上，构建CEEMD-ELM人工神经网络模型并结合情景分析法模拟我国2021—2060年碳排放量和碳排放强度，得到碳达峰、碳中和的真实时间，并对2021—2060年全国碳市场的碳价格进行预测。这种一般化的对碳价格的考量是在市场化机制下，以"帕累托改进"达成的，不涉及经济中技术性前沿的推进。

其次，单纯"帕累托改进"下碳价格的形成是跨期比较静态的结果，而低碳投资和绿色技术创新才是推动碳减排技术生产前沿向前改进的根本途径，由此显现的碳价格对碳市场运行效率同时存在转型效应（Redirection Effect）和挤出效应（Crowding-out Effect）成为研究评估合理碳价格区间的标准。本文运用时间序列门限回归模型对碳价格的合理区间进行测算，在碳价格与低碳转型存在正相关关系的基础上，进一步验证我国的碳价格是否存在一个合理区间，即达到某个较高的价格水平后才能充分发挥碳市场作用，将资金引向低碳投资和绿色技术创新，最大化低碳转型效率。

最后，本文引入配额分配方式、参与主体、覆盖行业、与其他碳定价方式协同发展以及国际协调等碳市场机制设计，从不同机制对碳价格合理区间带来的变化逆向分析机制对价格形成的影响，分析得出不同碳市场机制影响的合理碳价格和对应跨入合理区间的时间，进而遴选出符合总体减排路线下的市场化交易机制。

研究发现：一是根据预测结果，不以牺牲经济增长为前提，设置不超过1%的第三产业占比增速上调以及化石燃料占能源消费总量比重、能源消费总量和单位GDP能源消费量增速下调，就可以实现2030年碳达峰目标，预计峰值约为104.3亿吨，并在2055年后提前实现碳中和。

二是预计2021—2060年我国碳价格将呈现波动上升趋势，2057年达到最大值216.38元/吨。即使加入碳市场机制变量，碳价格总体波动趋势不变，这意味着本文预测的碳价格是在既定减排路径下相对稳定的"内在价值"，能够排除其他因素干扰。根据模型回归结果，得到我国碳价格存在一个合理区间，为184.55—216.38元/吨，即当碳价格大于184.55元/吨后才能充分发挥碳市场的作用，最大化我国低碳转型效率。这一合理区间预计将出现在2055年之后，换句话说，如果没有碳市场相关机制设计的导向作用，仅依靠碳定价不能使低碳转型效率达到最大化，甚至不足以有效助力碳达峰碳中和目标的实现。

三是碳市场配额分配方式、参与主体、覆盖行业、与其他碳定价方式协同发展以及国际协调等五个方面的机制设计均能有效扩大碳价格合理区间范围，以达到延长最大化低碳转型效率时间跨度的目的。比较而言，碳税和碳抵消机制等其他碳定价方式对碳价格合理区间的扩大作用最大，合理区间下限从184.55元/吨变为56.02元/吨，通过碳市场建设推动我国低碳转型效率最大化的时间提前到2036年，而考虑碳市场覆盖行业后我国低碳转型效率达到最大。

四是可供选择的碳市场机制包括：（1）我国碳市场不应一刀切式地

取消免费配额,削减速度应先慢后快,并重视将配额拍卖获得的资金投入节能减排领域。(2)2025年起可以允许金融机构等机构投资者进入全国碳市场,但应有序放开,防止一次性放开对碳市场进而对低碳转型造成冲击。(3)碳市场覆盖行业可以比照欧盟的纳入顺序,但进度整体提前5年。(4)做好碳市场和碳税的协调,且税基设定为燃料碳含量比设定为二氧化碳排放量的效果更好,碳汇等碳抵消机制还需得到进一步发展。(5)全国碳市场起步阶段要做好国内碳排放权价格的隔离机制,引导减排循序渐进,2031年后可以推动中欧碳市场联通,同时要积极应对欧盟碳边境调节机制对我国碳市场可能产生的影响。

根据上述结论,本文认为:应该加快完善碳排放交易相关立法,推动各类市场主体特别是金融机构积极参与碳市场建设,顶层设计碳金融框架,建立健全碳减排激励机制,做好碳市场与碳税政策的协调,大力发展绿色低碳技术,循序渐进推进碳市场建设,以及做实做强绿色金融体系"五大支柱"。

关键词:碳市场;碳价格;低碳转型;机制设计

一、碳市场建设现状及问题的系统化梳理

碳达峰碳中和目标下的低碳转型是深刻的经济结构调整过程,需要合理的制度安排。目前世界上成体系化的碳减排制度安排主要是碳排放权交易市场(以下简称"碳市场")和碳税,其中,碳市场具有减排目标明确、促进价格发现和便于国际协调等优势,能够通过有引导的市场机制形成碳定价,促进企业减少碳排放和增加低碳投资,因而成为越来越多国家推动碳减排的主要政策选择。

(一)碳市场建设和运行的现实观察

碳市场建设中的碳价格形成问题围绕市场机制、碳排放配额交易价格(以下简称"碳价格")和碳减排三大主体,涉及三个相互交织关联的核心问题:一是碳市场机制如何影响碳价格形成;二是碳价格作为市

场信号如何有效引导社会资金参与减排,最大化发挥碳价格的激励约束作用;三是碳减排进程如何反作用于碳市场,引发碳市场机制的调整。

1. 欧盟碳市场与碳价格形成

就第一个问题而言,梳理目前发展最完善的欧盟碳排放交易体系(EU ETS)发现,建设初期其碳价格趋近于零,第二阶段和第三阶段经过配额拍卖比例、分配方法和跨期存储借贷等制度安排,碳价格才逐渐回升,说明碳市场机制设定对碳价格产生了重大影响(见表1)。

就第二个问题而言,正如中国人民银行原行长易纲所说,如何发挥好碳市场的价格发现作用,理顺碳价格与碳减排的关系是碳市场建设关注的焦点[①]。世界银行2021年《碳定价机制发展现状及未来趋势》报告表明,全球正在实施的64项碳定价机制中,大部分地区碳价远低于为实现《巴黎协定》2℃温控目标而设定的40—80美元/吨,碳定价机制的潜力还未得到充分挖掘。理论界也认为,过低的碳价格会降低减排效果(Burtraw et al., 2010; Fell, 2016),阻碍低碳投资和绿色技术创新(Brauneis et al., 2013; Lin et al., 2018; 齐绍洲和张振源, 2019)。事实上,有效的碳价格才是锚定市场预期、引导资金持续进行绿色技术创新的关键(周小川, 2021)。因此,绝大多数碳市场都在为"形成相对高企且稳定的碳价格"而努力,比如欧盟碳排放交易体系在第三阶段进行了配额总量递减、折量拍卖和市场稳定储备机制等改革;美国《区域温室气体倡议》(RGGI)逐渐提高公开拍卖配额至90%以上,并于2021年引入成本控制储备和排放控制储备;日本在全国碳市场基础上建立了两个地区性碳市场,形成多层次碳市场格局。

就第三个问题而言,碳市场机制设定是为了维持碳价格高企且稳定,以及碳市场平稳运行。欧盟碳市场在第二阶段向第三阶段过渡时,由于之前减排进程超出预期,碳配额需求下降,碳价格不断下跌,为此特意调整跨阶段存储借贷机制,允许第二阶段剩余配额带入第三阶段使用。

---

① 详见2021年4月15日易纲出席PBC-IMF绿色金融和气候政策高级别研讨会开幕式的致辞。

表1 欧盟碳排放交易体系发展历程

阶段	时间划分	温室气体减排目标	覆盖地理范围	覆盖行业	覆盖温室气体范围	总量控制	拍卖比例	分配方法	跨阶段存储和借贷	价格走势
第一阶段	2005年—2007年	《京都议定书》目标	欧盟28个成员国	20MW以上电厂、炼油、炼焦、钢铁、水泥、玻璃、石灰、制砖、制陶、造纸	二氧化碳	20.58亿吨二氧化碳	最多5%	历史法*	不允许	剧烈下跌,甚至趋近于0
第二阶段	2008年—2012年	在1990年基础上减少8%温室气体排放	欧盟28个成员国、挪威、冰岛和列支敦士登	新加入航空业	二氧化碳,选择性加入二氧化氮	18.59亿吨二氧化碳	最多10%	历史法	可储存不可借贷	逐渐回升
第三阶段	2013年—2020年	在1990年基础上减少20%温室气体排放	欧盟28个成员国、挪威、冰岛和列支敦士登	新加入化工、制氨、乙二酸、乙醛酸生产、管线碳捕获、二氧化碳地下储存、航空业	二氧化碳、二氧化氮、铝生产过程中的PFC	2013年为20.84亿吨,之后每年线性减少1.74%	最少30%,2020年70%	基线法**	可储存不可借贷	大幅上涨
第四阶段	2021年后	在1990年基础上减少40%温室气体排放				每年线性减少2.2%				

注*:"历史法"分配标准指按照各企业历史排放量在总排放量的占比,确定其分配到的配额比例。
注**:"基线法"分配标准指按照行业总体,或效率最高的一定比例的企业的平均效率作为基准,乘以各企业预测的产出水平,推算得到该企业分配到的配额。

2. 我国碳市场与碳价格形成的现实观察

粗略划分，中国碳市场建设和价格形成可分为三个阶段：第一个阶段是2011年七省市试点碳市场运行期间，受制于地域局限、产业分化、控排主体行业覆盖差异等问题，价格具有一定的行政干预特质，未能充分反映碳减排成本。

第二个阶段是全国碳市场启动以来，处于"历史+基线"行政主导下的市场机制培育阶段，碳价格一直在低位徘徊，均价47元/吨低于开市价，市场交易不活跃（见图1）。当前围绕上述三个核心问题，呈现出"三个不大"的现象：市场机制对碳价格形成影响不大，碳价格作为市场信号对碳减排推进作用不大，以及碳减排与交易机制设计关系不大。这三个现象是全国碳市场起步初期存在的问题，也是发展中的问题。

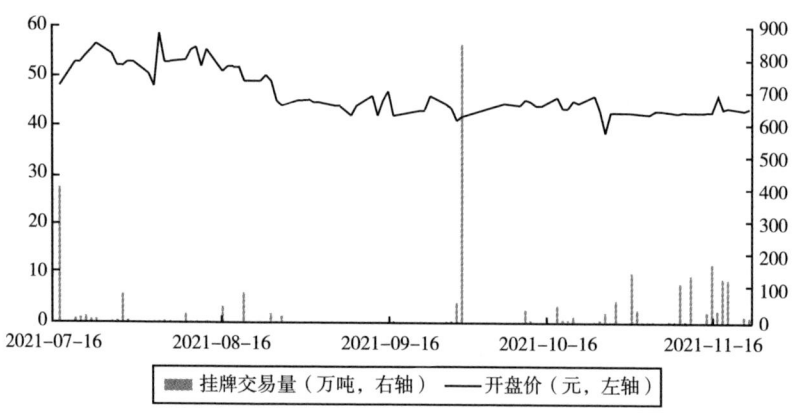

图1　2021年7—11月全国碳市场交易情况①

我们对全国碳市场重点控排企业进行摸排，发现这些现象的根源在于：第一，现行碳配额分配以"基线法"为主，兼顾"历史法"，控排企业当年的供电量或供热量以及过去的碳排放情况仍然是配额分配的重要依据，导致企业进行低碳技术升级的动力不足。第二，当前国家对企业技术改造给予一定程度的补贴，基本能覆盖目前的碳配额购置成本，同时全国碳市场设置了履约上限政策，即超出控排企业核查碳排放20%

---

① 数据来源：Wind，数据截至2021年11月24日。

以上的部分，可以免除履约，因此控排企业买卖配额的积极性不高。第三，碳价格波动虽然已经具有市场供求影响的特征，但由于碳市场机制尚不成熟，供求关系对碳价格的影响还不明显。

后续第三个阶段将更多参考控排企业行业基线，减少行政干预和补贴，"30·60"减排目标下的成本因素终将成为企业参与碳市场的核心考量因素，推动我国碳市场逐步过渡到市场化的碳价形成机制。

（二）探究我国碳市场建设中价格形成机制的思路

由于碳市场建设中的碳价格形成涉及的三个核心问题相互交织关联，而且碳市场建设和机制选择依赖于对未来经济、减排进程等一系列高度不确定因素的预测，从而在根本上增加了研究难度，因此需要摒弃现有将碳市场机制与价格信号相互孤立研究的思路，不再单就机制谈机制、单就价格谈合理价格，而是从价格信号上追溯市场交易形成机制，在研究范式上化繁为简，从一般到特殊逐步拓展分析。

第一，基于"30·60"减排目标，即考虑经济主体减排成本下的碳排放供求关系，探究一般化的不受其他因素干扰的碳价格。这个价格可以理解为依托碳市场实现减排而形成的内在碳价格，也可以称为"碳价值"，而这种一般化的对碳价格的考量是在市场化机制下，以"帕累托改进"达成的，不涉及经济中技术性前沿的推进。

第二，单纯"帕累托改进"下碳价格的形成是跨期比较静态的结果，而对低碳投资和绿色技术创新才是推动经济中碳减排技术生产前沿向前迈进的根本途径，由此显现的碳价格对碳市场运行效率同时存在转型效应（Redirection Effect）和挤出效应（Crowding-out Effect）成为研究评估合理碳价格区间的标准。前者指碳价格对能源转型和减排的激励作用，后者指减排成本上升后可能带来的低碳技术投资减少甚至市场退出。转型效应越大而挤出效应越小时，才能充分发挥碳价格的激励约束作用。由此得出碳价格存在一个合理区间，即达到某个价格水平后才能充分发挥碳市场的作用，将资金引向低碳投资和绿色技术创新，最大化低碳转型效率。

第三，引入碳市场配额分配方式、参与主体、覆盖行业、与其他碳定价方式协同发展以及国际协调等机制设计，从不同机制给碳价格合理区间带来的变化逆向分析机制对价格形成的影响，得出不同碳市场机制下的碳价格合理区间和对应跨入合理区间的时间，进而遴选出符合总体减排路线下的市场化交易机制。

后续章节安排如下：第二部分是文献综述，围绕上面提及的碳市场建设中的三个核心问题，系统梳理现有相关研究。第三部分基于STIRPAT拓展模型的碳排放影响因素分析，运用CEEMD-ELM算法深度学习和机器模拟，并结合情景分析得出我国碳市场2021—2060年的碳价格。第四部分在深度学习和模拟基础上，对碳价格最大化低碳转型效率的合理区间进行测算，并从碳市场配额分配方式、参与主体、覆盖行业、与其他碳定价方式协同发展以及国际协调等五个方面探讨推动形成合理碳价格的机制设计，为我国碳市场的机制选择提供深入分析。最后一部分是主要结论与政策建议。

二、文献综述

目前，碳市场建设中的碳价格形成问题还处在探索阶段，即使是建立时间最早、交易规模最大的欧盟碳排放交易体系也尚未形成完善的制度框架，相关研究主要涉及碳价格的供求影响因素、底层机制设计和低碳转型效果等方面内容。

（一）碳价格供求影响因素研究

许多研究证实了碳价格与能源价格、宏观经济形势、碳市场制度安排和极端天气等因素的联系。需求侧影响因素通过作用于控排企业的碳排放量和配额交易行为影响碳价格，例如电力价格与碳价格呈正相关关系（Keppler and Mansanet-Bataller，2010；Bergh et al.，2013），而化石能源价格对碳价格的影响则取决于不同时间尺度下需求效应和替代效应的大小（Zhu et al.，2019）。碳配额作为一种特殊商品，其供给量的改变也会影响碳价格。供给侧影响因素主要是配额分配、交易制度、价格调节机制等碳市场制度安排。

Mansanet等人（2007）发现平均气温对欧盟碳价格的影响不显著，但偏高或偏低的气温通过改变能源需求量间接影响了碳价格。不确定的气候敏感性将显著增加碳社会成本，进而导致碳价格上升（Ton S. van den Bremer and Frederick van der Ploeg，2021）。

宏观经济因素在一定程度上决定了欧盟碳价格的长期趋势，Chevallier（2011）发现工业生产在经济扩张（衰退）期间会对碳价格产生积极（消极）影响。Tan和Wang（2017）运用分位数回归模型研究能源价格和经济危机因素对第三阶段欧盟碳价格的影响路径，结果表明煤炭和天然气价格依次通过生产限制、产生聚集性需求和替代效应影响碳价格，石油价格对碳价格的影响方式则为替代效应——生产限制——聚集性需求，并且由于经济危机的存在，工业生产对碳价格的影响并不稳定。

（二）碳价格底层机制设计研究

对欧盟碳排放交易体系底层机制设计的研究起步较早，相关文献也很丰富。Alberola等人（2008）、陈晓红和王陟昀（2012）等对2005—2007年间欧盟碳价格进行研究，发现价格下跌是由配额分配过剩、配额不允许跨期使用等政策原因导致的，而不是投机套利行为。European Commission（2014）认为，碳市场与其他市场不同，政策或法律决定了碳配额供给，因此不能对未预期到的需求变动作出反应；欧盟碳排放交易体系第三阶段改革成效表明了碳价格稳定机制对碳市场有效运行的重要性（Acworth et al.，2017；Wettestad and Jevnaker，2019）。齐绍洲和王薇（2020）发现配额总量递减、折量拍卖和市场稳定储备机制都与欧盟碳配额期货价格呈正向协整关系，有效推高了碳价格，提高碳市场运行效率。

有关国内碳市场的研究则大多基于欧盟碳排放交易体系机制设计的优点和适应性。于天飞（2007）分析欧盟碳排放体系的交易规则、减排政策和资金运作模式，得出相关机制在中国具有可行性的结论，并提出运用期权定价法确定碳价格。梁悦晨（2016）通过构建环境——碳排放权交易一般均衡模型，得到我国总量控制目标和碳价格的最优组合分别为10%和40元/吨。Wang等人（2020）通过评估中国7个主要试点碳市场不同碳价格稳定机制的使用效果，发现碳价格上限控制和跨期配额调节对于稳定碳价格最有用，日常交易风险管理可以防止碳价格波动率过大但对稳定碳价格的作用较小。

（三）碳价格低碳转型效果研究

碳市场的运行效率取决于碳价格对排放强度的影响（Perthuis and Trotignon，2014）。Widerberg 和 Wrake（2009）研究2005—2008年瑞典碳价格对二氧化碳排放强度的影响，发现较高的碳价格能在一定程度上促进减排。Pettersson等人（2012）对第二阶段纳入EU ETS的八个国家的电力部门进行分析，发现如果配额价格提升至90美元，仅通过能源转型就能使二氧化碳排放量降低2%。Lin和Jia（2019）证明了中国八个试点碳市场的碳价格与减排量之间存在显著的正相关关系。

较高的碳价格还能推动企业绿色技术创新和低碳投资的影响，从而提高低碳转型效率（Borghesi et al.，2012）。Calel和Dechezlepretre（2016）发现2005年以来，被纳入EU ETS的企业绿色技术专利提高了10%。2013年EU ETS进入第三阶段，相较于前两个阶段，其对可再生能源技术创新的驱动作用更强（齐绍洲和张振源，2019）。从引致技术进步理论角度，Ley等人（2016）、Cui等人（2018）、王俊（2016）、魏丽莉和任丽源（2021）等均通过研究表明碳价格越高，碳排放权交易对企业的绿色技术创新影响越大。Lin等人（2017）预测碳价格为50元/吨时将带来绿色发明专利数量和占比分别提高2.2%和3%。魏莉等人（2018）研究废钢铁再制造企业的减排投资行为，得出高碳价会促进企业采取减排措施的结论。魏琦和李林静（2021）利用2015—2019年控排上市企业数据，研究碳价格及其波动率对中国企业低碳投资的影响，结果表明企业在同时面临碳市场和融资约束时，会选择扩大低碳投资规模，但如果碳价格波动率较大则会缩减低碳投资规模。

三、对我国碳价格的深度学习和模拟

本文一大创新就是，基于STIRPAT拓展模型的碳排放影响因素分析，构建CEEMD-ELM人工神经网络模型并结合情景分析法模拟2021—2060年碳排放量和碳排放强度，得到碳达峰、碳中和的真实时间，进而预测得到2021—2060年全国碳市场的价格变化趋势。

（一）研究方法与模型设定

本文利用1990—2020年中国碳排放量和碳排放强度数据，基于STIRPAT拓展模型的碳排放影响因素分析，运用CEEMD-ELM算法并结合情景分析法模拟2021—2060年碳排放量和碳排放强度，预测碳达峰、碳中和时间，在此基础上引入中国7个主要试点碳市场2013—2020年的碳价格，预测得到2021—2060年碳价格变化趋势。

1. STIRPAT模型设定

STIRPAT模型是目前研究碳排放峰值问题时应用最广泛、公认度较高的模型（芦颖等，2018），可以定量研究碳排放量（强度）与各影响因素之间的关系。其基本表达式为：

$$I=aP^bA^cT^de \tag{1}$$

其中，I表示环境压力，P、A、T分别表示人口规模、富裕程度和技术水平，b、c、d分别表示对应变量的弹性系数，a为模型系数，e为模型误差项。借鉴马丁和陈文颖（2016）、Liu等人（2017）、闫新杰和孙慧（2021）等人的研究结论，本文将经济规模、产业结构、能源消费量、能源结构、能源强度、人口规模和城镇化率7个指标作为中国碳排放影响因素引入模型，具体变量说明见表2。

表2　　　　　　　　主要变量及说明

变量	解释说明	单位
碳排放量（ce）	当年CO_2排放总量	千吨
碳排放强度（cei）	CO_2排放量与GDP的比值	%
经济规模（gdp）	人均GDP	元
产业结构（stru）	第三产业占比（国内生产总值=100）	%
能源消费量（energyc）	年末能源消费总量	万吨标准煤

续表

变量	解释说明	单位
能源结构（energys）	煤炭、石油、天然气消费量占能源消费总量的比重	%
能源强度（energyi）	万元GDP能源消费量	吨标准煤/万元
人口规模（p）	年末总人口	万人
城镇化率（u）	城镇人口占总人口比重	%

2. CEEMD–ELM算法

现有研究预测碳价格的方法主要有两种，一是差分整合移动平均自回归模型（ARIMA）、自回归条件异方差模型（GARCH）等定量统计方法，二是人工神经网络模型。由于碳价格时间序列是非线性、非平稳的，定量统计方法处理的效果并不好（Zhou and Wang，2021），人工神经网络模型则可以解决这个问题。具体而言，极限学习机（Extreme Learning Machine，ELM）是Huang等人（2006）提出的求解单一隐含层神经网络的算法，该模型对输入层权重和隐含层偏置进行随机赋值，并结合最小二乘法原理，利用Moor-Penrose伪逆矩阵计算输出权重，得到唯一最优解，可以克服传统的人工神经网络模型（如BP算法、基于梯度下降算法求极值的神经网络模型等）对参数选择敏感、易于出现局部最优解、泛化性能差、人为干预多等缺陷。同时，为了使预测结果更准确，近年来数字信号分解也被广泛应用于碳价格预测领域，特别是经验模态分解法（EMD）及改进后的集合经验模态分解法（EEMD）和互补型集成经验模态分解法（CEEMD）。EMD认为任何信号都可分解成一系列本征模函数（Intrinsic Mode Function，IMF），进而逐级得到信号中的各个趋势，EEMD针对EMD容易出现的模态混叠现象叠加了高斯白噪声，而CEEMD将随机高斯白噪声以正、负成对方式加入以解决白噪声具有较大残留的问题，同时减小了分解过程中由白噪声引起的重构误差。基于此，本文构建基于经验模态分解和极限学习机的人工神经网络模型，对中国碳排放量（强度）和碳价格进行预测。

（二）变量说明与情景设定

1. 变量选择

（1）经济规模（gdp）。经济增长是能源消耗和碳排放的主要驱动力，本文用人均GDP衡量经济规模。

（2）产业结构（stru）。人民大学的研究团队模拟分析了在达到GDP增长目标的情况下如何实现2030年碳达峰目标，结果表明我国第三产业与第二产业相对比例，与碳排放总量增长率之间呈现出显著的负相关性[①]。但是一方面，制造业过早过快下滑不利于中国经济的向好向快增长，另一方面制造业也是中国能源消费最大、碳排放最突出的终端部门，对传统高碳行业的减排技术改造将成为我国碳减排的重点，意味着未来第二产业占比增速可能不会发生较大变化。因此本文用第三产业占GDP比重来反映产业结构。

（3）能源消费量（energyc）和能源结构（energys）。煤炭、石油、天然气等化石能源是碳排放的主要来源，本文用化石能源消费占比衡量能源结构。

（4）能源强度（energyi）。目前中国的能源供求关系紧张，提高能源利用效率、降低能源强度有助于推动碳减排和低碳转型，本文将能源强度设定为单位GDP的能源消耗量。

（5）人口规模（p）。人口规模和碳排放量呈正相关关系，本文用年末总人口衡量人口规模。

（6）城镇化率（u）。城镇化引致的基础设施建设带来较大的生产资料消耗，而且城市能源消费量大，因此碳排放量也大。本文用城镇居民人口占总人口的比重来衡量城镇化率。

文中涉及的经济和人口数据均来源于《中国统计年鉴》（1990—2020）和国家统计局网站，能源结构和能源强度数据来源于《中国能源统计年鉴》（1990—2020），中国碳排放量数据来自世界发展指标（World Development Indicators）数据库。

---

① 详见中国人民大学前任校长刘伟在2021年10月19—20日北京城市副中心绿色发展论坛上题为"减排应妥善规划二三产业占比"的讲话。

2. 情景设置

为探究中国碳达峰、碳中和前景，根据上述7个碳排放影响因素的历史数据和发展趋势，并对应国家的相关发展战略，以5年为周期调整变化率，推测其未来变化趋势。本文设置基准和绿色发展两种情景对中国碳排放量和碳排放强度进行预测，其中绿色发展情景的指标设置基于我国"30·60"减排路线图，从宏观层面考虑了控排企业技术进步边界和减排成本，并结合《2030年前碳达峰行动方案》中提出的发展目标。设置依据如下：

经济规模（gdp）："十三五"期间，除2020年受新冠疫情冲击外，我国平均GDP增速为6.6%，与"十三五"规划设定的6.5%以上年均实际GDP增速目标相一致。"十四五"规划没有设定明确的增长目标，只提出2035年人均国内生产总值达到中等发达国家水平。经济规模依据国家既定的经济发展目标进行设定，本文将基准情景下"十四五"规划期间（2021—2025年）GDP增速设定为5.5%，其后每5年递减1%，并于2035年后逐步放缓至趋于稳定。绿色发展情景下，需适当控制GDP增速以达到促进经济低碳转型的目的，因此相对基准情景，GDP年增速要下调。

产业结构（$stru$）：《2050中国能源和碳排放报告》指出，中国第三产业占GDP的比重将在2050年接近发达国家水平。基于此，本文将基准情景下2021—2025年第三产业占比增速设定为3%，其后每5年递减1%，2035年后保持不变。绿色发展情景下，必须推动产业结构转型升级，带动低能耗、低污染的第三产业发展，因此设定整体变化趋势与基准情景基本相同，年增速相对更高。

能源消费量（$energyc$）："十四五"规划提出，加快发展方式绿色转型，实现单位国内生产总值能源消耗降低13.5%的目标。《能源发展"十三五"规划》中也明确提出，在中长期规划中，我国能源消费增速将在"十三五"期间2.5%的基础上进一步放缓，预计在2040年达到能源消费峰值。基于此，本文设定基准情景下2021—2025年期间能源消费总量每年增长2%，2026—2030年期间每年增长1.5%，2031—2035年期间每年增长1%,并于2040年达到峰值后不断减少。绿色发展情景下,整体能源消费水平需大幅下降,因此设定提前10年在2030年达到峰值。

能源结构($energys$):"十四五"规划提出,重点控制化石能源消费,加快发展非化石能源,非化石能源占能源消费总量比重提高到20%左右。本文设定煤炭、石油、天然气消费量将持续减少,基准情景下2021—2035年化石能源消费占比每年降低2.5%,2035—2050年期间降速每5年再次递增,2050年后逐渐放缓。绿色发展情景下,化石能源消费占比年降低速度比基准情景下调1个百分点。

能源强度($energyi$):"十四五"规划提出,要完善能源消费总量和强度双控制度,单位国内生产总值二氧化碳排放降低18%。在基准情景下,维持现有技术进步速率和变动趋势,本文设定2021—2025年单位GDP能源消费量每年减少2.5%,2026—2030年每年减少3%,2031—2050年期间每5年减少幅度递增1%,并于2050年后逐步放缓。绿色发展情景下将推动低碳技术创新,因此设定单位GDP能源消费量年变化速度比基准情景下调1个百分点。

人口规模(p):国务院发布的《国家人口发展规划》预测中国到2030年人口将达到峰值,之后缓慢衰减。根据《联合国人口展望(2019)》,中国到2031年人口总数将达到14.6亿人。基于此,本文设定基准情景下每5年内人口均匀变化,到2030年左右达到人口峰值14.42亿,2050年逐步减少至13.64亿。绿色发展情景下,每年人口变化速度与基准情景相比下调0.1个百分点。

城镇化率(u):"十四五"规划提出常住人口城镇化率将提高到65%,《2014中国战略》中提到城镇化的平衡点为75%—80%。城镇化将持续推进15—20年,假定在基准情景下,中国在2040年达到城镇化平衡点,2025年城镇化率稳步提升到65%,之后每5年提高5个百分点,2045年之后增速逐年放缓至趋于稳定。绿色发展情景下适当下调增速,并推迟达到城镇化平衡点的时间。

各因素变化率设置的具体情况见表3。

表3　　各因素变化率设置

情景	时间	gdp	stru	energyc	energys	energyi	p	u
基准	2021—2025年	5.5%	3%	2%	−2.5%	−2.5%	0.4%	0.4%
	2026—2030年	4.5%	2%	2.5%	−2.5%	−3%	0.2%	1.8%
	2031—2035年	3.5%	1%	1%	−2.5%	−4%	−0.25%	0.9%
	2036—2040年	3.3%	0.1%	0.1%	−3.5%	−5%	−0.35%	0.7%
	2041—2045年	2.9%	0.1%	−1%	−4.5%	−6%	−0.4%	0.5%
	2046—2050年	2.8%	0.1%	−2%	−6%	−7%	−0.4%	0.4%
	2051—2055年	2.7%	0.1%	−1.5%	−4.5%	−5.5%	−0.3%	0.35%
	2056—2060年	2.6%	0.1%	−0.5%	−4%	−5%	−0.2%	0.15%
绿色发展	2021—2025年	5%	4%	1%	−3.5%	−3.5%	0.3%	0.35%
	2026—2030年	4%	3%	0.5%	−3.5%	−4%	0.1%	1.5%
	2031—2035年	3.3%	2%	−1%	−3.5%	−5%	−0.35%	0.7%
	2036—2040年	3%	1%	−1.5%	−4.5%	−6%	−0.45%	0.5%
	2041—2045年	2.8%	0.5%	−2%	−5.5%	−7%	−0.5%	0.4%
	2046—2050年	2.7%	0.4%	−1.5%	−7%	−8%	−0.5%	0.3%
	2051—2055年	2.6%	0.3%	−1%	−5.5%	−6.5%	−0.4%	0.2%
	2056—2060年	2.5%	0.3%	−0.5%	−5%	−6%	−0.3%	0.1%

（三）预测结果和分析

首先要对各个参数进行归一化处理，以避免因数量级差距过大产生较大误差，同时加快梯度下降求最优解的速度。由于参数数值比较集中，本文采用线性归一化方法，具体公式如下：

$$x_i^* = \frac{x_i - x_{min}}{x_{max} - x_{min}} \quad (2)$$

其中，x_i、x_i^*分别为参数归一化前后的数值，x_{min}是数据序列中的最小值，x_{max}是数据序列中的最大值。

然后从1990—2018年历史数据中按照一定比例随机切片得到训练集和测试集①，其中训练集和测试集的比例为8∶2。本文将3种人工神经网

---

① 训练集用于训练模型，测试集用于检验模型的预测效果。

络算法[①]和2种经验模态分解方法进行组合,选取均方根误差(RMSE)、平均绝对误差百分比(MAPE)、平均绝对误差(MAE)和拟合优度(R^2)四个误差指标检验上述各模型的预测效果,误差指标计算结果如表4所示。结果表明,CEEMD-ELM算法误差最小,因此本文选择该算法预测中国碳排放量(强度)和碳价格。

表4　　　　　碳排放预测模型的误差指标计算结果

误差指标	碳排放量预测								
	BP	LSTM	ELM	EEMD-BP	CEEMD-BP	EEMD-LSTM	CEEMD-LSTM	EEMD-ELM	CEEMD-ELM
RMSE	30.702	48.591	5.584	29.978	8.915	47.490	44.437	19.138	2.124
MAPE	0.058	0.078	0.014	0.014	0.016	0.031	0.091	0.019	0.003
MAE	27.625	41.940	4.525	19.768	8.237	40.525	40.810	14.707	1.936
R^2	0.990	0.975	0.993	0.997	0.999	0.992	0.978	0.995	0.999

误差指标	碳排放强度预测								
	BP	LSTM	ELM	EEMD-BP	CEEMD-BP	EEMD-LSTM	CEEMD-LSTM	EEMD-ELM	CEEMD-ELM
RMSE	0.443	0.476	0.253	0.177	0.253	0.304	0.277	1.086	0.113
MAPE	0.069	0.105	0.078	0.038	0.075	0.053	0.087	0.864	0.047
MAE	0.289	0.340	0.183	0.132	0.183	0.252	0.234	0.742	0.104
R^2	0.970	0.953	0.942	0.998	0.917	0.995	0.988	0.895	0.998

基于碳排放影响因素未来变化趋势的不同设定,本文运用CEEMD-ELM算法测算出不同情景下我国2021—2060年的碳排放趋势(见图2),并得出相应的二氧化碳达峰和中和时间(见表5)。

[①] 即人工神经网络算法包括反向传播算法(Back Propagation,BP)、长短期记忆神经网络(Long Short Term Memory Networks,LSTM)和ELM。其中,BP算法的隐含层神经元个数与输入层神经元个数一致,均为7个,激活函数使用sigmoid函数,训练次数为1 500次,学习率确定为0.01;LSTM算法隐含层为50个神经元,使用tanh函数为激活函数,训练时间为100个周期,每次用1个样本进行训练,同时指定训练集的一定10%作为验证集;ELM算法的隐含层神经元个数为60,使用sigmoid函数作为激活函数,经过多次训练设定随机数种子为10 000。

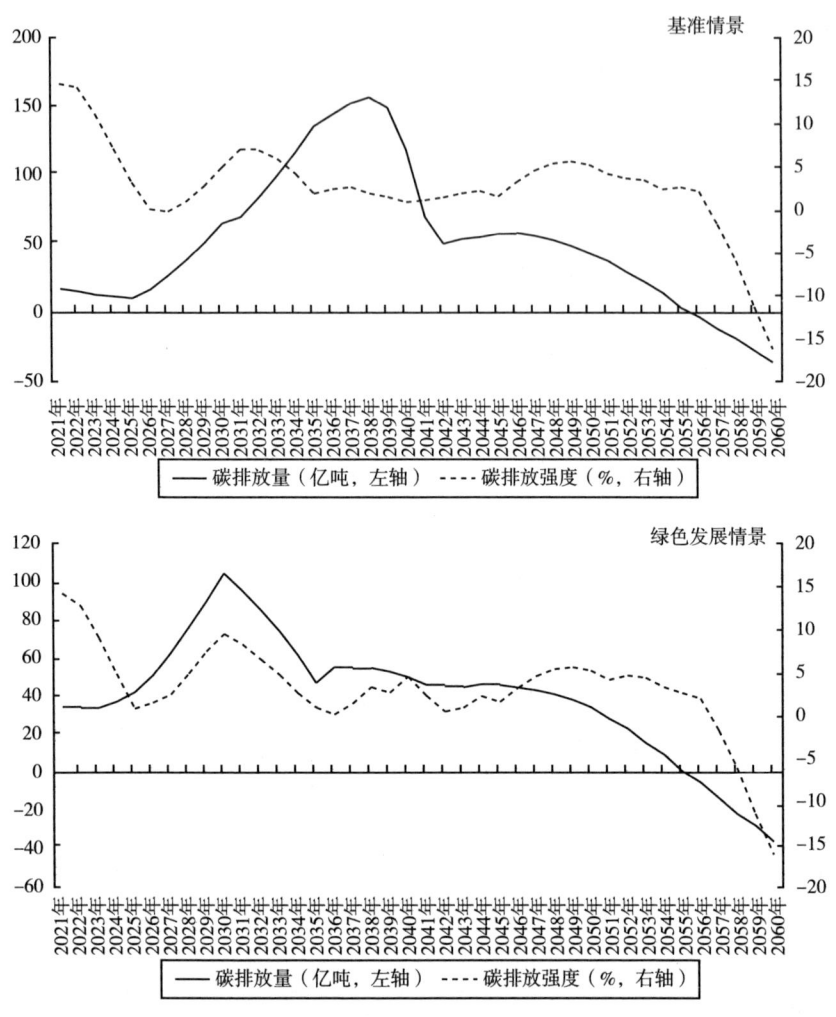

图2 不同情景下我国2021—2060年的碳排放趋势

表5　不同情景下中国"碳达峰碳中和"时间

	"碳达峰"时间	CO_2峰值（亿吨）	"碳中和"时间
基准情景	2038年	156.7	2056年
绿色发展情景	2030年	104.3	2056年

结果表明，碳排放量先上升后下降，符合"碳达峰碳中和"的整体趋势。基准情景下，中国于2038年达到碳排放峰值，峰值约为156.7亿

吨，2055年后可以提前实现碳中和。这意味着在现行政策下仍存在较大的减排压力，短期内需进一步加强减排降碳和产业转型的决心，设立更高的减排目标，从而缩短碳达峰时间。绿色发展情景下，通过提升产业结构、改善能源结构、降低能源消费量和能源强度等措施，可以有效缩短我国碳达峰时间，实现2030年达峰目标，预计峰值约为104.3亿吨，并在2055年后也能提前实现碳中和。

碳排放强度即单位GDP的二氧化碳排放量，可以衡量经济发展和碳排放量之间的关系，如果在经济增长的同时实现单位GDP产生的二氧化碳排放量下降，说明经济社会正在向低碳转型。两种情景下碳排放强度趋势基本相同，波动明显，碳排放强度将在2030年和2051年左右达到小高峰，并于2056年后达到零碳排放强度。这意味着，我国实现碳达峰碳中和目标的过程将是真实的经济结构"低碳转型"，而不是牺牲经济增长的减排行为。

基于上述绿色发展情景下我国2021—2060年预测碳排放量，同时考虑上海、深圳、广东、天津、北京、重庆、湖北7个主要试点碳市场2013—2020年的碳价格，接下来本文运用CEEMD-ELM算法，基于2013年不变价对2021—2060年全国碳市场的碳价格进行预测，结果如图3所示。

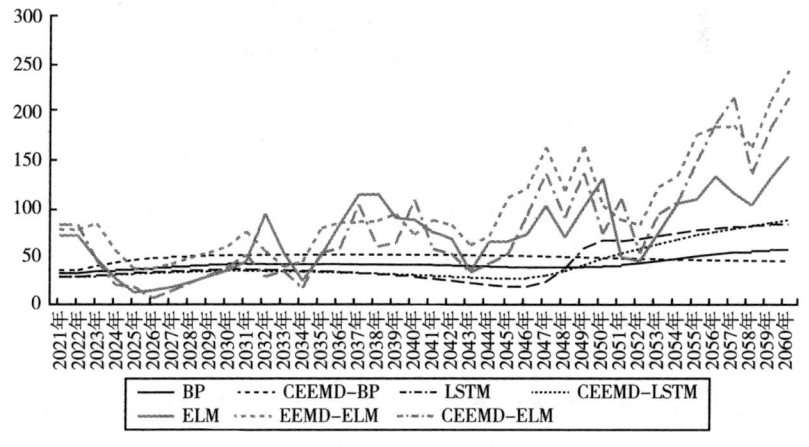

图3　2021—2060年我国碳价格变动趋势

如图3所示，我国碳价格将呈现波动上升趋势。2030年实现碳达峰目标前碳价格始终低于50元/吨，碳价格最低点出现在2026年，仅6.51元/吨。2034—2052年，我国碳价格将经历两轮倒U型曲线变动，其中2043年前碳价格围绕50元/吨波动，2043年后碳价格平均约为100元/吨。2053年后，我国碳价格持续上升，最高达到216.38元/吨。

四、碳价格合理区间测算及碳市场机制设计对合理区间的影响

根据模拟预测，2021—2060年我国碳价格将呈现波动上升趋势，与目前全球各碳市场致力于形成相对高企且稳定的碳价格从而实现减排的目标相一致。但是，减排不是最终目的，而应该是如何通过可承受的减排成本高效率促进低碳投资和绿色技术创新，进而实现低碳转型。由前文分析可知，碳价格对碳市场的运行效率同时存在转型效应和挤出效应，即碳价格存在一个合理区间，达到某个较高的价格水平后才能充分发挥碳市场的作用，将资金引向低碳投资和绿色技术创新，达到最大化低碳转型效率的目的。因此，我们认为碳价格和低碳转型之间不是简单的线性关系，而是存在某个或某几个结构突变点。下面，本文通过构造时间序列门限回归模型，对碳价格的合理区间进行测算，并从碳市场配额分配方式、参与主体、覆盖行业，与其他碳定价方式协同发展以及国际协调五个方面探讨碳市场相关机制设计对碳价格合理区间的影响。

（一）计量模型设定

本文借鉴 Hanson（1996）提出的时间序列门限回归模型，建立基于碳价格的低碳转型门限模型如下：

$$lnpatent_t = \alpha + \beta_1 cei_t I(price_t \leq \lambda_1) + \beta_2 cei_t I(\lambda_1 < price_t \leq \lambda_2) + \beta_3 cei_t I(price_t > \lambda_2) + \gamma lngdp_t + \varepsilon_t \tag{3}$$

其中，t 表示年份，cei_t 为前文预测的绿色发展情景下的碳排放强度，用来衡量减排效率。$price_t$ 代表预测碳价格，λ 为未知门限，$I(\cdot)$ 是指标函数。如果回归结果表明门限个数为2，则该模型相当于一个分段函数，

当 $price_t \leq \lambda_1$ 时，cei_t 的系数为 β_1；当 $\lambda_1 < price_t \leq \lambda_2$ 时，cei_t 的系数为 β_2；当 $price_t > \lambda_2$ 时，cei_t 的系数为 β_3。如果回归结果表明门限个数为1，则 $\lambda_1 = \lambda_2$。

现有研究大多选择绿色技术创新变量来衡量低碳转型效果（Calel and Dechezlepretre，2016；Lin et al.，2017；齐绍洲和张振源，2019），本文借鉴上述做法，用 $patent_t$ 表示上市公司绿色专利授权量，用来衡量中国低碳转型的效果。1985—2019年数据来源于国家知识产权专利数据库，根据世界知识产权组织（WIPO）中的国际专利分类绿色清单匹配得到。2016—2020年上市公司绿色专利授权量平均增长率为7.8%。"十三五"期间，国内每万人口发明专利拥有量从"十二五"末的6.3件增加到15.8件，换算到专利授权量增长率在8%左右。一方面，目前应对气候挑战的举措必将推动企业增加绿色技术的创新研发。另一方面，国家也调整了专利资助政策[①]，2021年6月底前全面取消各级专利申请阶段的资助，"十四五"期间逐步减少对专利授权的各类财政资助，并在2025年以前全部取消。同时，根据《知识产权强国建设纲要（2021—2035年）》，对专利质量的要求进一步提高，预期性指标"每万人口发明专利拥有量"调整为"每万人口高价值发明专利拥有量"，专利申请和授权的门槛将提高。基于此，设定2021—2060年上市公司绿色专利授权量增长率保持在8%的水平上。

为增强本文研究结论的稳健性，我们还使用上市公司绿色投资[②]（$lninv_t$）进一步检验碳价格对低碳转型的影响。气候政策倡议委员会（CPI）和北京绿色金融与可持续发展研究院共同完成的报告《中国扩大气候金融的潜力》认为，未来十年中国的绿色投资需求达到95.45万亿元，这意味着投资要增加到当前水平的4倍以上，平均年增长率为

---

① 详见2021年1月28日国家知识产权局发布的《关于进一步严格规范专利申请行为的通知》。
② 根据《绿色投资指引（试行）》，绿色投资是指以促进企业环境绩效、发展绿色产业和减少环境风险为目标，采用系统性绿色投资策略，对能够产生环境效益、降低环境成本与风险的企业或项目进行投资的行为。绿色投资范围应围绕环保、低碳、循环利用，包括并不限于提高能效、降低排放、清洁可再生能源、环境保护及修复治理、循环经济等。

15%。基于此,本文合理假设2021—2060年上市公司绿色投资增长率为15%。

(二)门限回归结果与分析

考虑到可能存在的内生性问题,而相对于最小二乘法、工具变量法等传统的计量估计方法,广义矩估计法(GMM)具有允许随机误差项存在异方差和序列相关的优点,因此本文采用GMM估计方法,以碳价格作为门槛变量,对减排效率与低碳转型进行门限模型回归,结果如表6所示。

表6　　　　　　低碳转型门限模型的GMM估计

	$lnpatent_t$	$lnginv_t$
门限值(λ_1, λ_2)	(53.85, 184.55)	(53.85, 184.55)
$cei_t I(price_t \leq \lambda_1)$	−0.039*** (−2.92)	−0.071*** (−2.92)
$cei_t I(\lambda_1 < price_t \leq \lambda_2)$	0.026** (3.13)	0.047** (3.13)
$cei_t I(price_t > \lambda_2)$	−0.056*** (−5.11)	−0.102*** (−2.45)
$lngdp_t$	5.047*** (10.55)	9.166*** (10.55)
_cons	−12.820*** (−6.24)	−29.982*** (−8.04)
R^2	0.903	0.903
SSR	3.063	10.101
N	40	40

注:括号内为t值,*、**、***分别表示在10%、5%和1%水平上显著,下表同。

由表6可知,当碳价格未越过第一门限值即小于53.85元/吨时,碳排放强度显著影响上市公司绿色专利授权量,且系数为负,说明通过全国碳市场建设带来的减排效率提高将对我国低碳转型起到了促进作用。当碳价格越过第二门限值即大于184.55元/吨时,减排效率提高对我国低碳转型的正向作用增强,系数由0.039增大至0.056。当碳价格介于两个门限值53.85—184.55元/吨之间时，碳排放强度对上市公司绿色专利授权量的影响为正，说明减排效率提高反而阻碍了我国低碳转型。可能的原因是：碳价格位于两个门限值之间的情况主要出现在碳达峰之后，企业减排压力进一步增大，低碳技术创新处于攻坚阶段，碳价格上升导致的融资约束问题普遍存在，减排降碳对我国低碳转型的挤出效应大于转型效应。因此，本文得到碳价格的合理区间为184.55—216.38元/吨，此时减排效率提高对我国低碳转型的促进作用最大。使用上市公司绿色投资数据替代上市公司绿色专利授权量，碳价格的门限值未发生变化，各解释变量的符号和大小与前文分析保持一致，所得结论不变。

（三）进一步讨论：全国碳市场机制设计对门限值的影响

根据预测，碳价格的合理区间将出现在2055年之后，换句话说，如果没有碳市场相关机制设计的导向作用，仅依靠碳价格不能使低碳转型效率达到最大化，甚至不足以有效助力碳达峰碳中和目标的实现。基于碳市场机制与碳价格形成之间的关系，下面我们借鉴欧盟碳市场做法，通过对碳市场配额分配方式、参与主体和覆盖行业进行设定，考虑碳市场与其他碳定价方式协同发展，以及国际碳市场的影响，分析不同机制设计下碳价格合理区间的变化，以期为我国碳市场机制选择提供参考。

1. 碳市场配额分配方式对碳价格合理区间的影响

欧盟碳排放交易体系在第一阶段（2005—2007年）、第二阶段（2008—2012年）免费配额占比分别达到95%和90%，到第三阶段（2013—2020年）才主要采用拍卖方式分配配额，其中电力行业全部配额从2013年起均拍卖发放。免费配额过多不利于形成稳定的碳价格预期，是导致欧盟碳市场碳价格持续低迷的原因之一。因此欧盟在第三阶段实施了三大改革政策，涉及配额分配方式的是折量拍卖和市场稳定储备机制，即2019—2023年当流通中的配额总量达到8.33亿吨时，24%的配额供给将从拍卖中撤出并存入市场储备中，2023年后这一比例调整为12%[①]。同时，第四阶段（2021—2030年）拍卖配额占比为57%，至2035

---

① 数据来源于https://ec.europa.eu/clima/eu-action/eu-emissions-trading-system-eu-ets/market-stability-reserve_en。

年纳入欧盟碳边境调节机制的控排行业免费配额占比将为0。

目前，我国碳配额实行全部免费分配，基于与欧盟相同的配额总量线性递减速度和储备配额占比，设定：

（1）2021—2025年拍卖配额占比为5%，2026—2030年为10%，2031—2045年每5年逐步递增至57%，之后每5年逐步递增至2060年达到100%。

（2）2021—2025年拍卖配额占比为10%，2026—2040年每5年逐步递增至57%，之后每5年逐步递增至2060年达到100%。

（3）将（2）中拍卖配额占比达到100%的时间提前至2055年。

本文在式（3）基础上引入拍卖配额占比作为碳市场配额分配方式变量（$auction_t$）的替代变量，衡量免费配额削减幅度对我国碳价格合理区间的影响，回归结果如表7所示。

表7　碳市场配额分配方式影响碳价格合理区间的回归结果

	（1）	（2）	（3）
门限值（λ_1，λ_2）	（62.78，78.12）	78.12	（62.78，78.12）
$cei_t I(price_t \leq \lambda_1)$	−0.002*** （−0.50）	−0.004** （−0.84）	−0.003*** （−0.60）
$cei_t I(\lambda_1 < price_t \leq \lambda_2)$	0.031*** （2.53）		0.027*** （2.33）
$cei_t I(price_t > \lambda_2)$	−0.054*** （−5.70）	−0.045** （−4.76）	−0.052*** （−5.73）
$auction_t$	−0.034** （−8.36）	−0.042** （−8.40）	−0.045* （−8.48）
$lngdp_t$	2.897*** （16.52）	2.643** （12.47）	2.373*** （9.95）
_cons	−2.744*** （−3.23）	−1.509** （−1.47）	−0.334*** （−0.29）
R^2	0.990	0.989	0.991
SSR	0.301	0.331	0.268
N	40	40	40

注：模型（2）回归结果为单一门限值，即$\lambda_1 = \lambda_2$，下表同。

由表7可知,免费配额逐年削减能显著扩大碳价格的合理区间,当碳价格大于78.12元/吨时可以最大化我国低碳转型效率,跨入合理区间年份提前至2040年。比较模型(1)(2)(3)的回归结果,先慢后快的免费配额削减速度下,碳市场减排效率对我国低碳转型的影响系数最大,为0.054。值得注意的是,拍卖配额占比的系数均为负,与广泛认可的观点"免费配额不利于充分发挥碳价格的激励约束"不一致。但是,只有将配额拍卖获得的资金投入节能减排领域,才能真正实现低碳转型,因此我们认为这一回归结果在未限定前提条件的情况下是合理的。本文得到如下碳市场机制设定:

机制1:不应一刀切式地取消免费配额,消减速度先慢后快,并重视将配额拍卖获得的资金投入节能减排领域。

2.碳市场参与主体对碳价格合理区间的影响

欧盟碳排放交易体系的参与主体有控排企业、金融机构等机构投资者和个人,形成了一个具有金融属性的碳市场。而中国碳市场目前只有部分电力行业重点控排企业参与,活跃度有限,无法形成稳定的碳价格预期。未来我国碳市场将逐步扩大参与主体范围,特别是机构投资者,可以选择借鉴欧盟做法一次性放开,或有序放开。参考股票市场情况,2020年末我国机构投资者在A股市场的持股比例为18%左右,每股的国内机构持股占比高达40%,设定:

(1)2025年起允许金融机构等机构投资者进入全国碳市场,机构投资者对碳市场的渗透率在2027年达到40%。

(2)2025年起允许金融机构等机构投资者进入全国碳市场,2030年、2040年和2060年机构投资者对碳市场的渗透率分别达到18%、40%和45%。

本文在式(3)基础上引入机构投资者渗透率作为碳市场参与主体变量($institu_t$)的替代变量,衡量扩大碳市场参与主体对我国碳价格合理区间的影响,回归结果如表8所示。

表8　碳市场参与主体影响碳价格合理区间的回归结果

	（1）	（2）
门限值（λ_1, λ_2）	（76.32, 91.63）	91.63
$cei_t I(price_t \leq \lambda_1)$	0.021*** （−2.34）	0.023*** （3.32）
$cei_t I(\lambda_1 < price_t \leq \lambda_2)$	0.078*** （5.47）	
$cei_t I(price_t > \lambda_2)$	−0.085*** （−6.80）	−0.094*** （−6.57）
$lninstitu_t$	−0.025* （−3.30）	0.033*** （1.84）
$lngdp_t$	6.685** （8.61）	1.597** （0.95）
_cons	−19.304*** （−6.10）	1.364*** （0.20）
R^2	0.956	0.913
SSR	1.294	2.543
N	40	40

由表8可知，机构投资者参与碳市场将碳价格的合理区间下限变为91.62元/吨，当碳价格大于91.62元/吨时可以最大化我国低碳转型效率，跨入合理区间年份提前至2047年。比较模型（1）、（2）的回归结果发现，当我国碳市场向机构投资者有序放开时，减排效率对低碳转型的影响更大，系数为0.094。特别地，如果借鉴欧盟做法一次性放开对机构投资者的限制，碳市场参与主体变量系数为负，说明短期内引入大量机构投资者将对我国低碳转型产生直接的负向冲击，这可能是由于存在投机行为而导致资金没有流向绿色低碳产业和项目。因此，本文得到如下碳市场机制设定：

机制2：2025年起可以允许金融机构等机构投资者进入全国碳市场，但应有序放开，防止一次性放开对碳市场进而低碳转型造成冲击。

3.碳市场覆盖行业对碳价格合理区间的影响

欧盟碳排放权交易体系在第一阶段覆盖机组容量达到20MW以上

的电厂和炼油、钢铁、水泥、制砖、造纸等行业，占欧盟总排放量的50%；第二阶段增加航空业；第三阶段再增加制铝、石油化工、制氨、硝酸、乙二酸、乙醛酸生产、碳捕获、管线输送、二氧化碳地下储存、航运业等行业。2021年是我国碳市场第一个履约周期，首批纳入覆盖的是2 225家发电行业重点排放单位。借鉴欧盟的做法，我国可以选择：

（1）按二氧化碳排放量占比目标，2022—2025年纳入行业占我国碳排放量的50%，2026—2030年新增纳入行业占我国碳排放量的15%，到2035年达到80%。

（2）按覆盖行业对应，2022—2025年，将电力、蒸汽和热水的生产和供应业、石油加工及焦炼业、黑色金属冶炼及压延加工业、非金属矿物制品业、造纸及纸制品业中排放量合计占80%的企业作为重点排放单位纳入全国碳市场。2026—2027年增加交通运输、仓储和邮政业中排放量合计占80%的企业作为重点排放单位纳入全国碳市场。2028—2030年增加有色金属冶炼及压延加工业、化学原料及制品制造业、建筑业中排放量合计占80%的企业作为重点排放单位纳入全国碳市场。

（3）将（2）中2022年后对应的三个阶段分别调整为2022—2025年、2026—2030年、2031—2035年，其他设定不变。

（4）按二氧化碳排放量规模大小，2022—2025年，在2 000多家发电行业重点排放单位的基础上纳入全部电力、蒸汽和热水的生产和供应业，2026—2030年增加黑色金属冶炼及压延加工业，2031—2033年增加石油加工及焦炼业、非金属矿物制品业、造纸及纸制品业，2034—2035年增加交通运输、仓储和邮政业，2036—2040年增加有色金属冶炼及压延加工业、化学原料及制品制造业、建筑业。

本文在式（3）基础上引入各行业碳排放量占比作为碳市场覆盖行业变量（ind_t）的替代变量，衡量碳市场覆盖行业范围和纳入时间对我国碳价格合理区间的影响，数据来源于Wind数据库，回归结果如表9所示。

表9　碳市场覆盖行业影响碳价格合理区间的回归结果

	（1）	（2）	（3）	（4）
门限值（λ_1, λ_2）	22.83	82.12	82.12	（72.78, 82.12）
$cei_t I(price_t \leq \lambda_1)$	0.065*** （3.48）	0.027*** （4.45）	0.025*** （3.70）	0.027*** （7.03）
$cei_t I(\lambda_1 < price_t \leq \lambda_2)$				0.078*** （5.94）
$cei_t I(price_t > \lambda_2)$	−0.004*** （−1.33）	−0.099*** （−6.78）	−0.090*** （−4.08）	−0.082*** （−6.89）
$lnind_t$	4.095*** （13.07）	0.907*** （1.61）	0.578*** （0.53）	4.644*** （6.69）
$lngdp_t$	−1.825*** （−3.49）	6.453*** （6.09）	4.179*** （3.20）	−3.218*** （−2.95）
_cons	0.358*** （0.32）	−15.211*** （−5.61）	−11.560*** （−5.74）	3.616*** （1.84）
R^2	0.977	0.907	0.902	0.965
SSR	0.687	2.726	2.890	1.020
N	40	40	40	40

由表9可知，碳市场覆盖行业变量的系数均为正，说明扩大碳市场覆盖行业范围对我国低碳转型具有促进作用，而且考虑不同纳入时间都能显著扩大碳价格的合理区间，延长最大化我国低碳转型效率的时间跨度。模型（1）按照欧盟二氧化碳排放量占比目标设定我国碳市场的行业纳入进度，对扩大碳价格合理区间的作用最大，当碳价格大于22.83元/吨时即可实现低碳转型效率最大化。但是其系数绝对值仅为0.004，说明即使碳价格位于合理区间内，碳市场减排效率对我国低碳转型的促进作用也很小。比较模型（2）—模型（4）回归结果发现，碳价格合理区间均为大于82.12元/吨，跨入合理区间年份提前至2046年，但按欧盟覆盖行业对应且2030年前实现80%全行业纳入的情况下，减排效率对我国低碳转型的影响最大。因此，本文得到如下碳市场机制设定：

机制3：碳市场覆盖行业可以比照欧盟的纳入顺序，但进度整体提前5年。

4. 其他碳定价方式对碳价格合理区间的影响

实现碳定价的主要方式包括碳市场、碳税和碳抵消机制等。截至2020年5月，全球共有61项碳减排机制正在实施或计划实施，其中30项涉及碳税[①]，典型案例包括芬兰、丹麦为代表的北欧发达国家、南非、澳大利亚、新西兰等。整体来看，除智利外大部分国家碳税的计税依据是燃料碳含量，税率小于30美元/吨。早在2009年我国就曾探讨过碳税的征收时机和条件，2013年5月《中华人民共和国环境保护税法（送审稿）》将碳税写入了环境税的税目。但是目前中国采用的主要还是碳市场的碳定价方式，并未对碳排放征税。在欧盟等发达国家提出碳边境调节机制的背景下，要求碳价格明确和可灵活调节，碳税的优势就显现出来。人民银行原行长周小川认为，财政能否将碳税进行最优配置，把资金用于碳减排、发展新能源、创新碳吸收等环节，是不容易的事情。可以将碳市场和碳税相结合，税率应参照碳市场所形成的价格[②]。同时参考智利、南非、墨西哥等发展中国家税率，设定我国碳税税率为30元/吨，税基分别选择二氧化碳排放量和燃料碳含量，分别对应模型（1）和模型（2），其中后者用年末能源消费总量表示。

针对发展中国家的碳抵消机制主要指核证自愿减排量（Certified Emission Reduction，CER），在中国就是经国家发改委备案审批的CCER项目和部分试点碳市场地方性碳汇项目。CCER项目2017年3月已暂停审批，但可以使用现有的CCER清缴全国碳市场碳排放配额。本文根据我国森林和人工林面积增长情况，计算得到2021—2060年间人工林面积每10年分别增长15.07%、14.41%、13.84%和13.34%，再根据CCER项目中单位森林面积产生的碳汇量，得到我国可能生产的森林碳汇总量，以衡量碳抵消机制的影响。

本文在式（3）基础上引入碳税（$lntax_t$）和碳抵消机制（$lnsink_t$）变量，衡量其他碳定价方式对碳价格合理区间的影响，回归结果如表10所示。

---

① 数据来源于世界银行网站：www.worldbank.org。
② 详见周小川2020年11月25日在《财经》年会上的讲话。

表10　其他碳定价方式影响碳价格合理区间的回归结果

	（1）	（2）	（3）
门限值（λ_1, λ_2）	56.02	（41.69, 56.02）	56.02
$cei_t I(price_t \leq \lambda_1)$	0.022*** （6.50）	-0.009*** （-2.34）	0.027*** （4.27）
$cei_t I(\lambda_1 < price_t \leq \lambda_2)$		0.002*** （0.91）	
$cei_t I(price_t > \lambda_2)$	-0.015*** （-1.55）	-0.027*** （-4.71）	-0.097*** （-6.35）
$lntax_t$	3.801*** （9.20）	3.972*** （15.12）	
$lnsink_t$			0.119*** （0.18）
$lngdp_t$	4.486*** （69.78）	2.550*** （17.45）	4.760*** （2.78）
_cons	-9.926*** （-36.26）	63.467*** （12.93）	-12.739*** （-4.71）
R^2	0.989	0.997	0.900
SSR	0.096	0.094	2.931
N	40	40	40

由模型（1）和模型（2）可知，征收碳税对我国低碳转型具有促进作用，而且碳价格的合理区间下限变为56.02元/吨，跨入合理区间年份提前至2040年，说明做好碳市场和碳税的协调有利于我国低碳转型的实现。比较两个模型回归结果发现，税基设定为燃料碳含量比二氧化碳排放量的效果更好，一方面碳税本身对低碳转型的正向作用更大，另一方面也能推动碳市场运行效率提高。

由模型（3）可知，碳抵消机制变量的系数为正，说明碳汇等自愿减排量对我国低碳转型具有显著的促进作用。引入该变量后碳价格的合理区间扩大，当碳价格大于56.02元/吨时即可实现低碳转型效率最大化。因此，本文得到如下碳市场机制设定：

机制4：做好碳市场和碳税的协调，且税基设定为燃料碳含量比二氧化碳排放量的效果更好，同时还需发展碳汇等碳抵消机制。

5.国际碳市场对碳价格合理区间的影响

欧盟碳排放权交易体系运行了超过16年，反映碳配额稀缺性的价格机制已初步形成，在全球碳市场中处于主导地位，因此其价格波动也将传导至国内碳市场。本文在式（3）基础上引入欧盟碳价格（$EUprice_t$）以及欧盟碳价格与碳边境税的交互项（$EUprice_t \times tariff_t$），衡量国际碳市场对碳价格合理区间的影响。由于数据可得性限制，我们基于欧盟碳排放权交易体系第四阶段碳排放配额总量控制目标为每年线性减少2.2%，近似模拟出2021—2060年欧盟碳价格。同时，为了回答中国碳市场短期内是否应该向欧盟等国家开放的问题，本文还引入时间交互项，以2030年作为短期与长期的划分点。碳边境税则用虚拟变量表示，2026年后取值为"1"。回归结果如表11所示。

表11　　国际碳市场影响碳价格合理区间的回归结果

	（1）	（2）	（3）
门限值 λ	-	85.99	85.99
$cei_t I(price_t \leq \lambda)$	0.002 （2.53）	0.023*** （5.06）	0.024*** （3.10）
$cei_t I(price_t > \lambda)$		−0.076*** （−4.61）	−0.089*** （−3.42）
$lnEUprice_t$	1.792*** （46.67）	0.502*** （2.87）	−0.036*** （−17.68）
$lnEUprice_t \times tariff_t$			0.193*** （0.73）
$lntariff_t$			−0.915*** （−15.96）
$lngdp_t$	1.254*** （13.44）	2.554*** （3.31）	4.273*** （3.814）
_cons	1.152** （3.21）	−2.532*** （−0.77）	−9.779*** （−2.12）
R^2	0.999	0.925	0.901
SSR	0.022	2.189	2.889
N	40	40	40

注：模型（1）回归结果为不存在门限值。

表11中模型（1）、（2）分别为2021年和2031年国内碳市场对欧盟开放的情况，模型（3）分析了欧盟碳边境调节机制对我国碳价格合理区间的影响。模型（1）的回归结果表明，通过推进碳市场建设实现减排对我国低碳转型的影响为负，且没有门限效应，但系数不显著，说明短期内中欧碳市场联通可能对我国碳市场价格以及价格波动产生冲击。但同时也要看到，引入欧盟碳价格对我国低碳转型的直接影响为正，因此整体来看，实现国内碳市场对欧盟开放利大于弊，模型（2）的回归结果也表明这一点：如果2031年我国碳市场对欧盟放开，可以显著扩大碳价格的合理区间，当碳价格大于85.99元/吨时即可实现低碳转型效率最大化，跨入合理区间年份提前至2046年。由模型（3）可知，考虑欧盟碳边境调节机制后，我国碳价格的合理区间下限也调整为85.99元/吨，而且减排效率对我国低碳转型的影响系数为0.089，大于中欧碳市场联通的影响。可能的原因是，欧盟碳边境调节机制背景下，碳配额缩减进度、交易方式、定价机制等顶层设计上将在很大程度上对标欧盟碳市场，推动设立第三方认证机构、信息服务机构、行业协会等中介机构，长期来看，将更大力度推动国内碳价格逐渐向欧盟趋同。因此，本文得到如下碳市场机制设定：

机制5：全国碳市场起步阶段要做好国内碳排放权价格的隔离机制，引导减排循序渐进，2031年后可以推动中欧碳市场联通，同时要积极应对欧盟碳边境调节机制对我国碳市场可能产生的影响。

（四）稳健性检验

1. 对CEEMD-ELM稳健性再学习

使用ELM和EEMD-ELM算法得到的我国碳价格整体趋势以及最高点、最低点与CEEMD-ELM算法基本保持一致，在一定程度上可以说明本文的预测结果是可信的。

2. 市场机制影响碳价格预测的稳健性检验

前文得到的是基于"30·60"减排目标下的碳排放供求关系而形成的一般化不受其他因素干扰的碳价格，为了验证预测结果的真实性，本文接下来在CEEMD-ELM算法中引入上述五种碳市场机制设计，再次预测我国2021—2060年的碳价格。结果表明：加入机制组合的碳价格走势与原始走势吻合，说明碳市场机制设计没有显著影响我国碳价格的总体变动，也印证了本文得到的碳价格是"内在碳价值"，进而为调节碳价格的合理区间提供佐证（见图4）。

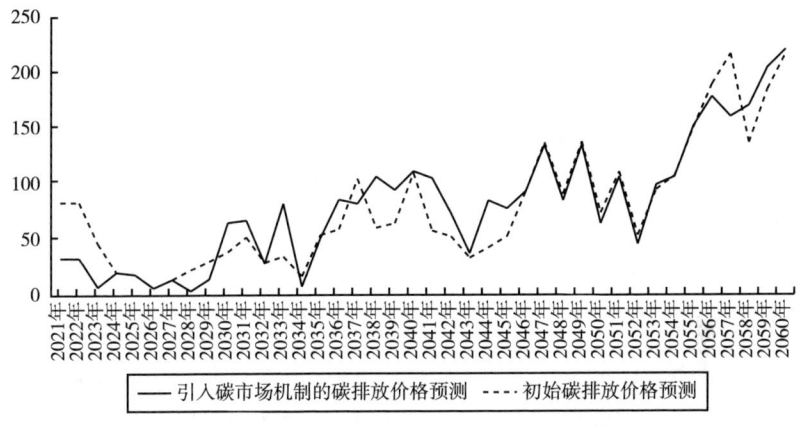

图4 引入市场机制后的碳价格再预测

3.门限模型的其他衡量指标选择

（1）本文分析中使用绿色技术创新变量来衡量低碳转型效果，实际上强调低碳投资的结果。因此我们进一步使用上市公司绿色投资检验碳价格对低碳转型的影响，回归结果如表6所示。碳价格的门限值未发生变化，各解释变量的符号和大小与前文分析保持一致，所得结论不变。

（2）本文使用GDP作为主要控制变量以增强门限模型的解释力，我们进一步将GDP替换成研究与试验发展（R&D）投入，发现对回归结果没有影响。

五、主要结论与政策建议

（一）主要结论

综合以上分析，可以得出以下结论。

一是在根据预测结果，不以牺牲经济增长为前提，设置不超过1%

的第三产业占比增速上调以及化石燃料占能源消费总量比重、能源消费总量和单位GDP能源消费量增速下调,就可以实现2030年碳达峰目标,预计峰值约为104.3亿吨,并在2055年后提前实现碳中和。

二是预计2021—2060年我国碳价格将呈现波动上升趋势,2057年达到最大值216.38元/吨。即使加入碳市场机制变量,碳价格总体波动趋势不变,这意味着本文预测的碳价格是在既定减排路径下相对稳定的"内在价值",能够排除其他因素干扰。根据模型回归结果,得到我国碳价格存在一个合理区间,当大于184.55元/吨后才能充分发挥碳市场的作用,最大化我国低碳转型效率。这一合理区间预计将出现在2055年之后,换句话说,如果没有碳市场相关机制设计的导向作用,仅依靠碳定价不能使低碳转型效率达到最大化,甚至不足以有效助力碳达峰碳中和目标的实现。

三是碳市场配额分配方式、参与主体、覆盖行业、与其他碳定价方式协同发展以及国际协调等五个方面的机制设计均可以有效扩大碳价格合理区间范围,以达到延长最大化低碳转型效率时间跨度的目的。不同机制下我国碳价格合理区间变动如表12所示,比较而言,碳税和碳抵消机制等其他碳定价方式(机制4)对碳价格合理区间的扩大作用最大,合理区间下限从184.55元/吨变为56.02元/吨,通过碳市场建设推动我国低碳转型效率最大化的时间提前到2036年,而考虑碳市场覆盖行业后(机制3)我国低碳转型效率达到最大,系数为0.099。

表12　　不同机制下我国碳价格合理区间变动情况

	原始模型	机制1	机制2	机制3	机制4	机制5
合理区间下限（元/吨）	184.55	78.12	91.63	82.12	56.02	85.99
低碳转型效率	0.056	0.054	0.094	0.099	0.027/0.097	0.076/0.089
跨入合理区间年份（年）	2055	2040	2047	2046	2036	2046

四是我国碳市场不应一刀切式地取消免费配额,削减速度应该先慢后快,并重视将配额拍卖获得的资金投入节能减排领域。调整碳市场

配额分配方式显著扩大了碳价格的合理区间,其下限变为78.12元/吨,跨入合理区间年份提前至2040年。其中,设定2021—2025年、2026—2030年拍卖配额占比分别为5%和10%,2031—2045年每5年逐步递增至57%,之后每5年逐步递增至2060年达到100%,即先慢后快的免费配额削减速度下碳市场建设对我国低碳转型的效率最大。

五是2025年起全国碳市场可以向机构投资者有序放开,防止一次性放开对碳市场进而低碳转型造成冲击。机构投资者参与碳市场将碳价格的合理区间下限变为91.62元/吨,跨入合理区间年份提前至2047年。如果借鉴欧盟做法一次性放开对机构投资者的限制,使机构投资者对碳市场的渗透率在2027年就达到40%,将对我国低碳转型产生负面影响。设定2025年起允许机构投资者进入全国碳市场,2030年、2040年和2060年机构投资者对碳市场的渗透率分别达到18%、40%和45%,则能有效促进我国低碳转型,系数为0.094。

六是碳市场覆盖行业可以比照欧盟的纳入顺序,但进度整体提前5年。扩大碳市场覆盖行业范围对我国低碳转型具有促进作用,碳价格的合理区间下限调整为82.12元/吨,跨入合理区间年份提前至2046年。按照欧盟二氧化碳排放量占比目标设定我国碳市场的行业纳入进度,对合理区间的扩大效果最为明显,但对低碳转型的影响系数很小,仅为0.004,说明即使碳价格位于合理区间内,碳市场减排效率对我国低碳转型的促进作用也很小。按欧盟覆盖行业对应且2030年前实现80%全行业纳入的情况下,最能显著促进我国的低碳转型。

七是应做好碳市场和碳税的协调,碳汇等碳抵消机制还需得到进一步发展。第一,参照碳市场所形成的价格,同时考虑发展中国家税率和税负大小,设定碳税税率为30元/吨,碳价格的合理区间下限变为56.02元/吨,跨入合理区间年份提前至2040年。此外,税基设定为燃料碳含量比二氧化碳排放量的效果更好,一方面碳税本身对低碳转型的正向作用更大,另一方面也能推动碳市场运行效率提高。第二,考虑碳汇等自愿减排量后,碳价格的合理区间下限也调整为56.02元/吨,跨入合理区间年份提前至2040年。

八是全国碳市场起步阶段要做好国内碳排放权价格的隔离机制，引导减排循序渐进，2031年后可以推动中欧碳市场联通，同时要积极应对欧盟碳边境调节机制对我国碳市场可能产生的影响。考虑国际碳市场的影响，将碳价格的合理区间下限变为85.99元/吨，跨入合理区间年份提前至2046年。设定我国碳市场2031年对欧盟等国家开放，碳市场减排效率对我国低碳转型的促进作用大于2021年就对欧盟等国家开放的情况，影响系数为-0.076，因此短期内中国碳市场不应操之过急对外开放。考虑欧盟碳边境调节机制后，当碳价格大于85.99元/吨时，对我国低碳转型的影响系数更大。

（二）政策建议

1. 加快完善碳排放交易相关立法

《碳排放权交易管理暂行条例》尚未出台，相关立法也没有对碳排放权的法律属性进行明确界定，这给配额分配、纳入行业、信用监管等各项碳市场建设工作造成障碍，不利于碳排放权交易制度的制定和完善。此外，根据《京都议定书》和国际实践，碳资产的种类不仅限于碳排放权，还包括碳汇等减排碳资产，但我国对碳资产的规制范围仍局限于碳排放权配额，其他碳资产的法律定位也需明确。

2. 推动各类市场主体积极参与碳市场建设

一是引入机构投资者特别是金融机构参与碳市场交易，支持碳金融衍生品研发，提升碳市场定价效率。二是实际排放强度测算和核查、已支付碳价的认定、碳资产管理、处理涉碳争议等，都需要专门的中介机构参与。应加快培育第三方认证机构、信息服务机构、行业协会等中介机构，同时培养一批熟悉碳市场相关政策、掌握碳市场交易规则的专业性人才。三是吸纳非控排企业和个人参与全国碳市场交易，进一步增强碳市场的活跃度。

3. 顶层设计碳金融框架

利用全国碳排放权注册登记托管机构落户湖北武汉的机遇，建设全国碳金融中心。目前，人民银行已制定出台《金融机构环境信息披露指南》《金融机构碳核算技术指南（试行）》《环境权益融资工具》等制度标准,但在实际应用中还需进一步出台碳金融业务指导意见,明确如何获得融资主体碳排放和碳减排数据、如何将碳排放权纳入抵质押担保范围、如何将企业碳表现纳入授信管理流程等,充分发挥碳市场的金融属性,做大碳金融市场。同时还应加快制定相关监管办法,推动形成气候主管部门和金融监管部门的联合监管工作机制。

4. 建立健全碳减排激励机制

一方面,政府以行政手段控制配额总量和分配,使控排企业的减排行为出于强制性而不是自愿性,引导企业根据自身碳排放情况权衡碳配额购买成本和技术改造成本,这是引导企业进行绿色技术创新的关键机制。另一方面,通过市场手段保持碳价格合理稳定,引导各类市场主体积极参与碳市场交易。

5. 做好碳市场与碳税政策的协调

从碳减排政策国际实践看,碳排放权交易和碳税是互补而非替代关系,通过征收碳税可以起到碳价支撑作用。我国可考虑在未来合适时机开征碳税,两种政策手段的协调配合、综合运用,但税率设计应当由低到高,逐步调整,使税率保持在适中的水平,且应对不同地区、部门、产品和使用者实行差异税率。

6. 大力发展绿色低碳技术

建立全国碳市场的最终目标是通过引导低碳投资和绿色技术创新推动实现经济的低碳转型。根据国际能源署报告,2050年实现净零排放的关键技术中,50%尚未成熟。因此无论是碳市场还是碳税,都应把获得的资金用于发展新能源、去碳技术创新等环节,重视研发投入,形成一批成熟的、可推广的绿色低碳技术和节能减排技术。

7. 循序渐进推进碳市场建设

我国碳市场建设不适合生搬硬套国外成熟的碳市场机制,需要逐步有序推进。一是逐步取消免费配额,在尽量照顾到控排企业成本压力的情况下稳步提高配额拍卖比例。二是虽然扩大碳市场纳入行业能增加碳市场深度,提升碳价格发现的功能和精准度,但对经济增长可能产生较大影响,因此应逐步扩大碳市场纳入行业和各行业控排企业纳入比例,在经济增长和低碳转型之间找到平衡点。三是在全国碳市场平稳运行一段时间后，再引入金融机构等机构投资者并逐步提升机构投资者渗透率，欧盟碳排放交易体系一次性放开对机构投资者限制的做法不适合中国。四是由于国内外碳价格差距很大，考虑到控排企业减排成本和能源转型压力，短期内碳价格不宜过高，因此需做好国内碳价格走势监测预警机制，防止欧盟对国内碳市场造成较大冲击。

8.做实做强绿色金融体系"五大支柱"

经济的低碳转型是一个动态优化过程，金融既要通过对更高标准、更高效率产能的支持，引导对传统落后产能的减量替代，又不能简单过快地退出传统能源领域。对标碳达峰碳中和目标要求，应继续强化金融支持绿色发展的资源配置、风险管理和市场定价"三大功能"作用，做实做强绿色金融体系"五大支柱"，积极运用碳减排支持工具，加快研究制定转型金融标准，推动市场主体沿着清晰的路径向低碳、零碳和去碳过渡。

参考文献

[1] 陈晓红,王陟昀.碳排放权交易价格影响因素实证研究——以欧盟排放交易体系（EUETS）为例[J].系统工程,2012,30（02）:53-60.

[2] 梁悦晨.基于总量控制的中国碳排放权交易体系建立研究[D].东北林业大学,2017.

[3] 芦颖,李旭东,杨正业.贵州省能源碳排放现状及峰值预测[J].环境科学与技术,2018,41（11）:173-180.

[4] 马丁,陈文颖.中国2030年碳排放峰值水平及达峰路径研究[J].中国人口·资源与环境,2016,26（S1）:1-4.

[5] 齐绍洲,王薇.欧盟碳排放权交易体系第三阶段改革对碳价格的影响[J].环境经济研究,2020（01）:1-20.

[6] 齐绍洲,张振源.欧盟碳排放权交易、配额分配与可再生能源

技术创新［J］.世界经济研究，2019（09）：119-133.

［7］王俊.碳排放权交易制度与清洁技术偏向效应［J］.经济评论，2016（02）：29-47.

［8］魏琦，李林静.碳价格及其波动率能促进中国企业低碳投资吗？［J/OL］.中国矿业大学学报（社会科学版），2021.

［9］魏莉，陈伟达，杨烨.导入碳减排投资的废钢铁再制造生产投资策略研究［J］.工业工程与管理，2018，23（03）：65-79.

［10］魏丽莉，任丽源.碳排放权交易能否促进企业绿色技术创新——基于碳价格的视角［J］.兰州学刊，2021（07）：91-110.

［11］闫新杰，孙慧.基于STIRPAT模型的新疆"碳达峰"预测与实现路径研究［J］.新疆大学学报（自然科学版），2021，38（06）：1-8.

［12］于天飞.碳排放权交易的市场研究［D］.南京林业大学，2007.

［13］周小川.建立碳市场需要回答的若干问题［J］.北大金融评论，2021（08）.

［14］Acworth W, Ackva J, Haug C, et al. Emissions Trading and the Role of a Long-run Carbon Price Signal：Achieving Cost-effective Emission Reductions under an Emissions Trading System, 2017.

［15］Alberola E, Chevallier J, Cheze B. The EU Emissions Trading Scheme：The Effects of Industrial Production and CO_2 Emissions on Carbon Prices［J］. EconomieInterbationale, 2018, 116（4）: 93-125.

［16］Bergh K V, Delarue E, D'Haeseleer W. Impact of Renewables Deployment on the CO_2 Price and the CO_2 Emissions in the European Electricity Sector［J］. Energy Policy, 2013, 63: 1021-2031.

［17］BorghesiS, Cainelli G, Mazzanti M. European Emission Trading Scheme and Environmental Innovation：An Empirical Analysis Using CIS Data for Italy［J］. GiornaledegliEconomisti e Annali di Economia, 2012, 71（1）: 71-97.

［18］Brauneis A., Mestel R., Palan S. Inducing Low-carbon

Investment in the electric Power Industry through a Price Floor for Emissions Trading [J]. Energy Policy, 2013, 53: 190-204.

[19] Burtraw D., Palmer K., Kahn D. A Symmetric Safety Valve [J]. Energy Policy, 2010, 38: 4921-4932.

[20] Calel R., Dechezlepretre A. Environmental Policy and Directed Technological Change: Evidence from the European Carbon Market [J]. Review of Economics and Statistics, 2016, 98 (1): 173-191.

[21] Chevallier J. Nonparametric Modeling of Carbon Prices [J]. Energy Economics, 2011, 33 (6): 1267-1282.

[22] Cui J., Zhang J., Zheng Y. Carbon Pricing Induces Innovation: Evidence from China's Regional Carbon Market Pilots [C] //AEA Papers and Proceedings. 2018, 108: 453-57.

[23] European Commission. Communication Accompanying the Proposal for a Decision Concerning the Establishment and Operation of a Market Stability Reserve for the Union Greenhouse Gas Emission Trading Scheme, 2014a.

[24] Fell H. Comparing Policies to Confront Permit Over-allocation [J]. Journal of Environmental Economics and Management, The Economics of the European Union Emission Trading System (EU ETS) Market Stability Reserve, 2016, 80: 53-68.

[25] Hansen E. B. Inference When a Nuisance Parameter is not Identified under the Null Hypothesis [J]. Econometrica, 1996, 64 (2): 413-430.

[26] Hoffmann V. H. EU ETS and Investment Decisions: The Case of the German Electricity Industry [J]. European Management Journal, Business, Climate Change and Emissions Trading, 2007, 25: 464-474.

[27] Huang G. B., Zhu Q. Y., Siew C. K. Extreme Learning Machine: Theory and Applications [J]. Neurocomputing, 2006, 70 (1-3): 489-501.

[28] Jingbo Cui, Junjie Zhang, Yang Zheng. Carbon Pricing Induces Innovation: Evidence from China's Regional Carbon Market Pilots [J]. AEA Papers and Proceedings, 2018, 108: 453-457.

[29] Keppler J. H., Mansanet-Bataller M.. Causalities between CO_2, Electricity, and other Energy Variables during PhaseI and Phase II of the EU ETS-ScienceDirect [J]. Energy Policy, 2010, 38 (7): 3329-3341.

[30] Ley M., Stucki T., Woerter M. The Impact of Energy Prices on Green Innovation [J]. The Energy Journal, 2016, 37 (1).

[31] Lin B. Q., Jia Z. J. What are the Main Factors Affecting Carbon Price in Emission Trading Scheme? A Case Study in China [J]. Science of the Total Environment, 2019, 654: 525-534.

[32] Lin S., Wang B., Wu W., Qi S. The Potential Influence of the Carbon Market on Clean Technology Innovation in China [J]. Climate Policy, 2017, 18: 71-89.

[33] Liu Q., Gu A., Teng F., et al. Peaking China's CO_2 Emissions: Trends to 2030 and Mitigation Potential [J]. Energies, 2017, 10 (2): 209.

[34] Mansanet-Bataller M., Pardo A., Valor E. CO_2 Prices, Energy and Weather [J]. The Energy Journal, 2007, 28 (3).

[35] Perthuis C. D., Trotignon R. Governance of CO_2 Markets: Lessons from the EU ETS [J]. Energy Policy, 2014, 75: 100-106.

[36] Pettersson F., Soderholm P., Lundmark R. Fuel Switching and Climate and Energy Policies in the European Power Generation Sector: A Generalized Leontief Model [J]. Energy Economics, 2012, 34 (4): 1064-1073.

[37] Tan Xue-Ping, Wang Xin-Yu. Dependence Changes between the Carbon Price and its Fundamentals: A Quantile Regression Approach [J]. Applied Energy, 2017, 190.

[38] Ton S. van den Bremer and Frederick van der Ploeg. The Risk-Adjusted Carbon Price [J]. American Economic Review, 2021, 111 (9):

2782-2810.

［39］Wang B., Boute A., Tan X. Price Stabilization Mechanisms in China's Pilot Emissions Trading Schemes: Design and Performance ［J］. Climate Policy, 2020, 20（1）: 46-59.

［40］Wettestad J., Jevnaker T. Smokescreen Politics? Ratcheting Up EU Emissions Trading in 2017 ［J］. Review of Policy Research, 2019, 36: 635-659.

［41］Widerberg A., WrakeMarkus.The Impact of the EU Emissions Trading System on CO_2 Intensity in Electricity Generation ［J］. Working Papers in Economics, University of Gothenburg, Department of Economics, 2009, No. 361.

［42］York R., Rosa E A, and Dietz T. STIRPAT, IPAT and ImPACT: Analytic Tools for Unpacking the Driving Forces of Environmental Impacts ［J］. Ecological Economics, 2003, 46（3）: 351-365.

［43］Zhou J., Wang S. A Carbon Price Prediction Model Based on the Secondary Decomposition Algorithm and Influencing Factors ［J］. Energies, 2021, 14, 1328.

［44］Zhu B. Z., Ye S X, Han D. A Multiscale Analysis for Carbon Price Drivers ［J］. Energy Economics, 2019, 78: 202-216.

课题主持人：林建华

课题组成员：李　斌　邓亚平　马运生　刘克珍　陈　波　吴　莹　曾　妮　刘　诺

改进老年人金融服务研究

——基于对 2 412 位老年人和 22 家商业银行的问卷调查

中国人民银行武汉分行办公室课题组

摘要： 我国已进入老龄化社会，如何为老年人提供更加优质高效的适老化金融服务，是当前亟待研究的课题。本文在前人研究的基础上，对湖北省22家商业银行和2 412位老年人进行了问卷调查，分别从银行视角和老年人视角研究老年人金融服务供求状况，通过分析供求缺口，提出进一步完善老年人金融服务制度体系、加大适老金融产品和服务创新、实施老年人金融素养提升工程、提供城乡差异化老年人金融服务、引导和鼓励金融机构支持"银发产业"发展等改进适老化金融服务的政策建议。

关键词： 老年人；金融服务；银行；供需缺口

一、引言

当前，我国已进入老龄化社会[①]。根据第七次全国人口普查，中国60岁以上人口比重达到18.7%，其中65岁及以上人口比重达到13.5%。2010年至2020年，60岁以上人口比重上升了5.44个百分点，65岁以上人口比重上升了4.63个百分点。未来一段时期，随着1962年至1976年的"婴儿潮"人口即将进入老年期，以及人均寿命明显延长，我国老龄化趋势将更加严峻。随着我国老年人口数量的不断增多，越来越多的社

---

① 国际上通常的看法是，当一个国家或地区60岁以上老年人人口占人口总数的10%，或65岁以上老年人人口占人口总数的7%，即意味着这个国家或地区的人口处于老龄化社会。

会资产聚集在老年人手中，老年人对基本养老、贴心服务、便利结算、专属理财、金融学习等需求也在不断上升。然而，伴随着科学技术的发展，金融服务逐渐呈现智能化、信息化、无人化趋势，老年人由于金融知识与技能的缺乏，面临着金融排斥、金融风险等问题。2020年11月，国务院办公厅印发了《关于切实解决老年人运用智能技术困难实施方案》，其中要求便利老年人日常消费，保留传统金融服务方式，提升网络消费便利化水平。因此，如何为老年人提供更加优质高效的适老化金融服务，是亟待研究的重要课题。本文通过理论研究和问卷调查，从供给和需求两个维度对比分析当前老年人金融服务的特点和不足，在此基础上提出改进适老化金融服务的政策建议，以期完善老年人金融服务制度，推动老年人金融产品和服务创新，保障老年人金融服务需求，提升全社会金融服务的普惠性和包容性。

二、文献综述

（一）老年人金融服务的定义与界定

老年人金融服务是为60岁以上居民提供的金融社会服务、带有金融性质的服务。《老年人权益保障法》规定，老年人的年龄起点标准是60周岁。因此中华人民共和国凡年满60周岁的公民都属于老年人，老年人金融服务可指针对60周岁及以上人群提供的金融服务。尹银和张琳（2020）认为，将老年人金融服务定义为金融社会服务，即由政府、社会非营利组织和社会工作者提供的，旨在改善老年人金融现状、增加金融福祉的服务。郗文泽（2008）认为，金融服务可界定为金融相关机构和从业者提供的带有金融性质的服务，包括资产管理服务、信贷服务、交易服务、保险服务、证券服务、信息和咨询服务等六类。

养老金融服务包含制度化的养老金运作、养老财富管理和金融支持等。张佩等人（2014）认为，基于研究视角的差异，学者们对于养老金融的基础研究，主要集中在养老金运作方面。陈艺（2013）将养老金融服务定义为，与养老有关联的储蓄投资机制，泛指与居民终身理财和退休后收入保障相关的金融服务。郑秉文、张笑丽（2016），董克用、姚余栋（2019），张栋、孙博（2019）等人认为，养老金融服务是指除制度化的养老金以外，金融机构围绕社会养老相关的投资、理财、消费及其他衍生需求采取的创新金融产品和服务，包括非制度化养老财富管理、养老金融便捷性支持。党雪（2021）将养老服务金融定义为，金融机构根据全体社会成员养老相关需求采取的一系列金融创新活动，主要有养老财富管理和金融支持。

（二）老年人金融服务的需求特征

老年人金融服务需求通常具有风险承受能力低、金融知识匮乏、维权意识弱等特点。胡茛靓（2020）调查发现，老年金融消费群体的需求和行为特征表现在五方面：一是依赖银行人工服务，强调金融消费的便捷性；二是风险承受能力低，强调产品的安全性和流动性；三是消费需求趋向多样化；四是缺乏相关金融知识，容易遭受权益侵害；五是缺乏维权意识，未能及时止损。张韶华、王晓红、杜若华（2017）研究发现，老年人金融消费行为主要有四方面特征：一是受教育程度、身体条件限制，普遍依赖银行人工服务，不愿接受或者不信任电子化金融服务；二是受自身思想观念影响，风险偏好较为保守，风险承受能力弱，更倾向于财富稳定增值，定期储蓄、国债、保本型银行理财产品等金融产品；三是接受能力较低，认知能力不足，再加上金融机构金融教育严重缺失，导致老年人整体的金融知识较为匮乏；四是在办理银行业务时被动按指令在银行工作人员指定地方签字，并不了解所办理业务的详情，维权意识较为薄弱。冯雪（2019）调查发现，我国老年人金融服务需求主要包括基本养老、贴心服务、理财产品等需要，而金融服务供给处于初步发展阶段，主要有"以房养老"模式（老年人住房反向抵押养老保险）和商业养老保险（主要有分红型、投资连结型、万能型和传统型）。唐心仪（2014）研究发现，我国老年人金融服务需求主要包含基本养老、便利结算、专属理财、人性服务、金融学习等需求，老年人金融服务供给主要包括"以房养老"模式、养老理财产品及综合金融服务方案、商业养老保险、养老主题基金、新型信托型养老金产品等。尹银和张琳（2020）认为，老年人储蓄、消费、投资理财以及对于银行业务办理等需求不断升高，人性化、个性化的服务受到青睐。《经济日报》记者（2021）调查发现，退休10年以内的人群（60岁至70岁）接受新技术的意愿、能力较强，有潜在的智能技术运用需求，如果有人帮助则愿意尝试；退休10年以上的老年人（70岁以上）对新技术的认知更为陌生，对传统手段更为依赖，坚持使用存折，且偏爱现金支付，极少使用移动支付手段。《中国老年人金融服务发展报告（2020）》指出，老年人金融服务需求有五大特点：习惯柜台人工服务、注重财富保值增值、偏好安全性的投资、认知有限而不敢涉足理财市场。柴时军、王聪（2015）研究发现，老年人投资主要以银行存款为主且投资渠道单一，对于股票、期货、基金的参与度逐步下降。徐升（2016）研究发现，老年人金融服务需求越来越多样化，对各类理财产品的需求逐步从"我不懂不碰"转变到"我愿意接受一些适合我的产品，实现财产保值增值"。《中国老年人金融服务发展报告（2020）》表示，老年人的金融服务需求，主要分为储蓄存款、保险需求、支付结算、投资理财等。

城乡老年人金融服务需求和供给特征存在差异。侯菊君（2011）等认为，相比农村，城市社区金融基础设施相对完善，各种个性化金融产品和特色老年融资项目等能够更好地满足老年人金融需求。李小云（2007）、韩峥（2004）等认为，农村老年人收入低、资产少，投资和信贷渠道缺乏，导致生计资产缺乏，抵御风险能力低，易遭受金融冲击，金融脆弱性更高。蔡生菊（2017）认为，农村女性老年人的金融脆弱性具体表现在物质贫困、能力贫困、文化和权力的贫困。张颖莉（2018）表示，农村女性老年人由于家庭特征、性别角色和家庭经济地位成为金融边缘群体，城市老年人金融需求呈现出普遍性、较高的业务黏性、便捷性、投资安全性等特点。

（三）老年人金融服务需求主要影响因素

金融基础设施、金融产品和服务对老年人金融服务满意度产生影响。龚夕竹等人（2021）分析发现，金融网点的距离、金融产品数字化、设备更新及时性、绿色服务通道、金融机构服务、产品传播渠道与途径限制等因素是老年人产生金融排斥的主要原因。

年龄越大越倾向于持有低风险金融资产。Guiso.L（2000）、Shum 和 Faig（2006）等学者研究欧美数据发现，家庭金融资产中风险资产和年龄呈倒"U型"关系，家庭风险资产的投资比例随年龄先升高后降低，而无风险资产的变化趋势恰恰相反。陈伟雄（2016）认为，家庭成员年龄越大越不愿意持有风险性金融资产，随着年龄接近退休，家庭会选择持有较少的风险性金融资产。张学勇、贾琛（2010），朱光伟（2014）等人的研究发现，高龄和低龄人群因自身承受风险能力有限，更加偏好持有低风险金融资产，而中青年人投资时倾向于承担更高的风险。

金融认知缺乏会影响老年人投资决策和金融福祉。Lusardi 和 Mitchell（2007）认为，金融认知的缺乏会使得投资者的个人计划不周，将导致老年人的退休储蓄不足和终生福利下降。崔颖、刘宏（2019）发现，中老年家庭认知能力的衰退对家庭的金融资产配置尤其是风险资产投资产生显著的消极影响。张黎佳（2021）表示，适合老年人金融产品相对较少，理解能力、接受能力、学习能力较弱，导致其对在线业务办理相对不信任、操作流程也不熟练，制约其接受理财产品。

老年人更容易遭遇金融诈骗。Lee、Soberon-Ferrer（1997）和 Deliema（2017）研究发现，影响中老年人金融受骗的个人特征主要包括人口统计学特征、健康情况、性格等。年龄较大、生活贫困、受教育程度较低、没有配偶和孩子、亲戚朋友少的老人更易受骗。

从上述文献中可以看出，老年人在金融服务方面具有明显的群体性特征，这为有针对性地改进老年人金融服务提供了客观条件。但以往研究主要从需求端单方面分析老年人金融服务特点，较少从供需两端对比分析存在的错配与不足，这不利于更加全面地分析问题，从而找到更有针对性、更具操作性的改进措施。因此，本文以2 412名老年人和22家商业银行为样本，通过问卷调查，分别从银行和老年人两个视角，分析老年人金融服务的供给与需求特点，以期通过对比供需缺口，找到改进老年人金融服务的路径与建议。

三、银行视角下的老年人金融服务现状

本文对湖北省内6家国有商业银行、12家股份制商业银行和4家地方法人银行进行了问卷调查,从供给端了解老年人金融服务现状。问卷调查结果显示,老年人金融资产规模呈两头大、中间小的"杠铃式"分布特征;老年人存贷款增长较快,理财余额稳定,风险厌恶度较高;大多数银行开发了适老版手机银行APP,但柜面业务依然受到老年人青睐;银行为老年人提供了暖心服务,但排队问题仍待改进。

(一)老年人金融资产规模分布总体呈现"杠铃式"特征,且行际客户差异明显

老年人金融资产规模5万元以下的平均占比为46.69%,5万元至20万元的平均占比8.99%,20万元以上的平均占比44.33%,呈现两头大、中间小的"杠铃式"分布特征。分银行看,国有商业银行、地方法人银行老年人客户金融资产规模普遍较小,5万元以下的平均占比分别为89.77%、57.26%;股份制银行老年人客户金融资产规模普遍较大,20万元以上的平均占比为53.47%。

(二)老年人存款增长较快,且以定期存款为主

2018年至2020年,22家银行的老年人存款余额分别为4 081.72亿元、4 832.75亿元、5 809.10亿元(见图1),年均增长率为21.16%,高于个人存款年均增长率4.35个百分点;老年人存款在全部个人存款中的占比分别为24%、24.86%、25.56%,呈逐年上升态势。分银行看,国有商业银行老年人存款余额在全部个人存款中的占比最大,为72.27%;地方法人银行占比19.50%,股份制商业银行占比8.23%。2020年末,22家商业银行老年人存款中的定期存款余额占比为72.90%。分银行看,地方法人银行老年人存款中的定期存款占比最高,为87.93%,股份制商业银行、国有商业银行的占比分别为69.91%、68.86%。分期限看,1年(含)内占比25.36%,1年至3年占比43.70%,3年至5年占比26.99%,5年以上占比3.95%。

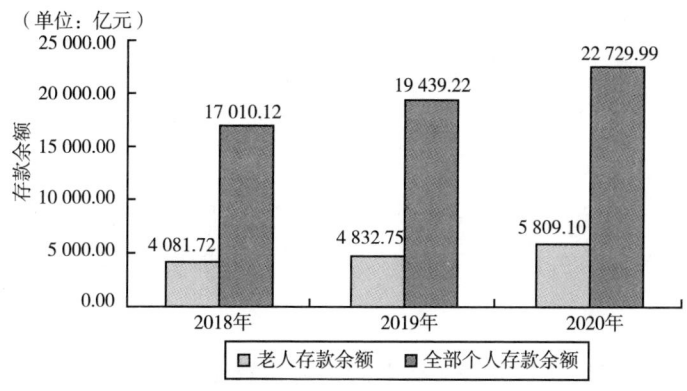

图1　2018年至2020年老年人存款和个人存款余额变动情况

（三）老年人贷款增长较快，主要为个人住房贷款和经营性贷款

2020年末，22家商业银行的老年人贷款余额为311.03亿元，在全部个人贷款中占比为1.51%。尽管占较低，但2018年至2020年3年间老年人贷款余额年均增长率达到32.75%，增幅较大。从用途看，老年人贷款主要用于个人住房（48%）和个人经营（36%），用于个人消费比例仅为7%（见图2）。

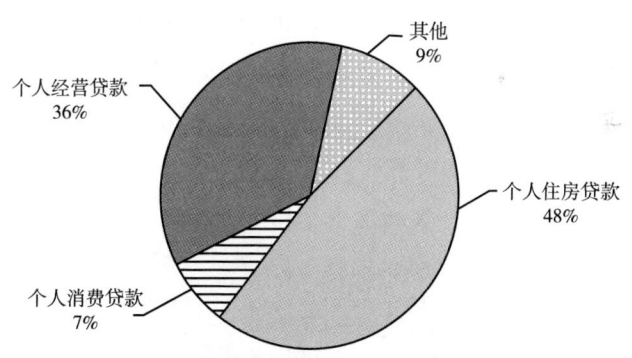

图2　2020年末老年人贷款余额结构

（四）老年人银行理财余额较为稳定，且风险厌恶度较高

2018年至2020年，22家银行的老年人理财余额分别为1 600.12亿元、1 801.58亿元、1 725.33亿元，在银行全部理财中的占比分别为24.73%、

24.96%、23.49%。分年龄看，60岁至65岁、65岁至70岁、70岁以上老年人理财余额在银行全部理财中的占比分别为39%、31%、30%。从风险偏好看，71.17%的老年人不愿意承受风险或仅愿意承受低风险（本金损失不超过10%）。其中，不能承受本金损失的占比为32.34%，仅愿意承受不超过10%本金损失的占比为38.83%，愿意承受10%至20%本金损失的占比为18.56%，愿意承受20%以上本金损失的占比为10.27%。

（五）大多数银行开发了适老版手机银行APP，但柜面业务依然受到老年人青睐

2021年以前，22家商业银行中，有15家银行推出了适老版手机银行APP；2021年以后，推出的银行家数达到18家，其余4家银行（渤海银行、华夏银行、恒丰银行、湖北银行）正在进行开发，预计2021年年底前正式上线。但目前，不少老年人依然习惯现场办理业务。从2021年第一季度22家商业银行代表性网点现场业务办理情况来看，有14家银行网点柜面接待客户中，老年人占比超过50%。其中，邮储银行占比最高（88%），其次是交通银行（85.7%）、工商银行（85%）。老年人现场办理的业务类型主要是定活期存款（30%）、工资支取（27%）以及投资理财（21%），办理生活缴费业务最少（3%）（见图3）。

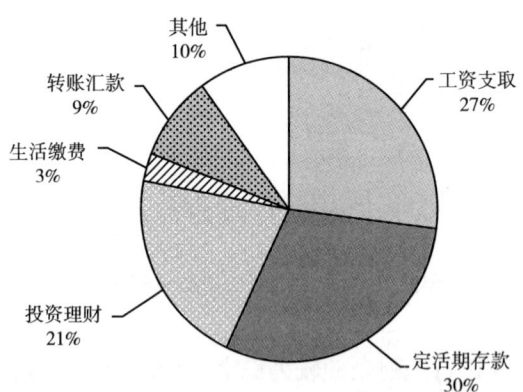

图3 老年人在银行网点柜面现场办理业务的类型

(六)银行网点对老年人提供了暖心金融服务,但排队问题仍待改进

从问卷调查情况看,22家银行网点均配备了老花镜、专属座椅,均设置了老年人专用窗口、无障碍通道且通道标准明确,均能对外出不方便的老年人提供上门服务。但老年人办理业务排队时长问题仍待改进。通常情况下,老年人办理业务排队等候时间在5分钟以内的平均占比53%;排队等候时间在30分钟以上的平均占比3%。但业务密集期(如养老金发放时期),老年人办理业务排队等候时间在5分钟以内的平均占比为43%,较日常情况下降10个百分点;在30分钟以上的平均占比为5%,较日常情况上升2个百分点。

四、老年人视角下的老年人金融服务现状

本文采取线上问卷调查、专人辅助填写的方式,对湖北省13个市州(含武汉市)和67个县市(含直管县市)的60岁以上老年人开展金融服务调研,共收回有效问卷2 412份。分年龄看,60岁至70岁老年人1 763名,占比73.09%;70岁至80岁老年人475名,占比19.69%;80岁以上老年人174名,占比7.21%。分区域看,城镇地区(含县级及以上地区)老年人1 356名,占比56.22%;农村地区(含乡镇及以下地区)老年人1 056名,占比43.78%。调查问卷结果显示,大多数老年人更习惯到银行网点通过柜台办理业务,排队时间长是老年人面临的主要问题;存款、理财、保险是老年人使用较多,同时也是更期望改进的金融产品;亲朋好友、电视广播和专业人士是老年人了解金融产品信息的主要渠道。

(一)大多数老年人依赖银行网点办理业务

问卷结果显示,有89.35%的老年人依赖银行网点办理业务,其中,75.17%的老年人亲自去办理业务,14.18%的老年人委托亲朋去办理业务,仅10.65%的老年人通过手机银行等线上渠道办理业务。分年龄看,70岁以上的老年人对银行网点的依赖度相对更高。60岁至70岁的老年人亲自或委托亲朋去银行网点办理业务的占比为87.63%,而70岁至80

岁的老年人、80岁以上老年人的这一占比分别为94.95%、91.38%。分区域看,农村地区老年人比城镇地区更依赖银行网点。城镇地区老年人亲自或委托亲朋去银行网点办理业务的占比为85.03%,而农村地区老年人这一占比为94.89%。

(二)排队是老年人办理柜台业务面临的主要问题

相比自助设备,72.97%的老年人更习惯通过柜台办理业务。排队是老年人办理柜台业务面临的主要问题。76.08%的老年人反映经常需要排队,其中,平均等候时间在10分钟以内的占比为60.57%,在10—30分钟以内的占比为31.97%,在30分钟以上的占比为7.46%。分区域看,城镇地区比农村地区老年人面临的排队问题更加突出。城镇地区、农村地区老年人中办理业务经常需要排队的占比分别为81.78%、68.84%,其中,平均等候时间在10分钟以内的占比分别为56.09%、67.40%,在10—30分钟以内的占比分别为35.71%、26.27%,在30分钟以上的占比分别为8.21%、6.33%。

(三)存款、理财、保险是老年人使用较多,同时也是更期望改进的金融产品

老年人使用最多的金融产品是存款(95.9%),其次是理财(23.63%)和保险(17.08%)。分年龄看,60岁至70岁、70岁至80岁、80岁以上老年人中,办理储蓄存款的占比分别为95.52%、97.05%、96.55%,购买理财的占比分别为26.15%、18.53%、12.07%,购买保险的占比分别为18.09%、15.16%、12.07%。有68.12%的老年人对现有金融产品有更多期待,排名前三的金融产品是存款(48.55%)、理财(26.92%)和保险(20.39%)。分年龄看,60岁至70岁、70岁至80岁、80岁以上老年人中,期望存款产品能够改进的占比分别为48.38%、48.70%、51.22%,期望理财产品能够改进的占比分别为26.72%、27.27%、29.27%,期望保险产品能够改进的占比分别为18.55%、27.92%、26.83%(见图4)。分区域看,城镇地区、农村地区老年人中,期望存款产品能够改进的占比分别为45.80%、53.20%;期望理财产品能够改进的占比分别

为28.34%、24.51%；期望保险产品能够改进的占比分别为18.95%、22.84%。

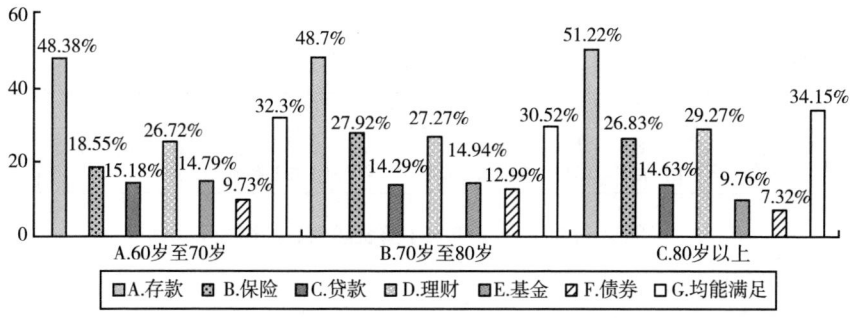

图4　不同年龄老年人期望改进的金融产品类型

（四）亲朋好友、电视广播和专业人士是老年人了解金融信息的主要渠道

老年人了解金融信息途径中排名前三的是亲朋好友介绍（47.18%）、电视广播媒体（43.74%）、专业人士推介（32.71%）。分年龄看，60岁至70岁、70岁至80岁、80岁以上老年人了解金融信息的途径中，通过亲朋好友的占比分别为45.26%、52.21%、52.87%；通过电视广播媒体的占比分别为43.56%、45.68%、40.23%；通过专业人士推荐的占比分别为36.42%、24.21%、18.39%（见图5）。分区域看，城镇地区、农村地区老年人了解金融信息的途径中，通过亲朋好友的占比分别为43.51%、51.89%；通过电视广播媒体的占比分别为44.47%、42.80%；通过专业人士推荐的占比分别为39.60%、23.86%。可见，城镇地区老年人对专业人士的依赖度显著高于农村地区，而农村地区老年人对亲朋好友的依赖度显著高于城镇地区。值得关注的是，60岁至70岁老年人通过微信、抖音等新媒体了解金融信息的占比为18.49%，分别高于70岁至80岁、80岁以上老年人的占比7.12、8.15个百分点，未来老年人对微信、抖音等新媒体的依赖度可能会显著提高。

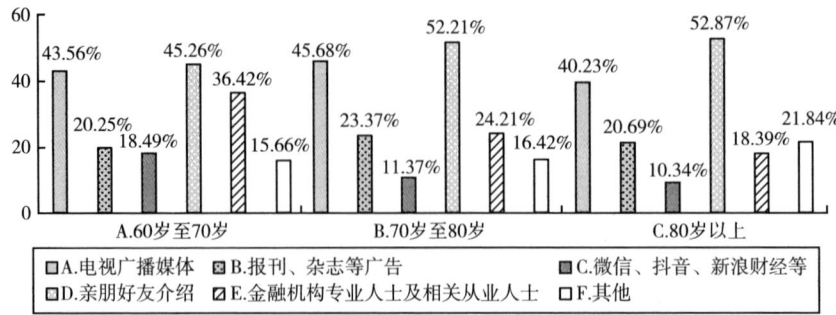

图5 不同年龄老年人了解金融信息的途径

五、老年人金融服务供需缺口分析

总体上看，现阶段老年人存取款、贷款、转账汇款、投资理财等基本金融服务需求，得到了较好满足。尤其是2020年11月国务院办公厅印发《关于切实解决老年人运用智能技术困难实施方案》后，金融机构为老年人提供了更多人性化金融服务。从湖北省情况看，金融机构按照人民银行、银保监会等金融管理部门要求，加快推动APP适老化改造升级，开辟绿色服务通道和专区，升级老年人暖心金融服务，老年人金融服务质效得到显著提升。但本文在问卷调查中也发现，相比金融为民理念，相比老年人对金融服务期望，金融服务还有不少亟待改进之处，主要体现为"四个不适配"。

（一）金融机构降成本、提效率的运营理念与老年人对细致贴身服务的需求不适配

随着金融科技发展和数字化转型深化，金融机构普遍采取关停、瘦身物理网点的方式，进一步降低人工成本、发展线上业务、提高运行效率。根据四大行年报和半年报，截至2021年6月底，四大行网点数量与2020年底相比，合计减少74个。2021年上半年四大行的人员减少了22 325人。本文调研的22家银行机构中，也有13家银行反馈2020年现金服务窗口数量较2016年有所下降。尽管金融机构推进数字化转型，减少网点和人员数量有助于降低运营成本、提高运营效率，但却不利于改

进老年人金融服务。相比而言，大多数老年人更习惯"面对面"的业务办理方式。调查中，有65.78%的老年人希望办理业务中有专人引导，有18.94%的老年人因身体或其他原因希望银行提供上门服务。这对银行网点和员工的数量都提出了更高要求。金融机构普遍反映，虽然建立了老年人专人引导服务机制，但遇特殊时间节点老年人数量较多时，专人引导服务难以落实。

（二）金融机构服务高净值、追求高收益的产品设计理念与老年人对保值增值、养老保障的需求不适配

由于高收益型产品更具有吸引力，高净值群体往往风险容忍度及投资热情较高，在金融市场竞争激烈的背景下，金融机构在产品设计开发环节上更愿意服务追求高收益的高净值群体，而不是基于养老和健康需求下对保值增值型产品有更高需求的老年人。调查发现，贷款产品方面，银行机构普遍将个人贷款年龄明确限制在18周岁至65周岁的年龄区间内；保险产品方面，寿险机构除在意外险上放宽年龄门槛至80周岁以下外，其他健康险、医疗险等主要险种最高投保年龄基本都限制在60周岁以下。但老年人金融需求依然旺盛。调查中，老年人使用最多的金融产品是存款、理财和保险，占比分别为95.9%、23.63%和17.08%；表示愿意更多了解和购买的金融产品也是存款、理财和保险，占比分别为87.06%、52.38%和31.16%。

（三）金融机构优先服务贵宾客户的服务理念与老年人对绿色通道、专属服务的需求不适配

在市场化竞争背景下，为实现经济效益最大化，金融机构往往采取贵宾客户优先服务等差异化经营政策，为高净值客户提供更多的专属服务和增值服务，吸引并留住优质客户。但老年人多数是低净值人群，金融机构为其服务的经济效益较低，改善老年人金融服务意愿不足，加之市场竞争愈加激烈，金融机构更愿意提升运营效率，对老年人金融需求的忽略越来越多。调研显示，老年群体具有身体机能老化、学习能力减弱、金融素养不足等特点，金融需求呈现个性化、特殊化、复杂化特征，更需要金融机构提供绿色通道和专属服务。多数银行虽然建立了绿色窗口、绿色通道，但实际效果并不理想，老年人普遍反映排队时间长仍是突出问题，个人专属服务、代办业务较难实现。汉口银行反映，目前能够代办的业务不足50%。建设银行反映，为了防止员工代办引发风险事件，在内控制度上，专门作出禁止员工"过分"引导的规定。

（四）普适化、时代化的金融宣传模式与老年人对熟人圈子、传统路径的高度依赖不适配

随着互联网技术高速发展，金融知识宣传活动更多通过互联网载体开展，形式更加多样、覆盖面明显提升，更具有普适化、时代化特征。同时，辅以金融知识"进校园""进社区""进企业"等专项活动点对点宣传，此类宣传主要来自上级单位或者管理机构要求，宣传往往缺乏主动性和针对性。但老年人对互联网载体不熟悉，整体接受能力较差，无法参与金融知识线上宣传活动。调查显示，金融机构的知识宣传与老年人获取途径不适配。老年人获取金融信息的途径排名前3分别是亲朋好友介绍、电视广播媒体、专业人士推荐，占比分别为47.18%、43.74%和32.71%；还有18.86%的老年人表示通过系统学习或专业人士介绍，了解到更多金融知识和信息。金融机构人员作为专业人士，可在网点或者老年大学对老年人进行宣传，但由于人手往往有限，宣传中需要耗费更多的时间和精力，导致金融机构忽视老年人这类群体。

六、结论与建议

本文调查发现的老年人金融服务缺口现象，具有比较明显的时代特征，再过10年、20年，即70后、80后人群逐步进入退休阶段，如"数字鸿沟"类问题或许可以迎刃而解。但是立足当下，老年人金融服务如何改进完善？着眼未来，老年人金融服务又该如何前瞻布局？

（一）进一步完善老年人金融服务制度体系

随着我国老龄化速度的加快，对老龄产业发展提出了新要求，老年人金融服务制度亟待改革。当前，应该充分结合我国的国情和金融服务

现状,在合理预测未来发展趋势的前提下,进一步完善老年人金融服务制度体系。

一是做好老年人金融服务制度设计。当前,基于风险防控的要求,金融产品在设计过程中,会充分考虑生命周期的因素,诸如商业保险服务、信贷服务会对老年人产生天然的"金融排斥",导致老年人金融需求不能得到有效满足。实际上,随着科技进步、医疗水平提升,国人生命周期不断延长,健康水平不断改善,这也是专家学者提议延长退休年龄的重要原因。同时,随着国民经济的不断发展,老年人退休金稳步增长,房地产等资产持续增值,让这类老年人群具备一定风险偿付能力。特别是随着老龄化的快速推进,收入稳定、持有资产多的老年人会不断增多,将这类人群排除在制度设计之外,显然不契合我国金融业改革发展的路径选择。因此,应对现有的产品设计理论基础、框架进行适度调整,以更加契合老龄化的大趋势。

二是建立完善老年人金融消费者权益保护制度。建议针对老年人金融消费的特殊性,进一步细化《中华人民共和国老年人权益保护保障法》,按照"买者有责、卖者余责"的指导思想,明确老年人和金融服务供给方在金融消费服务过程中的权利义务,为老年人提供更有力的法律支持。同时,在金融监管层面,应积极发布行业规章制度,对老年人金融消费权益保护突出问题予以规范和细化。

三是推动建立老年人金融服务资质认定机制。实践证明,对于非金融专业人士,特别是老年人,金融从业人员有明显的专业优势和信息优势,在服务老年人过程中,从业人员如无道德约束或行业自律约束,极有可能损害老年人权益。因此,建议金融机构建立老年人金融服务资质认定机制,要求从业人员经过系统培训和实践,取得资质认定后,方可独立服务老年人群体,同时还将接受后续的评价和考核,评价不合格则取消资质认定资格。这方面美国老年人金融保护办公室已经进行了有益的实践。

(二)鼓励金融机构加大适老金融产品和服务创新

金融机构要把握老龄化发展大势,认识到服务老龄人既是履行社会责任要求，更是把握未来发展趋势的重大机遇。要改变老年人金融服务成长性差、产生效益低的固有观念，积极开展适老金融服务和产品创新，积极探索工作经验，把握新的增长点。

一是进一步优化考核指标体系。在风险可控前提下，加大对老年人金融服务考核权重，给予产品服务创新更大的力度，有效匹配老年群体的投资理财和保险保障需求，为老年人提供如国债逆回购、保本型理财等固定收益类产品和适宜的保险产品。

二是鼓励金融机构探索开展特色网点建设。老年人客户群体占比较高的金融机构，如邮储银行老年人客户占比超50%，可选取老年人较集中的社区开设老年人特色网点或在网点开设老年人专属服务区。一方面，可以改进老年人的客户体验，切实增加老年人的金融获得感；另一方面，能够给金融机构拓展老年人服务积累更多经验。

三是利用大数据模型为老年人精准画像。鼓励金融机构依托大数据模型，按照年龄、职业、单位、交易记录、留存率、偏好等客户属性对老年人客户进行分群，借助客户互动平台、智能语音及异业数据绘制客户需求精准画像，更有针对性地进行个性化服务。在能够为老年人客户精准画像的前提下，积累一定的数据资料后，推行"首问负责制"和"限时办理制"，从根本上解决老年人用户体验问题。

（三）实施老年人金融素养提升工程

金融监管部门和金融机构应更有针对性地开展金融宣传活动，积极对接老年人金融信息和知识获取路径，普及金融知识，拓宽金融信息渠道，推广电子设备使用和纠正金融行为偏差，进一步提升老年群体的金融素养。

一是充分利用好物理网点。金融机构物理网点是与老年人接触最频繁、沟通最有效的平台。要进一步发挥平台优势，提升老年人对电子化设备的认知度和认同度，提高老年人使用率和熟练度。充分发现和发挥一线员工沟通能力优势，宣传普及投资理财和防范金融诈骗等方面的知识。

二是充分利用好新媒体平台。调查发现，有33.76%老年人反映，通过用微信、抖音等新媒体平台接受过金融知识，充分说明微信、抖音等新媒体在老年人群体中有一定的影响力，金融机构要利用好这类平台做好宣传推荐，同时也要加大风险提示力度，避免老年人被误导。

三是广泛开展专题宣传活动。鼓励金融机构主动走进老年大学、老年活动中心、社区、公园等老年群体聚集区域，有针对性地开展金融知识普及活动。通过开展形式多样的主题、专题宣传活动，调动老年人参与金融活动的积极性，进一步提升老年人金融素养。

（四）改进老年人金融服务要体现出城乡差异

从调研情况看，金融服务在城乡供需两端存在明显差异，在农村地区高达50%的老年人表示不愿意接受金融服务，该比例远高于城镇地区。因此，从改进金融服务供给方式上要充分体现出城乡差异。

一是从城镇看，老年人普遍有退休养老金，掌握的各类房地产、金融资产相对较多，金融需求呈现出更加多元化、全面化的特征。因此，提高城镇地区老年人金融服务除进一步改进存贷款、转移支付等传统服务模式外，还应该重点加强投资理财、保险、资产评估、协助资产代际转移等方面的多元化服务，目标是增加老年人的金融机会，通过金融赋能提升老年人生活品质。

二是从农村看，农村地区的养老保险体系尚不健全。有调查显示，城镇地区养老保险收入是农村地区的22倍。2019年，全国农村地区养老保险收入平均水平是160元/人/月，且农村地区之间差异较大，经济相对发达地区达到300元/人/月，相对落后地区仅100余元/人/月。农村老年人普遍资产积累少，主要依赖国家社会保障和"养儿防老"观念下的子女适度补贴，导致农村地区老年人金融参与度低。因此，改进农村地区金融供给的重点，是进一步加大金融支持乡村振兴力度，大力发展普惠金融，开展金融救济和金融公益事业，有效降低"金融排斥"，挖掘农村老年群体的金融潜能。

（五）引导和鼓励金融机构支持"银发产业"发展

一是进一步加大金融支持"银发产业"力度。充分发挥再贷款、再贴现等货币政策工具的牵引带动作用，引导金融机构支持养老设施、养老机构、医疗护理、养老地产等"银发产业"，鼓励基金、信托积极主动对接"银发产业"，引导更多资金流入"银发产业"。

二是发挥财税政策联动作用。重点加大财政在个人储蓄性养老保险和商业养老保险方面的补贴力度，健全养老产业风险分担和补偿机制。鼓励保险业金融机构开发如老年人年金保险、健康保险、长期护理险、失能保险、终身寿险等商业保险产品，与国家层面的养老保险体系有效对接，构建更加健全的养老保障体系。

参考文献

[1] 尹银，张琳.金融社会工作为老服务：老年人的金融服务需求与应对[J].社会工作与管理，2020，20（2）：24-31.

[2] 郤文泽.金融服务产业集聚研究[D].天津：天津财经大学，2008：11-12.

[3] 张佩，毛茜.中国养老金融创新发展：现实障碍、经验借鉴与应对策略[J].西南金融，2014.7.

[4] 陈艺.中国养老金融业发展现状分析[J].经济研究导刊，2013.4.

[5] 郑秉文，张笑丽.中国引入"养老金融"的政策基础及其概念界定与内容分析[J].北京劳动保障职业学院学报，2016（4）.

[6] 董克用，孙博.应对老龄化重视养老金融发展[N].中国劳动保障报（理论），2016.12.16（3）.

[7] 张栋，孙博.养老服务金融：严监管背景下的跨行业探索与创新[EB/OL].中国养老金融50人论坛.养老金融评论2019（第六辑），2019.6.

[8] 党雪.金融科技在养老金融发展中的赋能作用与路径[J].金融科技，2021（02）.

[9] 胡莨靓.我国老年金融消费者权益保护研究[J].中国银行业，

2020（11）.

［10］张韶华、王晓红、杜若华.老年金融消费者保护主要问题及相关建议——基于甘肃省520名老年金融消费者问卷调查结果［J］.西部金融，2017（03）：9-11.

［11］冯雪.老龄化社会金融服务创新浅议［J］.合作经济与科技，2019（05）.

［12］唐心仪.老龄化社会金融服务创新的国际经验及其启示［J］.北方经贸，2014（4）.

［13］经济日报."适老"金融服务需求可细分［EB/OL］.（2021-01-27）［2021-04-05］. https：//baijiahao.baidu.com/s?id=1689993390470722612&wfr=spider&for=pc.

［14］零壹财经.中国老年人金融服务发展报告（2020）［EB/OL］.（2020-05-08）［2021-04-05］. https：//baijiahao.baidu.com/s?id=1666076936637745614&wfr=spider&for=pc.

［15］柴时军，王聪.老龄化与金融资产选择［J］.贵州财经大学学报，2015（05）：36-47.

［16］徐升.人口老龄化背景下商业银行老年金融服务的需求分析［J］.现代经济信息，2016（2）：296-297.

［17］侯菊君.论我国城市社区老年金融服务建设［J］.福建论坛（社科社会工作教育版），2011（12）：148-149.

［18］李小云，董强，饶小龙.农户脆弱性分析方法及其本土化应用［J］.中国农村经济，2007（4）：32-39.

［19］韩峥.脆弱性与农村贫困［J］.农业经济问题，2004（10）：8-12，79.

［20］蔡生菊.脆弱性贫困与农村妇女贫困问题——基于甘肃省的实证调查［J］.天水行政学院学报，2017（1）：99-103.

［21］张颖莉，游士兵.贫困脆弱性是否更加女性化？——基于CHNS九省区2009年和2011年两轮农村样本数据［J］.妇女研究论丛，2018（4）：33-43.

［22］龚夕竹、贾煜菲、贾雯丹、武菲.北京地区老年人金融排斥研究［J］,时代金融,2021（04）.

［23］陈伟雄.人口老龄化对家庭金融资产配置的影响［D］.湘潭大学,2016.

［24］张学勇,贾琛.居民金融资产结构的影响因素——基于河北省的调查研究［J］.金融研究,2010（03）:34-44.

［25］朱光伟,杜在超,张林.关系、股市参与和股市回报［J］.经济研究,2014,49（11）:87-101.

［26］崔颖,刘宏.认知能力与中老年家庭金融资产配置［J］.南开经济研究,2019（01）:82-99.

［27］张黎佳.老年金融消费趋势、问题及公共管理对策建议［J］.金融天地,2021（02）:99-100.

［28］Shum P, Faig M. What explains household stock holdings?［J］. Journal of Banking & Finance, 2006, 30（9）: 2579-2597.

［29］Lusardi A, Mitchelli O S. Financial Literacy and Retirement Preparedness: Evidence and Implications for Financial Education［J］. Business Economics, 2007, 42（1）: 35-44.

［30］Lee J, Soberon-Ferrer H. Consumer vulnerability to fraud: Influencing factors［J］. The Journal of Consumer Affairs, 1997, 31（1）, 70-89.

［31］Deliema M. Elder Fraud and Financial Exploitation: Application of Routine Activity Theory［J］. The Gerontologist, 2017, 58（4）: 706-718.

课题主持人: 李　斌
课题组成员: 赵旭东　胡　德　张　弦　石亦慧　吴沁松　樊怿霖

从新冠疫情看各类风险事件对国际收支状况的影响及应对

——以美国、德国、日本、俄罗斯为例

中国人民银行武汉分行国际收支处课题组

摘要：进入新世纪以来，全球政治经济形势愈发复杂，国际的交流和对抗不断升级，全球系统性风险逐渐加大，比如新冠疫情等各类风险事件正层出不穷地显露出来，威胁着各国国际收支平衡发展。本文以美国、德国、日本、俄罗斯四个主要经济体为例，分析金融风险事件、政治风险事件和公共卫生风险事件对各国国际收支状况的冲击和后续影响，归纳其共性和特征，提出我国在后疫情时代防范系统性金融风险、维持国际收支平衡、保持经济内外部均衡发展的政策建议。

关键词：国际收支；风险事件；次贷危机；克里米亚事件；新冠疫情

一、引言

国际收支体现了一国国际贸易与资金流动的变化方向以及该国在世界经济结构中所起的作用，一国国际收支结构和状况与其所处的国际环境、经济发展阶段、要素禀赋和自身政策等多种因素有关。新冠疫情的暴发及迅速蔓延，对中国乃至全球的经济产生重大冲击，也给各国国际收支状况带来诸多变化。进入新世纪以来，全球政治经济形势愈发复杂，国际的交流和对抗不断升级，全球系统性风险逐渐加大，比如新冠疫情等各类风险事件也正层出不穷地显露出来，威胁着各国国际收支平

衡发展。本文从风险事件的概念和分类入手，通过梳理美国、德国、日本、俄罗斯四个主要经济体国际收支状况历史沿革及特点，分析包括新冠疫情等各类风险事件对其国际收支状况的冲击和后续影响，归纳其共性和特征，提出我国在后疫情时代维持国际收支平衡、保持经济内外部均衡发展的政策建议，从而更全面、客观地为未来中国政策选择提供参考。

二、风险事件的含义及分类

（一）风险事件的含义

风险事件也称风险事故。是指酿成事故和损失的直接原因和条件。风险一般只是一种潜在的危险，而风险事件的发生使潜在的危险转化成为现实的损失。从这个意义上来说风险事件是损失的媒介。

（二）风险事件的分类

风险事件没有统一的分类标准，本文根据影响一国国际收支的风险事件的驱动因素，将风险事件划分为金融风险事件、政治风险事件、公共卫生风险事件、事故灾难风险事件、自然灾害风险事件、社会安全风险事件。结合历史上发生的对各国经济影响较大的事件，本文主要研究金融风险事件、政治风险事件、公共卫生风险事件对一国国际收支的影响。

金融风险事件主要是指系统性金融风险事件，它是指一国因多种外部或内部的不利因素经过长时间积累，在某段时间共振导致无法控制，使金融系统参与者恐慌性出逃，造成全市场投资风险加大进而影响一国国际收支的风险事件。在经济全球化、国际贸易日常化的今天，发生在一个经济体的金融风险事件会蔓延至其他经济体，进而导致一系列经济危机的连锁反应，如2007年美国次贷危机在2008年蔓延至全球，并导致随后的欧债危机。政治风险事件是指造成一国政治不稳定的相关事件，主要包括国家战争、社会冲突、革命或内乱、恐怖事件等，如2014年克里米亚并入俄罗斯，导致美国为首的西方国家对俄罗斯大举制裁，给俄罗斯经济发展尤其是国际收支稳定造成巨大障碍。公共卫生风险事件是指造成或可能造成社会公众健康严重损害的重大传染病疫情、群体性不明原因疾病、重大食物中毒、职业中毒以及其他严重影响公众健康的事件,如SARS病毒事件、甲型H1N1流感事件、新冠疫情事件等。其中新冠疫情是全球性重大突发风险事件,导致全球贸易和投资急剧萎缩,对各国国际收支影响巨大。

三、各类风险事件对美国国际收支状况的影响及其应对

(一)美国国际收支状况的历史沿革和结构特点

美国自1990年至今的国际收支状况如图1所示,由图可见,美国国际收支长期保持"经常账户逆差+金融账户顺差"模式,其经常账户的逆差主要来自货物贸易,金融账户的顺差主要来自证券投资。

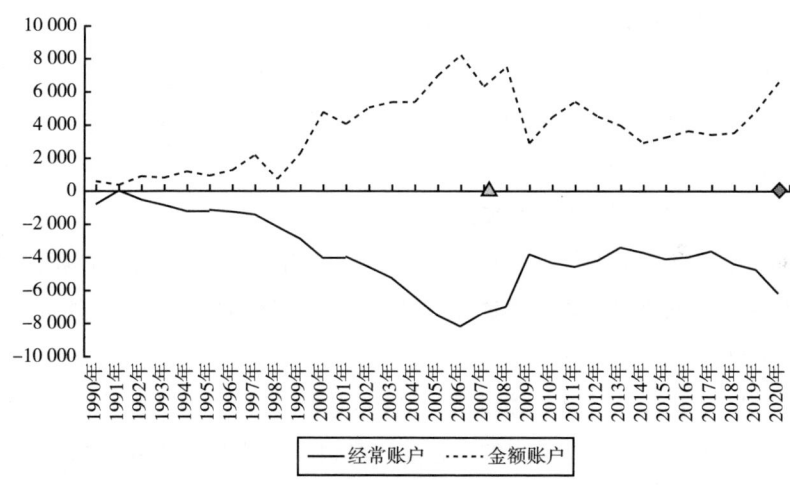

图1 美国国际收支状况图(单位:亿美元)①

(二)金融风险事件对美国国际收支的影响:以次贷危机为例

2001年IT泡沫破灭,美国经济在经历90年代的高速增长后开始出

---

① 数据来源:IMF Balance of Payments Statistics,下同。
注:△2007年美国次贷危机爆发;◆2020年新冠疫情暴发。

现衰退。为了刺激经济,美联储采取了极具扩张性的货币政策:经过13次降息,到2003年6月25日,将联邦基金利率下调至1%,创45年来最低水平。低利率政策导致购房热情和住房价格的急剧上升,银根松动又使得银行不断降低次级抵押贷款的放贷标准,次级抵押贷款的发放规模不断扩大①。在这种情况下,美国房地产泡沫持续膨胀。迫于通胀压力,美联储在2004年6月至2006年6月连续17次上调联邦基金利率。利率的上升导致房价由涨转跌②,美国地产泡沫破裂,次级贷款违约率上升,房贷证券化的现金流断裂,金融机构资产大幅缩水加上去杠杆化,金融市场流动性出现短缺。2007年8月,美国次贷危机爆发,美国陷入了自大萧条以来最为严重的金融危机。

次贷危机使美国金融业受到沉重打击,美国许多银行以及与房贷相关的金融机构或面临着倒闭的风险,或出现巨额亏损,严重影响投资者对美国金融市场的信心。次贷危机还通过多种渠道对消费、投资与出口产生冲击,从而使得危机由金融市场蔓延到实体经济。美国经济在2008年第三季度和第四季度陷入负增长,2008年GDP增长率为-0.14%,2009年为-2.54%。失业率在2008年小幅增长后,于2009年大幅攀升至9.28%。

1.次贷危机对美国国际收支的影响

次贷危机中美国的金融市场和实体经济均受到了冲击,消费的减少导致进口的减少和经常账户逆差的收窄,国际流动性不足导致外资的撤离和金融账户顺差的收窄。

美国经常账户逆差大幅收窄。次贷危机对美国经常账户的影响主要体现在2009年。2007年和2008年,美国经常账户逆差小幅收窄,到了2009年则大幅缩减3 168亿美元,降幅高达45%,这主要是货物贸易逆差减少导致。2009年美国货物贸易进出口同比均大幅减少,其中出口同比减少2 385亿美元,进口同比减少5 613亿美元,货物贸易逆差缩减

---

① 至2006年底,美国次贷规模达1.5万亿美元,其中大部分转换成债务抵押债券,并出售给新的投资者,投资者利用它们创造出衍生产品,之后衍生产品又不断被再次打包和出售。

② 2006年7月至2008年10月底,美国20个大城市的平均房价下跌超过20%。

3 228亿美元,占经常账户逆差减少额的101.9%。商品进口量的锐减体现了美国消费的减少。服务贸易进出口均略有下降,顺差额减少52亿美元。初次收入①贷方减少1 670亿美元,借方减少1 705亿美元,顺差额增加35亿美元。二次收入逆差额增加43亿美元。2010年开始,经常账户逆差基本保持稳定(见图2)。

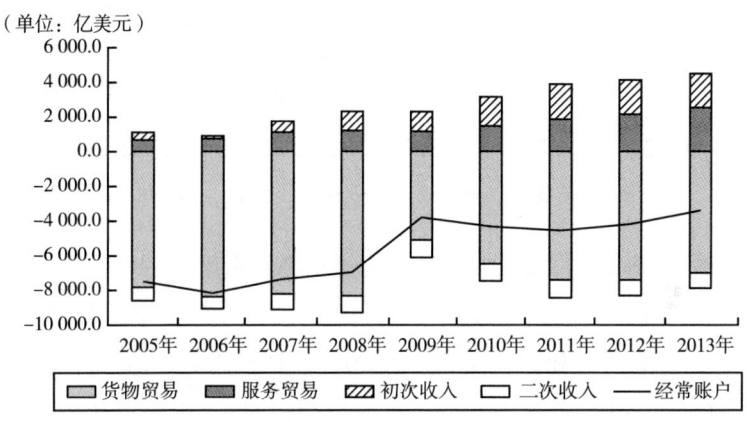

图2　美国经常账户年度收支状况(2005—2013年)②

美国金融账户顺差大幅收窄。由于投资风险增加及国际流动性不足,跨国公司开始纷纷从境外调回资金。自2008年开始,美国双向国际投资锐减,证券投资和其他投资表现得尤为明显,但其收支差额变化不大;金融账户顺差增长1 189亿美元,增幅18.8%。2009年,双向投资总体持续减少,美国金融账户结构迎来重大变化。当年美国对外证券投资3 759亿美元,较上年增加6 602亿美元,证券投资科目一反常态由大额顺差转为小额逆差,而其他投资则由小额逆差转为大额顺差,导致当年金融账户顺差大幅缩减4 604亿美元,降幅高达61%。2010年,双向投资开始恢复增长,金融账户顺差开始小幅增长(见图3)。

---

①　初次收入科目包括雇员报酬、投资收益和其他初次收入。美国初次收入科目主要由投资收益构成,金额占比长期高达98%以上。

②　数据来源:IMF Balance of Payments Statistics。负值代表逆差,即资金为净流出,下同。

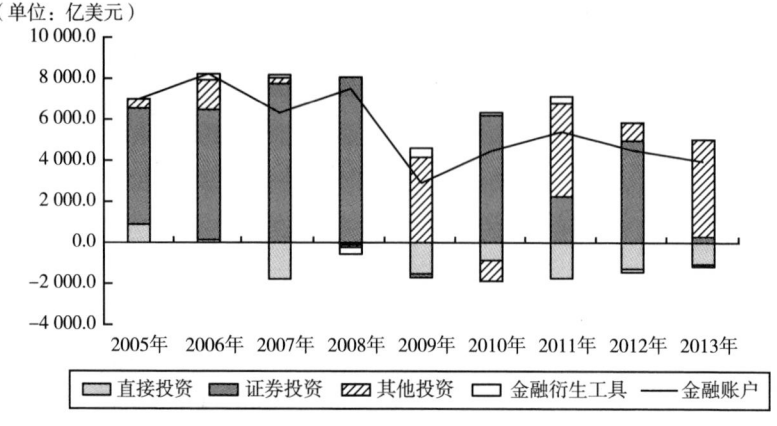

图3 美国金融账户年度收支状况（2005—2013年）

美国国际储备大幅增加。自布雷顿森林体系解体后，美元延续了在布雷顿森林体系下的中心货币地位，依然是全球范围内最普遍使用的计价尺度、交易手段和储备货币。在2007年底的全球外汇储备中，美元资产占64%，欧元资产占26%，日元资产占3%。由于美元是当今世界通行的国际货币，美国国际储备一直保持较低水平。但在次贷危机发生后，美国也开始增持国际储备，2007年新增国际储备1亿美元，2008年新增48亿美元，2009年又大幅增加522亿美元（见图4）。

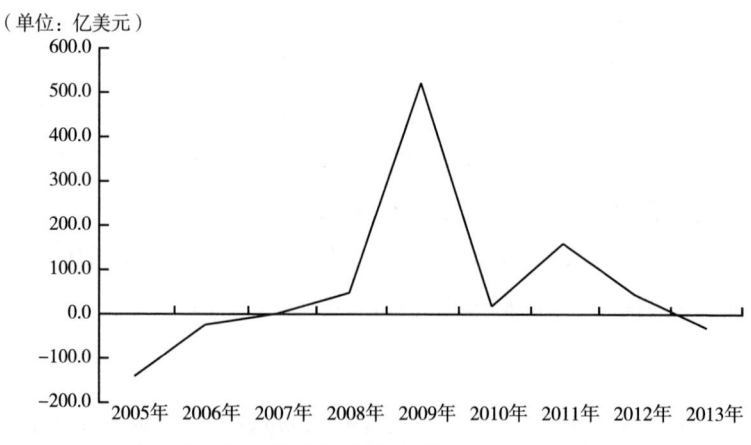

图4 美国储备资产年度变动额（2005—2013年）

2. 美国应对次贷危机的政策措施及应对效果

自美国次贷危机爆发以来，美国金融体系深受打击，房地产行业、汽车业、能源等多个市场也陷入低迷，美国陷入严重的经济衰退。为了挽救危机，美国政府实行了积极的财政政策，并直接救助重点金融机构。2008年2月，布什政府出台了总额为1 680亿美元的经济刺激计划，主要通过退税刺激消费；10月通过《2008年紧急经济稳定法案》，承诺为金融市场融资7 000亿美元；11月奥巴马政府推出扩大政府开支、减税，实施大规模金融救援计划、房市救援计划。2009年至2012年，美国联邦财政赤字连续四年超过1万亿美元。同时，美联储使用了广泛的货币政策工具，包括传统工具以及一系列非常规措施：一是执行"零利率"政策，2007—2008年，10次下调联邦基金利率500个基点至0—0.25%；二是实行量化宽松（QE）政策，2008年末至2014年10月，美联储扩表近3.6万亿美元；三是将法定存款准备金利率和超额存款准备金利率降到0.25%；四是将贴现率从6.25%降至0.5%，同时将贷款期限最长延至90天；五是创新性设立多种流动性便利工具[①]；六是美联储多次发放定向贷款，贷款对象包括贝尔斯登和美国国际集团（AIG）等公司；七是与14国签署7 550亿美元货币互换协议。

美国采取的一系列货币和财政政策对挽救金融危机、恢复经济起到了一定效果。从国际收支数据来看，经常账户和金融账户双向萎缩的局面在2010年得到好转，对外经济开始回暖。在经历2009年货物贸易骤减后，2010年美国货物贸易进出口恢复增长，进出口额基本达到2007年水平，货物贸易逆差同比扩大；服务贸易进出口额恢复增长且均超过2007、2008年值，服务贸易顺差扩大；初次收入双向增长，且顺差扩大。经常账户逆差在2010—2013年间基本稳定在4 000亿美元左右。经常账户逆差收窄的同时，作为镜像的金融账户顺差也在收窄。而2010年后，双向直接投资总体上呈现增长趋势，直接投资多呈现逆差；证券投资和

---

① 包括定期拍卖工具（TAF）、一级交易商信贷便利（PDCF）、商业票据融资便利（CPFF）、货币市场基金流动性工具（AMLF）和货币市场投资基金工具（MMIFF）、定期资产担保证券贷款便利（TALF）、定期证券出借工具（TSLF）等。

其他投资则波动较大,且一直没有恢复到危机前的水平,两项大体上均呈现顺差。

(三)公共卫生风险事件对美国国际收支的影响:以新冠疫情为例

2020年,突如其来的新冠疫情席卷全球,成为21世纪最大的全球性公共卫生风险事件。新冠疫情发生以来,中国政府采取积极的防控策略和措施,有效控制了新发病例的增长,本地传播已经趋于完全控制。2020年2月以来,我国少有输出新冠病例报告,为国际社会应对疫情提供了宝贵的时间窗口。但与此同时,国际疫情却从少数国家的输入病例和有限本地传播,逐渐演变为意大利、美国、西班牙等国的快速增长,在不到两个月的时间里,疫情已经蔓延至185个国家和地区,五大洲纷纷沦陷,欧洲成为疫情"震中",抗击疫情已成为多国和地区政府共同面对的首要议题。

2020年3月和4月,美国疫情扩大,在采取了一系列遏制措施之后,新增病例数量有所下降。随着经济活动和旅游的恢复,感染在初夏再次上升,但在更严格的预防措施之后,感染在夏季逐渐减少。然而,9月新发病例再次上升,并持续上升。2021年1月后新增病例开始下降,疫苗接种速度加快。截至2021年10月20日,美国新冠病例累计确诊4 600万例,累计死亡病例74.9万例。

不同于金融风险事件,公共卫生风险事件主要打击劳动力要素的流动,实体经济首当其冲,而后造成一系列经济金融政治问题。疫情前美国已面临经济增长动力减弱、资产价格高企等问题,疫情导致美国金融体系和经济发展受到严重冲击。2020年3月,美国股市遭遇重挫,先后出现四次熔断,为历史首次;反映市场恐慌情绪的VIX指数升至2009年来高点;货币市场利率持续走高,Libor/OIS利差迅速上升至0.6,为2012年以来最高。在疫情冲击下,美国经济陷入严重衰退,2020年第二季度美国GDP环比折年率为-32.9%,历年最低,但自此后开始强劲反弹,全年GDP增长率为-4.27%,2020年失业率由3.67%攀升至8.89%。

1. 新冠疫情对美国国际收支的影响

疫情导致出口和投资收益的减少,美国经常账户逆差进一步扩大;

同时，外资的流入也使得金融账户顺差扩大。

美国经常账户逆差进一步扩大。2020年，美国经常账户逆差6 161亿美元，较上年增加1 439亿美元，增长30%；与名义GDP之比为3.1%，较上年提高了0.9个百分点。三大主要构成项目对美国经常账户逆差扩大的贡献分别为：货物贸易逆差于第三季度开始大幅扩大，全年增长605亿美元，贡献了经常账户逆差扩大的42%；服务贸易顺差持续减少，全年减少398亿美元，贡献了经常账户逆差扩大的28%；初次收入顺差于第二季度开始大幅减少，全年减少435亿美元，贡献了经常账户逆差扩大的30%（见图5）。

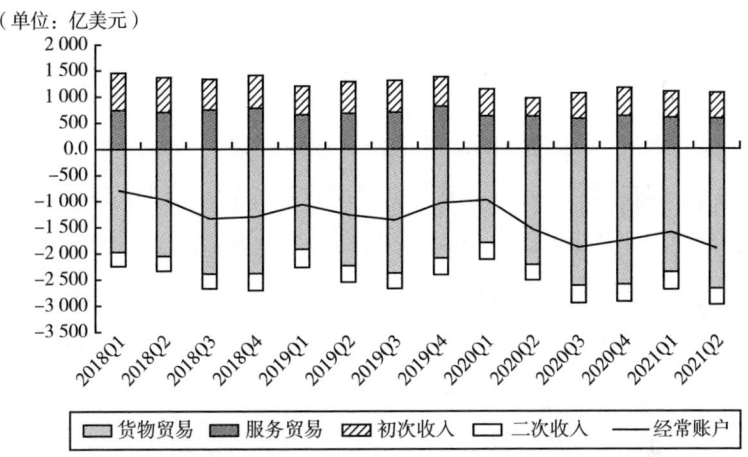

图5 美国经常账户季度收支状况（2018Q1—2021Q2）

美国金融账户顺差进一步扩大。2020年美国金融账户顺差增长1 769亿美元，增幅36.5%。美国资本净流入增加的原因是作为金融账户收支镜像的经常账户逆差扩大。证券投资和其他投资等短期资本净流入是美国资本净流入增加的主要来源，直接投资为负贡献。其中：直接投资在第二季度大幅流出，全年净流出1 004亿美元，同比减少2 804亿美元，减幅155.8%；证券投资在第二季度和第四季度大幅流入，全年净流入4 901亿美元，增加2 995亿美元，增幅157.1%；其他投资在第一季度和第三季度大幅流入，全年净流入2 664亿美元，增加1 937亿美元，增幅266.4%（见图6）。

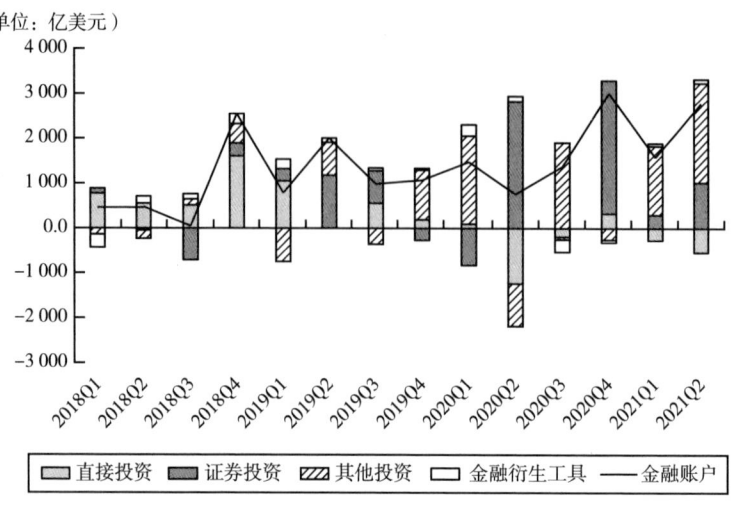

图6　美国金融账户季度收支状况（2018Q1—2021Q2）

2.美国应对新冠疫情的政策措施及应对效果

为了应对疫情影响，美国已相继出台了多轮总金额约5.65万亿美元（占2020年GDP的27.2%）的特别应对方案（见表1），用于支持医疗保健、提供个人消费刺激金和失业金、向地方和州政府提供直接援助等。2020年美国政府总债务（General Government Gross Debt）快速扩张4万亿美元（占2020年GDP的19.2%），涨幅高达17.2%，远超过次贷危机期间。2021年再次扩张2万亿美元，目前美国政府总债务规模高达29万亿美元，占当年GDP比例高达133.6%。

表1　2020年以来美国政府出台的应对疫情的财政刺激政策[①]

法案名称	发布时间	金额	主要措施
《冠状病毒准备和响应补充拨款法》	2020年3月6日	83亿美元	为医疗保健和小企业灾难贷款提供资金
《家庭首次冠状病毒应对法》	2020年3月18日	1 920亿美元	为医疗保健、病假、小企业贷款和国际援助提供资金
《冠状病毒援助、救济和经济安全法》	2020年3月27日	2.3万亿美元	给个人退税并提供失业救济、为小企业提供贷款和担保、向医院及州政府提供援助资金

---

① 资料来源：IMF。

续表

法案名称	发布时间	金额	主要措施
《薪资保护计划和医疗保健增强法案》	2020年4月24日	4 830亿美元	为小企业提供援助，为医院检测提供资金
《新冠疫情救济法案》	2020年12月28日	8 680亿美元	继续提供个人消费刺激金和失业救济金及教育资金等
《新冠疫情贫困救助法案》	2021年3月11日	1.8万亿美元	扩大个人失业救济和消费刺激、向州政府提供直接援助、为疫苗接种计划增加资源，并增加学校复课的资金

为了向市场提供流动性，避免恐慌，美联储快速反应、多措并举：一是迅速降息，2020年3月3日和3月15日将联邦基金利率下调150个基点至0—0.25%区间；二是开展无上限的量化宽松政策，2020年3月中旬至12月初期间，美联储直接持有的证券投资组合从3.9万亿美元增加到6.6万亿美元；三是降低存款准备金率和贴现率至0.1%和0.25%；四是使用各种定向流动性工具①，支持企业、居民、州和地方政府融资；五是增加国际货币互换额度，降低货币互换利率，并延长期限。

从美国国际收支的变动来看，美国政府采取的财政和货币政策对恢复经济运行、维持国际收支平衡起到了一定的作用，从2020年第三季度开始，美国经常账户各项目开始有序恢复，经常账户逆差环比快速扩大的态势得到遏制。不过，在美国经济的供给端修复慢于需求端的情况下，美国货物贸易逆差将进一步扩大，同时服务贸易顺差将进一步收窄。2021年第一季度，美国货物贸易逆差同比增长30.9%（两年平均增长10.7%），服务贸易顺差同比减少15.8%（两年平均减少10.1%），经常账户逆差同比增长70%（两年平均增长24.8%）。

（四）小结

两次风险事件都对美国经济产生了巨大的影响，不同的是金融危机

---

① 包括一级交易商信贷便利（PDCF）、货币市场共同基金流动资金工具（MMLF）、一级市场企业信贷工具（PMCCF）和二级市场公司信贷便利（SMCCF）、商业票据融资工具（CPFF）、薪资保护项目流动性便利（PPPLF）、主街贷款计划（Main Street Lending Program）、定期资产支持证券贷款工具（TALF），市政流动性便利（Municipal Liquidity Facility）。

主要对金融系统产生冲击，而公共卫生危机直接对实体经济产生冲击。两次风险事件对美国国际收支的影响刚好相反，次贷危机使得美国经常账户逆差和金融账户顺差缩窄，而新冠肺炎事件使得美国经常账户逆差和金融账户顺差进一步扩大。两次风险事件中，金融账户的变动均大于经常账户的变动。

美国面对两次风险事件所采取的政策措施也有不同，次贷危机期间主要是以宽松的货币政策为主，而面对新冠疫情是以积极的财政政策为主并辅以宽松的货币政策，而且比次贷危机期间更加激进。两次危机期间美联储的政策具有相似性，均采取了大规模的资产购买计划和低利率政策，在政策的使用上，经历过次贷危机的美国政府如今在疫情中对于政策的把握更加熟能生巧，在继承上次危机的部分工具后，还创设了新的流动性工具。

美国借助美元国际货币的先天优势，可以肆无忌惮地进行量化宽松政策，新冠疫情期间甚至推出了无限量化宽松政策。超宽松货币政策能够缓解疫情冲击、加快经济复苏，但也将带来金融脆弱性上升和通胀风险。同时，其溢出效应将对全球产生巨大影响。中国既要防范美元的短期大量流入，也要防范过后的大量流出。美国频繁使用量化宽松政策向全球转嫁危机的方法，短期内对挽救危机、恢复美国经济具有重要作用，但可以预料的是，长期内必将对美元的公信力产生负面影响。

四、各类风险事件对德国国际收支状况的影响及其应对

（一）德国国际收支状况的历史沿革和结构特点

德国自1990年以来的国际收支状况如图7所示。从图中可以看到，21世纪至今，德国国际收支结构呈现"经常账户顺差+金融账户逆差"格局，且经常账户顺差和金融账户逆差有逐渐扩大趋势。对比来看，经常账户顺差规模要更为稳定，金融账户的逆差规模则波动较大。

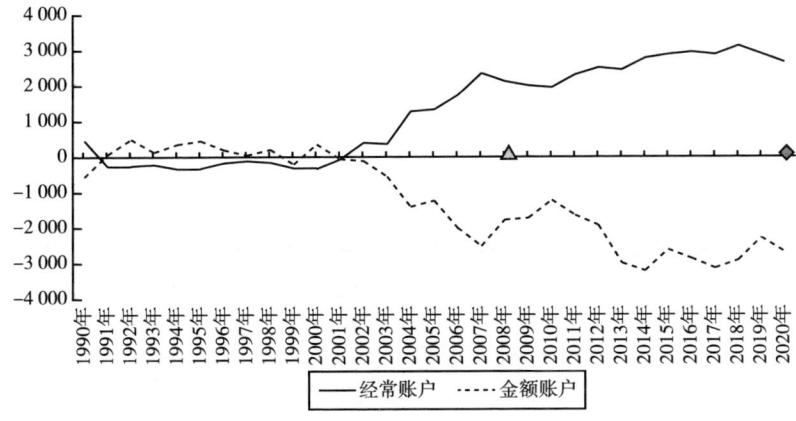

图7 德国国际收支状况图①

（二）金融风险事件对德国国际收支的影响：以次贷危机为例

美国次贷危机在2008年以后演变为全球性的金融危机，世界贸易下滑，尤其是汽车工业、资本货物和化工产品。德国是世界市场上的净供应国，与世界其他主要经济体相比，德国经济更加依赖出口，2008年德国经济的对外依存度（出口占GDP的比例）高达47.2%，因此在危机之初受到的冲击特别大。德国经济增速由2007年的2.98%降至2008年的0.96%，2009年甚至出现-5.7%的负增长。

1.次贷危机对德国国际收支的影响

得益于德国发达的工业体系和稳定的出口，次贷危机对德国经常账户的影响较小，其影响主要体现在金融账户上。2008年金融账户逆差缩减29.8%，而经常账户顺差仅小幅收窄9.6%。

德国经常账户顺差小幅收窄。由于投资收益顺差的减少，2008年德国经常账户顺差同比减少225亿美元，下降9.6%。不同于投资收益的双向减少，2008年货物贸易和服务贸易进出口较2007年仍稳步增加。而到了2009年各项目则全面萎缩，尤其是货物贸易，出口减少3 239亿美元，进口减少2 480亿美元，顺差减少759亿美元；服务贸易逆差减少191亿美元，初次收入顺差则增加438亿美元，经常账户顺差同比减少121亿

---

① 注：△2008年美国次贷危机演变为全球金融危机；◆2020年新冠疫情暴发。

美元。2010年,经常账户各项目开始恢复增长,经常账户顺差较上年减少50亿美元(见图8)。

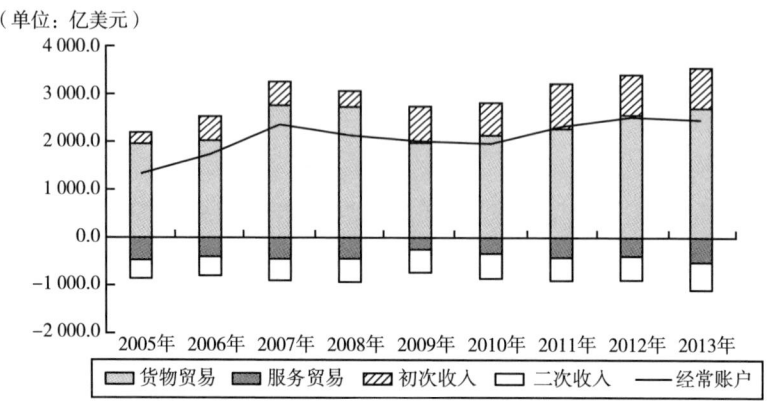

图8 德国经常账户年度收支状况(2005—2013年)

德国金融账户逆差大幅收窄。国际金融危机导致全球流动性紧张。自2008年开始,德国金融账户逆差开始收窄,较2007年减少751亿美元,降幅29.8%。其中直接投资逆差同比减少227亿美元,降低25.3%;证券投资顺差同比减少1 707亿美元,降低79.3%;其他投资逆差同比减少1 507亿美元,降低57.7%。2009年、2010年金融账户逆差持续收窄,2009年同比减少48亿美元,2010年同比减少507亿美元(见图9)。

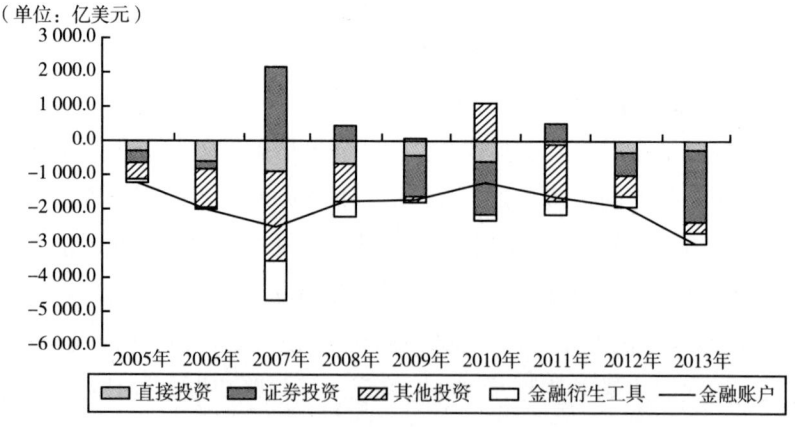

图9 德国金融账户年度收支状况(2005—2013年)

2.德国应对次贷危机的政策措施及应对效果

国际金融危机发生以后,德国先后通过了一项金融救市计划和两项经济刺激计划。金融救市计划的总规模为5 000亿欧元,主要用于救助银行、稳定金融市场,防止银行的倒闭造成经济的动荡。另外,欧央行用扩张性的货币政策来配合德国等欧元区国家的财政手段维持流动性。经济刺激计划的总规模为1 200亿欧元,主要用于劳动市场促进、直接公共投资、以旧换新的汽车置换补贴。

与美国不同,德国坚持秩序政策优先于过程政策、稳定和可持续性优先于需求刺激和赤字财政的社会市场经济的基本理念。美国的刺激政策采取了基础设施建设、减税以及紧急援助等形式,德国核心在于资助短时工作。2008—2009年德国政府总债务仅增长12%,虽然德国政府推出的经济刺激计划资金数额不是很大,但效果比较明显。德国政府率先着手从2011年实施退出战略,把整顿财政作为经济政策的优先目标。

从国际收支方面来看,2010年货物和服务贸易进出口、双向投资均稳步恢复,但经常账户顺差和金融账户逆差仍在收窄。至2011年,经常账户顺差扩大,较上年增长358亿美元;金融账户逆差扩大,较上年增长423亿美元。

(三)公共卫生风险事件对德国国际收支的影响:以新冠疫情为例

新冠疫情同样蔓延至德国,德国德国政府采取了一系列措施,通过关闭边境、关闭学校和非必要企业、社会疏远要求、实施戴口罩和禁止公众集会来遏制病毒的传播。继2020年4月初以来感染率稳步下降之后,又开始反复。自2021年5月开始,感染率低的地区开始逐步放松封锁措施。截至2021年10月20日,德国新冠病例累计确诊441万例,累计死亡病例9.6万例。

受疫情影响,德国经济出现严重下滑,2020年GDP增长率为-5.98%,失业率和短时工作人数持续上升。

1.疫情对德国国际收支的影响

德国及主要贸易伙伴国采取措施遏制新冠疫情蔓延,导致经济活动收缩。同时国际金融市场流动性也趋于紧张。德国经常账户和金融账户均受到小幅影响。

德国经常账户顺差小幅收窄。受新冠疫情影响，2020年4月德国货物贸易顺差大幅下降，使得经常账户盈余开始大幅下滑。5月，初次收入由顺差转为微幅逆差使得经常账户顺差继续下滑。从2020年6月开始，德国经常账户逐渐恢复正常，货物贸易和初次收入盈余向疫情之前回归。2020年全年德国经常账户顺差减少233亿美元，降幅8.0%。其中货物贸易顺差减少250亿美元，服务贸易逆差减少248亿美元，初次收入顺差减少182亿美元，二次收入逆差增加49亿美元（见图8）。

德国金融账户逆差扩大。德国金融账户主要受证券投资和其他投资影响，二者的盈余形势决定了金融账户的盈余状态。2018年以来，德国金融账户基本维持逆差形势，但逆差的波动较大。2020年3月新冠疫情在全球扩散之后，引发了金融市场动荡，德国金融账户在4月和5月受到影响，但很快于6月恢复到疫情前的逆差扩大趋势。2020年下半年，德国金融账户的证券投资和其他投资出现了较大规模波动。2020年全年金融账户逆差增长397亿美元，增幅17.4%，其中直接投资逆差减少867亿美元，证券投资逆差减少244亿美元，其他投资逆差增长666亿美元，金融衍生工具逆差增长842亿美元（见图9）。

2. 德国应对新冠疫情的政策措施及应对效果

为了应对新冠疫情危机、支持经济复苏，德国政府出台了三轮一揽子经济刺激计划。一是2020年3月发放1 560亿欧元，用于医疗保健和疫苗研发支出、提供"短时工作"补贴、为小企业主和自营职业者提供补贴、发放育儿津贴等。二是2020年6月发放1 300亿欧元，主要用于暂时降低增值税、家庭收入支持、对遭受打击的中小企业的补贴、对地方政府的财政支持、扩大对出口商和出口融资银行的信贷担保，以及绿色能源和数字化的补贴/投资。三是2021年3月发放600亿欧元。除了联邦政府的财政一揽子计划外，许多地方政府也宣布了自己的经济支持措施，直接支持金额达1 410亿欧元，州级贷款担保约为

700亿欧元。自2013年开始,德国政府总债务规模一直处于下降趋势,但是2020年扩张了3 700亿欧元(占2020年GDP的11.2%),同比增长18%。

货币政策方面,除欧元区一级的措施外,德国已将银行逆周期资本金率从0.25%降至0;额外增加1 000亿欧元向企业提供短期流动性资金;在世界金融基金会内分配了1 000亿欧元直接收购受影响较大的公司的股权并加强其资本状况。

德国国际收支在2020年上半年受疫情影响,经常账户顺差同比减少,其中第一季度同比减少111亿美元,第二季度同比减少239亿美元,但第三季度后,各项目开始恢复,经常账户顺差同比增长26亿美元,第四季度同比增长91亿美元。可以看出,德国国际收支韧性很强,很快就从疫情中恢复过来。2021年第一季度德国经常账户数据持续向好,顺差同比增长115亿美元。金融账户延续以往波动性大的特征,主要是由证券投资和其他投资项造成。2020年第三季度证券投资顺差较上季度大幅增加,第四季度则又转为大额逆差,其他投资则刚刚相反。但总体来看,2020年上半年金融账户逆差同比增加314亿美元,下半年同比减少711亿美元(见图10、图11)。

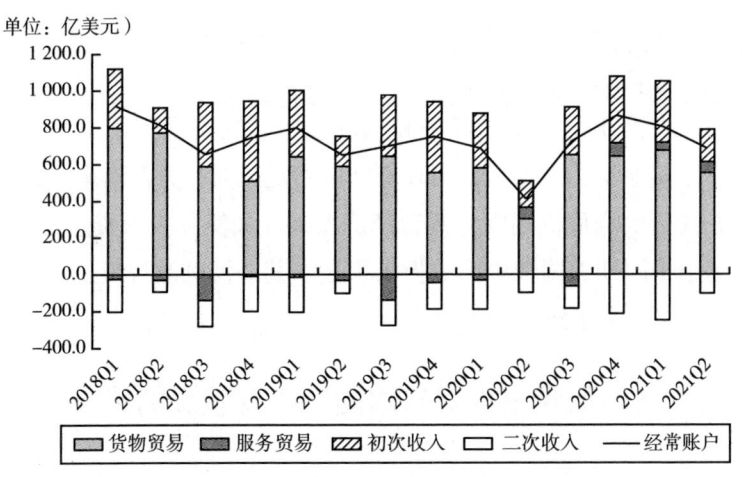

图10　德国经常账户季度收支状况(2018Q1—2021Q2)

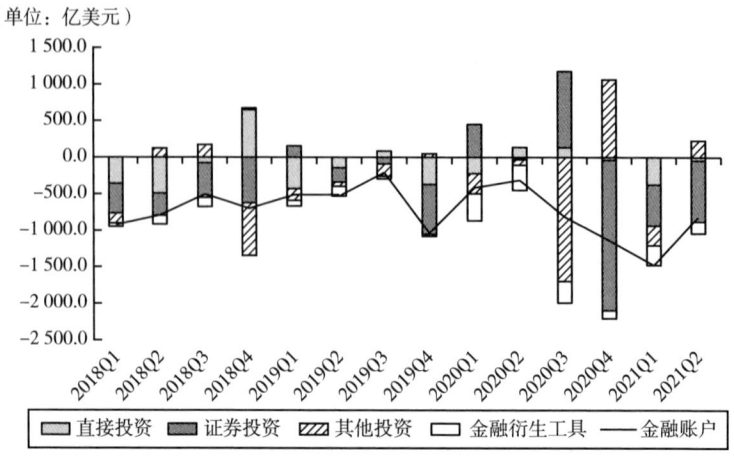

图11 德国金融账户季度收支状况（2018Q1—2021Q2）

（四）小结

德国是世界著名的"制造强国"，不仅工业部门齐全，生产加工链完整，而且掌握和拥有精高的技术水平及雄厚的研发能力，其强大的工业竞争力是德国经济快速增长和强劲复苏的根本动力和根基。同时，德国具有完善的社会保障体系，这在经济波动中起到了自动稳定器作用。在经济衰退时，政府的福利开支加大，帮助在经济困难中丧失工作的人解决生计问题、扩大总需求，这实际上是另一种形式的经济刺激计划。

德国在两次危机中，经济和国际收支状况都受到了冲击，但影响程度小于其他发达国家。德国政府在应对危机时，并没有采取过激的措施，尤其是次贷危机期间，两套经济振兴计划实际投入资金仅800亿欧元，远小于同期美国和中国的投入资金。其经济刺激规模虽然不大，但短期内还是带来了较大的收益。

五、各类风险事件对日本国际收支状况的影响及其应对

（一）日本国际收支状况的历史沿革和结构特点

日本自1996年以来的国际收支状况如图12所示。从图中可以看出，

日本国际收支的总体结构特征表现为"经常账户顺差+金融账户逆差"模式,特殊年份甚至出现双顺差。

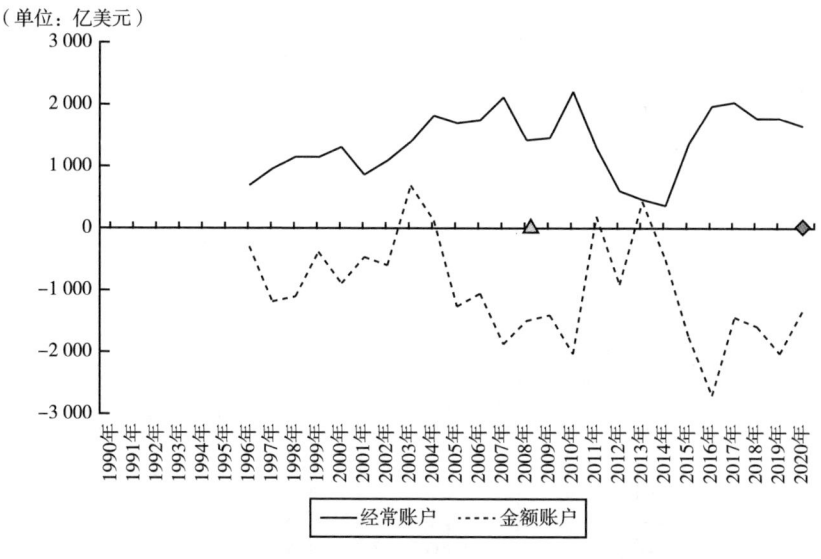

图12　日本国际收支状况图①

(二)金融风险事件对日本国际收支的影响——以次贷危机为例

次贷危机对欧美金融业造成重创,日本经济增长也明显受挫,2008—2009年GDP陷入负增长,增长率分别为-1.09%和-5.42%。而日本金融体系损失则有限,主要原因在于日本经济增长虽然严重依赖外部市场,但金融业则不然。日本在经历过90年代"泡沫经济"后,对金融制度的大幅度调整和改革使得日本金融机构具备了更强的抗击金融危机能力。据彭博社统计,美国和欧洲在证券化商品上直接的投资损失分别是日本的22倍和9倍。

1.次贷危机对日本国际收支的影响

次贷危机导致日本货物贸易顺差锐减,使得经常账户顺差大幅收窄。金融账户则波动剧烈,证券投资由顺转逆,其他投资由逆转顺,最终导致日本金融账户逆差收窄。

---

① 注:△2008年美国次贷危机演变为全球金融危机;◆2020年新冠疫情暴发。

日本经常账户顺差大幅收窄。2008年，日本经常账户顺差同比减少696亿美元，降低了三分之一，这主要是由于货物贸易顺差同比减少653亿美元所致，初次收入顺差和服务贸易逆差变化不大。自日本2005年由"贸易立国"转变为"投资立国"后，投资收益顺差占经常账户顺差比例逐渐扩大，如今已成为经常账户顺差的稳定器和主要来源。2009年经常账户各项目差额同2008年相比变化不大，经常账户顺差略微增长（见图13）。

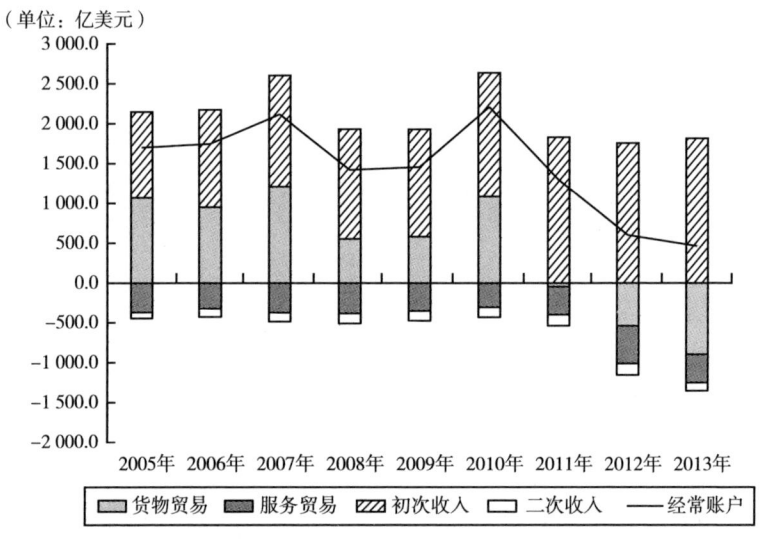

图13　日本经常账户年度收支状况（2005—2013年）

日本金融账户逆差收窄。2008年，日本金融账户逆差同比减少376亿美元，降幅20.1%，其中其他投资则由逆差2 119亿美元转为顺差1 973亿美元，是金融账户逆差减少的主要原因，证券投资由顺差731亿美元转为逆差2 827亿美元，直接投资逆差扩大377亿美元。2009年，金融账户逆差同比减少90亿美元，其中直接投资逆差同比减少276亿美元，证券投资逆差同比减少721亿美元，其他投资顺差同比减少765亿美元，金融衍生工具顺差同比减少142亿美元（见图14）。

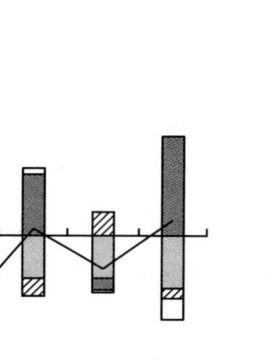

图14 日本金融账户年度收支状况（2005—2013年）

2. 日本应对次贷危机的政策措施及应对效果

为应对次贷危机，日本政府采取的财政政策主要包括：一是2009年4月推出了总额为56.8万亿日元的"经济危机对策"，成为日本政府有史以来最大规模的经济刺激计划；二是增加对民生方面的财政补贴和重点领域的财政投资；三是在短期内实施大规模减税计划，主要采取减免税、降低税率、加速折旧、税收抵免等方式，共减税达到1.07万亿日元。

货币政策方面是围绕增强市场流动性和市场信心推进的：一是利率支持。2008年10月、12月，日本央行均降息20基点，日本经济再次陷入"零利率"时代。二是资产购买。2008年12月，日本央行决定将年度国债购买规模从14.4万亿日元增加至16.8万亿日元。2010年10月，日本央行正式设立总额为35万亿日元的资产购买计划，其中，5万亿日元购买政府债、国库券、商业票据、公司债和ETF、房地产投资信托基金（JREIT）等，30万亿日元用于资金支持操作。三是信贷支持。2010年6月，日本央行新创设规模为3万亿日元的贷款计划，旨在增加银行对成长性企业的贷款。

日本经常账户顺差在经历2008年大幅收窄之后，2009年与上年基本持平，2010年开始大幅上涨51.6%，而后由于欧债危机的影响，日元汇率上升，强劲的日元使得日本出口产品竞争力降低，日本货物贸易由顺差转为逆差且逆差额不断扩大，导致日本2011—2014年经常账户顺差额持续收窄，同时期金融账户波动剧烈，2011年和2013年金融账户甚至由逆差转为顺差。

（三）公共卫生风险事件对日本国际收支的影响：以新冠疫情为例

日本同样未能从新冠疫情中幸免。针对疫情，日本当局采取了系列措施：扩大入境禁令；2020年4月7日宣布东京等7个都道府县进入紧急状态，且自4月16日起扩大到全日本；推迟2020年东京奥运会，设限观众人数为场馆容量的50%等。自2020年5月初开始，每日新确诊病例呈下降趋势，都道府县逐步解除了紧急状态。而后2020年7月、11月、2021年4月，日本疫情不断反复，日本政府采取相应紧急措施。截至2021年10月20日，日本新冠病例累计确诊171万例，累计死亡病例1.8万例。

本次疫情对日本经济影响重大，2020年日本GDP陷入负增长，为-5.27%，通货陷入紧缩，2020年通货膨胀率为-0.06%，失业率上升1个百分点。

1. 疫情对日本国际收支的影响

2020年日本货物贸易顺差逆势增长，有效对冲了服务贸易逆差的扩大，经常账户顺差仅小幅收窄。由于日本大幅减少对外直接投资和证券投资，导致2020年日本金融账户逆差大幅收窄。

日本经常账户顺差小幅收窄。2020年第二季度开始，疫情对日本经常账户影响开始显现，第二季度经常账户顺差同比减少266亿美元，降幅高达66.7%。其中，货物贸易受疫情影响最为严重，由顺差44亿美元转为逆差135亿美元。第三季度货物贸易快速转为顺差138亿美元，第四季度顺差241亿美元，日本制造业的竞争优势得到凸显。投资收益是日本经常账户主要来源，尽管也受到疫情影响，但并未出现大起大落，四个季度始终保持盈余，海外投资的利息及分红对日本经济的支撑作用不可小觑。新冠疫情对日本国际旅游业影响重大，2020年访日的外国游客人数仅为24万人，同比减少99%，全年旅游项目收支顺差为51.3亿美元，降幅达80%左右，导致服务贸易逆差扩大。2020年全年，由于货物贸易顺差的逆势扩大对经常账户形成了一定支撑，使得全年经常账户顺差仅小幅下降（见图15）。

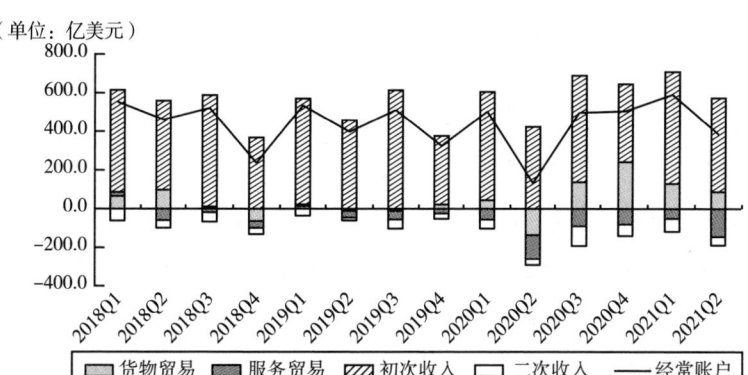

图15　日本经常账户季度收支状况（2018Q1—2021Q2）

日本金融账户逆差大幅收窄。2020年日本金融账户项下直接投资逆差、证券投资逆差及其他投资顺差均大幅减少，叠加后导致2020年日本金融账户逆差同比锐减34.2%。分项目看，直接投资逆差从第一季度开始一直处于同比减少的状态，全年直接投资逆差减少1 134亿美元，降幅达51.9%。由于外资的撤离，证券投资逆差在第一季度同比大幅增加1 200亿美元，第二季度外资开始陆续流入，证券投资第二季度到第四季度表现出顺差，全年证券投资逆差344亿美元，同比减少522亿美元，降幅达60.3%。其他投资顺差在第一季度同比大幅增加1 017亿美元，第二季度顺差减少，第三、第四季度则转为逆差，全年其他投资顺差减少911亿美元，降幅达86.0%（见图16）。

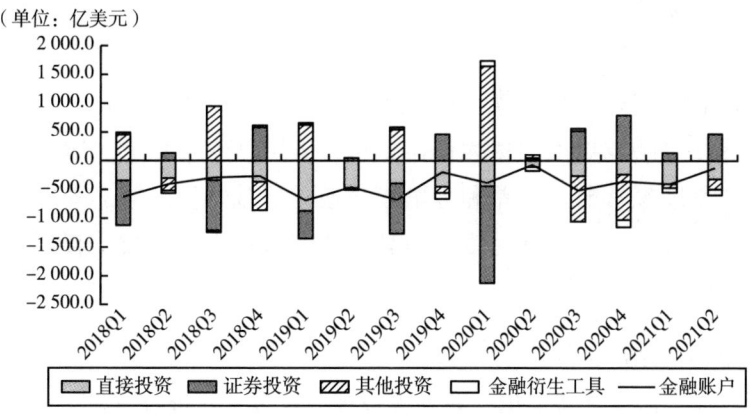

图16　日本金融账户季度收支状况（2018Q1—2021Q2）

2. 日本应对新冠疫情的政策措施及应对效果

疫情发生以来，日本共出台总额为223万亿日元（占2020年GDP的42.4%）的刺激计划。一是分别于2020年2月13日、3月10日通过了两个总额约4 460亿日元紧急应对方案，重点用于加强医疗体系应对能力、增加带薪假期、对受学校关闭影响的在职父母进行补偿、对公司维持就业提供补贴等；二是2020年4月7日通过了117.1万亿日元的紧急经济对策方案，主要措施包括向个人和企业发放补贴、推迟纳税和社会保障缴款以及提供优惠贷款；三是2020年6月12日通过了2020财年第二次补充预算草案，一揽子计划价值31.9万亿日元，主要措施包括扩大工作补贴，向企业提供次级贷款和租金补贴；四是2020年12月8日通过了名为《保障人民生活和生活综合经济措施》的价值73.6万亿日元的一揽子计划，主要措施包括鼓励企业投资数字化和绿色技术。2020年日本政府总债务规模扩张83万亿日元（占2020年GDP的15.8%），增幅6%。

货币政策方面，自2020年3月以来，除了维持-0.1%政策利率外，日本央行针对疫情实施了强有力的货币宽松政策，其中包括三项具体措施：一是推出"应对疫情特别融资计划"，旨在为企业融资提供支持；二是向市场提供充足和灵活的资金保障，主要是通过购买日本政府债券和进行美元资金供应操作；三是积极购买ETF和JREIT，以降低资产市场的风险溢价。

虽然在疫情暴发初期，全球金融市场一度出现剧烈动荡，但随着各国政府和中央银行大规模应对措施出台，市场很快企稳，其反弹速度较国际金融危机期间更为迅捷。从日本国际收支数据来看，在经历了第二季度经常账户顺差和金融账户逆差双减之后，第三季度开始恢复增长，显示出日本针对疫情的刺激计划对稳定国际收支起到了较明显的作用。

（四）小结

日本制造业优势突出，海外投资规模较大、投资收益稳定，使得日本国际收支结构相对稳定，面对风险事件时国际收支恢复较快。

日本和德国都是全球顶尖的制造业强国,其国际收支结构都表现为经常账户顺差和金融账户逆差,与德国经常账户顺差主要来自货物贸易顺差不同的是,日本经常账户顺差主要来自投资收益顺差。从国际收支结构的稳定性来看,德国国际收支相较日本来看更为稳定,特别是在面对次贷危机及之后的欧债危机期间,这主要得益于德国货物贸易顺差占比较大及相对稳定的汇率,而日元汇率波动较大,对货物进出口和资本流动影响较大。

六、各类风险事件对俄罗斯国际收支状况的影响及其应对

(一)俄罗斯国际收支状况的历史沿革和结构特点

俄罗斯自1994年以来的国际收支状况如图17所示,由图中可以看出,俄罗斯国际收支结构波动较大,尤其是金融账户。其国际收支大体保持"经常账户顺差+金融账户逆差"模式。

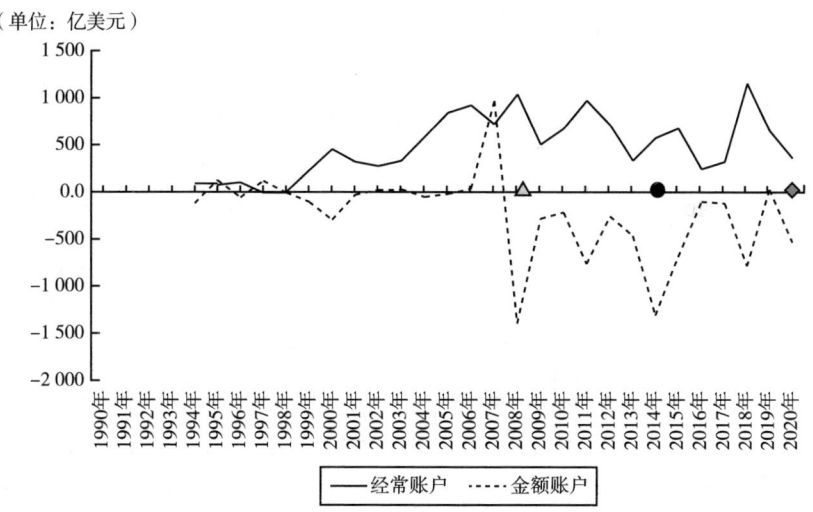

图17 俄罗斯国际收支状况图①

---

① 注:△2008年美国次贷危机演变为全球金融危机;●2014年克里米亚事件爆发;◆2020年新冠疫情暴发。

（二）金融风险事件对俄罗斯国际收支的影响：以次贷危机为例

进入21世纪以来，俄罗斯经济持续快速增长，2000—2007年期间GDP年均增长率高达6.77%，失业率、通货膨胀率及政府债务比率持续下降，2007年跻身世界十大经济体之列。然而，金融危机导致的国际金融市场状况的持续恶化对俄罗斯金融体系形成猛烈冲击，而资源性商品需求下降和价格下跌对俄罗斯实体经济造成严重打击。2008年，俄罗斯的GDP增长率降至5.25%，2009年更是跌至-7.9%。

1. 次贷危机对俄罗斯国际收支的影响

次贷危机对俄罗斯国际收支的冲击非常巨大，经常账户顺差经历了大幅增长然后大幅下降的过程，而金融账户变动更为剧烈，直接由顺差转为大额逆差。

俄罗斯经常账户顺差扩大。2008年，归功于货物贸易顺差的大幅增长，俄罗斯经常账户顺差增长317亿美元，增幅高达44%，服务贸易逆差和初次收入逆差均呈扩大状态。而到了2009年，由于国际能源价格的下跌导致的能源出口收入骤减，货物贸易顺差急剧缩小，同比减少644亿美元，导致2009年经常账户顺差减少536亿美元，降幅高达52%，而服务贸易逆差和初次收入逆差均略有下降（见图18）。

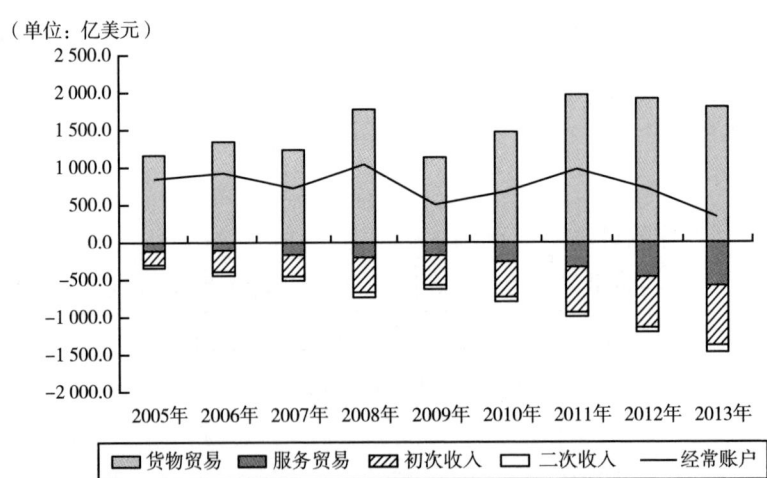

图18 俄罗斯经常账户年度收支状况（2005—2013年）

俄罗斯金融账户由顺转逆。由于担心卢布大幅贬值，2008年上半年金融账户仍为顺差，但下半年迅速转变为大幅逆差。仅2008年第四季度，俄罗斯金融账户逆差高达1 316亿美元，环比扩大了5.9倍。其中，证券投资项下逆差212亿美元，环比扩大1.2倍；其他投资项下逆差1 119亿美元，环比扩大6.6倍。2008年全年直接投资顺差增长81亿美元，但证券投资、其他投资由顺差转为逆差，导致俄罗斯2008年金融账户由之前的顺差971亿美元转为逆差1 396亿美元。2009年由于卢布汇率基本稳定，资本外流的趋势得到缓解，当年金融账户逆差缩减1 115亿美元至282亿美元（见图19）。

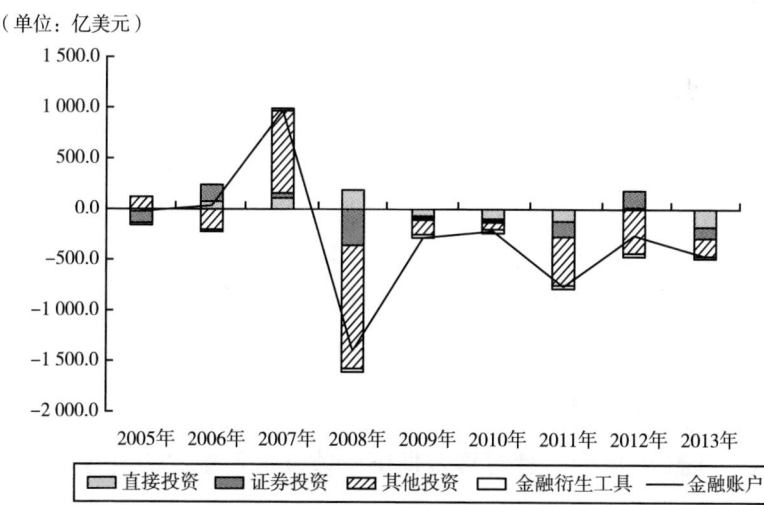

图19 俄罗斯金融账户年度收支状况（2005—2013年）

2.俄罗斯应对次贷危机的政策措施及应对效果

金融危机前俄罗斯的通胀率高达两位数。因此，在危机当中俄罗斯的主要任务是避免出现20世纪70年代的"滞胀"情况，当务之急是重点解决通胀和过度失业问题，而在经济增长方面则做出让步。其政策安排的主要特征：一是财政预算投入额度相对不大，2009年俄罗斯用于反金融危机的财政预算总计仅为2.4万亿卢布（约合800亿美元），同时采取了提高利率等货币从紧的对策；二是财政资金集中投放于对居民的社会支持,基本没有涉猎公共基础设施建设领域(见图20)。

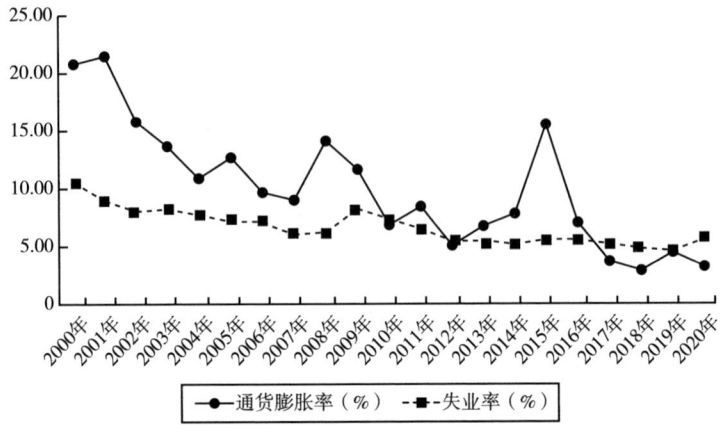

图20 俄罗斯通货膨胀率和失业率(2000—2020年)[①]

从通货膨胀和失业率来看(见图20),俄罗斯的应对措施无疑是有效的,其通货膨胀率和失业率在2010年基本得到控制,恢复到次贷危机前的水平。从国际收支数据来看,在经历2009年经常账户顺差和金融账户逆差大幅降低后,2010年和2011年开始稳定回升,但2012年又开始下降,其国际收支波动性仍然较大。

(三)政治风险事件对俄罗斯国际收支的影响:以克里米亚事件为例

2014年3月21日,克里米亚正式并入俄罗斯,遭到以美国为首的西方国家强烈反对。美国开始连番出台对俄制裁措施,先后实施了八轮制裁,制裁覆盖金融、能源、国防等多个领域,制裁对象包括个人、非金融机构、金融机构和政府部门四大类,制裁手段最全,几乎动用了除央行资产冻结、禁用美元清算系统之外的所有制裁手段,且制裁持续时间长,给俄罗斯经济发展造成巨大障碍(见表2)。

---

① 数据来源:IMF World Economic Outlook Database。

表2　美国针对克里米亚事件对俄罗斯的制裁措施

制裁日期	制裁依据	制裁对象	制裁手段				
			出入境管制	贸易管制	限制金融交易	限制资金融通	资产冻结
2014年3月6日	13660号总统行政令	特定个人、机构	√	√			√
2014年3月16日	13661号总统行政令	特定个人（增加政府官员）、机构（增加武器制造部门）	√	√			√
2014年3月20日	13662号总统行政令	增加金融机构和特定产业	√	√			√
2014年7月16日	13662号行政令的第1号决定及第1、2号指令	股权、债权交易	√	√		√	√
2014年9月12日	13662号行政令的第2号决定及第3、4号指令	增加国防和原油领域	√	√		√	√
2014年12月18日	USFA法案、13685号总统行政令	克里米亚地区相关经济金融活动	√	√		√	√
2017年9月29日	13662号行政令的第1、2号指令修订	加大对金融部门、能源部门制裁			√	√	
2017年10月31日	13662号行政令的第4号指令修订	加大对原油行业制裁		√			

美国的制裁，以及国际石油价格的暴跌，致使俄联邦预算收入骤减，且通货膨胀率不断上升，2015年1月俄罗斯通货膨胀率达到16.7%。2014年俄罗斯GDP增速降至2010年以来最低水平，仅0.7%，2015年更是跌至-2.0%。此外受经济危机影响，失业率也略有上升，不过控制在6%以下的水平（见图20）。

1. 克里米亚事件后美国制裁对俄罗斯国际收支状况的影响

2014年俄罗斯卢布累计贬值近50%，外资出于对政治局势和资产收益的担忧开始大量撤离，俄罗斯2014年金融账户逆差大幅扩大。同时汇率的贬值对进出口的促进作用，使得俄罗斯2014年货物贸易顺差略微增长，经常账户顺差扩大。

俄罗斯经常账户顺差扩大。由于俄罗斯货物贸易顺差扩大，服务贸易和初次收入逆差缩小，2014年俄罗斯经常账户顺差同比增长241亿美元，增幅高达72%。2015年三大项差额均同比缩小，经常账户顺差同比增长103亿美元，增幅17.8%。2016年三大项差额继续缩小，但由于货物贸易顺差大幅减小，导致2016年经常账户顺差减少433亿美元，降幅63.9%（见图21）。

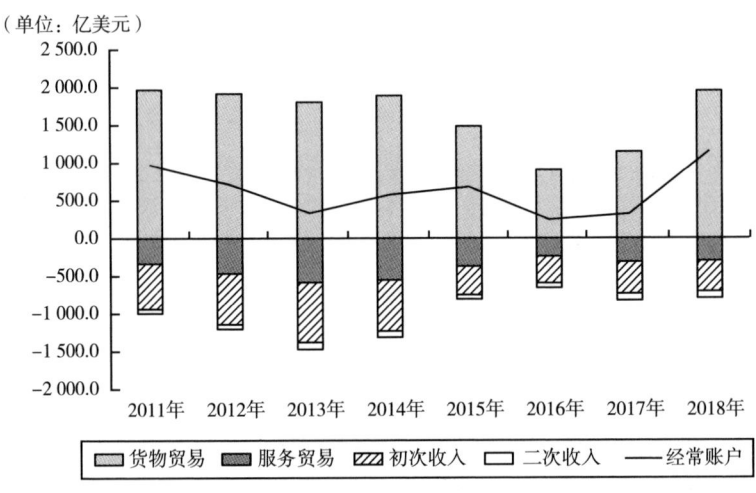

图21　俄罗斯经常账户年度收支状况（2011—2018年）①

俄罗斯金融账户逆差大幅扩大。2014年，在欧美制裁和原油价格下跌双重压力下，俄罗斯金融账户逆差大幅扩大848亿美元，增幅高达183.5%。但随后2015年、2016年金融账户逆差又快速收窄（见图22）。

储备资产大幅减少。为了应对跨境资金的大幅流出、稳定卢布汇率，俄罗斯紧急向市场投入了大量外汇。2014年储备资产减少1 076亿美元，而2013年仅减少221亿美元。2015年以后，储备资产不断增加。

---

① 数据来源：IMF Balance of Payments Statistics。

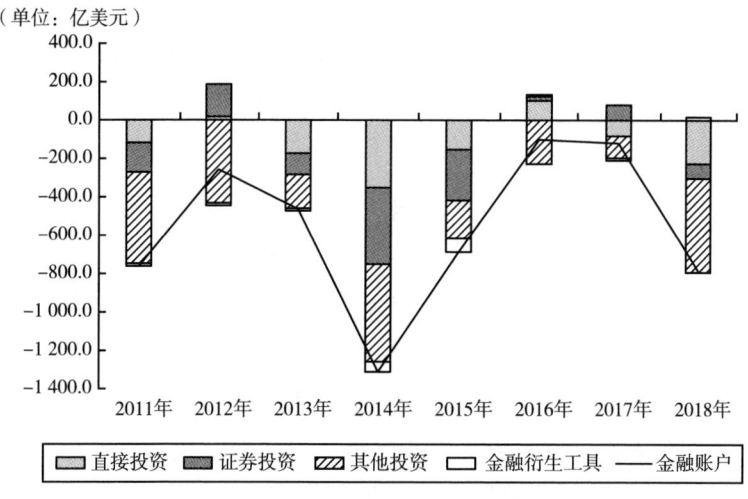

图22　俄罗斯金融账户年度收支状况（2011—2018年）①

2. 俄罗斯应对制裁的政策措施及应对效果

为了应对制裁，俄罗斯采取了如下四种政策措施：一是俄罗斯中央银行紧急救市，稳定金融市场。实行持续性加息，2014年先后6次上调基准利率至17%，成功遏制了卢布急剧下跌的趋势；坚守资本项目可兑换，实现汇率自由浮动。2014年下半年，俄罗斯中央银行果断转向通胀目标制，11月实现汇率自由浮动；设置"坏账银行"，用于收购金融行业问题资产。二是对本国受制裁机构提供政府支持。为解决由于制裁所带来的外币流动性不足问题，2014年10月，俄央行首次引入外币回购协议以向市场提供美元，在稳定卢布汇率的同时，帮助俄相关机构获取外币融资。针对被制裁银行，俄政府也采取了一些针对性的措施。三是争取更多国际支持，减少对美元依赖。建立独立支付系统和本国金融信息交换系统；加强与欧洲的开放合作，分化制裁"联盟"；降低国际贸易结算中美元的使用比例。俄罗斯与新兴经济体贸易中，美元出口结算比例已由2018年底的60%下降至2019年10月的40.6%；积极寻找新的国际资金来源。四是增加反危机储备、布局进口替代、支持军品出口、改善营商环境。2014年末，俄罗斯财政部将反危机储备数额提高至1 000

---

①　数据来源：IMF Balance of Payments Statistics。

亿—1 500亿卢布（约合25亿—37.5亿美元）；向有能力提供国产化设备的生产商提供项目投资；积极开拓军品出口市场，为军品出口商提供补贴等。

俄罗斯的应对举措，对遏制经济衰退、抑制恶性通货膨胀和失业率上升起到了一定的效果。2014年俄罗斯GDP增长率降为0.74%，2015年降为-1.97%，2016年开始恢复正增长，2018年达到2.54%。通货膨胀率在2014年增加到7.82%，2015年更是陡增到15.53%，而后开始下降，2018年降为2.88%。失业率的波动幅度不大。

从国际收支角度来看，制裁对俄罗斯经常账户和金融账户影响较大。俄罗斯货物出口大幅受限，但在采取进口替代等策略后，货物贸易顺差于2017年开始增长，2018年恢复到2014年水平。自2014年金融账户逆差大幅扩大后，2015—2017年恢复到和经常账户顺差相当的水平。

（四）公共卫生风险事件对俄罗斯国际收支的影响：以新冠疫情为例

为应对疫情，俄罗斯当局逐步关闭了与中国和欧洲的边界，关闭学校、剧院和体育设施，鼓励远程工作。油价大幅下跌和金融市场的不稳定加剧了新冠疫情的冲击。病例在2020年6月增加到每天21 000多例（此前稳定在3—5月的8 500例左右）。至2021年6月底，只有大约12%的人口接种了疫苗。截至2021年10月20日，俄罗斯新冠病例累计确诊809万例，累计死亡病例22.6万例。

新冠疫情暴发之前，俄罗斯GDP缓慢增长，失业率、通货膨胀率、央行基准利率和能源价格维持在稳定状态，但疫情打破了这一态势。作为俄罗斯财政预算支柱的能源领域受疫情冲击巨大，国际油价从2020年1月下旬开始下跌，不到一个月下跌了20%，3月又再次出现暴跌。受国际低油价影响，俄罗斯外汇市场变动剧烈，卢布贬值压力骤增。2020年9月上旬以来，卢布对美元、欧元开始大幅贬值，全年对美元、欧元分别贬值16.7%和24.1%。工业产值从第一季度末开始出现急剧下滑，2020年俄罗斯GDP增长率为-4.12%。失业率从2020年第四季度到2021

年初则稳定在6.1%左右。

1. 新冠疫情对俄罗斯国际收支的影响

新冠疫情叠加油价波动，使得俄罗斯经常账户顺差大幅收窄，金融账户由顺差转为逆差。

俄罗斯经常账户顺差大幅收窄。自2020年第一季度开始，经常账户顺差开始持续收窄，全年同比减少293亿美元，降幅高达44.8%。货物贸易进出口双双下跌，且出口降幅（20.6%）大于进口降幅（5.6%），使得货物贸易顺差大幅减少721亿美元，成为经常账户收窄的主要原因。2020年服务贸易、初次收入和二次收入逆差则分别减少197亿美元、186亿美元、45亿美元（见图23）。

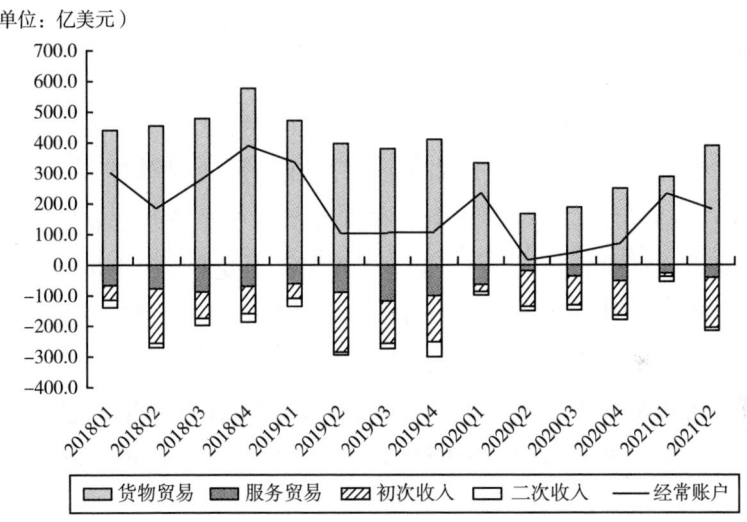

图23　俄罗斯经常账户季度收支状况（2018Q1—2021Q2）

俄罗斯金融账户由顺差转为大额逆差。2020年受疫情影响，俄罗斯金融账户结构发生剧变，由小额顺差变为大额逆差531亿美元。三大项目均恶化，其中直接投资顺差减少65亿美元，对金融账户逆差扩大的贡献率为11.6%；证券投资逆差扩大380亿美元，贡献率为67.8%；其他投资逆差扩大122亿美元，贡献率为21.8%（见图24）。

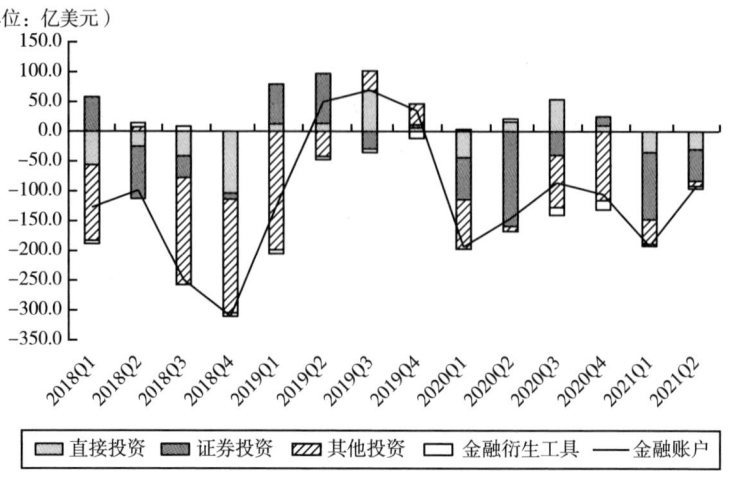

图24 俄罗斯金融账户季度收支状况（2018Q1—2021Q2）

2. 俄罗斯应对新冠疫情的政策措施及应对效果

为应对新冠疫情，俄罗斯实施了一系列财政措施，包括增加对一线医护人员和安全检查人员的补偿；发放隔离人员休假工资、失业救济金、儿童补助津贴；对中小企业和具有系统重要性的企业发放利率补贴；对企业延期征税，对自由职业者退税；对受影响行业的中小企业提供预算赠款和补贴贷款等。2020年俄罗斯政府总债务规模扩张4.5万亿卢布（占2020年GDP的4.3%），同比增长29.5%。

货币政策方面，2020年，俄罗斯央行将基准利率下调200个基点，使其在7月跌至4.25%的历史低点（而后为了应对物价上涨，分别在2021年3月19日和4月23日上调25个和50个基点至5%）；推出了5 000亿卢布的再融资机制，以支持中小企业贷款，将再融资贷款利率降至2.25%，该机制于2020年9月30日到期；暂缓对重组企业和中小企业贷款的拨备等。对银行的监管支持释放了约3 000亿卢布（约占GDP的0.3%）的银行业资本。

疫情使家庭的短期存款增加而长期存款减少，银行的长期贷款能力下降，长期利率难以下行到企业预期。受限于金融市场发展程度，俄罗斯难以通过短期利率来压低长期利率。除了利率调节，俄罗斯央行并没有通过使用更多非常规货币政策工具来提供流动性,鉴于对通胀和债务的担忧,俄罗斯政府将财政政策放到了更加重要的位置上。

从目前的结果来看,俄罗斯的国际收支状况持续恶化的趋势得到缓解,2021年第一季度经常账户顺差和金融账户逆差与去年同期基本持平,第二季度经常账户顺差同比增长166亿美元,金融账户逆差同比减少53亿美元。

(五)小结

俄罗斯的国际收支并不平稳。各类风险事件对俄罗斯的冲击都将引起俄罗斯国际收支结构的大幅变化。三次风险事件,俄罗斯的金融账户都呈现出较大的变动。次贷危机发生后,俄罗斯的经常账户降幅不大,但金融账户在次贷危机后由顺差转为逆差;在克里米亚事件后的第二季度金融项目也由顺转逆,新冠疫情同样使金融项目由顺转逆。究其原因,一方面是因为俄罗斯国际贸易严重依赖能源和金属等自然资源的出口,每当风险事件造成国际能源价格下跌及汇率波动时,俄罗斯的国际收支就会出现动荡。另一方面,俄罗斯大量举借外国低息贷款来发展国内经济,一旦发生金融危机,国外投资者失去对俄投资信心,将导致大量外资撤离俄罗斯,此时国内市场又未能及时补充资金,最终导致整体市场低迷。

七、结论和政策建议

(一)本文结论

1.三大风险事件对各国国际收支的影响不尽相同

金融风险事件和公共卫生风险事件都具有较强的传染性,发达国家和发展中国家都难以独善其身。政治风险事件往往具有政治性和个体性,其影响仅限于相关国家,克里米亚事件仅对俄罗斯国际收支产生巨大影响。金融风险事件首先冲击金融市场,而公共卫生风险事件使自然人受限,实体经济首当其冲,但都会对全球国际收支产生巨大的影响。从四国国际收支变化来看(见表3),金融风险事件会导致经常项目差额和金融账户差额收窄（俄罗斯是先扩大后收窄），而公共卫生风险则会导致经常项目差额收窄（美国例外，其经常账户逆差扩大）、金融账户差额扩大（日本金融账户逆差收窄），且两次风险事件期间，金融账户差额的变动都大于经常账户差额的变动。

表3　　　　　各类风险事件对各国国际收支影响

	次贷危机	克里米亚事件	新冠疫情
美国	经常账户逆差收窄 金融账户顺差收窄	—	经常账户逆差扩大 金融账户逆差扩大
德国	经常账户顺差收窄 金融账户逆差收窄	—	经常账户顺差收窄 金融账户逆差扩大
日本	经常账户顺差收窄 金融账户逆差收窄	—	经常账户顺差收窄 金融账户逆差收窄
俄罗斯	经常账户顺差扩大 金融账户由顺转逆	经常账户顺差扩大 金融账户逆差扩大	经常账户顺差收窄 金融账户由顺转逆

2. 经济特点决定了国际收支结构的稳定性和防风险能力

德国由于稳定的货物贸易顺差支撑，日本则由于稳定的投资收益顺差支撑，两国经常账户均表现为稳定顺差，在两次风险事件中恢复得也较快。不同的是欧元汇率相较日元来说更为稳定，德国的金融账户相较日本更加稳定，基本与经常账户成镜像关系，而日本金融账户则波动较大。美国则是长期的"经常账户顺差+金融账户逆差"模式，借助美元国际货币的特性，从德国、日本和新兴市场国家购买货物流出美元，然后通过吸引投资回收美元，风险发生时可通过美元潮汐转嫁危机。俄罗斯由于过分依赖能源出口，其国际收支与能源价格息息相关，波动较大，尤其是金融账户，在三次风险事件中都经历了大进大出。

3. 针对新冠疫情的危机救助与金融危机期间相比呈现不同的特征

一是速度快、力度大。以美联储为例，2020年3月到6月美联储就扩表2.9万亿美元，显著超过2008—2009年的1.3万亿美元。二是政策直达实体。金融危机中救助对象主要是贝尔斯登等金融巨头，本次新冠疫情，各国均加大对受冲击更大的中小企业等私人部门的直接救助，例如，美联储与财政部合作，突破性通过大众企业贷款计划和薪资保护计划贷款便利,继大萧条后首次直接支持非金融部门中小企业信贷。三是新冠疫情期间多项救助政策设计体现货币和财政协同,例如,美国财政部为美联储的融资便利提供资本金支持,以吸收可能的信用风险损失。

4.各国在风险应对上各有侧重

在应对次贷危机时,美国侧重于挽救金融机构并提供市场流动性,德国侧重于稳定金融市场并促进劳动力,日本侧重于增强市场流动性和市场信心,俄罗斯侧重于抑制通胀和过度失业。在应对新冠疫情时,美国侧重于增加居民收入并提振消费,德国侧重于稳定就业和产业转型升级,日本侧重于补贴企业和金融机构,俄罗斯侧重于稳定就业和抑制通货膨胀。从政策选取上,各国在应对次贷危机时,主要采取宽松的货币政策并辅以积极的财政政策,而在应对新冠疫情时,则主要采取积极的财政政策,辅以宽松的货币政策。

5.美国制裁对俄罗斯经济发展和国际收支影响巨大

美对俄每一次制裁均援引所谓的技术性法律依据,在打击对象和制裁工具上都体现了精准打击、层层加码的特点,做到有的放矢。美国制裁重创了国际市场对俄罗斯经济发展的预期,外商直接投资大幅下滑,伴随同期大宗商品价格下跌致使俄罗斯国际收支不断恶化。为避免汇率绑架和外汇储备枯竭,俄央行被迫降低了汇率干预的强度和频度,这使卢布贬值的自我强化不但拉高了输入型通胀,更通过资产价格(汇率)和资金价格(利率)渠道限制了国内消费和投资的增长。

(二)政策建议

1.提升出口竞争优势,稳定经常账户顺差

德国和俄罗斯的案例显示,出口竞争力对稳定国际收支、防范风险具有重要作用。德国是制造业强国和商品出口大国,其稳定的货物贸易顺差对经常账户起到了很好的支撑;而俄罗斯对外出口高度依赖能源,能源价格变动或者受制裁则会严重影响经常账户,进而波及金融账户,导致国际收支失衡。我国应充分发挥现有配套齐全、综合成本较低的优势,积极布局基于新技术的产业生态,推进传统产业的数字化转型;同时,补齐短板,做好应对部分国家贸易保护主义趋严的准备,加大科技创新力度实现技术和工业突破，促进产业链中部分核心零部件及高端装备生产环节实现本土化，强化全球供应链联结优势，巩固、提升贸易竞争优势，稳定我国经常账户顺差格局，推动高质量的双循环新发展格局的构建。

2. 优化政策设计，着力吸引长期投资流入

长期投资对稳定金融账户至关重要，可以提升一国应对风险的能力，避免出现俄罗斯在风险发生时跨境资金大量流出的问题。应根据地区差异制定差别化的招商引资方案，深度参与国际产业价值链分工，积极对接国家和区域发展战略，加大政策开放和对技术资金配套的支持力度；扩大开放领域，鼓励外企投向高端制造业、高新技术产业、现代服务业、新能源和低碳环保等实体产业；加快推动自贸区自贸港建设，归纳总结已有成功经验并向全国推广；全面梳理涉及外商投资的审批事项，最大限度地缩小审批、核准范围，增加审批透明度，不断优化营商环境。

3. 在金融开放的同时推进国内金融改革，打造金融"双循环"体系

我国应充分吸取日本和俄罗斯的经验教训，在继续推进境内资本市场高水平对外开放的背景下，不断推进国内金融改革、提高市场化和国际化水平，不断深化和完善人民币汇率形成机制、提高汇率弹性，建立不受制于西方的金融"内循环"体系。吸引境外长期机构投资者来华开展跨境人民币投资，提高人民币在全球投融资中的地位，逐步发挥人民币世界货币的功能。

4. 总结美对俄制裁经验，做好反制裁预案

美国对俄罗斯制裁具有典型的大国博弈特征，对我国未来应对美国潜在制裁有较高的参考价值。一是要全面做好形势分析，避免误判。虽然我国作为崛起中的大国与俄罗斯均被美国视为竞争对手，但我国与俄罗斯存在很大不同。俄罗斯除了航天科技及能源贸易外，与美国及其盟国的利益交集十分有限，而我国与美国存在广泛的利益交集。另外，俄罗斯因独特的地缘政治地位和先进的军事实力，对美国存在现实威胁，而我国在军事、科技等领域同美国仍存在较大差距。上述事实决定了未来即使美国对我国制裁,在制裁手段、路径和强度上均可能与对俄罗斯制裁存在差异。二是总结美对俄制裁的做法,做好应对。系统梳理目前受美国金融制裁相关企业的清单,分析其关联程度并评估可能产生的影响,密切跟踪我国企业与美国之间的纠纷、诉讼等相关进展及舆论导向;同时,做好针对制裁影响较大的机构和产业的扶持政策储备,极端情形下,采取一揽子扶持政策,以助力减轻其所受冲击。

参考文献

[1] 程伟.世界金融危机中俄罗斯的经济表现及其反危机政策评析[J].世界经济与政治,2010(09):121-131+159.

[2] 郭一臻,王雷,王有鑫.疫情下日本国际收支结构保持相对稳定[J].中国外汇,2021(11):13-15.

[3] 贺洋,翟宗辉,曲皓,麦立丽.美国制裁俄罗斯案例研究及启示[J].中国外汇,2020(15):29-31.

[4] 黑田东彦,张林.疫情对日本经济的中长期挑战[J].中国金融,2021(04):11-13.

[5] 金碚,原磊.德国金融危机救援行动的评析及对中国的启示[J].中国工业经济,2009(07):26-33.

[6] 梁斯.金融危机和新冠肺炎疫情中美联储货币政策的异同、影响及我国应对[J].金融理论与实践,2021(05):60-68.

[7] 潘锐.美国次贷危机的成因及其对国际金融秩序的影响[J].东北亚论坛,2009,18(01):3-11.

[8] 生柳荣,谭宇曦.疫情应对:中美两国财政货币政策比较分析[J].国际金融,2021(08):67-75.

[9] 史世伟.德国应对国际金融危机政策评析——特点、成效与退出战略[J].经济社会体制比较,2010(06):32-42.

[10] 孙树强,王文龙.德国国际收支的韧性[J].中国外汇,2021

(11): 19-21.

[11] Stephen J.Silvia,罗湘衡.德国与美国应对金融危机缘何不同？[J].国家行政学院学报,2013(04):123-126.

课题主持人：吴剑峰

课题组成员：潘俊竹　赵美贞　郭晶玮　王架浩　邹新帆

RCEP框架下我国支付清算产业的发展路径

中国人民银行武汉分行清算中心课题组

一、RCEP签署下我国金融高水平开放服务新发展格局

2011年11月，东盟首次明确提出"东盟区域全面经济伙伴关系"框架，建议成立一个以东盟为核心、东盟自由贸易伙伴国参与的区域协定。经过多轮会议和磋商，2020年11月15日，第四次区域全面经济伙伴关系协定（Regional Comprehensive Economic Partnership，RCEP）领导人会议举行，会后东盟10国和中国、日本、韩国、澳大利亚、新西兰共15个亚太国家正式签署协定，世界上最大的自贸区由此诞生。RCEP15个成员国经济结构多元，包括了发达经济体和发展中国家，各成员国在不同产业存在比较优势，竞合关系下有望推动产业创新。

在影响力上，RCEP和北美自由贸易区、欧盟关税同盟达到了同一级别，将促成亚太地区规模最大、最具潜力的自由贸易区，可覆盖世界一半人口和近三分之一的贸易量。RCEP的签署有利于消减若干成员国之间的贸易壁垒，提升各国之间的贸易自由度，有利于区域经济一体化发展，也是促进和稳定全球化的重要举措。2021年3月中国率先完成RCEP核准，RCEP其他成员国也计划在2021年底前批准协定，推动协定于2022年1月1日生效。

(一) RCEP主要内容概述

RCEP协定包括序言、20个章节①、4个市场准入承诺表附件②。相比国际上其他自由贸易协定，RCEP是一个包容性更大的新型自贸协定。除了货物贸易、投资以及服务贸易等传统事项外，还规定了知识产权以及数字贸易等新兴事项。

1. 货物贸易章节

通过负面清单，RCEP在货物贸易章节对5个非服务业领域③的投资作出了较高水平的开放承诺，极大提高了政策透明度。RCEP框架将极大促进各国间的货物贸易往来，货物的交易总是伴随着支付行为的发生，各国在RCEP协议框架下开展经贸往来，必将为支付清算行业发展提供新的发展机遇。

2. 服务贸易章节和金融服务附件

服务贸易章节具体明确了市场开放和相关规则，包括纳入市场准入条款、行政程序和措施非歧视条款、透明度条款等，取消影响服务贸易的限制和歧视措施，为区域内服务贸易的开展提供了更有确定性的机会和更广阔的空间。该章节还包括金融服务、电信服务和专业服务三个附件，在金融和电信领域做出更全面、更高层次的承诺。

这些新的规则，为金融体系的稳定以及金融风险的防控预留了监管空间，力图各方金融服务提供者，打造一个RCEP框架下开放且公平、安全与效率兼具的竞争市场。RCEP金融服务框架将大力推动我国金融企业拓展海外市场，同时也将吸引更多海外金融机构进入国内市场，助推金融市场多样化发展。

3. 电子商务章节④

电子商务章节结合电子商务发展趋势，在无纸化贸易、消费者权益

---

① 主要包括货物贸易、原产地规则、贸易救济、服务贸易、投资、电子商务、政府采购等。
② 关税承诺表、服务具体承诺表、投资保留及不符措施承诺表、自然人临时流动具体承诺表。
③ 制造业、农业、林业、渔业、采矿业。
④ 电子商务章主要包括促进无纸化贸易、推广电子认证和电子签名、保护电子商务用户个人信息、保护在线消费者权益、加强针对非应邀商业电子信息的监管合作等规则，并就跨境信息传输、信息存储等问题达成重要共识。

保护以及电子化认证、跨境信息传输储存等方面进行了规制。为各成员国构建一个良好的电子商务营商环境提供了制度保障，有利于各国之间的合作往来，对于协议国之间相关政策制度的互通互信、规制互认和企业互通扫清了许多障碍。

（二）RCEP框架下的行业发展机遇

1.传统贸易行业

通过建立自由贸易区，RCEP的签订消除了区域间关税和非关税壁垒。协议生效后，成员国柬埔寨和缅甸30%的货物享有零关税待遇，其他成员国65%的货物享受零关税，并且各国家会开放至少100个领域的市场。贸易便利化还能使原产地制度和互认等机制得到便捷化。这将极大助推区域内的生产网络的优化升级、进一步提升成员国的营商环境。经联合国测算，到2025年RCEP将会给15个成员国带来10%以上的出口增长，同时将带动资本的流动，成员国之间的经济连接将会更加深入，成员国间的资金流动也将不断提速。

2.跨境电商行业

在全球数字化迅猛发展的今天，电子商务帮助传统企业从线下转移至线上，加快供应链的整合与协作，创造了极具互联网时代特色的新型商业模式。受电子商务发展的推动和政策环境利好，跨境电商也呈现出蓬勃的发展势头。2015年以来，国内陆续设立的跨境电商综合试验区达105个，保税区超百个，跨境电商B2B出口监管试点扩至22个海关。越来越多的海外中小品牌，通过跨境电商进口的模式，把优质海淘优品带进中国，满足中国消费者日益增长的消费升级的同时，更活跃了世界经济。RCEP协议的签署利好跨境电商多个环节，例如降低甚至消除了邮政小包征收关税的风险、降低了原材料成本、加速人民币国际化进而降低企业的汇兑风险、降低海外物流仓储建设成本等。为支持跨境电商健康快速发展，有关部门和政府也逐步完善配套政策，例如广州专门印发《广州市把握RCEP机遇促进跨境电子商务创新发展若干措施》，要求简化跨境贸易资金收付、完善通关一体化、信息共享等，推进包容审慎有效的监管创新，从而推动国际贸易的自由化、便利化和业态创新。

3. 金融产业

RCEP带来的货物贸易、投资增长将带动金融结算、外贸型保险、投融资等供应链金融需求增长。作为国内服务业升级的坚实助力，跨境金融可以为RCEP框架下的国际货物贸易保驾护航，跨境金融及相关配套产业将得到进一步发展和繁荣。

RCEP金融服务附件是目前中国金融领域开放的最高承诺水平，近年来金融领域的改革成果均被纳入RCEP。RCEP生效后，更多海外优质的金融资源会加入到国内金融市场竞争。高水平开放的金融市场将促使我国金融改革走向纵深，推进金融业的高质量发展。这也对提高金融体系的风险应对和监管能力提出了更高的要求。

4. 支付行业

作为重要的金融基础设施，支付清算体系在畅通国内国际双循环中发挥着纽带作用。RCEP金融服务附件第十一条[①]就支付和清算系统做出了规定，该条规则全面开放RCEP成员国的支付清算行业准入标准，一方面为国内支付机构拓展海外市场提供了良好的政策环境。另一方面，该条款降低了国际支付机构进入国内支付市场的政策门槛，差异化的竞争有利于产业创新和发展，满足国内制造者、消费者日益多样化的支付需求。

RCEP为跨境电商提供了新的发展契机，跨境支付领域也将不断涌现新需求和新业态，迎来更大的发展机遇和挑战[②]。

二、拓展移动支付海外市场

随着现代移动通信技术和移动互联网发展，手机不仅是广泛使用

---

① 根据给予国民待遇的条款和条件，每一缔约方应当允许在其领土内设立的另一缔约方的金融机构进入由公共实体运营的支付和清算系统，并且以正常商业运行条件获得官方融资和再融资安排。

② 2021年7月9日，国务院办公厅发布《关于加快发展外贸新业态新模式的意见》，促进支付在外贸新业态新模式的应用。根据意见要求，人民银行、国家外汇局要进一步便捷贸易支付结算管理，具体措施包括深化贸易外汇收支便利化试点，支持更多符合条件的银行和支付机构依法合规为外贸新业态新模式企业提供结算服务，鼓励研发安全便捷的跨境支付产品，支持非银行支付机构"走出去"，鼓励外资机构参与中国支付服务市场的发展与竞争。

的通信工具，更是便捷高效的移动支付工具。移动支付打破了传统支付对于时空的限制，极大便利了社会大众的衣食住行，具有成本低、效率高、兼顾安全和便利等优势。移动支付还为实现金融普惠提供了新渠道，尽管全球有17亿无银行账户人口，但其中三分之二的人拥有手机，推广移动支付技术可以将更多欠发达地区人群纳入金融体系，在银行网点覆盖不足的情况下为他们提供基础性金融服务。

我国的移动支付技术、用户数量以及市场普及率都是处于世界第一位。移动支付已经深入大众生活的各个方面。近年来出境旅游、留学的激增，有效带动了国内支付机构在海外业务的拓展。随着"一带一路"推进，中国移动支付企业积极布局海外市场，与国外企业寻求合作，提供技术支持，给这些国家的支付行业注入了新的活力，获得了国际市场的广泛认可。

（一）RCEP成员国移动支付现状

中国相比RCEP其他成员国的移动支付虽然起步较晚，但发展势头迅猛，各国政府正采取措施鼓励消费者使用移动支付方式。2015年泰国启动了国家电子支付总体规划，通过建立PromptPay系统实现了数字支付转型，2019年日本政府开展了手机支付返还积分优惠的官方补贴活动，2021年越南批准开展为期2年的移动支付业务试点工作，以适用于境内合作交易的越南盾转账支付商品和服务费用为主，马来西亚政府计划在2022年实现所有政府服务无现金化的目标（见表1）。

目前RCEP成员国内移动支付市场供应商竞争十分激烈。在东南亚地区，持有移动支付牌照的供应商就有一百五十多个，但能对市场起主导作用的移动支付巨头还未出现。

表1　　　　　　　RCEP成员国本土支付供应商

国家	支付平台
印度尼西亚	GoPay, OVO, DANA, Go-Jek
马来西亚	GrabPay, Touch'n Go eWallet, Boost, Fave, BigPay
菲律宾	GCash, PayMaya

续表

国家	支付平台
泰国	Paysbuy，BluePay，TrueMoney，PromptPay
新加坡	PayLah!，GrabPay，Singtel Dash
文莱	NEXGEN
柬埔寨	Pi Pay，Wing，TrueMoney
老挝	Alipay，WeChat Pay
缅甸	Wave Money，M-money
越南	MoMo，Zalo Pay
日本	LINE Pay，PayPay
韩国	Kakao Pay，Toss，Samsung Pay，Naver Pay，PAYCO
澳大利亚	POLi，Bpay，RoyalPay，MiMOBI URON，Novatti
新西兰	Semble，Laybuy，LatiPay

新冠疫情的暴发和持续也正逐渐改变民众刷卡和现金支付习惯，移动支付成为应对疫情冲击的新型工具，开始为大众所熟悉和信赖。根据普华永道2019年全球消费者洞察力调查[①]显示，发展中国家移动支付发展迅猛，越南增长最快，年增长率达24%。分析其原因，除了信用卡普及程度低、年轻群体偏爱使用社交网络和网购外，也离不开中国移动支付企业在当地的技术、模式和人才输出。

近年来在"一带一路"倡议下，国内支付巨头不断开拓海外地区的移动支付业务。以钱包业务为例，目前蚂蚁金服已在东盟等国家打造出多个本地版"支付宝"，通过技术输出相继助力泰国TrueMoney、菲律宾GCash、印度尼西亚DANA、马来西亚Touch'n Go eWallet、韩国Kakao Pay。东盟10国已经全部支持银联移动支付服务，银联国际与新加坡、泰国、马来西亚、越南、柬埔寨多家机构合作，在当地建设了18个银联标准钱包，用户绑定银联卡即可使用。微信支付已获得马来西亚和中国香港的官方许可，开始着手搭建本地钱包。相比之下，微信支付主要依托社交用户群通过国人境外消费的方式推广，目前已在马来西亚、韩

---

① 全球十大移动支付市场分别是中国、泰国、中国香港、越南、印度尼西亚、新加坡、中东、菲律宾、俄罗斯、马来西亚，其中越南增长最快，年增长率达24%。

国、日本等多个地区开通钱包服务。

在RCEP框架下,中国支付企业与当地支付企业合作,通过输送技术、模式和人才打造电子支付产品,一方面,提高了贸易往来中资金收付的便利性,有利于中国企业扩大出口、提高回款效率。另一方面,中国移动支付企业的出海,使游客出境旅游消费等更为便利,跨境消费推动了人民币在全球零售场景中的应用,从而扩大了人民币计价和结算场景,为人民币国际化打下了良好的基础。

(二)移动支付出海的挑战和机遇

1. RCEP成员国间的消费习惯与能力差异

移动支付钱包主要有以下两种形式:一种是基于卡片的移动支付钱包,如苹果支付和Google支付,这在发达地区市场更受欢迎。另一种是储值型钱包,如中国的支付宝和GrabHoldingInc.的GrabPay,在信用卡使用率较低的新兴市场很受欢迎。

协议国中,日本、韩国等国家是传统金融高度发展的地区,信用卡和现金仍是主流支付方式,民众对移动支付的接受程度有待提高。当地银行与支付企业合作意识也有待进一步提高,如在新加坡,很多银行就不提供通过电子钱包进行银行卡的转账功能,如果使用电子钱包提现到银行卡,只能去银行办理,无形中降低了用户体验。而在传统金融发展相对落后国家和地区,如东南亚的柬埔寨、老挝、缅甸这些发展相对落后的国家,移动支付发展受限因素较多,如基础通信设施覆盖率不足、手机普及率低、银行开发能力有限无法提供接口等。

针对上述问题,我国移动支付企业应积极协调,因地制宜与当地相关企业、机构开展合作,有针对性地补齐短板,从而打通移动支付环节的全链条。进一步寻找行业突破口和盈利模式,分析当地消费者的心理、行业特点,形成更贴心、更安全、更方便的移动支付产品。

2.境外展业政策环境复杂多样

在现有的法规制度方面,不同国家的支付清算行业政策制度有所不同,在新兴的金融科技监管上,大多数国家在移动支付方面的法律法规有待完善,监管责任分工也尚未明晰。在国际范围内,尚未形成广泛接受的移动支付技术标准。需要支付企业在进入当地市场前，进行充分的合规性评估，在与当地的金融机构或者服务商进行合作时，要注重其资质和能力。

中国移动支付的发展受益于监管给予的创新空间。在移动支付起步早期是市场先行的，监管部门给予了宽松的创新空间，这才让中国成为一个拥有10亿移动支付用户的国家。从这里供其他国家借鉴的数字技术治理经验是：政府提供数字基础设施和政策环境，并允许市场参与者先行试验，这样才能发挥数字技术来解决经济中遇到的问题。在拓宽国际支付市场上，应该以更开放共享的态度，鼓励国内金融机构、支付机构积极与他国和国际组织进行交流，建立对话机制，达到互利共赢。

3. 信息安全保护意识增强

尽管疫情以来，民众逐渐开始接受无接触式的移动支付，但近期频遭曝光的用户数据泄露事件，使得公众对移动支付中的个人信息采集和安全保护持谨慎态度。同时，各国政府对于个人信息保护监管要求也在不断提高。澳大利亚《消费者数据权利法》要求，金融机构只有在征得消费者同意之后才能共享数据，且消费者有权要求在不再使用其信息时删除数据，授权使用其数据的机构必须确保不会将任何可识别的数据出售给第三方。2020年，日本重新修订了《个人信息保护法》，规定对违规使用个人数据的企业加重责任，并上调罚金至1亿日元。

在信息时代，数据安全问题层出不穷，金融消费者的信息泄露或被滥用问题也十分严峻。支付清算行业属于数据密集型产业，更为严格的信息安全法律条款将促使中国移动支付企业在为用户提供便利服务的同时，积极创新支付技术和模式保障用户信息、资金和交易的安全，打造便捷安全的支付产品。

4. 与本土支付机构的竞合关系

国内支付企业在海外展业也面临着与当地支付企业开展竞争的局面。如支付宝，虽然在东南亚地区开发了很多支付场景应用，但同样受到当地打折软件Grab推出的移动支付钱包GrabPay的竞争挑战。当支付宝在东南亚开发更多的支付场景时，东南亚的打车软件Grab也推出了移动钱包服务GrabPay。GrabPay起初是为了支付Grab平台打车费而开发，随着Grab业务的逐渐扩大，GrabPay开始接入第三方商家，目前已经向五个国家提供授权支付服务。企业间的合并使得本土支付企业扩大了服务场景，提高了用户覆盖率。日本软银集团计划将旗下的电信业务与日本互联网公司LineCorp合并，以推动双方支付应用PayPay和LinePay的整合。PayPay是日本移动支付行业的主流产品之一，拥有超过3 900万用户，合并后PayPay有望通过Line的消息服务触达更多用户，进一步扩大在支付市场的用户覆盖率。在印度尼西亚，当地最大的电商平台Tokopedia和支付巨头、打车软件公司Gojek即将完成180亿美元的合并，合并后的新公司业务覆盖打车、支付、线上购物和配送，相当于Uber、PayPal、亚马逊、DoorDash的合体。

中国移动支付机构可以利用自身在技术、专业人才上的长处，对接本土支付机构在支付场景、用户渠道方面的优势，形成优势互补、互惠互利的合作关系，注重技术输出和支付标准建设，提升国际市场的对中国移动支付技术的认可，扩大在国际支付清算市场上的话语权。

三、应对跨境支付服务需求

跨境支付指两个或两个以上国家或者地区之间因国际贸易、国际投资及其他方面所发生的国际债权债务借助一定的结算工具和支付系统实现资金跨国和跨地区转移的行为。国际信用卡组织、银行电汇、汇款公司和第三方支付是目前较为常见的跨境支付结算方式。跨境支付比境内支付更为复杂，跨越时区、当地货币管制、合规监管、银行基础设施等因素增加了支付摩擦，这些因素都有可能导致重大的延误和最终资金收取的不确定性。跨境支付将面对更加复杂的合规要求，在搭建起连接境内、境外的资金链路的基础上，整个资金链路是否符合境内境外的法规，是否取得了相关的牌照、资质等，都是跨境支付服务提供者需要解决的问题。另外，支付机构自身凭借的是技术实力和资源积淀，即凭借自身的团队、系统、运营管控是否能打开当地支付市场，提供高质量的用户体验，取得一定的市场份额，这也对跨境支付机构提出了更高的要求。

金融行业的双向开放有力推动了我国跨境支付清算行业的建设与完善。近年外资机构不断来华投资展业，PayPal、万事达、运通通过收购、成立合资企业的方式已获得了国内清算业务许可。国际支付清算机构在跨境支付领域有其自身优势，在支付渠道上可为客户提供更多选择，随之而来的鲶鱼效应也将激发整个行业的发展活力，促进优势资源整合。同时境内支付机构出海的步伐也不断加快，RCEP金融附件条款也为国内相关行业组织到海外开展跨境支付业务提供了良好的政策环境。

国内消费者境外购物和商家收付款的需求都在快速增长，拉动了跨境支付行业的增长。以人民币跨境支付系统（Cross-border Interbank Payment System，简称CIPS系统）为例，2020年该系统处理业务220.49万笔，金额45.27万亿元，同比分别增长17.02%和33.44%。中国加入RCEP后，贸易量将大幅增加，贸易相关的成本降低，跨境交易更加顺畅，因此提升跨境资金流转效率、提高跨境结算便利性刻不容缓。RCEP全面提升了区域内营商环境，全面提升了跨境电商的发展空间，市场上也将随之涌现更多样化的跨境支付需求，这也要求支付清算服务商在监管合规的前提下，针对跨境电商、外贸综合服务等新型贸易形态企业的需求，开发更贴近跨境贸易和跨境电商交易场景的跨境支付产品和服务。

（一）构建稳定高效的人民币跨境清算基础设施
1.人民币跨境清算基础设施现状

近年来人民币跨境支付清算的需求不断增长。在全球新冠疫情持续、世界经济严重下滑、贸易保护主义盛行的当下，人民币在RCEP成员国越来越受欢迎，渗透率不断提高，人民币作为跨境交易结算货币的职能不断增强。采用人民币结算有利于国内企业降低交易成本和汇率变动风险，未来将会有更多的国家和地区选择用人民币进行交易，人民币清算的需求也将随之不断增加。

作为人民币国际支付清算的主要渠道，CIPS系统已深度融入全球金融市场。截至2021年11月末，CIPS系统已有1 253家参与者，覆盖全球103个国家和地区。为了更好对接全球金融市场，CIPS二期实施混合结算机制，延长对外服务时间至"5×24+4"小时，并采用了国际通用的ISO20022报文标准设计框架，进一步便利了人民币在全球范围内的使用。

虽然CIPS系统自建设以来快速发展并取得了一定成绩，但与国际支付系统SWIFT的每日5万亿—6万亿美元的交易额相比依然处于初级发展阶段。在此基础上需要进一步提高CIPS系统的覆盖水平，构建稳定、便捷、灵活、高效的人民币跨境清算基础设施，进一步提升人民币跨境结算、清算效率，更好地满足全球各主要时区跨境人民币贸易、投融资业务等结算要求。

2. 人民币跨境清算基础设施发展方向

为了进一步支持CIPS发挥金融市场跨境互通和双向开放的基础设施作用，要继续研究CIPS与全球主要金融市场基础设施互通互联的可行性，不断提高CIPS服务覆盖面和辐射能力，更好地服务支付机构、卡组织"走出去"发展战略和人民币国际化。

一是利用RCEP区域经济一体化的发展趋势，鼓励更多成员国家和机构接入CIPS系统，拓展CIPS系统在RCEP成员国内应用的广度和深度。在各成员国内，增加CIPS覆盖网点和人民币代理行，提升人民币在跨境电子商务贸易和跨境消费中使用便利度。推动RCEP成员国人民币跨境支付基础设施建设，引导鼓励CIPS参与者采用专线方式接入，提升业务直通率和安全性，从而降低银行和企业开展跨境人民币收付的成本，逐步降低对SWIFT网络的依赖。

二是在国内同步推动跨境支付从业机构接入CIPS，从而实现传统清算业务和人民币跨境业务的深度整合，进一步扩大支付清算业务生态。引导支付机构在跨境支付业务上，遵循"市场导向、商业运作、国际惯例"原则，加强与境外基础清算设施、信用卡组织、银行等的合作，强化跨境结算渠道话语权的。推出更多适应跨境支付市场需求的产品和服务，丰富跨境人民币结算的应用场景，建立和完善跨国本外币一体化的跨境收付架构，便利跨境贸易和投融资结算。

三是对照《金融市场基础设施原则》与《重要支付系统核心原则》等国际标准，推动构建协调统一的跨境人民币支付标准体系。为了更好地服务人民币跨境支付场景，解决传统跨境支付路径长、效率低的用户痛点，2021年CIPS标准收发器正在北京、上海等多个省市试点推广，通过标准收发器，CIPS系统所覆盖的机构成员之间，基本可以实现实时汇款。对于CIPS系统尚未覆盖的机构，如果借道现有成员开展交易，也可以大幅提升汇款效率。作为业务和技术标准的物理载体，CIPS标准收发器紧跟国际通用技术标准，支持全球法人识别编码（LEI）、《金融服务金融业通用报文方案》（ISO20022）。要继续推进和完善标准收发器试点工作，与银行、企业紧密合作，推出更多适应市场需求的CIPS相关产品和服务，实现人民币跨境支付标准化处理。

（二）跨境电商带动跨境第三方跨境支付发展

全球经济发展和互联网普及带来了贸易全球化以及贸易电子化，近年来，电商行业在东南亚市场崛起，东南亚已成为仅次于北美、欧洲的第三大新兴市场，Lazada、Shopee等跨境电商平台兴起，为国货出海带来了新风口。各国之间贸易往来日益频繁，进出口贸易需求的增加进一步促使跨境电商市场不断壮大。

1. 第三方跨境支付发展现状

支付结算是跨境电商业务的关键环节，安全顺畅的支付结算渠道是跨境电商交易实现闭环的保障。目前，跨境支付市场参与者主要有银行电汇、专业汇款公司、国际信用卡公司与第三方支付公司。银行电汇主要通过SWIFT（环球同业银行金融电讯协会）通道实现跨境汇款，一般1—3天才能汇款到账，且银行需要承担较高的系统维护投入成本，优点在于用户手续费有上限，适用于大额汇款与支付。专业汇款公司通过和邮政储蓄银行、国有商业银行合作，借助其物理网点进行跨境汇款，渠道牢固并可实现当日到账，但汇款币种有限，费用方面实行分档付费模式，适用于中小规模汇款支付。国际信用卡在跨境支付方面的刷卡成功率约为70%—90%，对商家而言则存在拒付、欺诈等问题。相比之下，第三方支付是目前使用最广泛也是发展最兴盛的跨境电商资金处理方

式,具有下列特点:

一是到账快,传统国际贸易支付金额大、频率低、时效性弱,而跨境电商交易支付具有低额高频、时效性强的特点,因而对跨境线上支付的灵活性、便捷性要求较高,传统银行电汇汇款到账时间一般需要1—3天,已无法满足跨境电商的即时性要求。相比之下,第三方跨境支付利用互联网技术为跨境电商提供在线支付结算服务,可以实现快速到账,买方的付款、退款更加方便,商家可以及时回款从而降低汇率损失风险,极大提升了用户体验。

二是费率低,第三方跨境支付通过聚集多笔小额跨境支付交易,有效降低交易成本,非常适用于金额小、数量多的跨境电商交易,因此费率更为低廉。结合移动支付技术,商户甚至可以不用布设pos机具,手续费也大为降低。近年来行业竞争加剧,跨境支付机构的费率已从3%降至0.5%,为了提升知名度,一些机构甚至提供零费率服务进行营销。

三是线上化趋势明显,利用互联网技术为跨境电商企业提供在线支付结算服务、畅通资金流正在成为新的增长点。跨境贸易的线上支付产业入局门槛较高,支付通道的搭建相对困难,但随着近年来金融体系的资金安全、合规和风控体系逐渐完善,线上交易独有的简单和便捷性会使其成为跨境贸易从业者最青睐的支付方式之一。

第三方跨境支付机构发展的瓶颈在于目前境外线下商户覆盖率还不高,相比于传统的卡组织数十年经营和拓展,第三方机构的全覆盖之路还有相当一段时间才能完成。且由于国内外市场语言文化和支付习惯差异大,跨境线上支付工具兼容性较差,超过一半外贸企业采用第三方支付平台和当地支付工具进行跨境收款,再通过其他金融机构将货款转到国内账户,从而拉长了收款链条,降低资金周转效率,增加跨境支付成本。

2. 第三方跨境支付展业的挑战

目前第三方跨境支付机构的收入主要来自于手续费、增值服务和汇兑差异随着补贴吸引用户,市场的充分竞争,跨境支付的手续费用已普遍降到了1%以下,并且有继续下降的趋势。低手续费率已无法为第三方支付跨境机构提供足够的利润支撑，增值服务势必成为下一个利润增长点。这就要求第三方跨境支付机构延伸出更多服务去帮助商家解决跨境收款问题，满足多样化的商业诉求，如向商家提供包括贸易服务、营销服务及资金流转所需的金融产品服务等，长期完善跨境支付安全及便捷问题，以能够更精准地定位受众群体、获得更多新客户。例如，针对清关报税流程复杂的问题，为跨境电商商家提供支付单推送、税收代理等服务，帮助商户快速通关、缴纳税款。

另外，跨区域的监管合规也是第三方支付企业所必须面对的难题。在支付领域，每个国家对于跨境的资金流转都是高度监管，任何一家金融科技公司做跨境支付业务时都会面临如何符合各地政府监管的问题。商家在跨境支付中也会遇到资金到账慢、不合规、诈骗等问题。因此支付公司及跨境收款公司需要不断强化自身的合规程度，例如遵循当地市场准入规则，开展业务活动应取得当地监管机构下发的支付牌照，构建完善的反洗钱风控体系，加大对自身业务合规的审查力度，重视对客户及合作方的宣传和教育。

消费者使用第三方跨境支付业务时或将面临数据安全的挑战，各国政府也相继出台用户数据保护条例或法案保护用户数据安全。第三方支付业务开展流程中往往会涉及金融数据的处理，例如用户的使用习惯和消费习惯数据，并结合既有的平台数据对用户进行分析且形成用户画像，基于用户画像针对用户开展金融营销活动，为用户提供推荐其可能感兴趣的商品或者金融服务。对于该等金融数据的处理，往往可能对用户的个人信息权益产生一定的影响。支付企业可以利用金融科技提升自身合规性，降低诈骗风险和保护用户数据安全。

（三）金融科技在跨境支付中的应用

1. 传统跨境支付的发展瓶颈

传统跨境支付结算模式，主要依靠的是支付机构之间通过协议以及账户、备付金建立起来的信任链条，整个流程是链式结构，从汇款人到收款人中间要经过多个中间机构，依托这些机构建立的一对一的信任关系将资金流传递下去。目前跨境支付行业由于竞争不够充分、技术限制等原因也存在众多问题，例如支付流程长、时效低、资金节点状态不透明等。当下，SWIFT平台在跨境支付领域有着不可撼动的地位，且美国及其盟友占据了SWIFT董事会的大部分席位，导致话语权过于集中。

2.区块链技术顺应跨境支付变革需求

跨境支付存在的问题主要是由当前的国际金融格局所决定。目前各国的金融机构是各自独立的典型的中心化结构，每个机构都有自己的账本，而且相互之间共享有限。位于两个不同国家的主体要进行资金转移，需要双方收付机构之间，按照传统跨境支付的链式业务流程，构建一个环环相扣的可信任支付结算路径。但这种链式结构受地域、时间、监管等因素影响巨大，导致建立信任链条的成本居高不下。

区块链技术借助分布式账本、数据不可篡改可溯源等优点，实现资金流、信息流的共享和流转建立汇款人和收款人的信任链路。通过在跨国收款方和付款方的直接通信，区块链技术可以实现实时结算，提高交易效率，降低业务成本，加强跨境支付的安全性、透明性与低风险性，打破了传统跨境支付流程中链条式信任建立机制。通过建立底层信任实现基于共享账本的跨境支付模式。简化处理流程，实现实时结算，区块链的去中心化、原生链上价值、天然清算的特性，实际上完全匹配跨境支付领域的需求，是一个完全可以顺应跨境支付需要，实现跨境支付领域变革的重要技术。

具体来说，目前区块链跨境支付应用出现如下几种探索路径：一是以R3为代表的去中心化支付清算组织，将在银行间实现联盟组织，实现不同国家间的货币传输任务；二是以Ripple为代表，基于原生的数字货币搭建跨境支付联盟链网络；三是以SWIFT为代表，基于原有中心化网络和成员基础进行区块链模式改造；四是以支付宝区块链项目为代表的第三方支付；五是以招商银行、VISA为代表的金融机构，自行搭建跨境支付联盟链网络，其中后两种模式采用法币为结算工具，未采用数字货币作为兑换媒介。相比之下，目前我国跨境支付市场主体在运用区块链等金融科技、推动跨境支付创新发展的措施还相对较少，需要在有效控制风险的前提下，深入运用现代金融科技，解决跨境支付领域的难点、痛点，助力跨境支付行业提质增效。

为进一步提高跨境贸易结算便利性，可利用区块链技术建立RCEP成员国间的跨境支付渠道，针对此问题有代表曾提出构建RCEP跨境结算内循环的两会议案。议案建议加强RCEP成员国间的货币协同发展理念，利用区块链理念和技术建立一个东盟国家共同参与的统一跨境支付渠道，借助区块链将汇款报文传递给链上的各个参与方，实现多方协同信息处理，从而将原本机构间的串行处理并行化，提高信息传递及处理效率。组织部分有意愿的境内银行和部分东盟国家的银行以监管沙盒方式开展试点，探索实施面向东盟的统一跨境支付渠道。在试点成功后，可以将统一跨境支付渠道的使用范围向所有RCEP成员国银行扩展，实现RCEP范围内跨境结算内循环，以助力更高标准的区域经济合作发展。

3. 积极探讨央行数字货币在跨境支付中的应用

中国自2019年末起相继在深圳、海南、北京和上海等多地推动数字人民币试点。而数字人民币也已经逐渐推广到各领域，上海有部分单位的员工餐厅和地铁站的自动贩卖机，都已经能选择使用数字人民币支付，数字人民币正逐步走出试验阶段，进入民众的日常生活。

尽管数字人民币是针对国内的零售支付场景设计的，随着其应用场景的不断完善，在跨境支付领域也具有极大的潜力。数字人民币能实现加拿大元、澳大利亚元、瑞士法郎和美元等8个币种的支付业务结算。传统跨境外支付的场景中，存在支付处理、接收、财务运营和对账等成本，如果通过数字化人民币，将削弱交易流程中的中介机构作用，安全省事，直接降低了成本。

当下，多国央行都开始研发数字货币，并积极探索央行数字货币在跨境支付中的应用。人民银行数字货币研究所已与香港金管局就数字人民币在内地和香港地区的跨境使用进行了技术测试。2020年5月18日，数字人民币在海南跨境进口电商企业使用并完成支付，这是数字人民币首次应用在跨境进口电商支付场景并在海南落地成功。2021年香港金融管理局、泰国中央银行、阿拉伯联合酋长国中央银行及中国人民银行数字货币研究所宣布联合发起多边央行数字货币桥研究项目

（m-CBDCBridge），将进一步研究分布式账本技术（DLT），构建有利环境，让更多亚洲及其他地区的央行共同研究提升金融基础设施的跨境支付能力，实现央行数字货币对跨境交易全天候本外币结算。一方面，各国央行正在进行的批发型央行数字货币和将区块链技术应用于支付结算系统的实验仍然处于探索阶段，距离真正广泛应用还有较长时间。另一方面，传统跨境支付模式下遇到的政治、法律、业务惯例、治理策略等方面的挑战，基于数字货币的跨境支付模式同样也会遇到，而且会更加复杂。因此，尽早开展数字人民币在跨境支付中的研究，通过与合作各方不断沟通协调，积累实战经验，同时带动相关金融基础设施升级换代，具有重大战略意义。

（四）提升跨境支付行业监管水平

国际贸易的快速发展及金融科技的进步将使得金融机构跨境支付规模不断扩大，且呈现出清算渠道多元化、主体结构复杂化趋势。RCEP协定生效后，跨境支付将迎来更为广阔的发展空间。与境内支付不同，跨境支付业务主要在不同国家及地区之间展开，存在双边金融监管框架及法律体系的差异，使得跨境支付业务的参与主体、竞争机制及监督管理问题极具复杂性。RCEP生效后，国内金融机构如何合理介入并进行必要监管，从而确保跨境支付业务的健康可持续发展亟须梳理。就目前国内跨境支付业务监管现状来说，主要有以下几个问题。

一是国内涉及跨境支付清算方面的法律制度不健全。我国尚缺少针对跨境支付的专门性法律法规。目前跨境支付结算、外汇、反洗钱等规定都是独立实施，相互之间缺乏衔接和统一，法律交叉部分更是无法界定，从而出现了不同持牌机构在从事相同跨境支付业务时，面临不同监管规则规制等问题。二是不同国家区域之间的跨境支付清算系统相互关联，衔接嵌套在一起，导致监管的难度加大。各区域金融市场的参与主体在跨境交易过程中，货币在跨市场、跨境中快速转移，监管会很难穿透整个过程。三是我国银行业在跨境支付方面可能会面临更加严峻的法律风险。目前，欧美在反洗钱、反恐融资等方面的监管规制在不断加强，跨境支付中客户识别以及可疑交易报告等方面一直保持严监管的状态。四是用户权益保护的法律机制不完善。缺乏准确的跨境支付用户的法律定位,跨境维权通道阻塞。

跨境电子商务和跨境支付将迎来最佳发展时机,也将有一大批企业驶向跨境支付市场的"蓝海"。当我们看到跨境支付这片"蓝海"时,也要清醒地认识到,在"海面"下隐匿的未知风险。因此,在客观、全面审视跨境支付行业运行模式及风险的基础上,我们应合理、渐进式地构建跨境支付监管框架。

四、政策建议

畅通、高效、安全的跨境支付渠道是促进我国和RCEP成员国经贸合作的必要基础设施。更重要的是在夯实国内市场基础的前提下持续、稳妥推动支付清算组织的国际化服务能力与渠道,为跨境支付清算市场发展提供更多的良好环境与要素保障。

(一)积极助推海外移动支付发展

在RCEP的影响下,协议国与中国之间的贸易往来会更为频繁,会进一步激发协议国移动支付市场发展的潜力。中国作为移动支付的先行者和优势国,如果能把握好这次移动支付出海机遇,将相关技术和经验传播到协议国,助力海外移动支付的发展,不仅能实现RCEP协议国之间经济贸易更为广阔的发展,更能大力提高我国的国际影响力。

1. 助力基础设施建设,加快信息通信互联互通

由于地缘的不同,各协议国政治经济环境存在很大差异。如东南亚协议国在移动支付发展方面,就缺乏相应的基础设施。中国大型互联网企业在进行移动支付的海外业务拓展时,就应着重推动建设软性基础设施,掌握了解东南亚协议国在互联网以及金融服务渠道等方面的情况,结合实际开展推动符合其国情的移动支付发展模式,搭建中国与RCEP协议国之间信息通信互联的快速通道。

2. 构建统一的支付标准,加强金融协同监管

如上所述,一方面,RCEP协议国国内市场移动支付竞争十分激烈,而在发展模式和安全认证上存在差异,从而限制了移动支付在区域内的快速发展。另一方面,由于各成员国的经济发展水平以及金融监管体系方面的不同,移动支付的跨境扩展之路更为艰巨。

因此,各协议国之间应加强协商合作,共同推动建立符合国情且能够与国际接轨的统一的移动支付标准体系。在此基础上,制定配套的法律制度保障该体系下区域内移动支付的安全使用。同时,在移动支付监管方面,各RCEP成员国的监管部门之间,也应合力推动建立一个共同的协同监管机制,建立协议国之间的移动支付风险管理体系。我国作为移动支付发展的领头羊,在监管方面更具经验。为避免移动支付市场无序竞争、非系统性风险等不确定因素,应积极推广中国经验,运用我国科学高效的监管方式,强化支付过程的风险分析和监测,提升从移动支付平台到支付终端整个过程的安全标准。构建统一的风险管理体系,加强引导移动支付在RCEP各协议国市场上的有序发展。

(二)建立数字人民币跨境支付体系

1. 技术创新助力

区块链技术在和数字货币结合后能够发挥出在跨境结算方面的巨大优势,但目前在跨境支付领域,区块链技术的应用尚初级阶段,安全性也有待加强。因此,我国在前沿信息技术领域仍需加大力度,将区块链与大数据技术、量子信息等科技充分融合,以进一步推动信息通信的发展,从而降低跨境支付交易的成本。将这些前沿技术应用于数字人民币的流通全过程,达到信息保护、数据采集和信息监管等效果,从而形成集发行流通体系、支付结算体系以及全过程监管系统于一体的数字人民币跨境支付新体系。

对于跨境金融信息的传递,我国CIPS系统发展尚处于初级阶段,在跨境报文传递方面,仍需依靠SWIFT系统。而我国的主要技术优势有5G、移动支付和工业物联网等,一方面应充分利用这些优势,另一方面,在系统的全球布局方面,可以研究利用SWIFT系统相关经验,积极与其他国家寻求合作,共同推进数字基础设施建设,建立起安全高效且独立的全球跨境金融信息报文传输网络布局。

2. 推动人民币国际化

人民币国际化是构建跨境支付系统的基础。为此，一是要继续做大产业链，进一步提升在全球价值链中所处的地位。一方面要发挥具有全产业、最大规模工业体系的比较优势，在核心产业上发力。另一方面，加强与别国产业链衔接，鼓励国内企业"走出去"。创造优质的营商环境，强化产业链招商引资。二是要持续提升供应链金融。建立高效且安全的供应链。一方面，构建完整的金融信息服务平台，打破"数据孤岛"。另一方面，结合国际供应链金融制度，进一步完善供应链金融行业相关监管规定，形成统一的行业内制度标准。三是要研究构建数字人民币相关法律制度。对数字人民币以及持有者所具备的权益和负担的义务进行规制，同时对其交易流通规则等进行规定。运用云计算以及大数据等技术，建立一个多层次和立体化的数据监测平台，实时监控数字货币的交易流通。结合国际货币体系，进一步提升数字人民币在发行、交易、监管机制上的操作性以及适应度，以开展和世界各国以及国际金融组织的相关合作。四是提高国际规则制定能力。一方面，积极与其他国家进行数字货币相关研发、风险监控等方面合作，积极共享相关信息，交流相关经验。另一方面，通过"一带一路"平台以及我国企业在外投资的契机，鼓励国外企业将数字人民币作为日常结算货币，进一步推动数字人民币为全世界服务，让数字人民币在国际货币体系中的地位得到有效提升。

（三）创新优化推动第三方跨境支付发展

1. 拓展增值服务类型，进行差异化竞争

跨境支付市场的竞争逐步升级，费率不断降低，以费率为竞争手段已不具备太多优势，应充分利用自身作为第三方支付所具备的优势，通过探索用户的痛点，创造出新的服务方式和需求。从纵向拓展来说，可以通过线下实施贴近客户，深入掌握客户的需求和变化，拓展应用场景，为客户提供综合性的服务。从横向拓展来说，主要是加深对行业的了解，通过对相关资源的整合，为大流量的B端客户提供一体化服务。比如，有的境内商户因为增值税申报缴纳程序过于复杂而放弃了欧洲市场，第三方支付机构就可以为其提供欧洲各国的增值税相关服务，如税号的注册、报缴税等。当跨境电商在欧洲店铺的收款后，商家可通过第三方支付机构使用相同币种来直接缴纳增值税给欧洲税务局，从而省去了提现和汇款的成本。对于跨境产品存在报关效率低的问题，第三方支付机构通过与各平台商户以及物流公司的合作，再对接全国各海关，从而可以提供海关支付单的推动服务，与全国各海关进行对接，从而为商户提供海关支付单推送的服务，实现提高跨境产品通关效率的目的。同时，对于商户订单转换效率低的问题，第三方支付还可以通过对支付数据以及消费者消费习惯的分析，定制有效的营销策略，帮助商家准确定位目标消费者群体，从而提高商户订单的转化率，提高消费者黏性。第三方支付机构还可以拓展优化其他服务类型，如出口退税服务以及汇率的管理等，通过拓展增值服务优化发展。

2. 扩展支付场景，支付本土化

我国在第三方支付发展上已近成熟。国内第三方支付巨头蚂蚁金服，通过技术出海，在全球寻求合作，合理建立起当地本土的"支付宝"。现已在全球建立了九个本地数字钱包，支付服务的全球化已然开始。第三方跨境支付应借鉴经验，通过与国外机构合作，在应用场景上进行大力拓展，使支付本土化。如在交通出行方面，与当地交通部门合作，提供便捷的交通工作支付方式。在便捷购物方面，广泛覆盖各购物场合与平台，如免税店、商超、公园等。

（四）完善跨境支付监管机制

我国现有的支付清算制度法律层级较低，有些基础规则相对滞后，对金融消费者权益保护规制不足。RCEP协议框架下开展经贸往来，产生的电子商务跨境数据流动，催生了包括支付数据在内的跨境金融数据共享需求，将推动监管当局探索完善支付清算市场的有效途径，将支付清算产业全链条纳入监管之中，联合各金融监管机构，借助行业治理，形成监管合力，提升监管效果。

1. 加强跨境支付业务法律制度建设

（1）确立分类监管框架。

第一，制定统一的跨境支付法律制度。政府要组织中国人民银行和有关部门制定跨境支付业务专项法律法规，针对商业银行跨境支付业务的主要事项作出总体规定。同时在监管部门、职责范围、技术标准、交易程序等细分方面进行明确，实现业务风险防控、预防金融犯罪。第二，以"一行两会"为监管核心，中国人民银行要充分发挥组织牵头作用。第三，通过立法明确外汇管理局的监管职责。在法律层面拔高国家外汇管理局对跨境支付监管的应有职责，同时，在各项出台的法规细则中，要明确地方监管分支机构对跨境支付业务的监管职责，明确其他机构在监管过程中的配合义务。第四，发挥行业组织的社会监管作用。推动支付机构进行行业自律，鼓励相关行业协会对跨境支付机构的业务开展进行监督协调，约束存在不良行为的支付机构。

（2）完善反洗钱法规。

我国的反洗钱监管制度除了《反洗钱法》外，还应包括规章和规范性文件。因此，在《反洗钱法》的基础上，还需制定规章和规范性文件，对相关规定进一步细化和明确，增加可操作性。同时，加快建立完善反洗钱信息共享机制，确保交易真实性，充实完善我国反洗钱监管机制，保障跨境交易的安全性。相关部门应当基于反洗钱工作的现实情况，及时补充与完善《现金管理暂行条例》及其实施细则，在立法目标中融入现金管理风险预防及遏制犯罪活动。此外，针对电子银行的特性，相关部门也应完善反洗钱监管法律条例，弥补电子银行业务洗钱法律漏洞。

（3）完善跨境支付用户权益保护。

第一，明确跨境支付用户的法律定位。相关部门需将"金融消费者"适用范围进一步扩大，涵盖跨境支付用户，为其维权提供直接的法律依据。第二，设立专项保护部门。目前，对于消费者维权的专项部门仅有金融消费者权益保护局，需要将跨境支付用户纳入其中，以便为跨境支付用户提供有效的法律维权途径。第三，相关部门也应出台统一的第三方支付服务合同范本，使企业能够制定符合自身的合同，避免支付机构将不公平条款写入协议，加重用户责任，损害消费者利益；且非银行支付机构要执行用户服务协议备案制度，并及时向监管机构进行协议条款备案。

（4）推进跨境支付机构的合规经营。

针对我国跨境支付机构"无证经营"现象，金融研究院黄大智指出，跨境支付机构脱离合规困境的方法有两种，即申请境内支付牌照或与境内支付机构合作。一般而言，跨境支付机构短时间内申请到牌照并不现实，因此只能走与其他机构合作的道路。也就是说，跨境支付机构在合法合规的前提下，转型为服务商一类的角色是较为便捷的出路。此外，监管部门还需划定跨境支付市场的"无证经营"红线，通过政策、法律、行业规范等多个方面监管"无证经营"现象。

2.打造跨境支付监管技术框架

（1）将现代化技术融入监管体系。

首先，进一步加大监管科技方面的投入，建立高效的监管一体化技术平台。将监管科技与人民币跨境支付系统后续建设相结合，实现数据自动化采集，智能化分析可能存在的跨境支付风险。其次，凭借AI、大数据等现代化技术金融监管手段实施穿透式监管，及时分析用户交易行为，识别异常交易，提升监管效能。以数字加密技术为例，其在保护信息方面优势明显，适用于跨境支付结算中的报文认证、数字签名等环节。在此基础上，采用数据分析来全面衡量跨境支付在监管方面存在的漏洞，评估可能出现的风险，进一步提升跨境支付动态监管水平。最后，金融机构要提高安全保密技术水平。在网络信息安全技术上要进行持续性的开发与升级，全方面防范客户信息泄露。同时还需要配有数据追溯分析机制，确保跨境支付交易数据的完整性与及时性。跨境支付监管能够有效发现资金异常，并及时遏制洗钱行为，有利于维护我国金融贸易稳定性。

（2）采用分布式跨平台监控模式。

所谓"分布式"，是指金融机构业务监管系统应具备本地计算能力；跨平台则是指具体监管流程中，系统能够采集来自不同业务平台的数据。为保证实时有效的监控，数据采集方式可采用日志采集。各监管子系统主要负责跨境支付机构监管数据的采集，包括数据采集系统、本地处理系统、数据返回系统等模块。在处理完毕后，所有数据应发送一份备份至监管中心，监管中心负责数据的分析、处理和集中显示，包括数据接口、处理、显示、设备管理、实名验证等系统模块。最后，通过监管中心平台进一步处理回传数据，实现对不同金融机构的跨境支付监管。

3. 加强国际监管协同合作

跨境支付业务本质上属于一种金融服务，如果能够在跨境两端事先达成完善的金融服务合作协定，无疑有助于双方协同监管的顺利开展。因此，中国需积极同其他国家签署相关的金融服务合作协定，在已经达成的RCEP等协定中，补充落实相关内容，努力加入CPTPP（《全面与进步跨太平洋伙伴关系协定》）。同时，在缔结双边或多边协定过程中，中国需明确金融机构提供跨境金融服务应符合何种条件。其操作可借鉴中英双方签署的《中国人民银行和英国金融行为监管局关于非银行机构支付业务合作监管谅解备忘录》的成功经验。同时，中国需积极推动相关标准的快速落地，主动参与市场基础设施委员会，与各国共同商榷相关国际准则及合作具体事宜。向外输出我国已有的跨境支付业务监管技术与标准，促进国内监管标准与国际支付业务规则有机融合，避免因国家间市场准入标准不同导致产生一系列的跨境金融服务乱象。监管双方还可针对金融机构合规运营、数据安全和隐私保护方面进行交流与指导，在完善自身监管的同时积极配合对方监管需求，实现监管质量的共同提高。

参考文献

[1] 孔佳欣.区块链技术在供应链金融、跨境支付及票据业务中的应用——基于文献综述视角[J].商展经济，2020（07）：54-56.

[2] 孙华荣.银行跨境支付业务发展及监管策略研究——以山东省为例[J].金融理论与实践，2020（12）：56-61.

[3] 宋伟锋."一带一路"视域下涉恐融资的法律监管研究——以利

用金融科技跨境支付为例［J］.国际法学刊，2020（04）：94-110+156.

［4］中国第三方跨境支付行业研究报告2020年［C］.艾瑞咨询系列研究报告（2020年第10期）：上海艾瑞市场咨询有限公司，2020：59-90.

［5］陈雪.国际清算银行：跨境支付发展模式、主要问题及措施建议［J］.金融会计，2020（05）：20-23.

［6］鞠建东，夏广涛.金融安全与数字人民币跨境支付结算新体系［J］.清华金融评论，2020（09）：63-67.

［7］郭磊.中国第三方跨境支付业务面临的法律风险及防控措施［J］.对外经贸实务，2020（04）：73-76.

［8］胡予晓.区块链技术在商业银行跨境支付领域应用的改进和提升——以中国银行为例［J］.对外经贸实务，2020（02）：74-77.

［9］罗刚.人民币跨境清算模式及银行对策研究［J］.时代金融，2020（03）：82-86+93.

［10］李振林.非法利用个人金融信息行为刑法规制强化论［J］.华东政法大学学报，2019，22（01）：81-93.

［11］李华.跨境电商零售进口监管的现状、问题及完善路径［J］.对外经贸实务，2019（11）：52-56.

［12］李海波.区块链式法定数字货币体系在跨境支付领域内的应用研究［J］.金融与经济，2020（06）：69-74.

［13］王朝阳，宋爽.一叶知秋：美元体系的挑战从跨境支付开始［J］.国际经济评论，2020（02）：36-55+5.

［14］刘东民，宋爽.数字货币、跨境支付与国际货币体系变革［J］.金融论坛，2020，25（11）：3-10.

［15］彭博.区块链技术在跨境支付中的优势、应用及启示［J］.对外经贸实务，2019（11）：57-60.

［16］肖成志，祁文婷.人民币国际化背景下跨境电子商务和跨境支付业务的发展思考［J］.浙江金融，2016（08）：18-26.

［17］翁东玲.第三方跨境支付机构的发展策略研究［J］.亚太经

济，2018（06）：39-47+147.

［18］张爱军.从Ripple看区块链技术对跨境支付模式的变革与创新［J］.海南金融，2017（06）：28-35.

［19］杨东.Libra：数字货币型跨境支付清算模式与治理［J］.东方法学，2019（06）：51-57.

［20］李海波.区块链视角下我国跨境电商问题解决对策［J］.中国流通经济，2018，32（11）：41-48.

［21］杨松，郭金良.第三方支付机构跨境电子支付服务监管的法律问题［J］.法学，2015（03）：95-105.

课题主持人：赵　涛
课题组成员：常　宝　徐　瑶　李璐瑶

区域贸易协定对全球经贸格局的效应分析

——基于全球价值链视角

中国人民银行武汉分行经常项目管理处课题组

摘要： 当前全球疫情仍未得到有效控制，世界经济复苏不稳定不平衡，国际产业链供应链布局深刻调整，中国外贸发展面临的外部环境仍然错综复杂。发展区域贸易是中国适应经济全球化新趋势的客观要求，也是全面深化改革、构建开放型经济新体制的必然选择。RCEP的签署，有利于促进亚洲经贸一体化，进一步增强国内国际双循环动能。同时，随着信息通信技术水平提高、交通运输成本下降和关税贸易壁垒降低，国际生产分工逐渐由产业间分工转为产业内分工，"一国生产、全球销售"的传统贸易模式转变为"国际生产、全球销售"的新贸易模式。从全球价值链角度进行研究有助于更准确认识贸易现状，为实现我国产业升级、价值链攀升提供支撑。本文通过对比全球主要区域贸易协定的特点，梳理RCEP对全球价值链影响因素的传导路径，采用固定效应模型实证分析了RCEP如何影响我国在全球价值链的地位以及影响的程度和方向。最后，根据理论与实证分析结论，提出了在RCEP签署的背景下如何实现我国产业升级和价值链地位攀升的政策建议。

关键词： RCEP协定；全球价值链影响因素；固定效应模型

一、导言

20世纪90年代以来，随着经济全球化进程的加速，一方面，全球价值链成为世界经济大循环中的显著特征，逐渐占据国际分工的主导地位，成为驱动区域一体化的重要力量，并对现有国际经贸规则提出了新要求。另一方面，区域贸易协定在全球范围内不断增长，协定通过制定高标准国际经贸规则不断深化区域一体化，并通过影响生产的比较优势和贸易成本，进而引起经济体在全球价值上位置的改变，全球价值链或因此重构。

区域全面经济伙伴关系协定（RCEP）包括东盟10国和中国、日本、韩国、澳大利亚、新西兰，总人口彼时达22.7亿，GDP达26万亿美元，出口总额达5.2万亿美元，均占全球总量约30%。RCEP协定成功整合了该区域内多对自贸伙伴关系，同时采用了区域累积的原产地规则，深化了域内产业链价值链。当前的区域经济一体化理论主要从传统贸易视角分析区域贸易协定的影响，如贸易创造与贸易转移效应，较少从全球价值链的角度进行影响分析。由于全球价值链的地位决定了一国国际竞争力，近年来世界各国为在全球价值链中占据有利分工地位从贸易政策、产业政策、国际合作方面采取诸多措施。因此，有必要在RCEP协定签署的背景下，围绕该项贸易协定对我国全球价值链地位的影响情况进行分析，从而为实现我国产业升级、价值链地位提升提供有力的建议。

二、文献综述

目前从全球价值链受影响的角度探讨区域贸易协定作用的文献比较有限，我们主要围绕影响全球价值链的因素和区域贸易协定产生的影响对相关文献进行了梳理。

（一）全球价值链的影响因素

现有文献多集中于单一因素或少量因素对全球价值链地位攀升的影响分析，包括：跨境直接投资、金融环境、技术创新、人力资本、制度环境等。一是跨境直接投资。张鹏杨等（2018）认为FDI能在一定程度上推动企业全球价值链升级，但其促进作用存在"天花板"效应；戴翔等（2018）则发现ODI能显著促进中国制造业全球价值链地位，"走出去"是我国制造业攀升全球价值链的重要方式。二是金融环境。吕越等（2016）、马述忠等（2017）均认为融资约束是关键因素，融资约束减少可以带动产业在全球价值链中地位的升级；同时，吕越等（2016）

发现出口目标市场的金融发展水平越高，会一定程度上阻碍我国产业在全球价值链中的跃升。三是技术创新。赵玉林等（2019）、杨建龙等（2020）认为基础创新、产品创新和创新绩效等创新驱动产业转型升级是制造业提升全球价值链地位的根本力量；郑江淮等（2020）则认为中国制造业高技能劳动力和本土市场规模不断增长，中间产品创新能力不断提升，能抑制进口技术溢出对中国制造业全球价值链攀升的负向效应。四是营商环境。戴翔（2020）、黄琼等（2019）经过理论分析，杨珍增等（2018）经过实证分析认为，制度环境、政府公共服务水平以及知识产权保护等营商环境的确对全球价值链分工地位具有显著正向影响。五是人力资本。黄琼等（2019）认为，人力资本是一国制造业全球价值链地位攀升的重要因素；马风涛（2015）认为制造业部门的劳动生产率、研发强度、熟练劳动力的相对投入比例以及产品的国内增加值比例对部门上游度的提升有促进作用；杨高举等（2013）基于两国产品内分工模型实证发现内部动力在于物质资本与人力资本的协同创新。

（二）区域贸易协定产生的影响

国内外学者采用不同的模型探讨区域贸易协定签署后产生的影响。Moise 等（2021年）利用内生的优惠贸易协定研究关税约束，认为关税约束的减少有利于形成全球自由贸易。Ramaswamy 等（2021）使用引力模型和10年31个亚洲国家的贸易流量因素分析自由贸易协定，认为某些自由贸易协定对贸易流动有负面影响，更应该考虑距离等因素。Gharleghi Behrooz 等（2020）使用引力模型测试亚太地区贸易协定背景下的贸易创造和转移，认为成员国发展水平的差异对贸易流动有重大影响。Shu Man Chang 等（2020）探讨在海运背景一体化的基础上，利用聚类分析和引力模型认为区域一体化不能保证区域贸易的建立，更重要的是需要经济发展以及区域产业。李在红（2019）采用研究小组的分析方法探讨贸易和汇率对RCEP成员国直接投资、贸易等方面的影响。杨莉（2020）使用贸易边际方法结合引力模型分析中国—东盟自贸区贸易数据，认为中国出口东盟各成员国的集约边际增长都超过扩展边际增长，数量边际的增长远超过价格边际。马淑琴等（2020）将公司产权理论纳入自由贸易区理论框架，运用修正引力模型发现，双边自由贸易协定总深度对区内成员国之间的全球价值链关联产生正向影响，且投资相关条款深度影响更大。林僖等（2019）采用二元边际引力模型分析框架和泊松拟极大似然估计技术认为，区域服务贸易协定对服务出口二元边际均有显著的促进作用，但是对集约边际的影响程度略大于广延边际。孙瑾等（2018）从RTAs（区域贸易协定）数量和质量的对比测算，认为签署高质量的区域贸易协定能更有效地推动亚太地区的经济增长和人民福利水平的提高。

部分学者从不同行业受影响的角度分析区域贸易协定的作用。张希颖等（2021）认为RCEP协议的签订有助于中韩两国深化集成电路产业的专业分工获取规模效益，整体利大于弊。刘艺卓等（2021）认为RCEP降低成员国之间的农业贸易壁垒，可以有效提升中国农业贸易投资自由化和便利化程度。徐芬等（2018）基于贸易增长三元分解框架探讨中国已签署的多个自由贸易协定对中国农产品进口三元边际的影响。颜小挺等（2016）运用三元边际方法分析1996—2013年水果贸易数据，着重考察中国—东盟自由贸易区的建立对水果出口增长的影响。

（三）创新点和研究意义

本文的创新点在于，将全球价值链与区域贸易协定相结合，拓宽了相关研究视角。文章的理论研究意义在于，突破传统对价值链以及区域贸易协定的研究视角，有助于拓展研究理论。现实意义则在于，通过以RECP具体协定为主要切入点，进一步研究该协定影响全球价值链的机制路径，为中国在全球价值链中找准自身定位以及日后其他贸易协定的选择提供参考思路。

三、全球贸易协定现状及特点

（一）全球区域贸易协定发展特点

1.全球区域贸易一体化发展可分为萌芽、爆发式增长、平稳发展三个阶段：第一阶段是1948年至1990年，区域贸易协定开始缓慢发展，全球累计通报数量仅为28个。第二阶段是1991年至2009年，区域贸易协定经历了爆发式的增长，累计通报数量增至296个。其中，覆盖商品贸易的RTA占比超50%，覆盖服务贸易的RTA比重较低但维持较高增长，平均每年新增4个。第三阶段是2010年至今，区域贸易协定发展由"量变"向"质变"演变，新增贸易协定数量有所回落，但服务贸易在区域贸易协定中的重要性明显提升，占比已接近50%（见图1）。

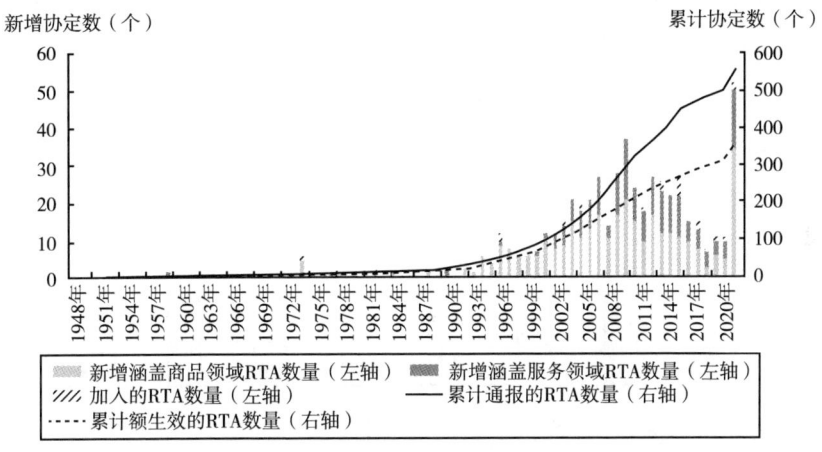

图1　1948—2021年全球有效区域贸易协定发展情况[①]

2.区域贸易一体化体系逐步向多层次、高水平发展。区域贸易协定不仅经历了数量上的爆发式增长，其深度和质量也在不断提高。根据世界银行数据，截至2020年12月，全球贸易协定条款中关税减让、贸易便利化、反倾销等"WTO+"[②]条款覆盖率已超60%，其中工业品和农产品关税减让条款覆盖率高达99%。尽管"WTO-"条款整体覆盖率远低于"WTO+"条款，但涉及竞争、环境保护、知识产权等深度条款覆盖率分别达74%、40%和47%。随着价值链分工进一步深化，全球区域贸

[①] 数据来源：WTO RTA 数据库。

[②] 根据 Horn、Mavroidis 及 Sapir（2010）关于贸易协定条款深度的研究，将 RTA 条款分为"WTO+"和"WTO-"两类，其中"WTO+"条款指 RTA 和 WTO 中均涉及但 RTA 中自由化程度更高的条款，包括关税减让、贸易便利化、反倾销、反补贴等14项基础条款；"WTO-"条款指 WTO 中未涵盖但 RTA 中涉及的条款，包括竞争、环境、知识产权、投资等38项更为广泛的议题。

易一体化体系将进一步向高水平、多层次方向演进。

3.区域贸易协定参与程度地区差异明显。从全球区域分布来看,欧洲区域经济一体化参与程度最高,累计通报的RTA数量达191个,亚洲及美洲地区次之,非洲、中东等地区的参与程度最低,已通报RTA数量不足50个。欧美等国倾向于与发达国家签订贸易协定,强调货物贸易高度自由化;以中日韩为代表的亚洲国家在区域贸易协定签署上,更重视发展中国家的价值链共享、发展中国家与发达国家之间货物、服务等领域的合作共赢;非洲、中东等地区缔结的区域贸易协定多以自由贸易协定(FTA)和关税同盟(CU)形式为主,内容仅覆盖货物贸易,自由化程度较低(见图2)。

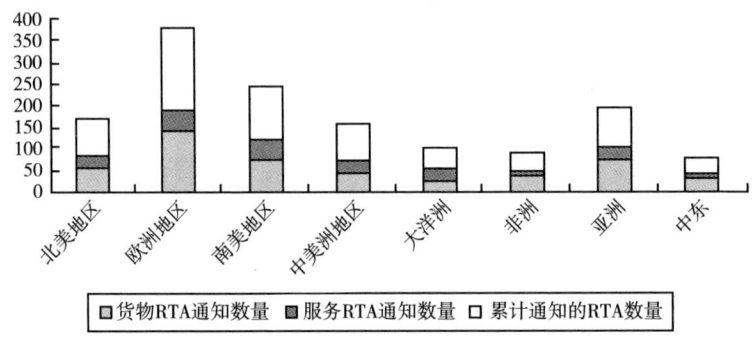

图2 全球区域贸易协定地区分布情况①

(二)世界主要区域贸易协定对比分析

本节就《区域全面经济伙伴关系协定》(RCEP)、《全面与进步跨太平洋伙伴关系协定》(CPTPP)、《欧盟—日本经济伙伴关系协定》(EPA)及《美墨加贸易协定》(USMCA)的主要特点进行比较分析。总体而言,RCEP具有明显的开放、包容性特点,而CPTPP、EPA、USMCA则是高标准、宽领域的新一代自由贸易协定的典型代表,四者在成员国贸易结构、关税减让、非关税壁垒削减、服务贸易开放等方面存在明显差异(见表1)。

---

① 数据来源:WTO RTA数据库。

表1 世界主要区域贸易协定内容对比①

内容		区域全面经济伙伴关系协定（RCEP）	全面与进步跨太平洋伙伴关系协定（CPTPP）	欧盟—日本经济伙伴关系协定（EPA）	美墨加协定（USMCA）
签订时间		2020年11月15日	2018年3月8日	2018年7月18日	2020年1月29日
生效日期		暂未生效	2018年12月30日	2019年2月1日	2020年7月1日
性质		自由贸易协定（FTA）	自由贸易协定（FTA）、经济一体化协议（EIA）	自由贸易协定（FTA）、经济一体化协议（EIA）	自由贸易协定（FTA）、经济一体化协议（EIA）
成员国		中国、日本、韩国、澳大利亚、新西兰、文莱、印度尼西亚、柬埔寨等15个国家	日本、澳大利亚、文莱、加拿大、智利、马来西亚、墨西哥、新西兰、秘鲁、新加坡、越南	欧盟28国、日本	美国、加拿大、墨西哥
①贸易结构差异		出口结构差异大	出口结构较相似	出口结构相似度高	出口结构相似度高
②关税减让	整体关税削减	零关税税目超90%	日本零关税税目占比超95%，其余各国零关税税目占比接近100%	欧盟等国零关税税目超99%；日本零关税税目超94%	墨西哥及加拿大大将零关税税减让标准分别提至100美元和40加元，并对117美元、150加元以下货物免税
	敏感产品关税	成员国两出价承诺关税减让	工业制成品实现99%以上零关税；农产品零关税税目达95%以上，其中日本保留了大米、小麦、糖类、乳制品以及牛肉和猪肉等产品关税水平，零关税占比约为81%	工业制成品部门：日本承诺100%零关税，欧盟承诺除汽车和少部分汽车零部件外，工业产品100%零关税；农产品部门：整体达到82%以上的零关税，对猪肉、牛肉、乳制品等产品制定保障措施	农产品部门：工业制成品部门基本实现100%零关税；工业制成品部门：汽车及零部件部门要求75%的汽车配件由北美生产的产品可享受足零关税待遇

① 资料来源：根据WTO RTA数据库各协议内容整理。

续表

内容		区域全面经济伙伴关系协定（RCEP）	全面与进步跨太平洋伙伴关系协定（CPTPP）	欧盟—日本经济伙伴关系协定（EPA）	美墨加协定（USMCA）
③原产地规则	积累方式	区域原产地累计	区域原产地累计	区域原产地累计	区域原产地累计
	区域价值成分	不低于40%	不低于30%	不低于35%	不低于35%
	承诺方式	正面引导和负面清单相结合	负面清单模式	负面清单模式	负面清单模式
④服务领域开放水平	特殊部门开放规定	金融、电信等领域作出了更全面和更高水平的承诺，对专业资质互认作出了合作安排	取消了对外国投资参与私人医疗、电信、快递和能源服务部门的限制	覆盖邮政和快递服务、电信服务、国际海洋运输服务和金融服务等部门的优惠准入条件	强调金融服务市场自由化的承诺，为美国金融服务商提供国民待遇和最惠国待遇

1. 成员国贸易结构差异

成员国间贸易结构差异是影响贸易自由化水平和贸易协定经济效应的重要因素。RCEP内部成员国以发展中国家为主，经济发展水平、出口产品相对优势差异大，贸易互补性强。如中国出口优势集中于通信设备、集成电路、服装、家电等部门；日本及韩国出口优势产品集中于汽车、车船及零部件、半导体设备部门；澳大利亚与新西兰优势集中于农牧产品。域内成员国的贸易结构互补性越强，随着RCEP生效后关税及非关税壁垒的削减，将会在域内创造更多的贸易往来，各国的出口相对优势将进一步深化，有助于推动区域价值链分工变革。与此相反，CPTPP、EPA、USMCA成员国多为发达经济体，贸易结构相似度高，贸易成本的降低可能导致成员国之间形成竞争关系，带来贸易的区域内转移，对成员国的产业链形成负面冲击。

2. 关税削减水平

受缔约国间经济发展差异影响，不同区域贸易协定域内货物贸易自由化水平具有明显差异，主要体现在零关税税目比重及例外产品的降税水平等方面。从零关税税目来看，CPTPP、EPA域内贸易自由化水平较高，零关税占比超95%，域内贸易活动高度活跃。USMCA、RCEP域内关税减让水平略低，但相较北美自由贸易协定及东盟"10+1"自贸协定时期已有明显提高，其中RCEP货物贸易零关税产品数整体上超过90%，并设置关税削减过渡期。从例外产品降税标准来看，发达国家主导的区域贸易协定对于敏感产业的保护更为严格。亚洲地区对于农产品的降税幅度维持在80%—95%水平，对于工业品则基本实现零关税。北美地区农产品市场基本实现自由流通，但对于汽车及零部件产品仍制定了限制措施。

3. 原产地规则

（1）RCEP、CPTPP、EPA及USMCA均采用了区域原产地累计规则，但对于区域价值成分方面的规定不尽相同。USMCA对于非原产产品的区域价值成分规定要求最为严格，要求其不低于离岸价格的50%，而RCEP、CPTPP、EPA的区域价值成分最低标准仅位于30%—40%区间内。

（2）高标准的原产地规则或成为影响全球价值链贸易的双刃剑。一方面，排他性的原产地规则使欧美国家逐渐减少从亚非等域外地区的采购比例，将削弱中国等发展中国家在全球价值链中的地位。此外严格的工序要求规定在一定程度上会产生贸易转移效应，推动汽车、纺织等产业回流至发达国家，改变现有的制造业供应链格局，重塑全球价值链分工；另一方面，原产地规则也有利于区域内贸易发展。从亚太地区内部来看，RCEP的原产地规则降低了域内国家的非关税壁垒，减少了供应链成本，有利于形成稳定的区域价值链贸易。

4.服务领域开放水平

（1）由于缔约成员国的经济发展水平及利益诉求差异，四者在服务承诺方式以及特殊服务部门开放要求具有明显差异。从承诺方式来看，CPTPP、USMCA及欧日EPA采用负面清单承诺模式，仅对非开放的服务贸易领域作出详细的规定，开放水平更高。相反，由于成员国间金融、电信、物流等服务业发展水平差异较大，RCEP采取正面引导和负面清单相结合模式最大限度兼顾各方诉求，其中中国等8个成员国采用正面清单方式承诺，非成员国企业只能在清单列明的服务范围内参与竞争，自由化程度相对较低；从特殊部门开放要求来看，RCEP条款主要围绕货物贸易，针对服务贸易领域暂未形成高水平、成熟化的框架，仅停留放宽金融、电信等基础部门的准入条件层面。而CPTPP、欧日EPA、USMCA则进一步将开放领域拓宽至私人医疗、快递物流等领域。

（2）服务贸易开放性条款降低了缔约国间的双边服务贸易壁垒，可通过贸易成本、技术溢出等路径影响价值链贸易发展。一是贸易成本下降，促进多边价值链贸易规模扩大。服务贸易领域限制措施不断弱化，将扩大对国外中间服务商的需求，特别是金融、电信等领域准入门槛的降低，直接减少了国外服务提供者的出口成本，双边贸易引力明显增强。二是正向技术溢出效应有助于延长服务贸易价值链条。深度的服务贸易条款能够使处于价值链低端的国家通过学习吸收发达国家的技术融入全球价值链，并通过技术创新提高价值链地位。

四、RCEP影响全球价值链的主要因素和路径

(一) 影响全球价值链地位的主要因素

经济体参与全球价值链的方式、在全球价值链上所处位置等状况取决于经济体的比较优势，仍然遵循传统的国际贸易理论。由于生产活动分割、全球价值链跨国分布、产品或服务多次跨越边界，各国的比较优势不仅来源于生产的比较优势，同时也来源于贸易成本引致的比较优势。其中，影响生产比较优势的主要因素包括经济规模、生产技术、劳动力、资本和资源禀赋等，影响贸易成本的主要因素包括地理位置、关税、非关税壁垒、制度环境等其他因素。这些影响因素相互联系、相互作用，共同影响了一国的全球价值链状况。

1. 经济规模

一个国家或地区的经济发展总体规模和速度是影响其在全球价值链地位的重要因素之一。经济规模作为体现经济发展状况的数据，是决定两国贸易投资等经济交往规模、影响国家国际地位和重要性的基础因素。经济交往规模、国家国际地位等差异会影响两国经济联系的紧密情况，对上、下游生产行业的联系状况产生影响。

2. 外商直接投资 (FDI)

外商直接投资对价值链提升有正向作用，但存在"天花板"效应。FDI给中国带来了资金、技术、经营管理理念、设备等复合资本，并通过技术外溢效应、示范效应、竞争效应等路径，助力中国完成资金、技术和人力资源积累。但同时，外资企业通过挤出效应抢占市场份额、构建市场壁垒，通过控制关键技术与核心设备使本土企业对其产生技术依赖，将本土企业锁定在价值链中低端环节。

一是正向技术外溢效应。外资企业提供必要的技术指导、人力资源培训，输出较为先进设备及优质中间产品服务，授权使用甚至转移部分专利技术，推动了关联产业的技术进步，为本土企业积累技术和人才。二是弥补中国转轨期及高速增长期的资金缺口。2011年至今，FDI年增长规模始终保持1 000亿美元以上。外资支持为国内企业缓解了融资难

题，使其有余力进入资本或技术密集型生产环节等价值链高端工序。三是促使本土企业产业升级。外资企业进入增强了市场竞争力，本土企业不得不增加研发资金投入、强化员工培训、改善管理水平和生产工艺以对接国际标准，推动了我国从劳动力优势向资本和技术优势转变，由"代工生产"向"自主品牌生产"升级。

3. 对外直接投资（ODI）

通过推动国内企业"走出去"实现产业国际梯度转移，为国内产业结构升级腾出更广阔的市场空间和资源，并通过逆向技术溢出，突破价值链上游国家的"低端锁定"。同时，通过寻求战略资产、自然资源、技术的跨国并购，整合全球资源，实现向全球价值链上游攀升。

一是对发达国家ODI的"逆向技术溢出"效应，助力突破"低端锁定"状态。通过参股、并购发达国家企业，技术通过人才交流、知识流动或再出口传递回国内，并逐步由模仿向自主创新转变，打破技术垄断壁垒，促进国内企业技术进步。二是对发展中国家ODI的"边际产业转移"效应，转出过剩产能优化产业结构。随着我国产业结构调整和要素成本优势的逐渐消失，通过ODI将边际产业转移至经济发展水平较低的国家，为国内产业高端化发展腾出空间和资源，集中将生产要素释放至高新技术产业和新兴产业。三是整合全球资源，补足价值链升级短板。开展战略资产寻求型和资源寻求型ODI，获得紧缺资源、先进技术、知名品牌等当地生产要素，以产业链内部化方式降低成本，同时，在资源优化配置上嵌入投资国特定的高附加值产业链环节，从而实现国内企业的全球价值链升级。

4. 人力资本

人口红利和工程师红利这两种形态的人力资本对我国全球价值链地位上升起到了积极拉动作用。

第一阶段，改革开放初期至2010年。Wind统计数据和美国商务部普查数据表明，我国劳动力人口占比从1978年约60%上升至2010年的峰值74.5%，但劳动力成本较发达国家仍维持在相对较低水平（同期美国人均收入约为我国的20倍），我国从劳动密集型产业切入全球价值链，加工贸易达世界最大规模,占全球加工贸易总量的67%。第二阶段,2010年以来,"人口红利"逐步消失,"工程师红利"逐步显现,人力资本从数量成本优势转变为质量优势。"工程师红利"为我国带来了较强的技术吸收能力,降低学习先进技术时间,提高技术应用速度和生产效率,同时,助力我国增强高附加值投入品生产能力,为向价值链的高端延伸奠定基础。

5. 生产技术

技术水平影响生产效率,生产技术水平高低决定一国所生产的产品或服务是否具有竞争力,能否占有国际市场、参与全球价值链。生产技术水平更高的国家拥有更高的生产率,单位产品的生产成本更低,产品价格更具竞争力,能占有更多的市场份额、参与全球价值链。

一是通过增加研发投入,推动技术转化。据麦肯锡统计数据[①],近年来我国研发开支大幅增长,从2000年的90亿美元增长至2020年的3 780亿美元,位居世界第二,仅次于美国。同时,我国技术转化硕果累累,2010年之后中国专利数量快速增长,于2020年达到6.87万件,同比增长16.1%,位居世界第一[②]。

二是技术的全球扩散效应。先进技术从发达国家的外溢与全球扩散,中国也受益其中。当前,如先进机器人技术、人工智能、物联网、3D打印和区块链等新技术正在跨越国界地改变商品和服务贸易,推动新一波全球价值链变化,也为中国等发展中国家参与全球价值链、实现全球价值链位置上升提供机会。

6. 制度环境

制度环境既包括道路交通和网络通信等"硬件"配套设施,也包括贸易投资自由化、知识产权保护、公共服务等政策法规体系作为"软件"配套。良好的制度环境对我国提升全球价值链地位有积极作用,其微观作用机制是通过降低综合成本来促进国内企业优化生产环节区位配置,向全球价值链中上游跃进。

---

① 麦肯锡全球研究院:《麦肯锡2020年中国报告》。
② 数据来源:国际知识产权组织(WIPO)。

一是改善"硬件"制度环境是基础。目前,我国在"硬件"制度环境有两个具备优势的"超级网络":一个是以高铁为代表的交通运输网络,另一个是以5G为代表的移动互联网。大数据、人工智能、物联网等技术产业持续快速增长,5G商业化将实现全面普及,便利的基础设施网络促使我国在电子商务、移动支付等新商业模式上的探索领先全球,夯实我国提升全球价值链地位的基础优势。

二是提升"软件"制度环境开放度是保障。通过支持贸易投资自由化、完善知识产权保护、公共服务等改革举措,推进中国与全球经济的更高层次融合。推进贸易自由化,降低关税和非关税壁垒,减少商品和生产要素在国家之间流动阻力;提升投资自由化则为资本的国际自由流动创造有利条件,有利于降低融资成本,引导生产要素流向高生产率部门;通过完善以知识产权为代表的法律体系,有利于我国引进更多先进技术,激励跨国公司将技术密集型生产及研发环节转移至我国,同时激发国内企业的研发积极性。

(二)RCEP影响全球价值链地位的机制和路径

RCEP通过统一货物贸易、服务贸易、投资和自然人移动等方面规则影响成员国的经济规模、贸易壁垒、投资、人力资本、技术进步和制度环境等,进而对一国的全球价值链地位产生影响。具体传导路径如图3所示。

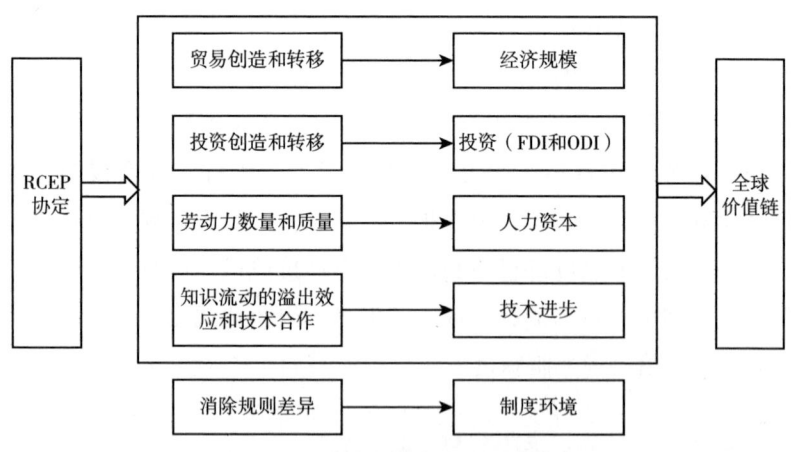

图3 RCEP影响全球价值链的传导路径

1. RCEP协定通过贸易创造和贸易转移效应,影响经济增长和经济规模,进而影响一国在全球价值链的地位

一是RCEP协定促进了成员国之间的出口,从而有利于推动GDP的增长。二是通过扩大进口,能够更好地满足消费、生产的需求。三是原产地累积规则有助于扩大RCEP成员之间的贸易,还将极大地促进区域供应链、价值链的深度融合和发展。

2. RCEP协定通过削减贸易壁垒、降低贸易成本,推动产业转移和升级,有利于实现价值链地位的攀升

一是RCEP协定生效后,区域内90%以上的货物贸易将最终实现零关税,包括生效立刻降税到零和10年内降税到零,有望在较短时间内惠及各国企业和消费者。二是中长期来看,贸易壁垒下降将更有利于中国制造业转型升级并向价值链高端部位攀升。我国无论是经济总量还是制造业完善程度,都在RCEP成员国中居于领先地位,有望顺势完成新一轮制造业产业升级,从"货物型贸易"向"资本输出"和"技术型贸易"发展。

3. RCEP协定通过投资创造和投资转移效应,影响一国要素禀赋和生产的比较优势,进而影响一国在全球价值链的地位

一是投资便利性增强。RCEP协定生效后,各国在外商投资领域的政策将进一步开放,给予成员国的投资待遇将不低于本国的投资者,中国企业在RCEP成员国开展投资的便利性增强。同时,各成员国也同意在遵守各国法律法规的前提下,为各种形式的投资创造必要的环境,简化投资申请及批准程序,促进投资信息的传播,并设立或维持联络点、一站式投资中心、投资联络中心等向投资者提供帮助和咨询服务。

二是负面清单制度降低市场准入门槛。各成员国通过制定服务和投资保留及不符措施承诺表,以负面清单方式对制造业、农业、林业、渔业、采矿业5个非服务业领域投资作出较高水平开放承诺,大大提高了各方政策透明度。实行统一的市场准入负面清单制度,清单之外不得另设门槛和隐性限制,有利于提高政策透明,放宽部分行业的市场准入门槛，扩大投资者的投资范围。

4. RCEP协定通过促进劳动力、技术的流动，影响技术应用速度和生产效率，为向价值链高端延伸奠定基础

从自然人输出国角度来看，RCEP协定有利于充分发挥输出国的劳动力资源优势，提高劳务人员的收入水平，扩大国际贸易范围。从自然人输入国角度来看，通过国外廉价的劳动力获取高额利润，引进技术劳务以提高本国技术水平，促进本国的经济发展。我国"中低端制造业"将加速转移至劳动力成本更低的东南亚，可凭借在国内市场规模、劳动力人口数量和素质、供应链及产业体系完善度等方面的比较优势，实现更加有效的发展，进一步巩固和提升我国在全球价值链中的地位和作用。

5. RCEP协定通过扩大经济技术合作提高资源使用效率，促进生产技术水平的提高，为实现向价值链上游跃升提供机会

一是将使亚太地区成为全球规模最大的统一市场，为我国优势产业尤其是技术密集型产业的创新发展提供更加广阔的渠道和更为有利的条件，同时也能为新兴产业技术突破铺平道路、搭好平台。二是市场扩大带来的大规模研发会加速新技术的发现与使用、已有知识在不同国家特定行业扩散、国家竞争行业的联系度提升和经济技术合作加深。三是将会在很大程度上重构我国产业扩张的布局方向，凭借亚太地区的资源、市场来打破欧美国家进行的技术围堵与贸易遏制，为我国提升国际分工地位、完成价值链上移创造外部条件。

6. RCEP通过减少贸易扭曲和贸易限制，降低企业的交易成本，对一国价值链地位的攀升具有显著推动作用

一是通过协定统一或兼容成员间的产品标准、监管规则，使标准化生产的产品能同时在国内市场和成员国市场销售，利用市场扩大带来规模经济。同时，使国内规则与国际制度接轨，利用遵守协定规则的压力来倒逼国内改革，构建更适宜的营商环境。二是终结了亚太地区长期存在的贸易活跃度与制度完善性不匹配状态，切实解决了因为制度缺位而造成的贸易成本高、投资限制多、合作不通畅等问题，大幅提高成员国的整体福利水平,有力地促进该地区的经济增长,对提升全球价值链地位有促进作用。

五、RCEP对全球价值链位置影响的实证分析

(一)模型设定、变量选取及数据来源

1.模型建立

本文主要从13个RCEP签订国的角度[①]展开分析,重点分析以RCEP为代表的贸易协定签订对全球价值链地位的影响,构建以下多元引力回归模型:

$$GVC_{it} = \beta_0 + \beta_1 RCEP + \beta_2 GDP + \beta_3 FDI + \beta_4 ODI + \beta_5 rule + \beta_6 tech + \beta_7 labor + \varepsilon_{it} \quad (5.1)$$

其中,GVC为各国价值链参与指数,包括全球价值链前向参与指数和全球价值链后向参与指数,i和t分别表示国家和年份,ε_{it}为随机误差项。分别用RCEP为代表的贸易协定数量及深度、经济规模、外商直接投资、对外直接投资、制度、科技以及人力资本解释一国在全球价值链中的参与程度。本文时间跨度为2007年至2020年,涵盖13个经济体。基于Hausman检验结果,本文采用固定效应模型。

2.变量选取及数据来源(见表2)

(1)被解释变量。

本文的被解释变量为全球价值链参与指数,主要包括价值链前向参与指数和价值链后向参与指数,前者是指中间出口品所含国内增加值占总增加值的比重,后者是指中间进口品所含外国增加值及重回国内的国内增加值在最终品总生产中所占比重。价值链前向参与指数及后向参与指数可进一步分解为基于前向/后向的简单价值链参与指数和复杂价值链参与指数。本文全球价值链参与指数测算数据主要基于UIBE数据库中ADB MRIO中的各国价值链前向/后向行业参与指数,按

---

① 由于后文测算价值链地位指数缺失新西兰和缅甸两国数据,故本文分析RCEP国家主要包括中国、日本、韩国、澳大利亚以及除缅甸外的其余东盟九国等共计13个国家。

照参考 Antràs 和 Chor（2017）的方法，本文将国家——行业的价值链参与指数加总加权得到国家层面的价值链参与指数，公式如（5.2）所示：

$$GVC_i = \sum_{r=1}^{s} \frac{X_i^r}{X_i} \times GVC_i^r \qquad (5.2)$$

其中，GVC_i^r 代表 i 国 r 行业价值链参与指数，X_i^r 表示 i 国 r 行业总产出，GVC_i 代表 i 国价值链参与指数，X_i 表示 i 国总产出。基于此，本文共测算出 RCEP 中 13 个国家全球价值链前向参与指数（GVC_Pat_f）、前向简单价值链参与指数（GVC_Pat_f_simple）、前向复杂价值链参与指数（GVC_Pat_f_complex）以及全球价值链后向参与指数（GVC_Pat_b）、后向简单价值链参与指数（GVC_Pat_b_simple）、后向复杂价值链参与指数（GVC_Pat_b_complex）。上述测算方法所得到的 GVC 值很小，本文将价值链参与指数作放大 100 倍处理，相当于对各变量的估计值和标准误同样乘以 100，对其显著性并无影响。

由于前向价值链参与指数反映一国更多参与上游生产活动的程度，后向价值链参与指数反映一国更多地参与下游生产活动的程度，二者是一个相对概念，且由于篇幅有限，本文仅以价值链前向参与指数为例，验证以 RCEP 为代表的贸易协定对价值链前向参与地位的影响，辅之后向价值链参与指数作为验证，但在本文不予报告。

（2）核心解释变量。

本文的核心解释变量主要是以 RCEP 为代表的贸易协定指数，指标度量有贸易协定数量指数（RCEP_num）和贸易协定深度指数（RCEP_depth）。本文对各国贸易协定数量指数和深度指数的衡量均采用了 DESTA 数据库的相关文本分析和测算结果，以各国签订的贸易协定数量和深度得分加总得到数量指数（RCEP_num）和深度指数（RCEP_depth）。考虑到 RCEP 等贸易协定从签订到获批生效，再到作用于 GVC 分工可能存在一定的时滞，因此本文对 RCEP_num 和 RCEP_depth 作滞后一期处理，分别记为 L.RCEP_num 和 L.RCEP_depth（见表 2）。

表2　　　　　　　　　　指标及数据来源

指标类型	指标名称	代码	相关释义	数据来源
被解释变量	价值链前向参与指数	GVC_Pat_f	具体测算如前所述	UIBE数据库
	价值链前向简单参与指数	GVC_Pat_f_simple		UIBE数据库
	价值链前向复杂参与指数	GVC_Pat_f_complex		UIBE数据库
核心解释变量	RCEP数量指数	RCEP_num	具体测算如前所述	DESTA数据库
	RCEP深度指数	RCEP_depth		DESTA数据库
控制变量	经济规模	lnGDP	各国国内生产总值取对数	UNCTAD Statistics
	外商直接投资	FDI	外国直接投资净流入（新投资流入减去撤资）占GDP比重	世界银行WDI数据库
	对外直接投资	ODI	对外直接投资净流出占GDP比重	世界银行WDI数据库
	制度	rule	法治估算值得分，介于−2.5到2.5之间	世界银行WDI数据库
	科技	tech	居民与非居民专利申请数之和取对数	世界银行WDI数据库
	人力资本	labor	15—64岁人口（占总人口的百分比）	世界银行WDI数据库

（二）实证结果与分析

本文主要探讨以RCEP为代表的区域贸易协定对全球价值链的影响，模型（1）—（3）是RCEP数量指数对价值链前向参与指数、前向简单价值链参与指数及前向复杂价值链参与指数的影响，模型（4）—（6）是RCEP深度指数对价值链前向参与指数的影响，具体回归结果如表3所示。

表3　模型估计结果

模型变量	(1) GVC_Pat_f	(2) GVC_Pat_f_simple	(3) GVC_Pat_f_complex	(4) GVC_Pat_f	(5) GVC_Pat_f_simple	(6) GVC_Pat_f_complex
L.RCEP_num	0.86*** (0.19)	0.51*** (0.12)	0.33*** (0.06)			
L.RCEP_depth				0.13*** (0.03)	0.08*** (0.02)	0.05*** (0.01)
lnGDP	11.44*** (1.76)	7.40*** (1.11)	3.40*** (0.59)	11.02*** (1.78)	7.13*** (1.12)	3.24*** (0.60)
FDI	−0.25* (0.14)	−0.08 (0.09)	−0.13*** (0.05)	−0.23* (0.14)	−0.07 (0.09)	−0.13*** (0.05)
ODI	0.55*** (0.20)	0.32** (0.13)	0.23*** (0.07)	0.55*** (0.21)	0.32** (0.13)	0.23*** (0.07)
rule	−0.42 (2.59)	−0.35 (1.63)	−0.88 (0.87)	−0.35 (2.63)	−0.31 (1.66)	−0.85 (0.88)
tech	4.22*** (1.04)	2.43*** (0.66)	0.95*** (0.35)	4.29*** (1.06)	2.47*** (0.67)	0.98*** (0.36)
labor	−146.76*** (30.43)	−98.64*** (19.21)	−44.83*** (10.18)	−143.47*** (31.59)	−96.18*** (19.94)	−43.51*** (10.62)
_cons	18.46 (18.20)	11.24 (11.49)	5.83 (6.09)	20.94 (18.63)	12.62 (11.76)	6.78 (6.26)
N	169	169	169	169	169	169
R^2	0.292	0.299	0.281	0.271	0.279	0.252

Standard errors in parentheses.
*$p<0.1$, **$p<0.05$, ***$p<0.01$.

从上表回归方程（1）—（6）中可得，无论是贸易协定数量指数还是深度指数，都对全球价值链前向参与指数有显著的促进作用，表明区域贸易协定有助于强化签订国之间的贸易联系，对于一国价值链上游生产活动参与度有明显提升作用。

控制变量方面，一国经济规模在1%的显著性水平上对全球价值链地位指数有促进作用。对外直接投资水平对提升本国价值链地位也有显著的正向影响，反映出对外直接投资对于发挥发展中国家从发达国家学习先进技术、管理经验的外溢作用，并通过"走出去"实现产业国际梯度转移。技术研发水平对各国价值链参与率的正向促进效应也很明显，一国的技术创新能力越强，在全球生产体系中所拥有的话语权越高、技术优势越明显，更有利于深度融入全球价值链。但实证结果显示，外商直接投资和劳动力资本在RCEP签署国中反而对全球价值链地位提升呈现抑制作用。这可能是因为过度引进外商直接投资可能会降低一国的全球价值链参与度，跨国公司为维护其主导地位，对核心技术和资源进行封锁，对目标国家形成了一定的价值链俘获。而本文劳动力资本要素主要反映的是人口老龄化影响程度，可以看到日本、中国等国家老龄化程度加快，对全球价值链地位提升显然呈现不利影响。制度因素对全球价值链地位影响并不显著。

六、结论与政策建议

（一）主要结论

本文以RCEP为代表的区域贸易协定为研究对象，探讨了贸易协定对全球价值链前向参与指数（包括简单、复杂前向参与指数）的影响，并对影响价值链地位的主要因素进行了分析，实证结果表明：

第一，贸易协定数量和深度均对全球价值链嵌入有显著促进作用。签订区域贸易协定有助于一国加快学习先进技术，形成国内生产优势，通过承接中间品行业的生产逐渐向价值链上游移动。而区域贸易协定深度对一国深入融入全球价值链的意义更为明显，可以将其日益专业化的服务要素引进制造业价值链中，提升价值链配置效率与运作效率，有利于各国深入融入全球分工，提高在全球价值链中的地位。

第二，经济规模对价值链地位提升有显著的正面影响。经济规模对于一国产业发展及战略布局具有重要影响，经济规模越大，越有实力进行技术研发活动，从而对一国价值链地位提升有重要的促进作用。

第三，对外直接投资水平对产业转移和促进本国价值链地位攀升具有重要作用。通过推动国内企业"走出去"实现产业国际梯度转移，可为国内产业结构升级腾出更广阔的市场空间和资源，并通过逆向技术溢出，突破价值链上游国家的"低端锁定"。同时，可以通过寻求战略资产、自然资源、技术的跨国并购，整合全球资源，实现向全球价值链上游攀升，从而提升发展中国家价值链上游的参与度。

第四，技术研发水平对各国价值链前向参与率的正向促进效应明显。一国创新能力的不断提升为企业在全球生产体系中提升国际影响力、赢得国际话语权提供有力支撑，技术优势越明显，越有利于深度融入全球价值链，不断推进其向全球价值链上游端攀升。

第五，过度引进外商直接投资可能对本国价值链升级产生低端锁定的负面效应。外商直接投资过度反而会一定程度上对发展中国家起到抑制作用。主要原因可能在于，外资企业通过挤出效应抢占市场份额、构建市场壁垒，通过控制关键技术与核心设备使本土企业对其产生技术依赖，将本土企业锁定在价值链中低端环节。

第六，人口老龄化是阻碍价值链升级的重要影响因素。以日本、澳大利亚、韩国、新加坡等国为代表的国家，人口老龄化、少子化程度不断加深加快，人口红利逐渐消失，劳动力成本不断提高，产能和订单被迫转移到海外，不利于国内的产业升级。而以越南、泰国等为代表的东南亚国家虽然人口劳动力成本较为低廉，但主要以从事低端劳动密集型行业为主，对全球价值链地位提升影响相对有限。

第七，制度因素对全球价值链地位提升没有显著的影响。制度评分显示，在13个国家中，中国、越南、印度尼西亚、老挝、菲律宾等国评分均为负值，表明制度环境仍有较大的改善提升空间。

（二）政策建议

根据研究结论，就中国如何依托RCEP深入发展，本文提出如下政策建议：

1.综合提升对外投资水平，注重境外建设投资项目数量、质量双拔高，加快推进我国企业"走出去"，实现全球价值链上下游全流程的深度参与。一是大力支持企业转型升级。中国经济已进入到新的工业化阶段,不仅需要在全球产业分工中上升到新的水平,更需要全球化配置资源,特别是创新资源。因此,通过对外投资实现产业升级是重要的战略选择。各部门需持续推进境外投资便利化、积极搭建对外投资合作平台、加大投融资支持力度,为更多的企业"走出去"创造良好的营商环境。二是发挥区域贸易协定的引领作用。以RCEP、"一带一路"等境外投资建设为契机,进一步强化对外贸易的重要地位,同时充分释放、转移国内富余产能,将本国资本、技术与境外的自然资源、能源等领域有机结合、开展合作,助推全面转移和输出中国的要素和元素,在国际秩序的重建和再造的过程中赢得话语权。

2.借助RCEP重构贸易体系、重塑价值链,扩大我国对外开放水平,完善产业链布局。一是深化供给侧结构性改革,持续构建完善国内国际双循环相互促进的新发展格局。实证结论表明,过度依赖外商投资可能对国内产业升级发展产生抑制效应。区域贸易协定塑造的良好经济交往环境会使成员国更充分地发挥其比较优势,强化成员间的生产联系,但在促进经济往来的同时也可能使中国对价值链过度依赖,从而使高附加值环节难以转移到国内进行,出现"低端锁定"问题。因此,打造国内投资、消费大循环新发展格局,实施扩大内需战略,可以更好地联通国内市场和国际市场。二是发挥对外贸易大国的优势,发展高水平开放型经济,促进内外市场和规则对接。依托RCEP协定统一规则,助推中国更深地融入全球产业链和供求链,有利于推动供需在更高层次、更高水平上实现动态平衡,增强高质量发展的内生动力,构建"你中有我、我中有你"的供应链生态。

3.完善制度建设,不断推进巩固改革开放事业的发展。一是推动制度体系不断完善。实证分析中,中国作为发展中国家,在RCEP框架下的价值链提升中,制度评分为负,表明我国在制度体系建设,持续推动改革开放发展,综合提升软、硬件制度环境方面还有很大的改善空间。下一步,我国应依托加入RCEP后的对外交流新格局,取长补短,继续深耕以5G和高铁等为代表的软、硬件领域的合作投资建设,不断改革创新,发挥社会主义制度优势,充分释放改革发展的红利。二是发挥营商环境在促进中国攀升全球价值链中的应有作用。2018年年底中央经济工作会议指出:"要适应新形势、把握新特点,推动由商品和要素流动型开放向规则等制度型开放转变。"中国仍然需要在与世界更加优越的营商环境对照中找差距,不断通过改革和变革,构建能够适应经济全球化新形势和新特点、适应中国攀升全球价值链中高端的高水平开放型经济所需要的一流营商环境。

参考文献

[1] 杨莉.区域贸易协定对出口边际影响研究——以中国—东盟自贸区为例 [J]. 价格理论与实践, 2020 (07): 174-177.

[2] 马淑琴,李敏,邱询旻.双边自由贸易协定深度异质性及区内全球价值链效应——基于GVC修正引力模型实证研究 [J]. 经济理论与经济管理, 2020 (05): 62-74.

[3] 林僖,鲍晓华.区域服务贸易协定与服务出口二元边际——基于国际经验的实证分析 [J]. 经济学 (季刊), 2019 (04): 1311-1328.

[4] 孙瑾,施戍杰,封于瑶.亚太区域贸易协定的经济增长效应——基于RTAs数量与质量的对比研究 [J]. 经济理论与经济管理, 2018 (12): 70-83.

[5] 张希颖,李涵.RCEP对中韩集成电路贸易影响分析 [J]. 商业经济, 2021 (01): 96-97.

[6] 刘艺卓,孔维升,王丹.RCEP对中国农业贸易投资的影响及对策 [J]. 中国外贸, 2021 (01): 50-52.

[7] 杨逢珉,文峰,韦灵慧.中国农产品出口东盟市场的影响因素研究——基于二元边际的实证研究 [J]. 国际商务研究, 2019 (03): 25-38.

[8] 徐芬,刘宏曼.自贸区视角的中国农产品进口增长三元边际结构 [J]. 国际经贸探索, 2018 (34): 4-16.

[9] 颜小挺,祁春节.中国对东盟生鲜农产品出口三元边际及影响

因素研究——以水果出口为例［J］.统计与信息论坛，2016（04）：67-73.

［10］文武，程惠芳，詹淼华.全球价值链嵌入与国际经济周期非对称联动［J］.统计研究，2021（02）：18.

［11］柳香如，邬丽萍.全球价值链嵌入与制造业国际竞争力提升分析——基于创新型人力资本的作用效应［J］.金融与经济，2021（02）：53-62.

［12］宋培，陈喆，宋典.绿色技术创新能否推动中国制造业GVC攀升——基于WIOD数据的实证检验［J］.财政论丛，2021（01）：14.

［13］李思岑.主动参与产品内分工对全球价值链升级的影响研究——基于中国专用设备制造业的实证分析［J］.对外经贸，2020（11）：29-33.

［14］佘群芝，户华玉.贸易成本对中国全球价值链地位的影响——基于制造业细分行业的实证［J］.统计与决策，2020（36）：88-92.

［15］王晓聪.我国对外直接投资对制造业价值链升级的实证研究［J］.环渤海经济瞭望，2020（11）：66-67.

［16］MoiseNken, Halis Murat Yildiz.Implications of multilateral tariff bindings on the extent of preferential trade agreement formation［J］.Economic Theory，2021：1-47.

［17］Ramaswamy Sunder, Choutagunta Abishek.Evaluating Asian Free Trade Agreements: What Does Gravity Model Tell Us?［J］.Foreign Trade Review，2021（55）：60-70.

［18］Gharleghi Behrooz, Shafighi Najla.Do regional trade agreements increase trade? Empirical evidence from the Asia-Pacific region［J］.Economic Affairs，2020（03）：419-435.

［19］Shu Man Chang, Yo Yi Huang, Kuo Chung Shang, Wei Tzu Chiang.Impacts of regional integration and maritime transport on trade: with special reference to RCEP［J］.Martime Business Review，2020（05）：143-158.

［20］ZAI HONG LI. The Effects of Trade and Exchange Rate on Direct

Investment: A Focus on RCEP Agerrment-Concluded Parties [J]. Internatioanl Commerce and Information Review, 2019 (21): 135-148.

课题主持人：黄　灏
课题组成员：连　婕　李瑞力　张　卓　周墙静　陈文苑　王　梦

跨境资本流动宏观审慎管理的国际经验及启示

——基于我国跨境资本流动的压力测试

中国人民银行武汉分行资本项目管理处课题组

一、前言

跨境资本流动与金融稳定密切相关。跨境资本在优化资本市场结构、促进经济发展和金融深化的同时，也可能给我国金融市场带来了较大幅度的震荡，如短时间内大规模、异常的跨境资本流出入将冲击我国经济，增加金融不稳定风险，甚至引发危机。近几十年来世界各地爆发的多次金融危机几乎均伴有异常的跨境资本流动。2008年美国次贷危机后，国际货币基金组织开始反思过往的资本管理思路，开始承认资本管制的合理性和必要性，并于2011年提出了资本流动管理工具，这其中就包含了宏观审慎管理政策和相关工具。"他山之石，可以攻玉"，总结发达国家和发展中国家在资本流动宏观审慎管理中的经验，以及不同国家和地区在经济金融危机风险积累和爆发时宏观审慎管理措施，对于完善我国资本流动应对预案，维护国际收支动态平衡，具有重大的现实意义。

近年来，全球经济步入了低增长阶段，我国面临的内外部环境更加复杂多变：对内，新冠疫情增加我国经济面临的下行风险和不确定性；对外，全球股市发生多次"熔断"、多数国家股市触及2008年国际金融危机以来最大跌幅、各国的抗疫和促发展政策对国际资本流动产生了不同程度的影响等。面对复杂的内外部经济金融环境、更具弹性的外汇市场、更广泛的金融双向开放和更高速的金融要素双向流动，我国在第五次全国金融工作会议上指出要将跨境资本流动纳入宏观审慎评估。国家外汇管理局潘功胜局长在2020年金融街论坛上指出要完善系统性风险监测评估体系，健全跨境资金流动等重点领域宏观审慎监测、评估和预警体系，分步实施宏观审慎压力测试并将其制度化。因此，从压力测试的视角探究我国资本流动宏观审慎管理是有十分必要的。

二、文献综述

（一）资本流动宏观审慎管理

国外对跨境资本流动进行宏观审慎管理的相关研究主要着眼于对跨境资金流动引发的风险进行管理。Meade（1957）最早指出短期资本逆转性流出可能给经济带来的冲击，并提出了三种应对政策，包括：发挥汇率机制调节作用，允许汇率贬值；采取外汇管制措施，阻止资金流出；动用国家外汇储备，抑制短期投机。Tobin（1972）提出在全球范围内对所有与货币兑换有关的证券和外汇即期交易征收统一的国际税的设想，即"托宾税"，通过提高跨境资本的交易成本，降低投机者的收益预期，从而达到降低跨境资金的流动性及由其导致的汇率波动性。IMF（2011）提出应对跨境资金大规模流入的"资本流动管理政策"框架，包含了稳定汇率、积累外汇储备、平衡货币政策与财政政策等宏观经济政策和各种资本流动管理工具。

近年来，国内也对跨境资本流动宏观审慎管理进行了有益探索。伍戈、严世锋（2015）通过对系统性风险内涵、表现形式以及形成机理进行分析，探讨开展跨境资本流动的宏观审慎管理思路。纪敏、陈得文（2016）对宏观审慎管理与资本管制的政策效果进行了比较，提出进一步完善跨境资本宏观审慎管理不仅是实现宏观经济发展战略的需要，同时也有利于新常态下维护金融体系稳定，提高货币政策独立性。

还有学者关注资本流动管理的国际经验借鉴和总结。陈丰（2015）在研究20世纪90年代新兴经济体管理资本流出管理的工具、方法和政策的基础之上，在国际货币基金组织的资本流动管理新框架下探究新兴经济体资本流出管理的措施。外汇管理局江苏省分局课题组（2016）在分析典型资本流动系统性风险从累积到爆发过程和我国资本流动全过程及风险分析框架基础上，结合国外典型宏观审慎政策下资本流动管理工具，提出我国实施宏观审慎政策下资本流动管理的原则性措施。成明峰（2016）在总结我国跨境资金流动的主要特征和评估我国跨境资金流动总体风险的基础之上，参考国外典型的资本流动管理政策，针对我国跨境资金流动管理提出了政策建议。徐璐（2016）分析了新兴国家跨境资本收支脆弱性的原因、表现以及新型国家管理跨境收支的经验，在此基础之上，提出了完善我国跨境资本流动管理的政策建议。卢嘉祺（2017）论述了加强资本流动管理的必要性，总结了相关国际经验，并提出了政策建议。何淑兰、王聪（2017）从宏观审慎的视角出发，探究宏观审慎下资本流动管理的机理，并总结了韩国和巴西等新兴经济体的经验。

（二）压力测试

现有关于压力测试的研究多集中在宏观层面的金融风险压力测试及微观层面的金融机构和企业信用风险、流动性风险的压力测试上。比如施建军等（2011）测量了企业的信用风险。张明等（2017）从涉房贷款的角度切入，对银行的流动性风险进行了测量。王新等（2018）研究宏观压力测试，提出对中国人民银行压力测试FSAP的改进建议。杜景南等（2020）结合金融控股公司的实际风险管理情况对集团信用风险压力测试进行实证研究。康亮（2020）对制造业等6类行业的流动性风险进行了压力测试。

综上，现有关于资本流动宏观审慎管理国际借鉴和经验总结的文献资料，多集中在宏观审慎管理工具梳理、案例分析和必要性与可行性分析等定性分析层面，并没有结合我国跨境资本流动的薄弱环节、承压环节进行量化分析。基于此，本文通过压力测试找出我国跨境资本流动的薄弱点、承压处，针对我国跨境资本流动压力较大的薄弱环节，借鉴跨境资本流动宏观审慎管理的国际经验，总结有针对性经验启示并提出政策建议，以弥补现有研究空白。具体地，本文先建立了VAR模型进行影响因素分析，后根据因素分析结果，模拟轻度、中度和重度三种压力情形下各影响因素对我国跨境资本流动的冲击和影响。压力测试结果显示，我国跨境资本流动的流入方向和流出方向的承压状态并不一致，且其他投资项下（如跨境融资）的承压较大。后本文根据影响分析和压力测试结果，借鉴跨境资本流动宏观审慎管理的国际经验提出了完善我国跨境资本流动管理的政策建议。

三、我国跨境资本流动影响因素分析及压力测试

本文中，我国跨境资本流动的压力测试主要分成两步：第一步，确定影响因素建立非限制性VAR模型，量化分析跨境资本流动的影响因素；第二步，基于前一步结果设置多个压力场景，开展宏观压力测试，分析影响因素变化对跨境资本流动产生的冲击。

（一）确定影响因素

在现有研究文献中，推动——拉动因素理论较全面地论述了资本跨境流动的动因，也较符合国内外因素共同驱动我国资本跨境流动的实际情况。本文的实证分析也以推动——拉动因素理论为基础，并将投资者的风险偏好纳入研究，以确保影响因素考虑的全面性。内部拉动因素是指引起资本流动的内在因素，也叫作国别性因素；外部推动因素是指跨境资本流动的外生性因素，也被称作全球性因素；风险偏好是指资本对于风险的预期和承受能力。

1. 内部拉动因素

（1）经济增长水平。根据Dunning的"投资发展阶段"理论，跨境资本流动状况与该国经济发展水平密切相关。我国经济发展水平的高低和稳定度，在一定程度上反映了我国国内投资机会的多寡、投资环境及风险状况。

（2）通货膨胀。通货膨胀率上升伴随着物价的上涨和货币的贬值，使居民财富价值缩水，恶性的通货膨胀会使居民财富被稀释，影响经济环境的稳定性。当国内发生恶性通货膨胀时，资产价格的上升幅度往往低于通货膨胀的上涨速度，国际投资者为了避免投资缩水，会改变投资

方向，导致国内资本流出。

（3）国内流动性。国内流动性变化会直接影响跨境资本流动，国内宽松的货币政策产生的流动性会寻找合适的投资机会，部分资本会流到境外寻找投资机会。同时，国内流动性变化通过汇率和市场情绪再进一步影响跨境资本流动的风险偏好。

（4）人民币汇率。根据"货币汇率理论"，汇率变动以及汇率制度会对国际直接投资产生直接影响。资本的逐利性决定，跨境资本流动在追逐利差的同时，也受汇差影响，汇率波动会通过影响投资收益继而影响跨境资本流动。同时，人民币汇率和汇率预期的变动会传导至其他金融市场、间接影响跨境资本流动。

（5）房地产发展水平。进入21世纪后，我国城镇化步伐不断加快，房地产行业的飞速发展，楼市价格普遍上涨。一方面，房地产行业已成为影响我国宏观经济发展的重要组成部分。另一方面，投资房地产行业的高收益率吸引了国外投资者的目光，资本的逐利性决定了会有国际资本流入国内的房地产市场。

2. 外部推动因素

（1）全球流动性。全球流动性会对我国跨境资本流动产生直接或间接两方面影响。以流动性宽松为例，直接方面，全球流动资本规模增长，流入我国的跨境资本规模会自然而然地扩大；间接方面，全球流动性宽松会对境内外利差、汇率和经济金融形势等产生影响，继而影响我国跨境资本流动。

（2）境内外利差。根据古典经济学理论，资本从资本充足国向稀缺国转移，即从低利率国流向高利率国。当境内利率高于境外利率或利差扩大时，逐利的跨境资本会大量流入我国；反之亦然。同时，利率和汇率还在金融市场上相互作用，进一步影响我国资本项目跨境资本流动。

3. 风险偏好因素

（1）对美国经济预期。美国作为全球核心经济体，美元是全球储备货币、交易货币与结算货币，主导了全球增长前景、通胀与利率周期，其波动将影响全球跨境资本的风险偏好。如美元贬值驱动流动性外溢，美元流动性宽松进一步推动全球经济增长、再通胀环境及资产价格泡沫。

（2）国际金融市场风险水平。在国际经济金融形势稳定时，定性上升、市场波动加剧时，为了保障资金安全，跨境资本会从发展中国家撤出，流向更为安全的发达国家。同时，风险偏好和"羊群效应"的共同作用，会放大跨境资本波动幅度。

（二）影响因素的实证分析

1. 指标选取

根据现有研究并考虑数据可得性，本文选取《银行代客涉外收付款数据》中"资本和金融账户"的境内银行代客涉外收入和支出的加总数据用于衡量跨境资本流动，作为被解释变量，选取内部拉动因素、外部推动因素和风险偏好等3类9个影响因素的具体衡量指标（见表1）。需要指出的是，本文中我国跨境资本流动是指资本项目跨境资本流动，即资本项目跨境收支。一方面是由于经常项目跨境收支多以贸易、交易为背景，长期较稳定；另一方面，国内外大多数研究在论述跨境资本流动时，一般指的都是资本项下跨境资本流动，如直接投资、外债和证券投资等。

表1　本文实证分析中变量和指标的具体情况

变量类型	变量		符号	指标及数据
被解释变量	资本项目跨境收支总额		Total	银行代客涉外收入和支出的加总
解释变量/影响因素	内部拉动因素	经济增长水平	IAV	规模以上工业企业增加值同比增长率
		通货膨胀水平	CPI	消费者价格指数
		国内流动性	Dliquidity	中国货币市场M2
		人民币汇率	Exchange	美元兑人民币中间价走势
		房地产发展水平	Housing	国房景气指数
	外部推动因素	全球流动性	Gliquidity	美国货币供应量M2
		中美利差	IRD	上海银行间隔夜拆借利率与美国联邦基金利率之差
	风险偏好	对美国经济的预期	USD	美元指数
		国际金融市场风险水平	VIX	美国标普500波动率指数

基于样本数据的可得性和分析的有效性，本文选取2015年10月—2020年9月的月度数据作为样本数据，数据来源于国家外汇管理局、中国人民银行官网和Wind数据库等。

2. 平稳性检验

本文在构建向量自回归模型前，对数据进行了平稳性检验，以避免虚假回归、确保模型解释效力。检验结果（见表2）显示，在5%的显著水平下，资本项目跨境收支总额（Total）、国内流动性（Dliquidity）、人民币汇率（Exchange）、美国经济预期（USD）、中美利差（IRD）和全球流动性（Gliquidity）是非平稳变量。进行差分处理后，除全球流动性（Gliquidity）是2阶差分平稳序列外，其他变量均在1阶差分后平稳。

表2　　　　　　　本文实证分析中平稳性检验结果

项目	变量
0阶平稳	经济增长水平（IAV）、通货膨胀水平（CPI）、房地产市场发展水平（Housing）、国际金融市场风险水平（VIX）
1阶差分平稳	资本项目跨境收支总额（Total）、国内流动性（Dliquidity）、人民币汇率（Exchange）、美国经济预期（USD）、中美利差（IRD）
2阶差分平稳	全球流动性（Gliquidity）

3. 协整检验

协整检验是为了验证各变量之间的长期稳定关系。如果变量之间存在协整关系，即使原数据非平稳也可以直接建模。本文采用了Johansen协整检验方法，协整检验结果显示在5%的显著水平下，变量之间至少存在4个协整关系（见表3）。

表3　　　　　　　本文实证分析中协整检验结果

原假设	特征值	迹检验	5%的临界值	P值
无协整	0.797 314	331.461 9	239.235 4	0.000 0
至多1个协整	0.670 335	238.888 2	197.370 9	0.000 1
至多2个协整	0.560 284	174.526 8	159.615 4	0.005 8
至多3个协整	0.548 132	126.872 5	125.615 4	0.041 8
至多4个协整	0.465 441	80.799 25	95.753 66	0.338 5

4. 方差分解

根据方差分解结果（见图1），我国资本项目跨境收支总额与其历史取值紧密相关，其自身冲击作用持续较长。具体地，虽然自身冲击的贡献率总体上随着时间推移下降，但在第10期时，跨境资本流动自身冲击的贡献率依然高于其他因素。除了自身冲击外，房地产市场发展水平、国内流动性和经济增长水平是影响我国资本项目跨境收支的重要因素，到第10期时，这三个因素合计贡献率达到60%，其中影响力最大的因素是房地产市场发展水平，且影响力持续上升。因此在防范资本项目跨境收支异常波动时，应着重关注这几个因素的变化，制定合理的措施。

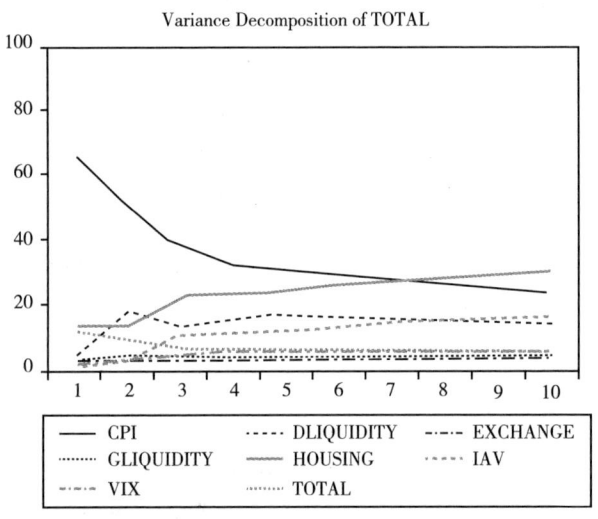

图1 本文实证分析中方差分解结果

综上，协整检验和方差分解结果是：经济增长水平、通货膨胀、国内流动性、人民币汇率和房地产发展水平等内部拉动因素是影响我国资本项目跨境资本流动的根本性因素。作为外部推动因素的全球流动性和作为风险偏好类因素的国际金融市场风险水平对我国资本项目跨境资本流动有影响。而境内外利差和对美经济预期对我国资本项目跨境资本流动的影响不显著，这可能是由于境内外利差和对美经济预期通过其他影响因素继而间接对我国资本项目跨境收支产生影响、反映在其他指标内，还可能与我国资本项目暂未完全开放、影响传导路径不通畅有关。

（三）压力测试步骤及结果分析

压力测试的方法可以分为单因子方法、多因子方法和随机模拟法。单因子法又称敏感性分析法，该方法假设承压指标中只受一个风险因素的影响，假设其他风险因素不变的情况下，该因素的变动对承压指标的影响。多因子法又称情景分析法，该方法假设承压指标在市场中同时受到多个风险因素的影响，充分考虑了风险因子之间的相关性，使得测量结果更精准。具体又分为历史情景法和假想情景法，巴塞尔委员会鼓励商业银行和监管当局利用历史情景法对市场风险进行压力测试。随机模拟法是先设置承压指标承受压力时的损失，研究在什么市场条件情景下损失会超过该阈值，作为结论推算出的情景会被作为现实参考依据重点分析并监控。基于因素分析结果，本文采用多因子方法中的历史情景法，对我国跨境资本流动开展压力测试。

1. 基本测试步骤

在前文因素分析的基础上，本文进一步设计了轻度、中度、重度三个压力情景，对我国资本项目跨境资本流动开展压力测试，以定量测度不同压力下宏观经济冲击对我国资本项目跨境收支的具体影响程度。

（1）确定压力指标和承压指标。

压力指标是在压力测试中产生冲击的指标，承压指标是接受冲击的指标。根据前文因素分析结果，选择具有显著影响的7个因素作为冲击指标。具体地，本文选择经济增长水平（IAV）、通货膨胀水平（CPI）、国内流动性（Dliquidity）、人民币汇率（Exchange）、房地产市场发展水平（Housing）、国际金融市场风险水平（VIX）和全球流动性（Gliquidity）作为压力指标，选取资本项目跨境收支总额（Total）作为承压指标。

（2）设定压力情景。

压力情景的设置需要合理确定各压力指标的变动方向及变动幅度。其中，计算各指标在样本期间的月度变动率，得出最大降幅和平均降幅，设定轻度、中度和重度冲击情景（见表4）。

表4　　　　　　　　本文压力测试中压力情景设置

冲击程度	经济增长水平	通货膨胀	国内流动性	人民币汇率	房地产发展水平	全球流动性	国际金融市场风险
轻度冲击	−10.00%	+50.00%	−1.00%	−0.50%	−0.10%	−5.00%	+5.00%
中度冲击	−20.00%	+60.00%	−5.00%	−1.00%	−0.50%	−10.00%	+10.00%
重度冲击	−95.00%	+100.00%	−10.00%	−3.00%	−3.00%	−20.00%	+30.00%

（3）执行压力测试。

2020年初新冠疫情快速扩散，中国2020年经济开局受到冲击，1—2月，全国规模以上工业增加值、固定资产投资、商品和服务消费大幅下降，城镇就业压力加大，失业率明显上升。为最大程度测试我国资本项目跨境资本流动承压能力，选择2020年2月作为压力测试情景的基础，将上述三种情景下的宏观冲击数值带入，测算出在轻度、中度、重度冲击情景下资本项目跨境收支规模的模拟数值，测试结果见表5。

表5　　　　　资本项目跨境资本流动压力测试结果

压力场景	压力测试的结果	
	资本项目跨境收支变化幅度（%）	资本项目跨境收支的变化规模（亿美元）
轻度冲击	−15.68	−275.80
中度冲击	−30.07	−528.92
重度冲击	−43.57	−766.43

在轻度冲击下，我国资本项目跨境资本收支总额下降275.80亿美元，较历史值下降15.68%；在中度冲击下，我国资本项目跨境资本收支总额下降528.92亿美元，较历史值下降30.07%；在重度冲击下，我国资本项目跨境资本收支总额下降766.43亿美元，较历史值下降43.57%。

2.分渠道的压力测试

为进一步检验资本项目不同渠道下跨境资本流动的承压状况，将资本项目跨境收支总额细分为直接投资跨境收支、证券投资跨境收支和其他投资跨境收支三大渠道，重复上述实证过程，进一步分析不同压力场景对直接投资、证券投资和其他投资下跨境资本流动的冲击，测试结果见表6。

表6　　分渠道跨境资本流动压力测试结果

	压力场景	国内流动性	全球流动性		对美经济预期		变化幅度	变化规模（亿美元）
直接投资	轻度冲击	-1.00%	-5.00%		-0.80%		-12.21%	-61.19
	中度冲击	-5.00%	-10.00%		-1.12%		-20.68%	-103.65
	重度冲击	-10.00%	-20.00%		-2.75%		-40.10%	-200.96

	压力场景	经济增长水平	通货膨胀	人民币汇率	全球流动性	国际金融市场风险	变化幅度	变化规模（亿美元）
证券投资	轻度冲击	-10.00%	50.00%	-0.50%	-5.00%	5.00%	-8.23%	-93.47
	中度冲击	-20.00%	60.00%	-1.00%	-10.00%	10.00%	-18.59%	-211.17
	重度冲击	-95.00%	100.00%	-3.00%	-20.00%	30.00%	-46.54%	-528.61

	压力场景	国内流动性	人民币汇率	房地产发展水平	中美利差	对美经济预期	变化幅度	变化规模（亿美元）
其他投资	轻度冲击	-1.00%	-0.50%	-0.10%	-10.00%	-0.80%	28.15%	34.25
	中度冲击	-5.00%	-1.00%	-0.50%	-42.22%	-1.12%	61.47%	74.77
	重度冲击	-10.00%	-3.00%	-3.00%	-83.00%	-2.75%	186.70%	227.12

由表6可知，一是不同渠道下跨境资本流动的影响因素不同。直接投资项下跨境资本流动的主要影响因素有国内流动性、全球流动性和对美经济预期，证券投资项下跨境资本流动的主要影响因素有经济增长水平、通货膨胀、人民币汇率、全球流动性和国际金融市场风险，其他投

资项下跨境资本流动的主要影响因素有国内流动性、人民币汇率、房地产、中美利差和对美经济预期等。二是不同渠道下跨境资本流动的承压能力不同。直接投资和证券投资的承压能力高于跨境资本流动整体,而其他投资跨境资本流动低于跨境资本流动整体。三是不同渠道跨境资本流动应对冲击的变动方向不一样。特别是在不同压力场景下,其他投资跨境资本流动方向均与跨境资本流动整体、其他渠道(直接投资和证券投资,下同)资本流动方向不一致,即在国内流动性、人民币汇率、房地产和中美利差等因素恶化的情况下,其他投资跨境资本流动规模扩大。不同压力场景下,其他投资跨境资本流动受冲击程度较大和资本规模变动方向的不一致,可能是由于其他投资下跨境流动的资金具有债务属性。如在境内流动性恶化的情况下,从境外借入资金的规模会扩大。

3. 分流向的压力测试

为了解宏观压力因素变化对跨境收支结构的影响,重复上述实证过程,进一步分析宏观压力因子分别对流入端和流出端的影响,测试结果见表7。

表7　　　　　流入端和流出端压力测试结果　　　（单位:亿美元）

项目		轻度冲击	中度冲击	重度冲击
资本项目跨境流入	变动幅度	−14.94%	−34.40%	−79.62%
	变动规模	−137.47	−316.47	−732.42
资本项目跨境流出	变动幅度	−13.19%	−28.69%	−54.22%
	变动规模	−110.68	−240.71	−454.95
直接投资跨境流入	变动幅度	−22.23%	−20.43%	−16.47%
	变动规模	−65.08	−59.79	−48.21
直接投资跨境流出	变动幅度	+0.01%	+3.62%	+32.18%
	变动规模	+7.54	+0.02	+67.09
证券投资跨境流入	变动幅度	−0.59%	−2.83%	−13.52%
	变动规模	−3.36	−16.18	−77.22

续表

项目		轻度冲击	中度冲击	重度冲击
证券投资跨境流出	变动幅度	−0.27%	−5.17%	−15.62%
	变动规模	−1.51	−29.17	−88.20
其他投资跨境流入	变动幅度	+130.73%	+129.14%	+127.16%
	变动规模	+73.06	+72.17	+71.06
其他投资跨境流出	变动幅度	+46.11%	+63.73%	+213.62%
	变动规模	+30.33	+41.91	+140.48

由表7可知，与资本项目跨境资本流动整体和其他项目相比，比较特殊，且值得注意的是其他投资跨境流入和流出的压力测试结果，这与分渠道压力测试结果（表6）一致，即债务属性的跨境资本流动值得关注。

四、国际经验及启示

根据前文分析可知，我国跨境资本流动流入端较流出端在影响因素发生变动时，波动较大；分渠道的压力测试结果显示，其他投资（如跨境融资等债务资金）的跨境收支受影响因素的冲击较其他渠道大。基于此，本文国际经验及启示部分，有针对性地对跨境资本流入宏观审慎管理和债务资金跨境流动宏观审慎管理的国际经验进行梳理总结。

（一）跨境资本流入管理的国际经验

目前，国际货币基金组织（IMF）设计了完整的资本流入管理框架，其基本原则是资本流入的具体渠道是应对资本流入政策和措施选择的决定性依据。IMF的流入管理包括宏观经济政策、宏观审慎管理政策和资本流动管制等政策工具。在IMF的资本流入管理框架中，宏观审慎管理是非常重要的一部分。

1. 宏观经济政策

可采取汇率政策、储备政策、货币与财政政策以应对资本大量流入（见图2）。

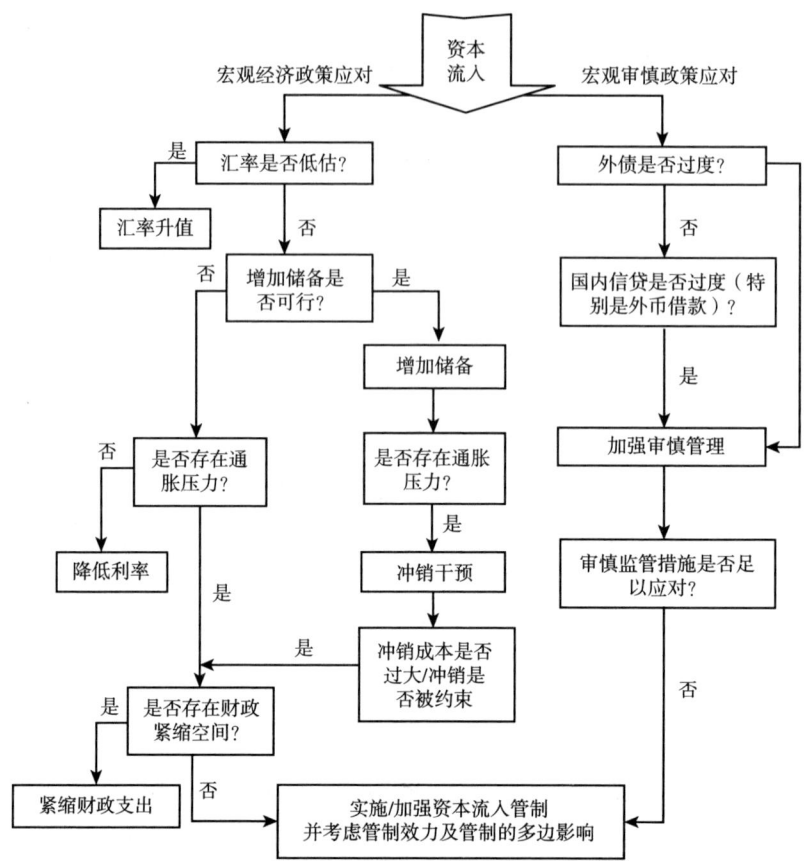

图2 采用宏观经济政策与审慎管理政策应对资本流入

首先,评估汇率是否有升值空间。如若本币被低估,则考虑名义汇率升值;反之,在政策选择上要考虑货币升值对出口竞争力的影响,如若影响过大,则需要转向其他管理政策。

其次,评估外汇储备水平是否充足。如若有增加外汇储备的可行性,则面对资本流入可考虑选择增加外汇储备。

再次,评估通货膨胀状况。如若资本流入有可能引发通货膨胀,则考虑公开市场操作、提高存款准备率和释放紧缩信贷信号等政策(方式)。如果在应对资本流入过程中,面临货币供应(可能)失控、外汇储备没有增加的可行性或汇率已被高估等情况,则考虑选择货币政策和财政政策。

最后，评估货币政策和财政政策有无调整的空间。如经济增长较温和、不存在过热的现象或趋势，则可选择通过降低政策利率来削弱资本流入动机；反之，如若经济已处于过热状态，则考虑选择压缩财政。

2. 宏观审慎政策

在运用宏观审慎政策应对资本涌入时，IMF 会通过金融机构流入和非金融机构流入两种情况分别应对。

资本通过银行等金融体系流入时，IMF 将风险划分为银行负债结构风险、银行资产风险和宏观经济风险三类分别应对（见表8）。

表8　　资本通过银行等金融体系流入时的政策选择[①]

风险	具体情况	政策选择
银行负债结构风险	短贷长用：短期资金用作长期贷款	综合使用宏观审慎政策和资本管制政策，以调整负债结构、降低风险
银行资产风险	外币贷款引致的信用风险、外汇敞口引致的汇率风险	监测银行外币存贷款规模，提高外币存款的准备金要求、增加可能引致外汇风险敞口的存贷款要求，提高外汇流动准备比例
宏观经济风险	信贷扩张	可采用合适的宏观审慎政策抑制本、外币信贷扩张
	资产泡沫	宏观审慎管理政策是优选，如可考虑调整逆周期资本金要求；如宏观审慎管理政策已无法应对资本流入，则考虑资本管制工具

当资本绕过受管制金融机构、通过非金融机构流入时，IMF 也分三种风险分别应对（见表9）。一是非金融机构的负债结构风险。非金融机构借入外币债务（特别是短期外币债务）导致负债结构过度风险。二是非金融机构的货币风险。纵使非金融部门没有过度借贷，但受境外低利率诱惑也可能使企业承担过度外汇风险。三是宏观经济风险。非金融机构直接境外借款会导致资产价格膨胀（甚至泡沫）。

---

① 资料来源：作者根据相关资料整理所得。

表9　资本绕过受管制金融机构流入时的政策选择①

风险	具体情况	政策选择
负债结构风险	外币债务（特别是短期外币债务）过多	考虑采取资本管制以限制流入、防范期限错配风险
货币风险	非金融机构从国外借贷	考虑实施资本管制，或禁止国内非金融机构直接从国外借贷
宏观经济风险	非金融机构的海外借款，导致资产价格膨胀甚至泡沫化	货币政策与审慎政策无效，考虑实施资本管制、直接限制其海外借款

3. 资本管制政策

直接针对跨境资本流动/交易的管理政策（直接资本管制）一般不轻易使用，当宏观经济政策几乎无调整空间、宏观审慎管理政策已无法维护金融系统稳定、资本流入的冲击和影响已超出评估范围时，IMF建议采用。此外，考虑到政策调整、政策执行和政策生效的时滞，可选择直接资本管制。

（二）债务资金跨境流动管理的国际经验

经合组织（OECD）1961年出台了《资本流动自由化通则》（以下简称《通则》），对成员国资本流动自由化的相关措施进行了程序性规定，并约之以义务。之后，OECD对《通则》进行了多次修订。2019年修订后的《通则》指出，宏观审慎政策是应对跨境资本无序波动的主要政策之一。在OECD的宏观审慎管理工具中，有不少是针对债务资金的跨境流动管理的。

1. 宏观审慎管理工具

OECD成员国使用的宏观审慎管理工具可以分为四类（见表10）：对居民外币借贷的限制、对购买境内发行的外币计价证券的限制、对外汇存款施加差异化待遇和对金融机构外汇敞口的限制等。

---

① 资料来源：作者根据相关资料整理所得。

表10　　OECD成员国使用的部分宏观审慎管理工具[①]

类别	具体政策
对居民外币借贷的限制	严格限制居民出于跨境交易融资目的而进行的外汇借贷业务
	对银行机构的外汇贷款业务施加总量限制：根据借款者的收入来源币种确定外汇贷款币种，对收入来源币种之外的外汇贷款遵循严格的信誉要求等
对购买境内发行的外币计价证券的限制	对本国银行购买本国发行外汇计价债券的总量不施加限制，但银行必须遵守银行法规所规定的交易类别，按货币当局的要求约束自身的风险敞口
	各类金融证券产品投资必须通过货币当局的审批等
对外汇存款施加差异化待遇	根据存款者的居民身份和存款期限长短不同设置不同档的准备金率要求
	根据期限结构不同设置流动性比率等
对金融机构外汇敞口的限制	规定本国金融机构根据即期外汇负债的净余额计提无息存款准备金
	规定当金融机构净外汇头寸和净黄金头寸之和占全部自有资金比率超过2%时，必须按照二者头寸之和计算并提供自有资金支持
	规定银行全部净敞口头寸不得超过该银行上月全部股本资本的50%

2.对宏观审慎措施的处理方式

2019年，对《通则》的修订明确了对宏观审慎措施的处理方式。整体上，一些宏观审慎工具属于《通则》中已包含的资本流动管理措施，此时可参照《通则》的要求处理。同时，在维护金融稳定的特定情况下，成员国实施《通则》中没有包括的宏观审慎工具时也有一定灵活性，《通则》投资委员会将对成员是否有正当理由实施该工具进行评估。

（三）部分国家的实践经验

历史上，部分国家采取的资本流动管理审慎政策工具及效果见表11。

[①] 资料来源：作者根据相关资料整理所得。

表11　部分典型资本流动管理审慎政策工具[①]

政策工具	实践者/设计者	主要内容	政策效果
金融交易税	巴西	2009—2012年，面临着危机后资本大量流入的压力，对证券投资、固定收益投资、短期外债等的外汇兑换环节征收2%—6%的外汇交易税，其税率和征收范围依宏观风险变化调整	金融交易税的征收能够有效控制雷亚尔的升值，但是税收减少并不能阻挡雷亚尔的贬值
无息准备金	智利、西班牙	1991—1998年间，面对通货膨胀和资本流入压力，智利开始对短期外债、投资性质的贸易信贷、境外直接投资等征收20%—30%的准备金，这一存缴比例和征收范围根据短期资本流动形式调整；为了缓解资本流出压力，西班牙针对本币净卖出头寸征收100%、1年期的准备金	智利：能够有效降低短期资本流入、抑制通货膨胀，但是未能控制本币升值压力；西班牙：不能阻止本币贬值
宏观审慎稳定特别费	韩国	2011年始，韩国开始针对国内和国外银行所持有的非核心类外币负债征收不高于0.2%的宏观审慎稳定特别费，其费率在宏观风险加大时可提高	在一定时期内，能够有效控制短期外债规模和投机性的证券投资规模；但是规避监管的方法和途径很快会被找到，管理效果会逐渐减弱
外汇衍生品头寸限制	韩国、OECD、IMF	2010年始，为了应对资本大量流入的压力，规定：国内银行所持有的外汇衍生品头寸占比不得高于上月末权益资本金的50%；外资银行的这一比例不得高于250%；这一比例可以随着风险增大继续下调。2012年12月1日，这一比例分别降低到30%和150%	
累进特别费	马来西亚	1999年，面对亚洲金融危机后资本大量流出的压力，马来西亚在证券投资撤资的本外币兑换环节征收特别费，投资期越长，特别费率越低	累进特别费的实施是为了替代马来西亚在此之前的资本管制，虽然有利于维护投资者的投资信心，但限制资本流出的效果并不明显

① 资料来源：作者根据相关资料整理所得。

续表

政策工具	实践者/设计者	主要内容	政策效果
银行短债比例限制	OECD、IMF	该措施是针对银行而制定的，规定银行对非居民的短期外债规模不得超过一定比例的银行资本，防范因银行依赖短期外债而产生的风险	OECD和IMF在提交G20会议的相关报告中推荐使用此类政策
非居民资产购买税	OECD、IMF	针对非居民购买房地产等在岸资产征收更高税率的税，防范在岸资产价格泡沫所产生的系统性风险	
衍生品准备金要求	OECD、IMF	该措施是针对银行而制定的，银行与非居民间的外币互换、远期交易等需提交准备金，防范货币错配和期限错配风险	

（四）对我国的启示

借鉴IMF和OECD及其他国家地区的跨境资本流入和债务资金跨境流动的管理经验，我国应对资本流动风险需要标本兼治，综合运用宏观经济政策夯实经济基本面，宏观审慎和资本流动管理措施削峰填谷熨平短期波动，构建我国资本流动管理的三道防火线，完善我国资本流动管理的工具箱。此外，还应该加强跨境资金流动（尤其是债务资金）的监测预警。

1. 第一道防火线：优先运用宏观经济政策工具

只有宏观经济政策才能化解危机根源，持续稳定的宏观经济制度是发挥跨境资本流动监管效应的重要前置条件。保持经济社会持续健康发展，进一步释放财政政策与货币政策对于跨境资本流动监管的政策支撑作用，调节经济内外均衡。

2. 第二道防火线：在宏观经济政策失效时，优先采取宏观审慎措施

目前，我国的宏观审慎管理框架能够在一定程度上，对资本流动进行逆周期调控，有效防范了跨境资本流动所导致的系统性风险。但我国跨境资本流动的宏观审慎管理需进一步完善，以应对越来越活跃的资本流动。建议建立跨境资本流动的系统性风险监测指标体系。通过指标分析、系统监测、阈值设置和触发机制等，及时、适度、有针对性地开展宏观审慎管理，防控系统性风险。

3. 第三道防火线：当宏观经济政策和宏观审慎政策都难以奏效时，启动资本流动管理措施

在资本项目开放过程中，资本流动的不确定性因素较多；当资本流动出现异常时，在重点领域采取临时性的管制措施是阻断跨境资本流动风险冲击本国实体经济发展的风险屏障。建议加强对跨境资本流动的监测，重点关注资本流动短期内是否剧烈变动、是否可能威胁金融体系的稳定运行；如果发现资本流动剧烈变动，宏观经济短期内难以改变、所采取的宏观和审慎政策短期内难以取得成效，则可以合理地实施临时性的资本管制措施。

五、政策建议

（一）推动我国经济高质量发展，构建跨境资本高效流动的"引擎"

本文压力测试结果显示，包括经济发展水平在内的内部拉动因素是影响我国跨境资本流动的决定性因素。防范跨境资本异常波动对经济的冲击，从长期看关键是夯实经济实力和水平，持续推动经济结构优化，增强国内经济对跨境资本的吸引力，提高国际投资者对国内宏观经济的信心。

（二）进一步完善国内多层次金融市场，建立跨境资本流动的"蓄水池"

如前文分析，跨境资本流动具有路径依赖特征，其自身波动是重要冲击来源，那么稳定的跨境资本流动对宏观经济金融的稳定至关重要。而金融市场能够吸收或缓解一定的资本流动溢出，面对跨境资本流动的冲击，尤其是大规模异常资本流动，需要兼具广度和深度的金融市场进行减震和缓冲。建议优化金融市场结构，丰富市场层次，提供更为丰富的跨境投资与资产配置渠道，提供差异化、特色化的金融服务，满足市场融资者和投资者的多样需要。同时优化制度环境，进一步改进证券发行、交易、托管、结算、信息披露等基础性制度，完善市场基础设施建设，改进市场微观结构，加大市场创新，激发市场活力。

（三）进一步完善高效监测预警机制，构建跨境资本流动"报警器"

根据分渠道和分方向的压力测试结果，建立有针对性的、高效的跨境资本流动监测预警机制，特别是针对债务资金跨境流动的监测预警。建议进一步强化完善债务资金的统计与监测。推动建立国民原则外债统计制度和系统，扩大债务资金统计范围，弥补现有对隐性债务和或有债务的统计短板。依据最终风险承担人原则，将最终债务承担人为我国国民或债务风险最终转嫁给我国国民的债务纳入统计，更加合理、全面地估算我国债务风险敞口，以提供更全面的决策信息、防范重大金融风险。

参考文献

[1] 巴曙松，巴晴.跨境资本流动宏观审慎管理的国际经验与中国探索[J].清华金融评论，2019（08）：23-25.

[2] 巴曙松，巴晴.跨境资本流动宏观审慎管理的国际经验[J].现代商业银行，2020（02）：93-96.

[3] 巴曙松，顾磊，严敏.我国国际资本流动的影响因素分析[J].中国科学技术大学学报，2015，45（03）：246-253.

[4] 陈丰.IMF资本流动管理新框架下新兴市场国家资本流出管理研究[J].国际金融，2015（03）：48-51.

[5] 陈高松.中国跨境资金流动监管有效性研究[D].中共中央党校，2014.

[6] 成明峰.跨境资金流动风险评估与比较研究[J].西部金融，2016（07）：29-33.

[7] 杜景南，黄德春.金融控股集团信用风险压力测试的实证分析及对策建议[J].南京社会科学，2020（10）：34-39.

［8］何淑兰，王聪.我国跨境资本流动的宏观审慎管理——基于新兴经济体市场国家经验借鉴的视角［J］.甘肃社会科学，2017（05）：233-239.

［9］纪敏，陈得文.跨境资本宏观审慎管理［J］.中国金融，2016（15）：42-44.

［10］康亮.基于宏观压力测试的银行行业贷款风险研究［J］.特区经济，2020（04）：72-75.

［11］李婧，吴远远.中国短期跨境资本流动影响因素实证研究：2009—2016［J］.经济与管理研究，2017，38（08）：23-32.

［12］卢嘉祺.资本流动管理和金融治理改革探讨［J］.中国市场，2017（13）：76.

［13］李艳丽，郭蓉，贾文卿.人民币汇率对短期国际资本流动的不对称影响研究：基于NARDL模型［J］.世界经济研究，2021（03）：80-94，135-136.

［14］盛雯雯.OECD国家的跨境资本监管［J］.中国金融，2015（07）：67-69.

［15］施建军，周源.基于内外部因素的银行信用风险压力测试研究［J］.中央财经大学学报，2011（10）：42-47.

［16］孙天琦，王笑笑.内外部金融周期差异如何影响中国跨境资本流动？［J］.金融研究，2020（03）：1-20.

［17］伍戈，严仕锋.跨境资本流动的宏观审慎管理探索——基于对系统性风险的基本认识［J］.新金融，2015（10）：14-18.

［18］外管局江苏省分局课题组.跨境资本流动宏观审慎管理分析框架［J］.中国外汇，2016（04）：42-44.

［19］王新，马俊.FSAP宏观压力测试的研究进展［J］.对外经贸，2018（11）：90-93.

［20］熊爱宗.国际货币基金组织与国际资本流动管理［J］.金融评论2016（04）：95-126.

［21］徐璐.新兴经济体跨境资本流动的脆弱性与政策应对［J］.西

部金融，2017（02）：21-26.

［22］张春生.IMF的资本流动管理框架［J］.国际金融研究，2016（14）：13-25.

［23］张明，陈玉玲，陈骁，魏伟.房价下行是否会引爆银行业危机？——涉房贷款估算与银行压力测试［J］.武汉金融，2017（12）：24-30.

［24］张明，谭小芬.中国短期资本流动的主要驱动因素：2000—2012［J］.世界经济，2013，36（11）：93-116.

［25］Brana, S. and D.Lahet. Determinans of capital inflows into Asia：The relevance of contagion effects as push factors［J］. Emerging Markets Review, 2011（11）：273-284.

［26］Chen S, Liu P, Maechler A M, et al. Exploring the Dynamics of Global Liquidity［R］. International Monetary Fund, 2012.

［27］Fratscher M. Capital flows, push versus pull factors and the global financial crisis［R］. Cambridge, MA：NBER, 2011：NBER Working Paper No. 17357.

［28］Ghosh A R, Qureshi M S, Kim J I, et al. Surges［J］. Journal of International Economics, 2014, 92（02）：266-285.

［29］IMF. Recent Experiences in Managing Capital inflows——Cross Cutting Themes and Possible Policy Framework［R］. IMF Policy Paper, 2011.

［30］IMF. International Capital Flows：Reliabel or Fickle. World Economic Outlook, 2011.

［31］Meade J.E. The Balance-of-payment of A European Free-trade Area［J］. The Economic Journal, 1957（267）：379.

［32］Ostry, Jonathan D., Atish R. Ghosh, Karl Habermeier, Marcos Chamon, Mahvash S. Qureshi and Dennis B.S. Reinhardt, "Capital Inflows：The Role of Controls", IMF Staff Position Note 10/04, 2010.

［33］Ostry J D, Ghosh A R, Habermeier K F, et al. Managing

Capital Inflows; What Tools to Use? [J]. IMF Staff Discussion Notes, 2011 (05): 1-41.

[34] Tobin J.. A Proposal for International Monetary Reform [J]. Eastern Economic Journal, 1978 (04): 153-159.

课题主持人：童展鹏

课题组成员：崔　军　翟超颖　谈　叙　吴杨萍　王秋萍

执　笔　人：翟超颖　谈　叙　吴杨萍

债券违约风险传染效应研究

——基于宏观资产负债表和网络分析模型

中国人民银行武汉分行调查统计处课题组

摘要：随着我国债券市场的快速发展，债券市场规模不断扩大，交易主体也在不断增加。在各类债券品种里，企业债券风险溢价最高，受融资环境影响最大，一旦流动性收紧，该类债券的违约风险最高。2021年以来，货币政策逐步恢复常态，债券违约风险也在逐步上升，由于金融市场的高度关联性，债券违约不仅会给其持有人带来直接损失，也会通过各种金融工具在跨部门间形成间接的关联性风险损失。本文以企业债券为切入点，运用宏观资产负债表和网络分析法测算了不同机构部门之间的资金关联关系，进一步测算了债券违约所引发的风险传染效应。结果显示：我国各部门的资金往来中，金融部门对风险传播的影响最大；债券违约对经济的总损失会放大至3.81倍；53.6%的损失集中在金融部门，其中存款资金账户影响最大，占总损失的27.8%。在选定与市场波动相关程度较大的负债项目下，债券违约对经济总损失的放大程度有所下降，放大倍数下降至3.41倍；在违约损失传染中，各部门及各资金项目受到冲击的严重程度因波及次数而变化，居民部门的影响程度与波及次数呈正相关。

关键词：债券市场；宏观资产负债表；网络分析法；风险传染

一、导论

近年来，我国债券市场蓬勃发展，目前债券规模位居世界第二，是我国资本市场的重要组成部分。截至2020年末，我国债券市场存量总规模达到114.3万亿元，其中企业债券占比达33.8%。由于企业债券在降低社会融资成本、改善金融市场结构和推进金融改革等方面扮演着越来越重要的角色，总量快速增加、结构逐步优化的同时，也伴随着日益上升的违约风险。2014年3月"11超日债"的未足额兑付，中国债券市场"刚性兑付"状况终结，此后违约事件逐步增加，违约常态化逐渐成为债券市场的新趋势。2020年全年违约企业债券规模达1803亿元，涉及140只债券，累计违约率再创新高。其中2020年4季度，"17华汽05""20永煤SCP003"以及紫光集团私募债相继违约，受此影响，债券市场剧烈震荡，市场恐慌情绪有所蔓延，形成连锁反应：二级市场煤炭、钢铁等周期类行业债券遭遇市场抛售，一级市场遭冷遇；部分公募债基净值出现下滑。金融市场是相互关联的，债券违约不仅会给其持有人带来直接损失，也会由于各机构部门、各金融工具之间的相互关联给全社会带来间接损失。本文基于社科院编制的2019年国家资产负债表，并利用"谁到谁"（FWTW：From Whom to Whom）方法和网络分析法的基本思想，测算了各机构部门之间的资金关联关系，对债券违约带来的金融风险波及效应进行测算。

二、文献综述

（一）债券违约风险相关研究

债券市场的繁荣虽然使得企业融资更加便利，但其违约风险也日渐凸显。近年来，债券市场频频曝出违约事件，引起了新闻媒体、资本市场和学术界的密切关注。从现有的研究文献看，文献主要集中在对于风险预警与防范的研究，例如，胡文勇（2021）针对债券违约风险防控，提出财务风险预警评价体系。陈学彬等（2021）采用深度学习LSTM方法构建中国债券违约风险预测模型。刘律康等（2021）使用随机森林和XGBoost两种机器学习算法构建模型，生成债券高违约风险预警模型。

同时，部分学者也开始关注债券违约对经济的影响。主要是从直接关联方和间接关联方角度来分析债券风险对经济的影响。

从直接关联方的角度看，目前关于债券违约对经济的影响主要是直接从企业之间的违约相关性切入，研究债券违约风险在微观主体之间的传染。例如Jarrow和Yu（2001）、Yu（2007）、Jorion和Zhang（2010）、Lando和Nielsen（2010）、Elliott和Shen（2015）等。随着近年来国内债券违约逐渐成为常态，部分学者通过实际数据研究债券违约对经济的影响。例如，郭超（2016）以"11超日债"违约事件发生日前后一周的38只公司债券信用利差数据为样本，利用聚类模型，刻画发债企业之间违约强度的关系，构造债券信用风险传染模型，对超日债违约风险的传染路径和受影响较大的企业进行挖掘和推断。黄小琳等（2017）研究债券违约对涉事评级机构的影响，研究发现涉事机构不仅没有收紧信用评级标准，相反会高估企业的信用评级水平，并且高估的程度随着其涉及违约事件增多上升，这种策略使得其市场份额下降。

从间接关联方的角度看。债券违约不仅会使投资者、关联企业、评级机构等直接关联方遭受损失，还会通过风险传染对其他间接关联方造成影响。在金融市场中，违约风险具有明显的传染性（Brune和Liu，2011；Allegret et al.，2016）。这种风险传染一方面通过银行间信贷网络（Allen et al.，2009；Acemoglu et al.，2015）以及上下游企业信贷网络（Kiyotaki和Moore，1997）传染；另一方面通过信息的外部性（媒体报道、监管机构公开问询等），提高市场参与者感知的信用风险（Bernet和Getzen，2008）。债券违约风险通过以上途径在金融市场内实现风险快速传染，最终对间接关联方造成影响。例如，张春强等（2019）针对债券市场的研究显示，由于企业债券违约事件提高了投资者对于信用风险的敏感性，同行业的新发债企业将不得不支付更高的发债成本。目前债券风险对间接关联方的文献主要集中在对金融机构的影响，对其他经济部门的影响研究较少。

（二）风险传染与网络模型

由于目前金融市场经济交易高度频繁、信息交互高效便捷，债券违约不仅会对投资者产生影响，其引起的"传染效应"也会对整个市场产生一定的影响。学术界关于信用风险传染的研究可追溯至Jarrow和Yu（2001），其研究证实了传染性的存在。

从风险传染的具体研究方法来看，目前已有多种建模工具对主体间风险传染进行分析，主要分为计量模型和网络理论。对于计量模型而言，不同的方法在研究风险传染问题时有不同的缺点。相关系数、GARCH族、VAR和极值理论等方法假定主体间风险相依性在时间上是静态的，即保持不变的（王永巧、刘诗文，2011），这使得其难以模拟市场主体间风险传染过程中的传递和级联效应；GARCH族模型处理多变量间非对称的动态相依关系的能力存在局限性（Bollerslev et al.，2020）；Copula族模型在高维的应用中面临难以控制计算复杂性的问题（Oh and Patton，2018）。

网络理论的提出能够克服以上传统计量模型存在的局限性，可以更好地模拟多主体之间的风险传染机制。目前的网络理论分析文献主要包括两个部分：一部分是基于微观实体（金融机构）层面的分析，另一部分是基于国民经济部门的国家层面的分析。

就基于微观实体（金融机构）层面的分析而言，Allen和Gale（2000），与Freixas等人（2000）从金融机构间最优的风险分担结构出发，打开了使用网络理论分析风险传染路径的新篇章。将企业风险与宏观债务风险或金融系统性风险相联系时，学界主要以金融机构作为研究对象，文献主要针对银行业进行分析（Furfine，2003；Wells，2004；Upper和Worms，2004；Boss et al.，2004）。Mistrulli（2011）估算了银行间的敞口矩阵，结论显示不同银行间的风险暴露网络的潜在系统性风险水平。近年来学者们发现，金融系统内的网络联系不仅局限于直接的资金往来，还在于信息传播、资产价格水平波动等带来的影响，因此单层的网络模型难以反映多重微观风险传染机制，金融系统具备多层次的网络属性（Teteryatnikova，2010；Poledna et al.，2015；Ding et al.，2017；Wang et al.，2018；Xu，2019）。少部分学者将网络理论拓展到除银行业以外对保险业、支付系统和清算系统等更为广泛的金融系统中（Eisenberg和Noe，2001；Cummins et al.，2002；Minguez-Afonso和Shin，2007）。近年来，我国学者也开始研究金融网络中的风险传染问题，但是分析对象大都集中在金融机构层面。例如，马君潞等（2007）使用各家银行公开的资产负债表数据，估算我国银行间市场传染风险。范小云等（2012）利用中国银行间市场数据，通过构建网络模型分析关联性对银行系统重要性的影响，结论表明，银行间负债关联程度越大，越容易诱发系统性危机，且造成的损失也越大。

就基于国民经济部门的国家层面的分析而言，如上所示，目前网络理论分析多应用于微观实体（金融机构）层面，且集中针对银行业，对国民经济部门间网络架构的相关研究分析非常少。Gray等人（2007）将网络理论从微观拓展到了宏观，提出将国民经济各部门看作是相互关联的（显性或隐性）资产、负债的组合来改进央行对宏观金融风险的分析方法。这一方法将网络理论从微观（对一家公司或一个行业的测度）拓展到了宏观（对整个经济部门的测度），能够更好地捕捉风险传染的非线性特征以及量化跨机构或跨部门的资产负债传导效应。Castren和Kavonius（2009）利用欧元区账户数据，建立了各经济部门的简易资产负债表，运用CCA模型相对完整地分析了整个欧元区的宏观金融风险，并运用部门间资产负债关联网络，模拟分析金融风险在部门间的传染。国内学者宫晓琳（2012）和苟文均等（2016）也用相关方法量化分析了我国宏观金融风险的累积和传染机制。

（三）小结

第一，现有的研究文献主要集中在对于风险预警与防范的研究，债券违约对经济的影响研究相对较少。同时，从已有的债券违约相关文献看，主要文献都集中在对于风险预警与防范的研究，债券违约对经济的影响研究不足，并且大多是研究债券违约对直接关联方以及金融机构的影响，其对其他经济部门的影响研究较少。

第二，就网络理论而言，现有文献往往侧重分析银行网络结构对系统性金融风险的直接影响效应，网络中的节点也是以银行这种微观经济实体为主。但是由于风险传染的存在，债券违约不仅会带来的直接损失，更会对其他各部门、各资金项目带来一系列的波及效应，本文利用我国2019年国家资产负债表，利用"谁对谁"矩阵方法和网络分析的方法，对债券违约带来的金融风险波及效应进行测算。相关结论有助于在债券违约发生后对相关部门及资金项目加强管控，以防止债券违约风险对其他部门的波及效应导致新一轮的金融风险。

三、宏观资产负债表、网络分析法与金融风险波及效应模型

（一）谁对谁矩阵（FWTW）表的编制

本文参照张南（2013）、张云等（2018），利用投入产出分析法，刻画部门间资金流动及风险传播情况。

在国家资产负债表中，包含着五部门资金运用与来源。用矩阵E表示各部门金融资产运用（资产表E），e_{ij}表示j部门持有i项金融资产的数额，ε_j为j部门金融净负债，$t_i^E = \sum_{j=1}^{m} e_{ij}$，矩阵$R$表示各部门金融资产来源（负债表$R$），$r_{ij}$表示$j$部门通过$i$项金融项目筹集到的资金数额，$\rho_j$为$j$部门金融净资产，则有：

$$E = \begin{bmatrix} e_{11} & \cdots & e_{1m} \\ \vdots & \ddots & \vdots \\ e_{n1} & \cdots & e_{nm} \end{bmatrix} \quad R = \begin{bmatrix} r_{11} & \cdots & r_{1m} \\ \vdots & \ddots & \vdots \\ r_{n1} & \cdots & r_{nm} \end{bmatrix}$$

其中，行表示金融工具，列表示机构部门，即国家资产负债表中，共有m个机构部门，n种金融工具。$e_{ij} \geq 0$，$r_{ij} \geq 0$（$i=1, 2, \cdots\cdots, n$; $j=1, 2, \cdots\cdots, m$），且依据复式记账法，有以下等式成立：

$$\sum_{j=1}^{m} e_{ij} = \sum_{j=1}^{m} r_{ij}$$

同时，将$\sum_{i=1}^{n} e_{ij}$与$\sum_{i=1}^{n} r_{ij}$比较，取较大值为t_j，即：

$$t_j = \max\left(\sum_{i=1}^{n} e_{ij}, \sum_{i=1}^{n} r_{ij}\right)$$

因此可以得到：

$$\varepsilon_j + \sum_{i=1}^{n} e_{ij} = t_j \rho_j + \sum_{i=1}^{n} r_{ij} = t_j$$

此时，各部门资产总额等于负债总额，实现资金闭环流通。按照矩阵式资金运用表和资金来源表，假定各部门对负债方的一个交易项目按照相同的比率做资金筹措，编制部门到部门的资金流量表，即"W-to-W表"。

在此，依据R表的任意金融交易项目是否唯一存在，分两种情况进行讨论。第一种情况，在R表中的金融交易项目唯一存在，即对某一金融工具而言，只有一部门持有该金融负债项目。通过对比E表和R表，建立对应相关关系。如"通货"项目，在R表中只有金融机构持有，与此对应在E表中的相应部门分别为居民部门、非金融企业部门、金融部门、政府部门以及国外部门，据此编制"通货"的W-to-W表（见表1）。表1的列代表部门负债，行代表部门持有的资产。从2019年"通货"项目实际情况来看，金融部门持有该项目负债82 859亿元，分别对应居民部门负债63 840亿元，对非金融企业部门负债6 663亿元，对金融部门负债6 970亿元，对政府部门负债1 568亿元，对国外部门负债3 818亿元。

表1　　　　　　　通货交易矩阵表①　　　　　　单位：亿元

	居民部门	非金融企业部门	金融部门	政府部门	国外部门
居民部门			63 840		
非金融企业部门			6 663		
金融部门			6 970		
政府部门			1 568		
国外部门			3 818		

第二种情况是，在R表中的金融交易项目不唯一，即存在多个部门

① 资料来源：根据社科院编制的2019年国家资产负债表测算。

持有该金融负债项目的情况。如股票及股权项目，持有该负债项目的部门有非金融企业部门、金融部门和国外部门。此时，负债与相对应资产方资金流向与流量按以下公式推测：

负债比例系数=部门持有某类金融负债÷某类金融负债合计

资产方部门运用该同类金融资产额=负债比例系数×该部门持有的同类金融资产

如在 R 表中，非金融企业通过发行股票及股权融资额为 2 692 202 亿元，而股票及股权项目负债总额为 3 006 761 亿元，则非金融企业部门通过股票开展融资的负债比例系数为 0.895 4（=2 692 202÷3 006 761）。其次，E 表中，持有股票及股权资产的部门分别是居民部门、非金融企业部门、金融部门、政府部门及国外部门，用以上比例系数分别与部门持有股票及股权的资产相乘，即可得该部门所持有的非金融企业部门的股票资产。如居民部门所持有的股票及股权资产为 1 702 111 亿元，则居民部门持有非金融企业部门股票及股权资产为 1 524 070.19 亿元（=1 702 111×0.895 4）。同理，可以计算出金融部门和国外部门负债系数，进而推算其他部门分别持有的股票资产。按照以上方法，股票交易的矩阵表如表 2 所示。从表 2 的"列"可以看出，非金融企业部门以股票及股权筹资的形式向居民部门、金融部门、政府部门以及国外部门的负债分别为 1 524 041 亿元、298 222 亿元、761 075 亿元、54 107 亿元；金融部门以股票及股权筹资的形式向居民部门、非金融企业部门、政府部门以及国外部门的负债分别为 162 898 亿元、5 853 亿元、81 348 亿元、5 783 亿元；国外部门以股票及股权筹资的形式向居民部门、非金融企业部门、金融部门、政府部门负债分别为 15 172 亿元、545 亿元、2 969 亿元、7 577 亿元。同时非金融企业内部以股票形式的资金拆借为 54 756 亿元，金融部门内部以股票形式的资金拆借为 31 876 亿元，国外部门内部以股票形式的资金拆借为 539 亿元。从表 2"行"观察，居民部门为持有股票资产最大的部门，分别持有非金融企业部门股票资产 1 524 041 亿元（占比 89.54%），金融部门股票资产 162 898 亿元（占比 9.57%），国外部门股票资产 15 172 亿元（占比 0.89%）。

表2　　　　　　　　　股票及股权交易矩阵表①　　　　　　单位：亿元

	居民部门	非金融企业部门	金融部门	政府部门	国外部门
居民部门		1 524 041	162 898		15 172
非金融企业部门		54 756	5 853		545
金融部门		298 222	31 876		2 969
政府部门		761 075	81 348		7 577
国外部门		54 107	5 783		539

在R表中，非金融企业部门通过发行企业债券融资额为234 654亿元，而企业债券项目负债总额为241 529亿元，则非金融企业部门通过发行企业债券开展融资的负债比例系数为0.971 5（234 654÷241 529）。E表中，持有企业债券资产的部门分别是居民部门、非金融企业部门、金融部门、政府部门以及国外部门，用以上负债比例系数分别与持有企业债券部门的企业债券资产相乘，即可得该部门所持有的企业部门发行的企业债券的资产。如居民部门所持有的企业债券资产为2 313亿元，则居民部门持有企业债券资产为2 247亿元（2 313×0.971 5=2 247）。按照同样的方法，可以计算出非金融企业部门和国外部门负债系数，进而推算其他部门分别持有的企业债券资产。按照以上方法，非金融企业债券交易的矩阵表如表3所示。从表3的"列"同样可以看出，非金融企业部门以发行企业债券的方式对居民部门、金融部门、政府部门以及国外部门的负债分别为2 247亿元、193 762亿元、4 370亿元、2 169亿元；国外部门以持有企业债券筹资的形式向居民部门、非金融企业部门、金融部门、政府部门负债分别为66亿元、339亿元、5 677亿元、128亿元。同时非金融企业部门内部以互相持有企业债券形式的资金拆借为11 568亿元，国外部门内部以互相持有企业债券形式的资金拆借为64亿元。从表3"行"观察，金融部门为持有企业债券资产最大的部门，分别持有非金融企业部门的企业债券资产193 762亿元，国外部门的企业债券资产5 677亿元，且非金融企业部门内部互相以持有企业债券形式的资金拆借量具有一定规模。

---

① 资料来源：根据社科院编制的2019年国家资产负债表测算。

表3　　　　　　　非金融企业企业债券交易矩阵表①　　　　　　单位：亿元

	居民部门	非金融企业部门	金融部门	政府部门	国外部门
居民部门		2 247			66
非金融企业部门		11 568			339
金融部门		193 762			5 677
政府部门		4 370			128
国外部门		2 169			64

通过以上方法，将所涉及所有金融工具编制部门到部门交易矩阵，最终将其逐项合并汇总，并在各部门资产合计后加入净负债项 ε，在各部门负债合计后加入净资产项 ρ，即可得到 W-to-W 全体矩阵表（见表4）。由表4可以看出，金融部门的金融资产与负债规模居于其他部门之首。非金融企业部门对国内部门的金融总负债 4 371 622 亿元，而其持有的国内部门的金融资产为 972 658 亿元，成为最大的资金不足部门。从非金融企业部门融资结构看，2019 年，非金融企业部门从金融部门融资为 1 627 671 亿元，占非金融企业部门资金筹集总量的 37.23%；其次为企业债券、股票及股权等形式对居民部门开展的融资，融资金额为 1 535 142 亿元，占非金融企业部门融资总额的 35.12%。

表4　　　　　　　谁对谁矩阵（FWTW）全体矩阵表②　　　　　　单位：亿元

	居民部门	非金融企业部门	金融部门	政府部门	国外部门	合计	ε	Ti
居民部门	4 675	1 535 142	1 655 180	24 220	31 057	3 250 274	0	3 250 274
非金融企业部门	0	185 255	716 968	64	70 371	972 658	3 419 501	4 392 159
金融部门	599 670	1 627 671	1 505 327	313 548	325 863	4 372 078	34 208	4 406 286
政府部门	0	811 513	518 191	117	12 117	1 341 938	0	1 341 938
国外部门	19 038	212 041	50 952	21 524	90 696	394 251	135 543	529 794
合计	623 383	4 371 622	4 446 617	359 472	530 105			

① 资料来源：根据社科院编制的2019年国家资产负债表测算。
② 资料来源：根据社科院编制的2019年国家资产负债表测算。

续表

	居民部门	非金融企业部门	金融部门	政府部门	国外部门	合计	ε	Ti
ρ	2 626 891	0	0	962 361	0			
Tj	3 250 274	4 392 159	4 406 286	1 341 938	529 794			

根据表4，利用桑基图刻画部门之间资金流通关系形成图1。图中左边代表各部门资金流出，右边代表部门资金流入，连接两者之间的线条代表资金流量。线条粗细与部门之间资金流量成正比。从图1左侧可以看出，金融部门最大资金流向了非金融企业部门，非金融企业部门和居民部门最大资金流向了金融部门；从图1右侧可以看出，除金融部门外，其他部门最大负债对象均为金融部门，金融部门为其他部门提供资金来源。而金融部门内部资金互相拆借虽具有重要地位，但主要资金来自于居民部门。

部门间这种金融资产关联结构成为部门间风险传染的途径。尤其是金融部门，发挥整个国民经济中枢作用，其稳定直接关系到其他各部门。同时，国民经济各部门风险也将会通过金融部门进行进一步传导。

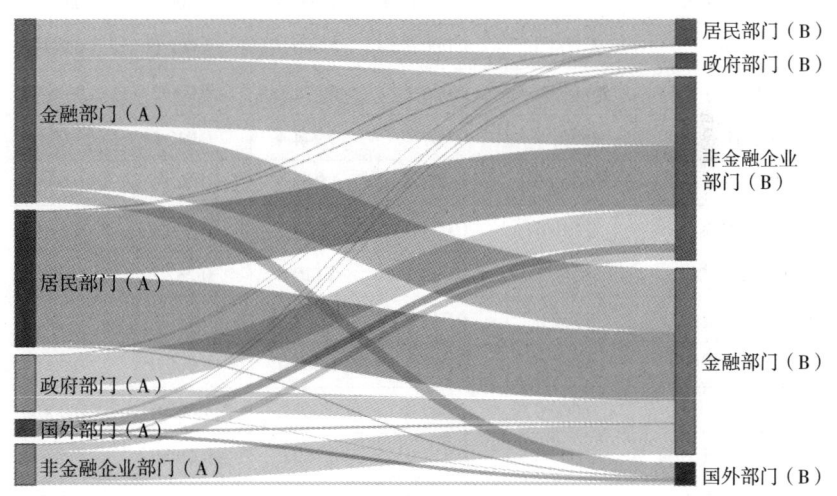

图1　部门间资金流量桑基图①

---

① 资料来源：作者自行绘制。

（二）风险传染模型的基本原理和方法

为测算金融风险大小及传播路径，将 R 表的各要素除以各机构部门的资产或负债的合计 t_j，即可得到负债比率，即 $b_{ij} = \dfrac{r_{ij}}{t_j}$，各负债比率组合形成负债系数矩阵 B。同样，E 表转置矩阵 E' 的各要素除以行和 t_i^E，得到资产比率，即 $d_{ji} = \dfrac{e_{ij}}{t_i^E}$，各资产比率组合形成资产系数矩阵 D。根据资产表 E 和负债表 R，计算可得资产系数矩阵 D（参见表5①）和负债系数矩阵 B（参见表6）。

表5　　　　　　资产系数矩阵 D（2019年）②

	居民部门	非金融企业	金融部门	政府部门	国外部门
通货	0.770 5	0.080 4	0.084 1	0.018 9	0.046 1
存款	0.485 2	0.268 9	0.086 1	0.146 8	0.012 9
贷款	0.007 5	0.000 0	0.962 0	0.000 0	0.030 5
未贴现银行承兑汇票	0.000 0	1.000 0	0.000 0	0.000 0	0.000 0
保险	0.696 4	0.298 5	0.000 0	0.000 0	0.005 1
金融机构往来	0.000 0	0.000 0	1.000 0	0.000 0	0.000 0
准备金	0.000 0	0.000 0	1.000 0	0.000 0	0.000 0
政府债券	0.067 7	0.000 2	0.871 8	0.000 3	0.060 0
金融债券	0.001 7	0.007 7	0.944 4	0.012 0	0.034 3
中央银行债券	0.000 0	0.000 0	1.000 0	0.000 0	0.000 0
企业债券	0.010 5	0.054 0	0.904 9	0.020 4	0.010 1
股票及股权	0.566 1	0.020 3	0.110 8	0.282 7	0.020 1
证券投资基金份额	0.237 3	0.041 2	0.602 4	0.119 1	0.000 0
中央银行贷款	0.000 0	0.000 0	1.000 0	0.000 0	0.000 0
其他	0.000 0	0.000 0	0.000 0	1.000 0	0.000 0
直接投资	0.000 0	0.417 0	0.000 0	0.000 0	0.583 0
国际储备资产	0.000 0	0.000 0	0.996 1	0.000 0	0.003 9

① 为排版美观，该表展示为矩阵 D 的转置矩阵。
② 资料来源：根据社科院编制的2019年国家资产负债表测算。

表6　　　　　　　　负债系数矩阵 B（2019年）①

	居民部门	非金融企业	金融部门	政府部门	国外部门
通货	0.000 0	0.000 0	0.018 8	0.000 0	0.000 0
存款	0.000 0	0.000 0	0.517 5	0.000 0	0.055 3
贷款	0.191 8	0.268 8	0.000 0	0.001 4	0.166 3
未贴现银行承兑汇票	0.000 0	0.007 6	0.000 0	0.000 0	0.000 0
保险	0.000 0	0.000 0	0.042 0	0.000 0	0.001 8
金融机构往来	0.000 0	0.000 0	0.027 1	0.000 0	0.000 0
准备金	0.000 0	0.000 0	0.053 5	0.000 0	0.000 0
政府债券	0.000 0	0.000 0	0.000 0	0.281 4	0.007 9
金融债券	0.000 0	0.000 0	0.063 8	0.000 0	0.014 9
中央银行债券	0.000 0	0.000 0	0.000 0	0.000 0	0.000 3
企业债券	0.000 0	0.053 4	0.000 0	0.000 0	0.013 0
股票及股权	0.000 0	0.613 0	0.065 3	0.000 0	0.050 6
证券投资基金份额	0.000 0	0.000 0	0.184 0	0.000 0	0.000 0
中央银行贷款	0.000 0	0.000 0	0.027 8	0.000 0	0.000 0
其他	0.000 0	0.010 5	0.000 0	0.000 0	0.000 0
直接投资	0.000 0	0.046 8	0.000 0	0.000 0	0.277 3
国际储备资产	0.000 0	0.000 0	0.000 0	0.000 0	0.412 7

若某金融工具发生违约，造成规模为 k 的损失，用向量表示为 $K=(0\cdots k\cdots 0)'$（其他位置为0，违约位置为 k），则持有该种金融工具的主体就会受到损失（见图2）。

---

① 资料来源：根据社科院编制的2019年国家资产负债表测算。

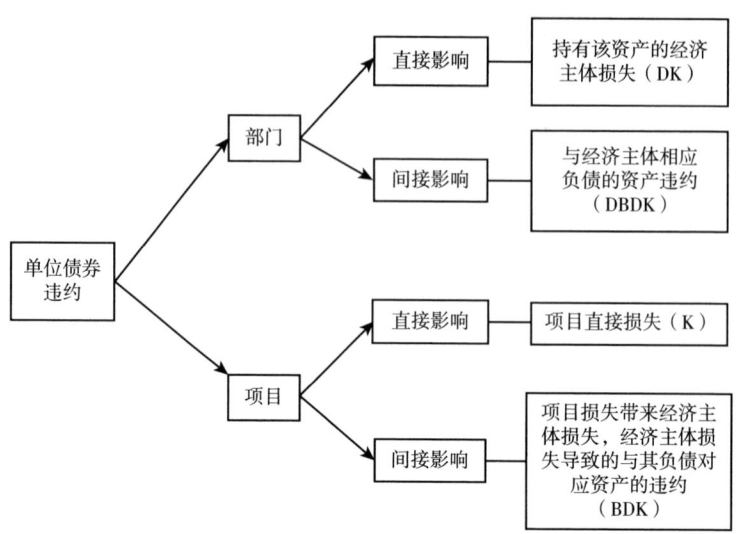

图2 债券违约风险传播示意图①

假设该种违约带来的损失按照相应比例系数传播到相应部门,则其造成各部门的直接损失为 DK。部门发生损失,无法对其负债进行偿还,就会造成与负债相应的资产的违约。假设部门损失按照矩阵 B 相应传导对应金融工具,则会形成金融项目第一次间接损失 BDK,同时按照 BD 进行第二次金融项目损失的传播。同理,金融项目出现损失,则会造成部门第一次间接损失 DBDK,同时按照 DB 进行第二次部门损失的传播。

因此根据以上分析可以得出以下公式。

金融项目发生违约对金融项目造成的总损失为:

$$\xi_n^{kk} = K + (BD)K + (BD)^2 K + \cdots + (BD)^n K$$

当 $n \to \infty$,项目资金发生违约对项目资金造成的总损失为:

$$\xi_\infty = (I - BD)^{-1} K$$

金融项目发生违约对各部门造成的总损失为:

$$\xi_n^{kw} = DK + (DB)DK + (DB)^2 DK + \cdots + (DB)^n DK$$

---

① 资料来源:作者自行绘制。

当 $n \to \infty$，项目资金发生违约对各部门造成的总损失为：

$$\xi_\infty = (I - DB)^{-1} DK$$

通过以上分析，可以看出部门间风险传导以矩阵 DB 的形式进行传播，资金账户间风险传导以矩阵 BD 的形式传播。利用2019年国家资产负债表，按照以上方法计算得到的用以刻画部门间风险传导的资金关联矩阵如表7所示。

表7　　　　　　　　各部门之间风险传导系数[①]

	居民部门	非金融企业部门	金融部门	政府部门	国外部门
居民部门	0.001 438	0.349 568	0.375 625	0.019 063	0.058 658
非金融企业部门	0.000 000	0.042 431	0.162 644	0.000 051	0.132 873
金融部门	0.184 498	0.374 817	0.332 987	0.246 714	0.614 445
政府部门	0.000 000	0.184 860	0.117 493	0.000 092	0.022 870
国外部门	0.005 857	0.048 325	0.011 250	0.016 939	0.171 155

四、债券违约的金融风险传播效应测算

（一）情景1：直接传染效应、间接传染效应和总传染效应

基于以上分析，本文利用2019年国家资产负债表，构建"谁对谁"矩阵，对企业债券产生1单位违约的金融风险传播效应进行测算。测算结果如表8所示。企业债券发生1单位违约，总体上对经济造成3.81倍原违约资产的损失。其中，对金融机构影响最大，约占总损失的53.64%。其次是居民部门、非金融企业部门、政府部门和国外部门，分别约占总损失的24.55%、10.87%、8.90%和2.04%。

就传播路径而言，在直接效应中，各部门损失由高到底排序为：金融部门、非金融企业部门、政府部门、居民部门、国外部门；在第一轮中，该顺序变为：金融部门、居民部门、非金融企业部门、政府部门、国外部门；在第二轮中，该顺序再次发生变化：金融部门、居民部门、

---

① 资料来源：根据社科院编制的2019年国家资产负债表测算。

政府部门、非金融企业部门、国外部门；在第三轮中，该顺序发生调整：金融部门、居民部门、非金融企业部门、政府部门、国外部门。最终损失合计顺序与第三轮顺序相同。由此可见，债券违约对各部门的影响程度并非一成不变。随着波及次数的增加，这种影响程度排序趋于稳定。其对居民部门的直接影响并不明显，但伴随着第一轮、第二轮波及效应，居民部门的影响逐步凸显。

表8　　　　　　　债券违约造成的各部门资产损失[①]

	直接效应	第一次间接效应	第二次间接效应	第三次间接效应	……	直接与间接合计	损失比重
居民部门	−0.010 5	−0.359 8	−0.182 1	−0.126 8		−0.936 3	24.55%
非金融企业部门	−0.054 0	−0.150 8	−0.062 8	−0.049 3		−0.414 7	10.87%
金融部门	−0.904 9	−0.334 8	−0.272 3	−0.175 4		−2.045 8	53.64%
政府部门	−0.020 4	−0.116 5	−0.067 6	−0.044 0		−0.339 2	8.90%
国外部门	−0.010 1	−0.014 9	−0.017 7	−0.011 3		−0.077 7	2.04%
合计	−1.000 0	−0.976 9	−0.602 5	−0.406 9		−3.813 7	100.00%

由于债券违约造成的损失在各部门间的传播在前28轮中已经充分展现，因此前28轮的情况是对整体情况的良好近似。具体损失传播情况如表9所示。表9可以看出，前28轮中，债券违约对金融部门和居民部门影响较大。

表9　　　　　　　债券违约风险在各部门间的传播[②]

	居民部门	非金融企业部门	金融部门	政府部门	国外部门	合计
居民部门	−0.011 8	−0.054 0	−1.077 7	−0.020 4	−0.015 6	−1.179 6
非金融企业部门	−0.145 0	−0.017 6	−0.155 4	−0.076 7	−0.020 0	−0.414 7
金融部门	−0.768 4	−0.332 7	−0.681 2	−0.240 4	−0.023 0	−2.045 8
政府部门	−0.006 5	0.000 0	−0.083 7	0.000 0	−0.005 7	−0.096 0
国外部门	−0.004 6	−0.010 3	−0.047 8	−0.001 8	−0.013 3	−0.077 7
合计	−0.936 3	−0.414 7	−2.045 8	−0.339 2	−0.077 7	−3.813 7

①② 资料来源：根据社科院编制的2019年国家资产负债表测算。

接下来本文用图形直观反映损失在部门之间的传播情况。令圆圈面积和各部门损失总额成正比，箭头宽度与各部门之间损失传播成正比。参照张云等（2018），将具体公式定义为：圆圈直径（mm）=|各部门损失总额$|^{\frac{1}{2}}$×20；箭头宽度（磅）=16.8×传导损失大小+0.582，最终结果如图3所示。从图3可以看出，债券违约对金融部门影响最大，其次是居民部门；部门间损失流动较大的是居民部门与金融部门。其中部门间最大规模的损失由居民部门流入了金融部门，即前28轮风险传播中，金融部门风险主要是居民部门带来的。

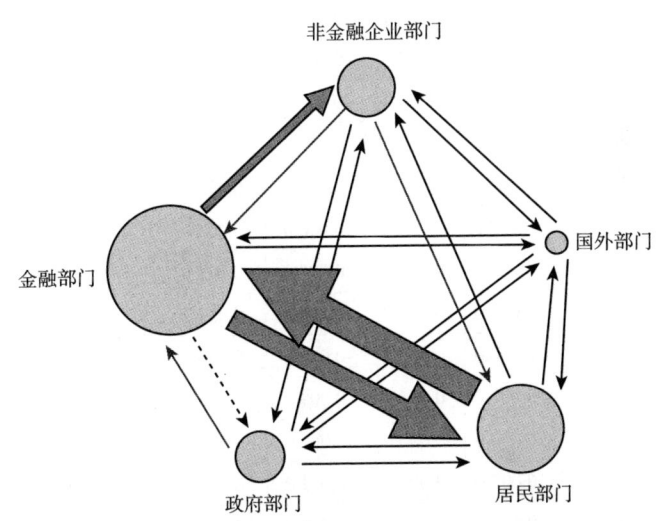

图3　债券违约风险在各部门之间的传播

从表10各项资金账户受影响程度看，受影响程度最大的为存款，占总体经济损失的27.87%，其次是企业债券、股票及股权、证券投资基金份额、贷款等，分别占经济总损失的26.83%、10.27%、9.87%以及7.98%。从传播过程而言，第一轮中，受影响较大的前五项资金项目分别是：存款、证券投资基金份额、股票及股权、金融债券、准备金；第二轮传播中，该顺序发生了变化：存款、股票及股权、贷款、证券投资基金份额、政府债券；在第三轮传播顺序与第一轮相同。由此可见，虽然在每一轮传播中，受影响较大的资金项目排序不同，但存款、股票及股权、贷款等出现频率较高，表明在进行企业债券风险管理中，应对这几项资金项目重点加以关注。

表10　债券违约造成各金融工具的损失[①]

	直接效应	第一次间接效应	第二次间接效应	第三次间接效应	……	直接与间接合计	损失比重
通货	0.000 0	-0.017 0	-0.006 3	-0.005 1		-0.038 5	1.01%
存款	0.000 0	-0.468 9	-0.174 1	-0.141 9		-1.063 1	27.87%
贷款	0.000 0	-0.018 2	-0.112 2	-0.054 9		-0.304 5	7.98%
未贴现银行承兑汇票	0.000 0	-0.000 4	-0.001 1	-0.000 5		-0.003 1	0.08%
保险	0.000 0	-0.038 1	-0.014 1	-0.011 5		-0.086 2	2.26%
金融机构往来	0.000 0	-0.024 6	-0.009 1	-0.007 4		-0.055 5	1.46%
准备金	0.000 0	-0.048 4	-0.017 9	-0.014 6		-0.109 5	2.87%
政府债券	0.000 0	-0.005 8	-0.032 9	-0.019 2		-0.096 1	2.52%
金融债券	0.000 0	-0.057 9	-0.021 6	-0.017 6		-0.131 7	3.45%
中央银行债券	0.000 0	0.000 0	0.000 0	0.000 0		-0.000 1	0.00%
企业债券	-1.000 0	-0.003 0	-0.008 3	-0.003 6		-1.023 2	26.83%
股票及股权	0.000 0	-0.092 7	-0.115 1	-0.057 2		-0.391 7	10.27%
证券投资基金份额	0.000 0	-0.166 5	-0.061 6	-0.050 1		-0.376 4	9.87%
中央银行贷款	0.000 0	-0.025 1	-0.009 3	-0.007 6		-0.056 8	1.49%
其他	0.000 0	-0.000 6	-0.001 6	-0.000 7		-0.004 3	0.11%
直接投资	0.000 0	-0.005 3	-0.011 2	-0.007 8		-0.040 9	1.07%
国际储备资产	0.000 0	-0.004 2	-0.006 2	-0.007 3		-0.032 1	0.84%
合计	-1.000 0	-0.976 9	-0.602 5	-0.406 9		-3.813 7	100.00%

（二）情景2：选定与市场波动相关程度较大的项目，测算金融风险波及效应

在实际中，存款有存款保险作保障，国债有政府信用作保证，通货、准备金等金融工具发生违约的概率也较低。因此，债券违约对这类金融工具产生进一步风险波及和传导的概率极低。为符合实际情况，本文参考张南（2013），选定与市场波动相关程度较大的项目，即金融债

---

① 资料来源：根据社科院编制的2019年国家资产负债表测算。

券、中央银行债券、企业债券、股票及股权、证券投资基金份额、其他直接投资等，测算金融风险波及的直接效应、间接效应和总效应。

假设债券违约带来的损失只限定于股票及证券等与市场波动相关性较强的特定负债项目，则带来的损失额取决于其在整个负债中所占比重。将债务违约占整个负债项目比重用矩阵 B^* 表示，则其中相关要素可用下式表示：

$$b_{kj}^* = 0 \quad (如果 K \notin M)$$

$$b_{kj}^* = \frac{b_{kj}}{\sum_k b_{kj}} * \sum_{i=1}^n b_{ij} \quad (如果 K \in M)$$

其中 M 包含金融债券、中央银行债券、企业债券、股票及股权、证券投资基金份额、其他直接投资等金融工具。计算结果如表11、表12所示。总体而言，特定项目下，1单位债券违约导致经济3.41倍原违约资产的损失。金融部门、居民部门、政府部门、非金融企业部门、国外部门所受影响占总损失的比重分别为63.85%、19.11%、10.23%、4.49%和2.33%。与之前相比，总体经济遭受损失有所减轻，金融部门、政府部门和国外部门损失影响加重，非金融企业部门和居民部门所受影响有所降低。从传播过程来看，金融部门所受影响一直较大，从第一轮间接效应开始，债券违约对居民部门的影响开始显现。

表11　特定项目下债券违约造成的各部门资产损失[①]

	直接效应	第一次间接效应	第二次间接效应	第三次间接效应	……	直接与间接合计	损失比重
居民部门	−0.010 5	−0.260 1	−0.152 7	−0.091 3		−0.651 4	19.11%
非金融企业部门	−0.054 0	−0.033 1	−0.023 2	−0.015 5		−0.152 9	4.49%
金融部门	−0.904 9	−0.525 0	−0.306 0	−0.179 4		−2.176 1	63.85%
政府部门	−0.020 4	−0.133 1	−0.078 2	−0.046 8		−0.348 6	10.23%
国外部门	−0.010 1	−0.017 8	−0.015 8	−0.012 0		−0.079 3	2.33%
合计	−1.000 0	−0.969 1	−0.575 9	−0.345 0		−3.408 3	100.00%

---

① 资料来源：根据社科院编制的2019年国家资产负债表测算。

同样的，债券违约前28轮风险传播路径可以很好拟合总体风险传播情况（见表12）。由表12可以看出，在选定与市场波动相关性较强的项下，债券违约对金融部门和居民部门产生影响较大，除了金融部门内部之间风险传染，部门间最大规模的损失依然由居民部门流入了金融部门。

表12 特定项目下债券违约风险在各部门间的传播[①]

	居民部门	非金融企业部门	金融部门	政府部门	国外部门	合计
居民部门	−0.010 5	−0.054 0	−0.904 9	−0.020 4	−0.010 1	−1.000 0
非金融企业部门	−0.073 4	−0.007 4	−0.024 6	−0.039 1	−0.008 5	−0.152 9
金融部门	−0.561 1	−0.065 3	−1.239 5	−0.285 8	−0.024 3	−2.176 1
政府部门	0.000 0	0.000 0	0.000 0	0.000 0	0.000 0	0.000 0
国外部门	−0.006 4	−0.026 2	−0.007 1	−0.003 3	−0.036 4	−0.079 3
合计	−0.651 4	−0.152 9	−2.176 1	−0.348 6	−0.079 3	−3.408 3

从表13各项资金账户受影响程度看，受影响程度最大的为证券投资基金份额，占总体经济损失的37.51%，然后是企业债券、股票及股权等，分别占经济总损失的29.76%、17.44%。

表13 特定项目下债券违约造成各资金账户的损失[②]

	直接效应	第一次间接效应	第二次间接效应	第三次间接效应	……	直接与间接合计	损失比重
金融债券	0.000 0	−0.184 9	−0.107 8	−0.063 0		−0.446 8	13.11%
中央银行债券	0.000 0	−0.000 1	−0.000 1	0.000 0		−0.000 3	0.01%
企业债券	−1.000 0	−0.004 4	−0.003 1	−0.002 3		−1.014 2	29.76%
股票及股权	0.000 0	−0.235 9	−0.140 1	−0.085 7		−0.594 6	17.44%
证券投资基金份额	0.000 0	−0.531 7	−0.308 5	−0.179 8		−1.278 5	37.51%
其他	0.000 0	−0.000 8	−0.000 5	−0.000 3		−0.002 2	0.07%
直接投资	0.000 0	−0.011 4	−0.016 0	−0.013 8		−0.071 6	2.10%
合计	−1.000 0	−0.969 1	−0.575 9	−0.345 0		−3.408 3	100.00%

①② 资料来源：根据社科院编制的2019年国家资产负债表测算。

五、结论与建议

对债券违约研究,不仅需要关注违约带来的直接损失,更需要关注因各部门、各资金项目之间的关联导致的波及效应。本文利用我国2019年国家资产负债表,利用"谁对谁"资金流量表和网络分析的方法,对债券违约带来的金融风险波及效应进行测算。结果表明:

第一,部门之间资金往来关系错综复杂,为金融风险传播提供可能。由前文可知,金融部门最大资金流向了非金融企业部门(占总流出资金37.23%),非金融企业部门(73.72%)和居民部门(50.92%)最大资金流向了金融部门。除金融部门外,其他部门最大负债对象均为金融部门,金融部门为其他部门提供资金来源。而金融部门内部资金互相拆借虽具有重要地位,但主要资金来自于居民部门。部门间这种金融资产错综关联关系,为部门间风险传播埋下隐患。尤其是金融部门,由于其特殊的金融枢纽地位,对风险传播起着至关重要的作用。

第二,债券违约会对经济损失产生放大效应,该效应在金融部门表现更为明显。企业债券发生1单位违约,总体上对经济造成3.81倍原违约资产的损失。其中,对金融机构影响最大(占总损失的53.64%),其次是居民部门(24.55%)、非金融企业部门(10.87%)、政府部门(8.90%)和国外部门(2.04%)。部门间损失流动较大的是居民部门与金融部门。其中通过模拟前28轮风险传播发现,部门间最大规模的损失由居民部门流入了金融部门,即前28轮风险传播中,金融部门风险主要是居民部门带来的。从各项资金账户受影响程度看,受影响程度最大的为存款(占总损失的27.87%),然后是企业债券(26.83%)、股票及股权(10.27%)、证券投资基金份额(9.87%)、贷款(7.98%)等。虽然在每一轮传播中,受影响较大的资金项目排序不同,但存款、股票及股权、贷款等出现频率较高,表明在进行企业债券风险管理中,应对这几项资金项目重点加以关注。

第三,选定与市场波动相关程度较大的负债项目下,债券违约对经济带来的总损失在一定程度上有所下降,企业债券发生1单位违约,总体上对经济造成3.41倍原违约资产的损失。金融部门（占总损失的63.85%）、政府部门（10.23%）和国外部门（2.33%）损失影响加重，非金融企业部门（4.49%）和居民部门（19.11%）所受影响有所降低。从传播过程来看，金融部门所受影响一直较大，从第一轮间接效应开始，债券违约对居民部门的影响开始显现。在选定与市场波动相关性较强的项下，债券违约对金融部门和居民部门产生影响较大，除了金融部门内部之间风险传染，部门间最大规模的损失依然由居民部门流入了金融部门。从各项资金账户受影响程度看，受影响程度最大的为证券投资基金份额（占总体经济损失的37.51%），其次是企业债券（29.76%）、股票及股权（17.44%）等。

第四，在违约损失传染过程中，各部门及各资金项目受到冲击的严重程度随着波及次数的变化而发生改变。最初，债券违约对居民部门的直接影响并不明显（直接效应为–0.010 5），但伴随着第一轮（直接和间接效应合计–0.370 3）、第二轮波及效应（直接和间接效应合计–0.552 4），居民部门的影响逐步凸显（28轮波及效应最终直接和间接效应合计–0.936 3）。因此，在违约损失传染过程中，各部门受到冲击的严重程度次序是变化的，风险爆发初期受到冲击较大的部门，最终的总损失可能较小。一旦危机爆发，直观地通过观察危机初期各部门受影响大小来判断各部门所受损失可能得出错误的结论，利用部门间资金关联结构判断风险传播路径至关重要。

参考文献

[1] 陈学彬，武靖，徐明东.我国信用债个体违约风险测度与防范——基于LSTM深度学习模型[J].复旦学报（社会科学版），2021，63（03）：159–173.

[2] 郭超.债券市场信用风险传染模型研究[J].投资研究，2016，35（06）：120–129.

[3] 官小琳，卞江.中国宏观金融中的国民经济部门间传染机制

[J].经济研究,2010,45(07):79-90.

[4]黄小琳,朱松,陈关亭.债券违约对涉事信用评级机构的影响——基于中国债券市场违约事件的分析[J].金融研究,2017(03):130-144.

[5]胡秋阳.投入产出式资金流量表和资金关联模型[J].数量经济技术经济研究,2010:133-146.

[6]胡文勇.债券违约风险识别预警机制建设及市场主体行为管理[J].北方金融,2021(05):45-52.

[7]焦健,张雪莹.债券违约对流动性影响的传染效应研究[J].证券市场导报,2021(01):44-55.

[8]李杨、张晓晶.中国国家资产负债表2020[M].北京:中国社会科学出版社,2020.

[9]刘律康,班越,赵振,胡光琪,张东朔.我国非金融企业债券违约先兆分析与建模探究[J].债券,2021(04):37-43.

[10]刘磊,刘健,郭晓旭.金融风险与风险传染——基于CCA方法的宏观金融网络分析[J].金融监管研究,2019(09):35-50.

[11]马君潞,范小云,曹元涛.中国银行间市场双边传染的风险估测及其系统性特征分析[J].经济研究,2007(01):68-78+142.

[12]乔国荣,方钰涵,王俊,牛永晨.中国信用违约的历史、现状和展望[J].金融市场研究,2021(05):33-43.

[13]袁志辉,刘志龙.基于宏观资产负债表的居民债务问题及其风险研究[J].国际金融研究,2020(02):15-25.

[14]张南.矩阵式资金流量表与风险波及测算[J].统计研究,2013:67-77.

[15]张云,程远,胡秋阳.政府债务违约对中国宏观资金流转的数量影响分析[J].财贸研究,2018:1-10.

[16]郑立君,黄友逵.债务杠杆与部门间风险传染机制的研究——基于国家资产负债表的未定权益分析(CCA)[J].上海金融,2020(07):45-55.

[17] Allen F., Gale D.Financial Contagion [J]. Journal of Political Economy, 2000, Vol.108 (01): 1-33.

[18] Bollerslev T., Patton A.J., Quaedvlieg.R.Multivariate Leverage Effects and Realized Semicovariance Garch Models [J]. Journal of Econometrics, 2020.

[19] Boss M., H .EIsinger, S.Thurner, M.Summer.Network Topology of the Interbank Market [J]. Quantitative Finance, 2004.

[20] Elliott R J, Shen J. Credit risk and contagion via self-excitingdefault intensity [J]. Annals of Finance, 2015, 11 (3-4): 319-344.

[21] Eisenberg L., T .Noe.Systemic Risk in Financial Systems [J]. Management Science, 2001, 47(02): 236—249.

[22] Freixas X., Parigi B. M., Rochet J. C.Systemic Risk, Interbank Relations and Liquidity Provision by the Central Bank [J]. Journal of Money Credit & Banking, 2000, Vol.32 (03): 611-638.

[23] Jarrow R A, Yu F. Counterparty risk and the pricing of defaultable securities [J]. Journal of Finance, 2001, 56 (05): 1765-1799.

[24] Jorion P, Zhang G. Information transfer effects of bond ratingdowngrades [J]. Financial Review, 2010, 45 (03): 683-706.

[25] Lando D, Nielsen M S.Correlation in corporate defaults: contagion or conditional independence? [J]. Journal of Financial Intermediation, 2010, 19 (03): 355-372.

[26] Oh D. H., Patton A. J. Time-varying Systemic Risk: Evidence from a Dynamic Copula Model of CdsSpreads [J]. Journalof Business & Economic Statistics, 2018, Vol.36 (02): 181-195.

[27] Robert A. Jarrow, Fan Yu. Counterparty Risk and the Pricing of Defaultable Securities [J]. The Journal of Finance, 2001, 56 (05).

[28] Upper C ., A.Worms.Estimating Bilateral Exposures in the German Interbank Market: Is There a Danger of Contagion? [J]. European

Economic Review, 2004, 48（04）, 827-849.

[29] Yu F.Correlated defaults in intensity-based models [J]. Mathematical Finance, 2007, 17（02）: 155-173.

课题主持人：邓亚平

课题组成员：何阳钧　刘小二　李　倩　杨钰玢　陈红丽　汪季雪

气候变化转型风险压力测试的实践与探索

——基于3家全国性银行4个高碳行业的分析

中国人民银行武汉分行金融稳定处课题组

摘要：当前，全球主要发达国家的央行和金融监管机构都在积极应对气候变化可能带来的经济金融风险，通常采取以压力测试为主要风险管理手段，通过模拟各种气候变化情况来判断经济金融的演化趋势。本文着重梳理了各国在气候风险压力测试方面的实践情况，并对我国银行气候变化转型风险压力测试进行初步探索，测算了在两种NGFS压力情景下[①]，3家全国性银行2021年至2060年煤炭、钢铁、水泥和火电4个高碳行业不良贷款率的走势。结果表明：不同银行相同行业的不良贷款率走势基本一致；煤炭、钢铁、火力发电行业不良贷款率整体趋势向上，火力发电行业受到的负面冲击最大，单家银行不良贷款率最高可达到80%，煤炭行业不良贷款率最高可达到38%，钢铁行业不良贷款率可达到18%；水泥行业不良贷款率相对稳定，在窄幅区间内波动，单家机构最高不良贷款率约为5%。

关键词：气候变化；转型风险；压力测试；不良贷款率

随着全球气候与环境风险的日益显现，金融机构面临的气候与环境风险也在日益提升。在我国，特别是2030年前"碳达峰"和2060年前"碳中和"的目标提出后，金融机构面临的气候转型风险将显著提升。因此，金融机构和监管机构亟须建立相应的风险管理机制。目前，各国央行和金融监管部门已形成基本共识：气候变化将对经济金融体系产生

[①] NGFS是央行和监管机构绿色金融网络的简称。

结构性影响。气候变化金融风险（以下简称"气候风险"）主要分为物理风险和转型风险（G20绿色金融研究小组，2017；NGFS，2019；马骏、孙天印，2020）。其中，物理风险是指与环境和气候相关的自然灾害和事件，如干旱、洪水、飓风等极端天气以及全球变暖、海平面上升、降水变化等物理性的变化，造成资产损失。转型风险是指为应对气候变化和推动低碳经济转型，由于碳排放政策收紧或技术革新，引发高碳资产重新定价和财务损失等相关风险。上述两类风险都将对经济金融产生重大影响，需要对其进行前瞻性风险评估。压力测试作为最主要的风险管理手段之一，已广泛应用于评估气候风险。欧美发达国家等已连续数年发布气候风险压力测试相关工作论文或报告，但中国目前还处于探索初期。本文尝试通过将NGFS压力情景应用于3家银行的4个高碳行业（煤炭、钢铁、水泥、火力发电），测算上述行业从2021年至2060年不良贷款率的变动趋势，对我国商业银行气候变化压力测试进行初步探索。

本文结构如下：第一部分为文献综述，简述气候风险对经济金融的影响，各国气候风险监管框架，气候风险压力测试实践情况；第二部分为数据处理和实证检验，介绍将中国数据与NGFS压力情景数据相匹配的做法，并使用面板数据固定系数变截距模型估计了4个高碳行业不良贷款率的影响因素。第三部分概述了压力测试结果，将NGFS压力情景数据代入实证模型并分析其2021年至2060年变动趋势。第四部分为未来研究建议。

一、文献综述

（一）气候风险对经济金融的影响

从传统风险分类角度，气候风险对金融体系和金融机构的潜在影响也可分为信用风险、市场风险、操作风险、流动性风险四个方面（NGFS，2020；钟宇平等，2021；马正宇等，2021）。一是信用风险。债务人在极端天气事件的影响下，还款能力降低，违约概率上升，增加金融机构信用风险。如果债务以房地产等资产作抵押，抵押品在极端天气事件中受损且无法补足,那么债权人的资产质量将下降。在低碳转型背景下,更高的排放标准和环保要求会影响企业的现金流和资产负债情况,导致企业利润减少、偿债能力下降。如果债权人是银行,那么可能导致信贷资产紧缩和经济衰退的恶性循环。二是市场风险。更高的碳排放标准和环保要求(如更换环保设备、改用新型清洁能源等),会增加相关企业的经营成本,高碳行业会受到更大冲击,可能引发大量抛售碳密集型资产,引发市场的重新定价,影响投资决策和资产价格,带来市场风险的增加,利率、汇率、股价和债券价格可能发生大幅变动。由于各类投资组合可能存在相似性,一旦环境风险导致资产价格变动,可能会同时冲击不同金融机构,存在顺周期性,引发金融风险集中爆发。三是操作风险。自然灾害频发使保险公司面临的索赔概率和金额远超预期,甚至出现巨额保险赔付的情况,导致金融机构营业中断或对金融机构业务的正常开展产生扰动。四是流动性风险。气候变化可能导致部分资产流动性降低,金融机构也可能随着市场环境变化难以获得稳定的资金来源。

(二)气候风险监管框架

2020年末,欧央行及欧盟成员国相关部门起草《气候环境风险指南》,明确将欧央行直接监管的重要银行纳入强制实施范围,对金融机构气候风险管理和披露提出一系列监管期望,要求商业银行审慎管理并披露气候风险相关信息,为银行机构应对气候风险提供前瞻性和系统性的方法管理(管晓明等,2020)[①]。同时开展气候风险评估。主要采用情景分析和压力测试的方法,即通过模拟各种可能出现的情景,分析无法利用历史数据预测的潜在损失及未来的风险敞口,以此评估气候风险对经济金融体系可能造成的影响以及金融系统和机构的韧性。英格兰银行率先评估保险机构所面临的气候风险,研究在不同升温情景下,气候变化对英国内陆地区因降水导致的洪灾所产生的保险损失、保费费率和资本金要求的变化(Bank of England,2015)。英格兰银行在2019年宣布

---

① 目前,该指南已于2021年11月发布,下载网址为:https://www.bankingsupervision.europa.eu/ecb/pub/pdf/ssm.202111guideonclimate-relatedandenvironmentalrisks~4b25454055.en.pdf

成为全球首家针对金融系统展开气候风险相关压力测试的金融监管机构（Bank of England，2019）。BCBS（2021）发布《气候相关金融风险有效管理和监管原则》（征求意见稿），就公司治理、内部控制、资本和流动性充足情况、审慎监管等多个方面提出了18项管理和监管原则。

（三）气候风险压力测试国际实践

近几年来，多国金融监管机构以机构或个人名义公开发布了气候风险压力测试报告（De Nederlandsche Bank，2018；Allen et al.，2020；ACPR，2020；Danmark National Bank，2020；Spuler et al.，2020；Baudino and Svoronos，2021；Bank of Korea，2021；European Central Bank，2021）。各国气候风险压力测试整体框架较为类似（见图1），均在情景设计环节中将气候风险转化成对宏观经济指标（如GDP等）或行业部门指标（行业增加值、营业收入等）的冲击，影响相关企业的违约概率、资产价格和收入，继而影响金融机构同业之间的交易对手信用风险和流动性风险。ACPR（2020）还考虑物理风险的"第二轮效应"，即极端天气事件频率增加，导致各行业成本上升，使银行某些资产的保险保障缺口扩大，此时物理风险传导到保险机构后，会再次传导到银行。

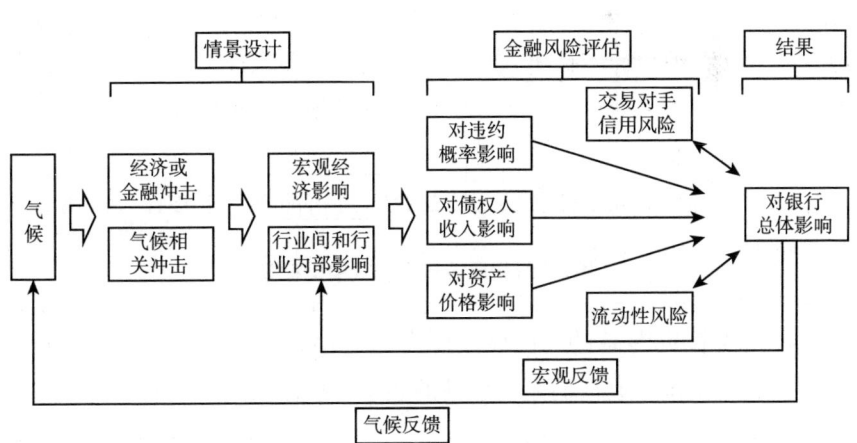

图1 气候风险压力测试框架图

压力测试的常用计量方法如下。一是敏感性方法。Danmark National Bank（2020）先通过回归估计企业杠杆率、能耗指标等企业层面指标（解释变量）与企业在银行的违约概率（被解释变量）之间的关系；然后根据公司所属行业的排放强度，设定更高的资产减值程度，导致杠杆率等指标恶化，再代入回归方程得出"气候压力"下的企业违约概率；最后将"气候压力"下的企业违约概率与银行信贷数据相联系，计算风险加权后的违约概率，再用于计算各项减值计提部分，最终传导到资本充足率。二是复杂的多层模型嵌套方法。Allen等（2020）和European Central Bank（2021）做法相对复杂，采取综合分析模型（IAM）、全球宏观经济模型（NiGEM）、产业模型、金融模型四层模型，压力层层传导[①]（见图2）。De Nederlandsche Bank（2018）采取NiGEM和资本定价模型（CAPM）相结合的方法。

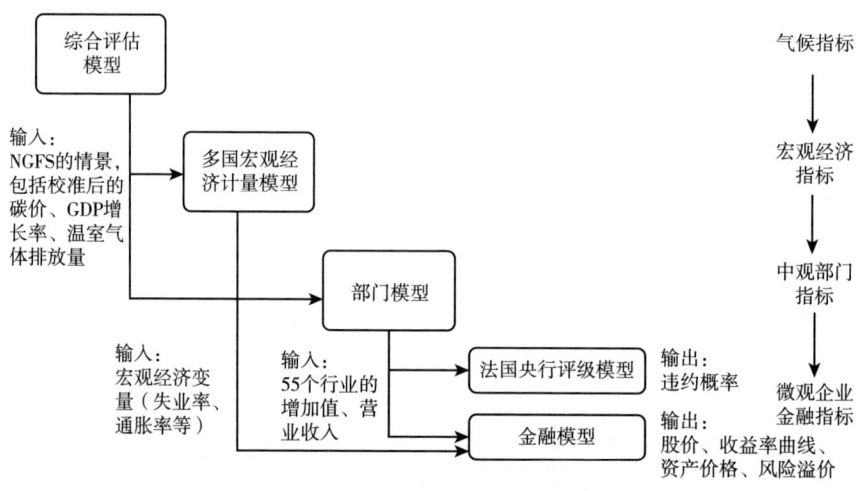

图2　气候风险压力测试模型框架

各国监管机构通过气候风险压力测试得到如下结论：在物理风险方面，气候变化导致极端天气事件的频率和成本增加。例如，热浪事件

---

① 综合分析模型（IAM）输出不同压力情景下的气候相关指标数据（如碳价、温室气体排放量等），这些结果将作为全球宏观经济模型（NiGEM）和行业模型的输入变量；全球宏观经济模型和行业模型输出的结果又将作为银行内部评级模型和金融模型的输入变量。

爆发频次和持续时间增加导致传染病和呼吸疾病扩散（European Central Bank，2021）。如不能及时有效控制气候变暖，未来15年高排放企业的物理风险损失将占主导地位，全球GDP将下降20%（European Central Bank，2021），至2050年保险业索赔额将大幅增加，最多将达到2020年的5倍（ACPR，2020）。在转型风险方面，一是"有序推进气候政策"是最佳选择，不及时采取行动会付出长期代价。根据European Central Bank（2021）测算结果，若以"有序转型"情景为基准，2050年全球GDP在"无序转型"情景中将下降2.5%，在"温室世界"中将下降12%。具体而言，"有序转型"存在引入气候政策的短期成本，即前期会降低GDP增速，提高企业违约率等。"无序转型"在政策推出前影响较小，但转型政策推出时会使经济金融剧烈波动。"温室世界"前期对宏观指标基本没有负面影响，但企业违约概率在未来30年后半段迅速上升，造成严重损失。根据Bank of England（2021）气候风险压力测试显示：第一，若提前采取行动有序实现净零排放目标，对GDP增长的总体影响不大；第二，若延迟采取行动将使GDP急剧下降，伴随金融市场风险溢价上升；第三，不采取行动将使GDP增长永久降低，宏观经济的不确定性将大大增加。二是转型风险对行业影响差异性较大。根据Allen（2020）测算结果，在"无序转型"情景中，石油业信用利差最多高于"有序转型"情景20个基点，行业增加值将减少55%，股价下降21%，企业违约率上升4倍。然而，电力等行业的增加值与企业违约概率基本稳定。三是气候风险在金融机构的分布存在很大差异性。根据European Central Bank（2021）测算结果，银行业气候风险集中在电力、房地产贷款；保险业气候风险集中在持有石油、天然气和汽车业股票；投资基金业气候风险集中在投资能源部门、基础材料等行业的资产。

欧洲发达国家由于对气候风险研究时间较长，企业和各类金融产品碳排放数据披露得较为全面，因此当前可以基于相对复杂的模型进行测算。而中国相关工作起步稍晚，受制于全国碳市场参与主体不足（仅有部分发电企业），金融机构气候和环境信息披露制度尚未建立等短板，导致缺乏必要的基础数据,因此我国要赶上发达国家的气候风险压力测试水平还需时日。

二、压力情景、数据与实证检验

本文气候变化转型风险压力测试采取自上而下的方式进行。首先,高碳行业选择煤炭、钢铁、水泥和火力发电4个行业。其次,由于上述4个细分行业在全国或地区范围内的不良贷款率并非公开披露数据,基于数据可得性的原因,选择了3家全国性银行。再次,基于我国已经做出"2030年前碳达峰、2060年前碳中和"的承诺,因此选择两种与政策较为相关的NGFS压力情景,使用其模拟的2021年至2060年相关宏观、中观经济变量。然后,根据压力情景的指标,找相匹配的历史数据(2020年及之前),通过面板数据回归模型估计各家银行各行业不良贷款率(因变量)与上述经济变量(自变量)之间的参数关系。最后,将两种压力情景中的宏观、中观经济变量的模拟值代入模型,得出每家银行每个行业从2021年至2060年压力情景下的不良贷款率。

(一)压力情景

央行和监管机构绿色金融网络(NGFS)一共公布了八种气候风险压力情景[①]。本报告借鉴其中两种。情景1:假定2030年开始转型,本世纪末气温上升2度,技术有限;情景2:假定2020年开始转型,本世

---

① NGFS的八种压力情景可分为3类:一是按计划转型(Orderly Transition),包含三种情景。(1)2020年立即采取减排措施,能够完全利用碳移除科技(CDR),在2020年引入碳排放价格,以后按照每年二氧化碳排放价格上涨10美元/吨的价格调整,目标使2100年全球升温不超过2℃,在2050—2070年达到碳中和;(2)只能使用有限的碳移除科技;(3)使2100年全球升温不超过1.5℃。

二是混乱转型(Disorderly Transition),包含三种情景。(1)各国延续现行"自主承诺"的政策到2030年,然后发现这样无法完成巴黎协定的目标。因此在2030年后,碳排放价格出现剧烈上涨,CDR技术得到有限的应用,碳中和目标快速提前至2050年,每年二氧化碳排放价格上涨约35美元/吨,使2100年全球升温不超过2℃;(2)可以充分使用碳移除科技;(3)在有碳移除科技下,使2100年全球升温不超过1.5℃。

三是温室效应世界(Hot house world),包含两种情景。(1)各国不对碳排放设限,巴黎协定目标未能达成,碳排放价格基本不变,该情景预计全球温度2050年上升2℃,2100年上升4℃,这将导致严重的物理风险;(2)基于现有措施的排放。该情景考虑了所有已实施的措施,但结果仍未达到巴黎协定要求,该情景预计全球温度2050年上升2℃,2100年上升3℃。

纪末气温上升2度，技术有限。二氧化碳排放量、碳价、GDP从2020年至2060年的模拟值如图3、图4、图5所示，其他指标的模拟值详见附录。

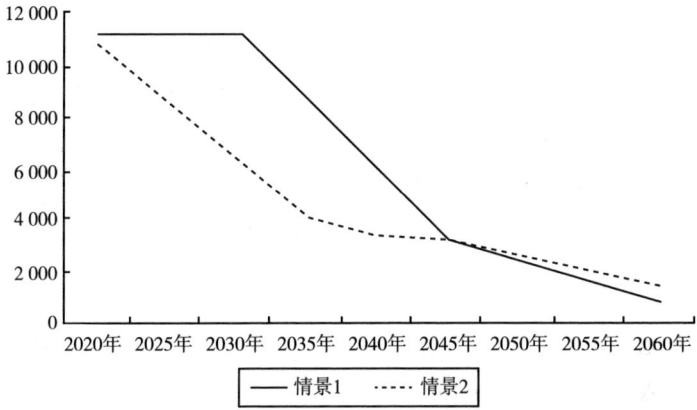

图3　中国CO_2净排放量2020—2060年模拟值（百万吨/年）[①]

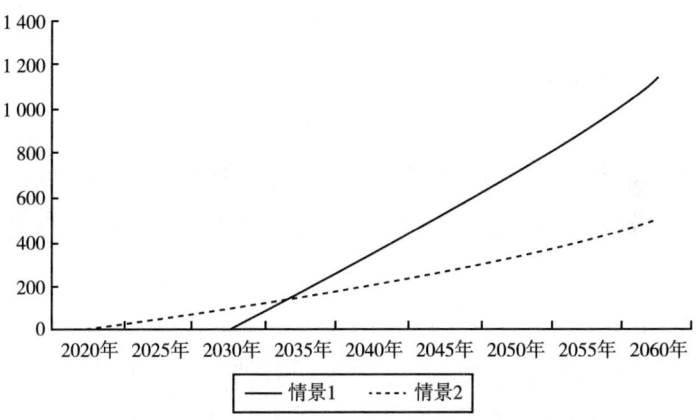

图4　中国碳价2020—2060年模拟值（美元/吨，2010年不变价）[②]

①② 资料来源：NGFS。

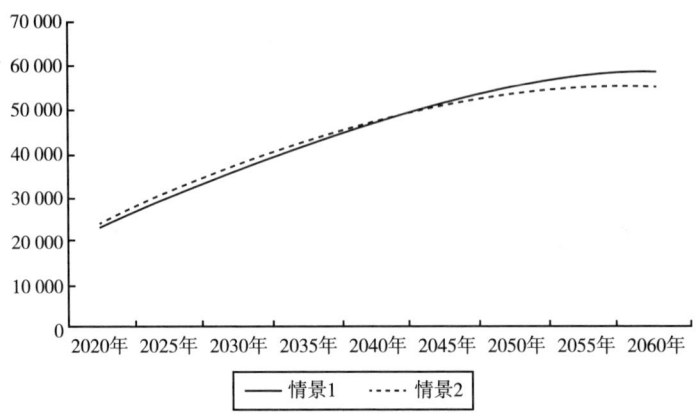

图5　中国GDP2020—2060年模拟值（购买力平价，十亿美元，2010年不变价）①

相较来看，情景1、情景2碳排放量分别在2030年、2020年达到峰值，之后情景1的下降幅度超过情景2，在2060年左右更接近"碳中和"。情景1碳价上涨晚于情景2，但上涨幅度更高，从2020年1.11美元/吨，到2060年1 147美元/吨。情景1和情景2的GDP涨幅较为类似，从2020年的23万亿美元上涨到2060年约55万亿美元。

（二）数据处理

NGFS压力情景的数据通过IAM模型计算得出，但数据来源并未公布，因此需要自行寻找历史数据来匹配压力情景（2020—2060年）的模拟值。具体而言，一是二氧化碳排放量。本文采用的历史数据来源于中国碳核算数据库，与NGFS的数据差别在10%左右。二是GDP。从世界银行WDI数据库，找到了以2010年美元不变价计价的中国GDP历史数据，这与NGFS保持一致。三是煤炭、石油、电力价格指数。由于无法找到与NGFS情景中相对应的指标，因此需要对压力情景数据进行处理。方法是：首先找到常用的能源价格指数，包括中国煤炭价格指数，IPE布油期货结算价、全国平均上网电价；然后基于2020年的历史值，并根据NGFS情景中增长率计算出新的模拟值。例如，NGFS情景中石油价格指数在2020年为1，2025年为0.93，历史数据中，2020年末IPE

---
① 资料来源：NGFS。

布油活跃合约期货价格为51.8，那么2025年IPE布油活跃期货合约应为51.8×0.93=48.2。四是煤炭、石油消费量。无法找到与压力情景单位一致的指标，即便按标准煤的热力值把吨转化为焦耳，但差距依然较大，因此也按价格指数的方法处理。此外，由于NGFS压力情景是从2020年至2060年，每5年才有数据，因此需要用插值法把其余年份数据补齐（见表1、表2、表3）。

表1   NGFS压力情景和历史数据指标对照表[①]

压力情景模拟数据		历史数据			
变量	单位	指标	来源	单位	时间区间
CO_2排放量	千吨/年	CO_2排放量	中国碳核算数据库CEADs	百万吨/年	2000—2017
GDP	10亿美元，2010年不变价	GDP	世界银行WDI数据库	美元，2010年不变价	1960—2019
碳价	US$2010/t CO_2	—	—	—	—
煤炭价格指数	Index（2020=1）	中国煤炭价格指数	中国煤炭工业协会	2006年初=100	2006—2020
石油价格指数	Index（2020=1）	IPE布油期货结算价	国际石油交易所IPE	美元/桶	1993—2020
电力价格指数	Index（2020=1）	平均上网电价	国家能源局	元/千千瓦时	2006—2018
煤炭消费量	EJ/yr	煤炭消费量	国家统计局	万吨/年	1994—2018
石油消费量	EJ/yr	石油消费量	国家统计局	万吨/年	1980—2018

表2   解释变量描述性统计（2011—2020年）[②]

	GDP	二氧化碳排放量	煤炭价格指数	石油价格指数	电力价格指数	煤炭消费量	石油消费量
单位	2010年不变价，十亿美元	百万吨	2006年1月1日=100	美元/桶	元/千千瓦时	万吨	万吨
最大值	12 143.28	10 268.63	201.00	111.11	647.05	424 426.00	67 198.77
最小值	6 087.16	8 425.00	125.10	37.67	571.22	312 236.50	44 101.03
标准差	2 015.47	515.50	21.40	26.69	22.56	35 203.03	7 874.62
中位数	8 913.50	9 859.00	161.80	66.00	605.74	397 014.00	55 160.20
平均值	9 016.99	9 734.59	163.24	74.06	608.17	385 111.18	55 034.56

①② 资料来源：作者计算。

表3　　　　　被解释变量描述性统计（2011—2020年）[①]

	煤炭			钢铁			水泥			火力发电		
	银行1	银行2	银行3	银行1	银行2	银行3	银行1	银行2	银行3	银行1	银行2	银行3
最大值	5.29%	16.18%	6.46%	3.83%	8.45%	4.19%	3.83%	4.00%	8.14%	0.30%	6.63%	1.30%
最小值	0.01%	0.00%	0.32%	0.30%	0.72%	0.37%	0.97%	0.09%	2.90%	0.06%	0.68%	0.24%
标准差	2.22%	6.87%	2.28%	1.13%	2.97%	1.28%	0.54%	1.50%	1.61%	0.08%	1.97%	0.32%
中位数	2.97%	4.37%	2.45%	1.30%	3.64%	1.25%	1.68%	0.61%	5.25%	0.08%	1.39%	0.35%
平均值	2.75%	6.81%	2.62%	1.52%	4.19%	1.79%	1.76%	1.38%	4.92%	0.11%	2.25%	0.48%

（三）实证检验

实证数据共有3家全国性银行4个行业的不良贷款率作为被解释变量的样本，时间区间为2011年至2020年，因此采用面板数据固定系数变截距模型，这样可以每家银行都有一个单独的截距项来捕捉个体变化。由于本报告包含NGFS的4个行业，因此共建立了4个模型。经检验，每个模型均不存在严重的多重共线性问题。回归结果中，自变量均至少在10%水平下显著[②]，且至少满足以下条件之一：（1）因变量和自变量均为平稳序列；（2）因变量和自变量存在协整关系。回归结果如下[③]：

$$npl\_coal = 0.174 lngdp - 1.549 \qquad (1)$$

$$npl\_steel = 0.091\,2 lngdp + 1.76 \times 10^{-5} demc - 0.81 \qquad (2)$$

$$npl\_cement = -0.376 gdp\_g + 0.23 emchn\_g + 0.048\,9 \qquad (3)$$

$$dnpl\_thermal = -0.31 gdp\_g + 0.023\,4 \qquad (4)$$

从模型（1）—（4）可以看出：一是煤炭行业不良贷款率（npl_coal）与GDP的对数（$lngdp$）有显著的正相关关系。二是钢铁行业不良贷款率（npl_steel）与GDP的对数、CO_2排放量的一阶差分序列（$demc$）有显著的正相关关系。三是水泥行业不良贷款率（npl_cement）与GDP增长率（gdp_g）有显著负向关系，与CO_2排放量增长率（$emchn\_g$）有显著正向关系。四是火力行业不良贷款率（$dnpl\_thermal$）的一阶差分

[①] 资料来源：作者计算。
[②] 不显著的变量均被剔除。
[③] 银行1、2、3在煤炭、钢铁、水泥、火力的截距项分别为：（-1.560 4、-1.525 0、-1.561 6）、（-0.819 0、-0.794 0、-0.816 4）、（0.040 0、0.036 3、0.070 3）、（0.022 19、0.026 2、0.021 6）。

值与GDP增长率有显著负向关系。

三、压力测试结果分析

（一）整体结论

图6展示了每个样本银行的每个行业在2种压力情景下的不良贷款率走势，可以归纳如下结论。一是不同银行相同行业的不良贷款率整体

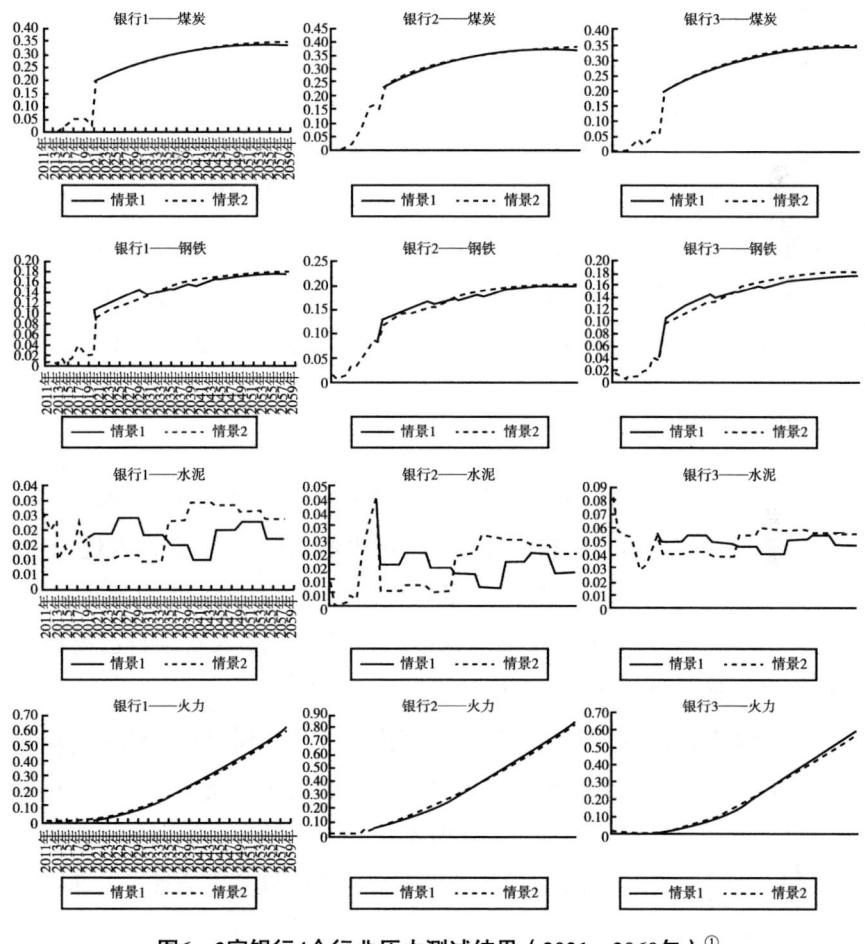

图6 3家银行4个行业压力测试结果（2021—2060年）①

① 资料来源：作者计算。

走势基本一致。二是煤炭、钢铁、水泥行业的不良贷款率在2020年的历史值和2021年模拟值存在较为明显的"跳点"。煤炭和钢铁行业的不良贷款率在2021年会陡然大幅增加,水泥行业则是小幅减少。这一方面是由于回归模型解释变量不足导致拟合程度还不够精确;另一方面是由于历史数据和压力情景模拟数据无法完全一一对应所导致。

(二)分行业结论

从具体行业来看,一是煤炭业不良贷款率整体趋势向上。在情景1和情景2中,3家银行煤炭业不良贷款率在2021年出现跳升至20%—25%后,持续上升到2060年的35%左右。二是钢铁业不良贷款率整体趋势向上。在情景1和情景2中,3家银行煤炭业不良贷款率在2021年出现跳升至3%—5%之后,持续上升到2060年的17%—20%左右。三是水泥业不良贷款率较为稳定。在情景1和情景2中,水泥业不良贷款率变化幅度不大,基本维持在窄幅区间波动。例如银行1在1%—3%之间波动。四是火电行业不良贷款率大幅上升。在情景1、情景2中,火电行业不良贷款率上升迅速。2060年,3家银行不良贷款率均高于50%,银行2更是达到80%左右。

四、政策建议

一是自行设定压力情景。鉴于我国已提出"2030年前碳达峰、2060年前碳中和"的承诺,也有较为明确的GDP增长目标[①],可以发现NGFS的压力情景并未与我国政策目标完全契合。因此,未来可以通过IAM、CGE、DSGE、NiGEM模型添加和修改约束条件,加入我国自己的政策影响因素,输出更符合政策目标的压力情景。

二是参与国际规则制定。欧洲企业因为关于气候风险的数据披露更加全面详实,因此监管机构在此基础上可以采用更加复杂的模型进行推演。但目前与环境相关的信息公示标准比较并不统一,数据使用起来不够便利。如果能在统一的规则下公开温室气体排放量等信息,会便于投

---

① 根据《中共中央关于制定国民经济和社会发展第十四个五年规划和二〇三五年远景目标的建议》:"二〇三五年基本实现社会主义现代化,到本世纪中叶把我国建成富强民主文明和谐美丽的社会主义现代化强国。"

资者对比、筛选企业。国际会计准则（IFRS）基金会将以2022年6月为目标制定全球通用标准，我国应该抓住机会积极参与相关国际规则制定，并建立完善本国规则。

三是建立适合中小法人银行的气候风险压力测试方法。在气候风险压力测试中，如使用Allen等（2020）和European Central Bank（2021）的金融模型，则银行必须使用内部评级法，但国内仅工农中建等6家银行按照内部评级法计提监管拨备，其他绝大部分中小法人银行只能使用标准法计算，因此需要对这些银行单独研究压力测试方法。

参考文献

［1］管晓明，张文婷．欧洲即将启动《气候环境风险指南》——银行业准备好了吗［J］．清华金融评论，2020（09）：76-78．

［2］马正宇，秦放鸣．气候变化影响金融稳定的传导机制研究［J］．金融发展研究，2021（02）：35-43．

［3］人行国际司青年课题组．气候变化对金融体系的影响及应对［N］．第一财经日报，2021，2（23）：A11版．

［4］钟宇平，刘漾．气候变化对金融稳定和货币政策的影响综述［J］．当代金融研究，2021（03）：79-89．

［5］马骏，孙天印．气候变化对金融稳定的影响［J］．现代金融导刊，2020（03）：4-9．

［6］ACPR. A first assessment of financial risks stemming from climate change: The main results of the 2020 climate pilot exercise［EB/OL］. https://acpr.banque-france.fr/sites/default/files/medias/documents/ 20210602_as_exercice_pilote_english.pdf, 2021-06-09/2021-11-29.

［7］Bank of England. Bank of England consults on its proposals for stress testing the financial stability implications of climate change［EB/OL］. https://www.bankofengland.co.uk/news/2019/december/boe-consults-on-proposals-for-stress-testing-the-financial-stability-implications-of-climate-change, 2019-12-18/2021-11-29.

[8] Bank of England. Key elements of the 2021 Biennial Exploratory Scenario: Financial risks from climate change [EB/OL]. https://www.bankofengland.co.uk/stress-testing/2021/key-elements-2021-biennial-exploratory-scenario-financial-risks-climate-change, 2021-06-08/2021-11-29.

[9] Bank of England. The impact of climate change on the UK insurance sector [EB/OL]. 2015.https://www.bankofengland.co.uk/-/media/boe/files/prudential-regulation/publication/impact-of-climate-change-on-the-uk-insurance-sector.pdf, 2015-10-08/2021-11-29.

[10] Bank of Korea. Financial stability report 2021 [EB/OL]. http://www.bok.or.kr/eng/bbs/E0000737/view.do?nttId=10066485&menuNo=400205, 2021-09-10/2021-11-29.

[11] BCBS. Basel Committee consults on principles for the effective management and supervision of climate-related financial risks [EB/OL]. https://www.bis.org/press/p211116.htm, 2021-11-16/2021-11-29.

[12] Danmark National Bank. A Gradual Green Transition Supports Financial Stability [EB/OL]. https://www.nationalbanken.dk/en/publications/Pages/2020/11/A-gradual-green-transition-supports-financial-stability.aspx, 2020-11-17/2021-11-29.

[13] De Nederlandsche Bank. An energy transition risk stress test for the financial system of the Netherlands [EB/OL]. https://www.dnb.nl/media/pdnpdalc/201810_nr-_7_-2018-_an_energy_transition_risk_stress_test_for_the_financial_system_of_the_netherlands.pdf, 2018-10-07/2021-11-29.

[14] European Central Bank. Climate-related risk and financial stability [EB/OL]. https://www.ecb.europa.eu/pub/pdf/other/ecb.climateriskfinancialstability202107~87822fae81.en.pdf, 2021-06-30/2021-11-29.

[15] Fiona Spuler, Jakob Thomä, Reto Frey. Bridging the Gap:

Measuring Progress on the Climate Goal Alignment & Climate Actions of Swiss Financial Institutions [EB/OL]. https://2degrees-investing.org/resource/bridging-the-gap, 2020-11-17/2021-11-29.

[16] G20 Green Finance Study Group（G20绿色金融研究小组）. G20 Green Finance Synthesis Report 2017 [EB/OL]. http://www.pbc.gov.cn/goutongjiaoliu/113456/113469/3344238/2017071318325360799.pdf, 2017-07-13/2021-11-29.

[17] Krogstrup, S. and Oman, W. Macroeconomic and Financial Policies for Climate Change Mitigation: A review of the Literature [R]. IMF Working Papers. 2019.

[18] Network for Greening the Financial System（NGFS）. A call for action: Climate change as a source of financial risk [EB/OL]. https://www.ngfs.net/en/first-comprehensive-report-call-action, 2019-04-17/2021-11-29.

[19] Network for Greening the Financial System（NGFS）. Climate Scenarios for central banks and supervisors. [EB/OL]. https://www.ngfs.net/sites/default/files/medias/documents/820184_ngfs_scenarios_final_version_v6.pdf, 2020-08-25/2021-11-29.

[20] Patrizia Baudino and Jean-Philippe Svoronos. Stress-testing banks for climate change – a comparison of practices [EB/OL]. https://www.bis.org/fsi/publ/insights34.html, 2021-7-14/2021-11-29.

[21] Thomas Allen et al. Climate-Related Scenarios for Financial Stability Assessment: an Application to France [R]. Banque De France Working Paper, 2020, No.774.

课题主持人：张鉴君
课题组成员：翟才华　周永胜　邓晓　徐融　程俊义　叶琪
执　笔　人：徐融

附录

表4　NGFS压力情景部分指标模拟值[①]

压力情景	变量	单位	2020年	2025年	2030年	2035年	2040年	2045年	2050年	2055年	2060年
情景1（2030年开始行动，气温上升2度，技术有限）	二氧化碳排放量	Mt CO_2/yr	11 303.28	11 351.01	11 323.48	8 724.47	5 938.20	3 340.22	2 353.23	1 686.71	1 004.90
	GDP|PPP	billion US$2010/yr	23 040.44	30 351.77	37 535.33	42 929.92	47 218.24	50 407.96	53 130.98	54 581.07	55 239.06
	碳价	US$2010/t CO_2	1.11	1.11	1.11	176.93	352.76	528.58	704.42	899.02	1 147.39
	煤炭价格指数	Index（2020=1）	1.00	1.08	1.13	0.96	1.01	0.91	0.75	1.00	1.23
	石油价格指数	Index（2020=1）	1.00	1.14	1.27	1.14	1.04	1.12	1.23	1.28	1.46
	电力价格指数	Index（2020=1）	1.00	0.93	1.01	1.79	1.52	1.85	1.66	1.68	1.68
	煤炭消费量	EJ/yr	78.62	77.74	74.79	47.63	23.17	4.61	0.50	0.36	0.31
	石油消费量	EJ/yr	30.93	33.20	34.76	34.04	31.01	27.09	22.02	16.12	9.87
情景2（2020年开始行动，气温上升2度，技术有限）	二氧化碳排放量	Mt CO_2/yr	10 897.02	8 574.99	6 365.59	4 075.92	3 427.47	3 145.87	2 683.69	2 098.95	1 510.13
	GDP|PPP	billion US$2010/yr	23 024.33	29 779.74	36 282.69	41 962.61	47 362.52	51 811.57	54 955.00	56 788.14	57 995.32
	碳价	US$2010/t CO_2	5.54	51.47	97.40	143.34	189.28	241.57	308.31	393.49	502.20
	煤炭价格指数	Index（2020=1）	1.00	1.03	1.00	0.86	0.86	1.05	1.09	1.05	1.24
	石油价格指数	Index（2020=1）	1.00	1.05	1.19	1.32	1.26	1.38	1.53	1.63	1.86
	电力价格指数	Index（2020=1）	1.00	1.32	1.26	1.43	1.19	1.25	1.09	1.17	1.22
	煤炭消费量	EJ/yr	75.66	48.52	24.93	6.52	2.07	1.70	1.41	1.19	1.03
	石油消费量	EJ/yr	30.95	32.48	32.43	31.01	28.24	24.82	21.01	17.48	13.71

[①] 资料来源：Wind，作者计算。

表5　　　　　　　　　　　回归结果

变量名	煤炭	钢铁	水泥	火力发电
	npl_coal	npl_steel	npl_cement	dnpl_thermal
lngdpus	0.174*** (6.80)	0.091 2*** (6.96)		
demchn		1.76e−05** (2.28)		
emchn_g			0.230*** (2.80)	
gdpus_g			−0.376 (−1.64)	−0.310* (−1.90)
Constant	−1.549*** (−6.61)	−0.810*** (−6.73)	0.048 9** (2.57)	0.023 4** (2.03)
观测值	30	30	30	27
银行数量	3	3	3	3

注：*** $p<0.01$，** $p<0.05$，* $p<0.1$，括号里为z值。

居民部门杠杆率对城镇居民消费的影响研究

——基于收入分层视角

中国人民银行宜昌市中心支行课题组

摘要： 随着我国居民部门实际杠杆率的不断攀升，消费增速持续低迷，特别是在后新冠疫情时期，在以国内大循环为主体的经济发展新格局中，需要充分挖掘我国的内需潜力，提升居民消费能力。本文在分析我国居民部门杠杆率的变化趋势及消费形势的基础上，以城镇居民家庭的收入分层视角为切入点，基于27个省市2013—2019年的数据实证研究发现，居民部门杠杆率的变化对不同收入层次的城镇居民消费水平具有显著的异质性影响，进一步从控制杠杆率水平、深化收入分配改革、优化消费环境等角度提出了相应的政策建议。

关键词： 杠杆率；居民消费；收入分层

一、引言

近几年，我国居民部门杠杆率持续攀升，根据中国人民银行统计测算，综合考虑贷款、公积金、融资融券、小贷公司等融资品种后，仅2018年居民部门杠杆率就已经达到60.5%，比2008年上升了42.3个百分点，其中主要原因在于居民部门消费贷款的快速增长和住房债务的不断攀升。与此同时，国内消费增长持续低迷，2019年全国社会消费品零售总额增速为8%，比2018年降低0.98个百分点。特别是新冠疫情的暴发使我国居民部门已存在的消费水平偏低、债务率偏高的问题更加凸显。

在新的发展阶段,在形成以国内大循环为主体的经济发展新格局中,需要进一步充分挖掘我国的内需潜力,提升居民消费能力。在我国城镇区域,不同收入水平的居民具有差异化的消费倾向和异质性的消费能力,居民家庭债务情况的变化是否对食品、衣着、居住、生活用品和服务、医疗保健、交通通信、教育文化和娱乐消费支出产生差异化的影响值得深入探索。本文基于此背景,以城镇居民家庭的收入分层视角为切入点,进一步深入研究居民部门杠杆率变化对城镇居民消费的影响具有十分重要的理论和实践意义。

二、文献综述

(一)杠杆对居民消费存在促进或抑制作用

宋玉华和叶绮娜(2012)认为在整体经济扩张时期,债务与消费之间的关系较为同步,表现为同时增加或减少。许桂华(2013)研究发现家庭债务、收入和财富与消费存在正向协整关系,家庭债务、收入和财富的持久性变动对消费存在显著的促进效应。李若愚(2016)通过国际经验比较发现,中国家庭部门杠杆率水平较低,仍有较大"加杠杆"空间,可通过引导居民举债消费来实现扩内需和债务杠杆在政府、企业和居民部门间的转移,从而缓解经济下行压力和实现宏观债务风险"软着陆"。邵皖宁(2018)认为在当前居民收入不断上升的同时,受居民杠杆率快速上升、还款负担较重等影响,居民无力进行额外消费导致消费趋于疲软。张江涛(2018)认为居民过度加杠杆在一定程度上促进消费,但属于透支性消费,长远来看有很大弊端。胡杨(2020)研究发现居民杠杆率提升对消费实际增速的总效应为负,并导致消费实际增速下滑。此外,居民杠杆率增速对消费实际增速的影响存在门槛效应。

(二)杠杆对居民消费的差别化影响效应

唐文进和张坤(2013)发现在因果关系方面,个人消费信贷和家庭债务不是促进消费的格兰杰原因,消费的增长受其他因素的制约。田新民和夏诗园（2016）以及何南（2013）认为在长短期方面，家庭债务对居民消费有短期积极影响，长期影响为负。潘敏和刘知琪（2018）认为在消费类型方面，我国居民家庭加杠杆会促进生存型消费，抑制发展与享受型消费，且抑制作用在农村居民家庭中更显著。高云虹和李帅娜（2018）发现在消费人群方面，房产占比的增加显著促进城镇中等收入家庭和东部地区城镇的居民消费，对低收入家庭、中等偏上收入家庭消费以及中部地区城镇居民消费具有显著的抑制性。张雅淋（2019）等认为在债务类型方面，住房债务对消费产生一定的抑制作用，而一般债务会促进消费，并且消费结构受影响也不同。周利（2020）等发现，家庭债务存在适度规模，当低于适度规模，则有推动消费作用，当高于适度规模，则会出现"挤出效应"。高东胜（2020）研究发现杠杆率对城乡居民和不同类别消费支出增长的影响具有异质性，杠杆率对消费升级是一把"双刃剑"，而对消费降级尚未有明显的支持证据。

从近几年学者的研究成果来看，研究了居民部门杠杆率变化对不同区域、城乡居民和不同类别消费的异质性影响，关于居民部门杠杆率变化对居民消费的影响没有形成一致的结论，从收入差异的角度来分析杠杆率变化对消费影响的文献较少。本文在此基础上基于居民收入差异视角，进一步研究了居民部门杠杆率对不同收入层次城镇居民消费的差异化影响。

三、居民部门杠杆率和消费率变化

（一）居民部门杠杆率的变化及特征

目前，国内关于测算居民部门杠杆率的方法没有一致的结论，为了保证获取数据的可得性，本文采用"住户贷款÷GDP"来近似模拟居民部门杠杆率的变化特征及变化趋势，其中，住户贷款包括短期贷款和中长期贷款。从2013年至2020年的居民部门杠杆率数据变化可以看出，近年来我国居民部门杠杆率呈现出了显著上升的趋势，相较于2013年，2020年居民部门杠杆率上升了28.71个百分点，达到62.20%（见图1）。

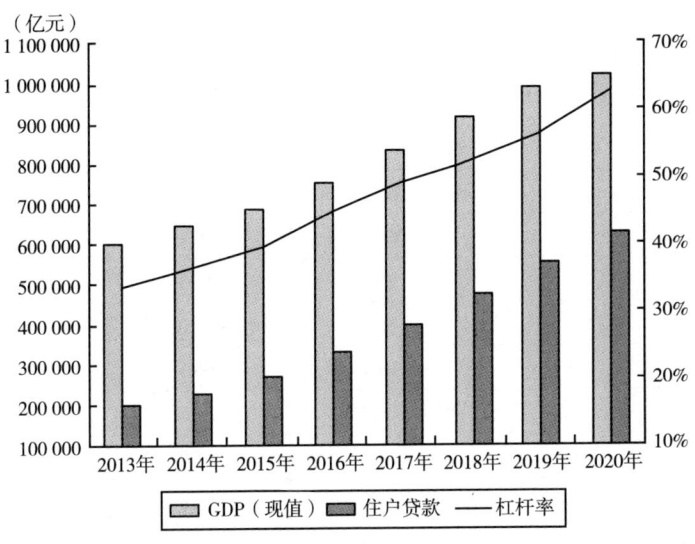

图1 2013—2020年居民部门杠杆率变化情况①

（二）国内消费趋势变化

随着经济发展进入新常态阶段以来，我国经济已由高速增长阶段转向高质量发展阶段，消费在拉动经济增长过程中起着举足轻重的作用。截至2019年末，我国居民消费对经济增长的贡献率高达57.8%，最终消费率为55.4%。但是近年来，我国居民消费率呈现震荡下行的态势，2019年末居民消费增长率仅为9.0%，较2008年下降6.58个百分点。特别是2020年新冠疫情发生以来，居民消费增长受到严重抑制和下滑，在新发展阶段，在国内大循环为主，国内国际双循环相互促进的新发展格局中，进一步扩大内需，提高消费在国民经济增长中的贡献率显得尤为重要（见表1）。

表1　居民消费变化情况

年份	GDP增长率（%）	消费增长率（%）	消费贡献率（%）	最终消费率（%）
2008年	9.6	15.58	44.0	49.2
2009年	9.2	9.82	57.6	49.4

---

① 资料来源：国家统计局和中国人民银行。

续表

年份	GDP增长率(%)	消费增长率(%)	消费贡献率(%)	最终消费率(%)
2010年	10.6	15.31	47.4	48.5
2011年	9.5	20.86	65.7	49.6
2012年	7.7	12.47	55.4	50.1
2013年	7.7	10.69	50.2	50.3
2014年	7.3	9.91	56.3	50.7
2015年	6.9	9.5	69.0	51.6
2016年	6.7	10.4	66.5	55.1
2017年	6.9	10.2	57.5	55.1
2018年	6.6	9.0	65.9	55.3
2019年	6.1	8.0	57.8	55.4
2020年	2.3	−3.9	37.8	54.9

(三)城镇居民边际消费倾向的变化

在凯恩斯的宏观经济理论中,消费是总需求中最主要的部分。凯恩斯认为在现实生活中,各个家庭的消费受到很多因素的制约,诸如商品价格、收入水平、风俗习惯、家庭财产状况、消费者偏好等,但是凯恩斯认为诸多因素中,起着决定性作用的是家庭收入水平。而且在其消费理论中存在边际消费倾向递减这一基本心理规律,假设消费与收入之间存在着线性关系,这时消费函数可以表示为如下方程:

$$C = \alpha + \beta Y$$

上式的经济含义表示消费等于自发消费与引致消费的和。其中,C表示居民消费支出,α表示居民的基本消费部分,即居民最基本的生活消费支出,β表示居民的边际消费倾向,βY表示和居民收入有关的其他支出。

本节在扩展型线性支出模型的基础上进一步分析不同收入水平的城镇家庭居民的边际消费倾向,在扩展型线性支出模型中,居民的可支配收入和商品价格是影响居民消费的两个重要因素。同时居民的消费支出一般包括两个部分,一部分是居民基本的消费需求支出,它是满足居民基本生存需要的消费资料支出；另一部分则是居民基本需求之外的消费支出，受到不同收入水平居民边际消费倾向差异的影响，消费者在基本需求满足的基础上根据自身边际消费倾向来决定对其他商品的需求[①]。当然，分析不同收入水平城镇居民边际消费倾向的差异，在利用扩展型线性支出模型进行实证检验的同时，首先有两个基本的前提条件：（1）不同收入水平的城镇居民对不同商品需求的边际消费倾向是不一致的，按照不同的收入水平，将城镇家庭划分成低收入家庭、中等偏下收入家庭、中等收入家庭、中等偏上收入家庭和高收入家庭五个不同的收入组别[②]；（2）对于基本需求，不同收入水平的城镇居民的消费是不一样的，而且同一收入水平的城镇居民的基本消费支出是动态变化的。

结合国家统计局公布的城镇居民消费数据（2013—2019年），数据以2013年为基期，用价格指数进行平减，并设定如下模型（冯婷婷，2012）：

$$C_{ik} = p_{ik}r_{ik} + \beta_{ik}\left(Y_k - \sum_{k=1}^{5} p_{ik}r_{ik}\right)$$

在上述模型中，$i=1、2、3、4、5、6、7$分别代表食品、衣着、居住、生活用品和服务、医疗保健、交通通信、教育文化和娱乐7种不同类型的消费支出，$k=1、2、3、4、5$分别代表低收入家庭、中等偏下收入家庭、中等收入家庭、中等偏上收入家庭和高收入家庭，C_{ik}代表第k种收入水平城镇居民的第i种消费支出，β_{ik}代表第k种收入水平城镇居民对第i种消费的边际消费倾向，$p_{ik}r_{ik}$代表第k种收入水平城镇居民的第i种消费的基本消费支出，Y_k代表第k种收入水平城镇居民平均每人全年的可支配收入。整理上式可以得到：

$$C_{ik} = p_{ik}r_{ik} - \beta_{ik}\sum_{k=1}^{5} p_{ik}r_{ik} + \beta_{ik}Y_k$$

[①] 1954年英国著名计量经济学家R·Stone首先提出了"线性支出系统"用以描述消费者的需求规律，之后，经济学家C·Lluch于1973年又在其基础上提出了"扩展的线性支出系统"。

[②] 国家统计局根据城镇居民调查的数据得到，其中城镇居民家庭可支配收入=家庭总收入−缴纳个人所得税−个人缴纳的社会保障支出−记账补贴。

同时令 $\alpha_{ik} = p_{ik}r_{ik} - \beta_{ik}\sum_{k=1}^{5}p_{ik}r_{ik}$

那么得到：$C_{ik} = \alpha_{ik} + \beta_{ik}Y_k$

回归估计结果如表2所示。

表2　　　　　　　　城镇居民边际消费倾向[1]

支出结构	低收入家庭	中等偏下收入家庭	中等收入家庭	中等偏上收入家庭	高收入家庭
食品	0.179	0.115	0.104	0.116	0.096
衣着	0.063	0.025	0.021	0.02	0.031
居住	0.214	0.199	0.175	0.199	0.156
生活用品和服务	0.064	0.033	0.041	0.03	0.023
医疗保健	0.102	0.038	0.053	0.046	0.054
交通通信	0.064	0.098	0.084	0.098	0.078
教育文化和娱乐	0.136	0.088	0.046	0.054	0.033
合计	0.821	0.597	0.525	0.564	0.471

由上表可以明显看出，在低收入家庭中，居住、食品和教育文化娱乐方面支出的边际消费倾向较高；在中等偏下收入家庭中，居住、食品、交通通信方面支出的边际消费倾向较高；在中等收入家庭中，居住、食品、交通通信方面支出的边际消费倾向较高；在中等偏上收入家庭中，居住、食品、交通通信方面支出的边际消费倾向较高；在高收入家庭中，居住、食品、交通通信方面支出的边际消费倾向较高。

低收入家庭、中等偏下收入家庭、中等收入家庭、中等偏上收入家庭、高收入家庭的边际消费倾向是有显著差异的。其中，低收入家庭、中等偏下收入家庭的边际消费倾向总体上高于中等偏上收入家庭和高收入家庭。

---

[1] 资料来源：根据2013—2019年《中国统计年鉴》经Stata软件整理得到。

四、居民部门杠杆率变化对城镇居民消费影响的实证分析

（一）模型设定与数据说明

为进一步研究居民部门杠杆率变化对城镇居民消费的影响，开展实证分析，建立如下（1）计量模型，考虑到前期消费对本期消费的影响，引入滞后一期的消费变量人均消费支出增速，同时引入人均可支配收入增速、居民消费价格指数水平、第三产业占比作为模型方程的控制变量，建立如下（2）计量模型。

$$C_{it} = \alpha_{it} + \beta_1 lev_{it} + \beta_2 dlev_{it} + \varepsilon_{it} \tag{1}$$

$$C_{it} = \alpha_{it} + \beta_1 lev_{it} + \beta_2 dlev_{it} + \beta_3 C_{i,t1} + \beta_4 income_{it} + \beta_5 CPI_{it} + \beta_6 industry_{it} + \varepsilon_{it} \tag{2}$$

在方程（1）和（2）中，i 代表省份，t 代表时间。

关于模型的主要变量说明如下：

被解释变量为：居民消费增速 C，包括城镇居民消费增速以及八大类消费支出增速，反映的是不同收入水平城镇居民或不同类型消费品消费支出的增速。

主要的解释变量为：（1）居民部门杠杆率 lev，用各省居民部门贷款余额与各省地区生产总值的比值来表示，居民部门贷款包括短期贷款和中长期贷款，反映的是各省居民部门杠杆率绝对水平的高低，选取这一指标主要是考虑到数据的可得性以及国内通常衡量杠杆率变化的标准；（2）居民部门杠杆率的变化 $dlev$，即当年杠杆率水平较上年杠杆率水平的变化，反映的是居民部门加杠杆速度的快慢。

主要的控制变量为：（1）收入增速 $income$，分别反映不同收入水平城镇居民收入的增速；（2）物价涨幅 CPI，即居民消费价格的变化；（3）第三产业占比 $industry$ 反映的是经济结构的变化；（4）消费增速的滞后项 C_{t-1}，主要反映上期消费增长对本期消费增长的影响。

本文数据来源于国家统计局、《中国统计年鉴》、各省市统计年鉴和

中国人民银行，考虑到数据的可得性及统计口径的一致性，实证分析部分主要收集整理了2013—2019年全国27个省份统计数据。

（二）变量描述性统计（见表3）

表3　变量描述性统计

变量	变量说明	均值	最大值	最小值	标准差	样本数（个）
C	城镇居民人均消费支出增速（%）	7.53	15.95	−0.81	0.02	189
lev	居民部门杠杆率水平（%）	25.40	56.09	33.49	0.10	189
income	城镇居民人均可支配收入增速（%）	8.54	15.63	5.62	0.01	189
CPI	居民消费价格指数水平（%）	1.69	3.20	0.60	0.00	189
industry	第三产业占比（%）	48.45	80.98	35.39	0.09	189

（三）总量及结构实证分析

1.总量分析

$$C_{it}=\alpha_{it}+\beta_1 lev_{it}+\beta_2 dlev_{it}+\varepsilon_{it} \quad (1-1)$$

$$C_{it}=\alpha_{it}+\beta_1 lev_{it}+\beta_2 dlev_{it}+\beta_3 income_{it}+\varepsilon_{it} \quad (2-1)$$

$$C_{it}=\alpha_{it}+\beta_1 lev_{it}+\beta_2 dlev_{it}+\beta_3 income_{it}+\beta_4 C_{it-1}+\varepsilon_{it} \quad (3-1)$$

$$C_{it}=\alpha_{it}+\beta_1 lev_{it}+\beta_2 dlev_{it}+\beta_3 income_{it}+\beta_4 C_{it-1}+\beta_5 industry_{it}+\beta_6 CPI_{it}+\varepsilon_{it} \quad (4-1)$$

首先，从总体层面来分析，通过模型（1-1）、（2-1）、（3-1）、（4-1），研究居民部门杠杆率变化对城镇居民消费影响的总体效应。模型（1-1）、（2-1）、（3-1）、（4-1）是在上述方程（1）的基础上采取逐个加入变量的形式而建立（见表4）。

表4　总体效应回归结果

被解释变量	城镇居民消费增速			
解释变量	模型（1-1）	模型（2-1）	模型（3-1）	模型（4-1）
C	0.08*** （23.29）	0.10*** （12.32）	0.12*** （6.31）	0.18*** （4.47）
lev	−0.05*** （−3.48）	−0.07*** （−5.09）	−0.07*** （−5.17）	−0.04 （−1.07）

续表

被解释变量	城镇居民消费增速			
解释变量	模型（1-1）	模型（2-1）	模型（3-1）	模型（4-1）
$dlev$	0.11** （2.14）	0.16*** （3.96）	0.15** （3.92）	0.16** （2.45）
$income$		−0.24 （−2.63）	−0.25 （−2.67）	−0.25 （−2.60）
AR（1）			−0.15 （−0.79）	−0.00 （−0.01）
$industry$				−0.19 （−2.27）
CPI				1.09*** （3.03）
Adj R^2	0.696 1	0.891 2	0.819 7	0.892 2

注："*"表示$p<0.1$，"**"表示$p<0.05$，"***"表示$p<0.01$；括号里的数值为t统计量。

从模型（4-1）结果中可以看出，加杠杆的过程（$dlev$）对城镇居民消费的增长具有显著的促进作用，即每加杠杆1%，会使消费增速提高0.11至0.16个百分点。这说明，加杠杆的过程确实能拉动城镇居民消费，金融消费信贷的扩张，提高了城镇居民的金融可得性，能够扩大城镇居民用于消费的资金，促进了消费的增长，同时，物价水平的提高增加了城镇居民消费的支出，影响较为显著。城镇居民收入水平和产业结构的变化对城镇居民消费的影响不显著，相对加杠杆而言，居民收入水平的变化总量和变化幅度相对有限，在短期内特别是一定时期内收入的变化影响相对有限。

2.结构分析

考虑到各个方程之间的扰动项可能存在相关性，经过对方程的Breusch-Pagan检验，即P值小于0.01，因此可以在1%的显著性水平上拒绝各方程的扰动项相互独立的原假设，方程（3）—（9）分别表示被解释变量为食品、衣着、居住、生活用品和服务、医疗保健、交通通信、教育文化和娱乐支出的回归模型。本节运用似不相关回归模型对方程（3）—（9）进行系统估计可以提高估计的效率。通过进行迭代式

SUR估计,对低收入家庭、中等偏下收入家庭、中等收入家庭、中等偏上收入家庭和高收入家庭计量估计结果如表5、表6、表7、表8、表9所示。

表5　　　　　　　　　低收入家庭回归结果

	（3）	（4）	（5）	（6）	（7）	（8）	（9）
C	0.195* (1.76)	−0.359 (−1.43)	−0.051 (−0.22)	−0.129 (−0.68)	−0.169 (−0.73)	0.011 (0.07)	−0.387** (−2.09)
lev	0.123*** (3.35)	−0.107 (−1.28)	−0.163** (−2.18)	−0.064 (−1.02)	−0.015 (−0.20)	0.027 (0.49)	0.161*** (2.62)
$dlev$	−0.108* (−1.81)	0.148 (1.08)	−0.022 (−0.18)	0.016 (0.16)	0.076 (0.60)	0.158* (1.75)	−0.029 (−0.29)
$income$	−0.075 (−1.49)	0.249** (2.16)	0.023 (0.23)	−0.131 (−1.52)	0.34*** (3.21)	−0.035 (−0.46)	0.037 (0.43)
$AR(1)$	−0.072 (−0.87)	−0.051 (−0.27)	0.309* (1.84)	0.297** (2.10)	−0.081 (−0.47)	−0.033 (−0.27)	0.101 (0.73)
$industry$	0.087 (0.94)	0.014 (0.06)	−0.229 (−1.21)	−0.169 (−1.05)	−0.25 (−1.28)	−0.237* (−1.69)	−0.568*** (−3.63)
CPI	−0.077 (−1.34)	0.416*** (3.20)	0.369*** (3.18)	0.225** (2.30)	0.274** (2.29)	0.097 (1.13)	0.381*** (3.99)
$\_cons$	2.777*** (4.32)	−0.916 (−0.62)	−2.083 (−1.59)	−2.336** (−2.12)	−0.913 (−0.68)	−1.813* (−1.88)	0.71 (0.66)

注:"*"表示$p<0.1$,"**"表示$p<0.05$,"***"表示$p<0.01$;括号里的数值为t统计量。

从回归估计结果来分析,杠杆率的变化对低收入家庭食品支出和教育文化、娱乐支出有显著影响,即杠杆率变化1%,食品消费支出增加0.123个百分点,教育文化、娱乐支出增加0.161个百分点。物价的上涨对低收入家庭衣着、居住和教育、文化娱乐支出有显著影响,即物价上涨1%,衣着支出增加0.416个百分点、居住支出增加0.369个百分点,教育、文化和娱乐支出增加0.381个百分点。收入的增加对低收入家庭医疗保健支出的增加有显著影响,即杠杆率变化1%,医疗保健支出增加0.123个百分点。

表6　　　　　　　　　　　中等偏下收入家庭

	（3）	（4）	（5）	（6）	（7）	（8）	（9）
C	0.027 （0.28）	−0.242 （−1.02）	−0.105 （−0.45）	−0.125 （−0.85）	−0.04 （−0.24）	0.126 （0.95）	−0.215* （−1.93）
lev	0.131*** （4.19）	−0.165** （−2.10）	−0.139* （−1.82）	−0.099** （−2.05）	0.18*** （3.28）	0.032 （0.72）	0.038 （1.03）
dlev	−0.054 （−0.98）	0.122 （0.88）	−0.071 （−0.53）	0.03 （0.36）	−0.106 （−1.08）	0.11 （1.40）	0.108* （1.65）
income	−0.121*** （−2.64）	0.228** （1.97）	0.304*** （2.70）	−0.016 （−0.23）	0.419*** （5.18）	−0.032 （−0.50）	0.07 （1.30）
AR（1）	0.084 （1.17）	−0.173 （−0.96）	0.088 （0.50）	0.078 （0.71）	−0.246* （−1.95）	−0.209** （−2.06）	−0.103 （−1.22）
industry	0.415*** （3.44）	−0.242 （−0.80）	−0.221 （−0.75）	−0.117 （−0.63）	−0.165 （−0.78）	−0.259 （−1.53）	−0.617*** （−4.35）
CPI	−0.072 （−1.19）	0.459*** （3.04）	0.093 （0.63）	0.128 （1.39）	0.315*** （2.98）	−0.016 （−0.18）	0.102 （1.45）
_cons	3.121*** （4.59）	−1.925 （−1.13）	−4.86*** （−2.93）	−4.879*** （−4.66）	1.658 （1.39）	−3.895*** （−4.06）	−1.612** （−2.02）

注："*"表示p<0.1，"**"表示p<0.05，"***"表示p<0.01；括号里的数值为t统计量。

从回归估计结果来分析，杠杆率的变化对中等偏下收入家庭食品支出和医疗保健支出有显著影响，即杠杆率变化1%，食品消费支出增加0.131个百分点，医疗保健支出增加0.18个百分点。收入变化对食品支出、居住支出和医疗保健支出有显著影响，即收入增加1%，食品消费支出减少0.121个百分点，居住支出增加0.304个百分点，医疗保健支出增加0.419个百分点。物价变化对衣着支出、医疗保健支出有显著影响，即物价增长1%，衣着支出增加0.459个百分点，医疗保健支出增加0.315个百分点。

表7　　　　　　　　　　　中等收入家庭

	（3）	（4）	（5）	（6）	（7）	（8）	（9）
C	−0.043 （−0.46）	−0.213 （−0.93）	−0.218 （−0.91）	−0.054 （−0.41）	−0.277* （−1.72）	−0.013 （−0.09）	−0.358*** （−3.76）
lev	0.117*** （3.78）	−0.173** （−2.24）	−0.177** （−2.20）	−0.118*** （−2.67）	0.177*** （3.26）	0.026 （0.55）	0.011 （0.33）

续表

	（3）	（4）	（5）	（6）	（7）	（8）	（9）
$dlev$	−0.056 （−1.06）	0.112 （0.85）	0.018 （0.13）	0.01 （0.13）	0.008 （0.09）	0.205** （2.55）	0.172*** （3.15）
$income$	−0.086* （−1.88）	0.151 （1.32）	0.307** （2.58）	−0.078 （−1.19）	0.425*** （5.29）	−0.142** （−2.05）	0.014 （0.30）
AR（1）	0.122* （1.70）	−0.075 （−0.42）	0.02 （0.11）	0.092 （0.90）	−0.153 （−1.22）	−0.159 （−0.15）	−0.074 （−1.00）
$industry$	0.354*** （3.23）	−0.296 （−1.08）	−0.196 （−0.69）	−0.349** （−2.23）	−0.004 （−0.02）	0.006 （0.04）	−0.435*** （−3.84）
CPI	−0.051 （−0.82）	0.536*** （3.50）	0.072 （0.45）	0.197** （2.24）	0.336*** （3.12）	0.024 （0.25）	0.092 （1.44）
_cons	3.054*** （4.26）	0.491 （0.28）	−7.072*** （−3.80）	−3.393*** （−3.31）	1.746 （1.39）	−2.112* （−1.94）	−2.193*** （−2.95）

注："*"表示p<0.1，"**"表示p<0.05，"***"表示p<0.01；括号里的数值为t统计量。

从回归估计结果来分析，杠杆率的变化对中等收入家庭食品支出、生活用品和服务支出和医疗保健支出有显著影响，即杠杆率变化1%，食品消费支出增加0.117个百分点，生活用品和服务支出减少0.177个百分点，医疗保健支出增加0.177个百分点。加杠杆对教育、文化和娱乐支出有显著影响，即加杠杆1%，教育、文化和娱乐支出增加0.172个百分点。收入的变化对医疗保健支出有显著影响，即收入增加1%，医疗保健支出增加0.425个百分点。物价的变化对衣着和医疗保健支出有显著的影响，即物价上涨1%，衣着支出增加0.536个百分点，医疗保健支出增加0.336个百分点。

表8　　　　　　　　　　　中等偏上收入家庭

	（3）	（4）	（5）	（6）	（7）	（8）	（9）
C	−0.013 （−0.13）	−0.243 （−1.21）	−0.557** （−2.07）	−0.064 （−0.42）	−0.133 （−0.81）	0.048 （0.26）	−0.282** （−2.46）
lev	0.109*** （3.19）	−0.154** （−2.27）	−0.083 （−0.91）	−0.117** （−2.30）	0.079 （1.43）	0.019 （0.31）	0.061 （1.58）
$dlev$	−0.137** （−2.46）	0.136 （1.24）	0.013 （0.09）	−0.024 （−0.29）	0.022 （0.24）	0.109 （1.07）	0.121* （1.91）

续表

	（3）	（4）	（5）	（6）	（7）	（8）	（9）
income	−0.15*** （−3.15）	0.078 （0.83）	0.025 （0.20）	−0.218*** （−3.06）	0.328*** （4.23）	−0.451*** （−5.19）	−0.272** （−5.04）
AR（1）	0.305*** （4.42）	0.043 （0.32）	0.716*** （3.91）	0.396*** （3.84）	−0.09 （−0.80）	0.538*** （4.27）	0.225*** （2.87）
industry	0.176 （1.52）	−0.04 （−0.18）	0.13 （0.42）	−0.36** （−2.09）	0.147 （0.78）	0.094 （0.45）	−0.364** （−2.78）
CPI	0.164*** （2.99）	0.604** （5.55）	0.427*** （2.93）	0.478*** （5.83）	0.332*** （3.71）	0.365*** （3.64）	0.459*** （7.37）
_cons	5.94*** （11.87）	1.87* （1.89）	0.794 （0.60）	1.617* （2.17）	3.025*** （3.72）	3.856*** （4.22）	2.953*** （5.20）

注："*"表示$p<0.1$，"**"表示$p<0.05$，"***"表示$p<0.01$；括号里的数值为t统计量。

从回归估计结果来分析，杠杆率的变化对中等偏上收入家庭食品支出有显著影响，即杠杆率变化1%，食品消费支出增加0.109个百分点。收入的变化对食品、生活用品和服务、医疗保健、交通通信支出有显著影响，即收入增加1%，食品支出减少0.15个百分点，生活用品和服务支出减少0.218个百分点，医疗保健支出增加0.328个百分点，交通通信支出减少0.451个百分点。物价的变化对食品、居住、生活用品和服务、医疗保健、交通通信、教育文化和娱乐支出有显著影响，即物价增加1%，食品支出增加0.164个百分点，居住支出增加0.427个百分点，生活用品和服务支出增加0.478个百分点，医疗保健支出增加0.332个百分点，交通通信支出增加0.365个百分点，教育、文化和娱乐支出增加0.459个百分点。

表9　　　　　　　　　　　　高收入家庭

	（3）	（4）	（5）	（6）	（7）	（8）	（9）
C	−0.024 （−0.24）	−0.386** （−2.42）	−0.271 （−1.25）	−0.015 （−0.11）	−0.353* （−1.87）	0.116 （0.64）	−0.2* （−1.84）
lev	0.056* （1.68）	−0.088* （−1.65）	−0.099 （−1.37）	−0.144*** （−3.15）	0.031 （0.50）	−0.094 （−1.55）	0.063* （1.76）
dlev	−0.035 （−0.62）	0.153* （1.72）	−0.016 （−0.13）	−0.072 （−0.95）	0.196* （1.87）	0.16 （1.58）	0.134*** （3.21）

续表

	（3）	（4）	（5）	（6）	（7）	（8）	（9）
income	−0.066 （−1.39）	0.102 （1.33）	0.477*** （4.57）	−0.016 （−0.25）	0.408*** （4.49）	−0.131 （−1.49）	−0.141*** （−2.69）
AR（1）	0.128 （1.63）	0.206 （1.64）	−0.176 （−1.04）	0.174 （1.62）	−0.042 （−0.29）	0.063 （0.44）	−0.144* （−1.69）
industry	0.242** （2.23）	0.147 （0.85）	0.11 （0.47）	−0.301** （−2.01）	0.516** （2.50）	−0.144 （−0.73）	−0.222* （−1.87）
CPI	−0.194 （−0.30）	0.579*** （5.66）	−0.208 （−1.50）	0.244*** （2.78）	0.124 （1.02）	−0.006 （−0.05）	0.118* （1.71）
_cons	3.1*** （4.84）	2.374** （2.31）	−7.934*** （−5.69）	−2.226** （−2.52）	−0.215 （−0.18）	−3.658*** （−3.12）	−0.789 （−1.08）

注："*"表示$p<0.1$，"**"表示$p<0.05$，"***"表示$p<0.01$；括号里的数值为t统计量。

从回归估计结果来分析，杠杆率的变化对高收入家庭生活用品和服务支出有显著影响，即杠杆率变化1%，生活用品和服务支出减少0.144个百分点。收入的变化对居住、医疗保健、教育文化和娱乐支出有显著影响，即收入增加1%，居住支出增加0.477个百分点，医疗保健支出增加0.408个百分点，教育文化和娱乐支出减少0.141个百分点。物价的变化对衣着、生活用品和服务支出有显著影响，即物价增加1%，衣着支出增加0.579个百分点，生活用品和服务支出增加0.244个百分点。

五、主要结论及政策建议

（一）主要结论

从总量来看，加杠杆的过程（dlev）在一定程度上能拉动城镇居民消费，金融消费信贷的扩张，提高了城镇居民的金融可得性，能够弥补城镇居民用于消费的资金，促进了消费的增长，物价水平的提高增加了城镇居民消费的支出。城镇居民收入水平和产业结构的变化对城镇居民消费的影响不显著，相对加杠杆而言，居民收入水平的变化总量和变化幅度相对有限，在短期内特别是一定时期内收入的变化影响相对有限。

从结构来看，对低收入家庭和中等偏下收入家庭而言，收入和物价的变化对其生活用品和服务、医疗保健、交通通信、教育文化和娱乐支出影响较为显著。对中等收入家庭而言，加杠杆的过程对其教育、文化和娱乐支出有显著的正向影响，收入的提高能明显增加对医疗保健的支出。对中等偏上收入和高收入家庭而言，收入的提高明显增加其对居住、医疗保健、教育文化和娱乐等方面的支出。

（二）政策建议

一是合理控制居民部门的债务水平。虽然居民部门杠杆率水平的提高在一定程度上可以改善居民收入结构，刺激其消费，活跃消费市场，但是对中等及中等偏下收入和低收入层次家庭而言，过高的债务负担反而对其消费产生抑制性影响，不利于其改善消费结构，提高生活质量。债务水平过快攀升，会从整体上进一步降低其边际消费支出。

二是调节收入分配结构。上文中分析不同收入水平城镇家庭居民的边际消费倾向时，研究发现不同收入水平家庭的边际消费倾向是有显著的差异的。其中，低收入家庭、中等偏下收入家庭的边际消费倾向总体上要高于中等偏上收入家庭和高收入家庭。因此，在城镇居民收入分配制度改革中，要进一步提高城镇中、低收入家庭收入的增长幅度，促进中、低收入家庭消费水平的不断提高和消费结构的不断优化。与此同时，要不断扩大城镇中等收入群体的比重，逐步形成"橄榄形"的社会财富结构，从而增强城镇居民整体的消费能力，提高社会整体的消费率，进而逐步促进消费结构的优化升级。

三是优化消费环境，增强消费的影响效应。要切实提高居民的消费影响效应，充分发挥居民消费对国民经济发展的拉动作用，就必须不断优化居民消费支出的内部结构。在当前供给侧结构性改革背景下，要不断培育新的消费热点，加快现代服务业的发展，不断促进产业结构的转型升级，要进一步释放国内需求潜力，就要推动供给结构和需求结构相适应。随着经济社会的发展，我国居民消费需求的内容与形式的日益多样化，居民消费的结构已经发生了重大变化。在互联网蓬勃发展的时代，以线上体验消费为特色的消费方式也逐步改变了人们的消费行为与消费习惯，较好地激发了居民和社会整体的消费需求与消费热情，成为我国消费增长的新动力。在实际生活中，新能源家庭设备、人工智能化家居、大数据通信服务等绿色和科技消费逐步进入人们的日常生活。随着人们收入水平的不断提高与消费观念的变化，我国居民在教育、医疗保健、文化娱乐、养老、互联网、旅游等领域的消费需求会持续增加，因此政府要不断优化这些领域的消费环境，提供更多优质的公共服务设施和公共服务产品，进一步满足人们在服务业等方面日益增加的消费需求。

参考文献

［1］冯婷婷，张淼.城镇居民不同收入阶层的基本需求及边际消费倾向研究［J］.中国人口·资源与环境，2012（08）：147-152.

［2］高云虹，李帅娜.家庭资产结构变动对城镇居民消费的影响［J］.财经科学，2018（10）：7-10.

［3］高东胜.居民杠杆率对消费的影响效应：促进还是抑制［J］.经济学家，2020（08）：35-39.

［4］何南.基于VECM的中国家庭债务与消费波动：1997—2011年［J］.经济学动态，2013（07）：44-46.

［5］胡杨.解释中国消费增速下滑现象——基于居民杠杆率的视角［J］.浙江金融，2020（11）：31-34.

［6］李若愚.居民部门杠杆率的国际变化与启示［J］.金融与经济，2016（01）：23-27.

［7］潘敏，刘知琪.居民家庭"加杠杆"能促进消费吗？——来自中国家庭微观调查的经验证据［J］.金融研究，2018（04）：32-37.

［8］邵皖宁.个人消费贷款与居民消费增长背离浅析［J］.华北金融，2018（10）：12-16.

［9］宋玉华，叶绮娜.美国家庭债务与消费同步运动的周期性研究［J］.国际贸易问题，2012（05）：36-40.

［10］唐文进，张坤.基于VEC模型的家庭债务、房价与消费的动态关系研究［J］.统计与决策，2013（15）：43-47.

[11]田新民,夏诗园.中国家庭债务、消费与经济增长的实证研究[J].宏观经济研究,2016(01):35-37.

[12]许桂华.家庭债务的变动与居民消费的过度敏感性:来自中国的证据[J].财贸研究,2013(02):33-37.

[13]张江涛.中国居民部门加杠杆的逻辑和潜在风险[J].国际金融,2018(07):23-26.

[14]张雅琳,孙聪,姚玲珍.越负债,越消费?住房债务与一般债务对家庭消费的影响[J].经济管理,2019(12):33-35.

[15]周利,张浩,易行健.住房价格上涨、家庭债务与城镇有房家庭消费[J].中南财经政法大学学报,2020(01):68-76.

课题主持人:石明悦
课题组成员:许 创 刘清林 李东樵 吴 丹 闫晓峰 王 力
　　　　　　李湘德
执 笔 人:王 力

金融数据开放共享瓶颈分析及可行路径研究

中国人民银行武汉分行科技处课题组

一、引言

数据作为数字时代的关键生产要素,对人类的经济社会生活产生着日益广泛的深刻影响,不仅提升个人生活体验,也极大提升企业经营效率。特别是在金融领域,数据的使用使得金融机构能为客户提供更大的价值,但也带来提供个性化服务、打击交易欺诈等业务挑战。然而,由于机构间的"数据壁垒""数据孤岛"仍广泛存在,数据资源难以发挥最大价值。在数据开放共享的大趋势下,金融与政务、社交媒体等领域合作逐渐加强,数据共享应用案例不断增多,应用成效不断凸显。然而,当前我国相关法律法规尚不健全,数据共享仍处于粗放型阶段,数据确权、权责界定、隐私保护等均有待进一步明确。正确引导金融机构实施规范有序的数据共享,是提升金融机构市场竞争力和整体金融服务水平的重要途径。处理好数据共享价值与数据安全保护之间的关系成为数据共享的最关键点。

二、金融数据共享关键技术及应用场景

(一)金融数据

金融数据是指金融业机构开展金融业务、提供金融服务以及日常经营管理所需或产生的各类数据。这些数据的持有方或提供方主要有三类主体,分别从不同角度为金融机构客户画像提供了依据,如表1所示。

表1　　　　　　　　　金融数据类别

机构类别	机构主体	数据类型
传统金融机构	银行、证券、保险等	用户金融账户、资产、负债、交易信息等
第三方机构	支付平台、电子商务平台、物流渠道等	用户部分金融交易信息，以及如购物、销售、物流等非金融交易信息
政府机构	金融监管机构、税务海关、公共事业部门等	跨机构、跨平台全量交易数据（如银联、网联等）和征信数据（如人行征信、百行征信等），营业收入、税款、进出口业务量等企业经营数据，以及佐证企业经营情况的水电煤等公共事业数据

（二）关键技术

1. 差分隐私

差分隐私本身并非一种技术或机制，而是当机构想要与第三方共享数据时，通过对原始数据添加噪声的各种技术或方法的一种度量。通过差分隐私，匿名化的特定个体信息无法通过与其他数据集相结合而被逆向定位与重新识别，从而达到保护个体隐私的目的。它适用于对客户群体特征进行分析，但不适用于异常情况检测如欺诈分析，其原理如图1所示。

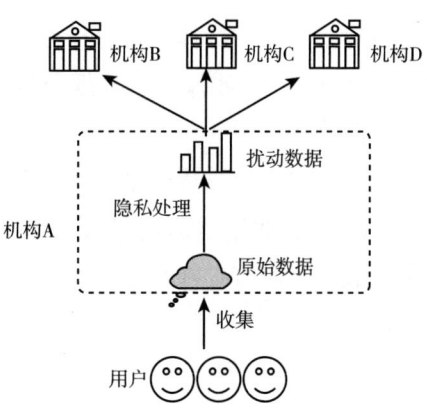

图1　差分隐私技术原理

2. 联合分析

联合分析是指将分散在多个数据源中的数据进行独立模型构建，然后再将这些独立的决策模型整合到一个汇总系统中。它保障了数据共享过程中在数据不出域、不归集的前提下，决策模型的正确性与各数据源的隐私安全性，在跨机构反欺诈监测等金融领域已获得了广泛的应用，其原理如图2所示。

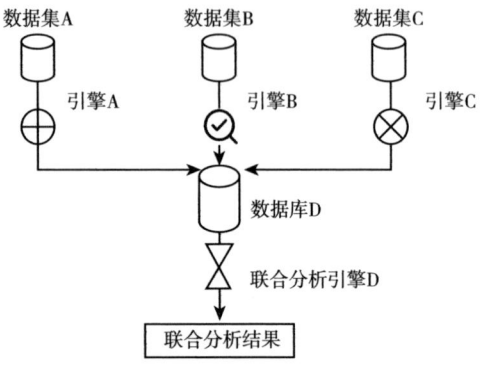

图2　联合分析技术原理

3. 同态加密

同态加密是指这样一类加密技术，它使得任何对明文和密文的分析处理结果是等价的。由于这个性质，数据拥有者可以对原始数据进行同态加密后，委托第三方对加密后的数据进行分析而不泄露原始信息，实现数据共享的"可算不可见"，有效保障了数据分析结果的正确性与数据分析过程的隐私安全性。

通过同态加密，机构可以在云端或借助第三方服务商对敏感信息进行分析，同时满足隐私保护、数据本地化存储和其他监管要求。目前，同态加密已在区块链、联邦学习等存在数据隐私计算需求的场景实现了落地应用，如图3所示。

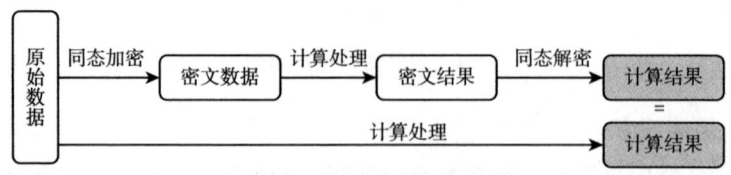

图3　同态加密技术原理

4.零知识证明

零知识证明是指证明者能够在不向验证者提供任何有用的信息的情况下,使验证者相信某个论断是正确的。在数据共享过程中,它能实现只共享某些特定信息,同时又不泄露其他任何数据的用户期望,并保证数据不会被用于非预期途径。如支付系统允许个人在零售商处验证其银行卡信息和余额,而无须向第三方(收银员)透露账户信息及信用卡验证值代码等敏感信息,如图4所示。

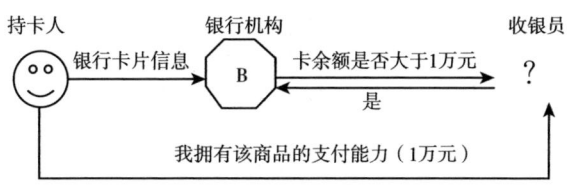

图4　零知识证明客户支付能力过程

5.多方安全计算

多方安全计算的本质是将加密信息在多方间共享,根据实际情况对各方进行资源配置与计算任务分配,各方并不共享敏感信息,但仍能得到正确的最终结果。它的数据隐私性保障从根本上依靠"秘密共享",即每个参与者的敏感信息均以加密"份额"的形式分存于其他参与者处,即使被恶意拦截或被某个参与者滥用,由于缺乏分存在其他各方的信息,也永远无法解密,从而达到保护数据隐私的目的。在应用领域,仍属于相对较新的技术,仅有少部分基于多方安全计算的产品和服务。其原理如图5所示。

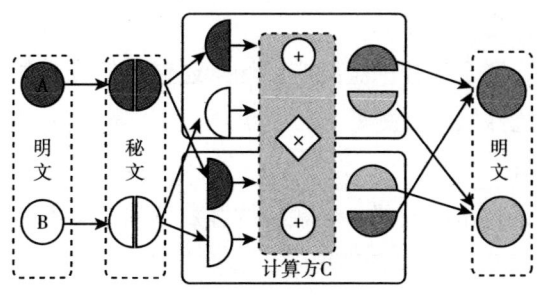

图5　多方安全计算技术原理

(三)典型应用场景

1.联合风控

在保险理赔领域,由于信息不对称,美国保险业非医疗保险欺诈总额损失超过400亿美元/年,美国家庭为此每年多支出400美元至700美元,保险机构赔付率也居高不下。为避免这一损失,美国保险机构均积极探寻数据共享,实施联合风控来降低欺诈赔付率,以车险实施效果为例,如图6所示。

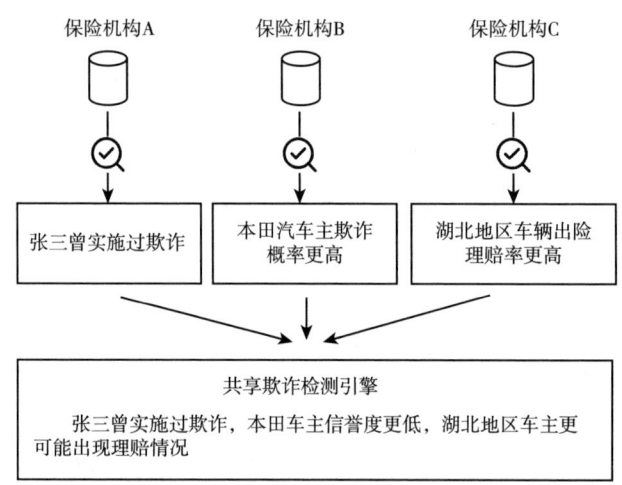

图6 联合风控案例

通过联合分析技术,多家保险机构可以在不泄露用户个人隐私信息的前提下,有效提升单个机构对高风险客户群体或个人的欺诈识别率。另外,结合零知识证明等其他隐私增强技术,还可防范客户"一保多投"领双份赔偿金的情况。

除此之外,联合风控的金融应用场景还包括信贷业务中的贷后风险监测、金融系统性风险监测等。

2.精准营销

随着大数据技术的发展,金融机构客户营销水平不断提升。为提升机构精准营销效率及扩宽营销渠道,金融机构广泛开展了跨领域合作,除工农建交大银行分别和BATJ达成战略开放合作关系外,地方性银行机构亦广泛与京东、美团等机构合作。通过共享双方资源，在保障个体隐私的前提下，对客户群体进行建模分析，实现金融服务便捷式输出、客户精准营销获客等目的，精准营销示例如图7所示。除精准营销外，跨领域数据共享还有助于金融机构更好地"了解你的客户（KYC）"，丰富客户画像维度，为客户提供千人千面的个性化服务，实现"留住客户"。

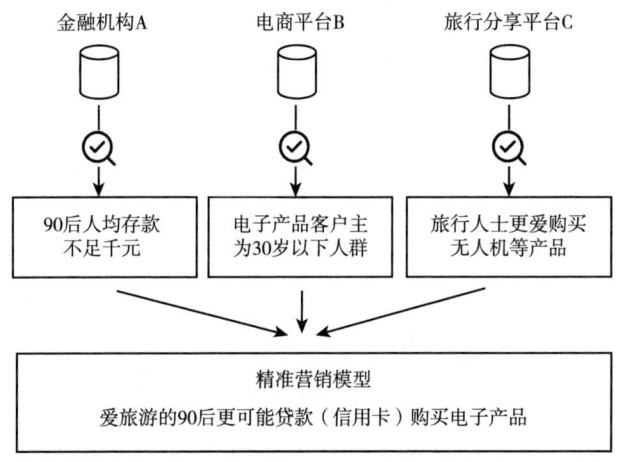

图7　精准营销案例

3. 简化流程

在激烈的市场竞争中，各机构常常借助第三方渠道（如云闪付平台）引导用户注册、申请服务。面对每一家金融机构，用户需要多次填写同样的信息材料，如信用卡申请、信贷申请，极大影响了客户体验与业务申办效率。

通过基于零知识证明的数据共享，金融机构能有效提升"了解您的客户（KYC）"管理水平，减少客户重复性工作，机构也无须各自开展客户身份识别。如图8所示，机构间通过共享客户识别程序（CIP），用户仅需填报一次信息即可在后续其他场景、其他机构中多次使用该信息。

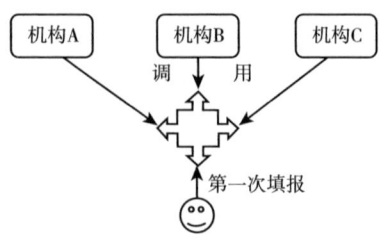

图8 简化用户注册流程案例

除注册类服务外,在授信领域还可借助上述共享程序对客户资产信用进行证明(在不知道客户资产在不同机构的分布详情下,证明客户的资产总额满足业务要求),以及其他融资申请材料的共享,为授信额度提供决策依据等,提升客户体验的同时,极大提升机构运营效率。

4. 监管实施

在开户核查领域,2014年著名诈骗犯Daniel Fernandes Rojo Filho成功在美国17家大型金融机构开户,尽管此时他的金融犯罪前科能轻易在谷歌中被检索。由于各机构的监管合规能力参差不齐,金融监管举措难以全部落实到位,尤其在跨机构犯罪领域,金融洗钱、电信欺诈等犯罪活动难以识别。

为提升金融风险监管水平,2017年底深圳金融办与腾讯公司开展战略合作,通过双方数据资源整合共享,在数据不出域的前提下,搭建灵鲲金融风险监管平台,如图9所示。针对金融业务反欺诈(如多头借贷、逾期黑名单)、金融交易反欺诈(如盗刷、养卡)、营销反欺诈(羊毛党)、反洗钱等犯罪活动进行重点风险监测。截至当前,平台合作监管机构包括全国20多个省市金融局和公安经侦部门,并为百余家金融机构提供反欺诈服务,每天预警的欺诈事件达数百万次,涉及资金规模超过10亿元。

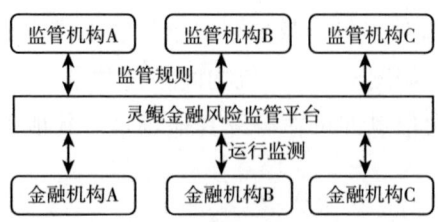

图9 腾讯灵鲲金融风险监管平台

三、金融数据开放共享现状

（一）主要发达国家金融数据共享发展现状

1. 政策层面

为推动金融行业数据共享，英国、欧盟、澳大利亚、新加坡、韩国等国家先后采用了"自上而下"的政府主导模式，美国则采用"自下而上"的市场驱动模式，并为此制定了一系列政策或指导意见，规范引导金融市场数据共享行为，相关情况如表2所示。

表2　　　　主要发达国家金融领域数据共享情况

国家	相关政策	主要内容
英国	开放银行计划	从9家大型银行开始实施银行间通过API实现数据共享，并计划推广至整个金融行业
美国	金融数据共享9条指导意见	规范金融行业自发的数据共享行为，打破大型金融组织的数据垄断和壁垒
欧盟	PSD2（支付服务指令第2版）	以法律形式要求2018年1月13日起欧洲银行开放支付数据给第三方服务商
欧盟	"开放式保险"计划	推动保险业数据共享（正在广泛征集意见）
澳大利亚	开放银行计划	从澳大利亚四大行开始实施，要求逐步实现新信贷数据的全开放
新加坡	成立金融管理局	引导机构自我发展
韩国	开放银行计划	通过统一的开放银行系统，促进银行数据共享
日本	《日本银行法案》（修正案）	以法律形式要求银行开放API接口，推动银行数据共享

2. 法律层面

为规范引导行业数据共享，部分国家或地区通过新颁布法律或修订原有法律的方式将金融数据共享行为纳入监管体系。在个人信息保护方面，美国、欧盟、日本等国家或地区分别发布了《通用数据例保护条例》《澄清域外合法使用数据法》《个人信息保护法》等。在针对数据共享行为方面，英国发布了《数据共享行为守则》（征求意见稿）；欧盟、澳大利亚则分别通过《欧盟支付服务修订法案第二版》《消费者数据权利法案》对数据共享行为进行约束性指导。

3. 应用层面

从国际大银行花旗银行，到地区性银行 BBVA，到社区小银行 CBW 都是银行积极拥抱金融数据共享的典范。以花旗银行为例，2016 年 11 月，它开放出包括用户账户、授权、转账、信用卡、花旗点数等 7 大类 API 供开发者调用，通过这些 API，开发者能使用花旗海量的数据，该项目短短一个月便吸引了 1 500 位开发者。

其他积极开展金融数据共享的国际大银行还包括摩根大通、高盛集团、美国第一资本、英国巴克莱银行、新加坡星展银行、汇丰银行、美国银行等。

（二）我国金融数据共享现状

1. 政策层面

当前我国数据共享仍处于初期阶段，各行业领域均未出台数据共享专门政策。在金融领域，人民银行通过《金融科技（FinTech）发展规划（2019—2021 年）》鼓励金融机构"以开放为基调，加强跨地区、跨部门、跨层级数据资源融合应用"，中国银保监会则通过《中国银行业信息科技"十三五"发展规划监管指导意见（征求意见稿）》鼓励银行开放 API 接口，促进行业内开放协作。

2. 法律层面

当前我国尚未制定专门针对数据共享的法律，针对数据共享的细则也处于空白状态，各机构主要以《数据安全法》对所有数据进行安全性合规管理。《数据安全法》规定了数据采集过程必须合理合法，鼓励数据依法有序自由流动，并提出将建立健全数据交易管理制度，规范数据交易行为，培育数据交易市场。

3. 应用层面

在行业应用方面，目前我国金融领域已广泛开始了数据共享行为。一是金融机构以开放银行形式向外共享数据服务；二是通过系统对接从外部渠道获取数据资源，如政务数据、征信数据、第三方服务数据等。我国部分商业银行向外开放主要以 API 接口为主要形式，情况如表 3 所示。在行业趋势下，金融机构纷纷开始了跨机构、跨领域的数据共享战略合作，以提升其对外服务输出能力与市场竞争水平。

表3　　　　　　　　国内部分银行开放API接口情况

机构名称	API开放情况
工商银行	开放API接口1 900多个，涉及120余项产品、18个大类金融服务
中国银行	开放API接口1 600个，涉及13大类金融服务，并已完成对接国家政务服务平台等
交通银行	开放API接口633个，涵盖7个功能模块、6类生活场景、3类业务模式
广发银行	开放API接口883个，接入合作方361家
光大银行	开放API接口超700个，截至2020年末，累计接入项目10 040项，输出平台575家
民生银行	开放API接口600多个，涉及多个行业场景应用
兴业银行	开放API接口341个，涉及12大类金融服务
浦发银行	开放API接口900多个，涉及场景36个，覆盖17个行业
浙商银行	开放API接口596个

（三）经验总结与差距分析

随着我国个人隐私保护意识逐渐觉醒，公众对互联网企业数据滥用屡见不鲜现象的谴责情绪持续走高。为防范数据共享发展走向"污名化"印象，亟须尽快完善相关法律法规，保障用户个人隐私权及个人信息知情权，规范引导数据共享向"合法化"方向发展。

根据现有情况来看，部分国家或地区已通过法律法规形式规范化指导金融数据共享健康化发展，如将数据权属管辖范围由"地区"扩展到"个人"，明确数据共享参与各方权责，明确个人信息安全保护规定，将跨境数据共享纳入监管范围，以及制定严厉的违法处罚措施。

对比我国现状，数据共享仍存在诸多不足之处。主要包括相关法律法规尚不完善，数据确权问题仍"悬而未决"；行业应用发展深度与广度良莠不齐；数据共享各方的开放程度较低；数据开放过程中数据安全、技术安全风险日益突出；以及数据共享相关技术原始创新较少，新技术应用相对滞后。

四、金融数据共享难点分析

（一）共享"意愿"不强

对金融机构而言，数据资产是其最宝贵的无形资产，是金融业务的"护城河"。在部分金融业务不断被金融科技公司蚕食的背景下，开放金融数据将直接导致面临更加激烈的市场竞争，致使机构客户流失与利润减少，甚至面临生存危机，尤其是中小金融机构。因此，尽管各金融机构都先后实施开放银行等战略，扩宽金融服务渠道，但较侧重于"服务开放"而非"数据开放"。

此外，金融机构想通过外部渠道获取数据资源也同样面临对方"意愿不足"问题。以政务数据为例，尽管国务院、发改委等部门多次推进政务数据开放工作，但在实际实施过程中，部分部门"不愿共享"、共享数据质量差、数据不全面等问题普遍存在。在缺乏免费数据资源渠道的情况下，金融机构不得不转向市场第三方数据提供商，在综合考量数据资源性价比的前提下，金融机构往往不得不缩小其选择范围，数据资源外部引入情况极大受限。

以湖北省辖内法人银行机构为例，在数据对外共享方面，除武汉众邦银行开放API接口较多外，3家机构均开放API数量极少，湖北省联社甚至完全未开放API接口。而在数据引入方面，尽管各机构均引入了公积金、公安、司法、税务、工商、社保等公共部门数据，但这些渠道主要局限于湖北省内数据，汉口银行及武汉众邦银行仍不得不通过企查查（收费版）、天眼查等收费渠道查询省外注册企业的工商数据等，具体情况见表4。

表4　　　　湖北省法人银行数据共享情况

机构名称	从外部获取数据	向外开放情况
汉口银行	公积金、公安、司法、税务、工商、社保、不动产、电信、第三方平台、第三方征信	API接口6个、SDK平台1个
湖北银行	公安、司法、税务、工商、社保、不动产、第三方平台	API接口1个

续表

机构名称	从外部获取数据	向外开放情况
湖北省联社	公积金、公安、司法、税务、工商、社保、环保、电信、第三方平台、第三方征信	0
武汉农村商业银行	公积金、公安、司法、税务、工商、社保、不动产、电信、第三方平台、第三方征信	API接口20个
武汉众邦银行	公积金、公安、司法、税务、工商、电信、第三方平台、第三方征信	API接口720个，SDK平台2个

（二）共享"效率"不高

在业务需求的驱动下，金融机构尽管扩宽了外部数据来源渠道，但往往"专场专用"于特定业务场景，导致数据共享线路多、数据采集内容部分重复现象严重，常常出现同一数据在不同业务场景中经由不同的数据渠道获取。以湖北省金融机构工商数据获取为例，主要获取途径包括工商系统直连、人民银行总行统一建设的企业信息联网核查系统，以及人民银行武汉分行牵头建设的武汉金融信息服务平台。三者所提供的企业信息维度、企业覆盖范围等均不相同，导致在不同的金融业务或金融产品需求下，金融机构所使用的数据渠道亦不相同。除此之外，部分金融机构还通过引入外部工商数据渠道弥补当前数据源覆盖企业范围的不足，如湖北省内汉口银行引入"企查查"、武汉众邦银行引入"天眼查"。

除此以外，在政务数据获取方面，由于过去政府各部门数据渠道分散，各自为阵，部分金融机构在前期已接入了市级或省级政务数据共享渠道。而随着全国政务一体化工作的推进，金融机构又根据新的业务需求变化接入了更高等级的数据共享渠道，而原业务产品仍使用旧的数据线路，导致出现"新旧两条线路"同时运行的情况。如在银社合作领域，湖北省银行金融机构普遍先期接入武汉市社银平台，而随着业务发展及外部条件的成熟又接入了湖北省社银平台。根据调研，目前湖北省内金融机构仍普遍保留着这两个数据渠道。

对机构而言，尽管政府监管部门提供了众多免费数据渠道，但数据难以满足所有业务需求，以及自身数据收集、分析能力有限，仍不得不引入商业数据来源。数据共享渠道多、渠道分散、无统一的数据共享交易市场，导致金融机构数据成本高及共享效率低下，如表5所示，以湖北省内汉口银行为例充分显示了当前外部数据渠道的现状问题。而金融机构各自为战，未形成合力结成联盟实现数据共享渠道的共建、共享、共用，亦造成行业内的建设资源的极大浪费，不利于数据共享的健康有序化发展。

表5　　　　　　汉口银行部分外源数据获取渠道

数量类型	数据来源（线路条数）
工商数据	企业信息联网核查系统（1条）、武汉金融信息服务平台（1条）、市工商系统（2条）、企查查付费版（1条）
社保数据	湖北省社银平台（1条）、武汉市社保系统（2条）、武汉市社银平台（1条）
税务数据	企业信息联网核查系统（1条）、武汉金融信息服务平台（1条）、湖北省税务系统（1条）
征信数据	人民银行征信系统（1条）、武汉金融信息服务平台（1条）、百行征信（1条）、企查查（1条）

（三）共享"保障"不够

在数据开放共享大趋势下，由于相关法律法规的缺乏，对数据采集、数据权属、共享平台安全管控、共享各方权责等法律问题均未出台明确的规定，使得隐私安全保护是当前所面临的最大难题。在行业领域方面，金融作为重监管领域，尽管出台了鼓励数据共享的文件，但并未形成具体的行动指南，对数据共享范围和尺度难以掌控，在缺乏数据共享原则、技术规范等规范性指导下，金融机构普遍持谨慎态度以避免未来的监管风险。

目前数据共享开放已不单单局限于原始数据、脱敏数据，开始逐步升级为模型化数据、数据应用服务接口或数据资源集等，随着人工智能等技术的进一步发展，数据形态将可能发生新的变化，涉及数据处理的第三方技术服务商或数据共享平台，由于缺乏行业认证标准，仅凭金融机构自身能力，难以判别其隐私安全防护水平，一旦发生风险事件，将给机构造成难以弥补的损失。

在数据共享监管方面，由于存在数据分散保存，即数据不仅仅存在于掌握数据资源的公共部门或数据采集机构，还不断扩散到平台型企业和社会机构等数据应用者和数据服务提供者，跨行业领域的数据流动也成为各监管部门共同面临的难题，必须各监管部门联合建立全流程的透明监管框架，保障数据共享安全合规。

（四）共享"支撑"不足

尽管借助区块链、多方安全计算、联邦学习等前沿技术，金融领域内数据共享应用案例不断增多，但整体仍处于初级发展阶段，尚未进入大规模应用。一方面是数据共享中的相关技术应用上仍存在理论与实践的差距，如联邦学习要求数据为非独立同分布的，而这给跨机构的异质性数据处理提出了较高的要求；另一方面网络通信代价高、数据更新频率与网络规模难以平衡等也限制了参与主体数量。

在数据治理方面，尽管监管部门要求金融行业已开展数据分级分类治理工作，但目前仍处于初始阶段，仅少部分机构完成了部分重要数据的整理。在当前情况下，金融机构间数据共享将承担部分不必要的成本，也不利于机构制定未来整体的数据共享战略规划。

在数据隐私保护方面，目前国内对数据共享中的隐私保护技术多注重在原始数据层面，如个人身份信息、资金账号等，数据脱敏或模型化数据仅能保障单一来源或静态数据隐私安全，动态信息的汇聚和多源数据关联碰撞随着人工智能、大数据分析技术的发展很可能拼装和刻画人物全貌，导致新的个人隐私泄露问题。

另外，由于缺乏统一规范的数据共享渠道或数据交易监管平台，金融机构往往需要和多个机构洽谈，引入机构运营所需的不同类型数据。部分金融机构缺乏足够的数据交易市场信息，对数据共享市场缺乏整体了解，不清楚"有哪些机构提供自己所要的数据""哪家机构数据性价比最高"等。信息的不透明造成了机构数据共享可选范围缩小、数据成本高、缺乏行业激励，不利于当前金融机构高效开展数据共享工作。

五、金融数据共享可行路径分析及建议

（一）建立数据共享法律框架
1. 数据共享范围与标准

制定金融行业数据共享规范，明确元数据、模型数据等的共享范围以及技术应用规范，为不同密度等级的数据实施不同的共享策略，如完全共享、有限共享、禁止共享。并严格规范数据共享相关流程、使用目的、方式范围及责任等。

同时在个人信息保护方面，明确规定数据权属问题，应最大限度划分出数据的个人权利以及哪些数据属于个人，严禁在未经过用户授权的情况下进行个人信息数据共享，确保用户知情权与拒绝权。另外，将数据跨境共享纳入强监管范围，以保障国家数据主权及国家安全等。

2. 数据共享各方责任

应通过法律形式，规定数据共享参与各方法律责任与义务。包括数据提供方应确保所提供数据的来源合法合规，涉及到个人信息的还应获得用户明确授权；数据使用方应在授权范围内获取和使用共享数据，并采取措施确保共享数据不丢失、不泄漏、不被未授权读取或扩大使用范围；平台管理方应为数据提供方和使用方提供安全支撑服务，同时为数据安全监管提供支持；数据监管方应在监管职责范围内，对数据共享进行合法合规监管，在责任主体间产生冲突时进行协调和仲裁。

3. 数据共享交易监管

数据交易立法需明确数据交易的政府监管职能部门及其监管职责范围，明确交易双方的权责和义务，加强对用户个人隐私数据的保护，明确对数据交易平台以及交易双方资质的审核，以及数据保护能力评估等要求。并针对市场交易定价合理性、个人信息安全不受侵犯、企业利益不受损害等进行交易监管，保证数据交易服务产业的健康规范发展。

另外，建立明确的"问责"制度，要求数据共享交易中双方签订明确的数据共享协议，保障数据共享的公平性和透明度，维护数据主体法定权利，为可能引发诉讼的交易行为提供裁定依据。

（二）完善数据共享安全管理机制

1. 数据安全管理制度

制定数据安全类标准主要包括个人信息、重要数据、数据跨境安全等安全管理与技术标准，覆盖数据生命周期的数据安全，包括分类分级、去标识化、数据跨境、风险评估等内容，实现对不同级别的数据在不同的共享模式、不同的应用场景下采取不同的安全管控措施，确保个人及商业机密等隐私信息安全，指导重要数据的管理和保护，规范指导跨境数据共享。

除数据分级分类管理外，还应建立数据共享授权许可制度与数据交易登记制度，使得数据提供方按要求披露相关信息后，通过平台相关安全审核与评估方可对外发布共享；同样，平台方需获得数据提供方的授权许可方可通过规定的方式将数据授予数据使用方，数据使用方需明确登记数据使用范围及用途等必要信息后方可获得数据使用权。通过这种规范化约束，确保数据共享参与方各方均符合相关数据安全管理要求。

2. 技术安全评估制度

针对数据共享各参与方，对进行数据共享的系统、平台进行技术安全评估，包括责任方其安全防护技术、运行维护技术，制定平台和技术类标准。对数据共享各方进行包括数据存储、传输、应用、溯源等全生命周期的数据安全应用能力评估；对共享平台进行数据安全防护能力准入评估，包含基础设施、网络系统、数据采集、数据处理、数据存储等方面的数据安全防护能力；对数据共享各方的安全运维能力进行规范化要求，包含风险管理、应急服务以及安全测评等。

另外，针对数据处理技术，如加密技术、脱敏技术、标记化等，制定金融行业数据处理与应用规范性要求，根据不同的数据安全等级实施不同的技术要求，如国产密码应用；针对数据共享技术，如区块链、多方安全计算、联邦学习等，制定金融行业技术应用规范，指导金融机构在新技术应用过程中满足监管合规要求，避免技术风险与监管不确定性。

（三）加强行业共享与跨行业合作

1. 搭建统一的金融数据共享平台

顶层通过设计标准化数据集元数据框架和元数据数据字典，统一数据集描述，并在此基础上搭建省级或全国统一的金融数据共享平台。以平台标准为核心，向下通过细分金融应用场景和数据类型，分主题搭建标准数据集；最终形成基于各类应用场景的高质量金融数据集市，满足不同机构场景需求，如智能营销、身份识别等，提升数据共享效率与安全保障能力，防范数据滥用现象。

2. 加强与政务等领域的数据共享合作

加强与政府部门合作，将金融机构的普遍需求与政府部门数据开放情况结合考虑，尽早实现区域内政务数据共享"一条线"。根据不同的业务场景，授予金融机构不同的数据应用权限，减少当前金融机构各自为战及前期多重建设导致的渠道混乱与资源浪费。

另外，以全国政务一体化系统搭建为契机，将省级金融数据共享平台接入全国性数据共享平台，实现全国金融、政务、交通等领域的统一数据共享，促进政府、企业、社会资源的融合运用，支撑行业应用和服务创新，提升经济社会运行效率。

（四）加快技术研究与人才培养

1. 加强数据共享安全技术研究

加快技术理论研究突破与应用实践论证，保障数据共享安全可控。充分调动产、学、研、用各界技术研发积极性，针对数据共享领域尚不成熟的技术，如数据共享安全监测技术、共享数据脱敏及去标识化技术、跨域多模式网络身份认证技术，以及数据标记及追踪溯源技术等进行理论前沿研究，并快速扩大可行技术的应用规模和效果，为规模化数据共享提供技术基础保障。

2. 加快人才培养

在国家大数据发展战略推动下，数据共享是未来社会各行业大趋势，合理用好这些大数据资源也将对机构技术人员提出了新的要求和挑战。对金融机构而言，要深化人才培养的产教融合，加强与优秀科技企业、高校研究所等的交流合作，建立人才联合培养机制，提升技术人才技能水平；同时加强内部专业技能培训，结合行业领域实际应用需求与监管需求等对相关人员进行技术应用与数据安全培训。

参考文献

［1］腾讯：灵鲲金融风险监管平台［EB/OL］. 中国电子银行网，https：//zhuanti.cebnet.com.cn/20180920/102523083.html.

［2］蔡凯龙.金融数据共享：在巨变中，不开放的银行未来岌岌可危［EB/OL］. 36氪新闻网，https：//36kr.com/p/1721990643713.

［3］银数观卡."开放银行"各行发展情况梳理："生态为王"与"千人千面"［EB/OL］. 移动支付网，https：//www.mpaypass.com.cn/news/202108/18161620.html.

［4］闫桂勋，刘蓓，程浩等.数据共享安全框架研究［J］. 信息安全研究，2019，5（04）：309-317.

课题主持人：周雄飞
课题组成员：江　婷　张　雷　刘　娟　陈　凯

"数据主权"[①]时代下数据跨境流动规则浅析及对我国征信数据监管的启示

中国人民银行武汉分行征信管理处课题组

摘要：大数据时代下，近年来，各国制定出台了诸多数据跨境流动法律法规，以获取国际流动规则话语权，建立数据战略资源优势地位。在此背景下，本文总结了征信跨境数据实现的主要模式，聚焦于欧盟及美国近年来出台的跨境数据规则，对具体条款进行了深入的剖析和思考，并对我国新近出台的《数据安全法》《个人信息保护法》等重要相关法律文件进行研究分析，提出包括持续完善监管规则体系建设、适当促进征信数据跨境流动、着力细化具体监管措施等政策建议，对人民银行履行征信业管理职能，维护我国在征信跨境数据方面的权益具有重要实践价值。

关键词：数据跨境流动；征信数据；数据主权；法律法规；长臂管辖

一、课题研究的背景和意义

（一）跨境数据流动正成为推动新型全球化的重要特征

随着互联网、云计算、大数据、人工智能等新一代信息技术的快速发展，以及信息基础设施的大规模普及，全球互联网协议流量及全球数据量呈现指数级增长，数据的全球化属性、资产属性以及流动属性日益

[①] 所谓"数据主权"，其含义是指国家在数据控制权上的主体地位，其最大的特征是具有独立性，体现在一个国家对数据控制的独立自主性，即对本国相关数据完全控制和自由管理的权利，能够排除任何外国的干涉，保障本国数据不受他国侵害的安全性和稳定性。

增强，跨境数据流动正成为推动全球化进程的重要特征。在这样一个数字驱动的全球化发展新时代。互联网的全球扩张及其对数据流日益增长的需求，正在改变传统世界经济和国际贸易的形态，使建立在跨境数据流动基础之上的数字产品和服务成为主要输出品。

（二）跨境数据流动正成为复杂经济形势下的重要增长引擎

当前，跨境数据流动对全球经济增长的贡献，已经超越以商品、服务、资本、贸易、投资为代表的传统形态，并随着数字科技的发展，越来越独立地发挥作用。根据美国著名智库布鲁金斯学会的相关研究，2009—2018年10年间，全球数据跨境流动对全球经济增长贡献度高达10.1%，预计2025年有望突破11万亿美元。然而，自2018年以后，在全球经济衰退、新冠疫情暴发、中美贸易摩擦升级等多重复杂背景交织影响下，世界经济运行的不稳定性和不确定性因素增加，经济全球化进程明显受阻。为引导本国经济走出低谷，各国纷纷针对本国国情和优先目标选择适当的数据跨境流动方案作为经济增长引擎。

（三）跨境数据流动正成为各国争夺"数据主权"的重要工具

随着各国对数据跨境流动意义和影响的认识日益深入，数据跨境流动逐步成为国家和地区间博弈的重要问题。基于国家安全、经济发展、产业能力等多方面的考量，各国确立了不同的数据跨境流动监管策略。以美国为首的西方国家将地缘政治作为跨境数据流动的重要考量因素，采取包括限制关键技术数据出口、对涉数据交易开展国家安全审查、禁止敏感数据向竞争对手流入等措施，加快对中国等战略竞争对手的数据封锁。同时，美欧等西方国家为抢占"数据主权"，维护数字竞争优势，还积极与其他国家联合，推动构建全球数据跨境流动圈，进一步排挤竞争对手。这不仅阻碍了全球范围内达成数据跨境流动的共识，也为我国数据跨境流动规则和机制构建带来了不小的挑战。

本文将欧盟及美国作为数据跨境流动规则的分析对象，并以此思考对我国征信数据跨境流动监管的启示，其主要原因在于，两个区域占据了当前全球数字经济发展及监管领域的主导地位，数字经济规模庞大、政策影响力大。同时，由于不同的人文、政治、历史以及经济特点，导致了欧美在数据监管规则上有很大的不同，即欧盟以法律规制为主导，通过政府立法从法律上确立个人数据保护的各项基本原则与各项具体的制度，并在此基础上提出相应的司法或行政救济措施，形成完备逻辑体系。美国通过国际协议、自贸区等机制积极扩大各自影响圈，推动自身成为全球数字贸易规则的主导者。基于此，对欧美数据跨境流动规则进行深入的分析有助于我国在"数据主权"时代下寻找数字经济发展与数据主体权益保护之间的平衡点。

二、国内外研究综述

（一）国内学者的研究情况

国内学者主要从企业、国家以及行业的角度去进行了分析并提出相关的建议。主要包括以下几个方面：

一是分析欧盟《一般数据保护条例》（以下简称"GDPR"）和国内相关法律的关联与差异，结合实践，提出企业在数据保护方面的合规建议。如屈刚分析了各国隐私法和我国对个人信息保护的要求，结合中国银行应对GDPR的合规实践经验，对我国企业符合GDPR合规要求提出了政策建议；王融介绍了世界主要国家及地区个人数据保护法律规则、执法体系，并通过案例展现了个人数据保护法律规则在实践中的具体运用，为企业开展大数据商业实践提供可具操作性的合规指南。

二是分析欧盟、美国等国家对于数据跨境流动的要求及管辖范围，并结合数据产业发展、国际政治等因素提出我国的应对策略。叶开儒分析了欧盟在GDPR中设置"长臂管辖"条款的原因，并提出中国在未来的数据保护立法中应采取的措施；张舵将跨境数据流动合法性政策目标分为国家安全、公共利益、个人数据保护和知识产权四个法律问题分别进行研究和探讨，并提出消除跨境数据流动壁垒的法律措施。李艳华分析了各国在"良好的数据保护""跨境数据自由流动"和"数据保护自主权"的"三难选择"下不同的规制路径。冉从敬研究了欧美跨境数据管辖模式,以及各自的管辖模式在数据跨境流动中引起的冲突表现,并在分析产生各种冲突表现的成因基础上,提出了管辖冲突的解决途径和方式。

三是分析欧盟内部以及欧美之间的征信数据跨境流动的模式,提出中国与其他国家开展征信数据合作的模式框架。黄大富分析中国——越南征信跨境合作的必要性和可行性,剖析中国——越南征信跨境合作存在的主要障碍,探讨欧美征信数据跨境流动的主要做法,提出中国——越南征信跨境合作的思路与路径;姚林华在分析大湾区跨境征信合作可行性的基础上,指出粤港澳大湾区跨境征信合作面临的障碍,并参考欧美征信数据跨境流动主要做法提出我国粤港澳大湾区征信跨境合作的相关建议。陈莹分析了欧盟国家征信数据跨境共享的法律规范和实际做法,比较分析信用信息共享的五种可能模式,从而为我国开展相关研究及实践提供有益参考。

(二)国外学者的研究情况

国外学者的研究主要从各项法律法规对个人、企业、跨境贸易等方面的影响,尤其是对移动互联网应用的影响方面进行分析,并根据分析结果提出相应的措施和建议。主要包括以下几个方面:

一是比较分析各国的数据保护法律法规的差异和冲突以及可能对个人和企业造成的影响。如 W. Gregory Voss 分析了欧盟、美国、俄罗斯和中国对于数据保护、数据本地化的法律法规,以及国际法规的缺失和各国法律之间的不协调问题,并提出了企业在这种背景下可以采取的合规保障措施;I. Pramesti 分析了 GDPR 的管辖范围,并讨论了 GDPR 是否适用于印度尼西亚,其认为欧盟当局的决定或者指令无法在印度尼西亚生效,但是可能会带来商业性的争议。

二是分析 GDPR 合规要求对跨国企业的影响。Tomiura Eiichi 调查了部分日本的大中型企业,发现仅有少部分企业有经常性的跨境数据传输,并且在这些公司里面有相当多的企业并没有采取任何措施去保障跨境数据传输的合规性;Christian Kurtz 以 Apple 和 Facebook 为样本进行了科技与法律的分析,探讨了服务生态平台在数据传输中如何去解决隐私保护的问题；Danny S. Guaman 展示了一种系统分析安卓移动应用程序是否符合GDPR关于数据跨境传输要求的方法，并在100个安卓应用中进行了验证，其发现有66%的应用存在数据跨境传输披露不明确、前后不一致或者遗漏的问题。Sameera Ghayyur分析了GDPR、美国加州消费者隐私法案等个人数据保护法律法规对物联网收集和分享数据的影响。

三是分析GDPR对数据跨境传输的要求对跨国经济往来、跨国学术合作等方面的影响，Kyu Yub Lee设计了一个在数据保护条例下的量化贸易模型来预估GDPR和数据本地化要求对跨国经济的影响，其结论是GDPR和数据本地化要求会为欧盟本地企业带来收益，但是以非欧盟合作伙伴减少为代价的；Oliver Patel讨论了英国和欧盟之间的数据传输问题，其认为英国无协议脱欧后会给英国本地的个人和企业带来额外的数据保护合规成本；L. Marelli分析了GDPR中对于科学研究的豁免规定对于大型医学研究技术平台的影响，并建议进一步明确豁免规定的细节性问题。

综上可以看出，"征信"是我国特有的概念[①]。在其他国家则用"Credit Data"表示相同的含义，可以理解为与数据主体信用相关的信息或数据。虽然两者有所区别，但在本文中"征信数据"与国外"Credit Data"所表达的含义基本一致，都属于敏感数据范围。因此，欧美国家对跨境数据的监管规则都适用于征信类数据[②]，且更为严格。此外，由于各国不同的征信系统建设模式的存在，征信数据跨境也有不同于其他类别数据跨境的特点，但总的监管原则、体系、框架、制度条款是保持一致的。

此外，通过国内外学者研究成果可以发现，一方面，国内学界对新近出台的《个人信息保护法》及《征信业务管理办法》中征信数据跨境

[①] 中国人民银行于2021年9月27日出台的《征信业务管理办法》第三条中将"征信业务"定义为"对企业和个人的信用信息进行采集、整理、保存、加工，并向信息使用者提供的活动"。而"信用信息"是指"依法采集，为金融等活动提供服务，用于识别判断企业和个人信用状况的基本信息、借贷信息、其他相关信息，以及基于前述信息形成的分析评价信息"。

[②] 为便于我国学者研究出发，以下研究中大多都使用"征信类数据"这一词来指代国外信用信息或信用数据的概念。

规则的具体实践还未有较为深入的探索。另一方面,国外的理论研究成果与我国监管思路和监管体系并不完全适用。因此,课题组在梳理当前国际主要征信跨境模式及障碍的基础上,务求通过全面、细致地分析欧美具体监管规则中的具体条款,结合我国等法律法规,以从中找出可供借鉴的监管实践思路。

三、当前国际主要征信跨境模式及存在的主要障碍

(一)当前国际上四种主要征信跨境模式

随着越来越多的国家建立了征信系统以及各国之间经济贸易往来的不断增长,有许多国家和地区已经实施或者正在探索征信数据跨境。当前国际上主要有以下四种典型的征信数据跨境模式。

1.以区域经济一体化/统一的中央银行背景下的征信数据跨境合作

在这种模式下,也有两种实现跨境数据共享的具体途径。

一是通过统一立法实现跨境数据共享。典型案例为西非经济与货币联盟的区域性私营征信机构。1994年,贝宁、布基纳法索、科特迪瓦、几内亚比绍、马里、尼日尔、塞内加尔和多哥八个法语国家组成了西非经济与货币联盟,其目标之一是通过支持中小微企业和个人信贷来增进八国之间的普惠金融。2012年,在国际金融公司的协助下,西非中央银行起草了在以上八个国家都可以使用的统一征信区域法案,涵盖了涉及数据跨境流动的所有条款,并得到区域最高决策机构——西非中央银行议会的通过。这是世界上首次通过统一立法实现跨境数据共享。所有的区域内征信信息都存储在中央共享数据库内,并通过区域性私营征信机构作为征信服务提供者实现八国之间的个人征信信息共享。

二是通过具体项目实现跨境数据共享。典型案例为欧洲统一信贷登记系统项目(AnaCredit项目)。由于欧盟各成员征信体系建设模式不一,同时各成员国之间征信数据覆盖的范围、数据类型、采集标准都不一样。2014年,为实现针对跨境信用风险企业的信息共享,实施对信用风险的有效监管,在欧洲中央银行的主导下,开始着手AnaCredit项目,

拟实现欧盟各成员国信用数据的统一采集、存储和对外提供。该项目允许欧洲央行、各国央行及其他金融监管机构在欧元国家和部分非欧元国家之间采集银行提供的个人和企业贷款（超过 25 000 欧元）的信息，并将借款人的详细信息包括风险信息、会计信息、审慎信息、条款、利率等整合在一个平台上，并逐步将数据采集范围由法人实体扩展至个人数据。2018年9月，项目已经正式开始运营。在远期，还希望能与FINREP（欧盟和英国的财务报告）以及COREP（欧盟通用报告框架）整合到一起，以进一步满足欧洲中央银行将信贷风险数据用于微观审慎监管的需要。它是目前欧洲唯一的公共跨境数据共享系统。

2. 以征信业协会为代表的征信数据跨境合作

典型案例如欧洲征信协会。欧洲征信协会（ACCIS）成立于1990年，总部位于比利时首都布鲁塞尔，是根据比利时法律注册的非营利性国际组织。欧洲征信协会是目前欧洲最有影响力的征信协会组织。截至2020年底，有来自28个欧洲国家的会员42家（欧洲个人征信机构）、准会员10家（欧洲以外地区的征信机构）。欧洲主要征信机构基本上都是其成员。其成立宗旨在于促进欧洲征信机构间的合作交流，在欧盟征信立法中为会员争取权益，并帮助欧洲征信机构与世界其他地区征信机构了解与沟通。欧洲征信协会部分成员（如德国、荷兰、比利时、意大利、瑞典、波兰和奥地利等国私营征信机构）签署了《征信机构数据交换双边协定》，承诺在遵守各国数据保护制度的前提下推动数据跨境流动。

目前，借助欧洲征信协会的机制，已有四分之一的征信协会成员之间进行过跨境数据合作。但通过对《2020年欧洲征信协会年度报告》研读显示，协会在成员合作方面付出了极大努力，但也只有较少的成员机构之间进行合作。从2017—2020年间，成员机构之间进行跨境数据的比例仅仅从41%上升到了45%。此外，协会中只有5家机构与其他成员国金融机构之间有数据交换合作。协会通过调查问卷结果认为，欧洲当前严格的数据监管法规和跨境数据需求的不足都导致了目前协会在跨境数据合作交流上的作用还未得到有效发挥。

3. 以征信机构为代表的征信数据跨境合作

该合作模式主要以美国征信机构NovaCredit为移民提供征信报告认证服务为实例进行说明。NovaCredit与美国境外的征信机构（信息提供方）以及美国境内的机构（信息使用方）进行合作，当移民客户向NovaCredit提出申请后，NovaCredit向境外合作征信机构请求调取该客户在美国境外的信用数据并进行加工后生成信用报告，并将该客户的信用报告提供给在美国境内的合作机构使用，以此流程实现客户征信数据的跨境。在此过程中，NovaCredit会向原始记录的征信合作机构支付费用以获取数据，然后向提出数据请求的业务方收取费用。

值得关注的是NovaCredit从国外征信机构获取的是用户原始的信用数据，并不是现成的信用报告、信用评分。获取了数据之后，NovaCredit会按照美国征信相关的Metro1、Metro2标准进行一定程度的处理，使最后呈现的信用报告更能够被美国所认可。同时，在数据处理方面，NovaCredit会针对不同国家的规定进行数据处理操作，确保符合国家间的信用协议或协定。

4. 大型国际征信机构数据整合

大型国际征信机构在缺乏足够信息技术实力的新兴市场国家或者区域采取技术合作或者股权合作的方式，推动机构事业发展，在合作过程中，由于业务的需要推动跨境数据的整合流动。

一是采取技术合作推动数据整合。大型国际征信机构在建立高效安全的基础数据设施、软件服务配套及数据处理技术上拥有技术优势。部分国家和区域致力于培育本土征信机构发展，但同时又要对外资持股企业进行一定限制的情况下，鼓励国际征信机构以技术合作伙伴形式加入，以帮助本土机构迅速构建具有国际水平的征信系统和管理体系。在这一过程中，国家征信机构在协助数据库建立，部分情况下还可以代理管理数据库的过程中，在遵守本地跨境数据规则的情况下，可以实现跨境数据的整合。如埃及第一家征信机构艾斯科与邓白氏公司达成协议，由邓白氏在数据库建设方面提供技术支持。又如捷克、斯洛伐克等国本地机构将征信系统运营服务直接外包给意大利科锐富，由科锐富在意大利的数据中心承担运营管理职能。环联中美洲公司,以危地马拉为中心,在洪都拉斯、萨尔瓦多、哥斯达黎加和尼加拉瓜建立了区域分支,建立"中心——辐射"模式的跨国界服务系统,统一了五国的征信产品和服务设计标准。

二是采取股权合作推动数据整合。借助股权合作,国际征信机构能够利用资本优势,迅速占领市场,扩大自身征信数据库资源,构建跨地域性质的战略布局。如益博睿收购了俄罗斯、爱沙尼亚、罗马尼亚、巴西、韩国等多个国家的征信机构。科锐富公司与北美自由贸易区的环联公司进行战略联盟;与俄罗斯国家银行联合会共同发起成立了地方征信机构;在迪拜收购了邓白氏阿联酋等。利用控股或者股东权利,从资本话语权的角度,为数据跨境流动提供便利。

(二)当前征信数据跨境流动的主要障碍

1. 监管制度限制

主要是各国出台的数据保护规则以及数据本地化要求,各个国家和地区的法律要求不一致使得征信数据跨境流动始终存在较大的法律风险。例如,GDPR和BaselII中关于保留期限的矛盾——GDPR要求数据的存储时间不得超过必要的时间,而BaselII则要求准确的时间段。制度的不一致、不协调阻碍了各国之间的公平竞争,导致了不同的信息环境。另外,法规是最困难和最缓慢的变革措施,进一步加剧了数据跨境流动的困难程度。

2. 业务标准限制

缺乏统一的数据格式和流程的标准化阻碍了征信数据的跨境交换。这是一个技术/操作层面的障碍。例如征信数据在不同国家或地区之间的跨境流动没有统一的格式,那么评分和评级模型就不会表现得很好,征信报告的可信度会大打折扣。又如缺少个人和公司的独特识别码,使个人和企业在不同国家可能有多个标识,标识之间无法建立统一的联系,导致征信报告无法使用。

3. 市场需求限制

典型表现在金融服务行业中。金融机构往往不会表现主动跨境传输个人信用数据的意愿，他们会单独与其所在市场的征信机构签订合同。一方面是由于在个人业务方面，其更加偏向于本地化和区域化。另一方面，跨境融资更多地被视为尚未起步的利基商业活动。这两方面都导致金融服务业对跨境信贷和跨境信用报告的需求是有限的。即使是同一家银行在不同国家的分支机构，彼此间共享消费者资料的情况也并不普遍。

4. 外部风险限制

不可预知的外部业务风险也会在相当程度上影响到征信数据跨境的决策。例如新型冠状病毒疫情危机就对征信活动产生了重大影响。国际征信组织进行的调研中，几位参与者估计，由于历史性的商业低迷减缓了全球贸易和服务业的经济活动，全球对信用报告的需求减少了30%—50%[1]。由于封锁和跨境旅游的限制，跨境征信业务的发展速度也在放缓。此外，新冠病毒危机还严重影响了信息质量。例如，在英国，封锁期间关闭了法院和民事登记处，归档和处理各类信息和数据文件需要更长时间。

四、欧、美数据跨境流动法律监管规则分析

（一）欧盟数据跨境流动法律监管规则分析

欧盟对于数据跨境流动的规则以"充分保护"为中心，主要的法律集中在GDPR和 *Regulation of the European Parliament and of the Council on European Data Governance*（《数据治理法案》，以下简称DGA）等两项法律中。其中GDPR的监管业务范围在于个人数据，而DGA的监管义务范围主要聚焦于非个人数据[2]。目前，DGA尚未正式通过实施，处于法

---

[1] 来源于世界银行集团发布的研究报告《Cross-border Credit Reporting: Aiming for International Practices and Standards》。

[2] 非个人数据是指：非个人数据：在欧盟《非个人数据自由流动条例》（Regulation on the Free Flow of Non-personal Data）中规定非个人数据为GDPR第4条第（1）点界定的个人数据以外的数据，概括来说即与已识别或可识别的人无关的任何数据，例如匿名数据和设备到设备的数据等，另外如果可以通过技术手段可以将匿名数据转化为个人数据，则此类数据将视为个人数据。

案提交阶段。但其关于非个人数据的跨境思路同样值得分析和研究，以使得对欧盟数据跨境规则有充分完整的认识。

1. GDPR对数据跨境流动的监管条款分析——个人数据跨境规则

GDPR从第2条适用范围出发，其专门在第五章规定了个人数据若需传送到第三国或国际组织需要满足的条件。可以分为以下三类——基于充分性决定的传输、采取适当保障措施的传输及特殊情况下的传输。以条件满足的难易程度来看，课题组认为基于充分性决定的传输＞采取适当保护措施的传输＞特定情况下的传输。但是对于作为接收方的第三国或国际组织而言，从审批流程的简便程度来看，却正好是相反的。

（1）基于充分性决定的传输——对GDPR第45条的分析。由欧盟委员会通过对第三国或国际组织进行评估保护程度后，颁布实施法案来确认是否进入"白名单"。同时，仍由欧盟委员会负责进行定期审核。该条第2款指明了评估保护程度的3项核心因素，概括而言分别是法制体系是否完善、监管体系是否完善、是否达成国际承诺或签署具有法律效力的公约或文件。

（2）采取适当保护措施的传输——对GDPR第46条—47条的分析。旨在满足国际经贸特别是数据产业领域的需要，在不满足基于充分性决定的传输的条件下，提供给数据控制者或处理者的现实选择。可以不由主管监管机构授权，直接由该条第2款规定的6类文件满足，包括：①政府机构之间具有法律约束力的文件。②制定有约束力的企业规则。该规则由第47条规定，由主管监管机构根据第63条一致性机制批准。③采用欧盟委员会通过的标准数据保护条款。④采用主管监管机构通过并经欧盟委员会通过的标准数据保护条款。⑤遵守第40条所述的行为准则以及第三国境内的控制者或处理者所作的具有法律约束力的承诺。⑥遵守第42条所述的认证机制以及第三国境内的控制者或处理者所作的具有法律约束力的承诺。当主管监管机构授权时，第3款还增加了两种有效证明适当保障的文件：数据传输方与接收方之间的合同以及两国政府机构之间的行政规定。

（3）特定情况下的传输——对GDPR第48条—49条的分析。在以上两类均不满足的情况下，GDPR还规定认可了8种具体场景下的合规传输行为：①法院判决、仲裁裁决和第三国机关行政决定下，并基于国际条约且不影响GDPR规定；②数据主体明确同意；③履行数据主体与控制者合同；④履行控制者与他人之间为数据主体利益合同；⑤公共利益；⑥提起法律相关诉求；⑦主动保护数据主体重大利益；⑧法律允许范围内，通过登记册传输并可供公众查阅的数据。此外，在第49条第1款第2段中还规定有一个兜底条款，即在以上所有方式均不满足的情况下，如该跨境传输为仅涉及有限主体的非重复传输则可以在特定条件下进行。包括数据控制者合法追求重大合法利益；该利益不与数据主体利益或权利和自由冲突；控制者已评估所有与数据传输有关情况，并已提供相应安全保障。从条款表述上来看，实际业务中这一兜底条款的实现难度大，具有高度的法律风险和不确定性。

2. DGA中对数据跨境流动的要求——非个人跨境规则

法案第5条第7款—第13款以及第30条规定了数据再使用中涉及跨境流动的条件、数据处理者的义务（特别是当数据处理者为公共部门机构时）以及法律一致性要求等三方面内容。

（1）条件一：再使用者的承诺。公共部门机构如果要将机密数据或受知识产权保护的数据传输给打算将数据转移到第三国的再利用者，该再利用者必须承诺：①即使在数据被转移到第三国之后，仍需遵守两点义务，一是在符合知识产权的情况下，数据的再利用才可得到允许；二是当被请求的数据是机密时，公共部门机构应根据欧盟或国家商业机密法确保机密信息不会因再利用而泄露（第5条第7款—第10款）。②接受公共部门机构成员国法院对与遵守第①点所述义务有关的任何争议的管辖。

（2）条件二：具有高度敏感性的数据的增补要求。第5条第11款规定，如果根据立法程序通过的具体欧盟法案规定公共部门机构持有的某些非个人数据类别应被视为高度敏感，委员会有权根据该条例第二十八条采取授权行为，通过规定适用于向第三国转让的特殊条件以增补本规定。向第三国转移的条件应基于欧盟法案中确定的数据类别的性质,并基于认为这些数据类别高度敏感、非歧视性和仅限于实现欧盟法案所确定的公共政策目标所必需的条件,如安全和公共卫生,以及根据欧盟的国际义务重新确定数据主体的匿名数据的风险。以上条款可包括适用于这方面的转让或技术安排的条款、对在第三国重新使用数据的限制或有权向第三国转让此类数据的人员类别,或在例外情况下对向第三国转让数据的限制。

（3）条件三：条件为必要。第5条第12款规定以上两条缺一不可。

（4）条件四：公共部门机构履行告知义务。第5条第13款规定如果再利用者打算向第三国转移非个人数据,公共部门机构应将向该第三国转移数据的情况通知数据持有人。

（5）关于法律一致性相关的问题。第八章"最终条款"中第30条"国际访问"进一步明确了跨境流动中的法律一致性问题。

该条款规定获得数据再使用权利的公共部门机构、自然人或法人,数据共享服务提供商或登记为被认可的数据利他组织的实体（视具体情形而定）,应采取一切合理的技术、法律和组织措施,当转移或访问在欧盟内的非个人数据将违反欧盟法律或相关成员国法律时,以防止此种转移或访问。该决定的接收者应根据该条例的规定征求有关主管机构或机关的意见,以判断是否满足以上条件。如果满足以上条件,根据获得再使用数据权利的公共部门机构、自然人或法人,数据共享服务提供商或登记为数据利他主义组织（视具体情形而定）,应基于对请求的合理性解释,提供响应该请求所允许的最小量数据。

（二）美国数据跨境流动法律监管规则分析

美国推行较为自由化的规制,其在数据监管领域的出发点在于维护国家主权和促进数据行业发展,鼓励数据流通带来的各类业务创新。体现在立法实践中,联邦政府至今仍未通过统一的数据隐私保护方法,采用的是一系列部门规则、州级法律框架和私营部门惯例。具体到跨境数据监管场景中,美国反而达成了统一,形成了联邦层面的法案,体现了美国政府在维护全球数据产业链条上的霸权地位和对信息的话语权已经达成了共识，其旨在通过促进数据跨境，维护业已建立的信息优势，并在此基础上形成了"宽进严出"的规则制定思维——即通过本国互联网行业强势地位鼓励全球数据流入的同时，针对特定行业和敏感数据执行严苛的流出管制。

目前，美国主要有15部联邦或州级层面法案、提案中涉及了跨境数据监管，其中最值得关注、对美国跨境数据管制影响较大的是2018年3月23日生效的联邦《澄清合法使用境外数据法》、2019年美国《国家安全与个人数据保护法案》（2019年提交参议院审议，未通过）以及加利福尼亚州（以下简称加州）2018年出台的《加州消费者隐私法案》。课题组将围绕以上三项法律中的条款进行分析。

1. 获取全球数据资源之手——《澄清合法使用境外数据法》

该法又被称为"CLOUD法"。该法旨在维护美国数字竞争优势和强化其"长臂管辖"思想，构建了美国数据跨境流动与限制的总体框架。该法案规避了美国宪法修正案第四条无证搜查排除原则，授权美国政府可以不受数据的地域限制而要求电子信息服务提供者和远程计算机服务提供者向政府披露存储于境外服务器上的电子证据，为美国司法部门要求在美国境内经营的公司提供其在境外保存的电子数据提供了法律层面依据。《澄清合法使用境外数据法》的出台，扩大了美国执法机关调取海外数据的权力，及时地回应了跨境云计算背景下刑事司法的现实需求，为当前在国家之间共享互联网用户信息的过程或多方司法互助条约提供了一种监管思路。该法在跨境数据监管方面确定了以下四项基本规则：

一是互惠原则。美国执法部门可以通过服务提供者获取存储于境外的数据，同时适格外国政府的执法部门也可以通过这种方式获取存储于美国境内的数据。

二是信息披露规则。服务提供者应该披露其所拥有、监管或控制的关于用户或客户的有线或电子通信内容、所有记录或其他信息，无论这些信息是否存储在美国境内。服务提供者可以在14日之内向法院提出申请撤销或更改指令的动议，从而暂缓披露存储于境外的数据，在此期间，可以暂时不予披露，但必须对相关数据进行妥善保存。

三是礼让分析规则。法院在接到服务提供者提出申请撤销或更改指令的动议后，除需考虑服务提供者提出动议的两个因素外，还可以根据"案件的整体情形"并依据公平正义之理念而对境外数据披露指令予以撤销或更改。具体需考虑如下因素：美国政府部门要求披露数据的利益、"适格外国政府"防止其所禁止披露的数据外泄的利益、服务提供者及其雇员因违反数据披露指令而可能遭受的惩罚、信息订阅者或用户所处的位置及国籍、服务提供者与美国的联系及其在美国实际存在的性质与程度、所要求披露的信息的重要性、及时有效获取信息的可能性、外国政府的调查利益等。

四是限制性规则。外国执法部门可以通过服务提供者获取存储于美国的电子数据，但受到两方面限制：一是"身份限制"。相应的外国政府必须是"适格外国政府"。二是"指令限制"。"适格外国政府"所发布的数据披露指令需具备如下要求：（1）数据披露应遵守外国政府的国内法要求，且服务提供者披露数据的义务也应完全来自于其国内法的规定。（2）外国政府的数据披露指令不应专门针对美国人或位居美国的人，并且需要为满足该要求而采用针对性的程序。（3）调查目的应限制于获取包括恐怖主义在内的严重犯罪的预防、检测、侦查或检控有关的信息，不应用于侵犯言论自由。（4）执法部门应通过司法审查程序，基于合理的正当理由而向法院、法官、治安法官或其他的独立职权机构提出申请。（5）外国政府需按照协议的要求及时审查所收集的数据，并将所有未予审查的信息存储在一个安全系统之中，而该系统只有那些经受了专门的程序适用培训的人员才有权访问。

2. 阻拦本国重要数据流出之阀——2019年美国《国家安全与个人数据保护法案》

虽然该法尚未通过参议院审议，但其对美国跨境数据监管具有明显影响，应对其保持高度关注。其主旨在于以保护本土居民企业和国民数据为切入口，限制跨境数据流出。有专家评论认为该法案体现了美国过去对外国企业数据访问相对宽容转向为在"数据主权保护意识"主导之下对中国企业为代表的跨国科技公司的担忧。该法案主要有以下需要重要关注的规则：

一是明确关注对象（包括国家、企业和技术）。基于国家数据安全风险的考虑，法案指出关注国家（Country of Concern）包含中国、俄罗斯等其他由国务卿根据审查原则指定的国家，并对提供在线数据服务的公司进行了区分，明确了特别关注科技公司（Covered Technology Company），尤其是和中俄等关注国有密切关联的企业，或具有"人脸识别"技术以及根据用户行为定向推送广告的企业。

二是数据出境限制。对于运营或影响洲际/跨境贸易、提供网站或互联网应用程序等以数据为基础服务的企业提出了严格的数据出境限制要求，禁止向特别关注国家传输用户数据以及破译相关用户数据所需的密钥数据（包括间接通过第三方非特别关注国家传输）。仅设置两种例外允许情形：一是应非特别关注国家的司法和军事协助要求；二是个人用户间的数据共享，且数据仅保留在个人用户的设备上。

三是数据存储位置限制。对于特别关注企业，提出严格的本地化存储要求，禁止特别关注企业将其从美国公民或居民处收集的用户数据存储在美国或和美国签订协议共享数据的国家以外的国家或地区。对于非特别关注企业，虽不强制数据本地化存储，但也禁止企业将从美国公民或居民处收集的用户数据存储在特别关注国家的服务器或其他数据存储设备上。

四是最小化要求和目的限制。对于根据我国和俄罗斯等特别关注国家法律成立的实体（特别关注企业）的数据收集范围和使用目的提出明确限制。规定特别关注企业仅能收集为运营网站、服务和应用的最小限度数据，且不能将该部分数据用于其他次要用途，如投放定向广告、不必要的数据共享或用于面部识别技术等。该要求缩小了特别关注企业获取和使用美国用户数据的数量、类型和范围，旨在降低数据滥用、数据外泄等风险，保障国家安全和数据安全。

五是特定交易批准规则。法案规定特定交易需要经过美国外国投资委员会审批，必要时通过谈判、签署协议或施加限制条件等方法以降低该项交易对美国国家安全构成的风险。法案还对于特定交易中被控股的美国企业进行了限定，涉及收集、购买、出售或处理用户数据，且主营业务是数据传输，而非制造、物流、维修、提供实体货物或提供实际服务的企业以及经营社交媒体平台或网站的美国企业。

3. 注重隐私权保护——《加州消费者隐私法案》（CCPA）

2018年6月，加州政府正式通过了被认为是美国有史以来对消费者隐私保护最全面的法案——《加州消费者隐私法案》，并被增列入民法典。该法案为加州的"消费者"（如企业的客户、客户和员工）创造了新的数据隐私权，并要求"企业"和"服务提供商"遵守其综合性隐私框架。2020年11月3日，加州选民又投票通过了《加州隐私权法案》（CPRA），对CCPA进行了修正，进一步增强了政府对用户隐私的保护力度。由于美国联邦制特殊性，加州法案中的跨境流动特指加利福尼亚境内外。其规定，如果商业行为的各个方面完全在加利福尼亚境外发生，则企业可以收集或出售消费者的个人信息。当消费者在加利福尼亚州时，不允许企业存储（包括在设备上）关于消费者的个人信息，也不允许企业当消费者和存储的个人信息在加利福尼亚州以外时收集该个人信息。总体而言，研究组认为加州法案在跨境数据监管上借鉴价值有限，一是由于其是站在州一级层面，缺乏国家层面的战略考虑，影响有限；二是其主旨在于保护本州居民免收数据时代下各类大数据处理技术对个人隐私权的侵犯，其更加关注的是政府以及高科技企业的行为，而非将其视为国家间政治、经济的博弈手段。

（三）欧美数据跨境流动监管规则的简要比较分析

1. 从立法宗旨上来看

特定的地缘环境和历史发展轨迹使得欧洲民众十分注重对个人基本权利和自由的保护，而个人数据则被认为是保护个人基本权利之中的隐私权的关键一环。欧盟关于数据保护的相关法律不仅将个人数据在不考虑商业价值的情况下作为独立的一项人格权进行严格的司法保护，而且在立法之初即将数据保护作为约束数据使用者及控制者搜集、处理、使用个人数据的大前提,施加了十分严格的限定条款。而美国则更多地从保障商业利益出发,其立法宗旨是保障社会民众自由。因此,数据自由传输被视为社会公众的一项自由行为,这也是美国跨境数据自由流动规制的核心要义。所以,整体上来看,在数据主体保护和行业发展的天平上,两区域根据各自人文、历史和经济发展特点,选择了不同的数据跨境监管的立法思路,欧盟的立法出发点是保障个人隐私权,美国的立法出发点则是更多地考虑行业发展和国家利益。

2. 从管辖范围上来看

欧盟和美国是全球范围内最早开始在监管规则中实施长臂管辖原则的地区。从前述对两地出台的相关法案的分析中可以看出,无论是欧盟GDPR,还是美国CLOUD法案、CCPA都设计了相应管辖范围条款,赋予监管执法者可以管理本辖区内所有数据主体包括非本国数据主体发生的所有数据活动的权利,甚至在满足一定执法条件下,还可以有权去获取存储于境外的数据。这一点是最能体现数据跨境流动进入"数据主权"时代的特征。

3. 从规则制定上来看

欧美两地有显著的不同之处。欧盟从立法伊始便致力于建立一个统一的,适用于整个欧洲区域的数据保护法,并在此框架之内设计跨境数据流动的规则。同时,考虑到高层级法律修改的困难和复杂。欧盟数据保护立法必须体现出很强的体系性、前瞻性和关联性。跨境数据规则条款在整个欧盟立法体系中可以看作一个重要的节点,并嵌套于整个系统之中。美国立法则从业务监管实践出发,其是在国内尚未建立起一个统一的数据保护框架的背景之下,单独对数据跨境业务进行规则设计。因此,其规则设计的严谨性、整体性显著弱于欧盟。但美国立法往往在实际操作和指导性上更强,更容易直接运用到业务实践中去。同时,美国法案可以以更为简便的程序进行修改和调整,因此其规则设计上虽然可能存在一定的法律漏洞,但也能灵活地进行完善。

五、我国征信数据跨境实践与监管规则现状

（一）我国征信数据跨境实践

在大数据技术和国际贸易双重因素刺激之下，跨境数据流动需求也在不断增长。在征信领域，由于与经济金融高度的相关性，征信数据跨境的压力显得尤为巨大。例如在跨境资金流动方面，在申请信贷额度、延长信贷期限等业务方面会受到阻碍，因为金融机构几乎没有办法评估其他国家的信用报告是否可信。

在此大背景下，我国部分地区特别是在东南沿海及陆上边境区域的省市都根据自身跨境贸易、金融合作的需求开展了一系列的地区性征信合作的创新探索，比如"珠三角征信链"就在尝试建立粤港澳大湾区一体化的跨境征信标准；广西壮族自治区内通过广西联合征信有限公司开发的"中国——东盟跨境征信服务平台"为政府、银行、企业提供征信跨境服务，目前该平台已支持查询东盟十国超700万家海外企业的征信报告和境内近3万家外贸企业的深度报告；青岛市上合经济示范区通过格兰德信用咨询管理公司建立"信用上合"跨境信用示范平台，旨在为政府、银行、跨境贸易企业提供俄罗斯企业征信查询、信用认证等相关服务。

总的来看，我国在征信跨境数据的发展上来看，还属于起步阶段，在基础设施、系统维护、服务模式、数据互换规则等方面需要进一步加快探索步伐。

（二）我国征信数据跨境的监管规则现状

近年来，我国不断加快数据相关立法步伐。在国家层面，先后出台了《网络安全法》《数据安全法》《个人信息保护法》等重要法律；在征信行业层面，出台了《征信业管理条例》和《征信业务管理办法》。可以说，我国已经初步建立起了较为完善的数据相关监管法律体系。而在此体系下，都对数据跨境规则有着专项条款规定。表1为课题组整理的我国监管法律体系中涉及征信数据跨境规则的主要条款。

表1　我国监管法律体系涉及征信数据跨境规则的主要条款

	颁布时间	涉及数据跨境的主要条款内容
《网络安全法》	2016年11月	第三十七条　关键信息基础设施的运营者在中华人民共和国境内运营中收集的产生的个人信息和重要数据应当在境内存储。因业务需要，确需向境外提供的，应当按照国家网信部门会同国务院有关部门制定的办法进行安全评估；法律、行政法规另有规定的，依照其规定
《数据安全法》	2021年6月	第二条　在中华人民共和国境内开展数据处理活动及其安全监管，适用本法。在中华人民共和国境外开展数据处理活动，损害中华人民共和国国家安全、公共利益或者公民、组织合法权益的，依法追究法律责任 第十一条　国家积极开展数据安全治理、数据开发利用等领域的国际交流与合作，参与数据安全相关国际规则和标准的制定，促进数据跨境安全、自由流动 第二十五条　国家对与维护国家安全和利益、履行国际义务相关的属于管制物项的数据依法实施出口管制 第二十六条　任何国家或者地区在与数据和数据开发利用技术等有关的投资、贸易等方面对中华人民共和国采取歧视性的禁止、限制或者其他类似措施的，中华人民共和国可以根据实际情况对该国家或者地区对等采取措施 第三十六条　中华人民共和国主管机关根据有关法律和中华人民共和国缔结或者参加的国际条约、协定，或者按照平等互惠原则，处理外国司法或者执法机构关于提供数据的请求。非经中华人民共和国主管机关批准，境内的组织、个人不得向外国司法或者执法机构提供存储于中华人民共和国境内的数据
《个人信息保护办法》	2021年8月	第三条　在中华人民共和国境内处理自然人个人信息的活动，适用本法。在中华人民共和国境外处理中华人民共和国境内自然人个人信息的活动，有下列情形之一的，也适用本法：（一）以向境内自然人提供产品或者服务为目的；（二）分析、评估境内自然人的行为；（三）法律、行政法规规定的其他情形 第十二条　国家积极参与个人信息保护国际规则的制定，促进个人信息保护方面的国际交流与合作，推动与其他国家、地区、国际组织之间的个人信息保护规则、标准等互认 第三十六条　国家机关处理的个人信息应当在中华人民共和国境内存储；确需向境外提供的，应当进行安全评估。安全评估可以要求有关部门提供支持与协助 第三章　个人信息跨境提供的规则包括第38-43条，涵盖了个人信息处理者向境外提供个人信息的条件、告知义务、存储原则、向国外执法机构提供信息的限制、监督部门责任和反制措施等内容

续表

	颁布时间	涉及数据跨境的主要条款内容
《征信业管理条例》	2013年1月	第二十四条 征信机构在中国境内采集的信息的整理、保存和加工，应当在中国境内进行。征信机构向境外组织或者个人提供信息，应当遵守法律、行政法规和国务院征信业监督管理部门的有关规定 第四十五条 外商投资征信机构的设立条件，由国务院征信业监督管理部门会同国务院有关部门制定，报国务院批准。境外征信机构在境内经营征信业务，应当经国务院征信业监督管理部门批准
《征信业务管理办法》	2021年9月	第二条 在中华人民共和国境外，对法人和非法人组织、个人开展征信业务及其相关活动的，适用本办法 第三十九条 征信机构在中华人民共和国境内开展征信业务及其相关活动，采集的企业信用信息和个人信用信息应当存储在中华人民共和国境内。征信机构向境外信息使用者提供企业信用信息查询产品和服务，应当对信息使用者的身份、信用信息用途进行必要的审查，确保信用信息用于跨境贸易、投融资等合理用途，不得危害国家安全 第四十一条 征信机构与境外征信机构合作的，应当在合作协议签署后，业务开展前将合作协议报告中国人民银行

从上述条款的梳理中，可以很明显地看到我国在数据跨境流动监管规则制定方面，有以下两个显著特征：

一是充分利用后发优势搭建起了较为完善的数据跨境制度框架。我国法律法规的构建过程中，将欧美特别是欧盟在数据跨境制度的精髓纳入自身条款设计理念中，在数据储存本地化、敏感数据的限制性输出、监管管辖范围、保障数据自由流动等方面紧跟上了当前发达国家数据治理水平。同时，更为重要的是，与欧盟相比，在配套法律法规的建设方面，我国走在了前面，以《征信业管理条例》《征信业务管理办法》等为代表的数据监管规则进一步将数据跨境在行业上进行了细化，更凸显了我国的基本国情和经济社会发展的特点，与美国相比，在全国范围内的统一立法，我国的顶层法律体系建设已经基本完成，走在了世界前列。

二是充分体现了"数据主权"时代下的监管特点。在当前严峻的国际政治经济形势下，我国对于数据的保护和流动始终坚持着发展与安全并重原则，严格要求数据存储本地化，保障我国的数据主权，同时允许有条件的跨境传输，推进数据自由流动，结合国际数据流动规则，在保障信息安全的前提下允许数据在双方共同认可的规则内进行跨境传输。

（三）我国在征信数据跨境监管中存在的主要问题

1. 欠缺与之相适应的金融数据跨境监管法律法规

在我国，由于征信产品和服务的最主要应用领域是金融行业。征信数据与围绕金融业务产生的金融数据之间有千丝万缕的紧密联系。同时征信数据的处理和应用，会对数据主体的金融业务产生重大影响。在当前国际金融活动日趋活跃的背景下，征信业务与金融业务之间会发生大量的交叉行为，而当前我国尚未出台有金融领域的数据保护专项法律或法规，因此并未制定针对金融数据跨境的监管规则，因此很有可能会出现监管空白，使得国家数据安全防线出现漏洞。

2. 缺乏对征信跨境需求发展的有效支持和促进

课题组通过对湖北省内在跨境贸易和投融资方面较为活跃的12家银行类金融机构进行问卷调查后发现，当前在征信类的跨境数据需求方面非常不活跃，没有金融机构表示有征信数据跨境活动。这种现象与世界银行集团发布的研究报告中的结论相一致，但又与快速发展的数字经济对数据跨境的需求十分迫切的现象相背离。《网络安全法》中提到要"促进数据跨境安全、自由流动"，但《征信业管理条例》和《征信业务管理办法》都是站在行业监管和主体权益保护的角度来对征信数据跨境行为进行规定，而没有直接表示鼓励和促进征信数据跨境的条款，因此在一定程度上抑制了征信跨境需求。

3. 对征信数据跨境的具体监管措施还需要进一步细化

《征信业管理条例》《征信业务管理办法》中对于均只提及向境外提供个人信用信息应符合法律法规的规定，而《个人信息保护法》在第三十八条允许在满足一定条件下向境外提供个人信息，包括安全评估、个人信息保护认证、签订标准合同以及其他条件，但是截至目前，针对以上条款内容，尚未制定出台具有指导性、操作性的指引，并不能供市场主体使用。

六、欧美数据跨境流动规则对我国的启示与借鉴

（一）持续完善监管规则体系建设，确保一致性

欧盟在所有立法项目中，都将一致性原则放在重要位置，以保障实现区域间、行业间、部门间的执法公平，尽可能地消除监管空白、错位和重叠现象。建议参考欧盟立法的思路，尽快制定出台金融领域的数据法律法规，填补在《个人信息保护法》等国家层面的法律与《征信业管理条例》《征信业务管理办法》等部门层面的规章之间的空白。

（二）适当促进征信数据跨境流动，确保平衡性

"数据主权"时代下，一味地加强数据流动限制并不符合我国的国家利益，参与建立国际数据跨境流动规则，搭建与主要经济体的数据跨境互信机制，构建数据跨境流动的底层逻辑和传输标准对我国在信息时代下的发展十分重要。因此，在征信数据跨境流动中，应在我国《数据安全法》《网络安全法》及《个人信息保护法》的框架之下，考虑到征信数据的敏感性，一方面学习欧盟的数据跨境思路，针对不同国家、不同类别数据，制定具有中国特点的基于充分性决定的传输、采取适当保障措施的传输及特殊情况下的传输等数据跨境方式，进一步明确数据跨境的具体实施步骤和条件，并做好与其他国家和地区的制度接轨；另一方面借鉴美国的立法思路，通过符合我国利益的数据跨境流动与限制，扩大我国监管机构获取他国数据的权力，从而提升我国在互联网领域的话语权。

（三）着力细化具体监管措施，确保实用性

欧盟和美国都在出台相关法律和法案后，针对跨境数据涉及的各个监管环节设计了标准程序、格式文件、措施说明等，以便于法律法规不仅为监管主体，而且能为数据处理者和数据主体所理解，并按照监管规程而进行业务操作，保证合规。因此，我国也应在现行的法律规章制度之下，尽快以规范性文件、行业标准指南等形式，建立明晰的监管实施细则。同时，还要尽可能地提供格式化文本、合同等供征信数据跨境链条各方使用。特别是欧美法律中都提到的"安全评估"这一跨境数据中

的重要监管手段，要尽快制定个人征信数据自由流动的出境安全评估标准体系，以业务目的、主体授权、传输地监管制度环境等为评估要件对征信数据出境目的、范围、内容、接收方、权利义务等开展详细评估。

参考文献

［1］叶开儒.数据跨境流动规制中的"长臂管辖"——对欧盟GDPR的原旨主义考察［J］.法学评论，2020，38（01）：106-117.

［2］贾开.跨境数据流动的全球治理：权力冲突与政策合作——以欧美数据跨境流动监管制度的演进为例［J］.汕头大学学报（人文社会科学版），2017，33（05）：57-64.

［3］黄宁，李杨."三难选择"下跨境数据流动规制的演进与成因［J］.清华大学学报（哲学社会科学版），2017，32（05）：172-182+199.

［4］王中美.跨境数据流动的全球治理框架：分歧与妥协［J］.国际经贸探索，2021，37（04）：98-112.

［5］张舵.跨境数据流动的法律规制问题研究［D］.对外经济贸易大学，2018.

［6］彭星.欧盟《一般数据保护条例》浅析及对大数据时代下我国征信监管的启示［J］.武汉金融，2016（09）：42-45.

［7］黄大富，姚林华，凌淑倩."一带一路"下中国与越南征信跨境合作研究［J］.区域金融研究，2021（03）：61-64.

［8］京东法律研究院.欧盟数据宪章［M］.北京：法律出版社，2018.

［9］瑞栢律师事务所.欧盟《一般数据保护条例》GDPR［M］.北京：法律出版社，2018

［10］姚旭.欧盟跨境数据流动治理［M］.上海：上海人民出版社，2019.

课题主持人：向秋芳
课题组成员：沈　燕　彭　星　陈　浩
执　笔　人：彭　星　陈　浩

提高小微企业信用贷款可获得性路径研究

中国人民银行咸宁市中心支行课题组

大量小微企业因缺乏有效抵押担保而难以融资,提高信用贷款可获得性可以有效缓解缺少融资抵押担保的难题。2019年4月16日和6月26日两次国务院常务会议提出要引导银行提高信用贷款比重,确保信用贷款余额明显高于上年。2020年5月《政府工作报告》明确提出鼓励银行大幅增加小微企业信用贷,人民银行设立普惠小微信用贷款支持计划工具,一直实施至2021年底,并从2022年起将普惠小微信用贷款纳入再贷款支持计划。研究如何提高小微企业信用贷款可获得性,对金融部门落实好国家提高小微企业信用贷款比重的决策部署具有重大现实意义。人民银行咸宁中心支行课题组基于对小微企业信用贷款成本加成技术分析和信用贷款风险缓释机制分析,对咸宁市信用贷款实践进行了评价,并借鉴苏州推动金融机构发放信用贷款的经验,提出了一系列有针对性的建议。

一、小微企业信用贷款的理论分析

(一)小微企业信用信贷成本加成技术分析

小微企业信用贷款作为信贷业务的一种,其贷款利率的构成可用公式 $r=a+b+c+d+e$ 表示。其中,r 为贷款利率;a 为资金成本,一般用平均付息率表示,与银行规模成反比,很大程度上外生;b 为风险成本,即风险溢价;c 为业务成本,即信用贷款的经营成本,包括维持运营、开展业务、拓展客户、客户调查等事项的成本;d 为税收成本,包括所得税、增值税和印花税等在贷款业务的摊销;e 为资本成本,是银行股东投资要求的最低收益率,可以用当地行业资产净利润率表示。资金成本

(a)、税收成本（d）和资本成本（e）基本外生，可视为常量，小微信贷风险成本（b）和业务成本（c）则具有较大的弹性。由于小微企业信用贷款缺乏抵押担保，信息不对称程度更高，银行需要提高业务成本（c）来进行风险控制，以降低风险成本（b）。因此，小微信用贷款的关键是如何以一个相对合理的业务成本投入来控制好风险成本（b），进而实现一定利润率（e）和可持续发展（王剑，2018）。

（二）信用贷款风险缓释机制分析

信息不对称会导致两种形式的贷款风险：贷款事前的逆向选择风险[①]和贷款事后的道德风险[②]。抵押贷款、质押贷款、保证贷款分别通过抵押物、收益权和保证来鉴别借款人资质以控制两类风险。而信用贷款没有任何抵押担保设置，以借款人信用替代贷款的抵押担保，其风险缓释机制完全不同于抵押担保贷款（见图1）。

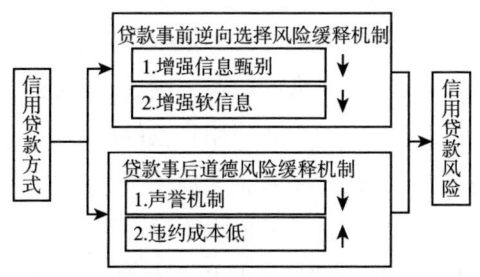

图1　信用贷款风险缓释机制

1.信用贷款事前逆向选择风险缓释机制

信用贷款方式通过激励金融机构加强对信息的收集与甄别，来控制信用贷款事前逆向选择风险。一是增强银行对借款人信息甄别。由于缺乏抵押担保设置，贷款风险最终由银行兜底，信用贷款方式会激励贷款银行增加对客户调查的投入，更全面考察借款人资质。二是推动银行掌

---

① 贷款事前逆向选择风险是一种预期违约风险，指银行在发放贷款前对借款申请人违约概率的评估与预测，通常以借款人自身风险特征衡量，贷款事前违约风险评估越高，逆向选择问题也越严重。

② 贷款事后违约风险指借款人获得贷款后出现违约的可能，相比事前，事后违约风险是实际违约风险发生的概率，贷款事后违约风险越大，则反映道德风险越严重。

握"软信息"。小微企业财务数据中含有较多的噪声和瑕疵，需要掌握更多不能量化的软信息。信用贷款作为一种典型的关系型贷款，会推动银行在与企业的长期接触中，努力去掌握企业家品德、企业生产经营诚信等软信息。

2. 信用贷款事后道德风险缓释机制

关于信用贷款方式对贷后道德风险的影响，存在两种观点。一是信用贷款方式能够通过声誉机制激励借款人履约。商业银行对借款企业发放信用贷款，相当于为借款人维护自身声誉的行为提供了一种隐性激励，从而促进借款人为维持良好声誉而约束自身的不良行为。二是信用贷款方式对企业道德风险的抑制作用更弱。由于信用生态环境建设不完善，信用贷款方式违约成本较低，贷后的违约风险更高。

（三）提高信用贷款可获得性路径分析

传统小微企业信用贷款具有无抵押担保、笔数多、金额小等特征，小微企业信用贷款成本投入与风险控制效果难以平衡。如果为提高风险控制效果的成本投入高于其带来的收益，则成本低投入行为不经济，不具有商业可持续性。基于小微企业信用贷款的成本加成技术分析和信用贷款风险缓释机制分析，提高小微企业信用贷款可获得性，关键是通过政策和技术的变革，在相对合理的成本下提高小微企业信用贷款风险缓释机制效力。具体有三种方式：一是提高小微企业信用贷款收益补偿，提高风险缓释机制运行的经济性；二是通过科技金融运用来改善信息不对称，在控制好业务成本的情况下，降低贷前逆向选择风险；三是加强社会信用环境建设，提高违约成本，促进信用贷款借款人履约，从而降低贷后道德风险。

二、小微企业信用贷款的咸宁实践及评价

（一）信用贷款咸宁实践

1. 设立普惠小微企业信用贷款支持计划，提高信用贷款收益补偿

2020年人民银行设立普惠小微信用贷款支持计划，对符合条件的地

方法人银行新发放的期限不少于6个月的普惠小微信用贷款按贷款本金的40%提供优惠资金,期限1年,相当于通过该政策工具给信用贷款发放机构提供了1年的免息再贷款。据统计,2020年来,全市普惠小微信用贷款支持计划累计支持全市地方法人银行发放信用贷款1.42亿元,惠及企业923户。

2. 加大金融科技运用,不断缓解银企信息不对称

建行、工行等国有大行通过采集企业及其企业主个人结算、存款、工商、代缴税记录、人行征信等部门平台数据,运用大数据、人工智能等技术对小微企业的经营、征信和还款能力进行全面清晰的画像,筛选出白名单客户供分支机构使用,并通过手机APP向客户推送产品信息。这种通过金融科技批量化开展小微企业信用贷款业务,既降低了小微信贷业务成本,也更好地降低了信息不对称。如工行已累计发放线上小微企业信用贷款861笔、6.5亿元,均未发生不良贷款。

3. 强化信用市州建设,提高失信违约成本

咸宁市全力开展"信用企业、信用社区、信用乡镇、信用区域"建设工作,连续18年被湖北省政府授予"金融信用市",促进企业重视自身声誉。同时,根据《最高人民法院关于公布失信被执行名单信息的若干规定》,定期在"云上咸宁"对失信被执行人名单予以公告,并依法限其高消费行为,提高借款人的贷后违约成本。

(二)实践取得的成效

1. 小微企业信用贷款连续高速增长后处于历史高位

2019年末、2020年末,全市小微企业信用贷款余额分别为47.43亿元和65.64亿元,同比分别增长22.44%和38.39%,连续两年高速增长。2021年11月末,全市小微企业信用贷款余额66.45亿元,同比增长0.39%,处于历史高位(见图2)。

2. 国有商业银行小微企业信用贷款投放能力大幅提升

2021年11月末,全市商业银行(不含农发行)小微企业信用贷款余额24.84亿元,其中,工行、农行和建行小微企业信用贷款余额分别为7.03亿元、4.9亿元和5.48亿元,合计17.41亿元,占到全市商业性小微企业信用贷款余额的70.1%。

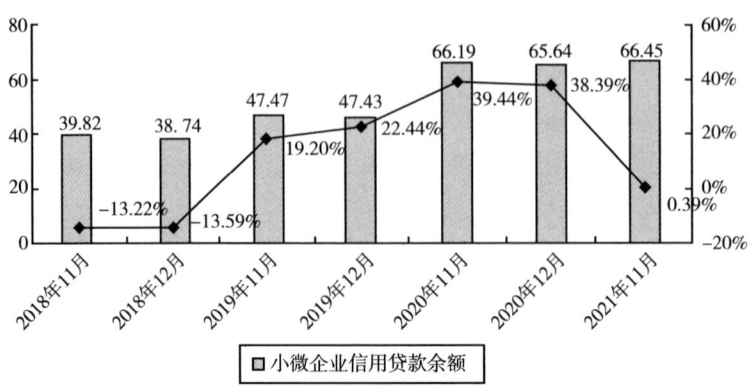

图2 近年来咸宁市小微企业信用贷款增长情况

3. 小微企业信用贷款方式由线下向线上转型

2021年1—11月，全市发放线上信用贷款1 612笔、9.57亿元，笔数、金额分别是2017年全年的37.48倍和95.7倍，笔数、金额在小微企业信用贷款笔数、金额中占比份额为93.67%和54.01%，分别较2017年提高51.21个百分点和51.77个百分点。

4. 小微企业信用贷款利率较低

2021年1—11月，全市投放的1 721笔小微企业信用贷款加权平均利率4.36%，虽然较2020年上升11bp，但分别较2018年、2019年下降85bp和67bp，小微企业信用贷款整体加权平均利率整体呈下降趋势，且分别低于同期发放小微企业的抵押、保证和质押类贷款加权平均利率144bp、74bp和54bp。

5. 小微企业信用贷款行业覆盖面较广

2021年1—11月，全市各金融机构向金融业和房地产业外的17个行业内小微企业发放信用贷款1 721笔、17.72亿元。其中，向制造业（529笔、4.53亿元）、批发和零售业（505笔、2.78亿元）、建筑业（264笔、2.42亿元）、租赁和商务服务业（116笔、3.72亿元）等四行业内小微企业发放信用贷款1 414笔、13.35亿元，笔数、金额中占比分别为82.16%和75.9%。

(三)存在问题

1.信用贷款增长阶段性放缓,小微企业贷款抵质押要求增多

截至2021年11末,全市小微企业信用贷款余额同比仅增长0.39%,增速低于2020年末38个百分点,低于各项贷款增速(13.85%)13.46个百分点。小微企业信用贷款余额在小微企业贷款余额中占比12.46%,较去年同期下降3.04个百分点。小微企业信用贷款增长阶段性放缓,占比降低,小微企业贷融资抵押担保要求提高,部分小微企业难融资难度加大。如欧朗机械因为纳税期限不足1年,不能通过银行纳税信用贷款评估,又因租赁的厂房没有产权,不能获得银行抵押贷款。

2.信用贷款额度较低,大额融资需求要补充抵质押

据调查,小微企业的信用贷款金额一般在100万元以内。如农行纳税E贷限定额度100万元以内;工行线上法人经营快贷系统会对小微企业经营情况进行评估,实际单笔平均额度仅75万元。据统计,2021年1—11月全市发放单笔100万元以内小微企业信用贷款1 465笔、6.26亿元,笔数、金额占比分别为85.12%和35.3%。小微企业信用贷款额度较低,大额融资需求仍需要提供抵押担保。如某食品加工企业获得银税信用贷款授信260万元,因额度低不能满足投资需求,最后通过担保公司担保获得1 200万元贷款。

3.信用贷款门槛偏高,小微企业信用贷款占比较低

据调查,多数金融机构对小微企业信用贷款客户设置了"持续经营时间2—3年以上""持续盈利""纳税评级达到B以上"等前置条件。如工行"经营快贷"要求企业内部信用评级达A+以上、近3年连续保持盈利、上年度及本期经营活动现金净流量为正、无不良信用和涉诉记录。这些前置条件对小微企业形成较高的壁垒。如青源生物生产经营正常,但因纳税期限不足1年,未能通过银行纳税信用贷款评估。据统计,2021年11月末,全市小微企业信用贷款余额在其各贷款余额占比仅12.46%,分别低于大型企业、中型企业34.93个百分点和16.94个百分点。

4.信用贷款期限偏短,与企业生产经营周期不完全匹配

2021年1—11月,全市1年期以内(含)小微企业信用贷款有1 688

笔、13.54亿元，笔数、金额占比分别为98.08%和76.41%。小微企业信用贷款期限主要在1年以内，仅能满足短期流动资金融资需求，中长期融资需求仍难以获得满足。如部分青砖茶生产企业为提高产品品质，将陈化时间延长至3—5年，对3年期以上的流动资金贷款需求较多，但银行认为企业资产流动速度较慢，贷款风险较高，只向企业发放不超过3年期的抵押贷款。

（四）制约因素

小微企业信用贷款增长放缓、额度较低、门槛偏高、期限偏短，主要是小微企业信用贷款风险缓释机制运行效力在以下几方面因素影响下阶段性下滑。

1.信用贷款风险阶段性上升，政策工具激励效应边际降低

（1）小微企业信用风险上升，信用贷款风险大幅增加。据调查，2021年新增信用贷款客户多是从原来的抵质押贷款客户转化而来，新增小微企业信用贷款客户资质整体下滑。据统计，2021年11月末，全市小微企业逾期贷款5.8亿元，同比增长8.11%，其中，单户授信小于500万元的境内小微企业贷款逾期贷款1.36亿元，同比增长161.78%；微型企业逾期贷款1.39亿元，同比增长116.1%。单户授信小于500万元的境内小微企业贷款不良贷款余额1.31亿元，不良率3.04%，较去年同期提高0.78个百分点，高于全市企业贷款不良率2.34个百分点。

（2）信用贷款支持计划缺乏风险缓释机制，激励效应边际降低。据测算，通过信用贷款支持计划工具发放1亿元信用贷款，金融机构可以获得4 000万元资金1年免息使用期，若按2.28%的存款成本率（即1年期整存整取存款基准利率上浮52%）计算，可为节约利息支出91.2万元。而按照2021年8月末全市普惠小微企业不良率2.74%测算，将形成274万元不良贷款。据调查，信用类、抵押担保类贷款违约损失率分别为80%和30%，那么银行将因发放信用贷款多损失约137万元，明显超出因此获得的91.2万元收益补偿。因此，信用贷款支持计划工具对风控能力较弱的银行将缺少吸引力。据统计，2021年1—11月，全市10家法人银行中有40%（4家）未发放小微企业信用贷款。

2. 金融科技基础不牢，制约贷前逆向选择风险防范效力

（1）企业信用评价关键信息获取渠道狭窄。银行用于信用评价的水、电、气和社保等关键信息分布在不同的政府主管部门，银行难以逐个部门沟通获取。而且与企业信用风险密切相关的商业往来、交易信息、资金赊欠等信息需要银行人员实地调查，不仅贷前调查成本提高，而且难以获取实际信息。

（2）银企对接平台建设不完善。全市已搭建咸融通、赤壁小微金融服务网、崇阳农村金融服务网、银税互动等平台等多个银企互动平台，但各平台数据接口不统一，单个平台覆盖面有限，平台维护成本也较高。部分平台由于缺少维护，空白记录较多，信息时效严重滞后，数据可用性较低。如崇阳农村金融服务网由于数据滞后，仅崇阳农商行将其信息作为参考，信贷人员需要线下采录数据并进行贷前评估。

（3）法人金融机构金融科技运用水平较低。法人农商行在人才、技术、规模等方面处于劣势，业务"线上化"转型较慢，2019年9月才上线针对企业主、个体工商户的线上银税互动贷款，法人企业的纳税信用贷款还需要线下人工评估授信，成本高且效率低。据统计，2021年1—11月全市6家法人农商行仅发放小微企业信用贷款11笔、5 287万元，笔数、金额分别占法人小微企业贷款笔数、金额的1.79%和0.42%。

3. 内部管理不完善叠加信用环境约束力不强，降低贷后道德风险缓释机制效力

（1）内部贷后管理不完善，部分银行存在重贷轻管现象。一是贷前、贷后力量分配不均。部分银行仅重视贷前甄别，对贷后管理投入不足，风险管理存在漏洞。如线上信用贷款由客户通过APP申请，违约风险由模型开发部门承担，基层信贷人员仅对客户资料真实性负责，不承担违约风险，营销积极性、贷后管理积极性较低。二是贷后管理职责不清晰。部分银行二级分行以下的信用贷款业务贷前评估由上级行负责，贷后管理由二级分行承担，贷前与贷后管理脱节，降低了贷后管理效果。三是贷后管理能力欠缺。基层行信贷人员主要从事担保贷款的营销与管理，缺乏信用贷款管理的专业技能和经验，导致信用贷款贷后管理力不从心。

（2）外部信用环境约束力不强，企业贷款违约成本较低。①司法处置效率较低，加之执行中存在财产难寻、被执行人难找、协助执行人难配合、执行财产难动等困难，不良贷款涉诉案件执结率较低，助长部分企业逃废债的侥幸心理。②司法处置成本高。据调查，不良贷款诉讼需要金融机构先行垫付诉讼费用、开具借款人不在的当地居（村）委会证明、对司法诉讼的过程中传票、判决等的送达等工作进行公告，增加了不良贷款司法处置成本，低了金融机构通过司法处置不良的动力。

三、苏州经验借鉴

（一）苏州地方企业征信平台运营模式分析

2015年4月，苏州为缓解中小微企业"融资难、融资贵"的难题，成立苏州企业征信公司，充分利用大数据、人工智能等前沿科技，并设立信保基金等措施来提高小微企业信用贷款风险缓释机制运行效力，提高小微信用贷款可获得性。截至2019年6月末，苏州征信平台已累计帮助10 327户企业获得授信5 972亿元，2 300户企业获得"首贷"资金137亿元，1 942户企业获得信用贷款1 253亿元。

1. 设立信保基金，提高信用贷款的风险补偿

设立规模10亿元的信保基金，与银行合作发放"信保贷"，为有成长性、轻资产的中小微企业的信用贷款提供风险补偿。"信保贷"通过信用保证基金指定的担保机构提供保证保险，银行在收到基金受托管理机构提供的信保额度确认函后为企业发放信用贷款。信保基金、银行和担保机构分别按照65%、20%和15%的比例共担贷款违约风险。

2. 加大科技金融运用，降低贷前逆向选择风险

一是建立企业征信数据库。苏州企业征信公司与78个政府部门及公用事业单位等数据采集源专线连接，在获得企业授权的前提下，自动采集企业财务、用电、用水、用气、借贷、正面评价、负面处罚、涉诉、进出口贸易和企业权益等606项信息。二是加大金融科技运用。苏州企业征信公司与国内外3家知名评级机构合作,运用大数据、人工智能技术对融资需求和征信评分进行匹配识别,向金融机构提供12大类、130多个重要指标,使银行能更全面、精准了解企业还款能力、还款意愿和发展趋势。

3. 强化企业征信激励效应,提高信用贷款贷后道德违约成本

苏州企业征信公司在多部门支持下,实现数据采集"有贷企业全覆盖、新设企业全覆盖、享受金融支持政策企业全覆盖"[①]。同时,信保基金对银行未通过苏州地方征信系统进行贷前调查、贷后管理的企业贷款风险不予代偿,从而推动苏州市100多家一级分行及总部及金融机构接入苏州企业征信平台,实现银行机构全覆盖。苏州企业征信数据采集"三个全覆盖"和企业征信系统运用银行全面覆盖,一旦企业违约,不仅难以融资,而且将失去享受金融支持政策资格。

(二)经验借鉴

1. 提升信用贷款风险缓释机制效力是降低银行抵押依赖根本

苏州以企业征信平台为基础,通过信保基金分担信用贷款风险,加强金融科技运用,强化征信激励,有效降低金融机构信用贷款业务的成本、逆向选择风险和道德风险,提升信用贷款风险缓释机制运行效力,有效推动企业信息替代贷款的抵押担保设置。

2. 健全金融科技基础设施是推动银行信用贷款业务发展的基础

苏州优化数据采集机制和指标体系,建立企业征信数据库,以企业征信公司为基础搭建了基础应用、增值服务、智能应用和移动端应用等系统,形成了一个完善的综合服务平台,使金融机构能依托苏州企业征信公司掌握的多维数据优势,将小微企业行信息转化为信用。

---

① "有贷企业全覆盖"指的是在商业银行发生过信贷记录的企业均会被苏州企业征信公司采集征信数据。"新设企业全覆盖"指的是苏州企业征信公司积极向人民银行争取支持,在工商注册后的企业需要开立银行账户时,同步授权苏州企业征信公司采集数据。"享受金融支持政策企业全覆盖"指的是纳入《行动计划》服务范围的企业应授权苏州企业征信公司采集企业相关信息,只有授权后,企业才会获得苏州综合金融服务平台登录账号,享受平台提供的各类金融服务和《行动计划》相关政策。

3. 多部门协同配合是完善金融科技基础设施关键

苏州企业征信公司在"政府推动＋对接主动＋协调联动"机制下，实现数据采集"三个全覆盖"，并实现使用单位通过专线连接实时查询的功能。苏州企业征信平台的建立和系统的推广运用，涉及多个部门间沟通协调，只有在政府部门主导下，多部门协同配合才能完成。

四、对策建议

根据对小微企业信用贷款的成本加成技术和风险缓释机制分析、咸宁信用贷款实践的评价和苏州经验的分析，发放信用贷款的关键是通过政策和技术的变革，使得金融机构能够在相对合理的成本下降低小微企业信用贷款的贷前逆向选择风险和贷后道德风险，从而实现企业信用对抵押担保的替代。

（一）优化信用贷款激励政策，提高政策激励边际效用

从2022年起，普惠小微信用贷款将纳入再贷款支持计划管理，原来用于支持普惠小微信用贷款的4 000亿元额度可以滚动使用。建议一方面，适度降低普惠小微信用贷款再贷款利率。在一般再贷款利率基础上进一步降低普惠小微信用贷款再贷款利率，提高对普惠小微信用贷款资金优惠力度。另一方面，鼓励小微信用贷款风险缓释设计。由中央和地方财政按比例共同出资，设立普惠小微信用贷款风险补偿基金，由基金指定的担保机构和银行共同对贷款人资质进行审核，并在一定额度内由风险补偿基金、担保机构和银行按比例分担贷款风险。

（二）强化金融科技基础设施建设，进一步缓解信息不对称

一是强化信用信息归集共享。建立和完善数据归集共享机制，推动税务、海关、公积金中心、市场监管、电力和社会保障等部门数据专线接入，推动有贷款企业、享受政府支持政策企业、新设企业主动向金融机构授权查询使用。二是完善信息平台建设。整合现有银企对接平台，统一平台的数据接口，加大平台数据维护、推广力度，逐步增加平台的信息筛选、信用评估、风险监测等功能，并与银行联合开发基于数据的

金融产品。三是提高金融科技运用水平。鼓励金融科技渗透效果较好的机构进一步完善获客、风控等模型,优化客户准入、授信额度等门槛。引导中小法人银行通过自建或外部合作等方式,因地制宜运用金融科技改造传统服务模式。

(三)完善贷后风险管控机制,降低贷后道德风险

一是加大贷后管理的投入和质量。理顺信用贷款贷后管理职责,协调好调查评估行与客户管理行不是同级行的贷后管理工作。加大贷后管理业务培训,提高信贷人员的信用贷款贷后管理能力。二是发挥金融科技在贷后管理中的作用。建立基于企业信息及企业关联人信息的信用贷款贷后风险预警系统,利用大数据技术开展多维度交叉检验和监测分析。三是加强前瞻性贷后风险管控。加大信用贷款风险排查频次、广度和深度,主动采取补救措施,防止风险变为损失。

(四)加快推进社会信用环境建设,提高信用违约成本

一是加大金融债权保护力度。加大打击逃废债力度,优化金融债权诉讼案件流程,加快金融债权案件审理进度,提高涉诉案件执结率。二是深入开展失信联合惩戒。推动债权违约信息在各部门间的共享,充分运用工商、税务登记、年检以及司法等手段,严厉打击恶意逃废金融债务行为。三是加大失信违约网络公开力度。规范和完善失信黑名单报送、确认、公示、修复及异议处理程序,并及时通过互联网予以公开。

参考文献

[1] 王剑.小微企业融资难的纾解之道[J].金融博览(财富),2018(9).

[2] 池仁勇,朱张帆.软信息与硬信息孰轻孰重——中小企业授信与信用风险视角[J].华东经济管理,2020(3).

[3] 钱龙.信息不对称与中小企业信贷风险缓释机制研究[J].金融研究,2015(10).

[4] 黄晓红.基于信号传递的农户声誉对农户借贷结果影响的实证研究 [J]. 经济经纬, 2009（10）.

[5] Brick I. E., Palia D. Evidence of Jointness in the Terms of Relationship Lending [J]. Journal of Financial Intermediation, 2009, 16（29）.

课题主持人：郑　艺
课题组成员：王震宇　镇　飞　李瑜信　童星英　韩玉国
执　笔　人：韩玉国

互联网金融业务快速发展背景下的洗钱风险研究

中国人民银行武汉分行反洗钱处课题组

近年来,移动支付、大数据、网络社交媒体等信息通信技术和模式的出现带动了互联网金融业务快速发展。2013年"余额宝"业务借助支付宝渠道和高收益、低风险、流动性强的产品特点,在短时间内成为国内规模最大的货币基金,成为互联网金融业务发展中的标志性事件。互联网金融在国内出现后借助信息技术平台迅速发展,带动传统金融机构持续创新业务种类、优化业务流程和服务方式,也给强调稳定的传统金融监管带来挑战。本文尝试结合互联网金融快速发展的背景,从反洗钱角度对当前主要互联网金融业务进行风险分析并提出建议,为完善监管政策提供参考。

一、互联网金融反洗钱概念和文献综述

(一)互联网金融概念

互联网金融在国际上没有权威定义,相对而言,"金融科技"的说法在业内更为广泛[①],金融与科技融合发展的趋势也体现出互联网金融的发展程度。可以认为"互联网金融"是我国特有的概念。

根据中国人民银行等机构、部门联合发布的《关于促进互联网金融健康发展的指导意见》(银发〔2015〕221号),互联网金融业务被定义为传统金融机构与互联网机构利用互联网技术和信息通信技术实现资金

---

① 王达:《美国互联网金融的发展及中美互联网金融的比较——基于网络经济学视角的研究与思考》,《国际金融研究》2014年第332期。

融通、支付、投资和信息中介服务的新型金融业务模式。

依托信息技术的不断发展，互联网金融业务呈现出快速发展趋势，当前主要有两类业务方向，即"金融机构互联网化"[①]和"互联网机构金融化"[②]。互联网金融内涵广泛，伴随科技发展，今后可能还会出现多种新型业态，限于篇幅不逐一列举分析，本文结合当前互联网金融的几类主流业务进行探讨。

（二）文献综述

国内互联网金融自2012年起迅速发展，虽然相关领域的反洗钱研究起步较晚，但仍出现了不少基于互联网金融业务特点的反洗钱研究成果，为监管实践提供了一定参考价值。童文俊（2014）从分析互联网金融业务模式入手，结合国际上防范互联网金融洗钱风险的经验，深入分析了当前互联网金融业务中潜在的洗钱风险，提出了加大管理力度、明确责任义务、坚持合理怀疑原则、提高防控积极性的建议。洪娟（2014）尝试从整体上分析互联网金融风险，提出了防范风险和政策建议。她认为互联网金融是信息技术和传统金融融合创新的业务，导致其产生风险主要有四点，分别为过于信赖信息技术、网络实名认证不足、跨界从事金融活动和监管法律法规的缺失，这四个因素都极易导致洗钱犯罪活动的发生。张艳红（2015）将互联网背景下的洗钱活动特点归纳为隐蔽性、复杂性、便捷性等，分析出防控洗钱活动的主要难点为信息甄别困难、监督管理滞后和追查起诉困难等。她提出要建立高素质的反洗钱过程控制队伍，培养出同时精通金融业务、掌握网络技术和深谙法律知识的反洗钱人才。王达（2016）收集汇总了部分客户信息、交易流水和洗钱行为特征等数据后，尝试综合分析互联网金融业务的交易规律，为监管部门更好地借助反洗钱监测数据侦破案件提供了参考。柴志新、马文鹏（2017）介绍了互联网金融反洗钱国际经验，认为当前传统金融和互联网金融的反洗钱管理措施差

---

① 源于传统金融机构的互联网金融业务。传统金融机构借助互联网技术和信息通信技术，提供新的线上金融服务。

② 源于互联网机构的金融业务。互联网机构利用流量优势、技术积累或申请金融业务资质，或与金融机构开展合作，最终实现金融业务的覆盖。

异性不大，指出互联网金融从业机构要结合业务实际不断提升自身反洗钱管理水平。周袁民（2017）结合案例详解借助互联网金融洗钱的特点，介绍了国际上互联网金融监管经验，指出互联网金融反洗钱监管存在的难点，并结合当时的法律法规和监管情形，尝试对互联网金融从业机构面临的洗钱风险进行等级划分。吴曼丽（2018）分析了洗钱活动借助互联网金融业务的各种特点，提出建立洗钱监测系统、完善客户身份识别机制等建议。以上对互联网金融的反洗钱研究多针对某项具体业态或结合具体案例进行分析，对互联网金融洗钱风险整体分析的篇幅较少，但仍在传统反洗钱监管的基础上，提出完善机制建设、落实身份识别制度和加强系统建设提升技术支持等可行性建议。

二、互联网金融业务发展概述

（一）国际上互联网金融发展

1. 传统金融的网上业务持续发展

自20世纪90年代中期起，随着信息技术的快速迭代发展和互联网基础设施的不断夯实，互联网技术逐渐被传统金融引入，并对行业产生了积极影响。这段期间，国际上对互联网金融发展的推动，主要源于传统金融机构将柜面业务迁移至网络办理的过程。

一是银行机构试水网络化。1995年10月，美国安全第一网络银行[①]成立，标志着传统银行业务开始向线上迁移，随后美国多家银行机构相继尝试依托互联网提供服务，网络业务在银行机构业务的占比持续提升。二是证券机构向网络化转型。主要包括传统证券公司互联网化和纯网络证券公司。如美林证券积极转型，提供部分可借助网络开展的业务；E-Trade[②]采取纯网络模式经营，为客户提供主流金融业务的信息咨询和折扣证券经纪服务。三是保险机构推行网络营销渠道。1997年，全球首家互联网直销保险公司由日本电信和美国家庭人寿保险公司合资设

---

① 安全第一网络银行，Security First Network Bank，SFNB。
② E-Trade成立于1992年，业务定位为提供金融行业信息的门户网站，总部位于美国纽约。

立于日本。2000年后，英国居民通过互联网购买保险的比例，在10年内上升了15个百分点，德国居民购买车险和家财险的网络渠道份额也在2010年快速上升至45%和33%。

2. 第三方支付业务高速发展

在与传统金融机构的合作过程中，互联网科技公司不断尝试提供金融服务，逐步诞生出有别于传统金融业务的互联网支付模式。1998年，欧盟电子货币指令规定第三方支付媒介为电子货币或商业银行货币；1999年，美国《金融服务现代化法案》将第三方支付认定为传统货币服务的延伸。目前全球较为知名的第三方支付有PayPal①、Goole Wallet，英国Worldpay等。随着智能手机的普及运用，第三方支付发展为使用手机等移动设备办理的移动支付、手机钱包等业务模式。

3. P2P网贷、众筹平台逐渐兴起

全世界第一家P2P②平台Zopa于2005年3月在伦敦设立。随后，美国知名P2P平台Prosper和Lending Club也分别于2006年和2007年成立。Lending Club在美国SEC③注册登记，已发展为全世界规模最大的P2P平台，累计发起贷款数量约14亿美元④。通过为借贷双方提供信息撮合和支付等中介服务，P2P平台极大拓展了个人间借贷的范围。

全世界第一家众筹网站Artist Share于2001年在美国设立，主要覆盖对象为音乐界群体。该网站于2003年10月发起第一个项目融资，该项目被公认为互联网众筹融资模式的"鼻祖"。时任美国总统的奥巴马在2012年签署了《创业企业扶助法案》⑤，允许通过社交网络和互联网平台向公众销售资产，扫除了互联网众筹融资的法律障碍，使得众筹在美国成为解决科创小微企业融资的新渠道⑥。

---

① 成立于1998年的PayPal被公认为全球第三方支付业务的先行者。
② P2P（Peer to Peer），即点对点的网络借贷平台。
③ SEC，United States Securities and Exchange Commission，美国证券交易委员会。
④ 李平、陈林、李强、冯毅、赵洪江：《互联网金融的发展与研究综述》，《电子科技大学学报》2015年第2期。
⑤ Jumpstart Our Business Startups，英文简称JOBS，又称为美国乔布斯法案。
⑥ STEMLER A, "The JOBS act and crowdfunding: Harnessing the power-and money-of the masses," Business Horizons, 2013（56）: 271-275.

（二）国内互联网金融发展

1.银行业务互联网化

互联网金融迅速发展背景下，传统银行机构主动加大技术投入，在强化传统网络银行、手机银行的基础上，推动金融与互联网深度融合发展。

一是强化网络银行、手机银行等传统电子银行业务，并搭建开放平台积极获取客户资源。2020年，面对突如其来的新冠疫情，传统银行机构加快了手机APP优化进程，疫情期间坚持提供线上金融服务，保障了群众的基础金融需求。二是推出多个互联网存款类业务。2018年5月，重庆富民银行与京东金融联合推出互联网存款产品"富民宝"。随后，微众银行"智慧存款+"、众邦银行"众邦宝"等互联网存款产品上线。此外，城商行、农商行、村镇银行也都利用互联网平台吸收存款，银行展业渠道逐步拓宽至第三方互联网相关平台。2021年1月，银保监会、中国人民银行联合发布《关于规范商业银行通过互联网开展个人存款业务的通知》，对通过第三方互联网平台开展的定期存款和定活两便存款业务采取强力监管措施，相关风险被有效控制。三是互联网贷款业务持续发展。以国内开展该类业务量最大的蚂蚁集团为例，截至2020年6月30日，蚂蚁集团微贷科技平台消费信贷余额约为1.73万亿元，小微经营者信贷余额约为0.42万亿元[①]。根据哈尔滨地区的中小型城商银行年报显示，其消费贷接近70%的比例来自外部合作互联网平台，互联网贷款成为监管重点。2020年至2021年间，银保监会陆续发布多个规范互联网贷款的规范性文件，提出互联网贷款指标三条红线，并开始将消费金融公司和信托公司纳入互联网贷款监管范围，加大对商业银行互联网贷款业务的审慎监管力度。此外，为防范大学生过度借贷，五部委于2021年2月联合发文[②]禁止小额贷款公司向大学生发放互联网消费贷款。

2.证券业务互联网化

国内互联网证券主要有两种发展模式。一是互联网券商化。即互联

---

① 数据源于蚂蚁集团招股说明书。
② 中国银保监会、中央网信办、教育部、公安部、中国人民银行于2021年2月24日联合发布《关于进一步规范大学生互联网消费贷款监督管理工作的通知》。

网机构先依托信息服务资讯等平台获得客户流量,再通过收购传统证券公司获取券商牌照。以东方财富证券公司为例,2015年,该公司以发布证券行业信息的东方财富网站为平台切入互联网证券行业,仅3年时间,证券业收入和利润就已经超过公司总收入和利润的50%。二是券商互联网化。传统证券公司通过引入互联网技术,拓展自身业务边界,华泰证券是其中代表。该公司2014年推出移动手机平台"涨乐财富通"APP,将其所有业务全部整合进该平台之中,让客户通过手机即可获得自开户起的全部证券投资服务。截至2020年底,"涨乐财富通"APP月活数位居证券公司类APP第一。2019年以来,随着资管新规不断推进,证券公司继续加大对APP的改造,加速推动业务互联网化,传统证券行业互联网化明显。

3. 保险业务互联网化

根据保险领域数据显示,2010年我国互联网保费收入约为17.7亿元,至2015年达到2 233.96亿元,增长126倍[1]。通过互联网渠道购买保险逐步被消费者所接受,利用互联网技术完善营销渠道、降低营销成本、推动保险发展成为业内共识。2019年上半年,70余家大中型保险公司借助网络营销渠道实现保费收入381.5亿元,较2018年同比增加17%。至2020年底,国内已设立了众安在线等4家持牌的纯互联网保险公司[2],另有超过百家的保险公司通过互联网渠道拓展业务。互联网保险价格低、购买便利、运用场景丰富等优势也吸引了大量客户通过该线上渠道购买。

4. 第三方支付行业高速发展

数据显示,国内第三方支付行业的交易规模逐年大幅增加。以其中增长最为迅速的移动支付为例,其交易金额从2013年的1.2万亿元增长为2020年的331.4万亿元,群众在日常生活中高频使用移动支付的行为习惯已形成,移动支付渗透率维持在较高水平。2021年1月,中国人民银行面向社会对《非银行支付机构条例》征求意见,该条例改变了原先对支付业务类型的划分体系,意在将原先预付卡、银行卡收单和网络支

---

[1] 资料来源于2019年中国互联网保险行业研究报告。
[2] 4家纯互联网保险公司为众安在线、泰康在线、易安财险和安心财险。

付三个支付业务类型,调整为储值账户运营和支付交易处理两个类型,明确了对支付行业的规范管理方向。

2016年以来,中国人民银行暂停发放新的支付牌照,仅定期对现有第三方支付机构的业务资质进行评估,如合格则继续展期,反之取消业务资质,规范和整顿力度不断加大。2020年至今,第三方支付机构累计被处罚金额达3亿元。尽管监管力度持续加大,作为互联网金融的重要业务入口,第三方支付业务仍被众多互联网机构看重,尝试通过收购或控股第三方支付机构等方式获取支付牌照,搭建可引导客户流量的金融通道和运用场景。如拼多多收购付费通,字节跳动收购合众支付,快手收购易联支付等。

5. 互联网银行顺势而生

随着互联网与金融的深度融合,民营银行中出现了一批互联网银行,逐步成为国内银行体系的一部分。这类互联网银行主要依靠互联网技术支撑客户服务,基本不设置对外物理网点。截至2021年底,国内陆续设立了19家民营银行①,其中3家为纯互联网银行②,其他16家民营银行受制于网点数量较少,也主要依托网络渠道拓展业务。以浙江网商银行为例,该行主要经营范围与传统银行基本相同,自2015年成立以来,贷款业务迅速发展,已累计放贷超3万亿元。

6. P2P、网络小贷由兴起转向清退和规范

2007年,国内首家网贷公司——拍拍贷开启线上借贷业务,在鼓励创业创新政策出台的大背景下,国内先后设立了万余家P2P平台,年交易规模近3万亿元③。2015年,E租宝、泛亚等平台陆续爆雷成为国内P2P行业的转折点,随后监管部门开启对行业的全面风险整治。2019年,国内各地多家金融监管局相继发布网络借贷行业风险提示函,要求全面

---

① 19家民营银行分别为:深圳前海微众银行、上海华瑞银行、温州民商银行、天津金城银行、浙江网商银行、重庆富民银行、四川新网银行、湖南三湘银行、安徽新安银行、福建华通银行、武汉众邦银行、江苏苏宁银行、山东威海蓝海银行、吉林亿联银行、北京中关村银行、辽宁振兴银行、梅州客商银行、江西裕民银行、无锡锡商银行。

② 截至2021年10月,获批互联网银行牌照的3家民营银行为深圳前海微众银行、浙江网商银行和四川新网银行。

③ 资料来源于华宝证券:《2020互联网金融年度报告:新互联网财富时代来临》。

取缔P2P网贷业务,至2020年11月,P2P网贷机构基本被全面清退。

除P2P外,网络小额贷款业务也主要依托互联网平台开展。2020年11月,旨在规范《网络小额贷款业务管理暂行办法》面向社会征求意见。该办法明确了网络小额贷款的监管主体、规则和相关措施,对信息披露、风控体系和单户上限等业务情形作出明确规定,并划出了联合贷款出资不低于30%等监管红线。截至2020年12月末,国内小额贷款公司数量从2016年的8 673家减少至约7 100家,贷款余额8 888亿元,较2019年减少203亿元①。

三、互联网金融快速发展对反洗钱监管带来的挑战

(一)互联网金融业务监管现状

2015年出台的《关于促进互联网金融健康发展的指导意见》明确了网络支付、网络借贷②、互联网基金销售、互联网保险等当前主要互联网金融业务的定义和业务边界,并按监管条线划定了相应职能部门的职责分工。各职能部门也分别对相关业务出台了监管制度逐步予以规范。从国际上看,尽管没有健全系统性的监管体系,但欧美等国已逐步结合互联网金融的风险特征,强化了监管力度。

1. 美国模式

美国对网络银行的监管政策总体来说偏向宽松,主要做法是通过对现有法律法规进行修补,使其适用于监管网络银行业务;对第三方支付机构,美国则将其视同货币服务机构,要求必须在FinCEN注册,并经核准后才能开展业务,并通过发放牌照予以规范管理,对注册资本、业务范围、报告机制和反洗钱等方面提出了要求;对众筹平台,则要求必须通过美国SEC认证,同时对平台的融资规模和投资人规模予以了限制。

2. 欧洲模式

欧洲对互联网金融监管主要着眼于两个方面。一是营造公开透明的

---

① 资料来源于中国人民银行网站。
② 此处网络借贷指个体网络借贷,即简称为P2P网贷。

法律环境。二是注重对金融消费者的保护。如欧盟参照对传统银行机构要求，从资本、投资范围、业务风险等多个角度对第三方支付机构实施监管。英国成立了P2P行业协会，通过行业自律维持业内良性竞争，保护消费者权益。

（二）互联网快速发展下蕴藏的洗钱风险

通过科技与金融业务的充分融合，互联网金融业务较好地满足了不同社会群体的多样化金融需求。但伴随互联网快速发展而来的业务量剧增、小额多频、全天候等交易特征，也为不法分子实施洗钱和恐怖融资提供了更多掩饰隐瞒的空间。

1. 发展速度超常规

近年来，借助国家积极推动新一代信息技术发展和国内互联网基础设施的日益完善，互联网金融呈现出快速发展趋势。以发展最快的移动支付为例，国内第三方支付机构在2019年共处理了移动支付业务7 066.06亿笔，较上年同期增长超过50%。2015年至2019年五年间，同类移动支付业务笔数和金额年均增幅分别超过100%和85%，发展速度远超传统金融行业（见图1）。

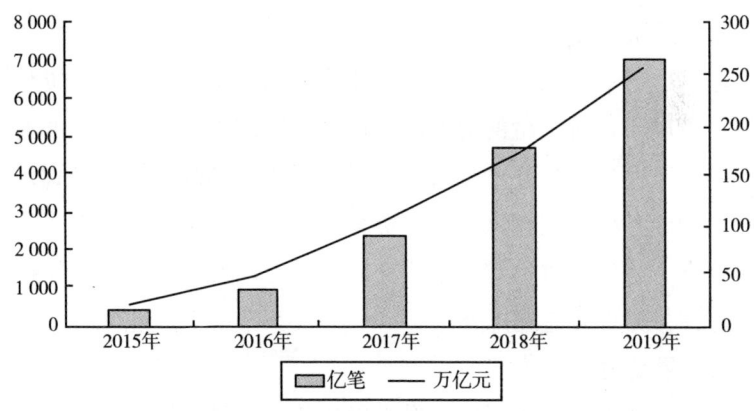

图1　第三方支付机构移动支付交易（2015—2019年）①

---

① 数据来源：《中国互联网金融年报（2020）》。

2. 更易于隐蔽

互联网金融公司无法采取传统金融机构与客户现场交流的方式，当面询问客户开户情况，全面识别客户身份。部分源于传统金融的互联网金融业务，业务存续期间全程非面对面，虽在开户环节通过视频或动作指令等方式认证客户身份，但未普及指纹、虹膜等强识别性的生物技术，客户身份识别的有效性有待验证。而其他依赖于社交网络或电商平台的互联网金融业务，相关平台未全面落实用户的实名认证要求。即便是实名认证用户，由于持续识别不到位，同样难以保证客户身份信息在存续期的真实有效。网络行为匿名性和网络开户便利性增加了相关公司识别客户身份的难度。

3. 片面追求便捷

互联网金融交易依托网络完成，突破了业务办理的地域界限，从形式上可以延伸到世界各地。交易的虚拟性和便捷性使得资金流转更加迅速。在追求优化客户体验的驱动下，互联网金融业务极尽简化业务操作流程，使得客户可在极短时间内完成资金转移。通过在不同互联网金融从业机构、社交平台、电商网站间频繁切换交易，容易掩饰资金流向，监测难度明显加大。

4. 业务复杂多变

互联网金融业务的复杂和非标准化为不法分子掩饰、转移资金提供了渠道。不同于传统金融的分业经营模式和高准入门槛，互联网金融与社交媒体、电商平台相互融合渗透，形成实质上的混业经营模式，导致资金在不同业务模式间相互流通，资金链复杂，不法分子可以通过跨平台、跨业态方式构建难追踪的虚假交易，人为割裂交易链条，导致真实的资金转移行为难被追溯排查。

5. 创新驱动力强

依托于信息技术的互联网金融发展较传统金融更快，创新驱动力更强，普遍重发展、轻风险，风控意识和能力存在不足，时而出现未经监管部门批准或未进行风险评估就上线新产品的现象。另外，依托于信息技术的进步，互联网金融产品在经过数期迭代后可能进入业务爆发式增长期，而其风控措施和资源一旦与发展速度不匹配，极易产生洗钱漏洞。

（三）迅速发展的互联网金融给反洗钱监管带来的挑战

对互联网金融业务要一分为二地分析。源于传统金融机构的"金融机构互联网化"模式，其原有风险意识较强，长期以来的风控措施和流程比较成熟；但源于新兴的科技公司的"互联网机构金融化"模式，普遍存在发展优先于风控或以违规换市场的意识，其全程非面对面的业务模式和快速发展趋势，使得出租、出借账户及利用假名、匿名或他人账户洗钱行为难以被发现，给反洗钱监管带来了挑战，下面主要结合当前互联网金融的几类主流业务进行分析。

1. 传统金融互联网化带来的挑战

相比传统金融模式下客户需去网点办理金融业务，传统金融在运用新兴技术实行互联网化后，除首次建立业务关系需现场办理外，在业务存续期均可以借助互联网办理，明显提升了资金周转效率，也增加了反洗钱监管的困难。根据A省区域调研数据显示，2019年该省辖内近900份可疑交易报告中不法分子借用了传统金融的互联网业务渠道，占同期可疑交易报告总量的99%。其中，网上银行业务风险程度最高，被使用的频率达到91.37%，流转资金占比达到37.85%；手机银行被使用频率达到40.82%，流转资金占比42.93%（见表1）。尽管传统金融在反洗钱监管方面相对完善，但依托互联网渠道的业务使用频率和交易金额逐年上升，也给传统监管带来不小的挑战。

表1　可疑交易活动借助银行产品或渠道明细情况表

	现金业务	转账汇款	投资理财	自助设备	网上银行	电话银行	手机银行	消费POS	代理收付	电子商务	银证	银保	第三方支付
数量	108	101	3	179	826	6	369	159	119	138	8	4	349
占比（%）	11.95	11.17	0.33	19.80	91.37	0.66	40.82	17.59	13.16	15.27	0.88	0.44	38.61
金额（亿元）	12.66	1 045.34	0.09	4.2	4 804.71	1.57	5 448.95	110.04	24.91	15.68	0.53	0.07	1 224.33
占比（%）	0.10	8.24	0.00	0.03	37.85	0.01	42.93	0.87	0.20	0.12	0.00	0.00	9.65

2. 第三方支付业务带来的挑战

一是客户身份识别要求未完全落实。第三方支付机构普遍存在对客户的初次身份识别重形式而轻实质的情况。从日常监管情况看，第三方支付机构对客户信息的采集主要依赖客户在网页或手机APP中主动填写的信息，在追求客户体验的流程设计中，通常仅要求客户填写最基本的信息，既无法判断客户开户的真实意愿也不足以验证客户信息的真实性，存在较多采集的客户身份信息不完整、虚假等情况。如在初次建立业务关系时，个人客户的职业、经常住所地等反洗钱法规要求的选项允许为空或系统自动默认，不采集对公客户受益所有人要素；在持续或重新识别客户时，由于第三方支付机构与客户不直接接触或直接接触较少，对于客户身份信息发生变化的情况，未像传统金融机构一样定期通过一线人员或客户经理多方面获取客户信息并作及时变更；少数第三方支付机构对于涉及公安和司法查询的客户未在反洗钱系统中调整相应风险分值或进行关联处理，对客户洗钱风险等级调整不及时，流于形式。

二是资金交易监测难。相较于传统金融，第三方支付机构的资金流动更多表现出小额多频、全天候和跨平台跨区域的交易特征，大量虚假交易隐藏在与其特征相似的真实交易中，给分析识别异常交易带来了较大困难。另外，第三方支付机构的交易监测体系多偏重于控制资金损失方面的风险，在洗钱监测方面经验欠缺，设置洗钱监测的指标较少，在分析审查交易资金性质、来源、流向方面有效性不足，导致不法分子频繁使用支付账户转移资金。如利用多个第三方支付账户关联多张银行卡，采取跨渠道方式频繁转移资金，延长交易链条，部分交易可能涉及金融机构、第三方支付机构、客户、商户，甚至第四方聚合支付服务机构等多个参与者。第三方支付机构对此类交易在短时间内难以逐笔监测分析，监管部门后续追踪非法资金交易的源头存在困难，易引发洗钱风险。

三是管理资源与发展速度不匹配。第三方支付机构一旦被嵌入社交网络平台或购物网站，往往会呈现出爆发式增长。如合众支付在2019年前发展较为平缓，但2020年被头部互联网公司字节跳动收购后，其客户规模在较短时间内迅速增长至1亿，较上年同比增加5倍以上，但该公司相关风控人员仍保持前期规模。尽管第三方支付机构大量借助技术手段承担了主要的异常交易监测分析工作，但最终对可疑交易的排除或上报仍离不开人工的主动参与，相关岗位人员不足导致该公司在异常交易的分析排除方面可能存在短板。

3. 网络借贷、股权众筹融资带来的挑战

一是监管机制有待进一步完善。2018年，中国人民银行发布《互联网金融从业机构反洗钱和反恐怖融资管理办法（试行）》，搭建起互联网金融反洗钱工作基础框架。2019年，中国互联网金融协会于行业内发布《互联网金融从业机构反洗钱和反恐怖融资风险管理及内控框架指引手册》，从行业角度提供了反洗钱日常工作操作指南。但目前暂未健全完善对网络借贷、股权众筹融资的反洗钱联合监管机制，对相关业务的反洗钱监管实质性进展不足。

二是平台反洗钱意识有待进一步加强。2019年，国内网络借贷和股权众筹融资平台数量持续下降，但区域集中度依然较高，主要集中于北京、上海、浙江、广东、福建等地[①]。迫于生存发展压力和对自身中介机构的定位，网络借贷公司执行反洗钱制度的动力明显不足，对客户的身份信息收集仅满足于业务需求，异常交易监测方面存在空白，反洗钱意识亟待增强。另外，受限于新证券法等相关条款，股权众筹融资无法采用公开方式募集资金。采取非阳光化的私募股权众筹融资方式决定了该类业务在反洗钱管理上的先天不足，而非标式项目产品也使得相关公司开展产品洗钱风险评估存在困难。

四、对互联网金融业务的反洗钱监管建议

（一）强化客户身份识别，夯实反洗钱工作基础

中国人民银行发布的《互联网金融从业机构反洗钱和反恐怖融资管理办法（试行）》要求网络支付、网络借贷、非银行支付机构等互联

---

① 数据来源：《中国互联网金融年报（2020）》。

网金融从业机构应履行反洗钱和反恐怖融资义务。因此，互联网金融从业机构应以"了解你的客户"为原则，开展客户身份的初次、持续和重新识别，及时调整客户在整个业务存续期间的风险等级。建立业务关系时，完善非面对面模式下的客户身份资料采集和审核，如借助于虹膜、人脸识别等技术手段，充分了解客户身份信息、资金来源、职业背景等情况，必要时可采取对重点客户实施现场尽职调查等方法核实客户身份，以确保客户身份信息的真实性、完整性和有效性。业务存续期间，互联网金融从业机构应加强对客户交易情况的监测，确保客户身份与交易相符，当出现可疑情形时，采取强化的尽职调查措施，逐步建立并完善大额可疑交易系统，及时上报大额和可疑交易报告。

（二）贯彻风险为本理念，实施分类监管

面对数量庞大、业务种类复杂的互联网金融从业机构，监管部门应以"风险为本"为原则，通过定期评估互联网从业机构反洗钱内控制度完善程度、人员配备情况、运营模式、产品洗钱风险水平及相关运营模式、产品适用群体及相关影响等，建立健全对互联网金融从业机构的洗钱和恐怖融资风险评价评估机制。结合工作评价和风险评估情况，确定监管的范围、方式和强度，实施有针对性的分类监管措施。如洗钱风险程度较低的机构，可以采取行业自律措施；洗钱风险程度较高的机构，应纳入反洗钱约见谈话、现场走访和执法检查等监管措施范围，合理有效分配监管资源，构建宽严相济和有针对性的反洗钱监管机制。

（三）确保监管的一致性，避免出现"监管真空"

互联网金融从业机构提供的支付结算和存贷款业务在其本质上与传统机构无二，因此，对其实施反洗钱监管应保持与现行政策的一致性。对相同或相似金融功能的业务应施以相同反洗钱监管标准，避免出现监管洼地。总的来说，对互联网金融从业机构开展反洗钱监管应遵循三个"一致"：一是不论开展业务的渠道是网络还是传统金融渠道，只要相关机构从事的金融业务、服务，经营的产品相同，接受的监管内容应保持一致；二是不论互联网金融从业机构开展线上或线下业务，接受的监

管范围应保持一致;三是对于不同地区的互联网金融从业机构,监管政策和尺度应保持一致。

(四)利用高新技术手段,提升反洗钱监管效能

伴随着互联网技术的快速更迭和发展,传统反洗钱监管手段已难以应对保有海量数据的互联网金融从业机构。运用信息技术整合分析分散的客户信息和资金交易、持续优化反洗钱监管工具、督促互联网金融从业机构贯彻落实反洗钱监管要求成为当前迫切需求。如可合理运用生物识别技术,对办理互联网金融业务的客户进行身份识别;借助信息系统支持开展客户身份信息和金融交易数据治理;利用大数据、云计算等新技术提高客户尽职调查与可疑交易排查水平,实施大范围的数据监测和分析评估等。监管部门着力于检查队伍专业素质培养和监管手段更新,甄选较高素质从业人员,合理借助大数据和检查软件等手段,在检查流程规范、数据筛选、可疑交易甄别研判等方面发挥作用,提高监管效能,如探索"数字"在监管领域应用等。

(五)加强信息沟通与合作,推动建立联合监管机制

一是推动建立与行业监管部门的反洗钱联合监管机制。按照"一业一策"原则,分行业和领域,加强中国人民银行和银保监会、证监会等部门间的监管协作,健全联合监管机制,落实联合监管措施,共享行业监管信息,在互联网金融行业监管规则中嵌入反洗钱监管要求,构建涵盖事前、事中、事后的完整反洗钱监管链条,将反洗钱监管合作推向纵深。二是持续运用反洗钱工作部际联席会议机制成效。依托反洗钱工作部际联席会议机制,组织各联席会议成员部门定期开展反洗钱和反恐怖融资业务培训,同时可将互联网金融从业机构纳入培训范围,提升相关从业人员反洗钱水平;指导互联网金融从业机构建立健全反洗钱激励约束机制,对于在反洗钱和反恐怖融资工作领域表现良好、取得成果的集体和个人给予相应激励;对于不配合履行反洗钱义务,违反反洗钱保密规定、阻碍执法部门开展反洗钱工作等行为予以严惩。三是推动互联网金融从业机构的行业自律。依托互联网金融协会持续细化业内反洗钱和反恐怖融资风险管理措施，建立行业内部协调和自律机制，指导从业机构建立健全符合监管政策的反洗钱风险管理体系和内控机制，督促从业机构积极主动遵守反洗钱法律法规，在行业内营造合法合规的经营氛围，强化整个行业对洗钱和恐怖融资风险的管控能力。

参考文献

［1］姚莲芳.我国P2P网络借贷业务模式发展研究［J］.武汉金融，2014（09）：20-22.

［2］郑联盛.中国互联网金融：模式、影响、本质与风险［J］.国际经济评论，2014（05）：103-118+6.

［3］廖理.互联网金融的四大格局［J］.商周刊，2014（24）：53.

［4］王杰.互联网金融发展的业务模式及优势探析［J］.经济研究导刊，2014（05）：121-122.

［5］陈阳.我国互联网金融主要业务模式、风险及对策研究［J］.农银学刊，2015（04）：23-26.

［6］李平，陈林，李强，冯毅，赵洪江.互联网金融的发展与研究综述［J］.电子科技大学学报，2015，44（02）：245-253.

［7］孙国茂.互联网金融：本质、现状与趋势［J］.公司金融研究，2015（02）：91-119.

［8］曲燕.互联网金融模式研究［J］.现代经济信息，2016（21）：302.

［9］王静.我国互联网保险发展现状及存在的问题［J］.中国流通经济，2017（02）：86-92.

［10］付淑换.互联网金融模式及其风险类型［J］.金融教育研究，2017，30（02）：19-26+58.

［11］丁韦娜，陈彦达.互联网金融发展现状与风险防范研究［J］.征信，2017（07）：11-14.

［12］张萍.互联网金融在中国的发展与影响研究［J］.金融经济，

2017：53-54.

［13］林莉芳.互联网金融商业模式、风险形成机理及应对策略［J］.技术经济与管理研究，2018（08）：66-70.

［14］田鑫.互联网金融模式及其本质研究——基于功能与影响的分析［J］.中国物价，2019：49-52.

［15］唐谏珍.互联网消费金融监管与国际经验借鉴［J］.区域金融研究，2020（08）：28-33.

［16］徐昊.大数据背景下互联网金融模式分析与风险评价［J］.全国流通经济，2020：148-152

课题主持人：李翠娥

课题组成员：许　思　范晶晶　马　洁

农村金融问题研究

农村地区金融消费者权益保护问题研究

——基于湖北省农村地区的调查报告

中国人民银行武汉分行法律事务处（金融消费权益保护处）课题组

一、引言

2017年10月，党的十九大报告提出实施乡村振兴战略，明确坚持农业农村优先发展，按照产业兴旺、生态宜居、乡风文明、治理有效、生活富裕的总要求，建立健全城乡融合发展体制机制和政策体系，加快推进农业农村现代化。2018年1月，中央一号文件《中共中央 国务院关于实施乡村振兴战略的意见》指出，要提高金融服务水平，把更多金融资源配置到农村经济社会发展的重点领域和薄弱环节，更好满足乡村振兴多样化金融需求。2018年9月，党中央、国务院印发《乡村振兴战略规划（2018—2022年）》，专设"加大金融支农力度"章节，从健全金融支农组织体系、创新金融支农产品和服务、完善金融支农激励政策等方面，对金融支农进行统筹规划。2020年10月，党的十九届五中全会通过《中共中央关于制定国民经济和社会发展第十四个五年规划和二〇三五年远景目标的建议》，对全面推进乡村振兴工作作出"健全农村金融服务体系"重要部署。

随着乡村振兴战略不断推进，农村地区金融服务的广度和深度也在逐步拓展，金融在乡村振兴战略中发挥着关键作用，与此同时，关系到约5亿农村人口的金融消费权益保护问题也越发突出和备受关注。农村地区消费者日益发展的金融需求能否得到充分满足，能否获得与城镇居民同等质量的金融服务，其金融领域合法权益能否得到有效保护，是衡量农村地区金融服务水平的重要标准。

本文以湖北省农村地区为例，从金融产品和服务供给、消费权益保护现状、消费者对金融以及权益保护的认知和需求等方面收集数据，通过问卷调查、座谈访问等方式，力求全面掌握实际情况，分析存在的问题和原因，结合乡村振兴相关政策和措施，从金融消费者权益保护角度，提出针对性和可行性建议，以期对工作实践和政策完善提供有益参考，助力加强农村地区金融消费者权益保护，推动提升农村消费者在金融活动中的获得感、幸福感、安全感。

二、农村地区金融消费者权益保护概况

（一）农村地区金融消费者权益保护相关法律规定

改善农村金融服务、保障农民合法权益，不仅是金融支持乡村振兴的重要内容，也是金融机构应当履行的法定义务。《中华人民共和国农业法》（2012年修正）规定，有关金融机构应当采取措施增加信贷投入，改善农村金融服务，对农民和农业生产经营组织的农业生产经营活动提供信贷支持；农民或者农业生产经营组织为维护自身的合法权益，有向各级人民政府及其有关部门反映情况和提出合法要求的权利。《中华人民共和国乡村振兴促进法》（2021年6月1日起施行）规定，全面实施乡村振兴战略，应当坚持农民主体地位，充分尊重农民意愿，保障农民民主权利和其他合法权益，调动农民的积极性、主动性、创造性，维护农民根本利益。《中华人民共和国消费者权益保护法》（2013年修正）将"提供证券、保险、银行等金融服务的经营者"纳入适用范围，明确消费者在金融领域的权利依法受到保护。

2015年11月，国务院办公厅印发《关于加强金融消费者权益保护工作的指导意见》（国办发〔2015〕81号，下称《指导意见》），明确"一行两会"的金融消费者权益保护工作职责，以及金融消费者享有的八大权利，强调金融机构要重视金融消费者需求的多元化与差异性，积极支持欠发达地区和低收入群体等获得必要、及时的基本金融产品和服务。同时，"一行两会"陆续出台关于金融消费者保护、投资者保护相关规章制度，进一步细化金融业加强消费者保护的要求和措施。2020年11月1日，

《中国人民银行金融消费者权益保护实施办法》(中国人民银行令〔2020〕5号,下称《实施办法》)施行,对监管职责范围内金融机构的行为规范、消费者金融信息保护、金融消费争议解决、监督与管理机制、法律责任等作出全面规定,为规范金融消费者权益保护工作强化了制度保障。

2019年1月,人民银行等五部门联合印发《关于金融服务乡村振兴的指导意见》(银发〔2019〕11号),指出要强化农村地区金融消费者权益保护,并就金融知识普及、规范金融机构行为、畅通投诉处理渠道、构建金融生态环境等方面提出工作要求。2021年6月,人民银行等六部门联合印发《关于金融支持巩固拓展脱贫攻坚成果 全面推进乡村振兴的意见》(银发〔2021〕171号),强调要继续开展金融知识宣传教育和金融消费者权益保护。要加强农村金融教育,开展集中性金融知识普及活动,推进金融教育示范基地建设;要深入实施"金惠工程"项目,推动金融知识纳入国民教育体系,实现脱贫地区和脱贫人口金融宣传教育全覆盖,探索数字化智能化服务;要提升农民数字金融能力,逐步弥合城乡数字鸿沟;要畅通金融消费者投诉渠道,完善诉调对接、小额纠纷快速解决、中立评估等金融纠纷多元化解机制,加强农村地区金融消费者权益保护。

(二)湖北省农村地区金融消费者权益保护相关做法

为深入推进金融服务乡村振兴工作,促进相关法律规定和政策要求在湖北省落地落实,人民银行武汉分行聚焦农村地区金融消费者权益保护,重点开展了以下工作:

1. 聚焦农村地区金融服务的可得性,持续推进普惠金融

联合印发《关于金融服务湖北乡村振兴的实施意见》(武银〔2019〕141号)等文件,细化措施推进农村信用体系建设、数字普惠支付服务示范县(市区)建设、反假货币和现金服务乡村工作站标准化建设、农村地区金融消费者权益保护等,持续完善农村地区金融基础设施。制定推进普惠金融发展试点工作方案,明确普惠金融工作领导机制、责任分工、目标和措施,促进将金融服务向更偏远、更贫困的群体延伸。牵头制定金融支持县域经济高质量发展13条措施,引导更多金融资源投向县域和乡村振兴。2020年全省普惠金融数据显示,助农取款服务点已覆盖全部行政村，全年办理支付业务2 349.02万笔，同比增长21.30%；各地区农户信用档案建档率区间为41.00%—98.00%，大部分地区呈增加态势；农村地区拥有活跃使用账户的成年人比例为89.90%，使用数字支付的成年人比例为79.65%；截至2020年末，农户生产经营贷款余额1 620.39亿元，同比增长29.06%，增速比上年末高24.57个百分点，农村地区金融服务的可得性得到明显改善。

2.聚焦农村地区消费者的金融素养，持续加强金融消费者教育

一是多方联动，合力开展"3·15国际消费者权益日""普及金融知识 守住'钱袋子'""金融知识普及月 金融知识进万家 争做理性投资者 争做金融好网民"等集中性金融宣传活动，组织金融机构深入农村偏远地区，借助村委会微信群等线上平台，开展集中现场宣传和日常线上宣传，持续强化对农村地区的金融知识普及。2021年6月，联合团省委开展"金种子千人计划"返乡大学生暑期实习活动，组织700余名大学生到所在家乡的银行网点实习，发挥其深入家乡传播金融知识的"金种子"作用，引导金融宣传向县域、农村地区下沉，向大学生及其家庭成员、乡亲朋友靠近，让金融宣传更接地气、更有效果。二是深入基层，推动金融知识纳入国民教育体系和金融教育示范基地建设，指导辖内沙洋支行与当地教育部门建立长效机制，探索推动县域小学普及金融知识；指导分支机构立足县域建设金融教育示范基地，辖内云梦、安陆支行等已基本完成硬件设施和机制建设，引导金融宣传向社区、农村延伸，切实推动金融知识普及常态化、规范化发展。三是定期开展金融素养问卷调查，每两年开展一次全省覆盖到县域的金融素养调查分析，持续跟踪县域尤其是农村地区消费者的金融素养发展变化情况，不断改进工作、完善政策。

3.聚焦农村地区金融消费者权益保护的特殊需求，持续规范金融机构行为

一是开展违法违规金融广告治理，组织分支机构、金融机构下沉社区和乡村，及时发现、排查违法违规金融广告线索，并联合省市场监督管理部门进行分类处理，不断净化农村地区金融广告环境。二是加强金融消保监督管理，指导分支机构开展金融消保执法检查和年度评估，持续规范县域金融机构消保工作。三是规范运行12363投诉咨询电话,一方面,对12363电话接收投诉进行规范转办、督办,提升金融机构处理消费者投诉的效果;另一方面,定期分析投诉数据,对金融机构相关问题行为进行风险提示和监管指导,改进金融机构经营行为。

三、湖北省农村地区金融消费者权益保护情况调查分析

为进一步了解农村地区金融消费者权益保护情况,课题组向湖北省内6个地市(州)的37个县共74个村发放调查问卷1 464份,问卷内容涵盖消费者个人信息、消费者金融素养、金融产品与服务可得性、消费者金融需求等方面。同时,实地走访其中4个地市的5个村开展现场调研,与当地涉农金融机构、村两委、农业经营主体、脱贫户和村民代表等进行座谈交流。调研显示,当前农村地区金融消费者权益保护工作相较城镇地区还存在较大差距。

(一)农村地区金融消费者基本情况

农村人口留守困境及青壮年流失现象有所缓解,但整体学历水平和收入水平依然偏低。问卷显示,受访者基本为本地户籍,农业户口人数占比65.78%,中青年人口占比相对较大,受访者中18—35岁、36—50岁的占比分别为38.93%、32.31%,51—65岁的占比22.27%,65岁以上的占比6.49%(见图1)。现场调研中,受访者普遍年龄在50岁以上。

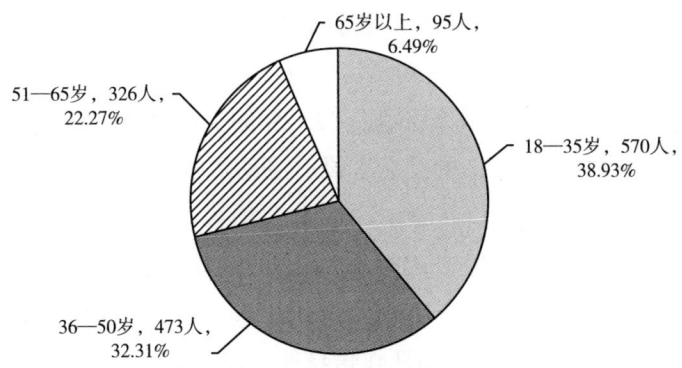

图1 农村地区金融消费者的年龄情况

从学历来看,大专及以上学历的占比45.83%,普通高中、中专学历的占比17.49%,初中学历的占比19.4%,小学学历的占比14.34%,未上过学的占比2.94%。从收入来看,月收入3 000元以下的占比44.19%,3 000元至5 000元的占比35.52%,5 000元以上的占比20.29%。从职业来看,自主创业(如农业经营主、个体工商户、其他)的占比37.09%,务农为主的占比28.01%,务工人员占比17.01%,管理及技术人员占比14.07%,学生及无业、待业人员占比3.82%(见图2)。

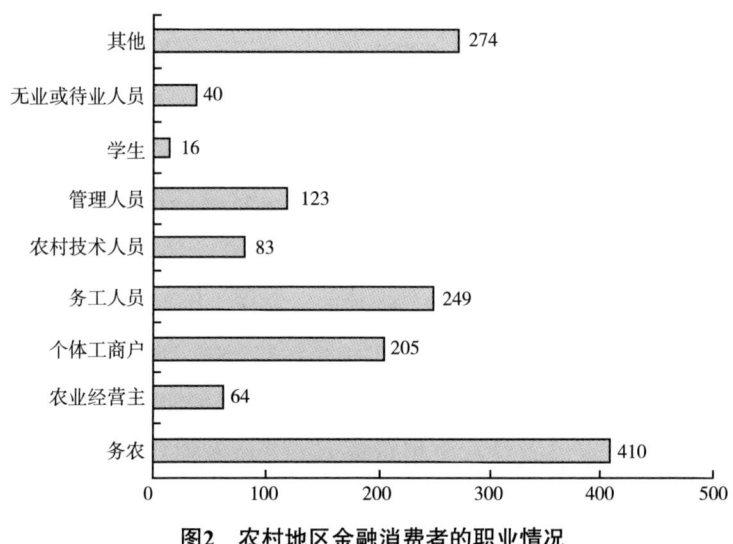

图2　农村地区金融消费者的职业情况

(二)农村地区金融消费者金融素养情况

多数农村地区金融消费者对经济金融信息关注很少,对自身享有的合法权利缺乏了解,维权意识不强。52.12%的受访者对经济金融信息很少关注或从不关注,40.3%的受访者没有主动了解过国家对农村地区金融方面的优惠政策,但也有58.06%的受访者听说过乡村振兴、普惠金融等政策。获取金融信息的主要途径是电视新闻(报纸书籍)、手机或互联网、个人经历或他人经验,占比分别为63.18%、57.51%和37.23%。通过金融机构业务活动或宣传活动获取信息的占比为22.61%,通过村委会、相关讲座课程或活动获取信息的占比仅为8.13%和7.31%(见图3)。

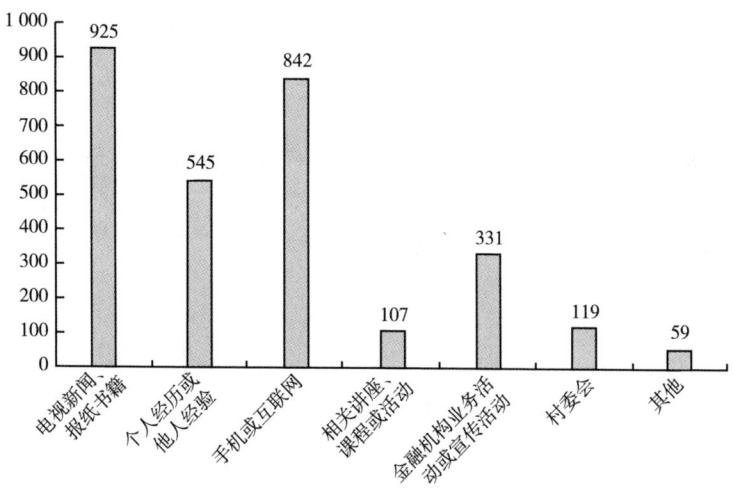

图3 农村地区金融消费者获取信息的途径

从对自身权利的认知度来看,受访者对金融消费者享有的八大权利认知度最高的是财产安全权和知情权,占比分别为79.85%和75.14%。六成以上受访者认为自主选择权、公平交易权属于自身权利,但仍有半数以上受访者对信息安全权和依法求偿权缺乏了解,知晓受尊重权、受教育权的占比仅为34.90%和27.46%(见图4)。

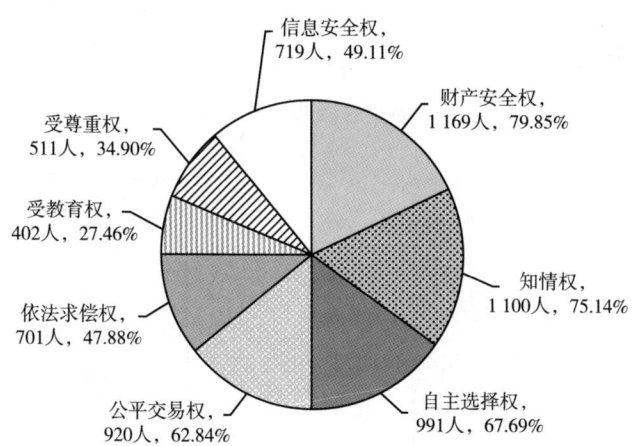

图4 农村地区金融消费者对自身权利的认知情况①

---

① 本调查问卷是多选,所以总比例超过100%。

从维权意识和能力来看,半数以上受访者认为自己在购买金融产品或服务时合法权益从未受到过侵害。如果权益受到侵害,75.81%的受访者选择与涉事金融机构协商解决,向人民银行、公安机关、银保监等部门投诉的占比分别为57.79%、56.08%和50.82%(见图5)。据统计,2021年1—10月,全省12363电话收到涉及县域的金融消费者投诉492笔,占全省投诉总量19.66%,投诉原因主要是服务质量、推诿拒办和信息披露,占比分别为42.89%、16.87%和9.55%;投诉类别主要涉及银行卡、征信管理和储蓄业务等,占比分别为39.84%、12.4%和11.99%。据第七次全国人口普查数据显示,2020年湖北省乡村人口2 143.22万人,占全省人口总量37.11%,农村地区金融维权力度与人口占比明显不匹配(见图6)。

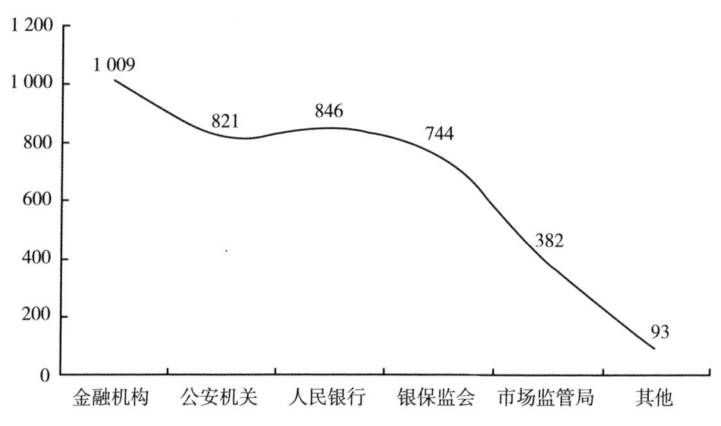

图5　农村地区金融消费者投诉的渠道

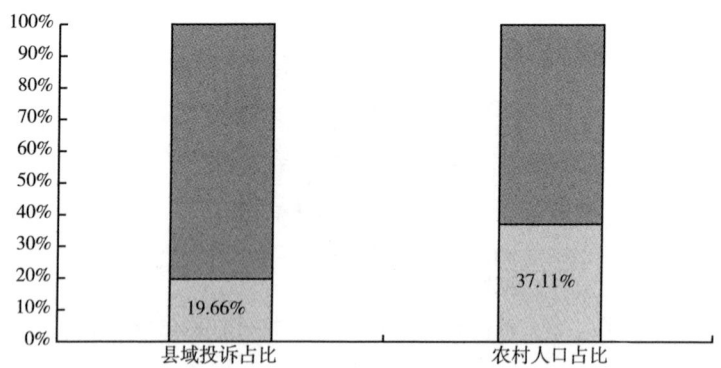

图6　农村地区金融维权力度与人口占比情况

53.01%的受访者认为当前最应关注金融机构信息公示不透明的问题。现场调研中,有村民指出在某国有大行网点咨询理财产品时,银行仅向其推荐1年期及以上理财产品,未主动介绍1年期以下中短期产品供消费者选择,导致消费者误以为理财产品只有中长期。经现场询问,部分受访者对个人征信报告、存款保险制度等基础金融知识仍缺乏了解。

上述情况,一定程度反映了农村地区消费者因金融素养有限或对自身权益关注不够,从而不知晓自身权益是否受到侵害,且缺乏必要的维权能力。57.51%的受访者认为不熟悉相关法规是维护自身权益的最大困难。例如,银保监会、人民银行联合发布《关于简化提取已故存款人小额存款相关事宜的通知》,对1万元以内的小额存款继承提取取消了继承公证环节,在现场调研中,受访者普遍不知晓相关政策。同时部分受访者表示有亲友曾遭遇非法金融活动,甚至蒙受损失。

(三)农村地区金融产品和服务可得性情况

农村地区数字化金融和移动支付较为普及,但多数金融消费者仍倾向于选择银行网点办理业务,业务内容集中于基础性金融服务,农村地区银行网点设置不足导致金融消费者难以获得更全面的金融产品和服务。半数以上受访者选择到银行网点办理金融业务,业务内容集中于存取款业务(定期活期存款、工资、养老金存取等)、个人业务(密码挂失、账户查询、网银开通等)、缴费业务(缴纳医保、水电费等)、贷款业务(房贷、车贷等),占比分别为91.03%、41.37%、32.4%和25.3%。46.72%的受访者在住所1公里以内能够获得所需银行服务,13.66%的受访者在其住所5公里以内无法办理所需业务(见图7、图8)。对征信查询等特定金融业务,51.16%的受访者选择到就近人民银行或个人信用报告自助查询机进行查询,其中,32.58%的受访者住所离征信查询点在5公里以上。近两年全省普惠金融数据显示,多数农村地区银行网点数无明显增长,部分地区甚至出现小幅下降,有村民反映在提出更多金融需求时,需到地市级银行机构咨询办理,难以在乡镇实现银行网点一站式服务。

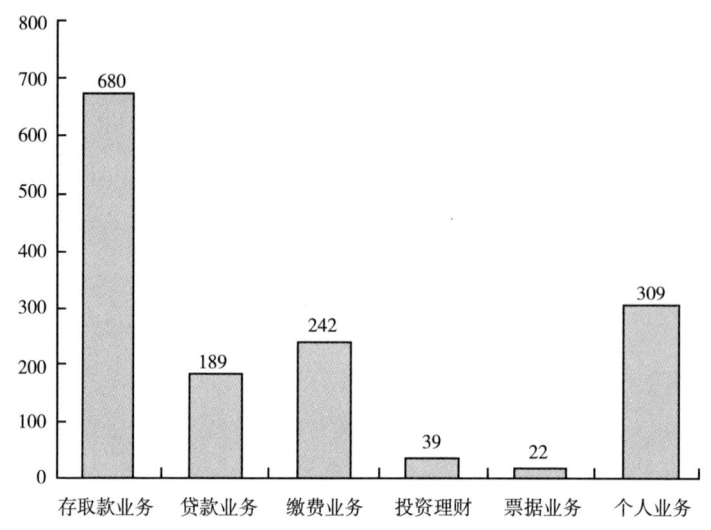

图7 农村地区金融消费者在银行网点办理业务情况

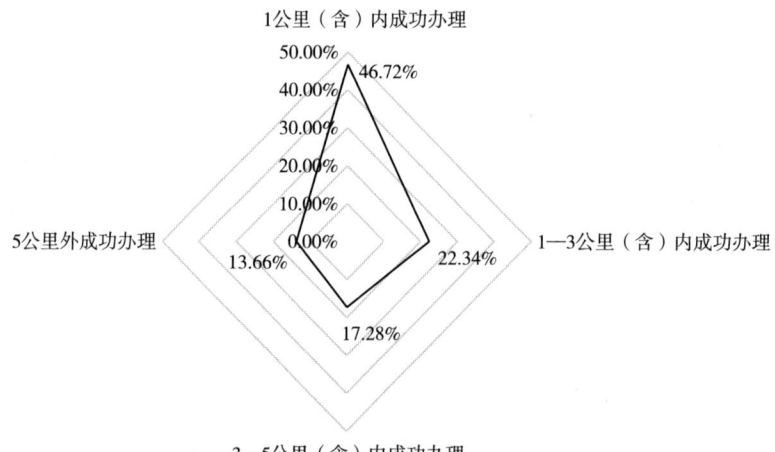

图8 农村地区金融消费者银行服务获得便捷度

从金融产品和服务品种来看，传统支付服务及移动支付服务均在农村地区普及率较高，但信用卡、理财产品普及率较低。95.15%的受访者拥有银行储蓄账户，77.25%和85.72%的受访者使用过手机银行、网上银行等数字支付方式和支付宝、微信等非银行支付方式。43.92%的受访者没有信用卡，57.1%的受访者未在银行或支付宝、微信等非银行平台购买过理财产品。在贷款等融资类产品方面，45.08%的受访者没有在银行获得过贷款，68.37%的受访者没有向银行以外的平台获得过贷款，58.4%的受访者获得过银行或其他平台的贷款，用途集中于购房（车）、消费（不包括购房、购车）以及个体经营等（见图9）。

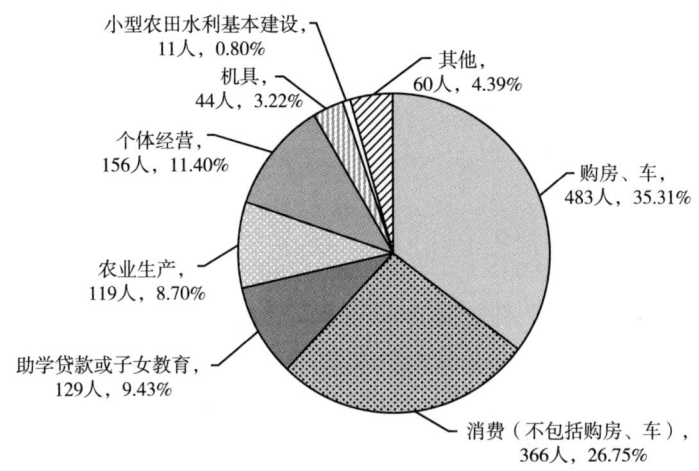

图9　贷款用途

（四）农村地区金融消费者金融需求情况

金融产品和服务满意度与金融素养水平、金融产品和服务可得性成反比，金融消费者主要关注服务态度与质量，农村地区的金融需求尚未得到充分满足和深入挖掘。从对金融产品和服务的满意度来看，49.73%的受访者认为金融机构对于投诉的处理非常及时，超过92%的受访者对目前可获得的金融服务和产品比较满意；1.3%的受访者不满意，原因主要是网点业务窗口少、排队等候时间长；51.84%的受访者认为应从增加业务窗口、缩短办理时间、安排人员分流等方面改进金融服务。分别有31.56%和30.12%的受访者认为应增加银行网点和金融宣传频率。

现场调研发现，农村地区金融消费者的金融需求呈现不平衡现象。经济欠发达地区的村民普遍存在满足心理，认为自身金融需求已得到充分满足；在经济较活跃地区，农业经营主体的金融需求主要为实现产业提档升级提供资金支持,而个人消费者更倾向于满足资金管理、理财投资等需求。问卷显示,32.1%的受访者希望获得更贴心、更温暖的人工服务,27.19%的受访者希望获得更简单、更实惠的贷款,26.78%的受访者希望获得更安全、更稳定的理财。

从获取金融知识的需求来看,防范电信网络诈骗、假币鉴别与残损币定义、个人征信安全等是受访者最期待了解的金融知识内容,占比分别为18.92%、18.58%和17.21%(见图10)。现场调研发现,受访者对金融机构与村两委合作开展金融宣传的方式比较认可,普遍认为依托村两委开会议事等集中村民的机会,讲解金融知识是非常有效的宣传方式,及时发放金融知识手册等资料也便于村民按需查阅。

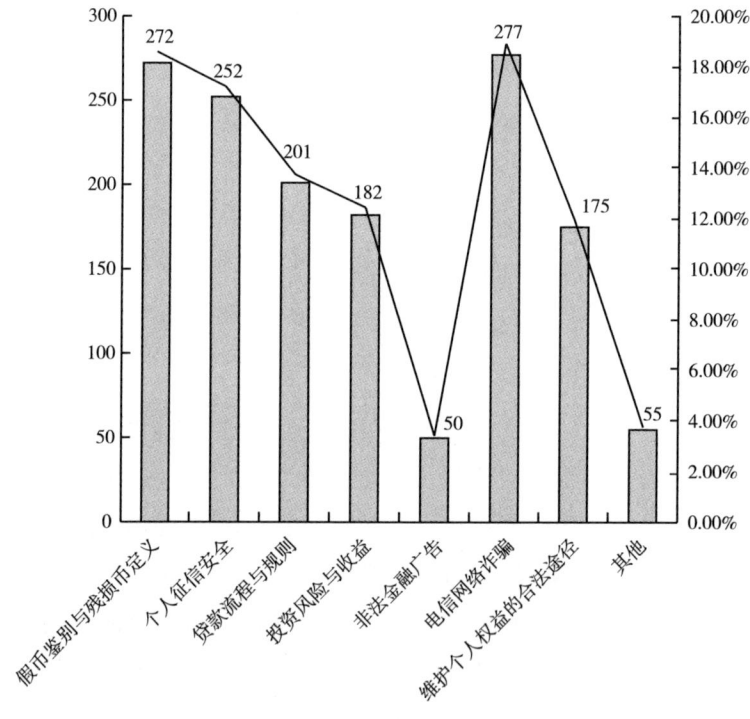

图10 农村地区金融消费者期待获取的金融知识

四、当前农村地区金融消费者权益保护存在的问题

（一）顶层设计尚不完善，农村地区金融消费者权益保护工作措施仍需细化

1. 农村地区金融消费者权益保护立法尚不完善

目前我国尚无金融消费者权益保护专门立法，农村地区金融消费者权益保护立法也处于空白。现行法律仅对农民合法权益保护作出原则性规定，未针对金融领域农村消费者保护问题进行专业性的制度设计。《指导意见》虽明确金融消费者权益及其保护内容，但对农村等欠发达地区金融消费者的保护规则未予细化，且立法层级相对较低。"一行两会"的金融消费者权益保护规章制度具有明显行业监管属性，较少对特定对象或特定地域消费者保护的专门规定。

2. 金融消费者保护的局限性在农村地区更加凸显

《实施办法》将金融消费者定义为购买、使用金融机构提供的金融产品和服务的自然人，未将法人、非法人组织纳入适用范围。但在推进产业振兴过程中，大量家庭农场、农民专业合作社、农业产业化龙头企业等新型农业经营主体不断涌现，成为金融支持乡村振兴的重要服务对象，这类主体的权益保护缺乏相应制度保障，一定程度影响其获得金融服务的质量。

3. 农村地区金融消费者权益保护缺乏具体措施

《关于金融服务乡村振兴的指导意见》《关于金融支持巩固拓展脱贫攻坚成果 全面推进乡村振兴的意见》均对保护金融消费者合法权益提出明确要求，但在人民银行、银保监会联合发布的《金融机构服务乡村振兴考核评估办法》（中国人民银行 中国银行保险监督管理委员会公告〔2021〕7号）中，并未将金融消费者权益保护情况纳入考核评估指标，对金融机构落实相关要求缺乏有力监管措施。同时，在支农惠农、金融支持乡村振兴相关政策，以及加强老年人、残疾人等特殊群体金融服务等文件中，缺乏对农村地区相关群体的倾斜性保护，配套机制和具体措施仍有待完善。

(二)金融环境发展相对滞后,农村地区金融市场仍需优化

1.银行物理网点减少,农村地区金融服务供给不足

目前,金融机构在乡镇一级设有网点(非4家全覆盖)的主要是农村商业银行、邮储银行(含邮政代理点)、农业银行和村镇银行,虽然移动支付普及率较高,仍有相当群体不会或不愿使用移动支付,网点设置不足、人员流动性大、业务权限不足等问题凸显,不能较好匹配农村地区金融消费者偏好现金、依赖物理网点、年底等重要时点现金需求量及业务办理量大等特点,导致农村地区金融服务供给不足。

2.农村地区金融市场实为卖方市场,金融机构处于明显支配地位

受传统观念及金融素养等影响,农村地区金融消费者往往将商业银行视为国家机构,而非服务机构,把银行行为等同于官方行为,普遍认为银行说得都对,缺乏识别侵权行为甚至金融风险的意识和能力。同时,农村地区银行数量少,在产品种类、定价、服务流程等方面具有绝对主导权,农村地区金融消费者缺乏货比三家、择优选择金融产品和服务的机会,影响其充分行使合法权利。

3.金融机构服务意识不够强,影响农村地区金融消费者权益保护效果

受培训力度、素质能力、考核机制等因素影响,农村地区金融机构服务意识和能力相对较弱,尤其在营销宣传、信息披露、客户信息保护等方面存在不足,导致农村地区金融消费者对金融产品或服务了解不全面、不准确,甚至受误导而做出不适当决定,知情权、自主选择权、信息安全权等合法权益得不到有效保障。

4.金融监管相对薄弱,非法金融活动在农村地区蔓延

农村地区受政策宣导不够、监管渗透不深、消费者金融素养不高等因素影响,容易成为不法分子实施非法集资、非法网贷、电信网络诈骗及跨境赌博等违法犯罪活动的重点地区,消费者可能上当受骗蒙受损失,也可能受利益诱导误入歧途。

(三)金融供给与农民需求不匹配,农村金融服务的针对性有待加强

1.农村金融产品不能完全满足产业发展需求

新型农业经营主体因产业提档升级等发展需要,渴望更有力度和针

对性强的金融支持，但因抵押物不足、农担机制不健全等客观因素，与金融机构产品风控、授信权限和额度等存在矛盾，导致金融服务难以有效对接农业经营主体的金融需求，不利于产业做大做强。

2. 农村金融服务不能满足多样性、时段性的金融服务需求

农村地区金融机构以存款、贷款、转账等传统金融服务为主，缺乏个性化考量，部分消费者对资金管理、理财投资有潜在需求，但仅有少量涉农机构提供相关产品；春节等节假日期间，大量务工人员返乡面临存取现金需求，但网点开放窗口数量、服务时长和效率等无法满足需求。同时，消费者获取其他金融产品和服务信息的渠道和内容有限，也不利于激发潜在金融需求。

3. 金融产品同质化不利于农村地区金融市场良性发展

各涉农机构虽类型、定位存在差异，但在农村地区开展的金融业务基本同质化，较少基于自身特点推出差异化产品或服务，比如各机构均对整村授信、小额信贷投入较多，而对资金需求大且资信良好但缺乏抵押品的信贷需求者对接不足，缺乏产品创新；在政策导向和考核压力下，甚至存在以降低贷款利率、一再让渡利润等方式争夺优质资源、抢占优质市场的现象，容易陷入无序竞争、影响可持续发展的困境。同时，资源相对匮乏的地区也容易被金融机构忽视，区域间金融服务的不平衡发展较为明显。

（四）金融消保投入相对不足，农村金融消保工作需强化

1. 农村地区金融消费纠纷解决机制不健全

农村地区银行网点少，消费者投诉渠道有限、解决纠纷预期不强，而且县域人民银行和银保监会派出机构均无专人专岗从事消保工作，在农村地区的金融监管效能难以有效发挥。此外，金融消费纠纷多元化解机制尚未在农村地区建立和实施。

2. 农村地区金融知识宣传教育方式及效果仍有待改进

一是针对性不强。金融系统深入农村地区开展金融知识宣传教育多为广撒网、集中性宣传，内容繁杂缺乏针对性，集中性宣传受众有限，缺少对消费者的深入持续宣传教育。二是形式较单一。基本以搭台

展览、讲座互动宣传为主，辅以张贴海报、发放折页等形式，宣传成本低、时间短、效果有限，较少考虑消费者需求和易于接受的模式和时间。新媒体宣传方式有一定探索和发展，但还未形成规范化的运作模式。三是宣传频次和覆盖面不足。受限于现场宣传人力、物力、财力等成本控制，宣传无法覆盖到全部乡镇，且统筹计划性不够强，受众人群有限，缺乏常驻点等长效机制，难以实现全覆盖、常态化、持续性开展宣传普及工作。

五、强化农村地区金融消费者权益保护的建议

做好农村地区金融消费者权益保护，是坚持"以人民为中心"思想的生动实践，也是实现共同富裕的必然要求，需要从完善顶层设计、优化金融市场环境、做好有效金融供给、加大金融消费权益保护投入等方面努力。

（一）完善农村地区金融消费者权益保护顶层设计

1.加快推进金融消费者权益保护专门立法

进一步落实《指导意见》提出的"研究探索金融消费者权益保护特别立法"要求，加大域外金融消费者保护立法研究，建议出台《金融消费者权益保护条例》，明确金融机构的经营规范、金融消费者的权利、"一行两会一局"和地方金融监管部门的职责、监督检查、法律责任等内容，突出农村地区金融消费者权益保护，加强金融消费者权益保护工作立法建设，统一金融消费者权益保护领域的监管标准，避免监管真空与监管套利，强化金融监管部门履职效能，更好地保护金融消费者权益。

2.统筹推进普惠金融专门立法

《推进普惠金融发展规划（2016—2020年）》实施以来，普惠金融相关法律法规逐渐完善，但系统性的法律框架中缺少普惠金融专门立法的统领，建议参照《乡村振兴促进法》立法模式，出台普惠金融促进法，明确人民银行和银保监部门推进普惠金融发展的职责、普惠金融服务供

给主体和需求主体的权利义务、政策支持措施、监督检查措施等内容，加强对农村、农民等重点地区和群体的政策支持，进一步推动农村地区普惠金融可持续发展，提高农村地区金融服务的覆盖率、可得性和满意度。

3. 强化农村地区金融服务考核、差别化监管和示范创建活动

依据《金融机构服务乡村振兴考核评估办法》的规定，建议人民银行地市中心支行以上分支机构会同当地银保监部门将农村地区金融知识宣传、金融消费纠纷处理等金融消费者权益保护工作纳入金融机构服务乡村振兴定性指标考核。在金融消费权益保护评估指标中，增加农村金融服务比重，或针对金融机构类型分别设计不同的评估指标，探索完善差别化监管措施，强化评估指标在综合评价、央行评级、宏观审慎政策、监督检查等监管措施中的运用，引导金融机构进一步将金融服务向农村地区下沉。探索推进普惠金融服务乡村振兴示范区创建活动，适时开展普惠金融示范点评选活动，挖掘普惠金融服务乡村振兴中的整村授信、农村金融综合服务站、金融知识宣传教育、金融消费纠纷处理等典型做法，发挥正向激励和示范引领作用。

（二）持续优化农村地区金融市场环境

1. 实现农村地区金融服务全覆盖

一是继续引导金融机构物理网点下沉。保障乡镇物理网点全覆盖，并鼓励金融机构在人口集中、金融需求旺盛的行政村、中心社区开设工作站或布放自助服务终端。二是探索打造农村金融综合服务站。推进农村数字普惠金融建设，整合助农取款服务点、现金服务工作站、普惠金融服务站等既有设施，加强银村合作共建，依托村两委、超市、供销社等经营网点，建设标准化农村金融综合服务站，健全管理制度，做好安全维护，实现农村地区存款、取款、汇款、缴费等基本金融需求一站式办理。三是做好远程服务和上门服务。引导金融机构建立健全远程服务和上门服务操作规程，在未设置物理网点和自助服务终端地区提供定点定时上门服务，做好老弱病残、行动不便等特殊群体的远程服务和上门服务，延伸金融服务半径，破解偏远农村地区物理网点布局难题。

2. 规范农村地区金融营销宣传行为

严格执行《中国人民银行金融消费者权益保护实施办法》《关于进一步规范金融营销宣传行为的通知》，加大对金融机构金融营销宣传行为的监督检查力度，尤其是县域和乡镇、行政村金融机构的营销宣传行为，重点关注服务价格公示、格式合同使用等信息披露义务履行情况和权利救济保障情况，保障农村地区金融消费者的知情权、自主选择权、依法求偿权等合法权益，营造农村地区高效、便捷、安全的金融消费环境。

3. 持续净化农村地区金融生态环境

适时联合银保监会、地方金融监管和综治中心、农业农村、公安、民政等部门共同开展整治非法金融活动专项行动，保持对农村地区非法集资、电信网络诈骗、高利贷、买卖银行卡等非法金融活动的高压态势，摸排清理农村地区非法金融广告、无证机构，加大处置力度，常态化开展案例警示教育，提高农村地区金融消费者的风险意识和责任意识。

（三）增强农村地区有效金融供给

1. 保障基础金融产品和服务供给

落实做好金融服务政策衔接要求。落实"四个不摘"要求，实现巩固拓展脱贫攻坚成果同乡村振兴有效衔接，在过渡期内继续加大对脱贫人口、易返贫致贫人口和有劳动能力的低收入人口的信贷投放，支持就业创业、发展乡村特色产业。推动农村金融机构回归本源。强化农村商业银行、村镇银行等农村中小法人机构支农支小定位，提升农村金融服务综合能力。

2. 创新金融产品和服务方式

引导金融机构打造乡村振兴金融服务特色支行或网点，摸清所在区域底数、需求，开发特色金融产品和服务，大力开展农户小额信用贷款、保单质押贷款、农机具和大棚设施抵押贷款业务，增加首贷、信用贷，做好信贷风险防控。开发适合农村地区金融消费者的理财产品和存款产品，通过增开服务窗口、延长服务时间、分流预约等方式，科学应对、最大限度满足农村地区金融消费者多样性、时段性金融服务需求。

3. 加强农村信用体系建设

持续推进信用乡镇、信用村、信用户建设和整村授信工程，加强农户、家庭农场、农民合作社、农业社会化服务组织、农村企业等经济主体电子信用档案建设，强化部门间信息互联互通，搭建农村信用信息平台，整合财税、农业农村、市场监管、社保等部门的涉农信用信息和风险信息，方便金融产品或服务的供需双方信息查询、需求对接、抵押登记等，努力消除供需双方间的信息不对称，促进农村地区信息、信用、信贷联动，解决农村地区信用缺失和融资担保难问题。

（四）加大农村地区金融消费者权益保护工作力度

1. 加强县域金融消费者权益保护队伍建设

发挥考核导向作用，引导县域金融机构和金融监管部门配齐配强金融消费者权益保护工作人员，鼓励农业银行、邮储银行、农村商业银行、村镇银行在乡镇的营业网点配备从事金融消费者权益保护的工作人员，并适时开展业务培训、评优评先，保障农村地区金融知识宣传、金融消费纠纷处理的常态化开展。

2. 妥善处理农村地区金融消费纠纷

一方面，建立健全法人、其他组织金融消费纠纷投诉处理制度。金融机构应健全制度、规范措施，妥善处理新型农业经营主体购买金融产品或接受金融服务产生的纠纷。另一方面，推进农村地区金融消费纠纷多元化解机制建设。建议探索金融消费纠纷调解组织与乡镇、行政村人民调解委员会的协作机制，健全以基层治理为主、金融系统提供专业支持、人民调解委员会及公益律师等社会组织和人士积极参与的工作机制，推广实践新时代"枫桥经验"，推动农村地区金融消费纠纷就地、便民、高效化解。

3. 提高金融知识宣传教育有效性

一是健全金融知识宣传教育常态化机制。金融监管部门联合出台金融知识宣传教育中长期规划，加大统筹推进力度，探索建立农村地区宣传教育效果评估机制，适时调整宣传方式和重点，增强金融知识宣传的有效供给。二是探索建立"金融村官""金融副校长"等共建共治机制。金融监管部门加强与政法委、民政、教育等部门的沟通联系，推动将金融素养提升工程纳入综合治理、列入平安创建考核，从金融监管部门、金融机构选派志愿者担任"金融村官""金融副校长"，加入乡村、学校工作群，沉到村两委班子、农民、教师、学生身边，主导农村地区金融知识宣传教育工作，聚焦农村地区建立金融素养提升工程长效机制。三是提升金融知识宣传教育精准化程度。宣传对象以村两委班子、党员干部、乡村教师为重点，发挥其在村民、学生中带头宣传金融知识、防范金融风险的作用；宣传方式宜采用标语口号、乡村广播、走街入户等传统做法，辅以针对老年人大字版、小学生卡通版等宣传资料，探索电影下乡、舞台剧等通俗易懂、喜闻乐见的宣传形式，让金融知识全方位、持续性渗透到农村地区；宣传内容应针对不同群体适时调整，加强需求收集和特点分析，精准对接村民个性化需求和关切问题。

参考文献

[1] 杜晓山.发展农村普惠金融的思路和对策［J］.金融教学与研究，2015（3）.

[2] 胡国寿，胡炜明.农村金融消费者"曲线"投诉增长情况的调查与思考［J］.武汉金融，2016（10）.

[3] 范静.农村金融消费权益保护工作中的问题和对策［J］.河北金融，2017（01）.

[4] 单林波.乡村振兴视域下农村金融消费者权益保护再思考［J］.湖北农业科学，2020，59（19）.

课题主持人：刘绍新

课题组成员：王邦武　肖慧敏　张琨　董姝圆　李亚荣　陈康洁

乡村振兴战略下金融支持农村经济发展的路径研究

——以湖北省襄阳市为例

中国人民银行襄阳市中心支行课题组

摘要： 在当前全面推进乡村振兴的新的历史阶段下，农村经济发展对金融服务产生了全新的需求，对农村金融供给提出了新的挑战。湖北省襄阳市是农业大省中的农业大市，农业资源丰富，以襄阳为视角对乡村振兴背景下金融服务农村经济发展的需求与实现路径加以探讨具有现实意义。本文在梳理乡村振兴全新阶段对金融的需求与挑战、梳理现有金融支持乡村振兴文献资料的基础上，以襄阳市为例，就襄阳市金融部门面对乡村振兴的需求与挑战，总结其所做的全面创新与全方位的努力与探索，分析其仍然存在的瓶颈，结合国际实践经验借鉴，探讨从金融支持乡村振兴所须务实解决的问题、解决路径与对策。

一、研究背景：乡村振兴新阶段的新型金融需求与挑战

随着为期8年的脱贫攻坚战取得全面胜利、"国家乡村振兴局"2021年2月挂牌成立、"乡村振兴促进法"6月正式施行，我国"三农"工作已进入举全党全社会之力加快农业农村现代化、全面推进乡村振兴的新阶段，这对金融服务农村经济发展提出了全新的需求和挑战。

（一）以补齐农村短板为目标，需要加大对农村基础设施建设的金融支持

农村基础设施是农业生产的物质载体，是农村经济乃至整个国民经

济运行的先决条件。农村水、电、路、网等公共基础设施的建设均需要大额、中长期、低成本的信贷资金支持。加大对农村基础设施建设的金融支持，是补齐短板、推进乡村振兴所必须解决的首要挑战。

（二）以支持产业振兴为目标，需要加大对农村产业的信贷投放力度

乡村振兴，产业振兴是根本，只有拥有了雄厚的农业产业基础，农村经济发展和乡村振兴才有落脚点。要推动乡村产业振兴，必须鼓励金融机构加大对农村企业的信贷投放，支持农村企业做大做强，进而提升现代农业发展水平。如何推进农村金融体系改革和金融服务创新，拓宽农村企业融资渠道，缓解农村企业融资困境，也是一个现实性的挑战。

（三）以支持绿色产业带动农村变美为目标，需要探索绿色金融支持乡村振兴的路径

绿色、低碳、可持续是乡村振兴的重要方向。传统粗放的农业生产、外来污染的产业转移等，使得农村生态环境问题逐渐凸显。美丽宜居乡村，资源节约型、环境友好型的农业产业转型发展，都需要绿色金融的支持。

（四）以改善农村金融供求关系为目标，需要持续加大普惠金融的投入

坚持城乡融合发展是乡村振兴的基本原则之一，当前农村金融需求和供给配比与"把更多金融资源配置到农村经济社会发展的重点领域和薄弱环节"的要求相比，还有不小差距。加快发展农村普惠金融，创新适应农村实际、农业特点和农民需求的金融产品和金融服务，也是当前所需解决的短板。

这四个方面的需求，虽然此前也一直存在，但在"举全党全社会之力加快农业农村现代化、全面推进乡村振兴"的新阶段，亟须突破性地加以解决，也是本文所关注和研究的问题。

二、文献综述：现有的分析、不足与应对

自党的十九大提出乡村振兴的理念以来，国内专家学者对金融支持

乡村振兴的理论研究层出不穷。从现有文献来看，研究分析法主要集中在以下几类。

（一）定性分析法

定性分析法主要是通过总结当前国内金融支持乡村振兴的现状和做法，剖析金融支持乡村振兴过程中存在的症结和问题，进而提出相关意见和建议。邵晓翀（2021）认为构建长效政策支持机制、完善金融组织体系和服务机制、创新农村产权运作机制、提升农业主体造血功能是金融助力乡村振兴的有效路径。焦涛（2021）基于农村不良贷款多、金融资源使用效能低下、农村金融生态环境不优等问题，提出加大政府支持、改善村容村貌、推广金融科技、推动产业融合等建议。吴婷婷（2021）总结了农村金融服务的新需求，提出乡村振兴战略下农村金融服务乡村振兴应加大创新力度。

（二）比较分析法

比较分析法主要是通过对比国内不同地区或国外不同国家金融支持乡村振兴的经验做法，提出我国可借鉴的做法。周文潇、顾伟等人（2021）通过调查湖北省公安县和山西省平遥县两地农村居民金融意识和金融需求，认为当前农村金融意识薄弱、金融需求低下，需通过发挥政府职能、丰富金融产品、普及金融知识等方式来提升金融支持乡村振兴的效率。朱理、陶其东等人（2021）总结了美国、德国、日本和韩国等不同时期金融支持乡村发展的经验做法，对比我国面临的问题和症结，提出双循环发展格局下解决农村金融供给与需求错配的建议。张海军、周胜男（2021）选取发达经济体的美国日本和发展中国家的印度作为样本，详细剖析了这些国家在金融支持乡村发展中的做法，并研究了我国金融支持乡村振兴战略的路径。

（三）指标分析法

指标分析法主要通过收集不同时期我国农村经济金融面板数据，分析金融支持乡村振兴的效果。李东（2021）选取涉农贷款、农村金融机构数量、农村金融从业人数、农村金融资产总额4个指标衡量农村金融，运用回归分析法来论证影响吉林省乡村振兴的金融着力点。卢京宇（2021）选取我国2009—2018年各省数据作为样本，运用熵权法建立乡村产业发展评价指标体系，运用个体时点双固定模型将农村金融对乡村产业发展的影响进行实证分析。石美燕（2021）通过构建2008—2018年安徽省16个地级市的面板数据模型，结合F检验、Hausman检验和稳健性检验的基础上，多角度地深入辨析安徽农村金融发展对农村产业结构升级的影响。

综合来看，在当前的金融支持乡村振兴实践中，三种分析法各有其局限与不足：

一是定性分析法基本是针对农村金融历来实践中所反映出来的传统问题、共性问题，如金融组织体系、服务机制、抵押资源不足以及金融生态环境不优等，给出的长效政策支持、强化金融创新等政策建议比较传统、理性，在适应和解决当前乡村振兴实践所亟须解决的现实问题方面有所不足。

二是比较分析法通过比较分析各地金融支持农村经济发展中的经验做法而提供对策建议，但其不足在于，国内外特别是国外各地的社会经济、政治文化、社会习惯往往是具体、复杂而又紧密结合的一个系统整体，其问题成因、经验做法往往与各自的整体系统紧密结合，具有其独有的适应性，单取其局部因素进行对比借鉴往往并不具备足够的普适性和可复制性。

三是指标分析法往往通过相关性、相关系数等类似指标分析金融支持农村经济发展的影响因素、影响力度，而给出政策分析，其不足往往在于活生生的农村社会经济系统很难被几个指标所囊括，所给出的解释往往是普适性、共识性结论，很难给出有力、有效的结论或建议。

本文在综合参阅现有研究实践与文献资料的基础上，着眼于当前乡村振兴全新阶段下，农业大省湖北所属的农业大市——襄阳市的金融支持乡村振兴实践，从现实而火热的实践中，探讨金融支持乡村振兴中所存在的问题，探索金融支持乡村振兴的现实对策。

三、襄阳实践：全面创新、全方位的努力与探索

在近年特别是今年以来，襄阳市金融系统进一步提高政治站位，深刻认识中央决策部署的战略考量，深入贯彻落实中央乡村振兴工作精神，围绕金融支持乡村振兴，立足本地实际和本系统实践，竭尽所能全面创新，进行了全方位的努力和探索，提供了金融部门的担当与贡献。

（一）聚焦农村"两基"建设，探索多元化融资模式

一是探索"特定融资主体+商业银行+政策银行"融资模式，支持美丽乡村补短板建设。襄阳聚焦农村公共基础设施和基本公共服务领域的资金弱项，由市级融资平台指导建立县级特定融资主体，以农业发展银行为主、湖北银行配合开展农村基础设施项目建设贷款，全年累计投放贷款金额72亿元。如枣阳市鼎赫生态产业投资有限公司承担枣阳市美丽乡村建设，农发行和湖北银行向企业发放改善农村人居环境项目贷款16亿元，项目内容主要包括枣阳市全域19个镇共556个村庄进行公共基础设施建设、基本公共服务建设、农村产业建设三大板块建设，涵盖村庄规划、通村通组道路建设、农村安全饮水工程、党群服务中心建设等。

二是探索"两指标质押"农地金融模式，支持农村公共基础设施建设。金融机构基于"城乡建设用地增加挂钩结余指标"和"耕地占补平衡指标"的市场交易价值，以两指标为质押，支持农村公共基础设施建设。如宜城市土地综合整治建设项目旨在宜城市流水镇、刘猴镇、板桥店镇等七个乡镇实施补充耕地、旱改水提质改造及农村公路绿化改建提档升级三大项目工程，农行以该项目产生耕地指标的预计交易收入作为质押，向该项目发放固定资产贷款4.4亿元。

三是探索"信贷+场景"一体化模式，支持农村基本公共服务建设。金融机构探索信贷+场景一体化模式，找准服务农村基本公共服务建设着力点，为农村医疗教育改善、景区提档升级、民宿农家乐经营等农村基本公共服务建设提供专项金融支持服务。如农业银行针对疫情期间暴露的县域乡村医疗保障不足问题，创新采取"法人流贷+智慧医疗+

医护e贷"一体化模式,对全市42家县域医院授信合计1.9亿元。针对上级行对旅游业的优化信贷政策,采取"景区升级+项目贷款"的一体化模式,利用景区收费权作为质押,为"保康尧治河景区提档升级项目"发放贷款1.05亿元。

(二)聚焦农村产业兴旺,支持龙头企业和一二三产业融合发展

一是强化龙头企业对接服务。围绕农村重点企业和龙头企业,积极开展保姆式金融服务,助推农业产业化龙头企业发展。中国银行襄阳分行围绕襄阳正大农牧有限公司、老河口牧原农牧有限公司、襄阳新希望六和饲料有限公司等生猪养殖行业龙头企业,主动服务核心企业上下游客户,稳定生猪供给,加快产业整合,带动家庭农场及贫困农户。截至目前,累计为上述企业发放贷款14.9亿元。其中,为正大襄阳百万头生猪产业化项目累计发放各类贷款12亿元。此外,围绕养殖行业核心企业上下游,累计为57户个体工商户发放贷款3 585万元。

二是积极推动"产业+项目"金融服务模式。通过升级"产业+项目"发展思路,整合政府、龙头企业平台和数据资源,通过项目融合支持产业发展。如农发行向保康县精准扶贫产业发展有限公司发放现代农业园区项目贷款1亿元,主要用于名优茶生产加工扶贫车间和各乡镇茶叶加工扶贫车间建设。项目的建设实施,一方面通过吸纳20名建档立卡贫困户就业,有效带动贫困户和周边贫困村的产业发展;另一方面有效整合现有茶资源,助力保康县建立和完善茶叶文化体系。

三是重点支持农村一二三产业融合发展。卧龙山药小镇是襄阳市西郊一个以山药为主题,集食品研发、加工与销售、休闲旅游、文化教育、娱乐康养、产学研于一体的综合性产业特色小镇。该镇按照农村一二三产业融合发展的思路,从山药种植到山药深加工生产,再到山药酒厂、山药孵化器的建成,推动了农工融合;通过兴建山药文化博物馆、旅游服务中心、旅游产品中心、山药宴农家私厨、山药生态酒店、游客游乐中心,推动了农旅融合;通过兴建旅游产品大卖场、电子商务中心、仓储物流中心,推动了农商融合。在农商行500万元信贷资金的支持下,该镇1 280名社员常年种植山药面积达2万亩,先后带动184户困难家庭实现脱贫,户均年增收2万元以上,带动了社员、会员及整个卧龙周边农户致富。

(三)聚焦绿色金融服务创新,加快实现"双碳"目标

一是大力推进绿色金融政策的引导。襄阳中心支行积极向政府汇报,特别强调绿色发展和绿色金融是实现乡村振兴的重要方向,引起市政府的高度重视和大力支持。先后制定了《襄阳绿色金融体系建设总体方案》《绿色金融发展年度重大事项实施方案》《关于加快构建绿色金融体系的实施意见(征求意见稿)》,形成了全市绿色金融工作发展的总体框架和具体规范。枣阳市人民政府印发了《关于推进汉江生态经济带绿满枣阳再提升行动项目专题会议纪要》,提出以鄂北生态防护林和"千村万树"为建设内容,大力推进造林绿化、森林质量精准提升和美丽乡村建设。农发行以此为契机,向枣阳市鼎赫生态产业投资有限公司汉江生态经济带绿满枣阳再提升项目授信5亿元,由枣阳城投公司提供担保。

二是推进碳金融助力实现"双碳"目标。保康县政府审议通过了《关于保康县林业碳汇工程项目开发的批复》,为实施碳金融发展提供了坚实保障。在人民银行、县政府、发改局等部门的协调配合下,农发行保康县支行发放了全省首笔1 000万元林业碳汇项目贷款,用于在保康县内11个乡镇、3个国有林场及1个横冲药材场开展碳汇造林活动。谷城县推进国家储备林基地建设,全面深化林业改革,农发行谷城支行通过向谷城县生态林业工程建设投资有限公司发放项目贷款3.8亿元,用于人工林栽培工程、现有林改培工程、苗圃基地建设工程,改变了林业生态建设长期以来都以公共财政投入为主的做法,创新了林业投融资模式。邮储银行襄阳市分行也新增授信襄阳储备林项目1户,金额3.6亿元。

三是推进绿色金融助推绿色项目落地实施。中行襄阳分行全力服务鄂北水资源配置工程,为襄阳水利开发投资有限公司提供30亿元授信资金支持,目前项目贷款余额27.8亿元,有效改善了襄阳市沿线地区的农业灌溉和生态环境用水条件。邮储银行襄阳市分行支持大唐钟祥风电、宜城华润绿泽风电建设2个风力发电项目,累计投放贷款5.15亿元,余额为4.81亿元。襄阳农商行支持襄阳恩菲垃圾焚烧发电完成三期项目建设,日处理垃圾1 600吨,配建33兆瓦发电机组。

(四)聚焦改善金融供求关系,大力发展农村普惠金融

一是大力推动开展"省农担+政府+银行"信贷模式。襄阳辖内县域金融机构陆续与省农业担保公司开展合作,针对新型农业经营主体普遍存在有效抵押物不足的问题,创新推广了一系列金融产品。如工行"惠农贷"、湖北银行"神农贷",农行、农商行"楚农贷"等特色产品,这些产品的对象均为新型农业经营主体,企业只需向县农经局申报贷款意向,由农经局向省农业担保公司推荐,银行开展现场调查,省农业担保公司开具担保意向函,银行根据担保意向函发放贷款,有效解决新型农业经营主体缺乏抵押物的问题。

二是大力推广线上纯信用类普惠金融产品。为降低新型农业经营主体贷款准入资格门槛,引导金融机构采取无抵押免担保的纯信用模式发放贷款。如工行"纳税信用贷"、建行"云税贷",发放对象为经营满两年且被税务部门评定纳税等级为B级以上的小微企业,企业只需向银行提供近1年的企业纳税清单即可申请贷款,无须追加任何抵押担保。同时,针对县域农村经营主体缺乏营业执照与纳税资料的问题,农商行推出"荆楚小康贷""亲情农贷"。

三是大力推广"整村授信"模式。引导金融机构加大农户贷款投放力度,有效缓解农户"融资难""融资贵"问题。柴家湾村有村民566户,总人口1 706人,经济来源以农业为主、林果为辅,多数农户均有融资需求、过去农户融资主要通过私人高息借款,融资成本较高。今年以来,农商行通过完成柴家湾村整村授信的863计划,通过荆楚小康贷完成签约户数120户,投放贷款超过2 000万元,利率低于同业平均水平。

四、仍存的瓶颈:传统硬伤与难除的顽症

尽管付出了极大的努力、创新与探索,也取得了较好的成效,但是从襄阳所辖各家金融机构所掌握的情况看,支持乡村振兴仍然面临着一

些难以破除的瓶颈，而且这些瓶颈是支持农村经济发展中历来就有、当前百计创新也无法回避的传统"硬伤"。

（一）农村基础设施项目难以满足信贷准入条件

农村基础设施项目建设大部分为公益性项目或准公益性项目，虽然社会效益大，但自身收益少、见效慢、投资周期长、资本回报率不高，项目本身财务生存能力差，导致难以达到金融机构信贷准入条件。同时，农村基础设施项目贷款的承贷主体多为县域平台公司，还款来源大多为地方财政。在当前疫情反复和经济下行的双重影响下，中央大力实行减税降费政策，县域地方财政实力不足，这也加大了许多依靠财政预算作为第一还款来源的农村基础设施建设项目的政策性风险。此外，大部分农村基础设施项目外部性较强，特别是在建设中涉及财政、发改、农林水电、科教文卫等众多部门，并且这些部门缺乏统一实施机制，导致银行难以深入了解农村基础设施建设各个方面的发展现状与资金投入情况。农村基础设施建设项目在银行提款时还容易受到乡村建设规划许可证等行政许可是否办理到位、发票开具进度等外部因素的影响，襄阳辖内农村基础设施建设项目在农发行的提款率常年低于80%。

（二）金融支持农村产业发展的意愿整体不足

一是农村产业发展模式较为传统。农村企业生产方式上主要以传统的劳动密集型为主，且传统的小农性质特征明显，资本替代劳动的投入偏低。小农经济对于资金的需求小且分散，因此所需要的管理成本较高，金融机构提供信贷的支持意愿较低。二是农村地区空心化严重。襄阳是人口外流大市，每年外出务工人口较多，农村产业发展面临劳动力供给不足、劳动力素质偏低、经营人才匮乏的困境，这与日益扩大的农村产业发展产生内在矛盾，很多农户没有优势产业，也没有很好的创业项目，金融机构优质承贷主体不足。三是农村经营主体信用风险高。农村产业发展受自然条件限制大，同时也易受下游消费市场波动影响，从而加剧贷款风险。由于农村信用体系不健全，襄阳市金融机构对于农村经营主体的信息不对称问题长期存在，导致金融机构提高贷款的申请条件,甚至具有政策性导向的贷款也难以获得。四是企业有效抵押物不足。当前农村地区依靠抵押、担保等传统信贷模式仍然占大多数。襄阳辖内农村金融机构的合作对象主要为政府性担保公司、省农担和省再担,三者在合作的广度和深度上均有一定的不足,发放的担保业务量少、面窄、程序复杂。襄阳市前些年全面推进"两权抵押"贷款试点业务,但与之相关的土地收储、抵押物估值、集体资产交易平台等尚不健全,资产处置缺乏有效的交易和保值变现渠道,导致农房、农地抵押贷款两项业务一直停滞不前。

(三)绿色金融服务乡村振兴的总量不足、结构不均

从襄阳的实践来看,截至2021年第三季度末,全市乡村地区绿色贷款余额243亿元,占全部乡村贷款的比重仅为18.6%。绿色债券还未成功发行,县域保险公司尚处于探索起步阶段,还没有一家开展绿色保险业务。乡村绿色金融覆盖面小,占比低,且高度依赖绿色信贷的发展。从乡村绿色信贷的结构来看,仅用于基础设施绿色升级的贷款就占比达到43.6%,这类贷款项目多是政府主导的大型基础设施建设项目,可以有效地改善公共服务,但经济效率不高,从长期来看不可持续,属于"被动型"的绿色项目。而经济效率较高的绿色项目不多,如清洁生产产业类的绿色贷款占比0.7%,绿色服务类贷款为0。此外,农村金融机构在发放绿色贷款时为降低贷款风险,更多地服务于县域平台公司,而对中小企业的绿色贷款发放一直停滞不前。如襄阳市农村金融机构发放给"电力热力水的生产供应业""水利环境公共设施管理业""交通运输仓储和邮政业""租赁和商务服务业"的绿色贷款占比高达84%,发放给农林牧渔业、制造业的绿色贷款仅占13.1%。

(四)普惠金融在农村地区的覆盖率仍然偏低

一是金融机构参与程度不高。由于农村经济的脆弱性和风险性,使得国有银行和股份制银行面向"三农"提供的金融服务受到较大限制。襄阳市股份制金融机构仅有交通银行和中信银行在辖内枣阳市设立了分支机构,国有银行虽在农村地区设置了网点,但出于规避风险和收益最大化的原则,主要发挥吸储功能,并将农村吸收的资金用于城市信贷业务,造成农村资金虹吸外流。二是农村普惠金融环境不佳。截至2020年末,襄阳市涉农不良贷款率2.59%,农企不良贷款率3.28%,均处于较高水平。从地方政府公共信用信息平台建设来看,对农户、农村新型经营主体的纳税、社保、司法等公共信用信息,还没有统一归集和有效利用,导致信息共享困难。三是农村普惠金融产品创新不足。近年来,农村各类特色产业如雨后春笋,不断向集约化和规模化发展的现代农业经营主体,可提供担保的资产依旧匮乏。家庭农场和种养大户的资产主要集中在承包的土地、种养大棚等方面,因三权抵押不成熟、活体畜禽抵押面临评估难、处置难、价格波动大等问题,实际能进入抵押操作层面的十分少,严重制约了农村普惠金融发展。

五、他山之石:金融支持乡村振兴的国际经验

(一)发达国家注重对农村基础设施服务的政府支持

美国对涉农金融机构投放农村基础设施贷款提供了大量政府支持,如金融机构农村基础设施贷款占全部涉农贷款总额25%以上的,可享受税收优惠;美国农村信用合作社可享受免征各种税负的优惠。德国对参与农村基础设施贷款和农村中小企业贷款的金融机构实行"限制利率的利息补贴",即由政府制定这类贷款的最高利率,同时由财政给予利息补贴。日本由财政出资成立了农业信贷基金协会,专门为中长期和大额的农业信贷融资提供利息补助和担保,以保障农业信贷资金的供给。

(二)发达国家注重支持农业产业链融合发展

发达国家的乡村振兴无论哪种模式都是以大力发展农业产业链为核心,通过第一、二、三产业融合,带动种植业、加工业、观光业等多业并举;其金融机构也注重扶持生产、购销、加工、流通等全产业链发展。如荷兰合作银行,首先是在总行层面设立了乳制品、农业投入品、附加值食品加工等7个农业重点产业研究小组,对每一目标细分产业进行细致的研究和分析;其次是为客户配套提供产业链中所有环节的全套

金融产品及服务，包括贷款产品、项目融资、融资租赁、贸易及大宗商品交易融资、资本市场以及收购、兼并等；其三是分工支持，荷兰合作银行分支机构主要负责支持辖内农户、个体工商户和小微企业，当客户成长壮大超出服务范围时，移交荷兰中央合作银行，中央合作银行重点支持农产品销售、农资供应及流通运输。

（三）发达国家注重支持生态农业发展

发达国家乡村振兴不仅仅局限于农业现代化，更加注重对农业休闲、生态农业、节能减排、自然保护等绿色农业、低碳农业等新型农村业态的支持。日本"造村运动"中，对审查合格的环保型农户，银行可以提供额度不等的无息贷款，贷款时间最长可达12年，对绿色农业产业中的企业提供长达20—30年的长期信贷资金，并按照法律规定收取较低的利息，政府财政还予以补贴。在"村庄更新"中德国复兴信贷银行为村庄建筑节能改造提供年利率不超过2%的多项资助计划。法国在"农业一体化"中每年投入300万欧元作为生态农业未来发展基金。美国金融机构对于发展绿色农业的企业提供抵押担保，农户凭借种田或放牧减少的碳排放，参加农场主联合会和农业社团联盟的碳交易项目可以获得经济性收益。

（四）发达国家通过多种方式发展普惠金融

一是通过建立微型金融的方式大力发展普惠金融。美国新城镇在运动开始大约有2 187个农村区域没有银行网点覆盖，通过建立社区银行的方式，有效满足农村金融需求。在新城镇开发的后期，美国共有社区银行15 663家，54%分布在农村，26%分布在郊区，对农户和农场的贷款接近7 500亿美元，为规模在100万元以下的小企业提供金融服务。二是完善农业担保运行机制。美国成立农场服务局，向难以获得信贷资金的农场主提供担保，担保资金来源于财政资金。日本成立农业担保基金协会以应对农业经营主体贷款担保不足的问题，担保协会的资金来源主要有会员出资、储备金余额、地方政府补助等。三是大力发展农业保险市场。美国要求强制购买巨灾保险，政府对农业保险公司实施保费补助。加拿大以立法形式推行政策性农业保险。

六、务实的选择：破解支持乡村振兴现有困局的必经路径

结合襄阳当前的实践、探索、努力与现实，在尊重现实、尊重事实的基础上，综合国内外可借鉴的经验，我们认为，从现实出发，破解当下金融支持乡村振兴的现有困局，需要从以下几个方面着手。

（一）加快健全农村金融服务供给体系，破解农村金融供给不足的困局

在依托现有金融机构改进和完善金融服务、提升服务效率的同时，加快构建新的农村金融服务体系，形成多元化农村金融服务供应格局。其一，是推动县域地方投融资主体通过注入经营性资产、加大资本金投入等方式，增强其造血增信功能，发挥其在乡村振兴"融资、投资、建设、运营"等环节的统筹推进作用，为加快政策性银行授信项目落地创造更好的条件。其二，是推动农业银行、邮储银行进一步完善"三农金融事业部"运行机制，引导其他银行建立服务乡村振兴的内设机构，建立各银行行级领导对接县域乡村振兴金融服务联系点制度，充实服务"三农"的工作队伍，提高专业服务能力。其三，是支持农商银行实行配股和定向募集，引入合格战略投资者，适度提高员工持股比例。推动地方政府通过发行专项债券、组织扶持资金、政府投资基金等途径对农商银行进行增资扩股，探索推进农商银行发行二级资本债等方式充实资本增强农商行金融服务能力。

（二）加强农村抵押担保机制建设，破解增信措施不足致无效信贷需求的困局

一是总结农村两权抵押贷款试点成效和不足，完善土地收储、资产评估、交易流转市场体系，全面激活农村存量资产。目前，襄阳市农村承包土地确权登记颁证、农村集体资产清产核资已基本完成，随着土地流转服务体系的健全、农村产权流转交易平台的完善，探索推出承包土

地收益权、林权、经确权登记的农村产权等为标的的新型金融产品供给模式。二是针对乡村振兴产业发展需要,协同农业部门推进"政府专项基金担保、贴息+银行贷款"模式,支持相关产业发展。如利用专项扶贫资金,安排带贫农业新型经营主体贷款担保基金、贴息资金、就业车间奖补资金,分配到县后,县级按照不低于1:1的比例进行配套,支持银行对相关产业的农业新型经营主体发放担保贷款。

(三)重点发展产业链金融,破解单体农户信息孤岛式单打独斗、不成体系的困局

乡村振兴的根本是产业兴旺,国外乡村振兴的经验是通过产业链金融大力促进农林牧渔结合、种养加购销一体化。一是重点推广"一个龙头企业+多个专业合作社(专业大户)+农户"的产业链金融服务模式,围绕龙头企业和产业链条开展工作,利用利益联结机制让小农户融入现代农业发展大格局,实现信贷"批零联动",开展圈层式综合服务。二是农村金融机构应深入了解本地产业,包括农业产业链的起止点、主体构成、生产流程、关键环节,在掌握信息流、现金流、物流活动特征的基础上,重点了解各个节点的金融需求,包括融资意愿、各类金融产品使用情况、利率敏感程度等。形成相对完整的农业产业链基础融资产品体系,实施精细化、差异化定价,合理确定利率水平。三是根据农业生产过程中的季节性特征提供不同场景的金融服务。如农忙时提供信贷资金支持,丰收时提供投资理财服务。实现涉农金融服务由传统农户小额信贷向种植大户、家庭农场、专业合作社、龙头企业和农业园区综合支持转变。

(四)加快发展农村绿色金融,促进生态绿色化的新农村发展

一是完善绿色农业信贷投放机制。制定差异化的信贷政策,在绿色金融产品上寻求突破,探索农产品商标质押贷款试点,通过贷款客户分类管理,对纳入信贷项目库的农业循环经济项目,落实评级授信政策,扩大授信额度。二是完善绿色担保和风险补偿机制。针对乡村振兴中一些绿色项目存在的问题,如融资风险高、回报时间长、收益成效小,金

融机构不敢贷的情况，地方政府可设立绿色担保基金分担风险，消除金融机构的抵触情绪，撬动社会资本投入绿色项目。三是积极发展农村绿色债券，利用绿色保险、绿色证券、绿色期货与期权等多种绿色金融工具为农村绿色企业提供融资服务、降低融资成本。建立碳产业基金、绿色碳基金等绿色农业投资基金，促进传统农业产业绿色升级新兴农业绿色发展。

（五）建设数字化乡村振兴金融服务体系，着力提高普惠金融在农村地区的覆盖面

数字化是现代金融发展的必由之路，在建设乡村振兴金融服务体系中，要利用后发优势抓紧加快推进。一是全面推进农村信用体系建设，夯实发展农村数字化金融的基础保障。推动地方政府加快推进农户、农村新型经营主体的信用信息采集评定工作，协调县域金融机构全面参与，共同建立标准统一的农村信用信息档案。同时，协调大数据中心等部门，将政府公共信用信息平台的数据采集向农村延伸，并加强与金融部门的信息共享。二是深入推进农村金融科技应用，筑牢发展农村数字化金融的技术支撑。组织银行进一步拓展农村线上渠道产品研发、普及与运用，打破传统金融物理网点局限，重点要提高线上产品安全性能，简化操作流程，增强农村使用线上渠道的便利性，使广大农民、农村经营主体真正想用、能用、会用。三是积极开展大数据技术应用，建立广覆盖、低成本、高效率的金融服务体系。实施互联网金融服务"三农"工程，推动银行应用大数据系统，完成对农村目标客户群体的经营指标、金融资产、信用状况、纳税情况等各种信息数据进行整合分析，批量挖掘、筛选优质可贷的客户白名单，真正实现从申请到还款的全流程在线操作，实时到账，增加涉农贷款首贷、信用贷。

（六）重视发展高质量的农业资本市场和农业保险市场，真正为乡村振兴和新农村建设保驾护航

一是选择一批农业产业化龙头企业、农产品加工企业，纳入市级上市后备"金种子、银种子、科创板种子"企业名单进行辅导。二是积极发展综合性保险、专业性保险，构建相互补充、多元化农村保险服务体系。探索实施"防贫保"兜底保障，推进"信用保险+融资配套"的运作模式。加大政府财政投入，提高农业保险补贴类别和规模。加快险种创新，提高农业保险的保障水平。成立农业巨灾风险基金，支持开展再保险业务，建立健全风险分摊再保险机制。加强保险宣传，切实提高农民的投保意愿，提升农业保险覆盖率。

参考文献

[1] 解若冰，王克钧.乡村振兴背景下金融助力农村经济发展的路径研究[J].现代商贸工业，2021（31）.

[2] 朱理，陶其东，郑瑞峰."双循环"发展格局下金融支持乡村振兴战略的路径选择[J].河北金融，2021（09）.

[3] 张海军，周胜男.金融支持乡村振兴的国际经验与完善路径研究[J].领导科学，2021（18）.

[4] 贾欣宇.黑龙江省农村普惠金融发展现状及问题分析[J].2021（07）.

[5] 董洋，杨欣悦，马丽.提升金融服务乡村振兴质效的路径探析[J].当代金融家，2021（09）.

[6] 张明，江朋涛，余紫莹，戴升.绿色金融支持青海乡村振兴路径研究[J].边疆经济与文化，2021（07）.

课题主持人：吴安斌
课题组成员：周子轩　王大钊　徐大军　王　双
执　笔　人：王　双

普惠金融发展对乡村振兴的动态影响研究
——以恩施州为例

中国人民银行恩施州中心支行课题组

摘要：本文以2015年3月—2021年9月恩施州普惠金融领域贷款的相关指标及相关的农村经济发展指标为研究基础，从经营性普惠领域贷款入手，基于面板VAR模型，运用脉冲响应函数和方差分解法对普惠金融与乡村振兴之间的关联性进行了实证分析。研究发现：经营性普惠领域贷款增长对农村经济发展具有较强的拉动作用；小微企业主经营性贷款作为小微企业融资的重要组成部分，其对恩施州农村产业的拉动作用持续性不强；传统的农户生产经营难以形成规模，有实力的农户更倾向于向个体工商户及小微企业主转型；第一产业发展对不同的经营性普惠领域贷款变量反哺效果表现存在差异。

关键词：普惠金融；乡村振兴

一、研究背景

（一）乡村振兴战略及农村经济建设的重要性

乡村振兴战略是习近平总书记2017年10月18日在党的十九大报告中提出的战略。党的十九大报告指出，农业农村农民问题是关系国计民生的根本性问题，必须始终把解决好"三农"问题作为全党工作的重中之重。实施乡村振兴战略的目的是坚持农业农村优先发展，按照产业兴旺、生态宜居、乡风文明、治理有效、生活富裕的总要求，建立健全城乡融合发展体制机制和政策体系，统筹推进农村经济建设、政治建设、文化建设、社会建设、生态文明建设和党的建设，加快推进乡村治理体系和治理能力现代化，加快推进农业农村现代化，走中国特色社会主义乡村振兴道路，让农业成为有奔头的产业，让农民成为有吸引力的职业，让农村成为安居乐业的美丽家园。其中，统筹农村经济建设被放在首位，足以体现农村经济建设在乡村振兴战略中的重要性。

（二）研究普惠金融对乡村振兴战略影响的必要性

为什么要研究普惠金融对乡村振兴的动态影响？主要是基于普惠金融与乡村振兴战略之间紧密的关系，普惠金融可为乡村振兴战略的推进提供更丰富的资金供给形式，是全面推进乡村振兴的重要助力。决策层已就普惠金融和乡村振兴的联系给予了精准定位，2018年的中央一号文件《中共中央 国务院关于实施乡村振兴战略的意见》就明确指出"普惠金融重点要放在乡村"，要创新服务方式、提高金融服务城乡水平。

普惠金融与乡村振兴战略的关系主要有：一是服务理念是一贯的。普惠金融从金融市场覆盖面的广度和宽度出发，阐述了金融资源不仅为城市服务也要为偏远的地区提供相对适宜、公平、多样性的金融服务的理念。与此同时，因地制宜发展农村普惠金融与实施乡村振兴计划是一脉相承的，二者共同表达了助民、惠民、利民的服务理念。二是服务目标是相同的。普惠金融为农业发展提供金融支持，提升农村地区在金融方面的活跃度，由此增强整个区域的金融系统的流动性，在此前提下，农民作为农村、农业的主体是政策的最终受益人；乡村振兴计划包括经济、卫生、医疗、生态等农村的方方面面，其目标就是以点成线，以线成面实现农民富裕、国家富强。三是服务对象是类似的。普惠金融服务即无差别的惠民金融服务，该金融服务理念是针对弱势群体而提出，如偏远边穷地区、农村贫困人口和小微企业，农民是该项金融理念的最大受益者。乡村振兴计划的服务对象围绕着"三农"展开，惠及农民生活中的方方面面。在某种层面意义上，乡村振兴战略和普惠金融服务理念两者的服务对象类似。

二、选题意义、研究思路、创新及应用价值

（一）选题意义

普惠金融的本质就是关注社会低收入群体，缩小贫富差距。在2035年前，普惠金融要让越来越多低收入群体享受到可得的金融服务，实现个人财富普遍增加、家庭生活广泛幸福、社会财富全面繁荣的美好目标。乡村振兴的首要目标是统筹推进农村经济建设，加快推进乡村治理体系和治理能力现代化，加快推进农业农村现代化，走中国特色社会主义乡村振兴道路，让农业成为有奔头的产业，让农民成为有吸引力的职业，让农村成为安居乐业的美丽家园。在最终目标上，普惠金融与乡村振兴具有较强的一致性。而金融在农村市场的资源配置、风险分担、资金调配中起着重要的作用，是乡村振兴战略的重要支撑，是促进农业经济发展及乡村振兴建设的关键力量。综上所述，农村经济的持续发展和乡村振兴战略的实施离不开普惠金融的支持。因此，在乡村振兴背景下，研究普惠金融发展对乡村振兴的动态影响研究具有重要的现实意义。

（二）研究思路

在乡村振兴背景下，由于统筹农村经济建设在乡村振兴战略中被放在首要位置，本文将从乡村振兴的经济金融视角入手，分析研究普惠金融发展对农村经济建设的影响，进而开展普惠金融指标对乡村振兴战略动态影响的实证分析。由此提出普惠金融应如何优化发展，以充分发挥金融在促进农村经济发展、推动乡村振兴战略顺利落地实施方面的重要作用。本文具体以恩施州为例，首先描述了近年来普惠金融发展及经济增长的现状，并检验普惠金融发展成效；其次，通过实证研究，分析了普惠金融发展与农村经济增长的相关性；最后，结合实证分析结果为充分发挥金融作用，支持乡村振兴提出有针对性的建议。

（三）创新及应用价值

（1）具有较强的实用价值。自2021年起，我国进入巩固拓展脱贫攻坚成果、全面推进乡村振兴的新阶段。与此同时，恩施州在2020年底

也已宣布实现全域脱贫，已步入全面建成小康社会的新阶段，接下来的任务也是乡村振兴。在此背景下，研究如何推进乡村振兴战略实施具有十分重要的现实意义。同时，我国的普惠金融正处于快速发展阶段，研究借助普惠金融推动乡村振兴更具现实意义。因此，研究恩施州普惠金融发展对当地农村经济发展及乡村振兴战略推进的影响具有较强的应用价值。（2）在研究方法上有自己的特点。本文首先用恩施州普惠金融的各项指标进行描述性统计分析，归纳总结出当前恩施州普惠金融发展水平；然后用实证方法揭示研究普惠金融与乡村振兴的相关性；最后研究普惠金融发展对乡村振兴的动态影响，从而得出在普惠金融领域该如何推进乡村振兴战略的落地。（3）选取的数据指标更可靠。本文采用中国人民银行普惠金融专项统计指标体系，数据指标更加成熟，较宽泛的农村金融概念更加统一。

三、文献综述

（一）普惠金融发展水平测度的研究

一种是以 Mandira Sarma（2008）的研究方式为指导：Mandira Sarma 设计的指标是以联合国所设计的人类发展指数的方式为模型，选择三个评价指标（银行渗透度、金融服务可得性、使用情况），具体以银行账户的拥有率、银行营业网点的数量或者ATM自动取款机的数量、存贷款在GDP中的占比作为定量测度指标，衡量普惠金融的发展程度。另一种是权重法：王婧等（2013）采用变异系数法，以2002—2011年由银行业统计出的数据为基础，划分两个维度（金融服务的范围和使用）选取6个具体指标构建指数，对普惠金融的发展程度予以评价。焦瑾璞等人（2015）选取三个维度（金融服务的质量、使用情况和可获得性）共涵盖19个指标，采用AHP法规定权重的测度体系下，以各省统计数据为基础，计算出我国的普惠金融的发展指数，是一种将定性问题转化为定量问题的较合理的方法。进一步地，张珩等人（2017）采用改进的层次分析法Cov-AHP方法，选取四个维度（渗透度、使用度、效用度、承受度)共14个具体指标构建综合评价体系,对陕西省农村信用社提供的不同程度的普惠金融服务水平的可能原因进行分析。

这些研究,大都从宏观视角对全国进行普惠金融发展水平进行测度,对于微观主体的普惠金融研究相对较少。西部地区作为普惠金融发展的重要地区,发展相对滞后,研究西部地区普惠金融发展具有重要意义,有助于消除贫困,缩小城乡差距,推进乡村振兴战略,促进地区高质量发展。本文以湖北省恩施州为例,该地区不仅是湖北省唯一一个少数民族自治州,而且隶属于西部地区,所以研究该地区普惠金融发展具有较强的代表性。

(二)金融与乡村振兴关系的研究

何广文、何婧(2018)提出,农村新型经营主体是乡村振兴过程中农村金融的需求主体。乡村振兴金融服务需求出现综合化、集团化趋势,同时乡村振兴的金融需求行为,较多具有低回报、长期性的特点。面对越来越多的农村新型经营主体及农村新业态,农村金融面临越来越突出的转型发展问题。基于乡村振兴的农村金融,需进行制度创新和转型,并不断完善乡村振兴金融服务的辅助机制和配套措施。杨婷(2019)运用1980—2013年的数据,对我国农村金融发展与农村经济增长间的关系进行了实证分析。结果显示:农村金融的发展深度、发展规模和发展效率等因素中,发展深度能够显著促进农村经济发展,发展规模和发展效率对其影响不显著;同时,农村经济增长对农村金融发展深度无显著影响,对农村金融发展规模有显著正向影响,对农村金融发展效率则呈现显著负向影响。赵洪丹、赵宣凯、丁志国(2019)利用2000—2015年吉林省39个县的数据,运用OLS、静态和动态面板分析方法,对农村金融创新作用于农村经济发展的机制进行了研究,结果表明:农村金融创新对农村经济发展具有十分显著的推动作用,且该作用存在收入递减效应。陈龙、王楠、冯丽丽(2020)从金融发展、金融扶贫力度和产业结构优化等方面入手,对我国金融发展、产业结构优化与农村经济增长之间的关联性进行了实证分析。研究发现:三者之间尚未达到协调发展的程度,其中金融扶贫力度和产业优化能够显著促进农村经济的增长，但金融发展规模对农村经济来说仍然具有很强的外部性，即金融规模对农村经济增长具有负向影响；其次，农村经济增长一方面会促进金融规模的扩大，另一方面也会减少贫困度，进而导致金融扶贫力度的降低。另外，金融规模的扩大也为产业结构优化提供了充足的资金支持，而当产业结构优化优势发挥出来后，其又会对金融规模产生显著的反哺作用。

研究金融与乡村振兴之间的关系时，在金融方面学界普遍采用农村金融，而农村金融是一个较宽泛的概念，学者们建立的农村金融指标体系并没有一个统一且权威的标准，所以得出的结论千差万别。本文将普惠金融领域相关指标作为研究中的金融部分，由于人民银行建立了成熟的普惠金融指标统计体系，可有效地规避因指标体系不统一造成的干扰。

四、实证分析

本文选取2015年第一季度至2021年第三季度恩施州普惠金融领域贷款的相关指标及相关的农村经济发展指标作为研究对象，具体包括农户生产经营贷款余额、建档立卡贫困人口消费贷款余额、助学贷款余额、下岗失业贷款余额、个体工商户经营性贷款余额、小微企业主经营性贷款余额及第一产业增加值，分别记作YCLJ、NHSCJY、JDLKXF、ZXDK、XGSYDK、GTJY、XWQYZJY（本文研究的数据来源于恩施州统计局与人民银行恩施州中心支行）。

（一）描述性统计分析

"十三五"以来，恩施州普惠金融发展水平显著提升。从规模上看，恩施州普惠金融规模逐年扩大。2021年9月末，恩施州普惠金融领域贷款余额432.73亿元，较2015年增加288.64亿元；占人民币各项贷款总额的30.74%，较2015年3月增加6.41个百分点。从趋势上看，普惠金融发展速度高于各项贷款平均增速。2021年9月末恩施州普惠金融领域贷款较2015年3月增长200.33%，比同期各项人民币贷款增速高62.59个百分点。从结构上看，普惠金融构成变化较大。经营性贷款是恩施州普惠金融领域贷款的最主要部分，其中，占比最大的分别是农户生产经营贷款、个体工商户经营性贷款和小微企业主经营性贷款。但2015年3月至2021年9月，经营性贷款在普惠金融领域贷款中的占比呈下降趋势，从最高的94.97%下降至74.54%，反之消费类贷款的占比则有所提高。由于经营性贷款在普惠金融领域贷款中占据主导地位，因此本文将农户生产经营贷款、个体工商户经营性贷款和小微企业主经营性贷款三个变量作为时间序列系统中的内生变量，分别用NHSCJY、GTJY、XWQYZJY表示，系统中另一个内生变量为第一产业增加值（累计值），记作YCLJ。数据期限为2015年3月至2021年9月的季度数据，共27期（见图1）。

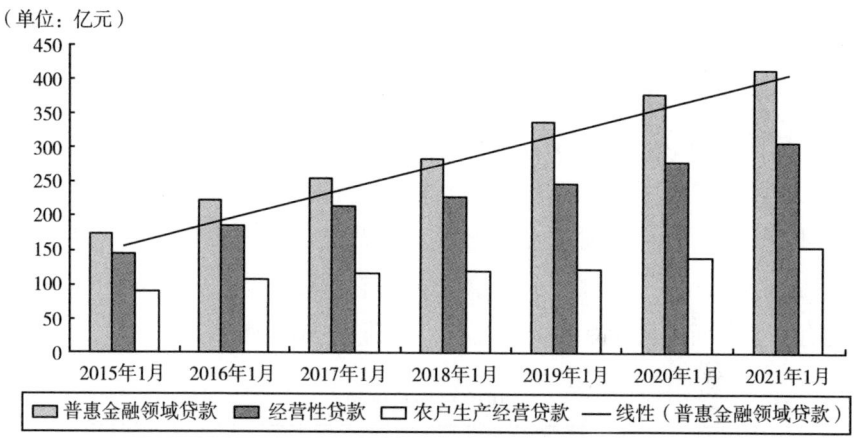

图1 恩施州普惠金融领域贷款情况

（二）时间序列分析

1.模型介绍

经济系统动态性分析常用方法一般为VAR模型和协整理论。VAR模型常用于预测相互联系的时间序列系统及分析随机扰动对变量系统的动态冲击，从而解释各种经济冲击对经济变量形成的影响。VAR（p）模型的数学表达式为：

$$y_t = \Phi_1 y_{t-1} + \cdots + \Phi_p y_{t-p} + Hx_t + \varepsilon_t, \ t=1,\cdots,T$$

式中：y_t为k维内生变量列向量；x_t为d维外生变量列向量；p为滞后阶数；T为样本个数。$k×k$维矩阵Φ_1，…，Φ_p和$k×d$维矩阵H是待估计的系数矩阵。ε_t为k维扰动列向量，它们相互之间可以同期相关，但不与自己的滞后值相关且不与等式右边的变量相关。

传统的VAR理论要求模型中每一个变量是平稳的，对于非平稳时间序列要求经过差分，得到平稳序列再建立VAR模型，这样通常会损失水平序列所包含的信息。而随着协整理论的发展，对于非平稳时间序列，只要各变量之间存在协整关系也可以直接建立VAR模型，或者建立向量误差修正模型VEC。

2. 普惠金融与乡村振兴的关系

本文采用向量自回归模型（VAR）来研究各普惠金融指标是否是引起第一产业增加值的原因。具体步骤如下：

（1）平稳性检验：单位根检验。在对普惠金融相关序列及第一产业增加值进行实证分析前，需进行单位根检验。表1的检验结果显示，YCLJ、NHSCJY、GTJY、XWQYZJY原序列在5%显著性水平下均不平稳，当对4个变量进行一阶差分处理后，发现YCLJ、NHSCJY和XWQYZJY在1%显著性水平下均显示平稳，GTJY在5%显著性水平下显示平稳。表明四个序列均只含有一个单位根，即都是一阶单整。

表1　　　　　　　　单位根检验结果

变量	序列	ADF检验值	1%置信水平临界值	P值	结果
第一产业增加值：累计值	原序列	0.720 2	−4.416 3	0.999 3	不平稳
YCLJ	一阶差分序列	−110.999 3	−4.416 3	0.000 0	平稳
农户生产经营贷款	原序列	−1.208 3	−4.356 1	0.887 6	不平稳
NHSCJY	一阶差分序列	−4.802 3	−4.374 3	0.003 9	平稳
个体工商户经营性贷款	原序列	−1.362 0	−4.356 1	0.848 2	不平稳
GTJY	一阶差分序列	−3.907 6	−4.374 3	0.027 0	平稳
小微企业主经营性贷款	原序列	−2.571 9	−4.356 1	0.294 6	不平稳
XWQYZJY	一阶差分序列	−7.755 9	−4.374 3	0.000 0	平稳

（2）Johansen协整检验：检验是否存在协整关系。由于YCLJ、NHSCJY、GTJY、XWQYZJY四个序列都是一阶单整序列，符合协整检验的前提条件，因此，可以通过协整检验确定变量间是否存在长期的均衡关系。表2的迹统计量检验结果显示，在5%显著性水平下，四个变量之间存在4个协整关系，可在建立向量自回归模型（VAR）进一步研究。

表2　　　　　　　　Johansen协整检验（迹检验）结果

原假设：协整方差数	特征值	迹统计量	5%临界值	P值
None *	0.953 8	134.914 0	55.245 8	0.000 0
At most 1 *	0.742 2	64.198 5	35.010 9	0.000 0
At most 2 *	0.659 9	33.023 5	18.397 7	0.000 2
At most 3 *	0.300 4	8.215 6	3.841 5	0.004 2

Trace test indicates 4 cointegrating eqn（s）at the 0.05 level

（3）最优滞后阶数的确定。为建立VAR模型，本文对YCLJ、NHSCJY、GTJY、XWQYZJY进行最优滞后期数的选择，测试结果见表3，可以发现似然比准则（LR）、最终预测误差（FPR）、赤池信息准则（AIC）、施瓦茨准则（SC）选择的最优滞后阶数为4阶，故建立VAR(4)模型。

表3　　　　　　　　最优之后阶数判断结果

Lag	LogL	LR	FPE	AIC	SC	HQ
0	−357.042 1	NA	5.07e+08	31.394 97	31.592 45	31.444 63
1	−287.981 8	108.094 4	5 166 582	26.781 03	27.768 42	27.029 35
2	−257.213 2	37.457 43	1 658 749	25.496 80	27.274 10	25.943 79
3	−207.003 9	43.660 29	129 646.4	22.522 08	25.089 28	23.167 72
4	−151.943 6	28.727 13*	12 701.25*	19.125 53*	22.482 64*	19.969 83*

（4）格兰杰因果检验。为判断第一产业增加值YCLJ、农户生产经营贷款NHSCJY、个体工商户经营性贷款GTJY、小微企业主经营性贷款XWQYZJY是否具有经济学上的因果关系。本文基于VAR（4）模型检验

四个变量之间是否有显著的Granger关系,其结果如表4所示。

表4　　　　　　　　　格兰杰因果关系检验结果

	原假设	Chi-sq	自由度	P值
YCLJ 方程	NHSCJY不能Granger引起YCLJ	20.67	4	0.000 4
	GTJY不能Granger引起YCLJ	13.58	4	0.008 8
	XWQYZJY不能Granger引起YCLJ	14.27	4	0.006 5
	NHSCJY、GTJY、XWQYZJY不能同时Granger引起YCLJ	44.92	12	0.000 0
NHSCJY 方程	YCLJ不能Granger引起NHSCJY	3.23	4	0.520 0
	GTJY不能Granger引起NHSCJY	1.17	4	0.883 6
	XWQYZJY不能Granger引起NHSCJY	1.74	4	0.783 4
	YCLJ、GTJY、XWQYZJY不能同时Granger引起NHSCJY	9.59	12	0.651 6
GTJY 方程	YCLJ不能Granger引起GTJY	14.04	4	0.007 2
	NHSCJY不能Granger引起GTJY	10.46	4	0.033 3
	XWQYZJY不能Granger引起GTJY	7.91	4	0.095 1
	YCLJ、NHSCJY、XWQYZJY不能同时Granger引起GTJY	32.45	12	0.001 2
XWQYZJY 方程	YCLJ不能Granger引起XWQYZJY	4.33	4	0.363 6
	NHSCJY不能Granger引起XWQYZJY	7.20	4	0.125 6
	GTJY不能Granger引起XWQYZJY	5.82	4	0.212 7
	YCLJ、NHSCJY、GTJY不能同时Granger引起XWQYZJY	20.62	12	0.056 2

从表4的结果可以看出：在第一产业增加值YCLJ方程中,无论是农户生产经营贷款NHSCJY、个体工商户经营性贷款GTJY和小微企业主经营性贷款XWQYZJY的Granger因果检验,还是联合检验在1%的显著性水平下都拒绝原假设,说明NHSCJY、GTJY、XWQYZJY三个变量在Granger意义下影响第一产业增加值YCLJ,与普惠性经营贷款对第一产业的促进作用相吻合。

在个体工商户经营性贷款GTJY方程中,第一产业增加值在1%的显著水平下也拒绝原假设,说明第一产业发展对个体工商户贷款也具有显著的Granger影响，在实体经济中，第一产业发展往往可以为涉农个体工商户的经营发展营造良好的外部环境。但结果也显示，第一产业的发展对农户生产经营贷款NHSCJY和小微企业主经营性贷款XWQYZJY的反哺作用并不显著，主要是因为乡村振兴战略促使第一产业的发展驱动力发生变化，小农户经济向适度规模农业转变的速度加快，在农户生产经营难以形成规模效应、效率不高的同时，农民专业合作社、产业化龙头企业等成为第一产业发展的主要力量。涉农企业和组织对农村产业发展发挥了较强带动作用，其通过"分红""土地流转""用工"等形式促进农民收入增加，提高了农民生活水平，推动了农户消费性贷款需求增长。

3.普惠金融发展对乡村振兴的动态影响：脉冲响应和方差分解

（1）脉冲响应。本文在建立VAR（4）模型的基础上，分别给出各普惠经营性指标贷款NHSCJY、GTJY、XWQYZJY一个正的冲击，采用广义脉冲方法得到关于第一产业增加值YCLJ的脉冲响应函数图。

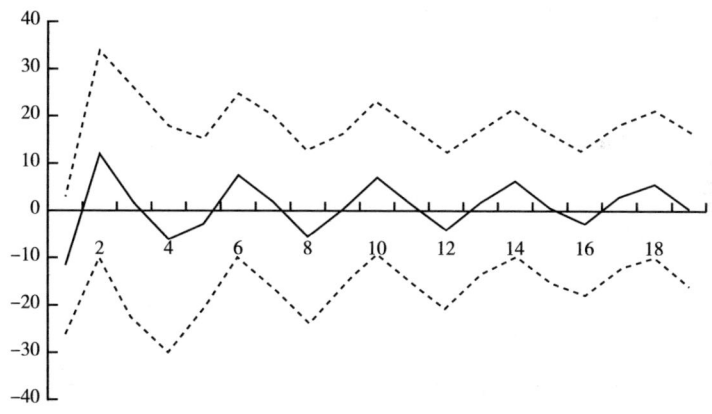

图2 农户生产经营性贷款冲击引起第一产业增加值的响应函数

从图2中可以看出，当在本期给农户经营性贷款一个正冲击后，第一产业增加值迅速增加，在第2期达到最高点，从第4期开始趋于稳定并增长。表明农户生产经营性贷款受外部条件的某一冲击后，大概率对第一产业发展带来同向的冲击，这一冲击短期内促进作用显著且持续效应较长。

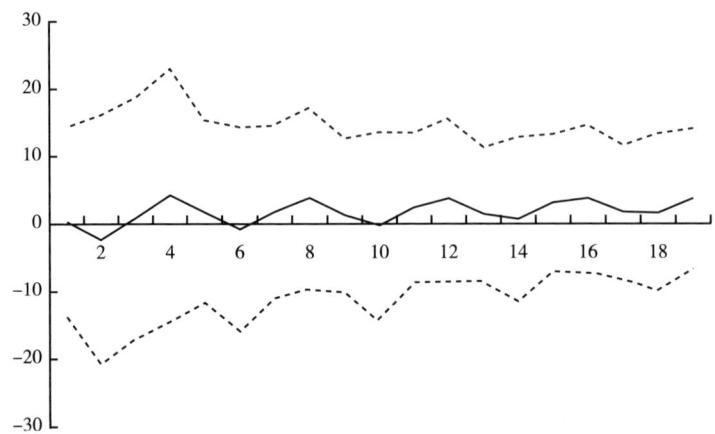

图3 个体工商户经营性贷款冲击引起第一产业增加值的响应函数

从图3中可以看出,当在本期给农户经营性贷款一个正冲击后,第一产业增加值在前8期内会上下波动,并在第4期达到最高点;从第8期以后开始趋于稳定并增长。表明个体工商户经营性贷款的某一冲击也会给第一产业发展带来同向的冲击,即个体工商户经营性贷款的增加会在1—2年后对第一产业的发展产生较稳定的拉动作用。

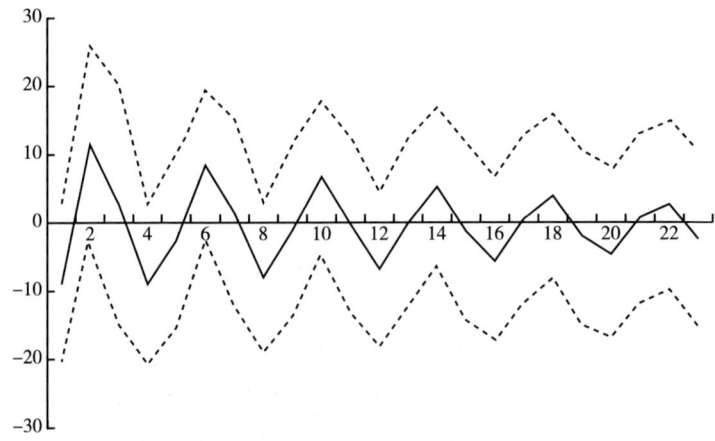

图4 小微企业主经营性贷款冲击引起第一产业增加值的响应函数

从图4中可以看出，小微企业主经营性贷款的正冲击也会给第一产业发展带来持续性的影响，且这种影响在前期相对较强，说明小微企业主经营性贷款冲击在短期内对第一产业发展的拉动作用明显。但从长期来看，影响的方向存在一定的周期性，这一现象与第一产业增加值本身具有周期性有关，同样的情况在图2和图3中也有体现。

（2）方差分解。上一节分析了第一产业增加值对经营性普惠金融贷款变量冲击变化的响应。本节将利用方差分析的基本思想分析各经营性普惠金融贷款变量对第一产业发展的贡献程度，结果如表5所示。从表5可知，不考虑第一产业自身的贡献率，农户生产经营贷款对第一产业增加值的贡献率在第9期达到38.27%，随后逐渐减弱。其次是小微企业主经营性贷款，其对第一产业增加值的贡献率在第2期、第4期分别达到22.9%、20.91%。个体工商户经营性贷款的贡献率相对较小，其对第一产业增加值的贡献率最大时为18%左右。

说明在经营性普惠金融领域贷款中，农户生产经营贷款NHSCJY、个体工商户经营性贷款GTJY、小微企业主经营性贷款XWQYZJY三个变量对第一产业发展发挥着重要作用，其中农户生产经营性贷款和小微企业主经营性贷款对第一产业发展的影响相对较强。农村金融规模对农村经济增长影响最大，即农村贷款在农村经济增长中发挥着重要作用。

表5　　　　　　　　第一产业增加值方差分解输出表

Period	S.E.	YCLJ	NHSCJY	GTJY	XWQYZJY
1	2.43	100.00	0.00	0.00	0.00
2	3.92	38.74	28.64	9.65	22.97
3	4.63	39.03	35.66	8.14	17.16
4	5.35	37.47	30.64	10.98	20.91
5	7.90	55.05	25.27	5.70	13.98
6	9.75	44.45	24.00	12.71	18.84
7	10.74	40.92	31.34	10.59	17.15
8	12.23	34.60	36.86	14.06	14.48
9	13.48	37.81	38.27	11.66	12.26

续表

Period	S.E.	YCLJ	NHSCJY	GTJY	XWQYZJY
10	14.41	34.11	37.21	14.65	14.03
11	14.62	33.21	38.51	14.63	13.65
12	14.98	32.39	38.02	16.58	13.02
13	15.12	31.80	37.32	17.04	13.84
14	15.53	32.64	36.09	18.02	13.26
15	16.34	35.08	33.56	17.83	13.53
16	17.18	37.54	31.78	17.01	13.67
17	18.00	35.09	32.20	16.93	15.77
18	18.88	35.26	34.17	16.18	14.39
19	19.85	35.15	33.86	16.45	14.54
20	20.31	35.15	34.23	16.20	14.43
21	20.77	33.97	34.52	16.83	14.68
22	21.10	32.94	34.87	17.23	14.97
23	21.26	32.66	34.38	18.22	14.75
24	21.66	32.89	33.63	18.69	14.78
25	22.89	38.00	31.25	17.21	13.54
26	24.46	37.64	29.05	17.05	16.25
27	25.67	37.61	30.75	15.72	15.92

五、结论及建议

通过上文实证分析结果可以发现，恩施州普惠领域经营性贷款与当地第一产业增加值之间存在一定相关关系，本节将对其进行系统的归纳，并基于这种关系特提出针对性的建议。

第一，经营性普惠领域贷款增长对农村经济发展具有较强的拉动作用，是实现乡村振兴的重要助力，因而加大普惠性经营性贷款投放是促进乡村振兴的有效途径。故银行机构应继续加大经营性普惠领域贷款投放力度。一方面在农村增设金融机构网点数量，并配备经营性普惠信贷人才；另一方面从创新金融供给方式上入手，将大数据、科技金融与普惠金融有机结合，改善经营性普惠金融供给，以满足日益增长的信贷需求。

第二，小微企业主经营性贷款是小微企业融资的重要组成部分，其对恩施州农村产业的拉动作用持续性不强，主要是因为州内小微企业存在生命周期偏短的缺陷，长期来看企业容易陷入经营困难、收益下降等困境，因此导致企业信贷需求强，但因其经营能力差、缺乏有效的抵押物等问题，企业有效信贷需求弱。因此，农村普惠金融发展需顺应新潮流新趋势。当前农村产业发展方式已出现了新的变化，以个体工商业为代表的第三产业发展较"十三五"初期已有明显改善，另外以家庭联产承包责任制为基础的小农经济受到规模集约化生产的冲击，涉农企业及组织融资需求日益增大，但其中暗含的金融风险也需引起关注。对此，现有的普惠金融政策应该积极寻求调整，打造供应链金融，实现金融与产业的联动。

第三，传统的农户生产经营难以形成规模，有实力的农户更倾向于向个体工商户及小微企业主转型。可能受地理条件等因素限制，使恩施州农业产业主体很难规模性生产经营，导致农户信贷需求增速不及个体及小微企业主。因此，恩施州小微实体包括个体工商户对推动恩施州农村产业振兴的前景相对较好。对此，金融机构应该推出更加多元化的普惠金融产品。创新普惠金融产品（如"整村授信"）以满足农村地区多元化的融资需求，不论是传统的农户，还是新兴的个体工商户和小微企业主均可从普惠金融政策中受益。

第四，第一产业发展对不同的经营性普惠领域贷款变量反哺效果表现存在差异。分析显示，第一产业增加值的增长仅对个体工商户经营贷款增长具有较强的反哺作用，对农户生产经营性贷款及小微企业主经营性贷款的增长基本不具有反哺作用。为弥补第一产业发展对其反哺作用的不足，要加大对农户生产经营、涉农小微企业及组织的资金扶持。这样既能满足涉农企业及组织的资金需求，同时又对推进农村地区生产生活方式的转型起到积极的作用。

参考文献

[1] 陈嘉瑶. 邮储银行萍乡分行践行普惠金融战略 绘就乡村振兴画卷[N]. 农村金融时报，2021-08-16.

[2] Mandira Sarma, Jesim Pais. *Financial Inclusion and Development: A Cross Country Analysis*[D]. New Delhi: Madras Schools of Economics, 2008.

[3] 张珩，罗剑朝，郝一帆. 农村普惠金融发展水平及影响因素分析——基于陕西省107家农村信用社全机构数据的经验考察[J]. 中国农村经济，2017（01）.

[4] 焦瑾璞，黄亭亭，汪天都，张韶华，王瑱. 中国普惠金融发展进程及实证研究[J]. 上海金融，2015（04）.

[5] 王婧，胡国晖. 中国普惠金融的发展评价及影响因素分析[J]. 金融论坛，2013，18（06）.

[6] 陈龙，王楠，冯丽丽. 金融发展、产业结构优化与农村经济增长关联性研究——基于面板VAR模型的实证分析[J]. 当代经济管理，2020，42（03）.

[7] 赵洪丹，赵宣凯，丁志国. 农村金融创新与农村经济发展——基于2000—2015年吉林省县级面板数据的分析[J]，中国农业大学学报，2019，24（12）.

[8] 杨婷. 农村金融发展与农村经济增长的实证分析：基于VAR模型[J]. 潍坊学院学报，2019，19（05）.

[9] 何广文，何婧. 农村金融转型发展及乡村振兴金融服务创新研究[J]. 农村金融研究，2018（12）.

[10] 沙柢，潘伟光. 基于VAR模型的河南省农村金融与农业经济发展关系[J]. 浙江农业科学，2021，62（01）.

课题主持人：常　新
课题组成员：闵达律　朱　峰　严继先　于龙辉
执　笔　人：朱　峰　于龙辉

》区域经济金融问题研究

建设武汉区域金融中心路径研究

中国人民银行武汉分行营业管理部课题组

摘要：建设区域金融中心对建设现代化大武汉具有极为重要的支撑保障作用，本文对标其他领先型或中部金融中心城市，使用SWOT方法分析武汉建设区域金融中心的优劣势、机遇和挑战；采用主成分分析法，利用武汉市的经验数据计算金融中心竞争力各项评价指标的权重；并梳理武汉建设区域金融中心的路径，提出政策建议。

关键词：武汉；区域金融中心；SWOT；路径

一、引言

"十四五"开局之际，武汉在战胜疫情、汛情后面临着稳增长、调结构、促升级等诸多任务，正处在经济由大到强的关键期，迫切需要深度融入双循环新发展格局，推动经济高质量发展。为此，武汉必须有高质量的金融业作为支撑，必须实现金融业由大到强的跃升。但武汉金融业距离区域金融中心还有一定的差距，金融实力与城市地位不相称，突破性发展金融业刻不容缓。武汉提出加快打造区域金融中心，是做强优势、抢抓契机、补齐短板，充分发挥金融功能作用以支持武汉经济高质量发展的应有之义，对建设现代化大武汉具有极为重要的支撑保障作用。

二、文献综述

（一）区域金融中心的定义和形成机理

Hu等人（2018）将"区域金融中心"定义为依托于区域主要城市，

由金融要素和金融资源聚集而形成的场所。不仅具有规模经济效应和加速自我增长能力，还对周边区域产生强大的辐射效应，并提供创新的金融特色。黎平海（2008）认为，"区域金融中心"一般指来自各地的金融机构能够自由地从事各种金融活动和交易的场所，具有巨大的金融聚散功能。陶冶（2011）将"区域金融中心"定义为各类金融机构以资金借贷和融通为目的而汇聚在特定区域所形成的一个金融交易平台。这一平台为各金融主体提供金融交易、金融结算等全方位的金融服务。胡安其、胡日东（2013）认为，"区域金融中心"是指在市场经济高度发达的基础上建立起来的金融机构集中、金融市场发达、金融信息灵敏、金融活动频繁的中心城市。邓敏（2013）将"区域金融中心"定义为，在某一区域内有直接的腹地，金融机构集中、金融市场发达、金融信息灵敏、金融设施先进、金融交易活动频繁、金融服务高效的资源枢纽。

当前学术界从多个视角解释了区域金融中心的形成机制和驱动因素。一是金融供需因素。从宏观经济层面展开分析，认为外部供需关系共同推进了区域金融中心的形成，例如Patrick（1966）、饶余庆（1997）。二是产业集聚因素。将区域金融中心的形成看作是区域内金融产业集聚及由此产生的规模经济的结果，例如Kindleberger（1974）、Huang等人（2015）。三是区位地理因素。以产业、信息在空间上的定位为切入点，从区域现实竞争力来探讨金融中心的演变，例如Gehrig（1998）、车欣薇等（2013）。当然，以上各因素在实际中也会相互交织、相互作用。黄解宇和杨再斌（2006）从产业集聚、金融自身的流动性、规模经济、空间的外在性、信息不对称等诸多方面论证了金融集聚形成的基本动因。孙剑（2007）认为区域金融中心的形成受区域分工、产业集聚、金融地理等多方面影响，且区域分工是决定性因素。

（二）全国区域金融中心建设情况

目前，国际上通常将区域金融中心分为两个层次：第一层次为国际性区域性金融中心（例如纽约、伦敦、东京），第二层次为国内性金融中心（例如休斯顿、旧金山）。Reed（1981）将金融中心层次划分为五个发展阶段，其中国际性区域金融中心处于其中第2阶段，国内性区域金融中心处于第4阶段。Cobb（1998）研究表明，纽约、伦敦等国际性区域金融中心可提供良好的金融服务。同时，在美国波士顿、旧金山等地建立的国内性区域金融中心，同样促进了当地经济运行的质量和效率。

具体到国内，陆岷峰等（2010）认为，由于我国经济发展水平的不平衡以及资源分配的不平均，我国的区域金融中心建设必定是如同金字塔的多层次模式。王军等（2021）认为，建设金融中心时，需要明确金融中心的"定位"。不同层次、不同特色的区域金融中心建设可避免城市同质发展引起的无序竞争。整体来看，可将我国区域金融中心分为三个层次。一是将北上广深四个城市定位为第一梯队的国际金融中心，例如曹源芳等（2010）。二是基于城市地理位置或区域经济带分布的基础建设区域金融中心，例如将云南打造为面向南亚东南亚区域性金融服务中心（王芳宏等，2021）。三是将区域经济带内的城市打造为有专属功能的功能性金融中心，例如将福州打造为海峡西岸经济区的现代金融中心，发展海内外经贸（刘志惠等，2015）（见表1）。

表1　　　　　　　　　我国的多层次金融中心

层次	省市	金融中心特色	主要做法
国际金融中心	北京	国家金融管理中心，全球金融科技创新中心	明确首都金融业定位，目标是"全面提升金融业的核心竞争力"
	上海	具有较强全球资源配置功能，与我国经济实力和人民币国际地位相适应的国际金融中心	包括建设人民币金融资产配置和风险管理中心、国际再保险中心、具有全球影响力的资产管理中心、具有全球竞争力的金融科技中心等
区域金融中心	沈阳	东北乃至东北亚区域功能突出、创新力强、开放度高的重要金融中心	培育信用安全保障和金融科技引领两大能力，聚焦地方金融和私募投资两大领域，创建一套东北振兴产业金融解决方案
	南京	东部地区重要金融中心	持续招引持牌类金融机构法人总部、区域总部。特别要把南京金鱼嘴基金街区作为重要发力点，打造优越的创投环境

续表

层次	省市	金融中心特色	主要做法
区域金融中心	云南	面向南亚东南亚区域性金融服务中心	突出云南沿边金融和跨境金融的便利和特色,通过推进全方位金融改革开放,努力实现与南亚东南亚周边国家金融互通
	成都重庆	共建西部金融中心	引领带动成渝地区统筹协同发展,促进产业、人口及各类生产要素合理流动和高效集聚,推动成渝地区形成有实力、有特色的双城经济圈
功能性金融中心	苏州	与上海国际金融中心有良好协同增强效应的功能性金融中心	积极融入以上海为龙头的产业链和创新链,进一步吸引金融支持产业转型升级的数量与质量
	青岛	国际航运贸易金融中心、全球创投风投中心	推动航运、贸易、金融多业态深度融合和良性互动;出台创投风投发展政策,吸引知名基金及投资机构落户
	福州	海峡西岸经济区的现代金融中心	以金融产品研发中心、中小企业金融服务中心、对台金融合作先行先试中心为特色,立足海峡西岸经济区,辐射周边及台湾地区
	浙江	全国一流新兴金融中心	数字化改革引领数智金融先行省建设、高水平推进钱塘江金融港湾建设、联动建设四大金融发展特色带

(三)武汉区域金融中心发展情况

区域金融中心的发展历程通常有两种模式:一种是自然形成模式。随着贸易和经济的发展,在某一地区形成一个区域性的经济中心;另一种是政府主导模式,在经济尚未发展到特定水平的情况下,利用该地区的某一优势,由政府推动形成金融中心(骆俊,2011)。武汉更接近第二种金融中心形成的情况,即在已经具备较强的经济和产业基础上,由政府推动加快金融集聚的过程。当前"长江经济带""新时代推动中部地区高质量发展"的提出,使得武汉金融中心的地位快速提升,逐渐成为国家重大政策或战略的聚焦之地。武汉必须抓住机遇,在新一轮城市竞争中实现弯道超车。

从机构公布的各类排名来看,近年来武汉在金融实力和经济潜力方面在中部地区处于领先地位，在全国基本处于前10偏后的位置，与北上广深四个一线城市差距明显，与杭州、成都等城市也存在一定差距，应以之为目标发力追赶。中国（深圳）综合开发研究院（2020）发布的"中国金融中心指数"排名中，武汉的综合竞争力在全国31个主要城市中排名第10位[①]。中国（深圳）综合开发研究院（2021）表示，2021年，武汉在经历新冠疫情后，经济迅速恢复、创新创业活动回温，金融对"双创"的支持水平重回高位并创下新高。在"中国'双创'金融指数"排名中，武汉的综合排名在全国337个地级及以上城市中排名第8位[②]。粤港澳大湾区研究院、21世纪经济研究院（2020）测评了国内296个所有地级以及地级以上城市的营商环境，武汉位居第10名[③]。普华永道、中国发展基金会（2021）对全国47个主要城市的发展成就及潜在机遇进行了综合排名，武汉排名第8位[④]。华泰证券（2021）从担保公司角度分析区域金融资源丰富程度，认为湖北省担保公司的净资产规模较大，未来发挥对区域融资支持的空间比较大。

（四）武汉构建区域金融中心路径[⑤]

在"十三五"收官、"十四五"开局之际，业界对武汉构建区域金融中心也提出了诸多有益建议，大致可归纳为以下几方面。一是把特色金融创新作为武汉金融转型升级重要引擎。业界普遍认为，武汉在科技金融、绿色金融、自贸区金融、东湖科技保险创新示范区等方面的改革创新取得一定成效，对加大重点领域和薄弱环节的支持力度、服务地方经济高质量发展具有示范作用。过文俊（2020）建议将自贸区武汉片区作为金融业制度创新的高地，以建设东湖国家级科技保险创新示范区为契机，进一步加大科技金融创新的力度，推动创投行业助力为实体经济提供金融支持。叶楠（2020）认为武汉金融科技与北上广深差距较大，仅延续一般做法很难

---

① 前10名依次为：上海、北京、深圳、广州、杭州、成都、天津、重庆、南京和武汉。
② 前10名依次为：北京、上海、深圳、杭州、广州、成都、苏州、武汉、重庆和南京。
③ 前10名依次为：深圳、上海、北京、广州、重庆、成都、杭州、南京、长沙和武汉。
④ 前10名依次为：北京、上海、深圳、广州、杭州、南京、成都、武汉、苏州和香港。
⑤ 部分观点来自于武汉政府部门牵头主办的有关会议。

突围。建议武汉以绿色金融特别是碳金融为突破口，开展差异化竞争，实现金融科技与碳金融中心互为支撑、相互促进、共同发力。二是提升金融机构实力。许传华（2021）认为，武汉金融业空间布局相对分散，区域建设和招商引资力量相对分散，金融机构的集聚效应、金融交易的规模效应和金融创新的外溢效应有提升空间。建议增加传统金融机构的科技含量，并优化金融招商政策供给，引进各类金融中介机构。胡宏兵（2021）认为，武汉在设立金融机构总部方面，与北京上海等发达城市相比优势不大，但后台中心是可以争的。建议继续支持金融机构的功能性中心在武汉设立，同时加大开放力度。吴丽萍（2020）认为，武汉金融机构实力偏弱影响了武汉的综合竞争力和全国辐射力，是制约武汉金融发展的最主要因素，建议促进金融机构落户集聚，重点吸引银行类金融机构。三是发展金融市场，服务产业服务实体。叶永刚（2021）表示，武汉不能够仅仅抢设金融机构，因为金融市场才是一个区域金融中心的核心。当前武汉应以主导产业为基础，发展对应产业的要素市场（即场外市场）。吴丽萍（2020）认为，武汉缺乏全国性的资本市场，金融深度和金融宽度都存在进步空间，建议继续强化武汉股权托管交易中心功能，吸引非上市中小企业来武汉开展业务，推进其对外开放程度和国际化程度。赵凯（2020）认为，武汉民营企业、小微企业、科技型企业要做大，还得更多地寻求企业到资本市场上的直接融资。四是优化金融营商环境，加强金融服务体系建设。周昕（2020）建议按照市委提出"高质量发展"的任务目标，打造数字化金融信息平台，构建完善的社会信用体系，形成有序的金融法治环境。杨艳军（2020）认为，武汉商业环境仍有待改善。征信系统数据不全、系统分割、开放性不够等问题仍未得到妥善解决，信用评级和资产评估等中介组织尚需进一步规范发展。

三、武汉建设区域金融中心的SWOT分析

综合开发研究院（中国·深圳）每年发布的《中国金融中心指数报告》是在充分了考虑我国城市统计数据特征，并听取、借鉴大量来自政府部门和金融机构专业人士意见后，形成的动态评估指标体系，在业内

十分具有权威性。据最新《中国金融中心指数报告（第十二期）》（CDI CFCI 12，以下简称《指数报告》）显示，武汉金融中心综合竞争力排名位居全国第10位，中部第1位。从构成"中国金融中心"指数的四方面指标看，武汉金融产业绩效排名全国第13位，中部第2位；金融机构实力全国第10位，中部第1位；金融市场规模全国第9位，中部第2位；金融生态环境全国第6位，中部第1位。可见，武汉金融综合竞争力在中部地区具有领先优势，但在全国范围内还有上升空间。

（一）武汉金融中心城市总体竞争力

武汉金融竞争力与头部城市差距较大，与中部城市优势缩小。从全国范围来看，上海、北京、深圳作为全国性金融中心，综合竞争力占据绝对优势；相较于广州、杭州、成都、天津、重庆、南京等其他领先型区域金融中心城市，武汉有一定优势，但短板也突出。从中部地区来看，武汉在区域中心竞争中领先，但与郑州、长沙等地相对优势有所缩小，综合竞争力得分较郑州相差在5%以内。在此，选取各区域综合竞争力排名首位的金融中心城市[①]以及其他中部地区城市，与武汉做进一步对比分析。

在衡量综合竞争力的四大分项指标中，武汉金融产业绩效得分略高于全国28个区域中心[②]平均水平，但远低于领先型金融中心城市，与同在中部地区的郑州也存在较大差距；武汉金融机构实力得分（31.97）高于28个区域中心平均水平（27.44），但与领先型金融中心城市仍有一定差距；武汉金融市场规模得分高于全国28个区域中心平均水平，但不及郑州；武汉金融生态环境得分（100.64）远高于28个区域中心平均水平（76.39），超出部分领先型金融中心城市，大幅领先中部地区其他城市，处在优势地位（见图1、图2）。

[①] 根据《指数报告》对区域划分，各区域排名首位的城市包括：上海（居全国性金融中心城市之首，全国排名第1）、广州（居南部沿海地区之首，全国排名第4）、杭州（居东部沿海地区之首，全国排名第5）、成都（居西部地区之首，全国排名第6）、天津（居北部沿海地区之首，全国排名第7）。大连位居东北地区之首，但全国排名（第14位）在武汉之后，在此不进行对比分析。

[②] 《指数报告》涵盖全国31个金融中心城市，其中，上海、北京、深圳为全国性金融中心，剩下28个城市为区域性金融中心。

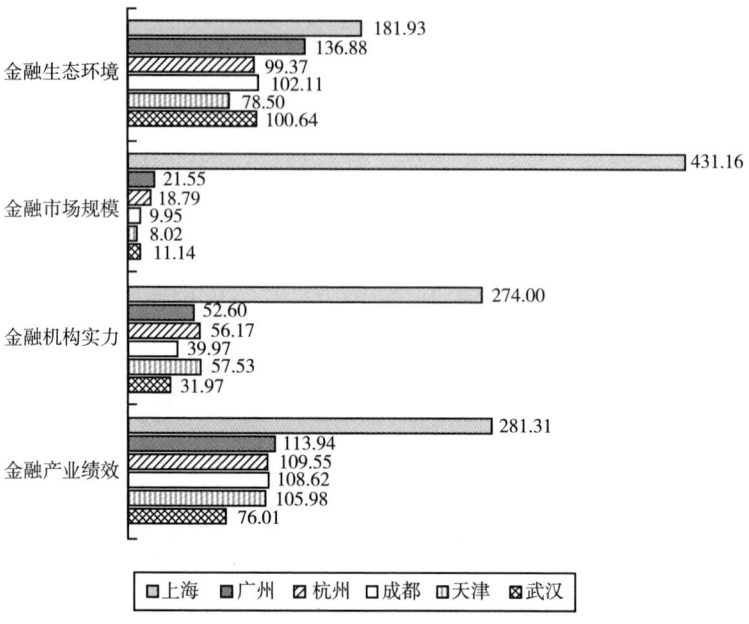

图1 武汉与部分领先型金融中心城市对比分析

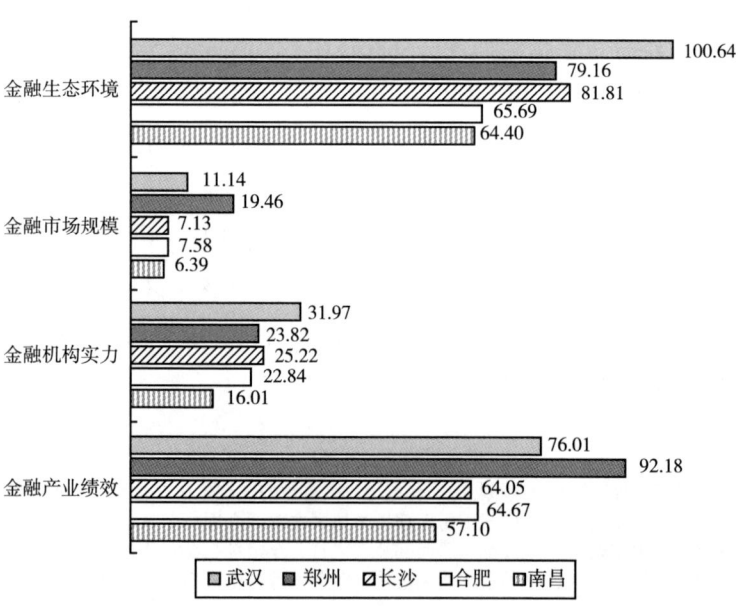

图2 武汉与其他中部地区金融中心城市对比分析

（二）武汉建设区域金融中心的优势

1. 金融产业绩效

核心指标稳中有进，金融业对经济增长贡献度不断提升。从金融产值来讲，2020年，武汉市金融业实现增加值1 628.48亿元，占全市GDP比重为10.43%，居中部地区第二位，仅次于郑州（10.85%），近年来武汉与郑州差距正在缩小，武汉金融业对经济增长的贡献度进一步提升。同时，武汉市金融业税收收入235.39亿元，占全市10.21%，金融业成为武汉市第4个千亿产业。从金融机构存贷款规模来讲，截至2020年末，武汉地区本外币各项贷款余额36 885.97亿元，存款余额31 005.89亿元，贷存比达1.19，居19个副省级城市首位，显示武汉对外来资金吸附能力较强（见图3）。

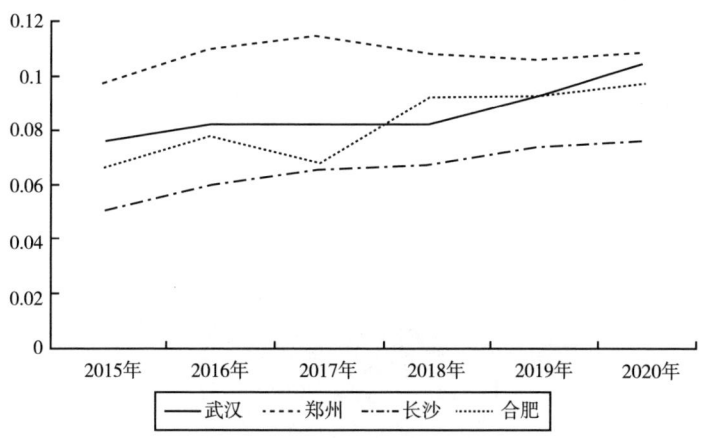

图3　武汉与其他中部地区金融中心城市金融业增加值占GDP比重[①]

2. 金融机构实力

金融机构数量众多、门类丰富，地方性金融机构发展良好。现有38种金融机构类型中，湖北共有25种，覆盖率65.79%，涵盖了主要金融种类。就武汉而言，当前已初步形成银行、证券、保险、期货、基金、信托、租赁等各业并举的多元化金融组织体系。截至2020年末，武汉

---

① 数据来源：Wind及地方经济与社会统计公报。南昌金融业增加值数据大部分缺失，但据公开新闻报道，南昌金融业增加值占GDP比重在中部地区排名靠后。

市共有38家银行、57家证券和83家保险机构（含法人及省级分公司），总数位居中部城市首位。除传统金融机构外，地方性金融机构也发展迅速，武汉市进入2020年度中国金融中心地方金融机构发展十强[①]。截至2020年末，拥有地方小额贷款公司115家、融资租赁公司176家、商业保理企业8家、典当公司93家、地方资产管理公司2家、融资担保公司71家。

3. 金融市场规模

碳排放交易市场、区域股权市场等区域性要素市场活跃程度居全国前列。金融市场交易规模及活跃程度对提升城市金融辐射力起着至关重要作用。就武汉而言，湖北省自2014年2月启动碳排放交易试点，交易中心设立在武汉，截至2020年6月，碳交易市场交易总量（7 827.6万吨）和交易总额（168 834.7万元）均位居各试点省市第一；截至2020年11月末，武汉股权托管交易中心挂牌企业数5 710家，位列全国第三，仅落后于浙江（9 895家）、四川（8 209家）（见图4、图5）。

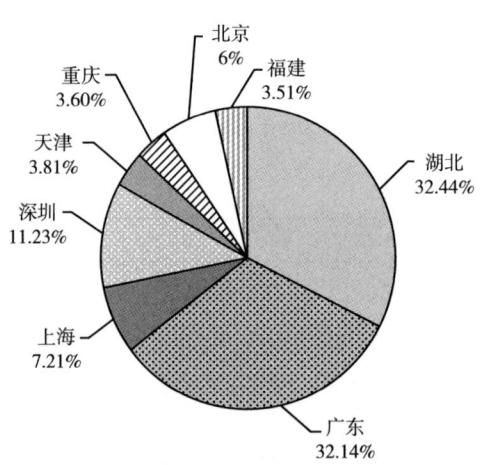

图4　试点市场碳交易成交量占比（万吨）（湖北位居第一）

---

① 据《指数报告》显示，2020年度中国金融中心地方金融机构发展十强：深圳、重庆、上海、北京、广州、杭州、天津、武汉、南京和苏州。

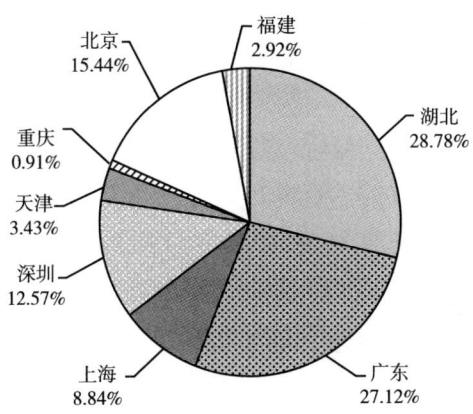

图5 试点市场碳交易成交额占比（万元）（湖北位居第一）

4. 金融生态环境

人才资源优势突出，营商环境表现优异。武汉金融生态环境在全国具有一定优势，领先综合排名超过武汉的杭州、南京、重庆和天津，且得分保持增长态势。武汉教育资源优势明显，高校数量及学生人数分别排名全国第2位和第1位，人才环境贡献度大；得益于得天独厚地理区位优势，武汉对接沿海和内陆经济市场，营商环境排名全国第6位，各分项指标排名均处全国第一方阵；随着"信用武汉"建设推进，企业、个人信用征信体系建设有序开展，信用社区创建试点逐步扩大，银行不良率中部地区最低，融资环境也不断优化。此外，从金融中心的国际化程度来看，武汉经济外向度、机构国际化、国际影响力均在中部地区排名首位（见表2）。

表2　武汉市营商环境指数在全国排名[①]

指标	武汉排名	第一梯队（由高到低）
综合	6	上海、北京、深圳、广州、杭州、武汉、南京、天津、成都、苏州
市场环境	7	上海、北京、广州、深圳、杭州、天津、武汉、南京、苏州、成都

---

① 资料来源：万博新经济研究院等智库联合发布《后疫情时代中国城市营商环境指数评价报告》（2020）。

续表

指标	武汉排名	第一梯队（由高到低）
创新环境	7	北京、上海、广州、深圳、杭州、南京、武汉、合肥、珠海、天津
政务服务环境	5	北京、上海、深圳、广州、武汉、厦门、太原、中山、杭州、西安、珠海
监管执法与法治保障环境	5	深圳、北京、上海、广州、武汉、杭州、南京

（三）武汉建设区域金融中心的劣势

1. 金融产业绩效

武汉金融聚集效应不明显，与其中部地区"经济领先"地位相匹配的市场吸引力及辐射力不够。为反映武汉金融产业聚集效应，进一步引入金融区位熵指数（LQ），具体分析银行业、保险业、证券业区位聚集程度：

银行业集聚区位熵：$LQbank = \dfrac{P_{1i}/Q_i}{P_1/Q_1}$

证券业集聚区位熵：$LQfund = \dfrac{P_{2i}/Q_i}{P_2/Q_1}$

保险业集聚区位熵：$LQinsure = \dfrac{P_{3i}/Q_i}{P_3/Q_1}$

其中：P_{1i} 表示 i 地区2020年末存款余额，P_1 表示2020年全国存款余额；P_{2i} 表示 i 地区2019年末证券交易量，P_2 表示全国2019年末证券交易量；P_{3i} 表示 i 地区2020年末保费收入额，P_3 表示全国2020年末保费收入额；Q_i 表示 i 地区年末常住人口数，Q_1 表示全国人口总数。

当 $LQ>1$ 时，表明金融聚集程度高于全国水平，具有比较优势；当 $LQ=1$ 时，表明金融业处于均势，优势并不明显；当 $LQ<1$ 时，表明金融聚集程度低于全国水平，处于比较劣势。

武汉金融产业区位熵均大于1，说明武汉存在金融产业集聚效应。但与全国性金融中心上海、北京和深圳相比，武汉区位熵远小于其平均水平，非一朝一夕能匹敌。即使在中部地区，武汉金融聚集程度虽位居首位但并未拉开差距,武汉银行业区位熵与长沙不相上下;保险业区位熵在全国具有竞争力较强,但郑州紧跟其后,相差无几。对比与武汉具有相似地理位置优势的成都,其作为西部地区金融中心,金融聚集程度与西部其他城市已拉开一定差距,优势相对明显(见表3、表4)。

表3　武汉金融聚集程度虽居中部地区首位但并未拉开差距

	全国性金融中心		中部地区				
	上海	深圳	武汉	郑州	长沙	合肥	南昌
银行业聚集区位熵	4.052 8	3.736 8	1.610 8	1.331 2	1.600 6	1.288 9	1.414 0
证券业聚集区位熵	15.157 2	4.006 7	1.244 0	0.842 7	0.956 0	—	0.740 1
保险业聚集区位熵	2.339 8	2.571 9	2.094 7	1.970 0	1.626 1	1.309 0	1.336 3

表4　成都金融聚集程度居西部地区首位且与其他城市拉开一定差距

	西部地区				
	成都	重庆	昆明	西安	南宁
银行业聚集区位熵	1.348 3	0.864 5	1.247 8	1.299 6	0.850 6
证券业聚集区位熵	1.158 6	0.431 2	—	0.926 6	—
保险业聚集区位熵	1.556 9	0.961 4	1.105 7	1.326 0	0.879 6

注:乌鲁木齐因数据缺失故未在表中显示。

2. 金融机构实力

武汉总部型法人金融机构数量偏少、规模偏小、层次单一,对服务本地实体尤其民营、小微等薄弱领域形成制约。

(1)法人银行数量少、规模小、未上市,服务本地实体经济力度受限。相对于证券和保险,武汉法人银行竞争力非常薄弱。对标中部地区,截至2019年末,武汉拥有法人商业银行的机构数量倒数第一,资产总规模倒数第二;对标全国城市,法人商业银行数量和规模全国排名第25位和16位。从2013年至今,总部设立在武汉的法人商业银行一直都仅有三家,且这三家均为地方性银行,武汉尚未有全国性的商业银行总部。同时，武汉市法人银行均未上市，资本补充渠道少导致资产规模偏小，对比中部地区其他城市，随着郑州银行、长沙银行[①]相继上市，汉口银行资产规模与其差距逐年拉大。截至2020年末，武汉辖内三家法人商业银行汉口银行（4 388亿元）、武汉农商行（3 162亿元）、湖北银行（3 045亿元）资产规模，远低于长沙银行（7 042亿元）、郑州银行（5 478亿元）。无论数量上还是规模上，武汉法人银行机构实力都极不符合武汉中部发展"领头羊"地位，是制约武汉金融发展一大重要因素（见表5、图6）。

表5　中部地区金融中心城市金融机构情况（截至2019年末）[②]

		武汉	郑州	长沙	合肥	南昌
商业银行	法人机构数/个	3	8	8	7	7
	资产总规模/亿元	9 425	13 418	12 902	13 268	5 748
证券公司	法人机构数/个	2	1	3	2	2
	资产总规模/亿元	1 693	436	1 892	1 341	513
保险公司	法人机构数/个	2	1	1	1	1
	资产总规模/亿元	1 046	40	149	79	31

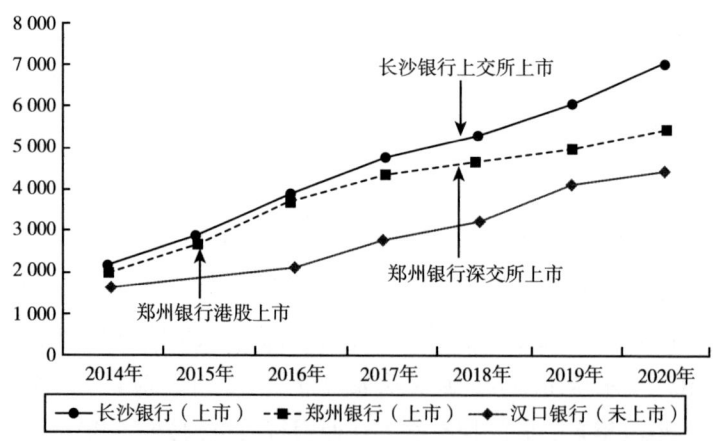

图6　郑州银行、长沙银行（上市）与汉口银行（未上市）资产规模增长对比

[①] 郑州银行2015年12月23日香港主板上市，2018年9月19日深交所上市；长沙银行于2018年9月26日上交所上市。

[②] 数据来源：《中国金融中心指数（CDI CFCI）报告（第十二期）》。

（2）新型法人金融机构匮乏，有效满足市场主体差异化金融需求存难。目前，武汉拥有新型法人金融机构13家，与上海（96家）差距甚远，具体包括民营银行1家、信托公司2家、金融租赁公司3家、企业集团财务公司6家和消费金融公司1家，尚未成立汽车金融公司、资产管理公司等，企业差异化的融资需求无法得到有效满足。此外，湖北省目前尚没有一家完全符合申请设立标准的金融控股公司，武汉金融控股集团还未能持牌经营，无法通过收购、兼并实现全省金融资源的有效整合和资产壮大，而上海、浙江等省都已拥有至少一家基本符合金控公司标准的存量企业。

3. 金融市场规模

武汉直接融资能力不强，要素市场整体影响力不足，资金吸纳能力有限。

（1）直接融资占比偏低，资本市场层次单一。直接融资占比是一个区域金融市场化成熟水平的重要标志，就湖北省而言，2020年，因疫情原因，湖北省获批发行大量抗疫专项债，使得直接融资占社会融资总规模比重上升至17.2%，较全国水平高1.9个百分点，是近三年来首次超过全国水平，在中部六省中排名上升1位位列第二，但与位首的山西省相差近4个百分点，与全国金融中心上海相差11.3个百分点。就武汉市而言，2020年，武汉市直接融资占比为14.8%，比全省平均水平低2.4个百分点，比全国平均水平低0.5个百分点。无论是湖北省还是武汉市，直接融资占比均偏低，资本市场层次单一，使得风险向金融机构和政府部门集中。

（2）上市企业整体规模偏小，头部企业"块头"不大。截至2021年11月末，武汉68家A股上市企业合计总市值8 004亿元，与中部城市相比，长沙77家上市企业总市值13 446亿元，合肥68家上市企业总市值10 321亿元；单个市值最大企业中，武汉高德红外568亿元，远不及长沙爱尔眼科（2 350亿元）、合肥阳光电源（2 350亿元）；武汉没有市值超过1 000亿元的"领头羊"企业，而长沙有2家、合肥2家。企业上市作为扩大融资渠道、活跃金融市场的重要方式，武汉整体情况在中部相对长沙、合肥落后较大差距，与西部成都（99家上市企业合计总市值13 721亿元，市值超过1 000亿元企业1家）相比也有差距，与深圳（386家上市企业合计总市值102 347亿元，市值超过1 000亿元企业16家）等领先型金融中心更是相距甚远（见表6）。

表6　金融中心城市企业上市情况对比[①]　　单位：家、亿元

	上市企业		单个最大市值企业		市值超过500亿元企业	市值超过1 000亿元企业
	数量	总市值	名称	市值		
武汉	68	8 004	高德红外	568	2	0
成都	99	13 721	通威股份	1 994	5	1
深圳	386	102 347	招商银行	12 565	30	16
长沙	77	13 446	爱尔眼科	2 350	7	2
郑州	33	3 184	安图生物	332	0	0
南昌	26	2 497	正邦科技	312	0	0
合肥	68	10 321	阳光电源	2 350	3	2

（3）上市企业所属的行业结构亟须转型升级。支持绿色企业、专精特新"小巨人"企业和生物医药企业是地方经济在疫后转型升级、实现跨越式发展的重要抓手。但武汉属于上述类型的A股企业在资本市场上获得的支持力度有待提高，表现为其数量和市值在中部地区没有明显优势，与发达金融中心城市相比更是难以望其项背。武汉绿色概念企业数量在中部地区不占压倒性优势，是成都的一半，深圳的五分之一；武汉专精特新企业数量（以及占武汉A股企业数量比重）在中部五省会中排名垫底，与成都、深圳差距更大；医疗概念企业数量与中部的长沙相比没有优势，市值更是只有长沙的三分之一（见图7、图8和表7）。

[①] 数据来源：Wind，取2021年11月29日市值。

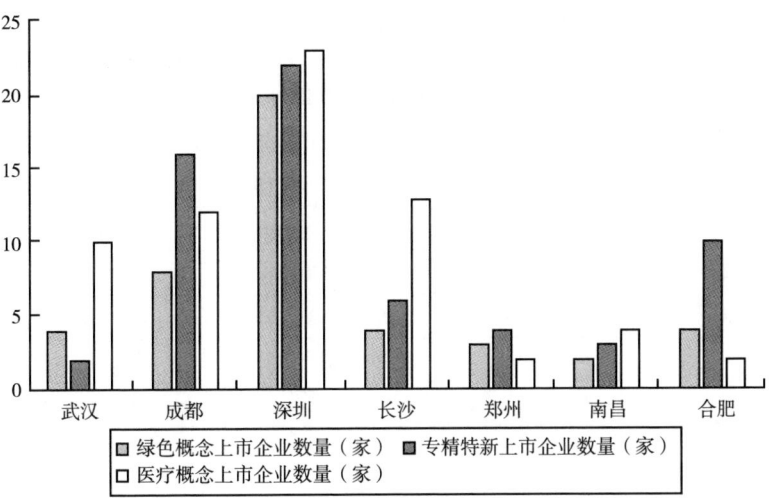

图7 金融中心城市部分行业上市企业数量对比

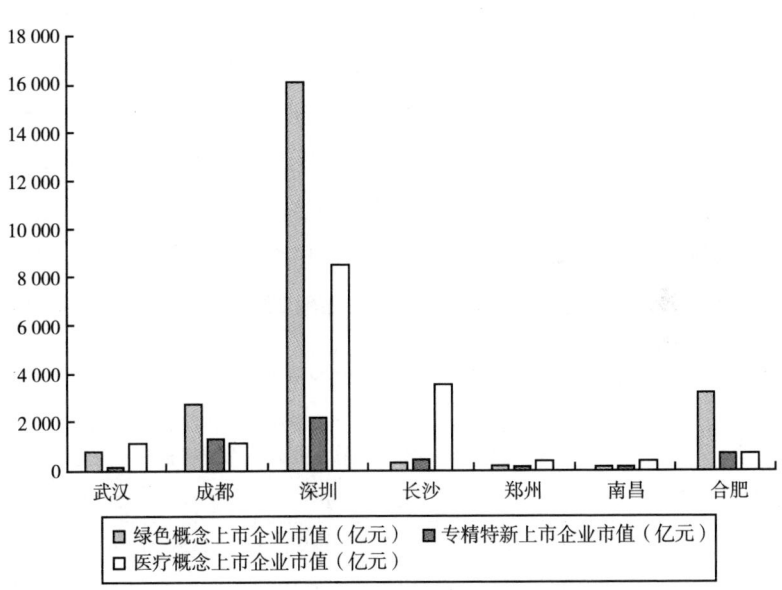

图8 金融中心城市部分行业上市企业市值对比

表7　　金融中心城市A股上市企业行业结构情况对比[①]　　单位：家、亿元

	绿色概念上市企业数量、市值及占本地上市企业的比重				专精特新上市企业数量、市值及占本地上市企业的比重				医疗概念上市企业数量、市值及占本地上市企业的比重			
	数量	占比	市值	占比	数量	占比	市值	占比	数量	占比	市值	占比
武汉	4	5.9%	791	9.9%	2	2.9%	162	2.0%	10	14.7%	1 164	14.5%
成都	8	8.1%	2 848	20.8%	16	16.2%	1 391	10.1%	12	12.1%	1 248	9.1%
深圳	20	5.2%	16 208	15.8%	22	5.7%	2 246	2.2%	23	6.0%	8 573	8.4%
长沙	4	5.2%	289	2.1%	6	7.8%	513	3.8%	13	16.9%	3 570	26.6%
郑州	3	9.1%	246	7.7%	4	12.1%	232	7.3%	2	6.1%	382	12.0%
南昌	2	7.7%	150	6.0%	3	11.5%	133	5.3%	4	15.4%	432	17.3%
合肥	4	5.9%	3 205	31.1%	10	14.7%	722	7.0%	2	2.9%	715	6.9%

（4）企业上市后开展进一步融资的活跃度有待提高。在部分金融中心城市中选取首发日接近（90年代）、首发上市市值接近（小盘股）、所属行业相同（电力、热力、燃气及水生产和供应业）的典型企业进行对比，可发现武汉企业在上市后的后续融资渠道受限，融资约束相对较大。在7个金融中心城市中，武汉的武汉控股首发市值最高，但最新市值却最低。原因在于正是企业上市后融资额偏低，通过增发、配股、发债所募集的资金量较低，历史授信额度也处于垫底。而成都的川投能源首发市值仅16亿元，却在目前已发展成为超500亿市值的中盘股；长沙的华银电力首发至今，市值也翻了三倍，超过百亿（见表8）。

表8　　金融中心城市典型上市企业融资情况对比[②]　　单位：亿元

典型企业	所属地	首发时间	首发市值	最新市值	区间增发募集资金	区间配股募集资金	区间发债总额	历史授信额度
武汉控股	武汉	1998年	59.77	45.20	16.91	3.31	25.70	95.80
川投能源	成都	1993年	16.03	506.27	59.91	1.47	162.00	235.75
深圳能源	深圳	1993年	40.32	380.59	179.94	7.41	1 200.00	795.20

---

① 数据来源：Wind，"市值"取2021年11月29日市值。绿色概念股包含节能环保和碳中和概念股，医疗概念股包括所属行业或所属概念为生物、医药相关的个股。

② 数据来源：Wind，"最新市值"取2021年11月29日市值。"区间"指上市首日至2021年11月29日。

续表

典型企业	所属地	首发时间	首发市值	最新市值	区间增发募集资金	区间配股募集资金	区间发债总额	历史授信额度
华银电力	长沙	1996年	32.77	105.08	37.62	18.17	50.80	163.37
中原环保	郑州	1993年	12.75	61.50	43.74	0.38	17.30	150.10
赣能股份	南昌	1997年	35.28	49.56	21.58	3.64	16.00	109.10
皖能电力	合肥	1993年	34.41	87.50	39.96	2.60	87.50	355.09

（5）全国性金融要素市场缺乏，区域性金融要素市场发展分化影响力不足。相较于郑州拥有全国性商品期货交易所，武汉缺乏全国性资本要素市场和大宗商品交易市场，无法形成强大的资金虹吸效应。并且对于区域性金融要素市场，湖北现有的10余家地方金融要素市场（均设立在武汉）[①]中，除碳排放交易市场、区域股权市场企业挂牌数位居全国前列外，其他要素市场基本惨淡经营，影响力较小，资金吸引力不强。湖北省曾在"十三五"期间大力发展区域要素市场，但是目前正常运转、较成熟的仅有湖北碳排放交易所、武汉市股权托管交易中心和光谷联合产权交易所三家，像武汉农交所曾享誉全国，但"起大早赶了晚集"，要素市场建设仍有待加强。

4. 金融生态环境

金融生态环境体现在两个方面，一是金融营商环境，即金融服务实体经济的金融供给环境；二是金融业自身发展环境，即金融业自身做大做强所需要的环境。相对于金融供给环境，金融业自身壮大发展环境的优化不够是武汉金融中心的短板，体现在金融服务配套产业欠缺、金融债权维护力度不够，助力本地现代金融业发展后劲不足。

（1）金融机构信息搜寻及风险管理成本较高。外部因素看，信息数据共享尚未打通，金融机构获取信息以及贷后风险管理困难，进而增加企业的获贷难度和融资成本；内部因素看，对于武汉地方法人银行，受

---

① 湖北省金融要素市场总数已逾10家，包括武汉光谷联合产权交易所、武汉股权托管交易中心、湖北华中文化产权交易所、湖北环境资源交易所、湖北碳排放交易所、武汉知识产权交易所、武汉城市矿产交易所、武汉农畜产品交易所、武汉农村综合产权交易所、武汉金融资产交易所、武汉航运交易所等。

限于资本规模较小,基本尚未深入开发应用大数据等金融科技手段,导致风险识别能力和经营效率偏低,资金运用成本较高。这一点在资金价格上体现明显,2019年12月,湖北企业贷款平均利率5.37%,在中部省份中最低,但高于上海(4.9%)、浙江(5.26%)、广东(4.89%)等沿海省份。这些需要地方政府主导,从政府信息数据共享和平台建设、金融服务配套产业发展等方面加大支持。

(2)金融机构债权维护力度不够。根据相关调研数据,2020年前三季度,湖北金融机构胜诉案件的金额执结率仅为20.8%,积案案件执结率仅有21.1%。目前,上海、北京已成立金融法院;2021年3月初,最高人民法院发布《关于为成渝地区双城经济圈建设提供司法服务和保障的意见》,四川成渝地区也有望设立金融法院;中部地区来看,早在2018年10月,江西省首个跨行政区划的金融法庭就在南昌市挂牌成立,开启了金融案件跨行政区划集中审理模式。对此,武汉也需迎头赶上,积极争取设立金融法院,加强多元化解决机制建设,对金融案件实行集中管辖,推进金融审判体制机制改革,提高金融审判专业化水平。

(四)武汉建设区域金融中心的机遇

1. 绿色(碳)金融

"十四五"是实现碳达峰的关键期、窗口期,武汉市在"十四五"规划中已明确提出要打造以气候投融资为核心的绿色金融体系,积极争取国家气候投融资试点,引导投融资向碳达峰、碳中和、适应气候变化领域倾斜和聚集。当前"中碳登"落户武汉,全国碳交易市场开市,武汉更是迎来绿色金融发展重大契机。"中碳登"是国家级金融市场基础设施平台,其落户武汉将进一步发挥金融集聚效应,吸引资金、技术和绿色金融机构以及各类金融要素靠拢。作为碳资产要素市场,中碳登管理万亿吨碳资产登记及千亿级碳交易结算资金,将极大推动各金融机构碳金融业务板块集聚,以及相关资金在辖内金融机构沉淀,带动武汉地区、中部地区乃至全国绿色金融市场发展;作为碳资产大数据中枢,中碳登掌握着全国数万家企业碳排放权交易、履约、价格等数据,围绕中碳登可以培育一大批绿色低碳的技术、咨询和金融服务机构,带动绿色低碳产业集聚和发展。

2. 科技（科创）金融

"十四五"规划提出，要坚持创新驱动发展，把科技自立自强作为国家发展的战略支撑。今年湖北省提出要加快推进科技强省建设，把科技创新摆在更加突出位置，推进力度前所未有，其中明确要强化金融支撑，武汉科技金融发展迎来新的政策机遇。目前武汉市科创金融探索已持续10多年，多项全国金融改革首批试点在武汉落地，早在2007年，武汉就获批开展国家首批科技保险创新试点；2015年，武汉城市圈成为全国首个科技金融改革创新试验区；2016年，武汉东湖高新区成为全国首批投贷联动试点地区，汉口银行成为首批试点银行；2020年10月，武汉东湖高新区成为全国首个科技保险创新示范区。如今武汉要积极抢抓东湖科技保险创新示范区设立这一契机，将示范区建设成为科技保险机构集聚区、科技保险创新领航区、科技保险监管创新先行区和科技保险生态建设标杆区，助力武汉科技强市及区域金融中心建设。

3. 物流（供应链）金融

武汉"十四五"规划提出要建设国家商贸物流中心。作为"九省通衢"之地，武汉承东接西、迎南接北，地处长江经济带核心，长期积累的交通区位好、产业基础强、市场空间大、科技资源多等优势更加凸显，发展物流中心的基础条件得天独厚。目前武汉"两中心两枢纽一基地"的格局正在形成，即长江中游航运中心、全国铁路路网中心、全国高速公路网重要枢纽、全国重要航空门户枢纽、全国重要物流基地。与周边几个省会城市相比，武汉水陆空并存无可比拟的独特优势是武汉未来发展的新机遇。依托国际化商贸物流平台，立足"产业同链"，通过上中下游环节、大中小企业、产供销各方联动，武汉可培育"物流与供应链金融"的特色金融竞争力。

（五）武汉建设区域金融中心的挑战

1. 城市间金融中心竞争加剧

目前全国有30多个城市提出要打造区域金融中心，各金融中心城市发展差异化已逐渐显现，竞争态势更加明朗，并进入白热化阶段。从区域同比来看，全国性金融中心上海、北京、深圳领先优势呈逐渐扩大趋势；西部地区金融中心成都、重庆综合竞争力增速较快；东部地区南京、苏州金融市场评价指标较突出。从区域内部看，武汉虽处中部区域第一，但与郑州、长沙的差距在逐渐缩小，部分金融指标已相对落后，武汉建设区域金融中心面临国际国内金融资源争夺。

2.潜在金融风险不容忽视

在新冠疫情冲击和经济下行压力下，金融风险出现一些新变化，尤其是新冠疫情可能引发的次生金融风险。新冠疫情对金融影响存在一定滞后效应，如新冠疫情对企业产生的负面影响会通过企业效益下滑，将逐步通过企业及个人信贷违约等向金融机构传导；金融机构主动对实体经济让利，也在一定程度增加经营压力和不良风险；部分拟上市公司受新冠疫情影响，业绩下滑预期较大，短期内已不具备申报上市条件，通过资本市场融资受阻。对于金融机构自身风险及企业债务风险引发的潜在金融风险值得警惕。

（六）小结

本节通过SWOT分析梳理了武汉建设区域金融中心的基础条件。从内部条件看，武汉建设区域金融中心优势明显但短板也突出，金融产业绩效方面，金融业对经济增长贡献度在不断提升但金融聚集效应尚不明显；金融机构实力方面，机构数量众多门类丰富但总部型机构规模偏小层次单一；金融市场规模方面，区域要素市场发展分化整体影响力不足，直接融资能力也不强；金融生态环境方面，营商环境良好、人才资源突出但金融机构自身发展环境尚待优化。从外部条件看，武汉建设区域金融中心机遇与挑战并存，"十四五"开局，武汉迎来新的政策机遇，为绿色金融、科技金融、物流金融的快速发展带来重大历史性契机，但同时也面临金融资源竞争加剧、潜在金融风险等挑战。

四、实证分析

（一）指标体系构建

本文采用主成分分析法，利用武汉市的经验数据计算金融中心竞争力各项评价指标的权重，以此为武汉构建区域金融中心提供路径参考。为此，需构建一套有效的、符合武汉实际的区域金融中心评价体系。张建森、余凌曲等（2008）在总结国内外城市金融竞争力评价研究成果的基础上，构建了中国城市金融竞争力评价指标体系（即前文所述的CDI CFCI），并在随后公开发布和动态完善，引起社会各界广泛关注。该评价体系认为，金融中心是金融资源相对集聚的场所，因此金融中心的建设机理很大程度也就是金融资源的集聚机理，可将金融中心的形成和发展归纳为"钱"（金融资本）和"才"（金融人才）的集聚。本文以最新一期（CDI CFCI 12）指标体系作为备选指标，围绕"钱""才"集聚核心的主线，划分金融产业绩效、金融机构实力、金融市场规模、金融生态环境四类指标（每类指标下还有一系列具体指标）。金融产业绩效是金融产业发展的直接结果体现，反映出金融中心建设对产出的带动效应。金融机构实力体现包括银行、证券、保险等主体发展的基本情况及其金融业务的开展状况；金融市场规模体现出金融中心在全国性或区域性金融交易市场的地位，对提升金融中心辐射力至关重要；金融生态环境衡量了金融业发展所需的外部环境优良度，反映出金融中心的发展基础和潜力。

在CDI CFCI 12四类指标的基础上，本文结合文献研究和综合分析法、频度分析和交叉分析法、专家咨询法共3类方法，通过指标海选、初选、精选3个步骤，选取并构建武汉区域金融中心竞争力评价指标（见表9）。

表9　武汉区域金融中心竞争力评价指标体系构建步骤

步骤	方法	说明
指标海选	文献研究和综合分析法	广泛查阅国内外文献，以CDI CFCI 12金融中心指数指标体系为基础，对指标进行初步筛选
指标初选	频度分析和交叉分析法	针对指标体系存在的冗余重叠高（部分指标之间相关性高）和使用频次低（部分指标数据缺失或恒为0）的现象，进一步筛选整理出具体指标
指标精选	专家咨询法	咨询业界专家，根据专家意见对指标体系作出调整和修改

通过以上原则和步骤，最终形成26个具体指标，构成武汉市区域金融中心竞争力评价指标体系（见表10）。

表10　武汉区域金融中心竞争力评价指标体系

目标层	二级指标	三级指标	单位	指标属性
武汉区域金融中心竞争力评价	金融产业绩效	金融业增加值	亿元	正
		金融机构本外币存款余额	亿元	正
		金融机构本外币贷款余额	亿元	正
	金融机构实力	总部设在武汉的金融机构	家	正
		地方法人商业银行资产总规模	亿元	正
		本地法人证券机构资产规模	亿元	正
		法人期货公司净资产	亿元	正
		公募基金管理公司武汉分公司	家	正
		注册的私募基金管理人	家	正
		保险机构数量	家	正
		融资租赁公司数量	家	正
	金融市场规模	科技型企业贷款余额	亿元	正
		小微贷款余额	亿元	正
		A股上市公司数	家	正
		债券融资额	亿元	正
		在汉要素交易场所的注册资本	亿元	正
		武汉股交中心累计挂牌企业数量	家	正
	金融生态环境	普通高等学校在校学生数	万人	正
		专利授权量	件	正
		市场主体	万户	正
		存量住房成交均价	元/平米	负
		工业增加值	亿元	正
		不良贷款余额	亿元	负
		实际利用外资	亿美元	正
		进出口总额	亿元	正
		境外上市公司数	家	正

（二）实证评价分析

统计学中的主成分分析法（Principal Component Analysis，PCA）是计算指标体系权重系数的常用方法，可将具有相关性的多个指标进行线性组合，重新构造成一组新的相互独立的主成分因子，实现降维处理。该方法属于客观构权法，用少数几个潜在的相互独立的主成分因子去概括、解释大量原始指标的特征，并客观计算出原始指标的权重，相较于主观构权法有一定的优越性。本文通过PCA方法，将评价武汉区域金融中心竞争力的26个具体指标简化成若干个主成分来表示，并最终计算出各项具体指标的权重。PCA方法的基本模型为：

$$\begin{cases} F_1 = a_{11}X_1 + a_{21}X_2 + a_{31}X_3 + \cdots + a_{n1}X_n \\ F_2 = a_{12}X_1 + a_{22}X_2 + a_{32}X_3 + \cdots + a_{n2}X_n \\ \cdots \cdots \\ F_m = a_{1m}X_1 + a_{2m}X_2 + a_{3m}X_3 + \cdots + a_{nm}X_n \end{cases}$$

其中，m 为指标数量，n 为样本数量，F_m 为第 m 个主成分。

本文实证分析步骤如下。

1. 指标数据矩阵标准化处理

本文选取武汉市2016—2019年统计数据，经整理形成样本数据。原始数据来源于历年《武汉年鉴》《武汉金融发展报告》等官方统计资料，以及综合开发研究院、清科研究中心等第三方研究机构。为消除各项指标度量不一致的影响，利用SPSS将原始数据标准化，对26个具体指标的样本数据进行无量纲化处理。结果见表11。

表11　　　　　　　　原始指标数据标准化处理结果

指标 年份	金融业增加值	金融机构本外币存款余额	金融机构本外币贷款余额	总部设在武汉的金融机构	地方法人商业银行资产总规模	…	境外上市公司数
2019	1.314 09	0.999 89	1.050 60	1.134 97	1.183 89	…	1.014 72
2018	0.161 79	0.409 08	0.452 17	0.226 99	0.357 44	…	0.563 73
2017	−0.456 96	−0.056 30	−0.221 01	−0.075 66	−0.394 63	…	−0.338 24
2016	−1.018 91	−1.352 67	−1.281 77	−1.286 30	−1.146 70	…	−1.240 22

2. 求解标准化后数据相关系数矩阵的特征值

对于标准化后的指标数据矩阵，可求出其相关系数矩阵R，随后利用特征方程$|R-\lambda I|=0$可求解R的特征根λ_1，λ_2，λ_3，$\cdots$，λ_n，并进行主成分分析，求解因子载荷矩阵。为避免各项指标在第一个主成分上的载荷过高，使因子载荷矩阵的解释更有代表性，故使用最大方差旋转法求解因子载荷矩阵。计算结果（见表12）显示，前2个主成分（F_1和F_2）的特征根大于1，且累计方差贡献率高达96.459%，因此，F_1和F_2基本上反映出了全部指标的信息，可代替原来的26个具体指标。F_1和F_2对模型的解释程度可以通过其特征根大小体现，权重分别为70.58%和29.42%。

表12　　　　　　　主成分分析结果

成分	旋转平方和载入		
	特征根	方差（%）	累积贡献率（%）
F_1	17.701	68.081	68.081
F_2	7.378	28.377	96.459
…	…	…	…

3. 确定具体指标的权重值

首先通过SPSS计算得到F_1和F_2相对26个具体指标的系数，结果见表13。根据主成分方程及每个主成分对应系数可进一步计算[①]得到26个具体指标的权重值，结果见表14。

表13　　　　　　　2个主成分的对应系数

标准化指标＼主成分	F_1	F_2
1	0.737	0.674
2	0.916	0.361
3	0.904	0.420
…	…	…
24	0.822	0.569
25	0.864	0.491
26	0.912	0.411

---

① 首先计算标准化数据÷对应主成分特征根平方根，得到线性组合系数，然后计算∑（主成分方差×线性组合系数）÷∑主成分方差，并进行归一化处理，得到各项指标权重值。

表14　武汉区域金融中心竞争力评价指标权重计算结果

目标层	二级指标	三级指标	指标权重
武汉区域金融中心竞争力评价	金融产业绩效	金融业增加值	0.041 44
		金融机构本外币存款余额	0.040 63
		金融机构本外币贷款余额	0.041 55
	金融机构实力	总部设在武汉的金融机构	0.040 87
		地方法人商业银行资产总规模	0.042 08
		本地法人证券机构资产规模	0.025 31
		法人期货公司净资产	0.037 89
		公募基金管理公司武汉分公司	0.038 15
		注册的私募基金管理人	0.040 13
		保险机构数量	0.042 10
		融资租赁公司数量	0.041 08
	金融市场规模	科技型企业贷款余额	0.042 05
		小微贷款余额	0.042 05
		A股上市公司数	0.041 11
		债券融资额	0.023 50
		在汉要素交易场所的注册资本	0.022 55
		武汉股交中心累计挂牌企业数量	0.037 67
	金融生态环境	普通高等学校在校学生数	0.039 94
		专利授权量	0.041 54
		市场主体	0.041 91
		存量住房成交均价	0.041 82
		工业增加值	0.028 48
		不良贷款余额	0.040 68
		实际利用外资	0.042 08
		进出口总额	0.041 76
		境外上市公司数	0.041 63

根据各项指标权重的排序，将权重相对较高的前10个指标筛选出来，并按照不同的发展概念进行归类，梳理出武汉构建区域金融中心的发展路径（见表15），并据此提出政策建议。

表15　武汉区域金融中心竞争力高权重评价指标及对应发展路径

较高权重指标	发展概念	发展路径
保险机构数量、地方法人商业银行资产总规模	地方金融机构实力	做大做强金融机构体系
科技型企业贷款余额、小微贷款余额、市场主体、金融机构本外币贷款余额	金融支持实体	畅通金融支持实体经济渠道
实际利用外资、进出口总额、境外上市公司数	对外开放	提高经济外向度，增强金融中心辐射力

五、武汉建设区域金融中心路径

（一）总体目标

武汉建设区域金融中心，推动金融更好服务武汉建设国家中心城市、长江经济带核心城市和国际化大都市的战略规划，2025年，全面建成中部地区区域性金融中心，形成以绿色金融、科技金融等为核心的国内重要功能性金融中心。

（二）功能定位

1. 全国性绿色金融中心

武汉应依托中碳登落户先发优势，提升全国碳金融中心显著地位，在驱动绿色金融发展、培育壮大生态环保产业方面发挥重要作用，打造具有全国影响力的绿色低碳产业和金融集聚地。

2. 全国性科技金融中心

武汉应紧扣金融科技基础优势，依托武汉科技金融工作站、光谷科技创新资源集聚高地等平台，加强科技应用赋能，服务科技成果转换，打造科技金融机构聚集区和全国一流科创金融中心。

3. 全国性金融后台服务中心

光谷金融港已是全国性金融后台中心，当前武汉金融后台数量已超过上海、北京等一线城市，位居全国首位。武汉应继续巩固光谷全国金融后台数据服务中心优势，加大金融机构数据中心、银行卡中心、研发中心、容灾备份中心、档案管理中心、客服中心、培训中心等引进力度，打造金融信息服务产业示范基地。

4. 产融结合发展示范基地

武汉产业基础雄厚，拥有四大国家级产业基地和十大重点产业，正在培育光电子信息、汽车及零部件、生物医药及医疗器械三大世界级产业集群。武汉应以产业基础为依托，实现数字化产业链、供应链金融更好结合，形成产业升级与金融创新共振效应。

（三）坚持原则

1. 创新发展原则

（1）打造以绿色金融为重点的全国性专业金融中心。一是深入开展绿色金融创新试点。尽快促成地方政府部门、金融监管机构和湖北碳排放权交易中心达成合作，联合发文明确武汉市申建全国绿色金融改革试验区事宜。引导银行、证券等金融机构创新开展绿色信贷、绿色债券等业务，带动武汉绿色金融业和低碳产业快速发展，并有序引导传统非绿色低碳产业转向可持续发展。二是建设全国碳金融高地。以中碳登落户为契机，支持湖北碳排放权交易中心吸引各方资金开展碳金融业务，将碳汇大厦打造成以绿色金融、碳金融、碳咨询、服务、核查等为一体的碳金融大厦，引入碳资产管理咨询机构、第三方核查机构、碳金融服务机构、低碳设备和技术提供方、能力建设培训机构等。三是着力疏通碳排放权质押贷款堵点。针对当前碳排放权质押贷款缺少法律依据、难以锁定质押物、银行不便参与碳市等客观因素，尝试推动碳排放权质押登记环节纳入碳排放权市场的整体建设框架中，并探索建立银行机构参与交易的第三方托管机制。武汉政府主动联系中央有关部委，争取完善《民法典》中碳排放权的法律属性，特别是对可否出质等问题进一步予以明确。

（2）打造以科技金融为重点的全国性专业金融中心。一是借力全国资本市场。上海科创板、北京新三板是武汉培育科技企业走向资本市场的重要抓手。重点抓住北交所成立的历史机遇，主动与全国股转公司、北交所对接，尽快在武汉设立分支机构、协调加快新三板挂牌。二是围绕支持武汉建设国家科技创新中心。以武汉东湖新技术开发区为依托，打造全国一流科技金融创新中心。加大金融机构对科技企业的支持力度，提升科技企业融资便利度和获得感。三是加大国家级科技保险创新示范区建设力度。建立保险服务科技企业发展创新的体制机制，成立东湖保险公司，引进特色保险机构和科技风险管理平台，创新科技保险产品和服务，聚集一批科技风险管理高端人才。四是发挥教育资源优势。武汉高校力量大，可参考杨浦"三区联动"[①]模式发展科技金融。一方面，在武汉若干区域先行先试，推进"双一流"或理工类高校与地方政府、园区紧密合作，促进产学研一体、推动科技成果转化。另一方面，鼓励民营科技企业使用高校公共实验室，财政对高校提供补贴专款、对使用实验室的民营企业做好登记并适时提供补助费用。五是优化投贷联动模式。由于武汉银行业牌照不多无法大规模设立理财子公司，且试点银行的风控要求在短时间内难以降低，目前投贷联动仍把投、贷分开做（即银行以前怎么放贷现在就怎么放贷）。可探索新的模式，引导股权投资基金做对于自身来说风险较低的贷款业务，而非使银行做对于自身来说风险较高的股权投资业务。对此，地方政府应给予配资并创造良好的金融环境（包括退出环境）、招商引资环境等，吸引股权投资机构来汉。

2. 服务实体原则

（1）发展本土股权投资。一方面，将股权投资基金等直接融资模式纳入优先发展事项，创新金融税收制度、提升政府服务效率，使投资运作流程清晰化、简单化，吸引外地私募基金管理人来汉注册或基金落户武汉，充分发挥其对实体经济的支持和产业结构调整的作用。另一方面，丰富政府引导基金（特别是天使类引导基金）的种类，增加投入。壮大现有引导基金并进行市场化考核，尝试与企业合作设立市场化母基金，争取带动国家级基金出资。

（2）缓解信息不对称。推广大数据应用，探索建立全市统一的信用

[①] 上海市杨浦区曾提出"大学校区、科技园区、公共社区'三区融合、联动发展'"的理念。一方面支持高校创新，促进产学研一体、区校企联动；另一方面大力推动科技成果转移转化。

信息数据共享平台,相关政府部门把政务数据和反映企业经营状况的流量数据(如企业纳税信息、水电缴费信息和社保缴费信息)纳入平台。一方面,使金融机构能够合规使用,提高企业信贷可得性;另一方面,减少金融机构向第三方购买数据的成本,提高金融产品研发效率。对于商业银行自有的、未分享的数据,也可鼓励其分享。

(3)做强供应链金融。重视以制造业为中心的供应链金融,做好配套服务、完善基础设施。围绕武汉支柱制造业产业链,提高核心龙头企业的参与度,推动应收账款质押融资业务扩面增量,以核心企业确权来提升银行对相关上下游企业的贷款信心。此外,众邦银行在供应链金融领域具有一定优势,且该银行民营、互联网银行,建议对其提升政策支持力度。

(4)大力发展要素市场。每类要素市场都与成百上千的经济主体紧密相连。一是发展金融要素市场。根据武汉市的要素禀赋,可重点发展武汉票据交易中心(票交所)和武汉金融资产交易所(金交所)。引导国有资本进入武汉票据交易中心(国企控股),提高信誉,进一步实现票据交易中心的跨区域经营。探索将资产管理公司整合到武汉金融资产交易所交易,盘活不良资产,将其建设成中部地区最大的不良资产交易市场。二是发展非金融要素市场。针对武汉的主导、特色产业分别建立区域资源交易中心乃至全国交易中心、提升场外交易规模,使银行信贷资源敢于介入。

3.做强机构原则

(1)做大做强地方法人金融机构。一是开展战略合作。牵头积极引进战略投资者,减少汉口银行、湖北银行上市的阻力;并引导武汉市的城商行引进制造业战略投资者,拓宽产业链上下游客户。二是减负降风险。地方政府对地方城商行、农商行的协调能力较强,应主动介入、化解存量不良资产(如武汉农村商业银行持有武汉弘芯的一台光刻机,抵押价值达5.8亿元),确保反映武汉地方法人银行风险的"央行评级"均在6级(含)以下。三是树立本土思维。应使本地法人金融机构相比于新设、引进的金融机构能够享受到更优惠(至少同等优惠)的待遇,鼓励本土企业通过长江证券、天风证券上市，引导本地券商有意识地加强与本地会计师事务所、律师事务所等中介机构的合作。四是开展合作研究。鼓励地方法人金融机构对武汉市产业规划出谋划策，由政府出资对相关研究课题提供赞助，引导法人金融机构与城市共发展。

（2）支持地方金融控股集团高质量发展。一是统筹整合资源。协调武汉市国资委、财政局、地方金融工作局、有关法人金融机构等单位，形成合力，共同推动武汉金控集团实控金融机构资产规模达标。二是提升牌照质量。参股获取金融资源、设立整合类金融平台，提升湖北宏泰集团和武汉金控集团的牌照种类，以实现业务协同，进一步提升区域金融、类金融资源竞争力。三是纳管产业基金。探索将政府产业引导基金纳管到地方金控集团旗下，形成涵盖各行业的投资平台，引入大量金融资本、社会资本，以少量政府基金撬动市场化资金，扶持各行各业，促进区域经济发展。

（3）提升风险抵补体系在区域金融中心的作用。一是完善融资担保体系。支持政府性担保、再担保机构扩大业务规模，加大对民营融资担保、再担保机构扶持和补贴力度，充分发挥好中小微企业担保政策的职能，推进普惠金融落到实处。逐步建立起具有政府背景的、涵盖全市的担保体系和风险分担机制。二是推进保险业高质量发展。一方面，提高民生保障或社会治理保险产品的统筹性，提升高危行业安全生产责任险等强制性保险的覆盖面。另一方面，持续推动保险产品创新，对于创新实践中涉及的地方财政问题（例如，农业保险很少由农民出钱购买，主要由政府出资），由地方政府积极解决。三是优化风险管理制度。健全金融风险防范联络机制，增强武汉各金融机构应对重大突发金融事件和化解系统性风险的能力。针对监管方面无试验区、无沙盒、容忍度不足的情况，应从国家层面争取政策，积极创建金融改革试验区、金融创新先行区等，让试验区内金融机构先行先试。

（4）促进金融机构落户集聚。一是双向聚集金融机构。一方面，加快吸引国内各大融资担保、融资租赁、小额贷款、股权投资等非银金融机构在武汉设立总部和分支机构，重点吸引商业保理、第三方支付平台等新型金融机构的总部、第二总部落户武汉，进一步丰富市场主体。另一方面，除了引进金融机构来汉之外，在汉金融机构还可主动"走出去"，在北上广深等一线城市设立代表处、服务点，形成触角。二是利用国资平台开展投融资。成立专门的国资平台机构开展金融基础设施建设，同时还可引进省内其他地市国企、地方政府的投融资平台。由于这些平台通常金融牌照较全（不仅限于保理、租赁），其作用甚至比单纯引进金融机构总部作用更大。三是谋求企业项目合作。对于湖北省外，充分对接央企、上市公司和细分行业龙头，围绕其后台中心、区域中心、研发中心等落户武汉谋求项目合作，形成规模效应；可优先围绕大数据、生物智能等前沿技术，吸引头部企业来汉发展。对于湖北省内，通过合作建立基金等模式，将周边优质企业总部吸引到武汉，实现"全域协同"。在实践中应做好规划、防止内耗，避免"一哄而上、一哄而散"。

六、政策建议

（一）地方政府：三个建设

政府应积极当好"店小二"，重点做好"三个建设"，打造市场化、法治化的一流营商环境。一是建设市场。做好规划、招商引资，加大财政资金对金融服务实体经济的引导力度。举办金融盛会、邀请业内泰斗，形成武汉区域金融中心品牌效应。二是建设信用。建立统一的信用信息共享平台，让金融机构能够合规使用政务数据和反映企业经营状况的流量数据，提高企业信贷可得性。整合和壮大具有政府背景的中小微企业融资担保体系和风险分担机制。三是建设法律。构建一流的金融法治监管体系、金融审判体系和金融系统风险防范体系。积极争取设立金融法院、建立在线调解仲裁中心，提高胜诉后执行率。

（二）金融机构：一个建设

金融机构应做好"建设现金流"的工作。着力推动存贷款规模稳步增长。积极运用"汉融通"融资服务平台对接企业，推广"301"等全线上、纯信用贷款模式。引导企业积极运用上市、发债等扩大直接融资规模。加大对实体经济支持力度，加强重大项目融资保障。

（三）人民银行：服务实体

人民银行在汉机构应突出"执行稳健货币政策，精准服务实体经济"的导向。一是开展金融创新。推动科技金融改革创新工作走向深入，支持金融科技研发应用，推进数字人民币试点。开展绿色金融改革创新试点，探索将碳资产纳入人行质押融资管理体系。依托湖北自由贸易试验区发展物流金融。二是优化金融生态。提升普惠金融服务质量，优化金融信用环境，维护区域金融稳定，推进长江中游城市群合作，推动武汉城市圈金融服务一体化发展。

参考文献

[1] 孙剑.中国区域金融中心的划分与构建模式［D］.南京航空航天大学，2007.

[2] 何锋.我国区域金融中心研究进展与展望［J］.金融发展研究，2014（06）：16-20.

[3] 黎平海.我国区域金融中心建设与发展研究［D］.暨南大学，2008.

[4] 陶冶.关于中国区域金融中心发展问题的研究［J］.中国流通经济，2011，25（08）：84-88.

[5] 胡安其，胡日东.我国中部六省区域金融中心的城市定位与构建——基于因子分析法［J］.金融教育研究，2012，25（02）：37-42.

[6] 邓敏.论武汉区域金融中心建设［J］.改革与战略2012，28（05）：150-152.

[7] 饶余庆.香港——国际金融中心：演变、展望与政策［M］.商务印书馆，1997.

[8] 车欣薇，部慧等.一个金融集聚动因的理论模型［J］.管理科

学学报，2012（03）.

［9］黄解宇，杨再斌.金融集聚论——金融中心形成的理论和实践解析［M］.北京：中国社会科学出版社，2006.

［10］吴丽萍.武汉区域金融中心发展对策与建议——基于与上海、成都区域金融中心的比较研究［J］.经营与管理，2020（12）：132-136.

［11］孙怡.武汉加快建设"国家一流区域金融中心"积极吸引全国性和外资金融机构到汉设总部.长江日报，2020年12月25日.

［12］叶楠.武汉金融科技的发展潜力与完善对策分析［J］.决策与信息，2020（09）：31-39.

［13］周昕.贯彻落实习近平总书记重要论述 全力推进武汉金融工作新发展［J］.长江论坛，2020（04）：16-17.

［14］杨艳军.武汉区域性金融中心发展策略研究［J］.长江论坛，2020（02）：44-50.

［15］张建森，余凌曲，熊文祥.中国城市金融竞争力评价的指标体系研究［J］.开放导报，2008（04）.

［16］刘国宏等.中国金融中心指数（CDI CFCI）报告（第十二期）［R］.中国（深圳）综合开发研究院，2020.

［17］樊纲等.2020·中国"双创"金融指数［R］.中国（深圳）综合开发研究院，2020.

［18］陆岷峰，潘晓惠.中国区域金融中心建设存在问题与对策［J］.青海金融，2010（04）：9-12.

［19］曹源芳，中国区域金融中心体系研究——以金融地理学为理论视角［M］.中国金融出版社，2010.

［20］刘志惠，黄志刚.海峡两岸区域金融中心的构建研究——基于金融生态环境视角［J］.福州大学学报（哲学社会科学版），2015,29（05）：57-64.

［21］骆俊.浅谈武汉区域金融中心的形成和发展［J］.现代商业，2011（23）：132+133.

［22］Huang F，Guo J，Shi J，et al. A Study of the Regional Financial

Industry Layout and Local Economic Development [J]. J. Mgmt. & Sustainability, 2015, 5: 108.

[23] Offshore Financial Centers: "IMF Background Paper". International Monetary Fund. 23 June 2000.

[24] Kindleberger C P. The Formation of Financial Centers: A Study in a Comparative Economic Theory [M]. Princeton University Press, 1974.

[25] Reed H C. The preeminence of international financial centers [M]. Praeger, 1981.

[26] Hu K H, Jianguo W, Tzeng G H. Improving China's regional financial center modernization development using a new hybrid MADM model [J]. Technological and Economic Development of Economy, 2018, 24 (02).

[27] S.Corkill Cobb. Global finance and the growth of offshore financial centers: The manx experience [J]. Geoforum, Volume 29, Issue 1, 1998.

[28] Patrick H T. Financial Development and Economic Growth in Underdeveloped Countries [J]. Money & Monetary Policy in Less Developed Countries, 1966, 14 (02).

[29] Gehrig T. Cities and the Geography of Financial Centers. In: Economics of Cities: Theoretical Perspectives [M]. Cambridge University Press, Cambridge.

课题主持人：占再清
课题组成员：袁海松　范薇　贺杰　李默　罗莹

荆州市绿色金融与生态效率的时空耦合研究

中国人民银行荆州市中心支行课题组

一、引言

当前荆州市正以"思想破冰引领发展突围"建成区域性中心城市。城市是一个地方经济、政治和文化的主要载体,当前各城市之间面对着激烈的竞争环境和压力,各城市通过自身的比较优势,去抢占其他地区的物质资源、人才资源和发展空间,并以此来确立自身的比较优势。

荆州是长江干流流经里程最长的地级市,境内拥有483公里长江"黄金水道"和651公里岸线,占全省长江干线的45.6%。荆州也是湖北省唯一处于洞庭湖生态经济区的地级市,富饶的长江和洞庭湖孕育了荆州这样一座国家粮食综合生产基地。荆州还是湿地大市,有着丰富的湿地资源,全市各类湿地面积为34.2万公顷,湿地保护率为46.39%。当前,《长江保护法》出台施行,已形成保护母亲河的硬约束机制,荆州市应把握资源禀赋,坚持生态优先、绿色发展,共抓大保护,不搞大开发,融入洞庭湖生态经济区发展,把湿地保护摆在更加突出的位置,贯彻落实党中央和国务院的各项决策部署,以推进生态文明建设为主题,以创新体制机制为动力,立足保障生态安全、水安全、国家粮食安全,着力构建和谐人水新关系。这对于实现区域经济协调发展,落实主体功能区规划,保障国家粮食生产安全、长江流域水资源生态安全和构筑长江黄金水道发展轴线,促进中部地区崛起具有重要意义。

荆州区位得天独厚,要建设区域性中心城市,就应该发挥长江水道、洞庭湖、浩吉铁路交叉的枢纽功能，以绿色经济促进后疫情时代经济复苏。一个城市的竞争力、比较优势与城市的金融实力、生态环境均存在的较强的联系。增强荆州市的竞争力，就要推动城市生态环境建设，推动产业升级，发展绿色金融，提升城市生态效率。

一方面，绿色金融的发展为绿色企业的创新活动和技术研发提供了资金和服务，推动了社会创新和技术进步，依据内生增长理论，技术进步决定了经济增长，绿色金融发展能促进经济发展，新能源、绿色生产技术等被运用于提高生产环节的资源利用率，提升环境治理水平，实现资源配置优化和产业结构升级，进而提升城市生态效率，生态效率的提升也为城市绿色产业营商环境打下基础，拉动绿色金融持续发展；另一方面，绿色产业的认定方式是具有严格标准的，城市的绿色金融资源也是有限的，在银行发放绿色贷款、财政给予绿色补贴等行为发生时，往往面对着绿色产业发展的不确定性和对绿色产业、绿色企业认定的操作风险，环境治理投资中的挤出效应也存在着对城市生态效率提升的负面影响，低生态效率也会成为城市发展绿色金融的负担，挤压政府和企业用于发展绿色产业的投资。

荆州市绿色金融与生态效率的协调关系如何？是否实现了良性协调发展？是否存在某种趋势分布的空间分布态势？中心城区与各县之间是否存在耦合协调的关系？对这些问题的深入研究，将有利于了解荆州市绿色金融与生态效率的协调发展情况，为荆州市建成区域性中心城市提供一定政策参考。

本文具体安排如下：第二部分为文献综述，通过梳理国内外相关文献，总体上掌握绿色金融与生态效率的研究现状，对生态效率进行界定，找出本文研究的突破点和创新点；第三部分为研究设计，总体上构建出研究基本框架；第四部分是数据来源和指标体系，对数据出处、指标计算方法进行说明；第五部分为测度结果分析，根据得出的统计结果分析荆州市绿色金融与生态效率的耦合协调发展情况；第六部分是进一步分析，分析荆州市耦合协调度的空间联系；第七部分给出本文的主要结论和政策建议。

二、文献综述

首先,国内外学者对于绿色金融的认识早已不是简单的与绿色产业相关的金融工具。何茜(2021)认为绿色金融的内涵正从单一绿色金融工具层面扩展到更广泛意义上的支持可持续发展、提高资源利用率、支持产业结构转型升级的金融生态系统层面。王兴帅、王波(2019)指出绿色金融也可以称作可持续金融,绿色金融的原则以生态保护为前提引导绿色消费理念变革和企业自身环保意识的提高,及资源向绿色发展领域聚集的创新金融模式。杨蕾、寇家豪(2019)实地走访、调研五省(区)绿色金融改革创新试验区,提出政府主导,择址建设绿色金融综合服务中心,通过政府引导各参与方积极参与雄安新区绿色金融发展。总之,广义上绿色金融的概念已经涵盖了对生态保护、绿色产业升级、可持续发展、提升资源利用率的金融行为,并且被认为是可以由政府引导的。

其次,国内外学者探讨了绿色金融与生态效率的协调发展关系。王波、岳思佳(2019)表示绿色金融存在激励保障机制,能够优化产业结构。邵学峰、方天舒(2020)表示产业结构升级需要绿色金融支持,产业结构变化也能促进绿色金融发展。杨晓晟、张欢、杨彦红(2021)指出绿色信贷对绿色产业的发展具有支撑功能,能促进其协调发展。杨军红、陈月生(2019)认为绿色金融创新与产业结构调整不能有效关联,这导致绿色金融创新与经济增长不协调,对经济增长缺乏支撑作用。郭威、曾新欣(2021)基于空间Durbin模型,认为环境规制与绿色信贷之间存在交互作用,其能显著促进工业绿色全要素生产率提升。总体来看,绿色金融与生态效率之间被认为存在较强的相互作用和联系,绿色金融发展能够推动产业结构升级、生态效率提升,生态效率的提升又能倒逼绿色金融发展以及金融业绿色产品种类创新。

最后,国内外学者对于生态效率进行了界定。Schaltegger和Sturm(1990)将生态效率定义为产品价值与其造成的环境影响的比值。随后这一概念被引入我国,对于生态效率可以采用模型法进行测度,其中主要的方法是数据包络分析法（DEA）。成金华（2014）使用超效率DEA模型测度了中国30个省份2000—2011年的生态效率。王宝义和张卫国（2016）使用SBM模型测度了中国农业生态效率。侯孟阳和姚顺波（2018）使用超效率SBM模型测算了中国城市生态效率。刘应元和阳天伦则使用超效率SBM模型测算了我国30个省市自治区（不含西藏、港、澳、台）的生态效率。由此可见，传统的DEA模型测出的效率值存在上限1，无法对决策单位进行有效比较，所以通常在进行生态效率测算时选择超效率SBM模型。

综上所述，诸多国内外学者对绿色金融与生态效率进行了研究，取得了丰富的研究成果。但往往基于国家、省一级的层面进行研究，极少专注于某一城市进行研究，且已有的相关研究往往关注于绿色金融发展对于生态环境、经济增长率、全要素生产率等其他因素的影响，极少关注绿色金融对于生态效率的影响，也忽略了他们之间的相互作用。因此，本文在其他学者研究的基础上，选择荆州市作为研究区域，运用超效率SBM模型对生态效率进行测算，运用耦合模型、引力模型等进行绿色金融与生态效率的时空耦合研究，并对中心城区与各县之间的空间联系进行分析。

三、研究设计

（一）绿色金融与生态效率总体发展水平测度

首先，绿色金融与生态效率指标数据间的存在量纲差异，为了消除系统性误差，需要对数据进行标准化处理（皮建材、宋大强，2019）。在对数据进行标准化处理时可以根据选择正标准化和负标准化。根据式（1）和式（2）分别对正向指标和负向指标的绿色金融数据进行处理，根据式（3）和式（4）分别对正向指标和负向指标的生态效率数据进行处理。X_{gj}^t和X_{ej}^t分别表示绿色金融和生态效率第j项指标在第t年的数值，B_{gj}^t、S_{gj}^t、B_{ej}^t和S_{ej}^t分别表示绿色金融和生态效率第j项指标在样本年份中的最大值和最小值。式（1）至式（4）如下所示。

$$X_{gj}^{t*} = (X_{gj}^t - S_{gj}^t) \div (B_{gj}^t - S_{gj}^t) \tag{1}$$

$$X_{gj}^{t*} = (B_{gj}^t - X_{gj}^t) \div (B_{gj}^t - S_{gj}^t) \tag{2}$$

$$X_{ej}^{t*} = (X_{ej}^t - S_{ej}^t) \div (B_{ej}^t - S_{ej}^t) \tag{3}$$

$$X_{ej}^{t*} = (B_{ej}^t - X_{ej}^t) \div (B_{ej}^t - S_{ej}^t) \tag{4}$$

然后是运用熵值法来确认指标的权重。熵值法是一种常见的客观权重法，被认为能有效避免主观因素带来的测算误差（戢晓峰、谢世坤、陈方，2020），所以本文选择熵值法来确认各指标的权重，具体步骤如式（5）至式（8）所示。

$$P_{gj}^t = X_{gj}^t \div \sum_{t=1}^{n} X_{gj}^t, \quad P_{ej}^t = X_{ej}^t \div \sum_{t=1}^{n} X_{ej}^t \tag{5}$$

$$H_{gj} = \frac{1}{\ln n} \sum_{t=1}^{n} P_{gj}^t \ln P_{gj}^t, \quad H_{ej} = -\frac{1}{\ln n} \sum_{t=1}^{n} P_{ej}^t \ln P_{ej}^t \tag{6}$$

$$a_{gj} = 1 - H_{gj}, \quad a_{ej} = 1 - H_{ej} \tag{7}$$

$$\omega_{gj} = a_{gj} \div \sum_{j=1}^{N} a_{gj}, \quad \omega_{ej} = a_{ej} \div \sum_{j=1}^{N} a_{ej} \tag{8}$$

其中，式（5）中的 P_{gj}^t 和 P_{ej}^t 分别表示绿色金融和生态效率第 j 项指标在样本年份的比重。式（6）中的 H_{mj} 和 H_{ej} 分别为绿色金融和生态效率第 j 项指标的熵值。对于给定的绿色金融或生态效率的第 j 项指标，指标数值变异程度越大，熵值越小，此指标对比较所起的作用则越大。式（7）中的 a_{gj} 和 a_{ej} 分别是绿色金融和生态效率第 j 项指标的差异系数，熵值越小，差异系数越大，即变异程度越大，反之则相反。式（8）中的 ω_{gj} 和 ω_{ej} 分别是绿色金融和生态效率第 j 项指标的权重，差异指数越小，权重也越小，差异指数越大，权重也越大，指标的重要性和其变异程度正相关。

最后，分别由如下的式（9）和式（10）测算出第 t 年绿色金融和生态效率的整体发展水平 X_g^t 和 X_e^t。

$$X_g^t = \sum_{j=1}^{N} \omega_{gj} X_{gj}^{t*}, \sum_{j=1}^{N} \omega_{gj} = 1 \tag{9}$$

$$X_e^t = \sum_{j=1}^{N} \omega_{ej} X_{ej}^{t*}, \sum_{j=1}^{N} \omega_{ej} = 1 \tag{10}$$

其中 X_{gj}^{t*} 和 X_{ej}^{t*} 由式（1）至式（4）给出，ω_{gj} 和 ω_{ej} 由式（5）至式（8）给出。

（二）绿色金融与生态效率互动机制分析

从比较优势理论、金融周期理论出发可廓清绿色金融与生态效率相互影响的微观机制。首先，根据比较优势理论，当一个地区处于经济发展初期阶段时，其要素禀赋优势主要在于资源丰富和劳动成本低，这时主要选择发展资源密集型和劳动密集型产业；随着经济持续发展进入较高水平，地区的资本和技术积累到一定阶段，此时这个地区的要素禀赋优势在于资本充足和技术水平高，这时有限选择发展资本密集型和技术密集型产业。对于绿色金融和生态效率的互动机制，其原理可以用比较优势理论进行解释。当一个地区经济发展水平较低时，产业结构不合理，多集中于高污染、高耗能产业，绿色金融发展受限；而当一个地区生态效率高时，经济发展水平高，拉动产业升级转型为资本密集型和技术密集型产业，推动金融市场资金向绿色产业流动，生态效率与绿色金融协调互动。

其次，基于 Bernanke（1989）提出的金融经济周期理论，金融风险与经济的周期性波动密切相关。在经济发展周期中，新技术或新兴产业部门的出现，会因生产不能满足需求结构的变化使实体经济因结构调整滞后而陷入低谷，并使金融资本的正常运转与流动出现障碍，增加了金融体系的不稳定性。"市场失灵"往往导致产业结构调整慢，现代市场经济国家往往采用一系列的宏观政策对市场进行干预，以"看得见的手"引导银行信贷资金向低耗能、环保的绿色产业聚集，如果绿色金融资金使用效率低，就会导致金融机构的经营风险，一旦这些项目出现经营风险，将影响银行信贷资金的安全和整个银行体系的稳健运行，从而破坏整个社会的生态效率。

综上所述,本文认为绿色金融与生态效率相互影响的微观机制可以总结为三点:第一,绿色金融与生态效率的发展情况遵循比较优势理论,即当一个地区经济发展水平较高时,生态效率高,拉动产业升级转型为低耗能、环保的新兴产业,引导金融资金向绿色产业聚集;第二,基于金融经济周期理论,在经济发展周期中,金融资本运转方向有助于推动生产部门结构的变化,带动地区生态效率的提高;第三,政府发挥"看得见的手"有助于引导金融资本流向,避免"市场失灵"带来的产业结构老化和臃肿,但要审慎使用"看得见的手",以免积压金融机构经营风险,给社会生态效率带来负影响。

(三)超效率SBM模型

生态效率就是指在单位资源投入和环境污染内所能获取的经济效益,使用DEA(数据包络分析)比较合适,而传统的DEA模型测算出的效率值存在上限1,不能对决策单位进行有效比较,因此本文选择超效率SBM模型对生态效率进行测度。超效率SBM模型首先能规避由于选择径向和角度所产生的偏差,其次还能够对有效单元进行评价。超效率SBM模型作如下表示。

$$\begin{cases} \min \rho_e = \dfrac{1 + \dfrac{1}{m}\sum_{i=1}^{m} S_i^- \div a_{ik}}{1 - \dfrac{1}{s}\sum_{r=1}^{s} S_r^+ \div b_{rk}} \\ s.t. \\ \sum_{q=1,q\neq k}^{n} a_{iq}\gamma_q - s_i^- \leq a_{ik} \\ \sum_{q=1,q\neq k}^{n} b_{rk}\gamma_q + s_r^+ \geq b_{rk} \\ \gamma, s^-, s^+ \geq 0 \\ i = 1,2,\cdots\cdots; q = 1,2,\cdots\cdots, n(j \neq k) \end{cases} \quad (11)$$

式(11)中:ρ_e为生态效率值;a和b分别为投入和产出的要素;m和s分别代表投入和产出的个数;k代表生产时期;i和r分别代表投入

和产出的决策单元；和分别代表投入和产出的松弛量；γ 为权重向量。$\rho_e \geq 1$ 时，代表决策单元相对有效；$\rho_e \leq 1$ 时，代表决策单元相对无效，即存在效率损失，可通过期望产出、非期望产出量和优化投入量来改善生态效率。

（四）耦合评价模型

耦合是物理学中的一个概念，指的是两个或两个以上子系统的关联程度。本文借鉴物理学中的概念，将绿色金融发展和城市生态效率之间影响的动态过程定义为耦合，耦合关系分为正向耦合和负向耦合，正向耦合表示两者之间相互促进，即绿色金融发展有利于城市生态效率提升，城市生态效率提升促进区域绿色金融发展；负向耦合表示两者之间相互制衡的关系，即绿色金融发展阻碍城市生态效率提升，城市生态效率提升不利于区域绿色金融发展。具体地，包含绿色金融发展和城市生态效率这两个子系统的耦合度模型可以表示为：

$$C_{ge}^t = 2\sqrt{X_g^t | X_e^t} \div \left(X_g^t + X_e^t\right) \tag{12}$$

其中，C_{ge}^t 为绿色金融与生态效率在第 t 年的耦合度具体数值，从式（12）可以看出，绿色金融与生态效率的耦合度数值位于0—1之间，当绿色金融与生态效率的总体发展水平相当时，耦合度数值达到最大，即绿色金融与生态效率的总体发展水平差距越小，耦合程度就越高。

从下文表4的计算结果和表1的判定标准可知，2010年至2019年间，荆州市中心城区绿色金融与生态效率的耦合度数值有6年处于（0.8, 1.0]的区间范围内，属于高水平耦合阶段，剩余4年处于（0.5, 0.8]的区间范围内，属于磨合阶段。此外，其余县市均存在年份处于（0, 0.3]或（0.3, 0.5]的区间范围内，分别属于低水平耦合阶段和拮抗阶段。中心城区和各县市区2019年的耦合度数值均大于2010年的耦合度数值，这符合比较优势理论的规律，随着经济的持续发展，荆州市的要素禀赋优势从劳动成本逐渐升级为资本和技术水平，此时生态效率拉动产业转型升级，推动金融资金流向绿色产业，绿色金融与生态效率保持较高耦合度。

（五）耦合协调度模型

与耦合的概念并非完全相同，协调一词主要用来描述两个子系统共同构成一个整体时的和谐性和一致性，协调强调的是两个子系统间质的差异。因此，本文通过构建耦合协调度模型来测算绿色金融与生态效率间的耦合协调关系。本文的耦合协调模型如式（12）所示。

$$C_{ge}^{t} = \sqrt{C_{ge}^{t} * T_{ge}^{t}} = \sqrt{C_{ge}^{t} * \left[\partial X_{g}^{t} + (1-\partial) X_{e}^{t}\right]} \tag{13}$$

其中 D_{ge}^{t} 为绿色金融与生态效率在第 t 年的耦合协调度，C_{ge}^{t} 的计算方法见式（12），T_{ge}^{t} 则表示绿色金融与生态效率在第 t 年的协同效应综合评价指数，α 为待定系数。主观确定 α 系数会带来测量偏差。通过熵值法将 α 确定为0.5。式（13）的经济学含义如下：当绿色金融与生态效率的协同效应综合评价指数 T_{ge}^{t} 不变时，如果两指标的耦合度 C_{ge}^{t} 越高，那么两者的耦合协调度 D_{ge}^{t} 也越高。为直观反映绿色金融与生态效率的耦合情况和协调发展情况，本文参照商燕劼等（2020）的做法，对耦合度与耦合协调度进行级别划分（见表1）。

表1　　　　耦合度与耦合协调度的判别标准与划分类型

耦合度C		协调度D	
取值范围	所处阶段	取值范围	所处阶段
0<C≤0.3	低水平耦合阶段	0<C≤0.3	低度协调阶段
0.3<C≤0.5	拮抗阶段	0.3<C≤0.5	中度协调阶段
0.5<C≤0.8	磨合阶段	0.5<C≤0.8	高度协调阶段
0.8<C≤1	高水平耦合阶段	0.8<C≤1	极度协调阶段

四、数据来源与指标体系

（一）数据来源

本研究搜集了荆州市2010—2019年9个县（市、区、含开发区）的绿色金融和生态效率数据。绿色金融方面，选取了2个一级指标和4个二级指标，详见表2所列，其中绿色信贷相关的二级指标数据主要源于《人民银行金融统计数据处理报送系统》和问卷调查，绿色财政相关的二级指标数据主要源于《荆州统计年鉴2011—2020》。生态效率方面，选取了3个一级指标和8个二级指标，详见表3所列，数据均源于《荆州统计年鉴2011—2020》。

（二）指标体系

绿色金融是一个系统、综合的概念，通常综合性地考虑了绿色信贷、绿色债券、绿色保险、绿色财政等多种因素进行评定。目前荆州市仅发行了20公安城投绿色债（2080140.IB）一只绿色债券，也缺乏对环境责任险的相关统计，因此本文以绿色信贷和绿色财政2个维度4个指标构建了绿色金融指标体系，其中绿色贷款投入比使用绿色贷款余额比上总存款余额，绿色贷款占比使用绿色贷款余额比上总贷款余额，节能环保支出占比使用节能环保财政支出比上财政总支出，环境规制使用节能环保财政支出占GDP的比重。详见表2所列。

表2　　　　　　　　　　绿色金融指标体系

目标	一级指标	二级指标	类型
绿色金融	绿色信贷	绿色贷款投入比（%）	+
		绿色贷款占比（%）	+
	绿色财政	节能环保支出占比（%）	+
		环境规制（%）	+

生态效率指的是一个区域内生产的产品和服务带来的资源消耗、环境影响等之间的一种效率关系。因此，本文借鉴刘应元、阳天伦（2021）的研究方法，区域内产生的投入指标选用环境污染和资源投入两类，产生的效益指标选用地区总GDP、林业碳汇、产业结构和城镇化率，其中产业结构定义为$0.4 \times y_2 + 0.6 \times y_3$，$y_2$为第二产业占GDP的比重，$y_3$为第三产业占GDP的比重。详见表3所列。

表3　　　　　　　　　　生态效率指标体系

目标	一级指标	二级指标	类型
生态效率	环境污染	废水排放总量（万吨）	−
		工业烟尘排放量（吨）	−
		工业固废产生量（万吨）	−
	资源投入	供水总量（万吨）	−
		资本存量（亿元）	−
	产出效益	地区GDP总值（亿元）	+
		林业碳汇（万吨）	+
		产业结构（%）	+
		城镇化率（%）	+

五、测度结果分析

（一）生态效率测算

根据比较优势理论，当一个城市生态效率高时，高生态效率会拉动城市产业升级转型，此时金融市场发生变化，资金自发流向绿色产业。为全面把握荆州市绿色金融与生态效率的耦合协调关系，本文对荆州市全市的生态效率使用超效率SBM模型进行测度。测度结果如表4和图1所示。

表4　　　　　　　　　　荆州市生态效率值

年份	分数	排名
2019	1.410 071	1
2018	1.005 638	6
2017	1.044 502	3
2016	1.022 879	4
2015	0.652 181	10
2014	0.678 436	9
2013	1.000 121	8
2012	1.046 818	2
2011	1.004 694	7
2010	1.006 013	5

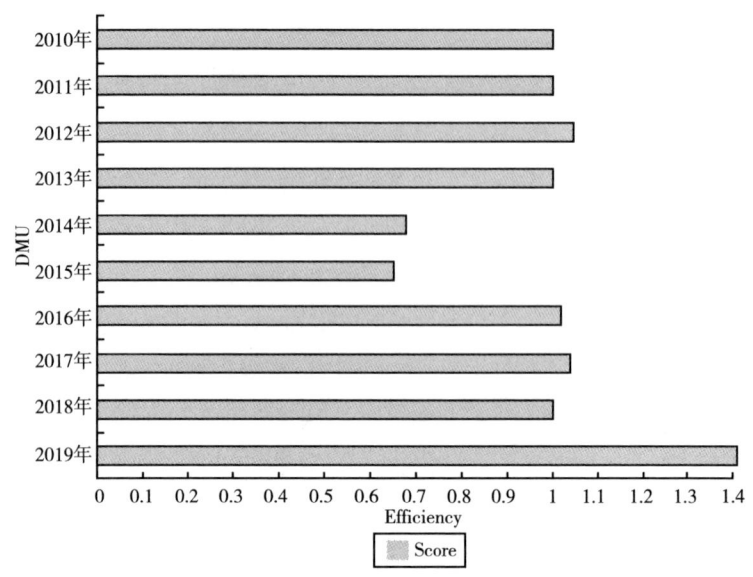

图1 荆州市生态效率值

表4展示了荆州市2010—2019年的生态效率值，其平均值在0.98左右，接近生态效率有效的标准1。10年中有8年超过了1，仅2014年和2015年两年生态效率值低于1，分别为0.678 436和0.652 181。通过观察图1可以发现，近年来荆州市生态效率处于上升趋势，这说明荆州市近10年在平衡发展经济和保护生态环境方面取得了较大的进展，因此我们根据比较优势理论预测荆州市绿色金融与生态效率具有较好的耦合协调关系。

（二）荆州市绿色金融与生态效率耦合协调情况

为全面掌握荆州市绿色金融与生态效率的耦合协调关系，本文分别对绿色金融和生态效率的总体发展水平进行了测度，以此为基础计算了二者之间的耦合协调度，具体结果如表5所示。

表5　荆州市绿色金融与生态效率耦合协调发展情况

年份 指标	$\dfrac{X_g}{X_e}$	耦合度C	协调度D	耦合协调情况
2010	0.57	0.96	0.75	高水平耦合高度协调
2011	0.96	1.00	0.68	高水平耦合高度协调

续表

年份 \ 指标	$\dfrac{X_g}{X_e}$	耦合度 C	协调度 D	耦合协调情况
2012	1.65	0.97	0.62	高水平耦合高度协调
2013	6.39	0.68	0.42	磨合阶段中度协调
2014	5.86	0.71	0.43	磨合阶段中度协调
2015	3.59	0.83	0.50	高水平耦合中度协调
2016	7.89	0.63	0.48	磨合阶段中度协调
2017	4.67	0.76	0.47	磨合阶段中度协调
2018	0.75	0.99	0.77	高水平耦合高度协调
2019	0.59	0.97	0.88	高水平耦合极度协调

注意到，在2012年至2017年间，$X_g \div X_e > 1$，这意味着绿色金融的发展程度超过了生态效率，受"看得见的手"引导，流向绿色产业的资金超过了生态效率发展需求，在2013年至2017年间，绿色金融与生态效率有4年处于耦合磨合阶段，二者耦合协调度为中度协调。由表4可以发现，自2016年起，荆州市生态效率值开始重新超过1，发展经济和保护生态环境得到有效平衡，绿色金融与生态效率二者也逐渐恢复匹配，2018年和2019年两年重新达到高水平耦合阶段，2019年二者的耦合协调度D达到了0.88，这意味着已经处于极度协调阶段。

（三）分地区绿色金融与生态效率耦合协调情况

根据表5注意到2010—2019年荆州市绿色金融与生态效率的耦合协调关系整体成U字形分布，但各县市区的分布情况不尽相同。具体情况如图2和图3所示。中心城区绿色金融与生态效率耦合协调情况与荆州市整体情况基本一致，2011年至2013年均处于高水平耦合阶段，其中2013年达到了高水平耦合阶段极度协调耦合，2014年至2017年有3年处于磨合阶段，2018年和2019年重新恢复到高水平耦合阶段极度协调耦合，整体也形成U字形分布。公安、松滋、石首、监利同样在2018—2019年达到了高水平耦合阶段，但协调程度相较中心城区偏低，这说明以上四个地区的绿色金融与生态效率发展到了相互作用、彼此影响这一阶段，两个子系统在构成整体时和谐性较差、缺乏一致性。江陵县耦合协调关系走势缺乏规律，在2015—2016年达到了高水平耦合阶段极度协调耦合，随后又降至磨合阶段，这与江陵县整体经济规模偏小，绿色金融数据受宏观调控影响大相关。洪湖市耦合度走势和荆州市整体情况基本一致，仅在2016—2018年不处于高水平耦合阶段，但洪湖市整体协调度D值偏低，仅2010年和2019年D值大于0.8，在对洪湖市的具体数据分析后我们发现，洪湖市绿色金融、生态效率整体发展水平X_g、X_e偏低，这说明洪湖市虽然绿色金融与生态效率发展水平接近，但二者发展水平均不够高，绿色金融对生态效率缺乏推动，生态效率水平也不够高，不能引导资金流向。

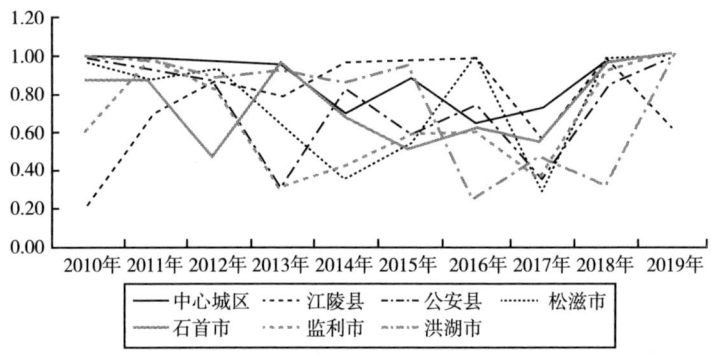

图2　各区县绿色金融与生态效率耦合度C

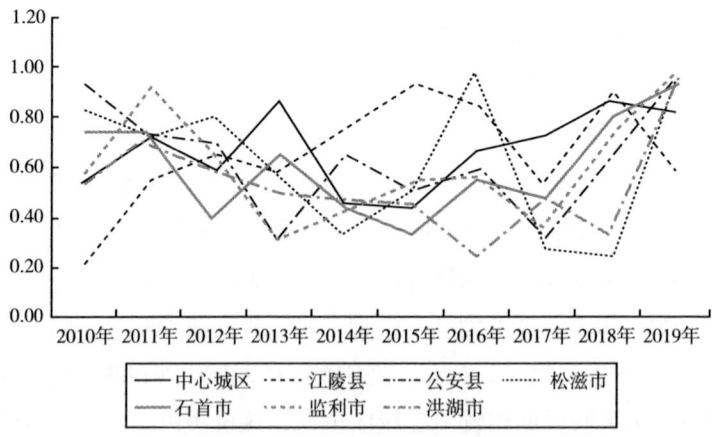

图3　各区县绿色金融与生态效率耦合度D

六、进一步研究

（一）引力模型

荆州市各地区的地势地貌存在差异，交通发达程度也不尽相同，本文使用区域空间联系强度来衡量各县（市、区）的区域耦合协调度相互作用。引力模型如式（14）所示。

$$R_{\mu\sigma} = K \frac{D_{\mu} * D_{\sigma}}{T_{\mu\sigma}^2} \tag{14}$$

其中，$R_{\mu\sigma}$表示为区域μ和区域σ之间的空间联系强度；D_{μ}和D_{σ}分别表示区域μ和区域σ的耦合协调度；$T_{\mu\sigma}$是时间成本距离，通过高德地图获取各区域政府之间的驾驶时间（分钟）衡量；K是引力常数，本文选择1 000。

通过式（14）计算得到荆州市中心城区和6个县（市）共7个区域的区域耦合协调度空间联系强度。根据式（15）将区域耦合协调度空间联系强度汇总即可得到各区域的空间联系势能。

$$R_{\mu} = \sum_{\sigma=1}^{n} R_{\mu\sigma} \tag{15}$$

其中R_{μ}为区域μ与荆州市内其他区域的空间关联耦合协调度总和，即区域μ的空间联系势能。

（二）空间联系分析

根据式（14）和式（15）对2010年、2014年、2017年和2019年荆州市的7个区域耦合协调度的空间联系进行测量，各区域具体空间联系势能见表6。每个区域的空间联系势能可以用来描述该区域在荆州市境内与其他区域的空间联系紧密程度。

由表6可以看出，2010—2019年荆州市各区域空间势能值整体处于上升状态，这表明荆州市内各区域的耦合协调度之间的空间联系随着时间进程变得更加的紧密。从各区域来看，中心城区受制于地理位置，空间联系势能未能处于荆州市境内最高的位置，但整体提升明显，且2010

年、2014年、2017年、2019年始终处于上升的状态，这表明中心城区在全市境内的绿色金融和生态效率中心枢纽作用持续提升，与其他区域间的关系越发紧密。江陵县、公安县和石首市的空间联系势能持续上升且始终处于比较高的位置，这一方面说明了以上三个县（市）绿色金融与生态效率发展速率持续提升，绿色金融与生态效率之间的耦合关系越发协调，另一方面也表明了以上三个县（市）相对其他区域的交通优势。松滋市、监利市和洪湖市2019年的空间联系势能相对2010年有提升，但提升幅度有限，整体仍处于较低的数值范围内，这与以上三个县（市）相对偏安一隅，交通通勤时间久有关，值得注意的是洪湖市2019年的空间联系势能仍然只有0.25，除了相对偏僻的地理位置外，相对其他区域较低的生态效率值和协调度D值也是空间联系势能偏低的原因，洪湖市生态效率水平不够高，对资金向绿色产业的引导力度不够大。

表6　　　　　　　　荆州市各区域空间联系势能

地区	2010年 势能	2014年 势能	2017年 势能	2019年 势能
中心城区	0.42	0.43	0.61	0.79
江陵县	0.25	0.91	1.50	1.44
公安县	0.60	0.45	0.62	0.99
松滋市	0.37	0.17	0.13	0.56
石首市	0.40	0.28	0.61	0.75
监利市	0.25	0.16	0.40	0.57
洪湖市	0.17	0.08	0.11	0.25

荆州市绿色金融与生态效率的协调发展，不能只关注于提升其中一项的水平，要让二者处于一个平衡阶段，共同发展，耦合协调，以引导绿色金融资金流向推动生态效率提高，以生态效率的提升带动产业结构升级，倒吸资金。除此以外，荆州市内交通发展仍具备提升空间，除本文在引力模型中选用驾驶时间外，铁路等公共交通也是提升各区域空间联系势能的选择，要以缩短交通通勤时间，带动荆州市内各区域空间联系势能共同提升，既要加强中心城区的绿色经济枢纽作用，也要推动松

滋市、监利市、洪湖市等区域空间联系势能提升，以此加强荆州市内各区域绿色经济的协调性。

七、结论与建议

本文结合超效率SBM模型、耦合模型、引力模型对荆州市中心城区以及各县（市）绿色金融以及生态效率之间的耦合协调度进行研究，并对各区域绿色金融和生态效率的耦合协调空间联系进行分析，探索了各区域这两因素的耦合协调性以及空间联系分布特点，得出了以下结论：

第一，荆州市的生态效率值整体处于U字型上升趋势，近年来荆州市生态效率持续上升，荆州市近10年在平衡发展经济和保护生态环境方面取得了较大的进展。在2012年至2017年间，绿色金融的发展程度超过了生态效率，受绿色金融的引导带动作用，荆州市生态效率值在2016年开始超过1，并且持续上升，在生态效率值持续增长后，发展经济和保护生态环境也得到平衡，荆州市的绿色金融与生态效率在2018年和2019年两年重新达到高水平耦合阶段，并于2019年达到极度协调阶段。这说明绿色金融能影响生态效率的发展，政府部门可以发挥"看得见的手"的引导作用，通过引导资金流向，带动产业结构更新升级，推动地方经济与生态环境保护达到共同发展。

第二，关于绿色金融与生态效率的耦合协调情况，荆州市各区域不尽相同，中心城区耦合协调更好，与荆州市整体走势相近，公安县、松滋市、石首市、监利市协调程度较差，这四个地区二者能够相互影响，但整体协调性不足，江陵县整体受宏观影响大，洪湖市二者耦合水平高，但二者整体发展水平低，绿色金融带动的资金额度低，生态效率水平差，难以引导资金流向。

第三，松滋市、洪湖市等地受低生态效率影响，绿色金融与生态效率耦合协调效果不佳，这与当地化工企业占比较高的产业结构有关。一是影响生态效率，对绿色金融资金流向产生限制性；二是受长江大保护影响，2025年之前，沿江15千米范围内化工企业都要关改搬转，地方经济转型发展处于阵痛期；三是荆州市内化工企业多是产业链中的上游企业，与磷酸铁锂电池、新能源汽车等中下游产业相比，污染大、效益低。

第四，荆州市内各县（市）绿色金融与生态效率的耦合协调情况与中心城区存在差异性，县域绿色金融资金额度偏少，荆州市内各县市存贷比低、增长慢、行际不均。一是经济发展不足导致的内生动力不足，影响了对绿色资金的需求；二是荆州市内各金融机构的金融服务能力有限，绩效考核指标落后，限制了绿色信贷资金的投放；三是各县市外部环境缺乏对绿色信贷的风险分担机制，加剧了绿色企业融资困难性。

第五，中心城区受制于地理位置，空间联系势能有限，但整体上升明显，江陵县、公安县和石首市因地理位置居中，空间联系势能较高，松滋市、监利市和洪湖市受制于地理位置，空间联系势能较低。荆州市空间联系势能整体提升明显，这与绿色金融近年来引导资金力度上升，生态效率水平提高有关，但荆州市内交通发展仍具备提升空间。

在以上结论的基础上，本文提出了以下建议：

（1）荆州市各县（市、区）因根据自身情况，因地制宜地制定政策，政府可发挥"看得见的手"的引导作用，一方面是可以引导信贷资金，调整节能环保支出额度，进而调整绿色金融支持力度；另一方面是可以通过调整脱碳减排政策平衡地方经济与生态环境，进而提高生态效率值，倒逼产业更新吸引资金。

（2）对于中心城区等耦合协调度较高的地区，根据金融经济周期理论，应加强宏观政策干预，引导银行信贷资金向低耗能、环保的绿色产业聚集，推动绿色经济进一步发展；对于二者耦合协调程度较差地区，比如松滋市、洪湖市等地，原因系该地区生态值偏低，根据比较优势理论，该地区资本密集型和技术密集型产业缺乏禀赋优势，化工企业占比高，产业结构不合理，绿色金融发展受限，应在发展经济时及时调整产业结构，对沿江化工企业及时关改搬转，走绿色可持续发展的脱碳减排道路，以绿色产业带动绿色金融。

（3）荆州市绿色金融与生态效率的发展应共同推进，协调耦合。另外，荆州市内交通仍具备提升空间，应加强高速公路，铁路等公共交通建设,以此提升荆州市内各区域空间联系势能,加强中心城区的绿色经济枢纽作用,推动县域地区空间联系势能提升,以此加强荆州市内各区域绿色经济协调性。

(4) 银行等金融机构应加强对绿色金融信贷产品的创新和宣传。要广泛宣传推介创新产品的准入条件、申报资料以及用途、期限、利率等政策,加强对绿色企业发展规划、产品销售、财务管理等方面的辅导,规范财务管理,提高经营管理水平,帮助企业逐渐满足准入条件,深化信用培植和辅导,提高绿色信贷可获得性。

(5) 人民银行应加强对碳减排支持工具的利用。以稳步有序、精准直达方式,支持清洁能源、节能环保、碳减排技术等重点领域的发展,撬动更多社会资金促进碳减排。发挥政策示范效应,引导金融机构和企业更充分地认识绿色转型的重要意义,鼓励社会资金更多投向绿色低碳领域,向企业和公众倡导绿色生产生活方式、循环经济等理念,助力实现碳达峰、碳中和目标。

(6) 荆州市内水资源和湿地资源丰富,仅石首就有湖北长江天鹅洲白鳍豚国家级自然保护区和石首麋鹿自然保护区两大国家级自然保护区,野生动植物品种繁多,具有重要的科研、文化、生态及旅游价值。要提高生态效率,除金融支持外:一要制定生态保护制度,与专业咨询公司合作编制总体发展规划,建成国际一流的生态保护区;二要加强宣传引导,增强群众生态环境保护意识,倡导绿色健康生活方式,号召群众严守环境保护法律法规,自觉践行绿色环保生活理念,保护生态环境,共筑绿色未来。

参考文献

[1] 皮建才,宋大强.中国制造业与房地产业协调发展的测度与判断[J].金融研究,2021(09):72-90.

[2] 郭威,曾新欣.绿色信贷提升工业绿色全要素生产率了吗?——基于空间Durbin模型的实证研究[J].经济问题,2021(08):44-55.

DOI：10.16011/j.cnki.jjwt.2021.08.006.

［3］杨晓晟，张欢，杨彦红.甘肃省绿色信贷结构失衡：现状、原因及发展建议［J］.甘肃金融，2021（07）：54-56.

［4］刘应元，阳天伦.科技金融发展对区域生态效率的影响——基于省级面板数据的空间计量分析［J］.武汉金融，2021（05）：74-81+28.

［5］邵学峰，方天舒.区域绿色金融与产业结构的耦合协调度分析——基于新制度经济学的视角［J］.工业技术经济，2021，40（01）：120-127.

［6］何茜.绿色金融的起源、发展和全球实践［J］.西南大学学报（社会科学版），2021，47（01）：83-94+226.DOI：10.13718/j.cnki.xdsk.2021.01.008.

［7］王波，岳思佳.我国绿色金融激励约束保障机制研究［J］.西南金融，2020（10）：79-87.

［8］戢晓峰，谢世坤，陈方.旅游业—城市化—经济—交通复合系统的耦合协同演化机制——以云南省为例［J］.旅游研究，2020，12（01）：1-18.

［9］杨蕾，寇家豪.雄安新区绿色金融发展路径探索——基于五省（区）绿色金融改革创新试验区经验借鉴［J］.会计之友，2019（21）：145-151.

［10］杨军红，陈月生.福建省绿色金融创新与经济增长耦合协调发展实证分析［J］.福建师大福清分校学报，2019（04）：20-27+57.

［11］王兴帅，王波.绿色金融发展创新：韩国实践经验与启示［J］.生态经济，2019，35（05）：82-87.

［12］侯孟阳，姚顺波.中国城市生态效率测定及其时空动态演变［J］.中国人口·资源与环境，2018，28（03）：13-21.

［13］成金华，孙琼，郭明晶，徐文赟.中国生态效率的区域差异及动态演化研究［J］.中国人口·资源与环境，2014，24（01）：47-54.

［14］Ben Bernanke，Martin Parkinson. Unemployment, Inflation,

and Wages in the American Depression: Are There Lessons for Europe? [J]. The American Economic Review, 1989, 79 (02).

[15] Schaltegger, S., A. Sturm.Environmental Rationality [M]. Die Unternehmung, 1990, 44: 273-290.

课题主持人：胡赵华
课题组成员：李　慧　徐子昂
执　笔　人：徐子昂

差异化货币政策能促进区域协调发展吗?
——基于双重差分方法

中国人民银行黄冈中心支行课题组

摘要： 区域协调发展战略对结构性货币政策提出了更高的要求。同时，区域经济结构的差异性要求宏观调控框架也应有结构性。近年来，我国货币政策更加重视在统一的前提下体现差异性，然而鲜有看到对差异化货币政策实施效果进行定量研究。本文通过双重差分方法，将疫情后差异化货币政策对湖北省与湖南、江西省的效力进行实证分析。研究发现，随着时间的推移，差别化货币政策在促进地区经济协调发展方面的效力不断增强，货币政策支持力度更大的地区经济复苏得更快。

关键词： 差异化货币政策；区域协调发展；双重差分方法

一、引言

（一）问题的提出

改革开放初期实施的区域经济非均衡发展战略使得区域经济差异越来越大。20世纪90年代以来，中央先后多次提出区域经济协调发展战略，强调从多方面努力缩小地区发展差距。党的十九大正式提出区域协调发展战略，并将其纳入国家七大战略之中，意味着我国进入了实施区域协调发展战略的新阶段。货币政策如何发力支持区域协调发展，成为社会广为关注的重点课题。由于货币政策运行的中微观基础，如经济水平、产业结构、金融结构等存在地域差异，统一货币政策在各地区经济效应存在非对称问题，进一步强化了区域非均衡增长的格局。近年来，我国货币政策区域调控在坚持统一性的大前提下更加体现了差异性、针对性，实施货币政策的区域差异化操作，以提高货币政策有效性，促进区域协调发展。

党的十九届五中全会提出"建设现代中央银行制度，完善货币供应调控机制"。区域货币供应调控机制是多层次、广覆盖、可持续的全国货币供应调控机制重要组成部分，其调控是否有效不仅直接关系到区域金融高质量发展，还直接关系到区域协调发展战略实施效果。基于区域经济发展非同质的考虑，在全国统一货币政策框架下实行差异化区域货币政策调节，强化对欠发达地区金融支持，对于促进区域协调发展战略的实现具有重要的现实意义。

（二）文献综述

国外大量学者研究表明，货币政策区域效应广泛存在于主要经济体中。但不同学者对引起货币政策差异化区域效应的原因看法不一致。Carlino和DeFina（1998、1999）、Beckworth（2010）指出利率渠道是导致美国货币政策存在区域效应的主要原因。Owyang和Wall（2004）提出了不同意见，他们认为利率渠道和信贷渠道都能在一定程度上解释美国货币政策区域效应。Weber（2004）发现汇率传导渠道是澳大利亚货币政策区域效应的原因。Arnold（2002）、Huchet（2003）指出欧盟各国产业结构差异是货币政策区域效应的一个主要原因。Dow等（2007）认为信贷水平差异导致了英国货币政策区域效应。

我国学者也围绕货币政策区域效应开展了大量研究，主要集中在三类：一个是货币政策区域效应非对称研究；另一个是分析货币政策区域差异性的原因；还有一个是对差异化货币政策的选择上进行探讨。

关于货币政策效应区域非对称研究方面，柯冬梅（2001）、马根发（2005）、宋旺和钟正生（2006）等从最优货币区理论分析了我国并不满足统一货币政策实施条件。李文乐（2021）采用动态系统GMM法探究利率市场化的区域差异效应，发现我国货币政策存在区域差异效应。

关于货币政策差异化区域效应的原因，不少学者进行了深入研究。朱芳和吴金福（2014）认为信贷和汇率传导差异是货币政策区域效应的主要原因，杨浩（2009）认为汇率渠道是主要原因，宋旺和钟正生（2006）、陆虹（2013）、马丽圆（2018）等则认为主要在于信贷和利率传导渠道，汇率渠道的作用并不显著。李文韬（2021）研究发现，货币政策存在区域非对称效应，而且不同的政策传导变量对不同经济变量的影响不同。信贷和利率渠道的影响方向相同，但幅度不同；汇率渠道对GDP和物价的影响方面和幅度均存在差异。

关于差异化货币政策的选择，学者们进行了探讨。孙天琦（2004）指出市场价格型货币政策工具不可区域差别化，但非市场型的价格工具、数量型工具、定性的工具应结合区域实际探索区域差别化。田雨（2005）论述了我国区域金融资金供求和货币乘数的双重差异，并参考巴罗——戈登模型建立统一货币政策模型以及局部可以调整的政策模型，通过对比发现，为促进社会福利的最大化，人民银行有必要在不统一货币政策的前提下，实行区域差异化操作。闫达文、杨梅春、迟国泰（2018）指出与大银行相比，差异化政策对缓解小银行的流动性压力和提高盈利水平更有利，而对资本充足状况不利。李文乐（2021）指出，信贷规模管理工具对中西部地区的效果较好，利率工具对东部地区的影响效果更好。

从以上文献可以看出，我国关于差异化货币政策研究不断丰富，但针对差异化区域货币政策的实施效果却鲜有定量研究。随着区域协调发展战略的提出，差异化货币政策与地区整个宏观经济的协调发展显得尤为重要，因此，有必要研究差异化区域货币政策及其实施效果。

二、区域货币政策调控的理论基础和现实分析

（一）最优货币区理论及检验

1. 最优货币区理论

最优货币区理论为差异化货币信贷政策及促进区域经济协调发展提供了一个较好的理论基础。1961年，诺贝尔奖得主美国经济学家罗伯特·蒙代尔发表《最优货币区理论》。在该文中，蒙代尔提出最优货币

区，并将要素充分流动作为最优货币区的认定标准。他认为生产要素在最优货币区内成员间是完全可以自由流动的，而在货币区与货币区外的流动存在障碍。按照该理论，生产要素完全自发的流动，特别是劳动力的自由流动，可以有效调节最优货币区内的经济结构失衡，因此在最优货币区内部，货币政策区域效应将不存在。最优货币区既可能大于国界范围，是由不同国家或地区组成的货币联盟区域，也可以在一国国界之内。为实现整个区域的帕累托最优，应在最优货币区内实行统一的共同货币或者固定汇率制度以及统一的货币政策。反过来说，货币政策一致性的前提是经济体具备同质性，否则无法实现效益最大化。

继最优货币区理论提出后，经济学家们不断丰富最优货币区的判断标准。麦金农（R. I. Mckinnon）于1963年提出经济开放度标准，即一国生产或消费中贸易产品占全社会总产品的比重；凯南（P. B. Kenen）于1969年提出产品多样化标准，即以各国生产的多样化程度作为最优货币区的标准；还有英格拉姆（J. C. Ingram）于1969年从资本账户角度，指出金融一体化标准等。

2.对我国单一货币区的实证检验

一般来说，我国划分为三大经济地带。东部地区包括北京、天津、山东、江苏、上海、浙江、广东、广西、福建等12个省、市、区；中部地区包括湖北、湖南、山西、河南、安徽、内蒙古、黑龙江、江西、吉林9个省、区；西部地区包括新疆、青海、西藏、甘肃、重庆、宁夏、四川、云南、贵州等10个省、市、区。接下来，本文对照最优货币区的检验标准来评估我国目前是否满足实施统一货币政策的条件。

一是生产要素流动性程度。生产要素主要包括劳动和资本。东部地区经济相对发达，是生产要素的净流入地区，但流动也并非是完全自由的。尽管我国劳动力流动性较以前明显增强，但是风俗习惯、户籍管理、工资黏性、生活成本、政府保护行为等诸多因素制约了劳动力的自由异地流动，更多的劳动力选择留在本地务工，整体来看流动性劳动力在全国人口中占比较低。近几年来东南沿海地区出现了较大面积的"民工荒"和中西部地区又存在着部分劳动力富余的鲜明对比就充分说明了这个问题。资本作为生产要素跨地区流动的主体，其流动也是受到管制、不是自由流动的。由于2018年起统计局不再公布固定资产投资总额，通过对比2013—2017年东部、中部、西部固定资产累积投资情况，发现三大经济地带中资本分布是不均衡的。5年间，东部、中部、西部固定资产累计投资分别为128.06万亿、86.96万亿、53.86万亿，在全国累积总投资中占比分别为47.63%、32.34%、20.03%。东部、中部、西部三个经济地带中，国有投资占比分别为20.14%、23.78%、39.12%（见表1）。

表1　　　　　我国三大经济地带资本分布情况

经济地带	固定资产投资占比		国有投资比重		人均投资	
	2017年	2013年	2017年	2013年	2017年	2013年
东部	46.64%	49.26%	16.98%	38.42%	4.53	3.41
中部	32.15%	31.95%	21.10%	31.90%	4.50	3.07
西部	21.20%	18.79%	37.29%	29.69%	4.36	2.73

二是经济开放程度。以外贸依存度（进出口总额÷GDP）这一指标来衡量经济开放程度。2020年，东部、中部、西部进出口总额分别为3.86万亿美元、0.44万亿美元、0.34万亿美元，占全国进出口总规模比重分别为56.6%、26.24%、17.16%；全国外贸依存度为31.72%，其中，东部、中部、西部外贸依存度分别为46.57%、11.55%、13.58%。东部地区的进出口总额超过了中西部地区之和，东部地区外贸依存度超出中西部两倍之多，反映了三大地区经济开放度的差异性（见表2）。

表2　　　　2020年我国三大经济地带经济开放情况

经济地带	进出口占全国比重	外贸依存度	第一产业占GDP比重	第二产业占GDP比重	第三产业占GDP比重
全国	—	31.72%	7.68%	37.98%	54.34%
东部	56.60%	46.57%	5.38%	37.52%	57.10%
中部	26.24%	11.55%	10.21%	39.51%	50.28%
西部	17.16%	13.58%	11.38%	37.16%	51.47%

三是产品多样化程度。本文用地区一二三产业占比进行衡量。近年来,尽管三大经济地带均加快产业结构调整,产业结构都呈现出"三二一"的特征,第三产业占比过半,第一产业占比不到八分之一。但横向来看,东部地区的第三产业较中西部地区更为发达,区域产业结构的不平衡性必然影响到区域产品多样化程度,因此我国尚不符合产品多样化标准。

四是金融一体化程度。金融一体化主要指区域间金融组织结构、金融市场结构、金融机构种类、经济货币化程度及金融资产分布等方面表现出趋同特征。对应于实体经济的区域差异,不同经济地带对金融机构的布局、金融资源的吸纳能力等都呈明显的区域不平衡状态。如表3所示,我国金融资产区域分布极其不平衡,主要集中于东部地区。2020年末,东部地区存、贷款余额、资产总额分别占全国的63.8%、60.73%、64.05%;东部地区金融市场化程度为3.04,远高于中西部地区。

表3 2020年末我国三大经济地带金融发展情况

	各项存款占比	各项贷款占比	营业网点数占比	从业人数占比	金融机构资产总额占比	金融深化率	贷存比
东部	63.80%	60.73%	46.87%	52.81%	64.05%	3.04	0.76
中部	21.05%	22.15%	31.92%	28.91%	20.51%	2.10	0.84
西部	15.15%	17.12%	21.21%	18.28%	15.43%	2.42	0.91

启示一:目前我国离"最优货币区"标准还有相当大的差距。除了生产要素流动受到一定管制,经济开放、产品多样化、金融一体化等方面都存在异质性。

(二)区域货币政策乘数理论

货币政策效应可以分为内部效应和外部效应。内部效应指通过内部传导机制,基础货币扩张为货币供应量;外部效应指通过外部传导机制,货币供应量对总需求产生影响,从而实现调控目标。相应的,本文将货币政策乘数分解为货币乘数和货币效应乘数两部分。货币乘数m是货币供给总量与基础货币的倍数关系的一种系数,货币供应量M=基础

货币 B × 货币乘数 m；货币效应乘数 λ 是货币供给量变化对国民收入影响的一种系数，货币政策效应 Y=货币供应量 M × 货币效应乘数 λ。从而，货币政策效应 Y=货币供应量 M × 货币效应乘数 λ=基础货币 B × 货币乘数 m × 货币效应乘数 λ。当区域货币乘数 m 和区域货币效应乘数 λ 存在差异时，统一的货币政策对区域经济的最终影响效果就可能存在显著的差异。

1. 区域货币乘数 m

Moore、Karaska 和 Hill（1983）指出，全国货币乘数与区域货币乘数并不相同，由于各区域经济状况不同，统一的货币政策在各区域产生的效果不一致。假定银行只保留法定准备金而将超额准备金全部贷出的情况下，全国货币乘数可以表示为 $m=(1+k)\div(r+k)$（其中：r 为法定储备率，k 为通货存款比率，即现金漏损率，不考虑超额准备金）。但是在区域经济中，必须考虑本地区资金漏出效应：一个是当地银行将吸收的存款资金外流，存贷比低的区域都存在大量资金流出本区域，进而成为外区域原始存款增加额；另一个是当地经济主体将贷款资金用于外地投资或者消费，从而使本地区资金减少。考虑现金漏损因素，以 i 表示当地银行把活期存款投资于本地外的比例或向外地借入资金投资于本地的比例，h 表示本地私人经济部门将贷款资金用于外区域的比例，根据 Moore 等人的研究成果，区域货币乘数可表示为：

$$m_a = \frac{1+k_a}{1-(1-r)(1-i_a)(1-h_a)+k_a}$$

（其中，m、k、i、h 的下标 a 表示区域变量）。

如公式，区域货币乘数 m_a 中包含的变量有 k_a，r，i_a，h_a，受当地居民支付、消费和投资习惯等不同，k_a、i_a、h_a 三大变量存在地域差异。一般来说，中西部金融发展水平较低，公众对现金偏好较强，以现金方式持有资产的比重较东部大，现金漏损率较高，加上产业基础薄弱，资金收益率不及发达地区，银行和私人经济部门在当地投资信心不足，选择把资金用于其他地区，导致资金外流效应明显，从而使中西部货币乘数中 k_a、i_a、h_a 数值都偏高。综合因素下，中西部地区货币乘数效应小于东部地区。这意味着在中央银行要求实行统一的法定存款准备金比率的前提下和人民银行基础货币实行总量控制的条件下，结合商业银行和社会公众的行为，由于中西部地区货币乘数小于东部地区，最终实际支持于中西部地区发展的资金要低于东部地区。

2. 区域货币效应乘数 λ

区域货币效应乘数指货币供应量的变化对区域产出的影响。在不考虑政府和对外贸易的二部门经济中，假设只有地区 A 和地区 B，仅仅考虑货币政策对消费和投资的影响，参考王丹（2011）对区域货币政策乘数的推导，区域货币效应乘数公式可表示为：

$$\lambda_a = \frac{\dfrac{d_a}{\beta_a + \alpha_a - 1}}{\dfrac{k_a d_a}{\beta_a + \alpha_a - 1} + \dfrac{k_b d_b}{\beta_b + \alpha_b - 1} - h_a - h_b}$$

（β 为消费对收入的反应系数，α、d 分别为投资对收入与利率的反应系数，k、h 分别为货币偏好对收入与利率的反应系数，α、β、k、d 的下标 a 表示区域变量）。

如公式，区域货币乘数 m_a 中包含的变量有 α、d、β、k、h。区域货币效应乘数不仅取决于当地的反应系数，还取决于其他地区的反应系数。但两区域货币效应乘数的分母是一样的，不同的是分子，即 α、d、β。从公式来看，区域边际消费倾向、投资的收入弹数和利率弹数决定了区域间货币效应乘数。耿修林（2017）、王丹（2011）等研究表明，收入越高的地区投资支出的收入弹性和边际消费倾向越低。由于区域货币效应函数与投资的收入弹数和边际消费倾向成反比，收入越高的地区货币政策乘数越高。这也意味着东部地区的货币效应乘数大于中西部地区的货币效应乘数。

两大乘数综合作用下，中西部地区的货币政策乘数要明显低于东部地区货币政策乘数。具体作用机制为：当国家实现统一货币政策的时候，由于地区现金漏损率、资金漏出效应的共同作用，中西部地区的货币乘数小于东部地区的货币乘数，导致实际用于中西部地区发展的资金要低于东部地区；接着，在地区投资的收入弹数和边际消费倾向的影响下，中西部地区货币效应乘数小于中东部地区，进而引起中西部的经济产出低于东部地区。

启示二：区域货币政策乘数存在异质性。当实现统一货币政策时，在区域货币乘数和区域货币效应乘数的共同作用下，中西部的经济产出低于东部地区。

（三）货币政策区域效应差异化的现实分析

1. 统一货币政策对区域经济增长存在差别化效应

我国幅员辽阔，长期以来区域间不平衡的发展导致东西部地区在区域经济、产业结构、市场化程度等方面存在明显差距，加上商业银行国有偏好信贷行为、企业所有制结构等微观差异的共同作用，统一货币政策的区域产出效应存在明显不同。

2. 不同类型的货币政策工具可能强化货币政策区域差异效应

主要表现为价格型货币政策工具对东部地区的影响效果较为明显，数量型货币政策工具对中、西部地区的作用比较显著。分析如下：经济水平领先的东部地区拥有规模庞大的民间借贷市场，金融市场体系较完善，民营经济发达，这些特征导致东部地区对利率政策反应更为敏锐。当国家实现统一的利率政策时，东部地区通过市场化机制将利率信号自主地从上而下传达，促使货币政策利率渠道较为通畅；中、西部地区因市场化程度较低，对价格型货币政策反应速度较迟缓，价格型货币政策调控作用有限。而当国家实施信贷供给时，国有经济占比更重的中西部地区依靠国有经济渠道能较好地实现调控效果，相对而言，东部地区活跃的民间借贷市场对正规金融具有较强的替代性，央行货币供给对当地微观主体信贷行为影响有限，导致货币政策信贷渠道调控效果明显弱化。

3. 统一货币政策甚至可能为发展不同步的地区带来负面效应

理论上，央行基于整体、全局考虑，通过对全国经济状况、价格走势、风险状况等指标分析后进行统一的货币政策调控。事实上，由于东部地区相对发达，各项经济指标通常领先于其他地区，在全国国民经济体系中占有的份额也大，其经济景气状况在较大程度上决定了我国总体宏观经济的景气状况。因而，当央行基于全国经济景气状况制定的货币政策，从某种意义上来说更加契合东部区经济情况，对于发展相对滞后的中西部地区调控效果有限，甚至会带来一定的冲击和负面影响。假设东部地区处于"过热"状态，中西部地区发展状态为"正常"或者"偏冷"，由于东部地区经济权重较大，可能造成全国经济呈现出"偏热"的状态。如果此时央行实施统一的、紧缩性货币政策，尽管有效纠正了东部地区过热的经济状态，但同时可能使中西部地区经济步入衰退期，而且进一步加大东、中、西部经济发展差距，不利于全国均衡发展。

三、差异化货币政策选择与实践

（一）差异化货币政策的发展情况

我国央行从1999年开始实行跨省管理的大区行制度，并建立了"总行——分行——中心支行——支行"的四级中央银行组织体系。这样的组织体系为贯彻和实施货币政策区域操作化创造了条件。同时，不断丰富的货币政策工具使区域差异化货币政策成为可能。人民银行的货币政策工具主要包括：存款准备金率、再贷款利率、再贴现利率、公开市场操作、信贷政策等。央行在制定和实施货币政策时，更加注重在统一的货币政策前提下，进行适当的区域调整，寻找适应地区发展的货币工具组合，实现区域货币政策的区别对待。

1. 再贷款和再贴现

中国人民银行于2014年初调整再贷款分类，设立信贷政策支持再贷款类别，包括支农再贷款和新设的支小再贷款，并创设抵押补充贷款（PSL），主要发挥促进信贷结构调整的作用，支持金融机构扩大对"三农"、小微企业和棚改等国民经济重点领域和薄弱环节的信贷投放。在后期的发展中，人民银行根据发展需求，不断创新再贷款再贴现工具。如抗疫再贷款、复工复产再贷款、碳减排支持工具等。

2. 差别化存款准备金

从2004年4月25日起实施差别存款准备金率制度。实施差别化存款准备金比率的对象是满足一定条件的金融机构。2019年5月6日，人民银行宣布构建"三档两优"准备金率新框架，即金融机构存款准备金率分为高、中、低三个基准档，并在此基础上实行两项优惠政策。"三档两优"准备金制度是"数量型政策工具"的创新。

3. 货币政策与财政政策、产业政策的协调

货币政策在保持总量控制的基础上更加注重结构性调整。通过贷款贴息、调整门槛准入、授信额度、风险溢价等多种手段，配合国家产业政策、地区经济发展目标、发展战略，引导信贷资金投向国家、地方层面鼓励发展和扶持的产业，精准支持相关经济主体，进而促进经济结构调整和区域经济协调发展。

4. 差异化信贷政策

信贷政策和货币政策相辅相成，相互促进。货币政策主要着眼于调控货币供应量和信贷总规模，而信贷政策主要侧重于解决经济结构问题。既包括鼓励类的信贷政策，如科技金融、绿色金融等，也包括限制类的信贷政策，如房地产集中度政策、高耗能产业信贷政策等。同时，人民银行督促金融机构结合东部、中部、西部地区产业结构和市场经济发展的实际情况，在贷款权限和范围上进行适当调整，在组织架构布局上更契合地方经济特点，在信贷资源配置上对不同地区给予不同的倾斜，制定不同的考核标准，结合当地的产业结构、发展战略开发出更多特色信贷产品。

（二）疫情以来差异化货币政策实践

2020年新春伊始新冠疫情来势汹汹，对全国经济社会发展造成了较大冲击。特别是作为重灾区的湖北，投资、消费、进出口等全面放缓。2020年第一季度，湖北省地区生产总值为6 379.35亿元，按可比价格计算，比上年同期下降39.2%。其中，一产、二产、三产同比分别下降25.3%、48.2%、33.3%。为有效减缓疫情带来的负面影响，在党中央、国务院的正确领导下，中国人民银行加强逆周期政策调控，创新货币政策工具，及时出台了统筹抗疫和经济社会发展各项政策、中央定向支持湖北发展一揽子定向扶持政策、全国性金融机构金融资源配置不断向湖北倾斜等,共同助力湖北疫情防控和企业复工复产(见表4)。

1. 总行层面

一是开设支付清算绿色通道,确保财政、应急处置专项资金及时划拨到账;加强金融系统重要基础设施安全稳定运行。二是利用再贷款、再贴现工具。2020年1月31日,人民银行设立3 000亿元疫情防控专项再贷款,实施优惠贷款利率,以加强对重要医用、生活物资企业的金融支持。2月26日,人民银行新增再贷款再贴现额度5 000亿元,为企业提供低成本、普惠性的资金支持,解决企业面临的债务偿还、资金周转和扩大融资等迫切需求。4月17日,人民银行再次新增再贷款再贴现额度1万亿元,以优惠利率向中小微企业提供贷款,扩大对涉农、外贸和受疫情影响较严重产业的信贷投放,资金支持力度更大、覆盖面更广、普惠性更强。2021年9月,再新增3 000亿元支小再贷款额度,支持地方法人银行向小微企业和个体工商户发放贷款。三是创设两项直达货币政策工具。为强化稳企业保就业支持政策,缓解企业年内还本付息资金压力,人民银行在3月1日宣布,对2020年1月25日以来到期的中小微企业实施阶段性还本付息安排,并在6月1日宣布将政策适用范围扩大至12月31日前到期的中小微企业,同时出台普惠小微贷款延期支持工具,激励地方法人银行执行延期政策;为提高中小银行机构信用贷款占比,解决小微企业、个体工商户缺乏抵押担保的痛点,全力做好保市场主体工作,人民银行运用再贷款资金,支持银行业机构提高发放普惠小微信用贷款的比例,帮助小微市场主体渡过难关。四是下调存款准备金。2020年以来,央行四次下调金融机构存款准备金率,并下调超额存款准备金利率。其中,两次为定向降准。

2. 地方层面

人民银行武汉分行建立起与统筹推进疫情防控和复工复产相适应的金融运行体系,不仅用好用足政策性信贷资金,还适时出台新的政策措施,指导在鄂金融机构争取更多定向支持。一是健全中小微企业金融服务激励帮扶机制。大力推进"企业金融服务方舱"建设,以政府纾困帮扶为核心,以财政金融支持为保障,建立纾困资金或过桥资金,助力企业纾困和渡过难关。建立小微企业"四张清单"金融服务机制。"四张清单"分别是金融机构小微企业贷款授权、授信、受理回告和尽职免责清单。依托中征应收账款融资服务平台，支持中小微企业应收账款融资。主动对接湖北省重点产业链发展战略，印发《湖北省重点产业链金融链长制工作方案》。指导金融机构与产业链核心企业合作，创新产品服务，优化信贷流程，提供线上应收账款融资服务。大力发展政府采购合同线上融资。二是引导创新各类便利化支持政策。建立审批绿色通道，构建快速反应机制。对全国及省级疫情防控保障名单内重点企业名单，金融机构通过"线上+线下"方式全力对接，建立授信审批绿色通道，扩大分行授信审批权限，允许适度容缺办贷，最大限度争取简易流程。加快线上信贷服务转型、主动做好受困客户信贷服务。三是引导争取更多信贷政策和资金支持。在鄂金融机构主动向总行争取差异化信贷政策，加大信贷资金倾斜力度，单列信贷规模计划，不断提升贷款投放能力。四是助力企业纾解融资困难。实施利息减免，降低因疫融资成本。同时，不因疫情因素下调贷款风险分类，不影响企业征信记录，为疫后企业可持续融资创造了条件。五是完善金融机构评价考核体系。包括在内部资金转移定价（FTP）中对湖北地区贷款给予优惠，引导在鄂金融机构积极争取总行考评政策支持，适当降低盈利性指标考核权重。

表4　　2020年以来人民银行出台的主要货币政策、举措

序号	政策层级	主要货币政策和举措	主要内容和特点
1	总行层面	3 000亿元疫情防控专项再贷款	（1）名单制。由相关部门确定全国性重点企业名单和地方性重点企业名单；（2）低成本。贷款利率上限为发放时最近一次公布的一年期LPR减100基点。财政部门按企业实际获得贷款利率的20%进行贴息
2		5 000亿元复工复产再贷款再贴现专用额度	（1）覆盖面加大。从名单制到市场化，支持重点领域中小微企业复工复产，发挥市场在资源配置中的决定性作用；（2）定价空间扩大。下调支农、支小再贷款利率0.25个百分点，优惠贷款利率上限为发放时最近一次公布的一年期LPR加50基点

续表

序号	政策层级	主要货币政策和举措	主要内容和特点
3	总行层面	1万亿元支农支小再贷款再贴现额度	（1）保持优惠利率。引导中小银行以5.5%左右的优惠利率向中小微企业提供贷款，总体平均融资成本在5.5%以内；（2）普惠性进一步增强。每亿元支农支小再贷款至少支持200户经营主体，不断扩大资金支持覆盖面
4	总行层面	普惠小微贷款延期支持工具	（1）应延尽延；（2）不影响征信记录；（3）配套激励措施。人民银行会同财政部门通过特殊目的工具，对地方法人银行给予其办理的延期还本普惠小微贷款本金的1%作为激励
5	总行层面	普惠小微企业信用贷款支持计划	（1）聚集突出问题。支持更多小微企业获得免抵押、免担保的信用贷款支持；（2）直达性更强
6	总行层面	降准4次	（1）全面降准2次，每次下调存款准备金0.5个百分点，释放金融机构流动性；（2）普惠金融定向降准1次，对2019年度普惠金融领域贷款达标的银行给予0.5个或1.5个百分点的存款准备金率优惠；（3）下调农村商业银行、农村合作银行、农村信用社、村镇银行和仅在本省级行政区域内经营的城市商业银行存款准备金率1个百分点
7	总行层面	3 000亿元支小再贷款额度	支持地方法人银行向小微企业和个体工商户发放贷款
8	地方层面	健全中小微企业金融服务激励帮扶机制	（1）推进"企业金融服务方舱"建设；（2）建立小微企业"四张清单"金融服务机制；（3）对接湖北省重点产业链发展战略；（4）发展政府采购合同线上融资
9	地方层面	引导创新各类便利化支持政策	（1）建立审批绿色通道；（2）扩大分行授信审批权限，允许适度容缺办贷；（3）加快线上信贷服务转型
10	地方层面	引导争取更多信贷政策和资金支持	（1）争取差异化信贷政策；（2）加大信贷资金倾斜力度；（3）单列信贷规模计划
11	地方层面	助力企业纾解融资困难	实施利息减免，维护征信记录
12	地方层面	完善金融机构评价考核体系	（1）实施内部资金转移价格优惠；（2）降低业绩考核要求

四、区域货币政策效应模型构建与实证研究

（一）模型选择

本文研究疫情后差异化货币政策对区域经济的影响。新冠疫情后，各地政府相继出台的一系列差异化货币政策可以看作一项新的公共政策，采用双重差分模型（Difference In Difference，DID）可以验证此问题。双重差分模型通过效仿自然科学实验，将"前后差异"和"有无差异"有效结合，对某些关心的对象加以控制，依据试验前后的结果分离得到施以"处理"所带来的实际效果，进而将施展货币政策对区域经济发展产生的影响有效地分离开来，双重差分法能克服干扰因果关系的其他因素或遗漏变量等问题的影响，因而在政策效应研究中得到广泛运用（张晶，2006；钱雪松、方胜，2021）。

（二）数据样本

为考察差异化货币政策是否会有效促进区域协调发展，我们选取湖北、江西、湖南三个省份作为研究对象。选择此三个省份作为研究对象的原因有两点：一是从研究目的出发，本文目的是验证区域货币政策是否对区域协调发展有影响，所以可以选取部分省份进行验证。二是鉴于本文所使用的模型是DID模型，我们挑选的中部三省（湖北、湖南、江西）经济结构较为相同，更容易符合模型共同趋势假设。鉴于数据的可得性，本文使用2017年第一季度—2021年第二季度的面板数据进行实证分析。其中，2017—2019年为政策未实施期，2020年一季度为政策实施期。数据来源于各省份统计年鉴和Wind数据库，对于部分缺失数据，本文采用多重插补法进行插补。

（三）识别策略与模型设定

本文根据理论和现实分析构建模型，按照时间"两分性"和地区"两组性"进行实证检验，既纵向从区域货币政策实施前后对政策效应进行比较，也横向对比区域货币政策效应进行考察。全样本时间范围为2017年一季度—2021年二季度，新冠疫情暴发后中央更加注重在统一货

币政策前提下实行差异化货币政策，区域货币政策差别化更为明显，因此，本文将区域货币政策突变点为2020年一季度。为体现差异化货币政策的影响，按照时间二分法，将2020年一季度作为节点。

具体操作如下：在模型中加入时间虚拟变量T，其中$T=0$表示2019年四季度之前（含2019年四季度），$T=1$表示2020年一季度以来，根据虚拟变量的系数显著性判断区域差异化货币政策的影响。同时，为有效分离出区域货币政策对地区经济发展的实际影响情况，实现检验效果，需设置"处理组"和"对照组"，$Area$用以刻画区域差异化货币政策的虚拟变量，其中$Area=0$表示样本为对照组（湖南、江西），$Area=1$表示样本为处理组（湖北）。$Area \times T$为政策效果和作用时间的交叉项，反映二者的共同影响。本文将受疫情冲击最严重、差异化货币政策重点支持的湖北省作为差异化货币政策"处理组"，为使对照组更具有可比性，将同为中部地区的湖南省、江西省作为对照组建立双重差分模型：

$$Y_{it} = B_0 + B_1 T_{it} + B_2 Area_{it} + B_3 Area_{it} T_{it} + X_{it} + e_{it}$$

值得注意的是，因为疫情后不同地区都采取了不同的货币政策，无法找到一个完全没有实施货币政策的对照组，因此本文将分别对2017年一季度—2019年四季度和2020年一季度—2020年四季度这两个时间段用双重差分模型验证，用来观测两个时间段双重差分结果之差，如果产生正向影响则差值为正数，产生负向影响差值则为负数。

（四）变量定义与数据描述

1.被解释变量

为度量地区经济增长情况，本文选取地区GDP作为被解释变量Y，以此测度疫情防控政策对地区经济增长的影响效应。同时，考虑到数据可用性与可比性，本文最终采用季度GDP同比增长率作为被解释变量Y。

2.核心解释变量

货币政策虚拟变量$Area \times T$，即根据各地区实施政策的实际情况，对某区域某年份开始或已实施的货币政策的赋值为1，否则为0，据此衡量货币政策对区域经济增长的影响情况。$Area$为地区虚拟变量，实施地区地区取1，反之取0。T为时间虚拟变量，在某地区政策实施以前取0，其后取1。系数β_1衡量了所有地区从初期到末期的变化对Y的影响情况；β_2则为与政策实施无关的地区效应；β_3为双重差分估计量，即本文所关心的重点，该系数度量了货币政策对地区经济增长的净影响情况，因而从理论上看，若防疫政策的确负影响了区域经济增长，那么系数β_3显著为负。

3. 控制变量

本文借鉴已有研究和前文分析，选取消费、投资、进出口、财政政策、产业结构作为控制变量。从GDP构成分析，消费、投资、进出口、财政政策是拉动GDP的主要因素；从货币政策效力视角分析，对外开放程度、政府行为、产业结构对货币政策效应有着至关重要的影响。在控制变量中，资本以固定资产投资衡量，对外开放水平以进出口水平代表，财政政策、政府行为以政府支出占GDP比重代表，产业结构以第三产业占比代表（见表5）。

表5　　　　　　　　变量定义及描述性统计

变量名	指标	指标含义	均值	标准差	最大值	最小值	样本量
Y	季度GDP同比增长率	（本季度GDP-上年同季度GDP）÷上年同季度GDP×100	7.57	9.47	58.3	-36.18	54
X_1	季度进出口额同比增长率	（本季度进出口额-上年同季度进出口额）÷上年同季度进出口额×100	11.18	4.07	19.87	4.61	54
X_2	季度固定资产投资同比增长率	（本季度固定资产投资额-上年同季度固定资产投资额）÷上年同季度固定资产投资额×100	13.83	34.99	284.8	-82.8	54
X_3	季度第三产业同比增长率	（本季度第三产业值-上年同季度第三产业值）÷上年同季度第三产业值×100	9.63	14.46	62.71	-38.15	54

续表

变量名	指标	指标含义	均值	标准差	最大值	最小值	样本量
X_4	当季社会消费品零售总额同比增长率	（本季度社会消费品零售总额−上年同季度社会消费品零售总额）÷上年同季度社会消费品零售总额×100	13.36	15.73	75.74	−23.04	54
X_5	政府支出占GDP比重	本季度政府购买支出÷本季度GDP总值×100	24.29	8.07	48.76	12.43	54
Area	地区因素	实施防疫政策的地区取值为1，否则为0	2	0.824	3	1	54
T	时间因素	实施防疫政策的地区取值为1，否则为0	0.26	0.44	1	0	54

（五）实证结果与分析

采用双重差分法，通过不同情形下实证结果的对比，反映疫情后差异化货币政策的实施效力和实施效果随着时间的变化情况。表6中的结果显示，2017年第一季度—2020年第四季度期间，疫情对经济形成了明显的负向冲击，尽管差异化货币政策对复工复产起到一定作用，但经济恢复、政策效应发挥需要时间积累，疫情后湖北、湖南和江西三个省份GDP有显著的下降，且湖北GDP下降得更快，降幅为25.92，显著多降17.99。这与湖北率先受到疫情冲击，且受冲击的时间最长、程度最深有直接关系。

表7中的结果是基于疫情后差异化货币政策的数据采集期从2017年一季度—2020年4季度年扩展为2017年一季度—2021年二季度后得到的。和表6相比，一些结论发生了变化。当把政策时间拉长后，差别化货币政策对GDP的正向促进作用明显增强了，疫情后在差别化货币政策影响下湖北GDP降幅为15.3，与湖南和江西的双重差分系数缩小到10.04。说明随着时间的推移，差别化货币政策在促进地区经济协调发展方面的效力不断增强，货币政策支持力度更大的地区经济复苏更快。

445

表6 双重差分DID模型结果（2017年一季度—2020年四季度）

	2020年一季度政策实施前(2017年一季度—2019年四季度)			政策实施后(2020年一季度—2020年四季度)			双重差分检验结果
	处理组	对照组	处理组与对照组差分	处理组	对照组	处理组与对照组差分	
GDP同比变化	11.672	8.397	3.275	−14.25	0.465	−14.712	−17.987
标准误差	—	—	1.455	—	—	2.826	2.25
|t|值	—	—	2.25	—	—	5.21	5.65
p>|t|	—	—	0.030	—	—	0.000 1	0.000 1

注：***、**、*分别表示的显著性水平为1%、5%、10%。

表7 双重差分DID模型结果（2017年一季度—2021年二季度）

	2020年一季度政策实施前(2017年一季度—2019年四季度)			政策实施后(2020年一季度—2021年二季度)			双重差分检验结果
	处理组	对照组	处理组与对照组差分	处理组	对照组	处理组与对照组差分	
GDP同比变化	9.339	6.124	3.217	−6.015	0.813	−6.828	−10.044
标准误差	—	—	2.147	—	—	3.425	4.087
|t|值	—	—	1.50	—	—	1.99	2.46
p>|t|	—	—	0.141	—	—	0.052*	0.018**

注：***、**、*分别表示的显著性水平为1%、5%、10%。

（六）稳健性检验

为了保障实证结果的稳健性，我们针对平行趋势假设开展实证检验分析。为考察数据集是否符合共同趋势假设，排除由疫情后差异化货币政策实施前其他事件导致的可能，我们基于2019年三季度—2021年三季度样本，以地区生产总值（Y）作为被解释变量，$time$为时间效应，$treated$为政策效应进行回归。其中，Before2、Before1、current、After1、After2分别为2019年三季度、2019年四季度、2020年一季度，2021年二季度、2021年三季度，最终检验结果如表8所示。

表8 共同趋势检验

Y	系数	标准差	t值	p>|t|	百分之95置信区间
Time	8.38	4.33	1.93	0.063	[−0.48, −17.24]
treated	7.39	2.86	2.58	0.015	[−1.54, 13.26]
Before2	7.68	7.28	1.05	0.3	[−16.28, −2.45]
Before1	−0.46	5.48	−0.08	0.934	[−11.63, 10.73]
Current	−43.62	3.16	−13.77	0.000 1***	[−50.09, −37.14]
After1	−27.62	2.94	−9.39	0.000 1***	[−33.63, −21.60]
After2	−20.76	2.89	−7.17	0.000 1***	[−26.68, −14.84]

注：***、**、*分别表示的显著性水平为1%、5%、10%。

根据表8中回归结果表明，政策效应在政策实施前不显著（P值>0.1），政策实施后期间P值远小于0.01，故显著。这表明疫情后差异化货币政策实施前，处理组和对照组GDP同比增长率在事前没有系统性地上升或下降，从而满足了平行趋势假设，这意味着，本文实证发现并不是差异化货币政策实施前其他时间导致的结果。

五、结论与政策启示

区域协调发展战略对货币政策提出了新的要求。本文首先采用最优货币区理论和货币政策乘数理论，对我国实施区域货币政策的必要性进行了深入分析。研究发现，我国并不符合最优货币区，东部地区货币政策乘数高于中西部地区，对此，需要采用差异化货币政策来推动区域协调发展战略。接着，本文基于双重差分DID模型，对疫情后采取的差异化货币政策进行了实证研究。结论表明，统一货币政策框架下，根据区域经济发展情况、产业结构状况有效利用差异化货币政策，对于促进区域经济发展的效果是比较明显的。因此，为促进我国区域经济协调发展，货币政策应该坚持统一性的大前提下，探索地区差别化，即在统一的货币政策框架下，坚持因地制宜、分类指导，实施区域性货币政策操作。可从以下几个方面入手：

(一)健全促进区域经济发展的货币政策调控体系

一是扩大基层央行的微调权,赋予基层央行一定范围的货币政策制定权和实施权。在货币政策统一的前提下,基层央行应根据当地经济发展需要对货币政策进行局部微调,以提高货币政策传导效率。二是做好区域经济金融发展的监测和景气分析。金融与实体经济是交互影响的镜像。构建能反映当地经济金融发展特点的区域发展差异化监测指标体系,便于真实、及时掌握区域经济发展动态,为区域货币政策提供可靠的决策依据。

(二)实施差异化的货币政策工具

增加货币政策工具的灵活性,发挥结构性货币政策工具的调节作用。存款准备金是调节基础货币投放的一个有力的政策工具,可探讨建立区域差异化存款准备金,适当降低欠发达地区的存款准备金。同时,充分利用再贷款工具,强化对经济相对落后、信贷增长缓慢省份增加再贷款等,引导金融机构加大对相关地区信贷投放,定向降低区域融资成本。

(三)实施差异化的信贷政策

将信贷政策与财政政策、产业政策有机结合,利用贷款贴息培育特色主导产业和支柱产业,支持重点发展的产业,进一步提高信贷政策的区域针对性和差异性。改革信贷管理体制,扩大欠发达地区银行贷款权限和范围,引导资金用于支持信贷增长缓慢地区。

(四)完善货币政策传导机制

完善欠发达地区金融组织体系,填补县域金融机构缺口,不断改善金融服务。发挥激励导向作用,充分调动政策性银行、全国性商业银行的积极性,增加对经济发展缓慢省份的信贷投放。加强金融生态环境建设,加强信用体系、支付结算等金融基础设施建设,为货币政策运行、金融机构发展培育健康的土壤。

参考文献

[1] 许月卿,李双成.我国三大地带经济发展不平衡性动态分析[J].中国人口·资源与环境,2004(06):96.

[2] 宋旺,钟正生.我国货币政策区域效应的存在性及原因——基于最优货币区理论的分析[J].经济研究,2006(03).

[3] 钱雪松,方胜.《物权法》出台、融资约束与民营企业投资效率——基于双重差分法的经验分析[J].经济学(季刊),2021(02):713-728.

[4] 李文乐.基于利率市场化的货币政策调控区域效应[J].云南财经大学学报,2021,37(01):63-73.

[5] 李成,李一帆.经济复杂环境下货币政策调控与优化思考[J].经济学家,2020(07):85-95.

[6] 吴滨.政策评价方法综述[J].统计与管理,2021,36(06):15.

[7] 张晶.中国货币政策区域效应差异及其原因研究[J].广东金融学院学报,2006(04).

[8] 焦瑾璞,孙天琦,刘向耘.货币政策执行效果的地区差别分析[J].金融研究,2006(03).

[9] 丁文丽.转轨时期中国货币政策效力的区域差异研究[M].北京:中国金融出版社,2005:174-175.

[10] Carlino G., R. DeFina. *The Differential Regional Effects of Monetary Policy: Evidence from the U.S.*[J]. *Journal of Regional Science*, 1999(39): 339-358.

[11] Swanson Eric T. Reprint: *Discussionof"monetary policy uncertainty and monetary policy surprises"*[J]. *Journal of International Money and Finance*, 2021(114).

课题主持人:许　波
课题组成员:朱文胜　李立新　卢学军　李丽丽　林之伦
执　笔　人:李丽丽　林之伦

生态价值实现与碳减排融合发展可行性研究

——以鄂州为例

中国人民银行鄂州市中心支行课题组

摘要：作为推动生态环境可持续发展的市场机制，生态价值实现与碳减排在理论基础、经济原理与实现路径等方面存在许多共通之处。两相比较，碳减排在指标设计与交易主体设计方面存在一定局限，并不能算好"生态账"；生态价值实现更具前瞻性与长远性，是市场化解决环境问题的最终归宿。但生态价值实现是生态文明建设中的创新性战略举措，在世界范围内还没有现成的路径，在机制设计、市场构建方面也需要借鉴碳减排机制的先进经验。两者融合发展既是生态环境目标达成的客观要求，也是两种机制自身完善发展的需要。本文探索了生态价值工程与碳减排融合发展的可能性，发现两项机制在核心环节与指标设计上存在高度关联，可以通过当前核算方法的设计实现相互折算，实现生态配额与碳配额、各类生态价值与碳价挂钩，为促进碳减排内涵拓展和生态价值实现的推广落地提供了新视角。

关键词："两山"理论；碳减排；碳配额；生态配额

一、引言

经济发展和环境保护的均衡化推进，是各国在经济社会发展路径上面临的"两难选择"。环境污染、资源枯竭、自然灾害频发、全球气候变暖等生态恶化现象的加剧，充分显现了"经济至上"发展理论的巨大缺陷，而片面追求"环境至上"的发展思路，又与人民群众生活水平不断提高的需求相矛盾。在推进经济与环境和谐发展的不断探索中，中西方逐渐形成两种代表性理论：习近平总书记"绿水青山就是金山银山"理论（以下简称"两山"理论）与西方碳排放相关理论，两大理论在推进经济与环境协调发展的进程中，分别演化出不同的实践探索。

"两山"理论具备深厚的理论渊源与实践基础，是对马克思主义生态观、中华文明生态哲学思想以及党关于生态文明建设思想的传承与超越，是基于新中国成立以来我国各个时期生态建设实践所形成的内涵丰富、结构完备、博大精深的科学理论。鄂州市贯彻落实习近平总书记"绿水青山就是金山银山"重要思想，将绿色发展理念融入经济社会发展全过程，创新思维提出"生态价值工程"，开展一系列先行探索，经过不懈努力，生态价值工程成功破题，为全省乃至全国贡献了鄂州实践样本。2018年11月，人民日报整版报道鄂州探索生态价值实现路径——《呵护绿水青山 构建生态补偿机制》；同年12月，鄂州生态价值工程改革案例成功入围改革开放40周年40个优秀改革案例之一。2019年鄂州市生态价值工程改革经验得到中央政治局3位常委领导同志书面批示，全国人大预算工委、国家发展改革委、财政部等国家8个部委调研组先后来鄂州开展专题调研。2020年4月23日，自然资源部办公厅印发《关于生态产品价值实现典型案例的通知》，面向全国推荐11个生态产品价值实现案例，鄂州市生态价值核算和生态补偿案例入选其中。2020年5月，中央政治局4位常委领导同志、2位中央领导同志和湖北省委主要领导同志再次对鄂州生态价值工程改革经验作出重要批示。6月11日，时任省委书记的应勇在省委十一届七次全会上指出，要在全省推广鄂州的生态价值工程改革探索经验，并写入了《中共湖北省委关于贯彻落实党的十九届四中全会精神、推进省域治理现代化的决定》中。7月，湖北省生态环境厅牵头制定《湖北省生态价值工程试点工作实施方案（征求意见稿）》，计划分鄂州环梁子湖流域、省域两个层次梯次推广鄂州市生态价值工程试点经验。2021年，鄂州市在生态价值实现机制探索方面取得了新进展，拟建立生态指标配额交易和生态指标配额融资等系列机制,为生态价值市场化、金融化奠定基础。

与"两山"理论不同,碳排放相关理论并非是一套系统、稳定且完备的理论体系,而是诸多相关理论的集合。国际谈判局势变化与经济学家论断更新都在不断为碳排放相关理论注入新内容,并使原有相关理论产生动态发展。20世纪90年代系列气候协议的签订使得碳排放相关理论在国际上得到广泛认可,2005年人类历史上首个以法规形式限制温室气体排放的协议——《京都议定书》正式生效,标志着依据碳排放相关理论所形成的碳减排实践模式已经统一化、标准化,为各国所接受。截至目前,欧盟、美国、新西兰等多个国家已经积累了十数年的碳减排探索经验,初步建立了较为完备的碳交易体系。经过7年碳排放权交易试点,我国全国性碳交易市场也于2021年7月正式上线,随着全国碳市场的启航,碳交易的发展将进入快车道。

生态价值的实现路径尚处于探索阶段,而碳减排已经积累了相对成熟的实践经验。本文对"两山"理论与碳排放相关理论进行了系统的梳理,通过对两项理论的实现路径以及在国内具体落实情况的比较,论述了生态价值工程与碳减排融合发展的必要性与可行性。

二、"两山"理论与碳减排相关理论框架比较分析

(一)"两山"理论框架

"两山"理论的完整阐述为"我们既要绿水青山,也要金山银山。宁要绿水青山,不要金山银山,而且绿水青山就是金山银山"。"绿水青山"指的是良好的生态环境,"金山银山"指的是经济发展。"两山"理论从本质上阐述了经济发展和生态环境保护的关系,提出了正确处理绿水青山和金山银山关系的内在要求。只讲金山银山不顾绿水青山,甚至牺牲绿水青山换取金山银山的发展方式不具备持续性。但是如果只要绿水青山不要金山银山,就容易陷入环境与贫困的恶性循环,最终也难保住绿水青山。因此,"既要绿水青山,也要金山银山"明确了兼顾绿水青山和金山银山的目标要求,要求探索绿色可持续的发展方式。"宁要

绿水青山，不要金山银山"首先承认了在特定发展阶段绿水青山和金山银山之间具有一定的取舍关系，这可能源于发展思路的局限，也可能源于生产技术发展的局限，对于生产要素的处理不能达到"两山"同时兼顾的要求。当两者出现权衡时，习近平总书记提出了"保护环境就是保护生产力"的统一之法。"绿水青山就是金山银山"，这为破解绿水青山与金山银山的对立关系找到了转化之机。绿水青山本身就是重要的生产要素，是生产力的组成部分，找到了绿水青山优势转化为金山银山优势的路径，就能在"两山"之间架起桥梁，也就找到了中国经济发展方式转变的着力点。只要我们的认识水平不断提升，发展思路不断创新，技术水平有序改进，留住了绿水青山，也就留住了金山银山。

1. "两山"理论的经济意蕴

（1）强调"绿水青山"的公共产品属性。

萨缪尔森在1954年发表的《公共支出的纯粹理论》中说，纯粹的公共产品是指个人消费这种物品不会导致别人对该物品的消费减少。也就是说，公共品是这样一种物品，它们一旦被提供给某个个人，可以无额外成本地被提供给其他人，意味着一个人的消费对另一个人的消费不具竞争性。"绿水青山"从本质上来说是最公平的公共产品，是一种个人发展要素，随着经济社会发展水平的提高，"绿水青山"日益呈现出更多的社会属性。作为一种发展要素，每个人都享有利用这种发展要素来"实现个人潜力的平等机会"。但传统的发展模式中，人类专注于运用生态环境要素实现私人发展，而无视这种生态环境系统公共品属性中其他人的发展需求，形成了生态环境发展上的"公地悲剧"。习近平总书记指出："良好生态环境是最公平的公共产品，是最普惠的民生福祉。"该论断揭示了生态环境与民生问题的关系，是对生态环境公共产品属性的准确定位。

（2）生态环境是生产力要素。

经济学家对构成经济发展要素的认识，随着工业化和现代化发展进程不断深化，发展要素的外延也不断延伸。工业化时代经济学界普遍认可的生产要素包括：土地、劳动、资本等，但尚未就生态环境对经济发展的影响进行过深入研究,也没有将其纳入生产要素范畴给予更多的关注。传统工业化发展道路正是由于没有将生态环境作为生产函数的重要组成部分,导致了经济发展不具备可持续性。习近平总书记指出"良好生态本身蕴含着无穷的经济价值,能够源源不断创造综合效益,实现经济社会可持续发展"。"绿水青山就是金山银山"可以理解为"绿水青山"可以转化为"金山银山",这表明良好的生态环境可以创造或者产生财富,因而生态环境也是生产力。"两山"理论诞生地浙江省安吉县余村和鲁家村,通过关停矿山、修复破坏的生态环境,发展旅游和现代农业让全村人致富的案例,就有力地诠释了生态环境就是生产力。

(3) 生态环境物权化。

我国的物权包括所有权、用益物权、担保物权,物权法上的"物",指对主体有用之物,以价值为核心,以稀缺为基础。从定义来看,生态资源具备物权的基本特征。社会主义国家的国家性质决定,我国的"绿水青山"所有权属于国家,属于全体公民,但生态环境作为一项生产力要素,基于所有权之上形成的他物权是可以价值化、产权化的。依据"两山"理论,生态价值被赋予了财富性质,因此生态物权应被纳入用益物权、担保物权制度的调整范畴,打通兑现、交易、流转的渠道。生态物权是指以生态物的生态价值为媒介,建立在生态物之上,以生态增益者收益和生态消耗者负担为内容的一项他物权。

(4) 生态效益是社会总效益的重要组成。

根据"两山"理论的内涵定义,绿水青山体现为发展系统中的生态环境系统,产生生态效益;金山银山体现为发展系统中的经济社会系统,产生经济效益。绿水青山的具体构成包含三个方面:一是以山水林田湖草的整体性为代表的生态服务系统;二是纯粹的各类自然生态资源;三是以清洁的水、空气为代表的优质生态环境质量。生态服务系统与各类自然生态资源具备生产性功能,都可以作为生产力要素投入生产形成经济效益,而优质的生态环境质量作为非物质利益,也是居民效用函数的关键要素。习近平总书记指出要"像保护眼睛一样保护生态环境,像对待生命一样对待生态环境"。生态效益是社会总效益的重要组成，我们在追求经济效益无限扩大化的同时，也要考虑其给生态环境带来的挑战，不能一味追求经济增速而忽略了涵盖生态效益在内的社会总效益的下降。

2. "两山"理论实现路径

习近平总书记指出："要深化生态文明体制改革，尽快把生态文明制度的'四梁八柱'建立起来，把生态文明建设纳入制度化、法治化轨道。"这也就要求将生态保护和环境治理纳入制度笼子，建立严格高效的生态文明制度体系，借助制度武器保障生态系统活力，推动建设空气清新、河水清澈、大地清洁的美丽中国。

（1）建设生态政绩评价体系。

"构建考核体系是建立生态文明建设考核制度的基础，加强对地方政府生态文明建设的行政考核，是促进和落实生态文明建设的有效手段之一，具有重要的意义。"将环境保护纳入政绩考核标准，加快建立科学的节能减排指标体系，把生态效益指标纳入经济发展评价体系，建立体现生态文明要求的奖惩机制、目标体系、考核办法，从而改变以往不注重环境保护的片面追求经济增长现象。完善干部考核体系，通过明确领导干部在环境保护工作方面需要承担的责任，实行"一岗双责"制、终身追究制和问责制，使生态治理的相关责任真正落实到人，对污染环境、破坏生态的相关单位或人员根据具体情节进行严惩。引导领导干部转变传统经济增长发展观，树立绿色发展理念，坚持经济建设与环境保护双赢的方针。

（2）建立生态损害责任追究制度。

习近平总书记从新时代中国生态文明建设实践的需要出发，提出"要建立生态环境破坏责任追究制度，而且应该终身追责"。强化生态损害责任追究要以完善的法律规范作为依据，否则，不但会降低生态损害责任追究的实际效果，还会使生态损害责任追究制度失去强制性和权威性。因此要完善生态损害责任追究制度的法律体系，改变现有法律体系对生态破坏行为处罚较轻的弊端，对生态环境损害的违法行为形成有力的震慑。健全生态损害责任追究的行政处罚制度，对生态损害责任追究的启动、调查、申诉、决定等具体程序进行规范，及时处理已经出现的危害后果较轻的生态环境破坏行为,确保生态破坏责任追究结果的客观公正。建立生态损害责任追究的信息公开和结果评估机制,提升生态损害责任追究制度实施的效果和效率。

(3)建立自然产权归属机制。

生态环境中所有自然物都属于公共物品,山水林草都是人类的"公有物"。由于人类对利益追求的无限性,极易超出自然环境承载力的范围,使自然环境的公共物品遭到滥用和破坏,最终导致"公有地悲剧"的发生。要破除生态资源利用过程中的"破窗效应"和"公地悲剧",需要明晰各类自然资源的产权边界,对于所有权和使用权做严格分割,明确自然资源使用者的权利与义务,构建产权归属明晰、任务责任明确、转让使用有序的自然产权归属机制。

(4)落实资源有偿使用制度。

坚持"谁受益、谁补偿"原则,建立环境价格体系,对欠发达地区实施财政转移支付,进行补偿。建立反映市场供求和资源稀缺程度的资源有偿使用制度,对不同资源的使用费用分门别类地做出规定,充分发挥市场在资源配置过程中的决定性作用,引导自然资源、能源、资源型产品和公共服务流向生态文明建设领域。建立能够体现生态价值和代际补偿的生态补偿制度,既维护当代人的合法生态权益,又保证后代人享有合理开发利用自然环境的权益,实现人类社会可持续发展。

(5)推动生态资源资本化。

生态资源的资本化,是"生态资源——生态资产——生态资本"的自然演化过程,是通过认识、开发、投资、运营生态资源,最终在生态市场中实现生态产品或服务价值增值与保值的过程,是环境经济学发展到一定程度的必然产物。当确定了生态资源的产权归属与价格,生态资源即具备了产权与可交易性,转化为生态资产。人们通过投入各项生产要素、先进的科学技术等方式,进行生态资产的投资,让资产转化为生态资本,并确认其生产要素价值。通过多种运营方式,让生态资本形成生态服务,在市场中进行交易,实现生态资源的资本化、金融化。最终,利用生态资本获取的经济利润进行生态建设,涵养更加优质的生态资源，让生态资源得到可持续循环利用。生态资源的资本化需要多方参与，包括：政府做好引导作用，在生态资源的演化过程中制定政策文件，从宏观方面引导市场走向，并采取相应的监督措施；市场在政府的引导下高效创建并完善，在维持自身正常运转的同时吸引社会资本进入市场，从而进一步扩大市场；社会公众也积极参与并监督市场行为，营造公平、公正、公开的生态市场。

（二）碳减排相关理论

碳减排是国际气候变化谈判的产物，气候谈判的实质是各国对生存和发展空间的争夺，目标是控制环境污染、牵引能源结构升级以及经济结构转型。"碳排放权交易"的概念最早出现于1997年12月在日本东京签订的《京都议定书》中，其中提出二氧化碳的排放权可以像普通商品一样交易。《京都议定书》把氧化亚氮、氢氟碳化物、二氧化碳、甲烷、全氟化物、六氟化硫六种气体确定为温室气体，由于在所有的温室气体中，二氧化碳占据了绝对主导地位，因此温室气体排放权的交易被简称为"碳交易"，而从事这种排放权交易的市场被称为"碳交易市场"，碳排放权交易泛指各类温室气体排放权的交易。碳交易从本质上来说是碳排放权的交易，排放权是对环境容量资源的限量使用权，属于稀缺资源。各国通过谈判协商，制造全球碳减排的市场需求，人为地推动市场机制的形成和发展。

1.碳减排经济意蕴

（1）外部性理论。

福利经济学中的外部性理论是指经济主体的经济活动对他人和社会造成的非市场化的影响，换言之，是一种无法完全体现在价格和市场交易上的成本或效益。外部性理论揭示了市场经济活动中一些低效率资源配置的原因，又为如何解决环境外部不经济性问题提供了可选择的思路。温室气体的无限制排放从经济上可以理解为人类社会生产经营活动产生的负外部性，由于未将该外部性成本纳入社会生产成本，因此环境资源价值游离于市场经济范畴之外，导致了环境资源的无成本、掠夺式消费。为了避免更多的免费无限制使用环境资源的行为，减少碳排放的负外部性，各国开展气候谈判设置碳排放限额，并构建了碳交易市场，促进碳排放配额交易流转，以此弥补个体成本与社会总成本之间的差距。

（2）产权理论。

美国经济学家戴尔斯以罗纳德·科斯的产权理论为基础，于1968年在其专著《污染、财富和价格》中提出了排污权概念，这被学界看成是碳排放权的最初理念来源，其所表达的基本逻辑是，政府作为公众利益的代表以及环境资源的所有者，可以把排放一定污染物的权利像股票一样出卖给出价最高的竞买者，而除了从政府手里购买排污权之外，企业、社会组织等还可以从那些手里拥有污染权的出卖方进行购买，同时排污者之间也可彼此交易污染权。产权理论认为，在碳排放权交易中，可以将负的外部性内部化，从而能够有效地解决气候变化的治理问题。在市场经济条件下，碳排放能够反映资源的稀缺程度和治污成本，其价格信号功能可以引导市场参与者的投资行为，因此碳排放也就具有商品属性，其可交易性也就成为一种必然。西方普遍认为用产权制度来消除污染问题是最优的选择，产权理论成为碳排放交易市场发展的理论基础。

（3）交易成本论。

美国经济学家科斯指出：任何一项交易的达成，都需要契约的议定、对合约执行的监督、讨价还价以及了解有关生产者和消费者的生产与需求的信息等，在这一过程中产生的费用就是"交易成本"。由于市场交易不是处于一种没有摩擦力的真空状态，所以，"零交易成本"是不可能存在的。在科斯定律所假定的零交易成本的世界里，人们可以通过交易来改变初始的权利界定。权利的稀缺性使竞争成为国际关系的常态，也正是由于权利的稀缺性促使国家必须进行权利的交易以满足各自需要。在共同应对气候问题的合作之路上，各国依据交易成本论博弈协商，最终统一搭建碳交易市场以降低交易成本，从而实现碳排放权的高效、低成本再分配。

（4）博弈论。

碳减排达成共识后，不同发展阶段的国家之间开始在碳减排量上进行博弈，一国内的企业之间也存在博弈。博弈先行者的环境保护态度对碳减排合作的形成至关重要，在碳合作问题上，有积极的领导者也有观望者，很多国家都在观察其他国家的态度和行为来制定自身的战略选择。这很像一个"蜈蚣博弈"，位于任何一个节点上的国家都同时扮演了信号发送者和信号接收者的角色，任何一个节点上的国家没有发送减排信号都可能导致后面博弈关系的瓦解，所以国际碳减排存在诸多挑战。发达的国家拥有较长的碳排放历史，所以理应积极担负起国际碳减排中的领导者责任，向其他国家发送积极的减排信号，有效推动国际的碳减排合作。而对于大多数如中国这样的发展中国家，一旦受到博弈中先行者的信号，便会作出相应反应，当接收到减排信号也会作出减排决策。不过目前的实际情况却相反，发达国家把中国推到了博弈论的先行者位置，通过观察中国的博弈信号来制定自己的战略选择。企业博弈层面，Egteren等认为在成本高于边际罚金情况下会出现道德风险等问题，从而导致碳减排市场失灵。

2. 碳减排实现路径

（1）建立碳减排相关机制。

为协同解决气候问题，国际社会经过漫长的谈判过程，先后签订了《联合国气候变化框架公约》《京都议定书》《巴黎协定》等气候协议，达成了一系列法律框架协议，对成员国碳排放的约束力不断强化。气候协议的核心议题，如长期目标、减排手段、气候融资、MRV（可监测、可报告、可检查）以及行业减排等，是碳交易机制得以形成的基础。《京都议定书》提出3种灵活的碳减排机制：一是清洁发展机制（CDM），即在清洁发展机制登记处的减排单位转让；二是联合履行（JI），即在"监督委员会"监督下，以"排放减量单位"（ERU）为减排单位，进行减排单位核证与转让或获得；三是排放交易（ET），即在协议成员国国家登记处之间进行包括"排放减量单位""排放减量权证""分配数量单位（AAUs）""清除单位（RMUs）"等减排单位核证的转让或获得。《京都议定书》签署后，以碳交易机制为代表的环境经济政策成为实现减排的重要措施。《巴黎协定》保留市场机制，在保证整体排放不出现重复计算的前提下允许缔约方之间自愿进行减排交易，为双边、多边的碳交易市场构建奠定基础。

（2）搭建碳交易市场。

由于减排成本各国存在差异，为完成减排目标，温室气体产生了价值，于是以二氧化碳为主要交易产品的碳市场逐渐形成。减排成本高的国家试图通过国际贸易或者金融市场等渠道将减排成本转嫁给其他国家，而减排成本较低的国家则希望通过出售减排指标而获得碳资金。随着减排成本由差异到趋同，不同种类碳商品的竞争力发挥作用，出现互相折算的情况，区域碳交易市场开始互联，于是统一的碳交易市场出现。碳市场的划分有多种方式，按其运行机制不同分为基于配额的市场、基于项目的市场，其中基于配额的市场目前已经占据了绝对的份额。配额制其实是对"上限管制与交易"机制的形象称呼，机制设计中安排的"上限管制"（或"总量管制"）机制为减排提供了压力与动力，可以确保各成员能够最终完成环境目标；"交易"机制的确立则象征着市场的形成，意味着目标可以以最低成本达成，因为得到上限管制配额的机构可以把其超额完成的减排量（碳信用）拿到市场上交易。

（3）实现碳排放权市场定价。

碳交易首先需要确定包括二氧化碳在内的各种温室气体的排放总量，然后以某种可接受的方式对排放权进行初始分配，界定其产权，相关国家或企业在碳交易市场上对分配而得到的二氧化碳排放权进行自由交易，通过市场竞争确定排放权的价格，进而实现环境容量资源的优化配置。与普通商品市场相同，价格机制是碳交易市场的核心，参与主体的相关减排决策需要考虑碳价格及其生产成本，碳排放权定价的变动趋势对碳交易影响巨大。影响碳排放权价格的因素大致可以分为供给、需求和市场影响三个方面，供给方面主要受温室气体排放配额、经过验证的排放补偿量、经过验证的先期行动补偿量和储存制度影响；需求方面短期来看主要受预期碳排放量影响，长期主要受经济增长和边际减排成本影响；而市场因素包括未来价格和政策决定的不确定性、碳交易市场参与者的数量和各方运用市场力量的能力等市场结构性因素以及市场管制和干预。

（4）推动碳金融体系构建。

随着国际碳交易市场日趋活跃，碳排放权交易不断向纵深发展，与之相伴而生的碳金融业务也开始迅猛发展。所谓碳金融，就是与碳相关的金融活动，旨在服务低碳经济的发展，包括为减少温室气体排放所涉及的技术和项目等提供直接投融资、碳排放权及其衍生品的交易，以及其他相关的金融中介活动。碳金融为低碳经济发展给予必要的金融支撑；而低碳经济的发展也为金融体系拓展了新的发展空间，为金融业提供了源源不断的交易服务机会和金融创新机会。全球为应对气候变化挑战正在逐步构建旨在减少温室气体排放的"以碳治理为基础、碳交易为核心、碳服务为黏合剂、碳货币为制高点"的新型国际金融体系。目前碳金融已经全面覆盖"碳治理、碳交易、碳服务"三个层面，随着碳交易市场的不断扩容，国际上对"碳货币"的讨论和研究也不断深化，碳排放的金融属性日益凸显。

（三）"两山"理论与碳减排相关理论比较分析

1. 相似性分析

（1）强调生态环境资源的公共属性与外溢效益。

"两山"理论强调生态资源的公共产品属性，碳减排明确人类活动的负外部性与环境资源的正外部性，本质上都是认同生态环境的公共属性与外溢效应。生态环境是最公平的无成本公共产品，具有无差别的外溢效应，这导致了人类对生态环境资源的掠夺式开发利用，进而引发一系列的环境问题与资源枯竭。

（2）强调明确生态环境的产权属性与外部性内在化。

"两山"理论强调生态资源作为新型物权，虽然所有权是公共的，但在其基础上形成的他物权可以产权化、价值化；碳减排理论认为排放权具备商品属性，因此可以明确产权归属。两项理论本质上都是认可生态环境作为"物"的产权属性，并希望通过明确产权，将生态环境的外部性内在化，实现环境资源的有偿使用，实现个体成本加总与经济社会总成本相等。

（3）强调用市场化机制解决环境问题。

运用经济学理论来解决环境问题，主要存在两种机制：一是行政控制机制，即采用行政手段强行控制污染环境的限额配置；二是贸易机制，即基于市场的排放交易机制。经过多个国家的尝试论证，主流经济学家普遍认为市场手段更具有效率。"两山"理论与碳减排理论在实现路径上都选择构建市场，实现生态资源的有偿使用，通过市场方式解决环境问题，坚持市场在资源配置中起决定性作用。

2. 区别比较

（1）碳减排实践性相对较强。

碳减排已经过近30年的发展和实践探索，通过国际谈判已经达成了碳减排通用标准，且得到了多国的广泛性认可，交易机制与价格形成机制相对成熟，碳金融体系也逐渐成形，各国借鉴、实践的可操作性更强。"两山"理论对生态系统的分析更加全面和系统，但尚未形成生态价值化的统一标准，尚需进一步研究。

（2）"两山"理论内涵更丰富。

核心内涵方面，碳排放相关理论主要强调绿色生产与发展，而"两山"理论不只强调绿色发展观，还强调了生态民生观、科学自然观、生态法治观、生态系统观、世界共赢观，走出了以人的发展为中心的自我中心主义思维的局限，利于实现人与自然的有机统一。在对生态环境资源的关注面上，碳排放相关理论仅关注生产性生态资源，"两山"理论不只关注生产性生态资源，还关注包含土地水域在内的所有生态服务系统的维护补偿，内涵更加丰富，涵盖范围更广。

（3）"两山"理论的实践指导更具前瞻性。

在实现路径上，"两山"理论不局限于强调推行绿色生产，更强调构建生态政绩考评、责任追究与生态资源有偿使用等法律法规与制度体系，有利于走出唯生产力的误区，实现生产力和生产关系的有机统一。而且制度作为一种静态的规范，具有全局性、稳定性，可以实现管根本、管长远，能从根本上推动生产与生活方式的绿色转型。"两山"理论的实践指导更具前瞻性、长远性，因此基于"两山"理论开展的实践探索，将会是市场化解决环境问题的最终归宿。

三、生态价值实现与碳减排具体实践分析

自2016年以来，鄂州市认真贯彻落实习近平总书记"两山"理论，开展一系列先行探索，生态价值实现机制不断向纵深发展完善，生态价值向经济价值转化的市场机制初步构建，为全省乃至全国贡献了鄂州实践样本。碳减排市场发展方面，2011年国家发改委正式批准七个省市开展碳排放交易试点，2013年湖北碳交易市场开市，2021年全国性碳交易系统上线，碳市场登记中心设在武汉。我国碳减排从无到有的发展进程中，湖北始终走在前列，已经积累了较为成熟的实践经验。

（一）"两山"理论的鄂州实践

2017年，鄂州市印发《生态价值工程实施方案》，依据"两山"理论的实现路径，开展挖掘生态价值的基层实践探索，在生态制度建设、生态资产确权、生态市场建设与生态价值金融化等方面取得了一定成果。

1.生态制度建设

一方面探索建立生态政绩考核评价体系，将自然资源纳入政绩考核标准。实行领导干部自然资源资产离任审计，将审计结果作为领导干部考核、任免、奖惩的重要依据。截至2021年6月末已完成了31名领导干部自然资源资产离任审计项目，审计领导干部56人（处级干部9人、乡科级干部47人）。建立领导干部自然资源保护管理工作述职报告制度及生态服务价值年度目标考核制度，出台党政领导干部保护生态环境行为规范制度文件，将生态服务价值相关指标纳入各区目标考核指标体系，每年组织检查考核。另一方面制定生态损害责任追究制度，出台损害自然资源违法行为举报办法等制度文件十余个，设立50万元生态环境损害举报奖励基金。

2.生态资产确权

开展自然资源资产核算与确权登记，顺利完成了2011—2018年土地、林木、水、生物、矿产等自然资源资产负债表的编制，编制层级从

市级延伸至区、乡镇、村级。推进水域、土地、矿产、森林等重要自然资源资产产权确权登记，摸清自然资源家底，建立完整全面自然资源资产数据统计资料库，逐步建立全市自然资源资产产权制度。

3. 生态市场建设

按照"谁污染、谁补偿、谁保护、谁受益"原则推进生态价值市场化流转交易。采用当量因子法进行自然资源资产价值化，构建生态服务价值计量模型，将不同自然资源对生态的服务贡献统一度量为无差别、可交换的货币单位，测算各区生态服务总价值。实现各区域间生态价值责、权、利相一致的横向流转补偿机制，2017—2020年梁子湖区共得到生态补偿转移支付32 893.7万元。向纵深进一步拓展生态价值市场化交易，于2021年初提出生态指标市场化交易新方案，明确以"生态指标/配额"为交易标的，以生态友好型企业与生态消耗型企业为市场供需主体，探索生态价值的市场化兑现、交易与融资。生态指标配额交易流程如图1所示。

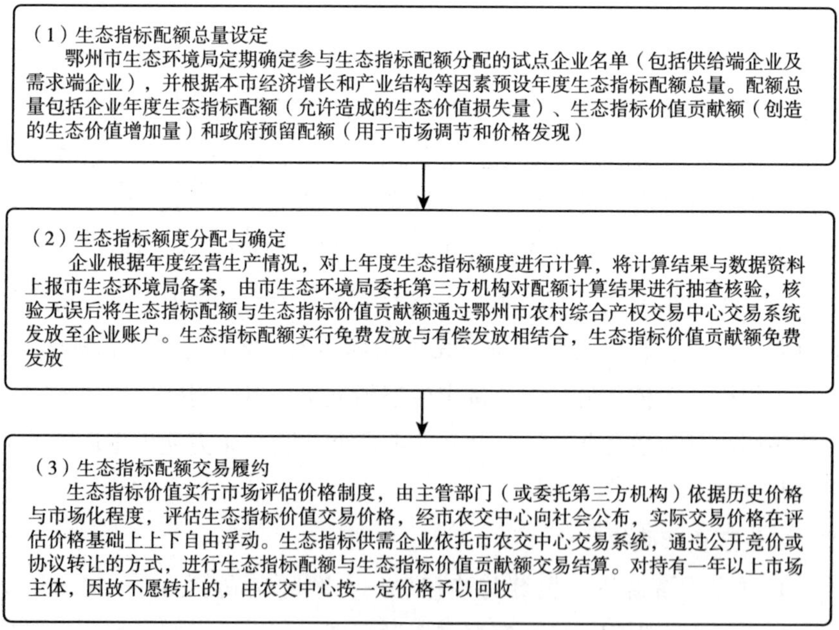

```
┌─────────────────────────────────────────────────────────────┐
│ （1）生态指标配额总量设定                                    │
│   鄂州市生态环境局定期确定参与生态指标配额分配的试点企业名   │
│ 单（包括供给端企业及需求端企业），并根据本市经济增长和产业   │
│ 结构等因素预设年度生态指标配额总量。配额总量包括企业年度生   │
│ 态指标配额（允许造成的生态价值损失量）、生态指标价值贡献额   │
│ （创造的生态价值增加量）和政府预留配额（用于市场调节和价格   │
│ 发现）                                                       │
└─────────────────────────────────────────────────────────────┘
                              ↓
┌─────────────────────────────────────────────────────────────┐
│ （2）生态指标额度分配与确定                                  │
│   企业根据年度经营生产情况，对上年度生态指标额度进行计算，   │
│ 将计算结果与数据资料上报市生态环境局备案，由市生态环境局委   │
│ 托第三方机构对配额计算结果进行抽查核验，核验无误后将生态指   │
│ 标配额与生态指标价值贡献额通过鄂州市农村综合产权交易中心交   │
│ 易系统发放至企业账户。生态指标配额实行免费发放与有偿发放相   │
│ 结合，生态指标价值贡献额免费发放                             │
└─────────────────────────────────────────────────────────────┘
                              ↓
┌─────────────────────────────────────────────────────────────┐
│ （3）生态指标配额交易履约                                    │
│   生态指标价值实行市场评估价格制度，由主管部门（或委托第三   │
│ 方机构）依据历史价格与市场化程度，评估生态指标价值交易价格， │
│ 经市农交中心向社会公布，实际交易价格在评估价格基础上上下自   │
│ 由浮动。生态指标供需企业依托市农交中心交易系统，通过公开竞   │
│ 价或协议转让的方式，进行生态指标配额与生态指标价值贡献额交   │
│ 易结算。对持有一年以上市场主体，因故不愿转让的，由农交中心   │
│ 按一定价格予以回收                                           │
└─────────────────────────────────────────────────────────────┘
```

图1　生态指标额度交易流程图

4.生态价值金融化

鄂州市充分挖掘生态价值作为一项新型物权的金融属性，全面发展了生态价值的物权融资与债权融资，包含基于生态资源使用价值的用益物权融资，基于生态资源交换价值的担保物权融资，促进生态保护与恢复。如积极开展土地承包经营权、林权、水域滩涂养殖权、集体建设用地使用权、水库灌溉权等用益物权融资；引导林权、矿权、排污权等生态资产未来收益权的担保物权融资。除挖掘融资功能外，积极运用保险工具，发展生态环境责任保险。

（二）碳减排国内试点

开展经过长达七年的碳排放权交易试点，我国在碳排放价值计量、碳配额交易与碳金融化领域已经积累了较为成熟、被市场普遍认可和接受的经验做法。

1.碳减排机制建设

以《京都议定书》中的CDM项目为起点，我国的碳减排机制建设划分为三个阶段：清洁发展机制阶段（2002—2011年），试点交易阶段（2011—2020年），全国交易系统上线阶段（2021年起）。清洁发展机制阶段通常也称作为基于项目碳交易，试点交易与全国性碳交易系统上线阶段则是进行碳配额交易。自2011年起，我国先后启动7个碳交易试点，探索建立碳交易机制，稳步推进制度设计、能力建设、人员培训等方面的工作，取得了初步成效。在此基础上，2021年7月我国启动全国碳排放权交易，标志着我国碳市场已经完成总体设计，可在国内推广碳排放权交易制度，目前碳减排地区试点与全国性市场同步运行。

2.碳市场交易履约

碳市场以碳配额为交易标的，以钢铁、石化、化工、发电、造纸等主要碳排放企业为交易主体（全国性交易系统目前纳入主体仅为发电行业），通过市场化机制实现碳配额的价值发现与交易。碳交易包含总量设定、配额分配、交易履约和履约考核等四个环节（见图2）。

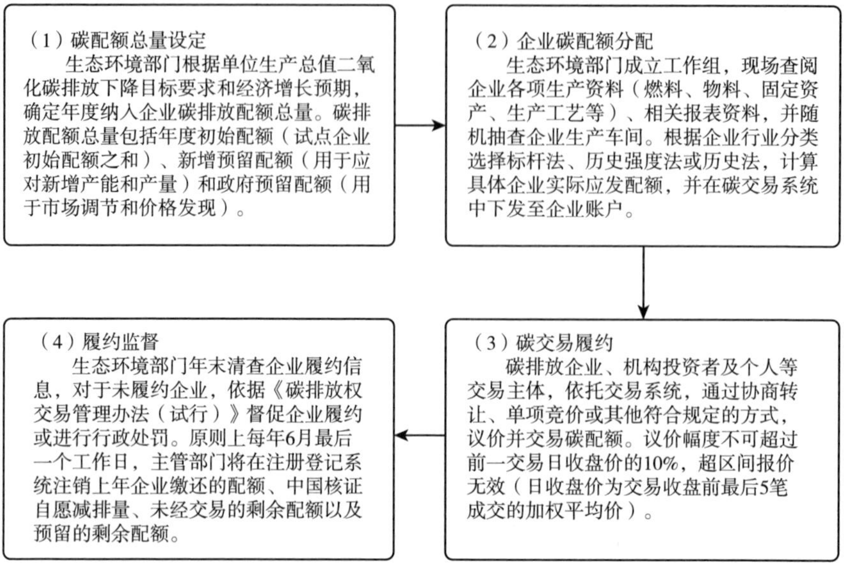

```
┌─────────────────────────────┐         ┌─────────────────────────────┐
│ （1）碳配额总量设定          │         │ （2）企业碳配额分配          │
│   生态环境部门根据单位生产   │         │   生态环境部门成立工作组，   │
│ 总值二氧化碳排放下降目标要   │         │ 现场查阅企业各项生产资料     │
│ 求和经济增长预期，确定年度   │────────▶│ （燃料、物料、固定资产、     │
│ 纳入企业碳排放配额总量。碳   │         │ 生产工艺等）、相关报表资料， │
│ 排放配额总量包括年度初始配   │         │ 并随机抽查企业生产车间。根   │
│ 额（试点企业初始配额之和）、 │         │ 据企业行业分类选择标杆法、   │
│ 新增预留配额（用于应对新增   │         │ 历史强度法或历史法，计算具   │
│ 产能和产量）和政府预留配额   │         │ 体企业实际应发配额，并在碳   │
│ （用于市场调节和价格发现）。 │         │ 交易系统中下发至企业账户。   │
└─────────────────────────────┘         └─────────────────────────────┘
                                                       │
                                                       ▼
┌─────────────────────────────┐         ┌─────────────────────────────┐
│ （4）履约监督                │         │ （3）碳交易履约              │
│   生态环境部门年末清查企业   │         │   碳排放企业、机构投资者及   │
│ 履约信息，对于未履约企业，   │         │ 个人等交易主体，依托交易系   │
│ 依据《碳排放权交易管理办法   │         │ 统，通过协商转让、单countinued    │
│ （试行）》督促企业履约或进   │◀────────│ 竞价或其他符合规定的方式，   │
│ 行行政处罚。原则上每年6月    │         │ 议价并交易碳配额。议价幅度   │
│ 最后一个工作日，主管部门将   │         │ 不可超过前一交易日收盘价的   │
│ 在注册登记系统注销上年企业   │         │ 10%，超区间报价无效（日收    │
│ 缴还的配额、中国核证自愿减   │         │ 盘价为交易收盘前最后5笔成    │
│ 排量、未经交易的剩余配额以   │         │ 交的加权平均价）。           │
│ 及预留的剩余配额。           │         │                              │
└─────────────────────────────┘         └─────────────────────────────┘
```

图2 碳配额交易流程图

3.碳金融创新

经过多年碳交易产品与交易形式的金融化探索，目前国内在碳基金、碳托管、碳质押融资、碳众筹、碳保险等创新金融产品方面已经积累了丰富经验。以湖北为例，截至2020年末，湖北省各类碳金融创新累计金额约20亿元，银行碳授信累计达到1 200亿元，用于支持绿色低碳项目开发和技术应用。碳金融创新帮助企业盘活了碳资产，拓宽了融资渠道，降低了融资成本，同时也提升了纳入企业履约的积极性，降低了企业履约成本。此外，碳市场设置了抵消机制，优先支持农林项目减排量抵消碳排放量，探索了"工业补偿农业、城镇补偿农村、排碳补偿固碳"的生态补偿机制，高质量实现了生态环境效益和经济效益。

（三）实践路径趋同性分析

1.实现步骤趋同

从两项理论的实现步骤来看，流程基本都涵盖制度构建、配额确定、市场交易、实现金融化等四个环节，均是以制度为基础，以市场为渠道，以资本为导向，链接社会系统与自然系统，通过市场手段进行生态环境资源再分配，通过资本导向性进一步提高资源配置效率和降低成本。

2.核心环节相似

"两山"理论与碳减排理论的实现步骤中，最核心的环节都是市场建设，而市场长效运转的核心在配额的分配与定价。生态配额与碳配额的公允合理分配都强调了生态环境的资源属性，通过定价与交易机制，实现生态环境资源的"使用者付费"。

3.行政色彩浓厚

从生态市场与碳市场目前的发展阶段来看，资源分配机制与价格形成机制都尚不健全，无论是生态配额还是碳配额，其产生、交易到清缴的全流程都具备较强的行政色彩。现行的交易大都是在当地生态环境部门监督压力下完成的，所形成的交易价格也是在行政干预下的指导价格，市场的价格发现功能尚未完全发挥作用。

四、融合发展的经济机理探析

（一）融合发展的动因分析

1.根本动因：生态保护的必要性与经济转型的迫切性

改革开放以来，我国在现代化建设中取得了举世瞩目的成就，然而在经济高速发展的背后是沉重的环境代价。人民生活水平虽然一直在显著提高，但生态环境恶化却在越演越烈，人与自然矛盾激化，生态国情不容乐观。自然资源过度消耗、环境污染日益严重、生态系统持续失衡，生态环境问题已经成为制约我国经济社会发展的重要瓶颈之一，这些问题迫使我们必须从经济、社会、生态多元和谐发展的角度来审视发展模式与前进方向。习近平总书记指出"生态环境保护的成败，归根结底取决于经济结构和经济发展方式"。在经济发展中，必须推动绿色发展方式形成，把生态环境当成经济建设的底线，放弃原来以牺牲生态环境为代价换取经济发展的黑色发展模式，探索经济绿色发展之路。

传统的环境治理方式是通过法律或行政命令等形式进行政府干预，

中国长期以来就对包括节能减排在内的约束性指标实施层层分解和责任目标考核，并且已经形成了一套比较成熟的责任目标分解和考核机制。但这种机制对政策依赖性过大，政策成本过高，履约得不到"出口"，减排价值得不到价格体现，不利于长期施行。政府部门更加希望利用市场力量来达成环境目标，因为市场可以通过竞争带来效率，并以更快的速度、更低的成本达成目标。生态价值工程与碳减排是为了实现相同目标的不同路径选择，其本质都是通过市场高效解决环境资源配置问题，最终落脚点都是实现生态环境保护和经济发展绿色转型。若并行实施生态价值工程与碳减排工作，而两者无法交叉适用，将大幅度增加政府的时间成本与经济成本，且增加了参与企业的负担。生态保护的必要性与经济转型的迫切性对生态价值的实现提出了时间要求，是促进生态价值工程与碳减排融合发展的根本原因，政府部门也存在融合发展的驱动力。

2. 内在动因：两种机制自身完善发展的需要

由于碳减排是国际气候变化谈判的产物，在设计之初就涉及国际上的利益冲突与政治博弈，容易陷入"囚徒困境"。依据《京都议定书》，发达国家或者说工业化国家（包括经济转型国家）作为既得利益者，对减排和改善环境负有最大义务，他们天然地成为碳交易市场中减排额的需求方。但发达资本主义国家普遍从本国、本地区的狭隘利益出发，希望依靠掠夺发展中国家生态资源、转嫁本国生态危机的方法进行环境治理。加上参与全球气候谈判的利益集团林立，博弈主体众多，集体行动的成本收益难以平衡，诉求大相径庭极难达成共识，大大弱化了国际气候协议的目标独立性与执行有效性。此外，谈判进程中贯穿着"双层次博弈"，谈判进程不仅受复杂多变的国际形势影响，还取决于主要国家的政府立场。随着经济增长和综合国力的日渐强盛，中国可能成为未来国际碳减排博弈中的"众矢之的"，在经济发展空间、国际谈判压力和大国责任形象之间被迫作出取舍。这就决定了仅通过碳减排进行生态治理具有明显局限性和不稳定性，容易受到碳减排国际博弈结果的影响。

除了易受到国际形势影响的弊端外，碳减排在指标设计与交易主体设计等方面也存在一定不足。从生态价值指标体系（见表1）与碳减排指标体系（见表2）的对比来看，碳减排仅关注生产端能源、物料的消耗对气候的负面影响，没有考虑对水质、土壤等其他自然资源的维护补偿。从交易主体来看，碳减排市场没有考虑对纯粹生态资源贡献方的经济补偿，只停留在"谁污染、谁补偿"层面。而生态价值工程全面充分地考虑了生产过程对水、土、能源、物料、生物的影响；在交易主体的设置上，既关注生产者对生态资源的耗用与弥补，又全盘考虑了对纯粹的生态价值贡献方的经济补偿，不只做到"谁污染、谁补偿"，还强调了"谁保护、谁受益"。但生态价值工程起步较晚，尚处于摸索试点阶段，在机制设计、市场构建方面也需要多学习碳减排机制的部分先进经验。因此，融合发展是生态价值工程与碳减排两项机制自身完善发展的内在需求。习近平总书记多次强调，在维护生态安全的全球性问题上，我们应该牢固树立命运共同体意识；在环境保护和生态治理上重视与其他国家的合作交流，学习国外先进生态环境治理的经验；在扩大生态文明建设的国际交流与合作中，我国既要坚持独立自主地开拓本国的生态发展之路，又要传递中国声音，发挥中国传统生态智慧的作用，抵制生态贸易壁垒和他国环境污染向我国转移，切实维护国家生态安全。

表1　　　　　　　　　生态价值指标体系

一级指标	二级指标	三级指标	四级指标	说明
生态资源消耗	主要原材料			根据不同行业消耗情况，选取不超过2种、消耗量较大且通过自然资源不超过1次生产加工即可得到的主要原材料，如：铁矿石、石灰石等
	水资源	直接取用水	常规水	地表（下）淡水
			非常规水	陆地苦咸水、矿井水、雨水等
		间接取用水		自来水、再生水、淡化海水等
	能源	一次能源		原煤、天然气、原油、太阳能、风能、水电、风电等
		二次能源		火电、汽油、柴油、煤油、燃料油、煤气、热力等
	土地/水域			

续表

一级指标	二级指标	三级指标	四级指标	说明
生态环境影响	生态环境破坏	水生态环境	水体污染	包括固定源水污染物排放和其他污染物造成的水体污染等
			地表水枯竭	
			地下水漏斗	
		大气生态环境	大气污染	包括固定源大气污染物排放和其他污染物造成的水体污染等
			温室气体排放	
		土壤生态环境	土壤污染	包括固废排放和其他污染物造成的土壤污染等
			土壤流失	
			土壤退化	土壤肥力退化
		生物生态环境	生物多样性减少	
			植被覆盖减少	
	生态环境调节	水生态环境	水污染处理	包括水污染物处理、水体净化等
			地下水补充	
			地表水源涵养	
		大气生态环境	大气污染处理	包括大气污染物处理、空气净化等
			固碳	
			释氧	
		土壤生态环境	土壤污染处理	包括固废处置、土壤修复等
			固土	
			土壤保肥	
		生物生态环境	物种保育	
			绿化防护	

表2　　　　　　　　　　碳排放指标体系

指标	说明
化石燃料燃烧	燃料造成的直接排放量，如烟煤、焦炭、汽油、柴油、天然气燃烧排放的二氧化碳
生产过程排放	包括工业生产过程的生产物料发生化学反应所排放的二氧化碳
净购入电力和热力的排放	所有物料和能源的上游排放，即外购能源在上游生产过程中产生的碳排放
固碳产品抵扣	扣减项，固碳商品隐含的二氧化碳排放量，如粗钢产品生产时将焦炭燃烧的碳固化留存，则扣减焦炭固化的碳排放

（二）融合发展的条件分析

1. 核心环节与指标设计关联度较高

为实现生态的经济价值，鄂州市在制度建设、生态资产确权等方面已经积累了一定的实践经验，下阶段的重点任务在于进一步向纵深拓展生态价值市场化交易，已提出了以"生态指标/配额"为交易标的，以生态友好型企业与生态消耗型企业为市场供需主体的市场构建方案。而碳市场已经进入了平稳运行期，碳配额的计算、初始分配与交易清缴已经积累了相对成熟的经验。从涉及配额核算的指标体系来看，生态指标主要包括物料、水资源、能源、土地/水域四个维度，碳排放指标主要关注物料、能源两个维度，两者同时具备物料与能源两个重叠的核心指标。从实现路径来看，生态价值工程改革与碳减排的核心环节都是交易市场建设，其核心在配额的分配与定价。生态价值工程与碳减排在指标设计与核心环节上存在高度关联，能源与物料既会导致生态资源的消耗，也会造成碳排放，因此可从两者的计算方法切入，从配额核算着手，探索融合发展的可行性。

2. 碳配额与生态配额量、价融合的技术分析

现行的碳配额分配方式主要包括标杆法、历史强度法以及历史法。其中历史强度法的企业配额计算方法为：企业实际应发配额=上年度实际产量×历史碳强度值×行业控排系数×市场调节因子

式中，历史碳强度值=企业近三年碳强度的加权平均值（碳强度是指每单位国民生产总值所带来的二氧化碳排放量），行业控排系数为既定参

数，市场调节因子=1-（上一年度市场存量÷当年年度初始配额总量）。

依据《鄂州市生态指标配额核定计算方法》（征求意见稿）文件，生态指标配额计算方法如下：

$$Q(i,j) = \lambda_{ij} \times [V_{i-1} \div S_{i-1} - (V_{i-2} \div S_{i-2} + V_{i-3} \div S_{i-3}) \div 2]$$

式中，$Q(i,j)$ 为第 i 年 j 类行业的企业的生态指标配额，无量纲；λ_{ij} 为第 i 年 j 类行业的调整系数，无量纲；V_i 为第 i 年企业的生态指标价值，单位是万元；S_i 为第 i 年企业的产值。λ_{ij} 由鄂州市生态指标配额分配主管部门根据 $i-1$ 年配额整体情况进行设定，并根据当年企业核算后进行整体调整。$V_i S_i$ 实际代表着生态消耗强度，指企业每单位产值所带来的各类生态资源的耗用量。生态配额的计算需先计算企业生态指标价值，再将生态指标价值转化为产值的生态消耗强度，进一步测算出相关企业的生态指标配额。这主要是由于生态配额包含了物料、水资源、能源、土地/水域等多个维度，对不同种类生态资源耗用的计量方式不同，因此难以像碳配额计算一样统一度量。

对比生态配额与碳配额的计算方式可以发现，生态配额计算方法与碳配额历史强度法计算方式类似，决定配额的核心因素均为企业产量（产值）、前三年的排放强度（碳排放强度/生态消耗强度）、调整系数等三项。其中企业产量（产值）为客观量，可实现互通；生态配额计算系数 λ_{ij} 与碳配额算法中市场调节因子相同，均取决于上年配额整体情况设定，可建立相关关系。因此，当碳排放强度与生态消耗强度可以实现转换计算时，则能实现生态配额与碳配额的相互折算。

影响生态消耗强度（$V_i \div S_i$）的主要指标为 V_i，依照鄂州市生态指标配额核定方案，其计算方法如下：

$$V = \sum_{i=1}^{n}(\alpha_i A_i - \beta_i B_i)$$

上式中，V 为企业的生态指标价值总值；i 为企业的第 i 个生态指标；n 为企业所涉及生态指标的总数；A_i 为第 i 个生态指标的正价值计算公式；B_i 为第 i 个生态指标的负价值计算公式；α_i 为第 i 个生态指标的正价值的调整系数；β_i 为第 i 个生态指标的负价值的调整系数。其中具体生态指标(A_i、B_i)的计算方法目前主要有四种，包括恢复费用法、影子价格法、机会成本法与替代工程法，具体计算分类如表3所示。

表3　　企业生态指标价值计算方法

指标	价值计量方法	方法类型
主要原材料	原材料开采及洗选工业过程的产污治理成本与开采造成的森林生态价值损失量之和	恢复费用法 机会成本法
直接取用水	水资源的价值	影子价格法
间接取用水	水资源生产过程的原水影子价值与产污治理成本之和	影子价格法恢复费用法
一次能源	一次能源粗加工过程的产污治理成本与一次能源开采造成的森林生态价值损失量之和	恢复费用法 机会成本法
二次能源	二次能源生产过程中的产污治理成本	恢复费用法
土地/水域	该区域被占用而无法发挥的生态服务价值	机会成本法
水体污染	水污染物的治理成本	恢复费用法
大气污染	处理大气污染的治理成本	恢复费用法
土壤污染	处理土壤污染的治理成本或因土壤污染造成的经济价值的损失量	恢复费用法/机会成本法
水、大气、土壤污染处理	处理的污染排放到环境中产生的治理成本	机会成本法
土壤流失、固土	流失、固定土壤等量体积的土方挖取和运输所需费用	替代工程法
土壤退化、土壤保肥	流失、增加土壤营养元素对应同等量化肥的价值	替代工程法
生物多样性减少、物种保育	生物多样性保护生态服务价值、损失价值	机会成本法
植被覆盖减少、绿化防护	减少、增加同等面积的森林、农作物或牧草的价值	替代成本法
地下水漏斗、地下水补充	补充、减少同等容量地下水的影子价格计量	影子价格法
地表水枯竭、地表水源涵养	减少、涵养水量的同等容量的地表水的影子价格计量	影子价格法
固碳、释氧、温室气体排放	等量二氧化碳、氧气的固碳成本	替代成本法

对比分析生态价值的具体计量内容,采用恢复费用法与替代工程法计算生态价值,主要计量生态修复与还原成本,在计算时可以转换为治理过程中的碳排放成本与经济成本;影子价格法与机会成本法计算生态价值,主要计量水资源、土地资源的经济成本与环境治理成本,计算时也可转化为治理过程中的碳排放成本与经济成本。最终生态价值的计量主要涉及碳排放成本与经济成本,碳排放成本与企业碳配额、碳价挂钩,经济成本可直接通过市场价格计算,因此生态价值与碳价可实现关联测算。

五、结论与展望

习近平总书记强调:"生态环境保护上一定要算大账、算长远账、算整体账、算综合账,不能因小失大、顾此失彼、寅吃卯粮、急功近利。""算账"在经济学上是成本和收益之间的比较,长期以来生态环境资源的无偿性使人们忽略了生态创造的巨大效益,也忽略了对生态环境的保护。生态价值工程与碳减排,本质上是通过市场化机制高效解决生态环境问题,使人们充分认识经济发展所消耗的生态资源成本与生态本身所贡献的经济收益,算好"生态账",最终目的都是扭转生态环境恶化趋势,实现经济可持续性发展。本文全面梳理并比较了生态价值工程与碳减排机制的理论依据与具体实现路径,通过比较分析,挖掘两者存在的联系与互通之处,并在此基础上探索了两者融合发展的可能性。通过对生态价值工程与碳减排的核心环节与指标的分析,我们得出以下结论:一是生态价值工程与碳减排无论是在理论框架还是具体实践上,都存在较多相似之处;二是两者融合发展既是生态环境目标达成的客观要求,也是两种机制自身完善发展的需要;三是两者之间可以通过当前核算方法的设计实现相互折算,实现生态配额与碳配额、各类生态价值与碳价挂钩。

国际上之所以能就碳减排达成普遍共识,并形成统一的法律框架与协议,最根本的原因是一方面碳排放具有最普遍的负外部性,即温室气体造成的温室效应使得所有国家都面临相同的、紧迫的环境问题；另一方面是由于碳排放量与减排成本的计量方式相对简易成熟。但碳减排机制忽略了对大气资源以外的其他生态资源的维护，并不能算好"生态总账"，存在诸多局限性。长远来看，生态价值工程更具前瞻性，将会是市场化解决环境问题的最终归宿。

生态价值实现是生态文明建设中的创新性战略举措，在世界范围内还没有现成的路径。当前，理论界对生态服务价值、生态产品价值、自然资源资产等概念的内涵和外延的研究尚不深入，对生态价值核算的理论和方法尚未形成相对统一的共识，而生态价值如何核算计量并实现交易的实践探索更是寥寥。生态价值实现整体探索推进较慢，主要是由于无前人经验可借鉴、无成功实践可参考，但也是由于无可借鉴，我们更能敢想敢为、尝新试错。

全方位厘清生态价值实现的理论与实践、内涵与外延是一个宏大的命题。解答这一命题，创新突破是主线、全环节推进是关键、久久为功是核心。本文全面梳理了生态价值实现的理论依据与地方个体实践，论证了生态价值实现与碳减排在价值计量的应用层面挂钩的可行性，希望可以借力碳减排的成熟实践路径推动生态价值工程的落地推广。后续鄂州中支将持续开展相关研究，探索生态价值实现与碳减排底层逻辑的相关性；并持续关注鄂州后续开展生态价值计量、实现生态指标交易的现实进展情况，通过对个体实践进行系统剖析，为全省乃至全国生态价值实现机制建设贡献样本经验，为做好"两山"理论指导下的生态文明建设提供思路。

参考文献

[1] 习近平. 习近平谈治国理政（第1卷）[M]. 北京：外文出版社，2018：210.

[2] 中共中央文献研究室. 习近平关于社会主义生态文明建设论述摘编[M]. 北京：中央文献出版社，2017.

[3]王永康.绿水青山就是金山银山[N].学习时报,2014-11-24(011).

[4]郇庆治.社会主义生态文明观与"绿水青山就是金山银山"[J].学习论坛,2016,32(05):42-45.

[5]王勇."两山"理论内涵的经济学思考[J].环境与可持续发展,2019,44(06):52-55.

[6]张军."两山理念"的经济学思考[J].中国发展,2018,18(05):19-24.

[7]国务院发展研究中心课题组.生态文明建设科学评价与政府考核体系研究[M].北京:中国发展出版社,2014:131.

[8]周宏春,江晓军.习近平生态文明思想的主要来源、组成部分与实践指引[J].中国人口·资源与环境,2019(01):1-10.

[9]穆艳杰,马德帅.以"两山"思想为主要内容的习近平生态文明思想与中国实践分析[J].思想理论教育导刊,2018(06):17-21.

[10]袁广达,王琪."生态资源—生态资产—生态资本"的演化动因与路径[J].财会月刊,2021(17):25-32.

[11]舟丹.《京都议定书》规定的3种碳交易机制[J].中外能源,2014,19(03):100.

[12]周宏春.世界碳交易市场的发展与启示[J].中国软科学,2009(12):39-48.

[13]陈晓红,胡维,王陟昀.自愿减排碳交易市场价格影响因素实证研究——以美国芝加哥气候交易所(CCX)为例[J].中国管理科学,2013,21(04):74-81.

[14]林立.低碳经济背景下国际碳金融市场发展及风险研究[J].当代财经,2012(02):51-58.

[15]尹应凯,崔茂中.国际碳金融体系构建中的"中国方案"研究[J].国际金融研究,2010(12):59-66.

[16]于同申,张欣潮,马玉荣.中国构建碳交易市场的必要性及发展战略[J].社会科学辑刊,2010(02):90-94.

［17］荆克迪. 中国碳交易市场的机制设计与国际比较研究［D］. 南开大学，2014.

［18］Lo A Y. Challenges to the Development of Carbon Markets in China［J］. Climate Policy，2015，16（01）：109-124.

［19］R. H. Coase，The Problem of Social Cost［J］. Law & Econ，1960，（01）：15.

［20］Crocker T. The Structuring of Air Pollution Control Systems［M］. New York：W.W. Norton，1966.

［21］Egteren，H.，Weber，M. Marketable Permits，Market Power，and Cheating［J］. Journal of Environmental Economics and Management，1996，30（02）：161-173.

课题主持人：尹　峰
课题组成员：杨　钊　刘世国　陈　宾　邵　雅　李东霞
执　笔　人：邵　雅

票据融资对货币政策效率影响问题研究
——以十堰市为例

中国人民银行十堰中心支行调查统计科课题组

摘要：票据具有低成本、融资便利的优势，在助力企业融资方面发挥了重要作用。但是，随着票据的过度签发以及商业银行票据业务创新的发展，票据业务在服务中小微企业融资方面的功能有所削弱，同时，票据融资的贷款属性在信贷规模管理中的反映失真也导致票据市场在发挥融资功能时仍受到制约，在一定程度上影响了货币政策效率。

关键词：票据；信贷；货币政策效率

一、引言

票据作为一种承诺付款的付款凭证在商业往来中具有重要作用，既可以即期付款，也可以在规定的时间付款，这种优势为应付账款方提供了资金周转时间。同时，票据具有低成本、融资便利的优势，在助力企业融资方面发挥了重要作用。但是，随着票据的过度签发以及商业银行票据业务创新的发展，票据业务在服务中小微企业融资方面的功能有所削弱，同时，票据融资的贷款属性在信贷规模管理中的反映失真也导致票据市场在发挥融资功能时仍受到制约，在一定程度上影响了货币政策效率。十堰市作为重要的汽车生产基地，票据业务在汽车产业链上的企业大量使用，一方面便利了企业资金结算，缓解了上游企业资金流动性压力；另一方面，票据大量签发导致资金占用过高，加剧了票据收款方的资金困境和经营负担，一定程度上制约了货币政策效率的发挥，对实体经济也产生了一定的不良影响。

二、相关理论及研究综述

（一）票据及票据市场相关概念

票据存在广义和狭义的两种区别。广义的票据可以包括一切商业活动中使用的各种单据，包括股票、债券、发票、提单、仓单、保单等；狭义上的票据特指出票人按照法律规定发布的、无条件支付一定金额或委托他人无条件支付一定金额给收款人或持票人的有价证券，包括汇票、本票、支票等信用工具。

1995年我国颁布的《票据法》将票据划分为支票、本票和汇票三种。支票只是作为一种交换支付工具，是货币的一项功能的体现，并没有市场交易的意义；本票特指银行本票，我国尚不存在商业本票；汇票分为银行汇票和商业汇票，其中商业汇票又可以划分为银行承兑汇票和商业承兑汇票。商业汇票本质上与其他票据不一样，从根本属性上来说是一种远期支付工具，兼有支付结算和融资的功能，是货币市场主要的交易工具和货币政策传导的重要载体。由于企业信用较低，违约风险较高，所以商业汇票主要以银行信用为主，银行承兑汇票在市场中占比较大，因此本文主要讨论的是商业汇票。

票据市场主要是指通过票据的签发（承兑）与买卖（贴现、转贴现、再贴现）来实现短期资金融通的市场。同其他金融市场类似，票据市场也分为一级市场（发行市场）和二级市场（交易市场）。票据发行市场是一级市场，支付真实的商品服务和结算公司之间的账目，包括票据签发和承兑；票据交易市场是二级市场，票据可以在二级市场进行流通，货币政策效力也通过票据市场进行传递，实现的手段包括贴现、转贴现、再贴现。首先，企业A向银行缴纳一定的保证金，银行承诺如果有企业A开出的承兑汇票会到期支付金额；企业A向企业B购买了一定的商品或服务，没有采用现金支付，而是开出了一张银行承兑汇票，承诺见票到期付款。如果企业B急用资金，B可以将票据背书转让给其他企业或个人，也可以提前去银行支取金额，但是会根据承兑日期的差额进行折扣，这就是直贴票据（贴现）。银行得到了贴现的票据，如果急需资金,在承兑日期之前,可以将票据贴现给其他银行,即转贴现,或者在中央银行进行贴现,即再贴现。

银行承兑汇票将银行的信用来代替企业的商业信用,降低了交易的风险性,商业银行通过票据获得了企业的保证金资金并以此为杠杆撬动了更多的资金,在银行和企业之间实现了互利共赢。

(二)国内外关于票据融资与银行信贷关系的研究综述

Kashyap 等(1993)认为,紧缩性货币政策会导致企业外源融资结构出现变化,在银行贷款减少的情况下,企业会更多地依赖商业票据融资。Mark Gertler 和 Caras Lown(2000)实证研究了企业内源融资与外源融资的成本与收益,发现一些有发展潜力而缺乏资金的中小企业可通过票据市场方便地进行融资,解决了企业发展过程中的资金约束。巴曙松等(2005)认为,票据融资是商品和劳务交易中以双方的延期支付行为为基础衍生的一种信用形式,是供求双方提供的直接信用融资。肖小和(2012)对票据市场和货币信贷市场的相关性进行了研究,认为票据融资具有金融机构信贷和资金双重业务属性,可以发挥联系信贷市场和货币市场的独特作用,票据业务发展能够扩展货币市场交易效率和功能,并有利于传导宏观金融调控。汪办兴(2012)研究发现票据具有信贷和资金双重属性,且由于会计交易制度以及企业会计准则关于金融资产出表(即在资产负债表终止确认)等规定,使其具有成为天然的跨市场交易的金融工具的可能性,可以在信贷市场和货币市场进行交易,并且隐藏真实的信贷规模,使得融资性票据成为影子银行的重要交易对象。赵建斌(2014)通过对天津市 2003—2014 年票据融资和短期贷款、中长期贷款之间的关系进行了实证分析,结果表明票据融资和短期贷款之间互为格兰杰原因,票据融资也是中长期贷款的格兰杰原因,短期、中长期贷款对票据融资具有持久的正响应,而票据融资对短期和中长期贷款均有持久的负响应。左志方、钟俊(2015)研究认为票据业务创新凸显了其信贷属性,票据贴现对整体信贷融资的贡献度在 7% 左右,票据融资的周期性与信贷周期基本同步。

上述研究主要说明了票据融资与信贷市场存在一定的关联性,并与货币政策效率存在相互作用。本文在此基础上,结合十堰市的实际情况,分析票据的发展对十堰市信贷市场以及实体经济发展方面产生的影响,以期解决十堰市金融发展中的一些突出问题。

三、全国和十堰市票据市场发展的历程和现状

(一)我国票据市场发展的阶段和特征

我国票据市场起步较晚,直到党的十一届三中全会以后商业信用被逐渐恢复,票据市场才得以产生和发展。其发展大致经历了以下四个阶段:

1. 1980—1991年:起步发展阶段

1979年以前,我国商业信用受到严格限制和禁止。党的十一届三中全会后,国家对商业信用实行有计划、有控制的开放政策,给我国票据市场的发展创造了空间。1980年中国人民银行上海总部成立票据研究组,专门负责对票据承兑、贴现问题进行研究,并拟定了票据承兑和贴现办法。1981年,为解决企业间因赊销、预付行为造成的相互拖欠问题,保障社会资金的正常流转,上海率先推出银行汇票承兑与贴现业务,开展票据试点工作。1982年,针对企业间"三角债"日益严重的情况,中央银行倡导"三票一卡"("三票"即汇票、本票和支票,"一卡"即信用卡)的推行,之后,中央银行借鉴上海的经验,在重庆、河北、沈阳等地开展票据承兑和贴现业务,扩大票据试点范围。1984年,在系统总结前期各地试点经验的基础上,中央银行出台了商业汇票承兑、贴现的相关法规,并于次年在全国范围内大力推广票据业务。1985年,全国范围内开展票据承兑、贴现业务,并允许商业银行向中央银行进行再贴现,标志着票据市场的形成。1986年,中央银行出台了票据再贴现的相关法规,通过开办再贴现支持票据的发展。1988年,人民银行对银行结算制度进行改革,制定颁布了《银行结算办法》,提出要大力推行商业票据,解决全国范围的货款拖欠情况。通过一系列措施的规范和指导,我国实现了票据的推广使用,票据市场基本形成。

这一阶段的特点：票据业务局限于特定的行业和品种，规模较小；市场制度和监管方面处于不断探索、逐渐完善的过程。但是总的来说，开放票据市场有利于解决企业相互拖欠和连环债务问题，有利于加速资金周转和商品流通，也为中央银行宏观调控提供了新的手段。

2. 1991—1995年：制度建设阶段

我国票据市场经历起步发展阶段以后，在市场秩序方面出现了一定程度的混乱。针对这种情况，人民银行于1991年发布《关于加强商业汇票管理的通知》，进一步规范商业汇票的市场行为。1992年，针对宏观经济过热的现象，中央政府出台《中共中央 国务院关于当前金融改革和加强宏观调控的意见》，一定程度上抑制了票据市场的混乱状况。1993年，人民银行颁布《商业汇票办法》，进一步规范了商业汇票市场，促进商业汇票的使用和流通。1994年，为了使企业摆脱货款拖欠、资金周转不畅的困境，人民银行在特定的五个行业和四种产品的购销环节中倡导商业汇票的使用，人民银行开始将再贴现政策作为一种货币政策工具在宏观调控中加以运用。

这一阶段的特点：加强制度建设，规范发展商业汇票业务，形成了票据市场发展主要的制度基础；票据市场初具规模，二级市场开始起步。

3. 1995—2000年：快速发展阶段

1995年，全国人大常委会通过了《中华人民共和国票据法》，初步建立并逐步完善了票据业务方面的法规和制度，票据市场制度建设进入一个新的阶段。同年，人民银行出台了对票据再贴现业务进一步规范的办法，标志着我国票据市场进入快速发展阶段。1997年，人民银行出台了有关商业汇票的一系列规章制度，在引导和规范票据市场方面起到了重要作用。1998年，人民银行颁布了有关商业汇票管理的办法，多次下调票据市场利率，促进了票据市场价格形成机制的完善。1999年，人民银行颁布了有关票据再贴现业务管理的办法，对票据贴现率和再贴现率的生成方式进行了改革。至此，我国票据市场制度建设基本完成，再贴现政策框架基本形成。

这一阶段的特点：直接贴现业务快速发展，转贴现业务逐渐发展。国民经济迅速发展促使对票据交易和票据融资的需求增大是票据市场发展的根本动力，而国家的政策支持有力地推动了这一阶段票据市场的迅速发展。

4. 2000年至今：网络化发展阶段

2000年，中国工商银行在上海成立了我国第一个票据专营机构，并在北京、天津、广州、西安等地设立了多个分部。同年下半年，农、中、建三大国有商业银行相继成立票据专营机构，全面进入票据市场，中小金融机构也开始把票据业务作为提高竞争能力和盈利水平的重要工具。2003年，银行间同业拆借中心推出"中国票据报价系统"，又称中国票据网，为各金融机构从事的票据转贴现和回购业务提供报价以及在线业务洽谈等服务，表明我国票据市场"基础设施"建设的步伐正在加快。2005年，人民银行对商业汇票真实性的审查等问题进行了规范。2009年，人民银行开发的电子商业汇票系统顺利建成并上线运行，标志着我国票据市场迈入了电子商业汇票交易的新时期。

这一阶段的特点：转贴现业务规模大幅度增长，转贴现的发展又反过来促进直接贴现业务规模的增长；票据市场逐渐打破地域限制，银行间的跨地区远距离交易大大增加。

（二）我国票据市场发展现状

1. 全国票据市场规模概况

我国票据市场通过最近十多年的发展，市场规模迅速壮大。自2006年以后，票据市场规模一直保持在一个较高的水平，与此同时，票据市场规模扩张的速度也更为迅速，2020年当年签发商业汇票22.1万亿元，同比增长8.3%；当年累计贴现40.4万亿元，同比增长17.78%；全国票据融资余额83 554.57亿元，同比增长9.69%。2020年，全国票据市场业务总量148.24万亿元，同比增长12.77%。其中，票据承兑22.09万亿元，增长8.41%；票据背书47.19万亿元，增长1.55%；票据贴现13.41万亿元，增长7.67%；票据市场交易64.09万亿元，增长25.81%（见图1）。

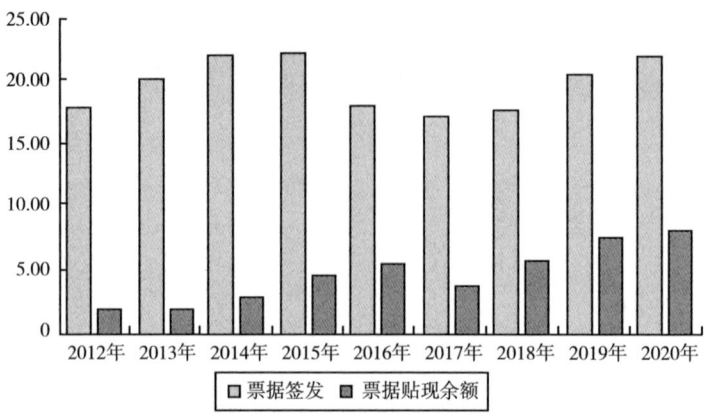

图1　2012—2020年全国票据市场规模（单位：万亿元）①

2. 票据业务类型概况

从票据业务类型来看，商业汇票中银行承兑汇票占主要力量，比重在90%以上，商业承兑汇票占比极少。从票据性质来看，交易性票据所占比重逐渐减少，融资性票据逐渐增大，特别是票据转贴现发展最为迅猛，转贴现金额从2013年的1.95万亿元增长到2020年的44.1万亿元，8年间增长了21.6倍（见图2）。

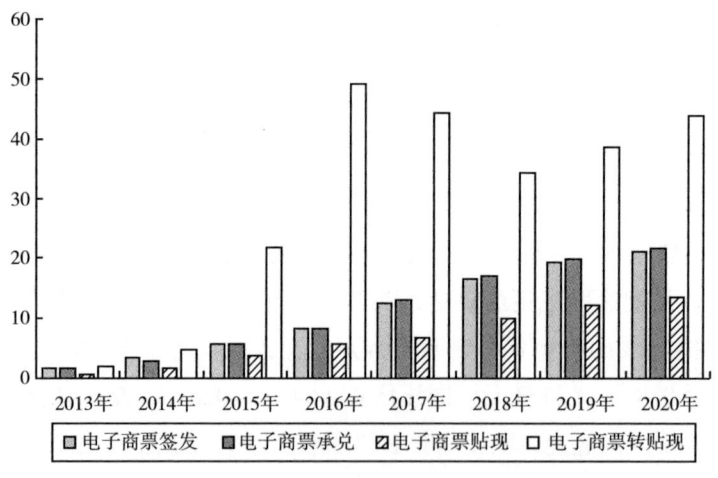

图2　2013—2020年全国电子商票承兑贴现情况②

① 数据来源：Wind。
② 数据来源：Wind。

3.票据利率变动情况

在全国票据市场上,票据贴现率、转贴现率和再贴现率共同构成了票据市场利率体系。票据再贴现率由人民银行控制,贴现率采取在再贴现利率基础上加百分点的方式生成,转贴现率由交易双方自主商定,反映了票据市场供求变动情况。近年来,票据业务的市场化程度越来越高,票据贴现和转贴现率与信贷市场利率以及其他货币市场利率变动联动显著(见图3)。

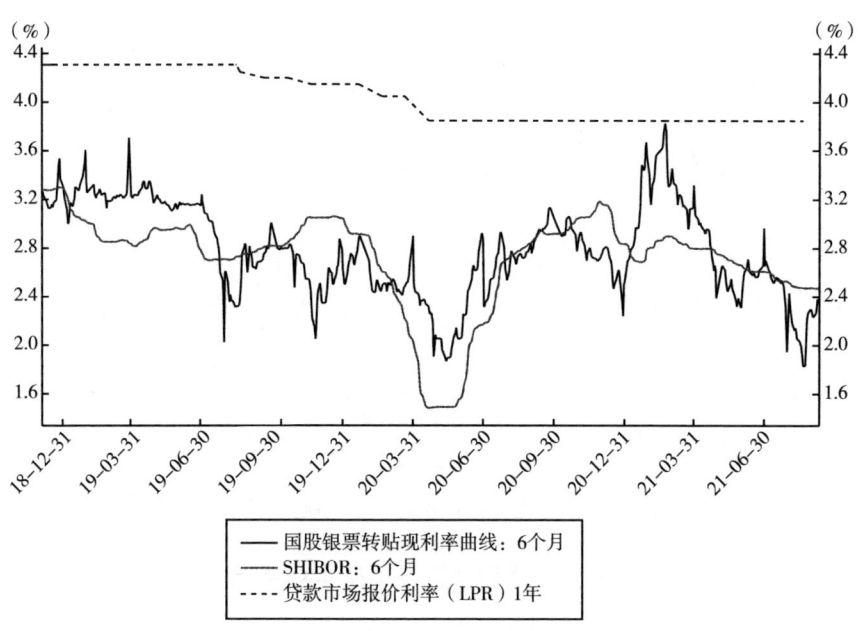

图3 贴现率与银行贷款利率变化对比[①]

(三)十堰市票据市场发展现状

1.票据业务快速发展,在贷款中的比重不断提高

十堰市汽车产业基础雄厚,汽车产业链较完备,由于票据业务手续简单快捷,使用灵活,周期较短,成为汽车产业链上下游企业日常交易结算的主要工具,使用比例超过70%。从统计数据来看,十堰市银行

---

① 数据来源:Wind。

承兑汇票的签发量和余额均在全省地市州(不含武汉)遥遥领先。近年来,十堰市票据业务发展迅速,银行承兑汇票余额从2012年的104.24亿元增加到2020年末的246.52亿元,平均每年增长11.36%;银行承兑汇票累计签发额从2012年的182.12亿元增加到2020年末的445.39亿元,平均每年增长11.83%,超过同期短期贷款平均增速5.5个百分点(见图4)。

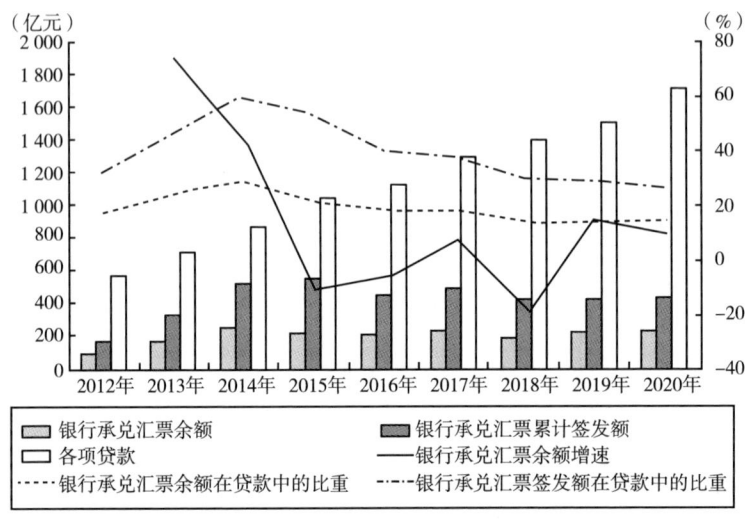

图4 十堰市银行承兑汇票发展情况①

2.票据对大型企业支持作用明显,小微企业受到一定挤压

从企业规模来看,票据业务对大型企业支持作用更加明显。十堰市大型企业银行承兑汇票累计签发额从2012年的66.93亿元增长到2020年的318.99亿元,增长了3.77倍,在全部企业中的比重从2012年的37.95%增长到2020年的72.67%。而小微型企业银行承兑汇票累计签发额从2015年的256.31亿元下降到2020年的55.18亿元,降幅高达78.47%,在全部企业中的比重从2015年的46.24%下降到2020年的12.57%。可见,随着大型企业票据业务规模和比重不断提高的同时,小微企业票据签发规模迅速收缩,市场占比受到明显挤压(见图5)。

---

① 数据来源:中国人民银行金融统计监测系统。

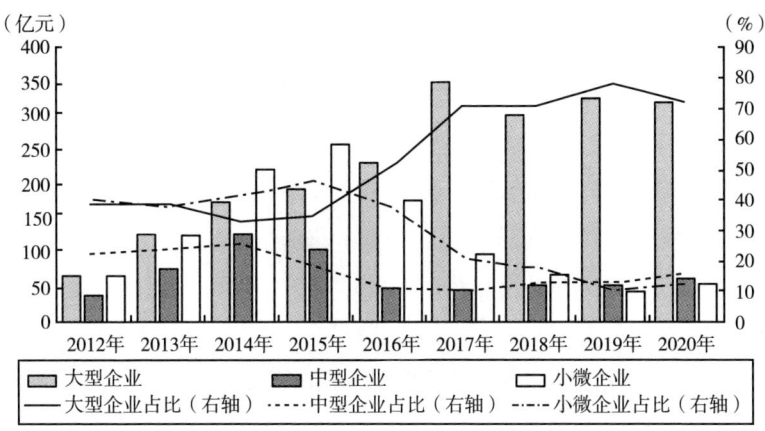

图5 2012—2020年十堰市银行承兑汇票变动情况（分企业）[①]

3.票据主要服务于本地汽车制造业。

从行业分布来看，制造业产业链更长，更青睐于使用票据。十堰市制造业企业银行承兑汇票累计签发额从2012年的93.05亿元增长到2020年的331.98亿元，增长了2.57倍，在全行业中的比重从2012年的52.75%增长到2020年的75.63%。而十堰市是以"东风系"汽车制造业为主，票据融资构成了"东风系"汽车制造业主要日常资金来源，票据在服务本地大型制造企业中的作用更加明显。截至2021年5月末，"东风系"企业银行贷款10.07亿元，票据融资49.83亿元、委托贷款65.06亿元，未到期银行承兑汇票277.76亿元，合计融资余额402.72亿元。贷款、票据融资、委托贷款、未到期银行承兑汇票占融资总额的比例分别为2.5%、12.37%、16.16%和68.97%。委托贷款和银行承兑汇票合计占比为85.13%，构成了资金来源的主要渠道（见图6）。

四、票据业务对货币政策效率的影响——以十堰市为例

票据市场作为重要的金融子市场，不仅是金融机构进行流动性管理的重要场所，也是企业进行短期融资的重要渠道。票据作为一种重要的货币政策工具，主要通过信贷传导机制和利率传导机制影响货币政策效

---

① 数据来源：中国人民银行金融统计监测系统。

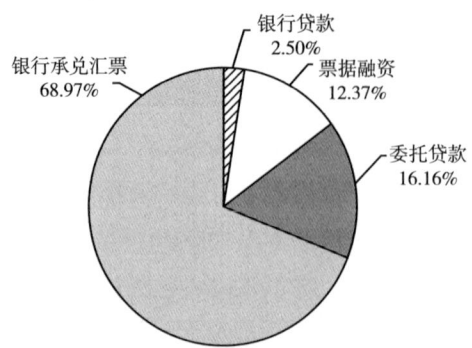

图6 十堰市"东风系"公司融资结构图①

率,利率机制主要体现在全国市场上,在地市级表现不够明显,本文主要分析信贷传导机制。

(一)票据签发和贴现对信贷传导机制的影响

1.票据签发对存款具有引致作用

通过使用银行承兑汇票,市场主体之间的贸易往来不再通过现金或活期存款进行支付结算,票据成为现金或活期存款的良好替代品,具备了信用货币的功效,并通过非足额保证金机制进一步放大信用倍率,因此票据的签发对存款特别是非金融企业存款和活期存款具有较强的引致作用。以十堰市为例,2012—2015年,十堰市银行承兑汇票签发量快速发展,非金融企业存款和活期存款也呈现高速增长,增速均在10%左右;2015—2018年,十堰市票据签发增速放缓,同期非金融企业存款和活期存款增速也显著下降;2018年以来,票据业务恢复增长态势,非金融企业存款和活期存款增速也逐渐回升(见图7)。

2.票据融资对短期贷款具有替代作用

票据的使用为市场主体之间贸易结算提供了支付工具,通过签发银行承兑汇票,市场主体对资金的需要降低,一定程度上挤占了银行贷款,特别是短期贷款,进而对货币政策的信贷传导渠道也产生了一定影响。以十堰市为例,短期贷款曾经是重要的贷款形式,在各项贷款中的比重曾经高达35%,2016年以来,随着票据融资业务的快速发展,票据融资占短

---

① 数据来源:调查所得。

期贷款的比重从2016年的0.99%增长到2020年的37.9%,占全部贷款的比重从2016年的0.32%增长到2020年的7.9%;与此同时,短期贷款增长速度趋缓,短期贷款占全部贷款的比重则逐渐下降,从2015年的35.07%下降到2020年末只有18.7%,票据融资对短期贷款存在明显的挤出效应(见图8)。

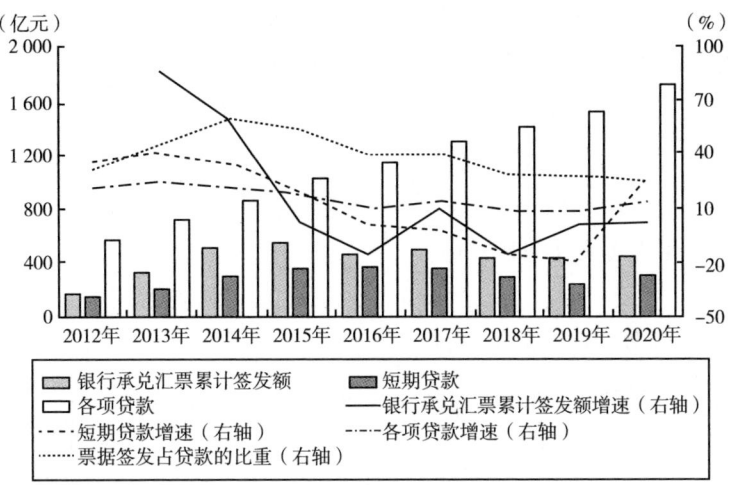

图7　十堰市票据签发与存款变动情况[①]

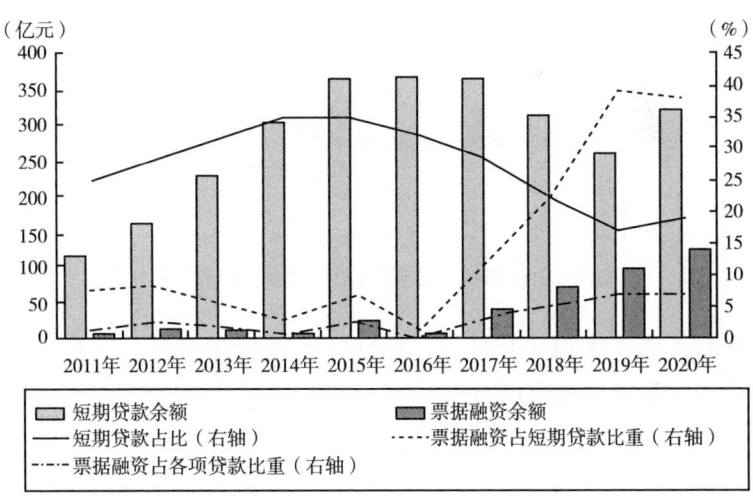

图8　十堰市票据签发与存款变动情况[②]

---

① 数据来源:中国人民银行金融统计监测系统。
② 数据来源:中国人民银行金融统计监测系统。

3. 票据转贴现频繁导致信贷数据失真

票据贴现包含企业直接向商业银行进行贴现、商业银行之间进行转贴现以及商业银行向中央银行进行再贴现，前两者体现了票据的融资功能，因此按规定计入贷款。但随着票据业务的发展，商业银行之间转贴现日益频繁，商业银行之间通过腾挪信贷规模既完成了信贷目标，也实现了盈利，因此票据贴现逐渐成为商业银行进行流动性管理和信贷规模管控的方式，但却导致信贷数据失真，影响货币政策传导效果。数据显示，十堰市近几年票据贴现增速波动幅度较大，与票据签发速度明显不一致，与信贷增速以及地方经济增长速度也不匹配，该现象与票据转贴现频繁有很大关系（见图9）。

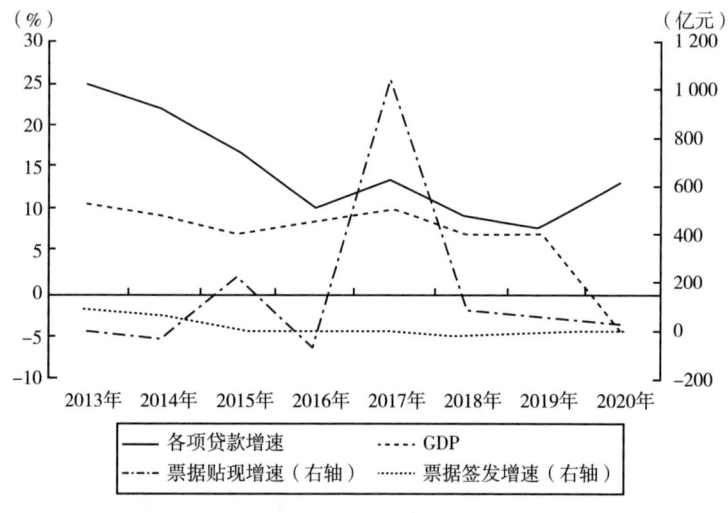

图9 十堰市票据贴现与GDP、贷款变动情况①

同时，为了完成考核任务，商业银行银行往往在季度月份通过票据转贴现业务来保障信贷增长达标，导致票据融资呈现明显的季度月骤增、非季度月骤降的周期变化趋势，影响货币政策的执行效果和力度（见图10）。

---

① 数据来源：中国人民银行金融统计监测系统、十堰市统计局。

票据融资对货币政策效率影响问题研究

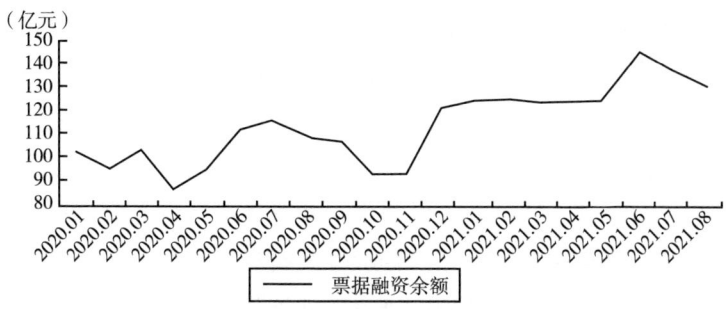

图10　十堰市票据融资余额季度变化情况①

（二）票据发展对实体经济的影响

票据发展对货币政策效率的影响最终体现在对实体经济的支持作用上来。本文研究认为，票据作为一种重要的融资工具，其融资性功能发挥不足，且票据的使用占用了下游企业资金，增加了小微企业经营成本，对缓解小微企业融资和支持实体经济的作用不够明显。

1. 票据融资性功能发挥有待增强

从票据的流动周期来看，票据只有通过贴现才具有融资功能。但十堰市票据贴现规模相较于票据签发来看仍然较小，票据贴现占签发量的比重不到30%，也就是超过七成的银行承兑汇票并没有发挥融资功能，而仅仅作为一种支付工具，票据融资性功能发挥明显不够（见图11）。

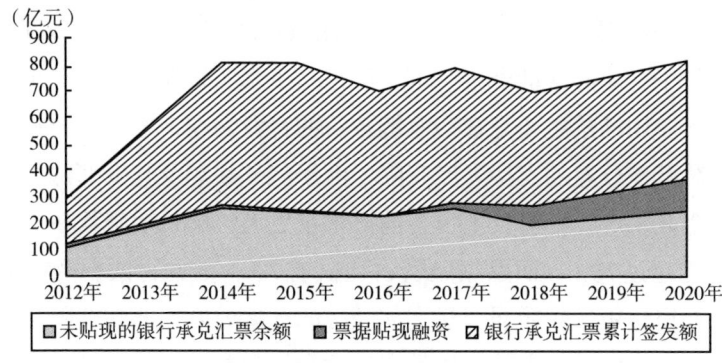

图11　十堰市票据贴现与签发金额的数据背离②

---

① 数据来源：中国人民银行金融统计监测系统。
② 数据来源：中国人民银行金融统计监测系统。

491

2. 票据签发增加了小微企业经营压力

由于签发银行承兑汇票必须具备一定的资质，在银行存有一定的保证金，且签发条件接近银行贷款要求，因此在票据市场上，主要是大型企业签发票据，小微企业作为票据的接收方，因此银行承兑汇票过度使用，导致下游小微企业日常支付困难。调研显示，当前十堰市中小制造企业的货款回笼85%以上都是银行承兑汇票，而目前收到的银行承兑汇票一般为6个月，再加上货款一般滞后结算3个月，导致票据接收方的资金占用至9个月，中小企业普遍反映现金流紧张。加之现有的市场环境鼓励部分资金充裕的企业，宁可通过交存100%的保证金签发银行承兑汇票，赚取银行存款利息，也不会直接用现金进行结算。调查表明，部分汽车经销商拿现金到民间市场打折购买银行承兑汇票，然后全额采购汽车来"两头赚钱"。而对于小微企业来说，作为票据接收方，货款结算都是票据，但企业日常生产中的员工工资、水电费、各种税费等均需要现金，滞后付款一方面加重了小微企业的资金压力，另一方面企业在急需资金的时候通过贴现造成额外支出，大大增加了企业生产经营成本。因此，票据主要是方便了经营条件较好的大型企业日常支付结算，但是对于处于劣势的小微企业不仅没有缓解反而加剧了其融资压力，还增加了企业经营成本。

3. 票据融资对地方经济的支持作用有限

票据的期限一般在一年以内，因此票据融资是一种短期融资工具，主要满足于企业的流动资金需求。但是基于真实贸易背景而产生的票据决定了其应用场景主要是在产业链较长的行业，在十堰市主要是汽车制造业，对其他行业的支持力度有限。由于汽车整车及其零部件生产制造行业，企业生产经营对长期资金的需求量更大，中长期贷款在全部贷款中的占比超过76%，而票据融资占比仅有7%，因此，票据融资对信贷融资的补充作用比较微弱，对实体经济的支持力度也非常有限。同时在GDP核算中，地方重点关注的是存贷款余额和增速，大量签发银行承兑汇票不能带来金融业增加值对应的增加。

五、结论及建议

上述分析表明,票据业务在十堰市发展迅速,规模较大,是一种重要的商业结算工具和短期融资工具,票据的发展对货币政策效率也产生了一定影响。对于信贷传导机制来讲,票据发展对存款有较强的引致作用,对贷款(主要是短期贷款)具有明显的挤出效应,这样一增一减对金融机构存贷比考核形成了一定的压力;但同时票据转贴现也成为商业银行信贷指标的一种途径,通过商业银行之间腾挪信贷规模保障了信贷目标的实现,但导致信贷数据失真,对央行信贷规模管控带来了一定的干扰,也削弱了货币政策实施效果。票据发展对货币政策效率的影响主要体现在票据融资对地方经济的支持作用方面。由于十堰市票据的发展在行业结构和企业结构分布上非常不均衡,主要方便了地方大型制造企业日常贸易结算,为上游企业现金流问题提供了重要的支付工具,但是对缓解小微企业融资的功能发挥不够理想,对地方经济的支持作用发挥比较有限。

因此,为促进票据市场健康发展,进一步发挥票据在传导货币政策和服务地方经济中的作用,提出如下建议。

(一)加强对票据业务的管理和引导,规范票据市场发展

引导金融机构根据国家产业政策和信贷政策取向,积极稳妥地开展票据融资业务,鼓励企业、基层商业银行积极办理票据贴现,满足企业在生产和发展中的合理资金需求;积极引导金融机构妥善协调和处理好票据融资与信贷投放的关系,合理匹配和优化票据融资的期限和品种结构,统筹把握好票据贴现的节奏,在确保金融机构收益率和流动性的前提下,实现票据业务与信贷业务的均衡和可持续发展。同时,加强对票据使用的规范管理,严格执行《票据法》中对出票环节必须有真实贸易关系的规定,谨防签发无对价的汇票骗取银行或者其他票据当事人的资金的行为。

(二)商业银行要规范票据授信,合理进行贴现

在票据签发环节,商业银行要进行有效管控。一是限制商业银行授

信规模。由于银行承兑汇票属于总授信范围，没有太多硬性指标控制，往往存在授信过度，在贷款受总规模控制的情况下，进而出现大量签发银行承兑汇票，通过限定商业银行授信规模可间接控制银行承兑汇票签发量。二是结合商业银行自有资本或相关资产指标，设定银行承兑汇票风险敞口指标，防范银行承兑汇票的过度签发。三是合理搭配不同期限的票据。《票据法》规定银行承兑汇票最长期限不得超过6个月，在实际使用中企业往往直接签发最长期限，即6个月，这样导致占用上游企业资金时间较长。建议出台不同期限银行承兑汇票签发办法，适度限制签发6个月银行承兑汇票，鼓励签发较短（3个月及以下）期限的银行承兑汇票。

在票据贴现环节，商业银行作为企业直接贴现和金融机构再贴现的重要参与方，对贴现市场发展承担着重要的作用。一是在直接贴现环节，商业银行要发挥票据贴现对企业的融资支持作用，在贴现环节也要落实好信贷支持实体经济服务小微企业发展的相关政策，对于高新技术产业、小微企业、绿色型科技型企业等国家重点支持的领域给予差别化的贴现率定价，降低企业票据贴现成本，提高票据贴现融资的便利度。二是合理进行票据转贴现。允许商业银行为了应对自身流动性管理压力进行适度的票据转贴现，但是对于商业银行完成信贷投放任务而进行票据转贴现的行为应予以限制。

（三）加强票据使用和流通管理，适度限制票据使用比例

一是适度限制票据背书转让次数，或者建立统一的转让平台。如可要求票据转让必须通过商业银行或者其他第三方机构，加强对真实贸易背景的审核管理，以防范单纯的买卖票据投机行为。二是限定票据支付比例。完善支付结算办法，设定企业在货款支付中的票据使用最高比例，以防止票据使用的"货币化"加重下游企业的负担。

参考文献

[1] 巴曙松，贾蓓.发展票据市场若干问题研究[J].财会月刊，

2005（05）：15-16.

［2］肖小和，邹江，汪办兴.票据融资与货币信贷市场的相关性研究［J］.金融论坛，2012，017（010）：37-43.

［3］汪办兴.票据融资的影子银行属性辨析与票据市场监管［J］.金融管理与研究，2012.

［4］赵建斌.天津市票据融资与贷款关系研究［J］.青海金融，2014（07）：31-33.

［5］左志方，钟俊.票据业务的信贷属性分析［J］.金融市场研究，2015，No.42（11）：121-128.

［6］Kashyap A K, Stein J C, Wilcox D W. Monetary Policy and Credit Conditions: Evidence from the Composition of External Finance［J］. Social Science Electronic Publishing.1993.

［7］Gertler M, Lown C S. The Information in the High Yield Bond Spread for the Business Cycle: Evidence and Some Implications［J］. Oxford Review of Economic Policy, 1999（03）：132-150.

课题主持人：鲍明星
课题组成员：申　霞　徐佳佳　樊丹丹
执　笔　人：樊丹丹

新支付格局下湖北省务工人员现金使用状况调查研究

——以建筑行业农民工群体为例

中国人民银行武汉分行货币金银处课题组

一、引言

（一）研究的背景和意义

近年来，随着支付结算方式的多样化发展，尤其是数字时代移动支付迅速普及，非现金支付与现金支付互为竞争、互为补充的新支付格局已经形成。由于非现金支付的便利性和低成本效应，越来越多的经济主体在日常生产、生活的经济交易中优先选择非现金支付方式。受此影响湖北省现金投放回笼总体规模逐渐收缩，但个人现金收支占比却不断增长，达到95%以上，占绝对地位。2020年11月，国务院办公厅出台《关于切实解决老年人运用智能技术困难的实施方案》，保障弱势群体利益被更加强调和重视。湖北省是劳务输出大省，在金融普惠政策的指导下，除老年、残疾人等群体外，在外务工的农民工群体的金融服务需求也应被广泛关注，为农民工提供优质、便捷的金融服务是人民银行及金融机构的责任和义务。现金作为基础货币中最活跃的部分，是使用门槛最低的支付手段，是保障金融普惠的重要载体，与农民工日常消费、工资结算等密切相关，在特定季节、特定区域，农民工转移带来的现金流动对现金流通会产生一定影响。本文将聚焦这类群体，选择最具代表性的建筑行业务工人员作为调查样本，运用问卷调查和案例分析的方式，深入研究该群体现金使用特点、偏好成因以及现金服务需求，以点带面对提升农村地区现金服务质量、制定精准现金投放计划、为弱势群体提供个性化现金服务等具有重要意义。

（二）文献综述

有许多文献对不同经济主体和不同行业现金使用情况以及弱势群体金融支持方面进行了大量研究。吴晓芳采用抽样调查的方式对兰州市零售行业使用现金的情况进行了分析，指出兰州市零售行业现金运行的特点是现金收入增加支出减少、大面额的现金需求量较大、"新零售"模式广受欢迎。冯健源综合运用数据详细分析了我国农村劳动力转移的基本规律和当前人民币流通的规律和特点，重点研究探讨当前我国农村居民流动对现金投放回笼的影响。袁军等通过对现金结算方式选择偏好的分析，研究疏通现金流通渠道和规范现金管理的政策建议。汪泉等通过典型调查，对我国个体经营者和私营企业支付结算工具的需求与使用现状进行了实证分析，证明了企业结算渠道选择、现金交易比例与企业类型及经营规模等因素有关。研究发现，个体私营经济存在显著的现金支付偏好，其制度性原因在于社会信用低下和个体私营经营者在一定程度上存在的机会主义倾向。周军等通过问卷调查和现场调研的方式，对不同经济主体的现金使用偏好进行了分析研究。郝英芝研究包括贫困农民、进城谋生的农民工、城市中失业者、高校中的贫困学生等弱势群体金融服务需求、金融支持现状以及存在的问题。郑巧云以具有一定代表性和启发性的东莞700万农民工作为主要调查对象，了解弱势群体金融服务情况，从金融服务供给情况来看，基层金融服务网点减少、银行差别化服务明显，金融服务创新能力弱等问题不容忽视弱，需要从完善制度、组织体系、信用体系和金融创新等多个方面着手，构建为弱势群体提供金融服务的自发性市场机制。

不同微观主体，现金持有、使用特性，现金服务需求有所差异。本文将立足农民工群体，从弱势群体视角探索现金使用特点、偏好成因，并提出相关政策建议。

(三) 调查方法

1. 问卷设计

农民工是我国改革开放和工业化、城镇化进程中涌现的一支新型劳动大军，是推动我国经济社会发展的重要力量。他们的户籍在农村，主要从事非农业生产，有的在农闲季节外出务工、亦工亦农，流动性强，有的长期在城市就业，已成为产业工人中的重要组成部分。随着市场经济的发展，我国农民工人数和其收入都在不断增长。据国家统计局《2019年全国农民工监测调查报告》数据显示，全国农民工总量达到29 077万人，其中本地农民工11 652万人，外出农民工17 425万人，农民工月均收入增长至3 962元。庞大的农民工群体和务工收入已经备受关注，虽然农民工人均收入相对较低，但是2.91亿人的资金存量总额相当巨大，形成的现金需求总量也较大，且随着每年工资收入水平的增长而快速增长。

本文调查对象是湖北辖内建筑企业农民工，他们具有农村户籍，且以七十年代末以前出生、大专以下学历人群为主。本文选择此类人群作为调查对象的原因：一是由于长期以来建筑业都是现金使用量较大的行业，即使处于现金收支总量萎缩的当下，建筑企业每年的现金支出占比仍然稳居前三，是我们重点监测行业。二是近年湖北省市政建设、房地产投资等固定资产项目每年都大幅增长，大量省内外农民工参与到建筑企业项目建设中，具有较为广泛的调查样本。三是从以往的经验数据来看，现金持有和偏好人群年龄相对偏大，知识结构相对偏低。

本次调查分为两部分，问卷调查部分采取简单随机抽样的方法，在全省13个地市州发放回收调查问卷，剔除填写不完整、不符合样本要求的问卷后最终得到1 886份有效问卷。座谈调查部分是通过走访中铁大桥局部分在建项目分包商。

2. 调查对象基本情况

对1 886份有效问卷整理得到，被调查对象的基本信息如表1所示。

表1　　　　　　　　　　调查对象的基本信息[①]

特征	类别	人数	百分比
年龄	40—54岁	1 092	57.9%
	55—64岁	740	39.24%
	65岁以上	54	2.86%
学历	初中及以下	319	16.91%
	高中或中专	1 214	64.37%
	大专	353	18.72%
收入	3万元以下	481	25.5%
	3万—6万元	1 071	56.79%
	6万—10万元	334	17.71%
总计		1 886	100%

表1数据表明：从年龄结构看，40—54岁的受访者最多，占57.9%；其次是50—64岁的受访者，占39.24%。从文化教育水平看，高中/中专人数最多，占64.37%。从年收入结构看，3万—6万元占比最多，达到56.79%，其次是3万元以下低收入占比为25.5%。

二、农民工群体现金使用状况问卷分析

现金是最基础的流通货币，其职能主要通过流通手段、储藏手段和支付手段来体现。我们将从货币这三大职能着手，通过对回收问卷综合分析，从现金持有、现金使用以及现金服务需求三个维度探寻农民工在当前支付格局下的现金使用规律。

（一）现金持有情况分析

1. 农民工群体对现金重要性认可度高。调查显示，仅有5.3%的受访者表示现金不重要，且能够接受"无现金"的情况。

2. 持现习惯依旧，且年龄越大、收入越少、学历越低，持现习惯越稳固。调查显示，66.61%的受访者依旧保持着日常持有和携带现金的习

[①] 资料来源：问卷调查数据整理。

惯,并且日常持有和携带现金的主要目的是"以备不时之需"(占比为61.88%)和"有使用现金习惯"(占比为30.99%)。从结构来看,40岁以上各年龄段受访农民工持现占比平稳上升,年收入3万元以下农民工持现占比高达83.33%,是其他收入水平2倍以上,学历较低的农民工持现占比80.41%。从金额上看,农民工日常持有和携带现金数量主要集中在1 000元以内,占比为78.3%,1 000元以上占比22.7%。

3.农民工返乡带来的跨区域现金流动减少。长久以来,春节前农民工携带现金返乡是该群体一大特性,随着非现金支付方式的不断渗透以及跨区域存取款服务不断优化,越来越少的农民工携带现金返乡或者携带少量现金返乡,跨区域现金流动减少。调查显示,43.49%的受访农民工会携带现金返乡,且绝大多携带现金金额控制在2万元以下。现金取款便捷程度和取款成本(见图1)问题是其仍保持携带现金返乡习惯的主要原因。

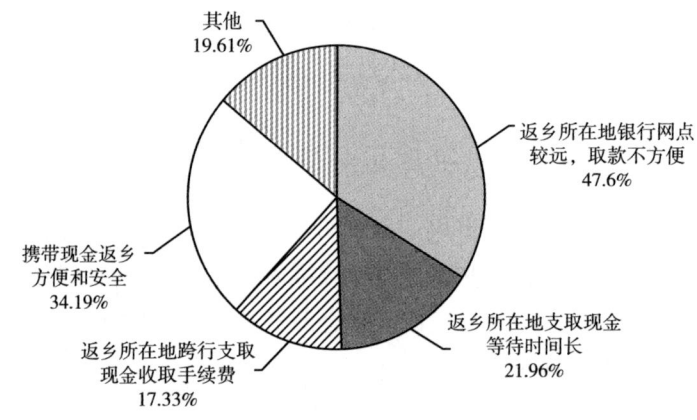

图1　农民工携现金原因[①]

4.工资收入是持有现金的重要来源。除通过银行柜面或自助设备取款补充现金外,农民工持有现金的另一个重要的来源是建筑企业工资发放。调查显示,89.21%受访农民工表示每月都会收到雇佣企业以现金形式发放的固定生活费用。

---

① 本调查问卷选项为多选,所以总比例超过100%。

（二）现金使用情况分析

1.大部分农民工习惯使用现金，但是现金使用量和使用频次整体下降。与当前现金交易量显著下降趋势相同，虽然大部分农民工群体仍然保持着使用现金的习惯（32.4%经常使用现金，53.31%有时使用现金），但现金使用量和使用频次整体下降。调查显示，94.51%的受访者表示现金使用量较往年明显减少，日常用现金额也多在500元以下，占用现人数的78.42%，每月使用现金的频率平均仅为8.21次。

2.使用现金的券别、时间和场景更加集中。即表现为现金支付已由各面额、全券别支付向大面额集中，出于携带便利性考虑，农民工更偏好支取100元、50元这类的大面额纸币。现金使用场景已由生产生活全场景向局部、个别场景集中，过节红包、人情往来等场景用现比例最高（见图2）；现金流通时间已由全年度各个时段向某些特殊时段集中，在特殊时点往往有较大的现金需求：如春节期间，农民工往往有人情往来以及博彩娱乐的需要，因此一般倾向于在春节前集中取现；在9月开学季前，农民工需要为子女缴交学费，也需要大量支取现金。调查显示，春节、开学前后等时间段农民工现金使用量占全年总量的58.13%。

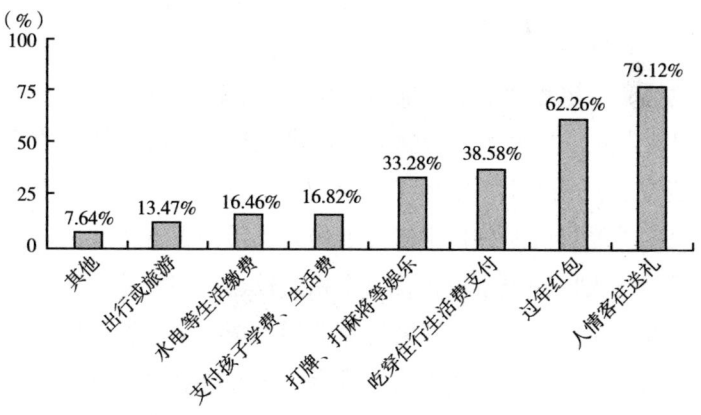

图2　使用现金的券别、时间和场景

（三）现金服务需求分析

随着地方政府和社会各界对劳务输出引导和培训工作的关注和重

视,近年来各地农民工的文化素质及技能水平均有所提高。在市场经济的熏陶下,农民工享受金融服务的意识逐渐增强,农民工对现金服务需求已由传统、单一的现金存取服务向多元化、便捷的现金服务转变。他们会主动兑换零币、残币,有主动学习人民币知识的渴望,长期在外工作的农民工更有希望家中老小存取现金便捷的需求。此次调查显示:农民工群体对金融机构提供的现金服务满意度达到78.14%,但是仍有22.86%受访农民工不满意。农民工的现金服务需求满主要表现在以下几个方面:

1.现金存取款服务需求。现金存取服务是现金服务中的最基础部分,据调查,农民工群体作为外来务工人员,其在务工地较少消费,收入主要是汇回或带回家乡。因此"务工地存款,返乡地取款"的情况较为普遍。存取款便捷、手续费低廉是他们最为急迫的需求。而实际调查中发现,存取款服务排队等候时间长(62.32%)、网点距离远不方便(38.77%)、自助设备不能足额取现(36.96%)等问题依旧存在。

2.现金兑残、兑零需求。近年来,全省各地货币金银部门每年都会处理大量的火烧、虫蛀、鼠咬等特残币兑换业务,少则几百元,多则几千、几万元,多是农民工家中老人平时现金积蓄。调查发现,42.39%的被访农民工反映金融机构对其或家人的残损币,尤其是损毁较为严重的残损币兑换,一定程度上存在推诿、服务态度较差的现象。

3.银行汇兑、反假币等金融知识需求。由于人民币知识的缺乏,农民工上当受骗或遭受损失的情况屡有发生。调查显示,仅有23.34%的被访农民工接受过金融机构组织开展的人民币知识宣传和培训,这个占比程度显然与人民知识全覆盖普及率相差较远。在汇兑方面,有的农民工对汇兑业务了解不够,为节省汇兑费用,选择自己携带现金回家,一定程度上增加了丢失甚至被盗抢的风险。66.1%的农民工曾收到过假币,79.6%的被访农民工希望了解反假币知识,可见多数农民工尚不完全具备识别假币的技能。近年来,农民工在务工城市遭遇拒收现金情况也有发生,但是选择投诉维权的农民工几乎为零,合法的金融消费者权益无法得到保障。

三、影响农民工用现规律的原因分析

影响农民工用现规律的因素很多,主要有主观和客观两个方面。

(一)农民工主观因素

1.习惯持续性。农民工是在城市务工的农村居民,与城市的融入度较低,较多地保持着原有的生活习惯和思维定式。农村地区是现金使用重点区域,长期以来农村居民不论是吃穿住行的日常生活消费,还是在孩子压岁钱、老人红包、结婚礼金以及博彩娱乐的场景中,始终偏好使用现金。偏好使用现金的习惯不会因为进城务工而在短时间内彻底改变。

2.农民工群体特性。一方面,农民工年龄偏大,知识水平有限,工资收入不高的群体特征较为明显,调查显示,目前建筑业企业招用的农民工群体中,45岁以上的人群占比超过80%,他们对于非现金支付方式的接受程度较弱,更愿意接受无成本、直观的现金结算方式,并且他们对资金抗风险能力差,持有现金较为普遍。另一方面,农民工消费结构较单一化,主要把务工收入储蓄起来用于养老、盖房、子女教育、医疗等方面,日常享受型消费较少,因此农民工现金使用的场景和时间相对集中。

3.农民工流动性。信息时代下,由于信息渠道畅通,交通运输便利,农民工出于对高收益的追求,在不同地区或建设项目间的流动性大大增加,农民工与用人单位之间难以形成固定劳务合同关系。因此,为了及时获取劳动报酬及便利性考虑,农民工往往要求对工资费用采取日结日清或一次性结算的现金支付方式。

(二)外部客观因素

1.行业习惯。当前建筑行业仍然是现金支出量较大的行业,其中一个主要的用现途径是农民工工资结算。建筑业企业理论上应按照项目工程结算进度给农民工发放工资,但调研显示建筑业企业有着特殊的工资结算习惯,即日常仅按照最低标准发放生活费,但会选择春节、端午、中秋等重大节假日前以及九月开学季前给农民工进行阶段性工资结算发放。一方面,建筑业企业存在很多短期项目用工需要,因无法在短时间内给招聘的农民工开立银行账户,因此只能采用现金结算方式支付工资费用。另一方面,目前人力资源与社会保障部门要求相关企业为发放农民工工资设立专户,并且出于监管资金流向需要,农民工工资专户被禁止使用网银,造成建筑业企业只能去网点现场办理工资转账手续,发放流程较为烦琐,耗时耗力,因此企业在超过农民工工资专户发放标准之外的部分更愿意使用现金进行工资发放。

2. 服务成本。农民工工资收入主要是向家乡地流动,每年农民工通过汇款或携带现金带来的资金流动巨大。2016年12月,中国人民银行出台"同一银行异地取款转账免手续费"相关规定,异地银行卡汇款成本有所下降,但相比现金流动的零成本,跨省跨行转账手续费仍然较高,以工、农、中、建、交五大行汇款手续费为例(见表2)。而且拥有大量农民工客户的地方性农商行汇款费率优惠仅限农民工户籍所在省,并未建立起全国性支付网络,若农民工跨省打工,则无法享受汇款手续费减免的优惠,这印证了农民工春节返乡携现金额虽有下降,但是这一习惯并未完全被替代。

表2　　　　　　　　部分金融机构汇款手续费统计[①]

转账金额	银行	柜台	ATM
2 000元以下	工商银行	2元/笔	2元/笔
	建设银行	2元/笔	2元/笔
	中国银行	2元/笔	2.4元/笔
	农业银行	2元/笔	2元/笔
	交通银行	2元/笔	1.6元/笔
2 000—5 000元	工商银行	5元/笔	5元/笔
	建设银行	5元/笔	5元/笔
	中国银行	5元/笔	6元/笔
	农业银行	5元/笔	5元/笔
	交通银行	5元/笔	4元/笔

---

① 数据来源:互联网数据整理。

续表

转账金额	银行	柜台	ATM
5 000—10 000元	工商银行	10元/笔	10元/笔
	建设银行	10元/笔	10元/笔
	中国银行	10元/笔	12元/笔
	农业银行	10元/笔	10元/笔
	交通银行	10元/笔	8元/笔
10 000—50 000元	工商银行	15元/笔	15元/笔
	建设银行	15元/笔	15元/笔
	中国银行	15元/笔	18元/笔
	农业银行	15元/笔	15元/笔
	交通银行	15元/笔	12元/笔
50 000元以上	工商银行	0.03%，50元封	不支持
	建设银行	0.03%，50元封	不支持
	中国银行	0.03%，50元封	不支持
	农业银行	0.03%，50元封	不支持
	交通银行	0.03%，50元封	不支持

3.农村地区现金服务基础环境。农民工用现大量集中在春节前后，农民工返乡地提供的现金服务基础环境好坏直接关系到农民工用现的体验感。然而，银行业金融机构以追求利润最大化为目标，在驱利性作用下，一方面其网点裁撤速度加快，2018—2021年全国累计有10 790个银行网点终止营业，与网点同时减少的还有ATM自动存取款机，银行网点裁撤同样包括农信社和村镇银行，农村地区银行网点数量减少，且分布零散，现金自助设备配置、柜面人员数量都在不断压缩，现金服务基础环境整体更加薄弱。以湖北省为例，据统计目前湖北省全国性涉农金融机构乡镇级以下营业网点数量不足乡镇数量的一半（见表3）；另一方面，金融机构为压缩成本，会降低对农村偏远地区现金调运和配送频次，尤其是小面额纸币和硬币。

表3　湖北省主要涉农金融机构乡镇级以下网点数量情况统计　　单位：个

网点数量	农商行	邮储银行	农业银行	全省乡镇个数
乡镇及以下网点数	1 270	897	314	940
乡镇平均网点数	1.35	0.95	0.33	2.63

四、政策建议

现金支付适用于所有社会群体，与用户身份没有任何关联，与社会阶层、年龄性别、知识技能等都无关，具有有力的支付能力和广泛的支付范围，在现阶段仍然是重要的、最普惠的支付工具，是保障金融消费者权益的底线。因此，作为货币发行部门要守好这个底线，为社会主体，尤其是弱势群体提供优质的现金服务。

（一）密切关注弱势群体现金需求，提升现金服务普惠深度

以农民工为典型代表的弱势群体往往具有年龄大、收入水平和文化水平低的特点，其跨越数字鸿沟的能力更弱，对现金的依赖度相对较高。人民银行应对这类弱势群体的现金需求给予更多关注，坚持需求导向，建立多元化信息反馈机制，根据不同弱势群体的群体性用现特征，实行分类管理，制定精准的现金服务政策，提升现金服务普惠深度。

（二）优化现金服务支点功能，切实提升农村地区现金服务质量

农民工群体与农村地区有天然、紧密联系，其仍然是现金使用的主群体，且现金使用区域仍以家乡农村地区为主。因此，人民银行发行部门应坚持"以农村为重点"的工作思路，建立和优化农村现金服务支点，延伸农村地区现金服务的触角。目前湖北省以人民银行为主导、涉农金融机构配合，在村组选择相对较好、人流量较大的地理位置，资金汇集的商店、超市、小卖铺等位置共同建立了1 071个反假货币和现金服务乡村工作站，为农村居民提供在"家门口"存取款、真伪鉴定、新钞供应、残币兑换等现金服务，弥补农村地区因金融机构网点不足，现金服务不便捷的短板，大大降低农村居民获取现金服务的时间成本。未

来，人民银行应不断优化现金服务支点功能，维护支点运行持续性，为长期有效提升农村现金服务质量贡献力量。

（三）加强对涉农金融机构管理和支持，形成良好的现金服务基础网络

长期以来，涉农金融机构是为农民工等弱势群体提供现金服务的主力军，因此必须加强对涉农金融机构的管理和支持。一方面，人民银行要强化对涉农金融机构的管理，推进农村金融基础设施建设，打通金融机构间，尤其是涉农金融机构与其他金融机构间低成本的存取款、汇兑款渠道，充分发挥银行卡异地结算功能，满足农民工异地结算需求。同时要强化柜面业务人员的服务意识和服务技能，提升现金服务水平。另一方面，要加强对涉农金融机构现金服务政策支持，提供多券别的现金供应，针对农村地区小面额现金供应阶段性不足问题，建立小面额现金"直投到乡"供应模式，为涉农金融机构网点配足小面额现金，确保其小面额现金供应服务。同时要健全残损人民币协调缴库机制，定期组织开展金融机构之间的残损人民币协调缴库业务，解决金融机构在办理残损人民币回收业务过程中产生的不成捆、不成千元整数倍不能办理入库的问题，有效控制金融机构残损人民币库存，降低金融机构现金服务成本。

（四）加大宣传力度和及时性，提升金融知识普及

针对不同群体特性和关注度，有针对性地开展符合群体特性的金融知识宣传，积极探索适合弱势人群的人民币知识和现金服务政策的宣讲途径，充分发挥金融机构主力军作用，及时将新政策、新知识、新活动宣传到位。针对农村地区实际，可选在春耕、夏秋收等较为重要的农村经济时间节点开展宣讲活动。针对农民工群体，可以通过进工地、进单位等方式走进现场开展群体重点关注的现金服务政策和知识宣传。同时，加强非现金支付方式宣传，进一步推动移动支付普及，培育农民工及农村地区用现群体对电子支付工具的使用习惯。

参考文献

［1］吴晓芳.零售行业现金使用情况及应对策略［J］.甘肃金融.2021（02）.

［2］冯健源.当前我国农村劳动力转移对现金流通的影响［D］.郑州：郑州大学，2010.

［3］周军.不同经济主体现金使用偏好研究［J］.武汉金融，2011（11）.

［4］郝英芝.弱势群体金融支持研究［D］.保定：河北大学，2006.

［5］尹志超，公雪，潘北啸.移动支付对家庭货币需求的影响［J］.金融研究.2019（10）.

［6］凌海波，金晓燕.满足农民工金融需求意愿的策略研究［J］.浙江金融.2008（08）.

［7］付星星，闵方静，陈军.基于马尔可夫链的移动支付对现金替代影响研究［J］.上海金融.2019（10）.

［8］孙金岭.对农民工金融需求与服务情况的调查［J］.河北金融.2012（12）.

课题主持人：王以成
课题组成员：祝　玲　陶　莹　黄　明
执　笔　人：陶　莹

"房住不炒"背景下房产价值区域差异的影响研究

中国人民银行武汉分行货币信贷处课题组

摘要： 在中央连续五年定调"房住不炒"、开展系列调控的背景下，房产正在逐步回归居住价值。围绕房产"居住"属性，从供给、需求两方面梳理房产价值的非政策性影响因素，以全国不同发展水平的20个城市为样本进行实证研究，将有关影响因素总结为发展性影响因子和禀赋性影响因子，分析各因素对不同类型城市的影响效果差异，对下一阶段金融政策"因城施策，促进房地产业良性循环和健康发展"提供参考。

关键词： 房产价值；影响因素；区域差异；主成分回归

一、选题背景

自2001年起，我国房产市场步入高速发展阶段后，房产一度成为投资、投机对象，价格与居住价值出现大幅度偏离，带来了房产市场的非理性繁荣，影响了居民的合理自住需求保障，也造成了生产建设领域的资金"挤出"。2016年中央经济工作会议提出"房子是用来住的，不是用来炒的"，此后宏观经济政策、货币政策毫不放松地遏制"炒房"行为，特别是2021年以来，房地产行业去杠杆、控风险"三道红线"和个人住房贷款"五档管理"等系列出台，房产市场加快回归理性发展，2021年商品房销售额增长4.8%，增速为近5年最低，9月以来70个大中城市商品住宅销售价格环比持续下降。

在"自住消费品"定位下，房产的不可移动性和消费本土性使得房产价值的地域分化进一步明显。2021年中央经济工作会议再度强调坚持"房住不炒"的定位，并强调"因城施策""支持商品房市场更好满足购房者合理需求"。为此，本文重点研究房产去"金融属性"后，哪些非政策因素影响不同区域的房产价值？如何针对这些影响因素的作用，差异化调控、引导房产市场稳健发展，为后续相关调控政策提供参考。

二、相关理论和文献综述

（一）房产价值影响因素相关理论

1. 定价理论

定价理论可以指导房产价值的底线，为研究区域房产价值差异提供参考。从生产者看，房屋价值的底线是造房成本，包括地价、建筑材料、人工、销售费用之和。从消费者来看，房产价值的底线是房屋所有权的折现。

2. 市场机制

在房产市场中，房产价值由价格来体现，主要受供求机制影响。当房产市场供大于求时，属于买方市场，买方在交易房产时处于有利地位，供求机制发挥作用，房产价值会呈现下降的趋势；当房产市场供小于求时，属于卖方市场，卖方处于有利地位，此时供求机制会使房价上升。房产市场的价格会随着其价值波动，当价格高于价值时，买方认为房产市场价格过高，从而销量受到影响，受到抑制，此时会表现为供大于求，直至供求平衡，价格与价值基本一致。

3. 城市化理论

城市化的实质是农业人口和用地转为城市人口和用地。从世界城市化进程来看，一般当一个国家城市化水平升高后，住房需求也跟着升高，房产市场也因此得到较快的发展。由于近20年来我国一直处于较快的城市化进程，因此对房产市场发展的影响不可忽视。

4. 宏观调控机制

指国家运用货币政策、财政政策和土地政策等，从宏观的角度参与指导、监督房产市场的发展，从而促进房产市场达到供求平衡。从各国的房产市场实践经验来看，房产的市场机制存在市场失灵，政府有必要进行房产宏观调控。

（二）关于房产价值影响研究的文献综述

在房产价值影响因素方面，王岳龙、武鹏（2009）用2002年3月到2008年6月中国28个省的面板数据分析表明，由于土地招拍挂的实行，使得全国房价整体水平提高了13.2%。温海珍等（2010）用全国21个城市2000—2005年的样本资料分析表明，房价与地价之间存在内生性关系，并且房价处于主导地位，且人口对房价有显著的影响作用。梁云芳、高铁梅（2006）用2001—2006年的宏观数据和MTV模型的分析显示，土地交易价格的变动对住宅价格的变动有较大的同向影响。

房产价值的区域差异方面，米晋宏、刘冲（2017）利用我国90个地级市2010年至2013年的新建住宅均价数据研究发现房产开发投资（住宅）占GDP比重越高的城市，限购抑制房价的效果也越强。江丽和钟荣桂（2017）从中国35个城市2010—2016年的土地供应政策变化得出土地供应调控和"限购"政策对房价的显著正向作用，但"限贷"和住房规划政策对房价的作用与预期相反。沈悦、刘洪玉（2004）对中国14个城市住宅价格与经济基本面的关系进行实证研究，表明：14个城市经济基本面的当前信息和历史信息都可以部分解释住宅价格水平或者变化率。Abraham和Hendershott（1989）揭示了房产价格与建设、就业率和收入直接相关，而价格上涨幅度和利率呈负相关。Ortalo-Magn和Rady（2004）分析了英格兰和威尔士住宅交易量与宏观经济波动之间的关系，认为住宅需求的波动是房产交易变化的关键因素。

综合文献观点来看，在不考虑投资、投机性购房需求和政策调控因素的情况下，土地、经济增速、城市建设、收入、就业被较广泛地证明短期内与房产价值有直接关联。

三、我国房产价值区域差异的非政策影响因素梳理

（一）需求端影响因素

1. 人口因素

人口因素通过影响市场需求影响房价。人口规模和人口密度不同的城市，房价一般表现出显著差异。本文选取各城市2019年末区域常住总人口作为衡量人口的指标。

2. 收入因素

百姓的购买力和消费力水平直接影响到人口的实际支付能力，当收入增加时，人们会改善生活条件，出现对房产的需求，从而影响到房产价格。本文选取各城市2019年末人均可支配收入作为衡量收入的指标。

3. 经济增长因素

宏观经济因素通过当地经济增长、物价水平和人口结构，导致房产消费需求的差异，进而影响区域房产价值。本文选取GDP作为衡量区域经济发展水平的指标。

（二）供给端影响因素

1. 资本因素

房产行业是资金密集型行业，房地产投资总体现地方房产市场建设的重要资金保障。本文将房产投资开发额作为资本的具体衡量指标。

2. 建设成本因素

房产建造成本包括原材料成本、人力资源成本、设计和项目管理等。受近年大宗商品价格上涨影响，房产建筑成本对房产价值波动的影响较为明显。选择房屋造价指数（房屋完工价值÷房屋完工面积）作为区域建筑成本的衡量因素。

3. 城市规划土地

土地供应是房产价值的重要影响因素。城市规划面积的不同通过影响土地供应进一步造成房产价值的差异。因此将土地购置面积作为城市规划土地的衡量指标。

4. 地方财政支出

自分税制度改革后，地方政府收入来源有限，经济发展较慢的城市一定程度上更加依赖"土地财政"。财政支出规模与财政收入的缺口，将影响政府"卖地"冲动，进而影响房产价格。因此本文将地方财政支出作为具体衡量指标。

5. 交通基础设施

一个地区的道路基础设施反映该地区经济发展潜力，进而影响房产商的投资选择。选择人均道路面积作为交通基础设施的衡量指标。

6. 第三产业发展

第三产业具有强大的吸纳就业的能力，一定程度上可以反映城市为外来人口提供就业的实力，选择第三产业在GDP中的占比作为第三产业发展的衡量指标。

在兼顾"指标代表性、数据可采集"的前提下，梳理上述非政策性影响因素如表1所示。

表1　　　　房产价值非政策性影响因素指标体系表

被解释变量	理论依据	解释变量
Y 各地房产平均价格（元/每平方米）	需求端因素（X_1—X_3）	X_1 城市常住人口（万人）
		X_2 城市GDP（亿元）
		X_3 城市人均可支配收入（元）
	供给端因素（X_4—X_9）	X_4 房产投资开发额（亿元）
		X_5 房屋造价指数（元/平方米）
		X_6 土地购置面积（万平方米）
		X_7 地方财政支出（亿元）
		X_8 人均道路面积（平方米）
		X_9 第三产业占比（％）

四、房产价值区域差异的非政策影响因素统计分析

（一）样本情况和数据来源

选取20个经济发展阶段有一定代表性的城市（北京、上海、广州、

深圳、杭州、南京、重庆、成都、武汉、西安、无锡、佛山、合肥、大连、福州、汕头、湖州、盐城、潍坊、洛阳）作为研究样本。相关数据来自于《中国统计年鉴2019》《中国城市统计年鉴2019》、安居客网站。为与数据保持一致，城市类型划分参考国家统计局当年发布房产价格时对一二三线城市的划分（为进一步细分经济发展阶段的差异，参考2019年新一线城市商业魅力榜单，将二线城市中的杭州、南京、重庆、成都、武汉、西安作为新一线城市）。

（二）样本城市房产需求端因素情况分析

对每类城市的房价和房产需求侧指标进行均值统计，统计情况如表2所示。四类城市GDP上的差异与房价差异相匹配；人口方面新一线城市人口高于一线城市，但房价居于第二，其他城市房价高低虽然与人口规模大小相匹配，但房价差异比人口差异更大，显示人口在某些城市发展阶段对房价影响不如GDP那么大；人均可支配收入方面二线城市高于新一线城市，但房价低于新一线城市，其他城市房价高低与人均可支配收入多少相匹配，显示人均可支配收入和人口一样对房价有影响作用，但作用会受到某些条件限制。

表2　　　　　　　样本城市房产需求端影响指标统计表

城市类型	房产均价（元）	城市人口（万人）	城市GDP（亿元）	人均可支配收（元）
一线城市样本	48 651.75	1 873.14	31 027.73	64 950.00
新一线城市	16 735.80	1 481.36	15 927.13	46 027.00
二线城市	14 549.20	725.18	9 098.80	41 702.80
三线城市	8 647.40	640.70	4 512.16	27 569.20

（三）样本城市房产价值供给端因素情况分析

对每类样本城市的房价和房产供给侧指标进行均值统计，统计情况如表3所示。可以看出，一是四类城市房产开发投资、地方财政支出、第三产业占比与房价差异是同向的，但除地方财政支出、房屋造价指数以外，其他因素的区域差异程度与房价的区域差异程度不相匹配（如新一线城市与一线城市房产投资接近但房价悬殊，二线城市比三线城市房产投资多3倍，但房价只高出1倍）。二是人均道路面积与房价的差异则是反向的，且二者差异程度较为匹配。三是一线城市土地购置面积与房价差异程度是反向的，其他城市房价与土地购置之间差异是同向的，但差异程度不相匹配。一线城市土地购置低于新一线城市和二线城市土地，但房价是最高的，可能与这一类城市土地可利用资源已到达瓶颈有关。

表3　　　　　　　　样本城市房产供给端影响指标统计表

城市类型	房产开发投资额（亿元）	房屋造价指数（%）	土地购置面积（万平方米）	地方财政支出（亿元）	人均道路面积（平方米）	第三产业占比（%）
一线城市	3 062.29	4 925.45	170.58	5 450.68	7.46	70.51
新一线城市	2 916.90	3 653.22	415.79	2 154.16	13.29	57.38
二线城市	1 247.52	3 079.25	206.09	957.55	17.76	49.66
三线城市	384.23	2 915.77	139.45	558.69	20.71	47.18

五、房产价值区域差异非政策影响因素实证研究

（一）研究假设

根据理论分析和经验性判断，就上述供需因素对区域房产价值差异的影响，作出如下两项假设。

H1：需求因素对房产价值区域差异有显著正向影响。

H1a：人口、收入、宏观经济对我国房产价格区域差异没有显著正向影响

H2：供给因素对房产价值区域差异有显著正向影响。

H2a：资本、建设成本、购置土地面积、地方财政支出、人均道路面积、第三产业占比对我国房产价格区域差异没有显著正向影响。

（二）因子分析

主成分分析需要样本量与变量指标充分并且有效，同时变量之间拥有一定的相关性，才能把相关性强的变量归入到同一个公因子中进行分析。本文对数据进行无量纲化处理和标准化处理，先用Pearson法进行相关性检验，显示大多数指标高度相关，直接对这些指标变量进行分析会带来严重共线性问题，需要先通过因子分析进行降维。

1. 巴利特球度检验及 KMO 度量检验

通过做KMO与Bartlett检验，得到Kaiser-Meyer-Olkin取样适当性为0.73，在0.5—0.8之间，适合做因子分析。同时Bartlett球形度检验的显著性（Sig）为0，小于0.05，说明变量指标之间存在较强的相关关系。综上可以看出所选取的解释变量指标适合做因子分析以及回归分析，同时因子分析结论是可靠的（见表4）。

表4　**KMO和Bartlett检验**

KMO和Bartlett的检验		
取样足够度的Kaiser-Meyer-Olkin度量		0.73
Bartlett的球形度检验	近似卡方	160.795
	df	36
	Sig.	0

2. 特征值提取

通过SPSS因子分析步骤我们可以得出特征值大于1的数目有3个，对应的累计方差贡献率分别为三个特征值总的累计方差贡献率为90.126%，接近91%的提取比例，所以可以得到此次公因子提取是成功的，公因子的个数2个，也就是说，2个公因子就能表达我们9个变量的绝大部分信息，下面为了便于运用及解释我们将2个公因子分别命名为F_1、F_2。

3. 因子命名

由表5可知，变量X_2、X_3、X_4、X_5、X_7、X_8、X_9对第一主因子影响最

大。其中，城市GDP反映了城市的发展情况，人均可支配收入决定了消费者的购买力，人均道路面积反映了该城市安排的合理性，而房产开发投资额和房屋造价指数共同反映了房产开发程度，第三产业占比反映了该城市第三产业的发展状况，将其归类为影响房价的发展性因素。变量X_1、X_6对第二主因子的影响最大，由于人口与土地面积组成均与城市自身先天资源关系较大，将其归类为影响房价的禀赋性因素。通过提取这2个因子可以基本反映全部指标的信息，所以决定用2个新变量来代替原来的9个变量。

表5　　　　　　　　　　因子得分系数矩阵

指标	成分1	成分2
X_1	0.499	0.833
X_2	0.968	−0.07
X_3	0.754	−0.539
X_4	0.905	0.27
X_5	0.833	−0.18
X_6	0.26	0.93
X_7	0.925	−0.019
X_8	−0.692	0.071
X_9	0.818	−0.259

提取方法：主成分分析法。a.已提取了2个成分。

4.计算因子得分

根据表5及方差贡献率值可计算各公共因子的得分，得分反映被解释变量受此因子影响的程度（见表6）。

从表6、表7可以看到，公因子F_1的排名中，大多一线及新一线城市排名靠前，公因子F_2的排名靠前的主要集中于新一线及二线城市。公因子F_1（发展性因素）对一线城市及新一线城市影响较大，而公因子F_2（禀赋性因素）对新一线及二线城市作用较大。

表6　公因子F_1（发展性因素）得分及排名情况表

城市	得分	排名	城市	得分	排名
上海	2.366 34	1	佛山	−0.416 69	11
北京	1.633 26	2	福州	−0.426 11	12
深圳	1.013 67	3	合肥	−0.459 84	13
重庆	1.012 29	4	无锡	−0.492 09	14
广州	0.905 41	5	大连	−0.657 88	15
杭州	0.567 54	6	汕头	−0.883 87	16
成都	0.194 34	7	盐城	−0.970 03	17
南京	0.123 85	8	洛阳	−0.993 79	18
武汉	0.028 50	9	湖州	−1.071 64	19
西安	−0.179 77	10	潍坊	−1.169 64	20

表7　公因子F_2（禀赋性因素）得分及排名情况表

城市	得分	排名	城市	得分	排名
重庆	3.780 64	1	武汉	−0.210 77	11
成都	0.553 65	2	南京	−0.316 68	12
合肥	0.363 94	3	佛山	−0.347 05	13
福州	0.220 83	4	大连	−0.358 49	14
西安	0.163 36	5	杭州	−0.497 92	15
盐城	0.107 81	6	无锡	−0.572 99	16
潍坊	0.080 74	7	北京	−0.595 98	17
洛阳	−0.092 71	8	广州市	−0.619 45	18
汕头	−0.100 55	9	上海	−0.677 06	19
湖州	−0.168 36	10	深圳	−1.029 64	20

（三）回归分析

1. 模型构建

将9项因素压缩为发展性因素与禀赋性因素两项主成分后，采用截面数据对我国4个类别20个城市的样本数据回归分析，进一步分析主成分对不同城市的影响情况。多元线性回归是用多个自变量的组合拟合或估计因变量的一种回归分析方法，适用于分析某种社会经济现象受到多个因素影响的情况。现假设多元线性回归方程为：

$$Y=b_0+b_1x_1+b_2x_2+b_3x_3+b_4x_4+b_5x_5+b_6x_6+b_7x_7+b_8x_8+b_9x_9+\varepsilon \quad (1)$$

方程里 b_i（$i \in 1-9$）为回归系数，b_0 为截距（常数项），ε 为随机误差。该多元线性回归方程成立需要：（1）各自变量 X_i（$i \in 1-9$）相互独立，（2）随机误差项 ε 满足正态分布，（3）自变量 X 与随机误差项 ε 不相关。由于各自变量 X_i（$i \in 1-n$）单位可能不同，为便于分析自变量 X 的系数对因变量 Y 的影响，把 X_i（$i \in 1-n$）与 Y 都转换为标准化变量 ZX_i、ZY 再进行多元线性回归，此时得到回归系数为标准回归系数 β_i，回归方程为标准回归方程。

2. 回归分析

为解决多重共线性，以累计方差贡献率最高的两个公因子 F_1 和 F_2 作为主成分，进行多元线性回归。

（1）确定主成分。本章第4节因子分析已提炼出两个公因子 F_1 和 F_2，对因变量的累积贡献率已经达到97.43%，且 F_1 和 F_2 相互独立，可以作为主成分进行线性回归。

其中第一主成分 F_1 表达式为：

$$F_1 = 0.499 \times ZX_1 + 0.968 \times ZX_2 + 0.754 \times ZX_3 + 0.905 \times ZX_4 + 0.833 \\ \times ZX_5 + 0.26 \times ZX_6 + 0.925 \times ZX_7 - 0.692 \times ZX_8 + 0.818 \times ZX_9 \quad (2)$$

第二主成分 F_2 表达式为：

$$F_2 = 0.833 \times ZX_1 - 0.07 \times ZX_2 - 0.539 \times ZX_3 + 0.27 \times ZX_4 - 0.18 \times ZX_5 + 0.93 \times ZX_6 \\ - 0.019 \times ZX_7 + 0.071 \times ZX_8 - 0.259 \times ZX_9 \quad (3)$$

（2）主成分回归。设定多元回归模型为：

$$ZY = B_0 + B_1F_1 + B_2F_2 \quad (4)$$

用SPSS22进行最小二乘法多元线性回归。估计结果如表8、表9所示。

表8　　　　　　　　　最小二乘回归建模结果

模型	R	R^2	调整R^2	F统计量
1	0.771a	0.594	0.543	11.714

a.预测变量：常量，标准化后的各地平均房价

表8中样本拟合优度和显著性检验值F大小，显示该回归模型已在95%的置信区间内通过显著性检验。

表9　　　　　　　　　　系数估计结果

模型Y	非标准化系数		t	Sig
	B_i	标准误差		
常数项B_0	0.474	0.065	7.304	0.000
外因B_1	0.289	0.067	4.338	0.001
发展性因素B_2	−0.143	0.067	−2.148	0.047

系数估计结果表明，样本城市房产发展发展性因素F_1对房价ZY呈现正相关作用。边际影响为0.289；房产发展外因F_2对房价ZY呈现负相关作用，边际影响为−0.143。从系数检验结果来看，模型中F_1和常数项所对应回归系数估计误差都很小（值都小于0.001），只有禀赋性因素F_2因子回归系数误差略大，这可能与人口、土地面积对样本中不同发展阶段城市房价对应影响关系存在程度性的差异有关，但总体p值也小于0.05，基本通过检验。则回归模型结果为：

$$Y-0.474+0.289F_1-0.143F_2 \quad (5)$$

（3）还原原模型。将主成分F_1、F_2关于解释变量的表达式代入（5）

$$ZY= 0.474+0.025 \times ZX_1+0.29 \times X_2+0.295 \times ZX_3+0.223 \times ZX_4+0.266 \times ZX_5-0.058 \times ZX_6+0.277 \times ZX_7-0.21 \times X_8+0.273 \times ZX_9 \quad (6)$$

根据Z标准化原理倒推，原模型（1）中系数b_i与方程（4）中系数β_i有如下关系：

$$\begin{cases} b_i = (S_y \div S_i) \times \beta_i & (i=1,2,3\cdots\cdots k) \\ b_0 = \bar{y} - \sum b_i \bar{x}_i \end{cases} \quad (7)$$

根据（5）计算b_i（$i=0$，1，2……k）如表10所示。

表10　　　　　还原原模型的系数计算结果

	Y	b_0	X_1	X_2	X_3	X_4	X_5	X_6
均值	20 751	—	978	13 218	40 836	1 842	3 576	236
标准差	16 471	—	668	9 037	13 209	1 263	991	265
b_i		2 942.31	0.619	0.528	0.368	2.908	4.43	−3.6

	Y	b_0	X_7	X_8	X_9
均值	20 751	—	2 113	15	55
标准差	16 471	—	2 293	7	10
b_i		2 942.31	1.940	−462.72	439.44

所以，原模型为：

$$Y= 2\,942.31+0.619\times X_1+0.528\times X_2+0.368\times X_3+2.908\times X_4+4.43 \\ \times X_5-3.6\times X_6+1.94\times X_7-462.72\times X_8+439.44\times X_9 \quad (8)$$

3. 回归结果评价

（1）各理论因素与房价的关系。从模型估计结果可以看出，有7个因素（"城市人口""GDP""人均可支配收入""房产开发投资额""房屋造价指数""地方财政支出""第三产业占比"）回归系数为正，即这些变量水平较高的城市房价也相应更高。其中，关于"城市人口""城市GDP""城市人均可支配收入"这3个需求侧因素拉动房价的理论观点，得到了实证检验；"房产投资额"和"房屋造价指数"这2个供给侧因素拉动房价的理论观点也得到实证检验；地方财政支出在实证结果里与房价呈现正相关关系，可能与现阶段地方财政支出有较大部分都投入了房产相关领域建设有关；第三产业占比在实证结果里也与房价呈现正相关关系，可能与第三产业占比较高的城市经济活力较强，房产需求侧因素均有较好表现有关。2个因素（"土地购置面积"和"人均道路面积"）回归系数为负，即这些变量水平较低的城市房价反而更高，与事实相符，即现阶段房价更高的城市往往发展水平更好，人口更多，在土地资源和基础设施有限的情况下，城市可购置土地和人均占有道路更少。

（2）各理论因素对房价的影响大小。回归模型的系数大小表示了自变量X_i每变动一个单位,因变量Y会变动多少个单位。因此可以反映X_i代表的各影响因素对房价的作用大小,如果系数值越大,则自变量与因变量的关系越密切。为消除各变量的量纲对系数大小的干扰,我们直接分析(4)回归模型里自变量ZX_i(X_i的无量纲标准化变量)系数b_i,来考察各因素对房价的作用大小。从b_1到b_7的高低可判断:7个房价的正相关因素与房价的影响大小依次为"人均可支配收入"(系数0.295)、"城市GDP"(系数0.29)、"第三产业支出"(系数0.273)、"地方财政支出"(系数0.27)、"房屋造价指数"(系数0.236)、"房产开发投资额"(系数0.223)、"城市人口"(系数0.025);2个房价负相关因素与房价的影响大小依次为"人均道路面积"(系数-0.21)和"土地购置面积"(系数-0.058)。

六、结论及政策建议

(一)结论分析

1.影响不同区域房价差异的最重要因素是经济基本面,资金因素对房价的影响受区域经济基本面制约

实证分析表明,当前与各区域房价普遍正相关且作用较大的因素为"人均可支配收入""城市GDP""第三产业支出""地方财政支出",这些因素分别代表了一个区域的居民财力、城市经济规模、经济活力和地方政府财力,构成了经济基本面。而"房屋造价指数"和"房产开发投资额"与区域房价的密切程度相比前者明显降低。可以认为,如果不同区域的经济基础存在明显差异,经济相对较弱的区域单纯通过吸引房产开发投资、抬高房屋成本等措施刺激当地的房产市场,并不能显著减少房价差异。这可以解释为什么一线城市与新一线城市房产开发投资额几乎接近,房价却存在巨大差异;二线城市与三线城市房产开发投资额相差三倍,但房价差异只有一倍。

2.人口因素短期对不同类型区域房价差异的实际影响较弱

实证结果显示人口与房价区域差异之间有微弱的正向关系。可以认为短期内，人口在直接拉升房产需求的同时，对其他房价关联因素产生了交叉影响。如区域人口增加有助于GDP上升，但拉低人均可支配收入、人均道路面积，特别在人口持续流入速度大于区域资源扩张的时期，不利于支撑房价可持续上升。短期内，人口对区域房价的直接正向影响和间接负面影响相互抵消，最终使得人口差异对区域房价差异的影响较为微弱，这一点解释了为何新一线城市人口均值高于一线城市，但房价均值反而低于一线城市；二线与三线城市人口差异不大，但房价差异却相对巨大。

3. 交通基建和供地对区域房价差异呈现反向影响关系

实证分析表明，"人均道路面积""土地购置面积"与房价区域差异呈现反方向变动，且越是在二线、三线城市，"人均道路面积"与房产价值的反向影响越大。可以认为，人均道路面积越多代表交通基础设施越发达，人口流入和流出都更加便利，在当地经济发展不足的情况下更容易造成人口净流出，造成居住需求下降。土地出让的扩大代表着房产供给的增加，根据市场供求关系都会引起房产价值下降。

（二）政策建议

1. 进一步体现区域差异化调控原则

不同资源禀赋、不同发展阶段的区域，房价非政策影响因素作用并不相同。建议未来进一步优化调整"三线五档"政策，充分考虑不同地域、不同经济发展阶段、不同规模城市的房地产市场发展空间、融资需求和潜在风险，实现"三体现"：即体现东西部经济结构的差异、体现一线城市与新一线、二线城市之间的差异、体现省会城市与三线城市之间的差异。

2. 合理保障居民住房资金需求

保障区域流动性资金合理充裕，引导金融机构在不触碰贷款集中度管理红线的情况下，有效满足实体经济合理资金需求，根据各地不同情况，重点满足首套房、改善性住房按揭需求，加大保障性租赁住房支持力度，促进房地产行业和市场平稳健康发展。

3. 分区域实施房地产开发贷款管理

分析显示，当人口与土地购置面积达到一定水平后，房产开发投资对房价上涨的关联影响在经济发达城市比经济落后城市更显著。建议对一线城市，严格通过外汇政策、信贷政策控制资金流入房产领域，防范房地产信贷收紧后，有关机构通过ABS、信托、券商资管计划、公司债、海外债变相进行房地产融资的风险。对新一线、二线城市，利用2—4年过渡期内统筹安排房地产贷款集中管理，保持房地产开发贷款平稳有序投放。对三线城市及县域地区，稳慎压降房地产开发贷款，避免引发中小房地产商资金链断裂，形成"交楼率"下降、房产贷款不良率上升的不利局面。

4. 适当减少经济滞后区域"旧基建"信贷支持

分析显示，经济发展相对滞后城市，在没有经济改善和人口流入的情况下，如仅通过修路、卖地、扩建新区等方式扩大基础设施供给，并不一定带来房价、地价上涨进而提升财政收入，反而可能因为资源稀缺性下降、人口流出加快，形成区域房产市场的不良预期。建议发挥信贷政策引导作用，加大对小微企业、科技创新、绿色发展等重点领域的资金支持，引导地方实现产业转型升级，提升就业吸纳能力，增加新的税收增长点。

5. 发挥金融中介作用引导土地有效开发利用

可供开发的土地面积对任何城市都是影响房产价值的重要因素，部分地方政府过度依赖"土地财政"，长期较为粗放地"卖地"，不利于当地房产市场健康发展。建议金融机构发挥资金融通中介的市场作用，积极反馈住房信贷需求变化，有保有压跟进房产项目信贷支持，引导地方合理统筹规划开发用地；对已批复用地的商品房项目，积极落实预售资金监管机制，督促房产开发商加强建设、交付履约力度，减少烂尾风险，促进房地产市场形成良性循环。

课题主持人：朱　华
课题组成员：胡红菊　胡云飞　熊艳春　王晓羽　李全文

银行实务和央行金融管理问题研究

纳入央行考核对绿色债券发行利率的影响研究

中国人民银行黄石市中心支行课题组

摘要：2021年7月1日央行正式实施《银行业金融机构绿色金融评价方案》，将绿色债券正式纳入考核业务范围，评价结果将纳入央行金融机构评级等政策和审慎管理工具。为研究该政策对绿色债券市场的影响，本文以2021年2月1日至11月30日发行的绿色债券为样本，使用双重差分法研究纳入央行考核对绿色债券发行利率的影响。结果表明，在分离了其他因素对绿色债券利率的影响之后，纳入央行考核有效降低了绿色债券发行利率12.61个百分点。从品种来看，纳入央行考核后碳中和债券发行利率下降了16.58个百分点，比绿色债券整体多降3.97个百分点；从发行市场来看，纳入央行考核后银行间绿色债券发行利率下降了18.83个百分点，比绿色债券整体多降6.22个百分点。基于实证研究结果，结合我国绿色债券实际情况，本文提出了可供参考的对策建议。

关键词：绿色债券；碳中和债券；纳入央行考核；双重差分法

一、引言

2020年9月我国提出"双碳"目标：力争2030年碳排放达到峰值，2060年实现二氧化碳零排放。双碳目标的实现离不开金融体系的支持和推动，据发展改革委推算，实现碳达峰每年需要资金3.1万亿—3.6万亿元，实现碳中和需要在新能源发电、先进储能和绿色碳建筑等领域新增投资至少139万亿元。绿色金融作为我国绿色低碳发展的金融解决方案，强力支撑"碳达峰、碳中和"目标实现。截至2021年6月末，我国本外币绿色贷款余额超过13万亿元，绿色债券累计发行规模超过1.2万亿元，绿色融资结构上差距较大。由于绿色项目投资回报周期往往较长，而银行绿色贷款期限一般较短，造成企业融资需求与银行信贷服务并不匹配，因此需要提高满足绿色项目中长期融资需求的绿色债券发行规模。

然而，国内绿色债券投资积极性不高，缺乏市场化发展动力，这是制约绿色债券市场发展的重要障碍。目前，绿色债券的投资者主要是银行，为了提升银行配置绿色债券的积极性，央行于2021年7月1日正式实施《银行业金融机构绿色金融评价方案》（以下简称《方案》），正式将绿色债券纳入绿色金融评价体系，规定绿色债券和绿色贷款的权重相等，并将评价结果纳入央行金融机构评级等人民银行政策和审慎管理工具，评级结果作为开展宏观审慎评估、核准金融机构发债、发放再贷款、核定存款保险差别费率、银行上市增资扩股等差异化管理的重要依据。政策实施至今已近半年时间，纳入央行考核是否能有效降低绿色债券发行利率、真正降低绿色企业融资成本，引导绿色债券发行规模快速增长？本文选取我国2021年2月1日至11月30日发行的债券，采用评估公共政策的经典计量方法双重差分计量模型来研究纳入央行考核这一政策对绿色债券发行利率的影响。

二、文献综述

（一）双重差分法研究的经典文献

双重差分法（Difference in Difference）是一项非常重要的评估政策效果的方法。国内外有大量基于此方法的经济学文献。在国际方面，Eissa和Liebman（1996）利用这一方法研究发现，美国1986年税制改革提高了单身有孩子妇女的劳动参与率。Card和Krueger（1994）利用新泽西和宾夕法利亚的快餐行业数据，发现最低工资的提高并没有减少就业。Baker等人（2008）也用这一方法研究了儿童抚养补贴对儿童母亲劳动供给和家庭福利的影响。在国内方面，周黎安和陈烨（2005）研究了中国农村税费改革对农民收入增长率的影响。徐现祥、王贤斌和舒元（2007）研究了省长交流和经济增长速度之间的关系。郑新业、王晗等（2011）研究了省直管县改革对经济增长的影响。陈思霞和卢盛峰（2014）研究了省直管县改革民生性财政支出的影响。李志生和陈晨等（2015）研究了卖空机制对我国股票定价效率的影响。

（二）绿色债券发行利率研究的经典文献

国内外不同学者大多采用多元线性回归模型来研究不同影响因素对绿色债券发行利率的影响。在国际方面，Mathews 和 Kindney（2010）认为绿色债券发行人的性质、资产规模、信用状况等均会对绿色债券的发行造成很大影响。Torsten Ehlers 和 Frank Packer（2017）认为绿色债券发行是与普通债券相比有着明显的溢价，但是随着时间的延长，在二级市场的表现相差无几。Zerbib（2019）认为环保偏好引起的溢价在债券市场中十分有限，尤其是在金融债券和低评级债券中。在国内方面，王晓玲（2018）认为基准利率、发行规模、债项评级和第三方认证对绿色债券发行价格影响显著。陈珺（2018）认为政府补贴对绿色债券发行价格并没有明显作用。黄超（2019）认为第三方认证对绿色债券发行成本具有非常明显的优势。褚壹钦（2019）认为无风险债券价格、GDP增长率、三方评级、发行规模、绿色性因素等对绿色债券发行价格的影响。顾敏（2020）认为第三方认证对绿色债券发行成本具有重要影响，尤其是低评级和选择公开发行的发行人。肖嵘（2020）认为发行主体性质、债项评级、发行规模、发行期限、第三方绿色认证都对绿色债券发行价格具有重要影响。杨希雅和石宝峰（2020）构建绿色债券信用利差影响因素模型，认为发行方式、绿色政策支持力度对绿色债券发行定价具有重要影响。

（三）文献评述

尽管双重差分法是评估公共政策的非常有效的一种方法，同时与以市场化模式推动的国外绿色债券相比，我国绿色债券发展主要依靠自上而下的政策推动。然而我国绿色债券研究的现有文献主要是从政策支持和企业的角度切入,也包含一些对环境改善效果的影响、绿色债券认证机制、企业融资成本等角度进行探讨,但很少有研究人员采用双重差分法来研究宏观经济金融政策对绿色债券发行利率的影响,且国内关于将绿色债券纳入央行考核的文献更是极少,这一块内容可谓参考文献匮乏。本文将纳入央行考核与绿色债券发行利率相结合的研究思路正是弥补了我国关于此类研究的空缺,也为政策制定者提供可供参考借鉴的对策建议。

三、实证分析

(一)实证方法的选取

本文实证研究的目的是测算2021年7月1日绿色债券纳入央行考核的政策是否对有效降低绿色债券发行利率产生促进作用。由于是评估宏观金融政策效果的实证,本文采用国内外广泛应用于评估公共政策实施效果的计量方法双重差分法(DID)。DID可以通过直观地展现一个政策发生前后时间序列数据的反映程度,衡量该政策的有效性。实证工具选用的是Stata分析软件。

(二)模型构建

双重差分模型设置的具体方法是构造"处理组"和"对照组",通过控制其他因素,比较政策发生前后"处理组"和"对照组"之间的差异,从而检验政策效果。本文选取我国银行间市场、上海证券交易所和深圳证券交易所发行的绿色债券为"处理组",参考Zerbib(2019)匹配法为每一笔绿色债券匹配相同月份、相同评级、相同期限、相同行业、相同债券种类和相同城投类别的普通非绿色债券为"对照组"。基于双重差分法建立回归模型如下:

$$BR=\beta_0+\beta_1 GB+\beta_2 TIME+\beta_3 GB \times TIME+\beta_4 BM+\beta_5 IS+\beta_6 SR+\beta_7 UB+\varepsilon_{it}$$

公式中,变量 BR 为债券发行利率,即本次实证的被解释变量。变量 GB 债券表示债券是否为绿色,取值为1代表该债券是绿色债券,取值为0代表该债券是非绿色债券。变量 $TIME$ 表示绿色债券纳入央行考核这一政策推行的时间节点2021年7月1日，当时间为2021年7月1日之后，TIME取值为1，否则取0。变量BM为债券的期限，变量IS为债券发行的规模，变量SR表示债券的一组评级属性，当债券是在任一市场发行的AA+、AAA评级的债券时取1，否则取0。变量UB表示债券的一组城投属性，当发行主体是城投企业时取1，否则取0。GB×TIME为两者交叉项，即本次实证的核心变量，该项代表了《方案》实施后新发行的绿色债券。

（三）数据选取与描述性统计

考虑到2021年7月1日这个时间节点的跨度以及本次实证观察的目标是绿色债券发行利率对纳入央行考核这一政策的反映程度，故本文选取了2021年2月1日至2021年11月30日发行的债券样本为基础进行筛选，总样本包括在银行间、上海证券市场、深圳证券市场发行的债券。由于债券整体市场发行样本的多样性，为了保证数据样本的一致性与可比性，故对数据样本进行筛选，去除主要发行信息不完整无法使用的债券，去除主体评级为空的债券，去除国债与政策债，去除包含增信条款和含有特殊期限的债券。

本次实证数据来自于Wind数据库，在对债券数据进行筛选后共获得693个观测值，表1展示了变量的描述性统计结果。

表1　　　　　　　　债券数据描述性统计

变量	绿色债券				非绿色债券			
	均值	标准差	最小值	最大值	均值	标准差	最小值	最大值
发行利率（BR）	3.897 1	1.145 1	2.06	7.5	4.276 8	1.324	2.09	8
债券期限（BM）	3.470 3	2.093	0.158 9	10	3.454 2	1.895 2	0.158 9	10
发行规模（IS）	10.718 7	9.816 6	0.5	60	11.419 5	9.402 5	1	80
主体评级（SR）	0.846 2	0.360 8	0	1	0.766 9	0.422 8	0	1
城投类型（UB）	0.423 1	0.494	0	1	0.660 1	0.473 7	0	1

从表1可以看出，绿色债券平均发行利率为3.897 1%，低于非绿色债券38bp，利率区间［2.06%，7.5%］，低于非绿色债券3—50bp，表明

发行绿色债券有效降低了企业融资成本,减轻了企业融资压力;绿色债券平均发行期限 3.470 3 年,高于非绿色债券 0.016 1 年,表明发行绿色债券较好地满足了企业绿色项目中长期融资需求;绿色债券平均发行规模 10.718 7 亿元,低于非绿色债券 0.700 8 亿元,表明绿色债券融资规模普遍低于非绿色债券;主体评级为 AA+ 或 AAA 的绿色债券占比 84.62%,高于非绿色债券 7.93 个百分点,表明绿色债券发行主体整体信用评级较高。

(四) 实证结果分析

在 Stata 中导入数据,对双重差分模型进行回归,结果见表 2。在未加入债券期限(BM)、发行规模(IS)、主体评级(SR)和城投类型(UB)等控制变量的情况下,模型的拟合优度 R^2 仅 5%,核心变量($GB \times TIME$)也未通过显著性检验。但加入这些控制变量后,模型的拟合优度 R^2 提升至 62.35%,核心变量($GB \times TIME$)也通过了 5% 的显著性检验。

表2　双重差分模型回归结果

Variable	未加入控制变量	加入控制变量
	BR	BR
是否为绿色债券（GB）	−0.423 9***	−0.159 3**
纳入央行评级时间（TIME）	−0.598 2***	−0.189 5**
政策效果（GB × TIME）	0.204 3	−0.126 1**
债券期限（BM）		0.207 5***
债券发行规模（IS）		−0.016 9***
债券主体评级（SR）		−1.617 1***
是否为城投债（UB）		0.263 2***
CONS	4.442 2***	4.871 8***
R²	0.055 5	0.623 5

注:"**""***"分别表示在 5% 和 1% 的水平下显著。

由表 2 可知,在控制了债券期限、发行规模、主体评级和城投类型等变量后,政策效果（$GB \times TIME$）的估计系数为 −0.126 1,在 5% 的水性下显著为负，表明和其他同类型的普通债券相比，绿色债券发行利率下降了12.61个百分点。实际上，"碳达峰、碳中和"目标提出以来，支持绿色债券发行的多项政策密集出台，统一了绿色债券的发行标准、用途，并对分类进行了细化，逐步实现了与国际通行标准和规范的接轨，为绿色债券提供了适宜的发行环境。纳入央行考核后，银行为了提升评级得分，积极配置绿债资产，增加对绿色债券的投资需求，对降低绿色债券发行利率有促进作用。如南昌地铁2021年4月28日在银行间市场发行绿色超短融债券10亿元，期限0.7397年，发行利率为2.83%。但8月27日发行规模、期限相同的债券，发行利率仅为2.43%，下降14.1%，纳入央行考核后绿色债券发行成本优势明显。

四、进一步分析

（一）理论分析

按照前文的结论，人们自然会问一个有趣且重要的问题：下降的12.61个百分点究竟来源于哪里，纳入央行考核为什么能有效降低绿色债券发行利率？针对这一问题，本文提出如下两个假说。

假说1：纳入央行考核后碳中和债券发行利率下降较多，进而拉低绿色债券整体发行利率。

碳中和债券被认为是绿色债券的升级版，在资金使用范围、环境效益测算和信息披露方面要求更严格，发行主体多为信用等级高且稳定的央企。纳入央行考核后，银行投资的积极性更高，导致碳中和债券发行利率下降明显，进而拉低绿色债券整体发行利率。

假说2：纳入央行考核后银行间绿色债券发行利率下降明显，显著拉低绿色债券发行利率。

相比于交易所市场，银行间绿色债券发行规模占主导地位。企业在银行间市场发行绿色债券，有利于充分发挥银行资金优势和在企业信用风险定价方面的专业优势。纳入央行考核后，银行间市场进一步发挥绿色债券发行主体作用，优质企业能够以更低的利率发债融资，进而拉低绿色债券整体发行利率。

(二) 实证分析

为了验证假说1,本文将2021年2月1日至2021年11月30日发行的绿色债券按品种分为碳中和债券和一般绿色债券,分别采用双重差分法进行实证分析,实证结果见表3。为了验证假说2,本文将这一期间发行的绿色债券按发行市场分为银行间市场、上海证券交易所和深圳证券交易所,分别采用双重差分法进行实证分析,实证结果见表3。从表3可以得出如下两点结论。

表3　不同债券品种和发行市场模型回归结果

Variable	绿色债券	按品种分类		按市场分类		
		碳中和债券	一般绿色债券	银行间市场	上海	深圳
	BR	BR	BR	BR	BR	BR
是否为绿色债券(GB)	-0.159 3**	-0.164 6*	-0.103 5*	-0.166**	-0.346 7*	-0.339 2
纳入央行评级时间($TIME$)	-0.189 5**	-0.192 4	-0.116 8	-0.152 9	-0.503 3***	-0.354 4**
政策效果($GB \times TIME$)	-0.126 1**	-0.165 8**	-0.068 7**	-0.188 3**	-0.085 7*	-0.092 5**
债券期限(BM)	0.207 5***	0.368 7**	0.159 3	0.287 5***	0.089 4*	-0.077 9
债券发行规模(IS)	-0.016 9***	-0.103 4*	-0.006 4**	-0.009 7***	-0.054 8***	-0.046 3**
债券主体评级(SR)	-1.617 1***	-1.983 7**	-1.259 1**	-1.043 8***	-1.244 8**	-1.895 3***
是否为城投债(UB)	0.263 2***	0.115 8*	0.159 6	0.179 1***	0.296 8*	0.399 8
CONS	4.871 8***	4.268 9***	5.697 5***	3.948 3***	5.726 2***	6.752 4***
R^2	0.623 5	0.754 9	0.554 8	0.766 3	0.542 9	0.493 7

注:"*"、"**"、"***"分别表示在10%、5%和1%的水平下显著。

1. 纳入央行考核后碳中和债券发行利率下降较多

碳中和债券政策效果（$GB \times TIME$）的估计系数为 –0.165 8，在5%的水平下显著为负，表明纳入央行考核后，和其他同类型的普通债券相比，碳中和债券发行利率下降了16.58个百分点，比绿色债券整体多降3.97个百分点；而一般绿色债券发行利率仅下降了6.87个百分点，比绿色债券整体少降5.74个百分点。这一发现表明，纳入央行考核的确能增加银行配置碳中和债券的积极性，对降低碳中和绿色债券发行利率有促进作用。如国电电力今年3月23日发行一般绿色债券8.4亿元，期限3年，发行利率3.45%。但2021年8月24日发行碳中和债券8亿元，期限3年，发行利率2.95%。在发行期限和规模几乎一致的情况下，碳中和债券发行利率较一般绿色债券下降14.5%，纳入央行考核后发行碳中和债券成本优势明显。

2. 纳入央行考核后银行间绿色债券发行利率下降明显

银行间绿色债券政策效果（$GB \times TIME$）的估计系数为 –0.188 3，在5%的水平下显著为负，表明纳入央行考核后，和其他同类型的普通债券相比，银行间绿色债券发行利率下降了18.83个百分点，比绿色债券整体多降6.22个百分点；而上海和深圳证券交易所绿色债券发行利率分别下降了8.57个百分点和9.25个百分点，比绿色债券整体分别少降4.04个百分点和3.36个百分点。这一发现表明，纳入央行考核后，银行间市场进一步发挥绿色债券发行主体作用，优质企业能够以更低的利率发债融资。如国家能源集团2021年2月25日在上海证券交易所发行绿色债券50亿元，期限3年，发行利率为3.45%。但7月15日和7月21日在银行间市场发行规模和期限相同的绿色债券，发行利率分别为3.05%和2.99%，分别下降11.6%和13.3%。

五、主要结论与对策建议

（一）主要结论

1. 纳入央行考核后绿色债券发行利率有效降低

总体来看，2021年7月1日绿色债券纳入央行考核范围后，银行为了提升评级得分，积极配置绿债资产，增加对绿色债券的投资需求，有效降低了绿色债券的发行利率。与其他同类型的普通债券相比，绿色债券发行利率下降了12.61个百分点，即纳入央行考核对绿色债券产生预期影响，政策导向性效果明显。

2. 纳入央行考核后碳中和债券发行利率下降较多

碳中和债券被认为是绿色债券的升级版，发行主体多为信用等级高且稳定的央企。纳入央行考核后，银行投资的积极性更高，碳中和债券发行利率显著拉低了绿色债券整体发行利率。与其他同类型的普通债券相比，碳中和债券发行利率下降了16.58个百分点，比绿色债券整体多降3.97个百分点；而一般非碳中和绿色债券发行利率仅下降了6.87个百分点，比绿色债券整体少降5.74个百分点。纳入央行考核对碳中和债券影响更大，政策导向性效果更明显。

3. 纳入央行考核后银行间绿色债券发行利率下降明显

纳入央行考核后，银行间市场进一步发挥绿色债券发行主体作用，优质企业能够以更低的利率发债融资，进而拉低绿色债券整体发行利率。与其他同类型的普通债券相比，银行间绿色债券发行利率下降了18.83个百分点，比绿色债券整体多降6.22个百分点；而上海和深圳证券交易所绿色债券发行利率分别下降了8.57个百分点和9.25个百分点，比绿色债券整体分别少降4.04个百分点和3.36个百分点。纳入央行考核对银行间绿色债券影响更大，政策导向性效果更突出。

（二）对策建议

基于本文理论实证的结果，结合我国绿色债券的实际情况，无论是从金融政策的角度还是从绿色债券的角度，仍然有很多问题需要解决。

1. 进一步与国际标准对接、鼓励中小民企积极发行绿色债券、强化信息披露

尽管我国绿色债券在政策支持下蓬勃发展，但仍存在募集资金并未全部投向绿色产业、民营企业发债少、信息披露机制不健全等问题。一是进一步与国际标准对接。当前我国绿色债券募集资金与国际上的差别主要体现在使用比例及用途上。在使用比例上，我国目前最高要求即为，公司债不低于70%的募集资金投向绿色项目，而企业债仅要求50%，这与95%的国际惯例仍有一定差距，可适当提高这一比例，使更多资金有效投入绿色项目，更有力地促进绿色项目的发展。在用途上，新版目录已经剔除了煤炭等高碳排放项目，进一步与国际标准接轨，但当前国内标准更多针对废水、废料、废物等污染治理，可进一步向气候变化方向扩展。二是鼓励中小民企积极发行绿色债。对发行金额进行1‰到1%不等的补助、建立快速审批通道、对民营绿色企业和项目认定费用进行补助、对民营企业绿色债券违约进行风险补偿等。三是强化信息披露。在政策上可从定性、定量角度对绿色债的信息披露进行优化管理，如要求不同项目披露对应专业指标、对应标准以及计量方法，并定期跟踪后续投资情况及绿色项目所带来的经济效益。

2.明确绿色金融评价结果对金融机构评级影响的权重，指导金融机构转变绿色发展观念，研究碳排放核算和环境改善方法

尽管《方案》已正式实施，纳入央行考核能有效降低发色债券发行成本，但该方案仍存在一些不足。一是明确绿色金融评价结果对金融机构评级影响的权重。《方案》指出绿色金融评价结果纳入央行金融机构评级等中国人民政策和审慎管理工具，但并未提及绿色金融评价结果对金融机构评级影响的权重。二是指导金融机构转变绿色发展观念。从传统的响应政策投资要求向自主构建与绿色发展相适应的组织体系、管理体系和评价体系转变，包括将绿色金融发展、环境压力测试、金融科技创新等纳入战略考量。三是研究碳排放核算和环境改善方法。金融机构、监管部门和研究机构应加强研究碳排放核算和环境改善方法，构建更能反映绿色投融资对金融稳定性影响的模型和评价方法，从而不断修正绿色金融评级结果的运用方式，更准确地评价绿色金融实施的环境效应。

3.统一碳中和债券市场规则和相关机制，鼓励扩大发行主体，强化第三方专业机构建设

尽管在政策扶持下，碳中和债市场规模不断扩容，发行利率不断下降，为推动绿色低碳经济发展起到了不可忽视的作用，但碳中和债市场仍有不足之处亟待完善。一是统一市场规则和相关机制。目前交易商协会发布的《关于明确碳中和债相关机制的通知》对银行间发行的碳中和债的债券募集资金用途、项目评估与遴选、募集资金管理和存续期信息披露四大核心要素均作出详细规范，并明确了相关鼓励措施。但交易所依然依赖此前央行、发展改革委、证监会印发的《绿色债券支持项目目录（2021年版）》和《绿色产业指导目录（2019年版）》以确定发行细则和存续期管理规则。双市场规则的不统一将会产生一定的市场混乱和摩擦成本，会增加投资者识别和甄选碳中和债的难度。二是鼓励扩大发行主体。碳中和债的发行主体主要为央企和地方国有企业，民营企业中仅有顺丰控股、金风科技和北京中海广场商业发展三家成功发行。应通过加快和简化审批、提供信用缓释工具和财政贴息等方式鼓励民营企业参与碳中和债券的发行。三是强化第三方专业机构建设。鉴于碳中和债券性质和发行目的的特殊性，需要由第三方专业机构出具评估认证报告以鉴别碳中和项目属性的真伪，建议加强对第三方专业机构的监管，以提升其专业服务水准。

参考文献

[1]周黎安，陈烨.中国农村税费改革的政策效果——基于双重差分模型的估计[J].经济研究，2005（08）.

[2]徐现祥，王贤彬，舒元.地方官员与经济增长[J].经济研究，2007（09）.

[3]郑新业，王晗，赵益卓.省直管县能促进经济增长吗？[J].管理世界，2011（08）.

[4]陈思霞，卢盛峰.分权增加了民生性财政支出吗？[J].经济学（季刊），2014（07）.

[5]李志生，陈晨，林秉旋.卖空机制提高了中国股票市场的定价效率吗[J].经济研究，2015（04）.

[6]王晓玲.我国绿色债券发行利率影响因素的实证分析[J].时代金融，2018（09）.

[7] 黄超.第三方认证对绿色债券发行成本的影响分析[J].中国债券,2019(04).

[8] 陈珺.我国绿色债券发行定价研究[D].武汉:华中师范大学,2018.

[9] 褚壹钦.绿色债券发行价格的影响因素研究[D].杭州:浙江大学,2019.

[10] 顾敏.绿色债券发行中第三方认证方法及作用的研究[D].天津:南开大学,2020.

[11] 肖嵘.中国绿色债券发行定价影响因素研究[D].苏州:苏州大学,2020.

[12] Card D., A. B. Krueger.Minimum Wages and Employment: A Case Study of The Fast-Food Industry in New Jersey and Pennsylvania[J]. The American Economic Review, 1994(84).

[13] Baker M, J. Gruberetal.Universal Child Care, Maternal Labor Supply and Family Well-Being[J]. Journal of Political Economy, 2008(116).

[14] Eissa N., J. B. Liebman.Labor Supply Response To The Earned Income Tax Credit[J]. The Quarterly Journal of Economics,1996(111).

[15] Methews J. A., Kidney S.Climate Bonds: Mobilizing Private Financing for Carbon Management[J]. Carbon Management,2010(01).

[16] Zerbib, Oliveier D.The Effect of Pro-Environmental Preference on Bond Price: Evidence from Green Bonds[J]. Journal of Banking and Finance, 2019(98).

[17] Torsten Ehlers, Frank Packer.Green Bonds-Certification, Shades of Green and Environmental Risk[J]. Bank for Interantional Settlements, 2016.

课题主持人:王 芳
课题组成员:万东山 方泽华 伍星星 余海强
执 笔 人:余海强

疫情防控常态化下基层央行培训模式研究

中国人民银行武汉分行人事处课题组

摘要： 新冠疫情对社会生产、生活造成了很大影响，很多需要人员聚集的工作难以开展，教育培训工作就是其中的代表。受疫情防控常态化和培训经费紧张等因素的影响，基层央行以集中现场培训为主的培训模式已经不能满足形势需要，需要作出调整。

本课题从分析基层央行干部教育培训的特点出发，结合新冠疫情对基层央行教育培训造成的冲击，指出对基层央行培训模式进行调整的必要性，从培训内容、培训方式、培训评估等几方面进行理论梳理，提出适应疫情防控常态化的基层央行"2+2+4"培训新模式，并结合武汉分行的实践应用情况，对培训新模式提出展望。

本课题认为，新冠疫情对基层央行分析培训需求、获取培训资源、举办培训项目、开展培训评估造成了很大冲击，原有的以集中现场培训为主的培训模式已不适应疫情防控常态化下基层央行培训工作要求，"2+2+4"培训模式是武汉分行在疫情防控常态化形势下开展培训工作的创新，且从实践效果看，"2+2+4"培训新模式对基层央行在疫情防控常态化下开展培训具有较好的指导作用，如能在高效发挥线上培训效能、高效开展评估方面加以完善，"2+2+4"培训新模式将在疫情防控常态化下基层行员培训工作中发挥更大作用。

一、绪论

（一）研究背景与意义

2020年初，新冠疫情暴发，这是新中国成立以来我国遭遇的传播速度最快、感染范围最广、防控难度最大的重大突发公共卫生事件,导致多地封城,给国计民生造成了难以估量的损失。虽然新冠病毒在国内得到了有效控制,但国内零星散发病例和局部暴发疫情的风险仍然存在,各地的防控措施仍没有松懈,新冠疫情的防控进入了常态化模式。由于疫情的防控需要,人员聚集面临风险,很多需要人员聚集的工作受到了很大影响,教育培训工作就是其中的代表。

干部教育培训是干部队伍建设中的重要一环,对基层央行事业发展影响深远。受疫情防控常态化和培训经费紧张等因素的影响,以集中现场培训为主的培训模式已经不能充分满足基层央行需求,需要作出调整。同时,网络信息技术在教育培训中应用越来越普遍,网络培训在基层央行中已有不少应用实践。在此背景下,对疫情防控常态化下基层央行的培训工作进行理论、实践的系统梳理,思考如何统筹好"线上""线下"两种培训形式,探索适应疫情防控常态化的培训新模式,对于基层央行培训工作适应当前疫情防控常态化要求,具有非常重要的理论和实践意义。

(二)研究思路、方法及主要内容

1.研究思路

本课题从分析基层央行干部教育培训的特点出发,结合新冠疫情对基层央行教育培训造成的冲击,指出对基层央行培训模式进行调整的必要性,从培训内容、培训方式、培训评估等几方面进行理论梳理,提出适应疫情防控常态化的基层央行培训新模式,并结合武汉分行的实践应用情况,对培训新模式提出展望。

2.研究内容

本课题的主要目标是通过理论研究和实践分析,探索疫情防控常态化下基层央行该如何有效开展培训,为基层央行各单位提供参考借鉴。具体内容分为六个部分:

第一部分为绪论。主要介绍本课题的研究背景、研究意义,以及研究思路、方法与内容等。

第二部分为现状分析。对基层央行干部培训特点进行分析，结合新冠疫情防控对培训工作造成的冲击，指出对基层央行培训模式进行创新的必要性。

第三部分为理论探讨。从现状出发，提出"2+2+4"培训新模式，并从成人学习理论、培训内容、培训实施方式、培训评估等角度对"2+2+4"培训新模式进行展开讨论。

第四部分为实践应用。介绍疫情暴发以来，武汉分行辖内应用"2+2+4"培训新模式开展培训工作的情况，从培训需求分析、培训资源拓展、培训形式的调整、培训评估等几个角度予以阐述，并加以培训案例分析。

第五部分为展望。结合实践应用情况，对"2+2+4"培训新模式提出改进意见和展望。

第六部分为结论。对本课题的结论进行归纳展示。

3. 研究方法

本课题采用理论分析与实践分析相结合的指导思想，具体研究方法主要包括文献研究、个案研究、访谈、总结归纳等。

文献研究法：充分利用纸媒和互联网数据库资源，仔细研读与管理学、成人学习、干部培训等方面相关的文献，并进行整理、分析、提炼。

个案研究法：结合武汉分行在新冠疫情暴发以来开展培训的实践探索，选取武汉分行辖内培训实践活动作为典型案例，进行深入剖析。

访谈法：对武汉分行辖内培训管理者和央行员工进行深入访谈，围绕培训新模式的实践效果，从培训组织者和参与者两个角度进行分析，为本课题的研究提供第一手实证资料。

总结归纳法：对数据进行分析和归纳总结。

二、基层央行培训工作特点及新冠疫情带来的冲击

干部培训工作，事关央行干部队伍建设，事关央行履职与发展。一

直以来,基层央行培训活动都是以集中现场培训为主,而新冠疫情的暴发和疫情防控的常态化,对基层央行培训工作造成了巨大冲击,以集中现场培训为主的培训模式将难以为继,必须作出调整。

(一)基层央行培训工作特点

长期以来,基层人民银行培训工作围绕组织建设和有效履职开展,通过对武汉分行2015—2021年度培训计划以及工作开展情况进行归纳分析,发现基层央行培训工作总体上具有以下几个特点。

1.培训内容以党务培训和业务培训为主

以武汉分行2015—2021年度培训项目为例,近7年分行共开展培训项目349个,年均开展50个,总体呈上升趋势;从培训内容来看,培训项目分为党务培训和业务培训,且业务培训项目年均占比92%以上。但是政治理论培训覆盖面最广,实现了干部职工全覆盖(见图1)。

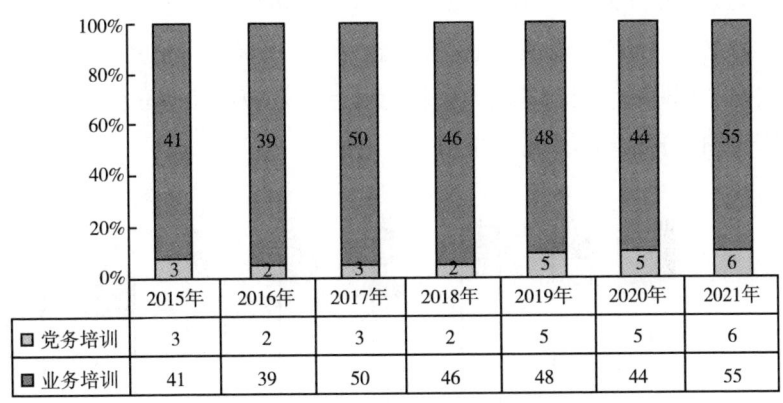

图1 武汉分行2015—2021年培训项目类别统计

2.培训对象以央行内部员工为主

以武汉分行为例,近7年开展的349个培训项目中,93.4%的培训项目培训对象为央行内部职工,仅有6.6%的培训项目培训对象包含金融机构有关人员(见图2)。

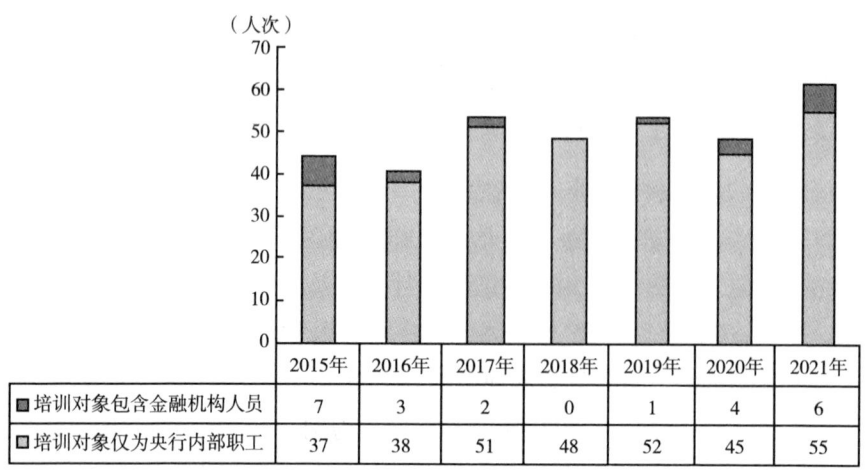

图2 武汉分行2015—2021年培训项目参训对象情况统计

3.培训形式以集中现场培训为主

以武汉分行为例,2015—2020年开展的培训项目中,集中现场培训占比80.2%。同时,电视电话会议培训形式在基层行运用也较为成熟,央行网院等网络培训在基层人民银行开始普及应用,互联网平台直播等培训形式也开始崭露头角(见图3)。

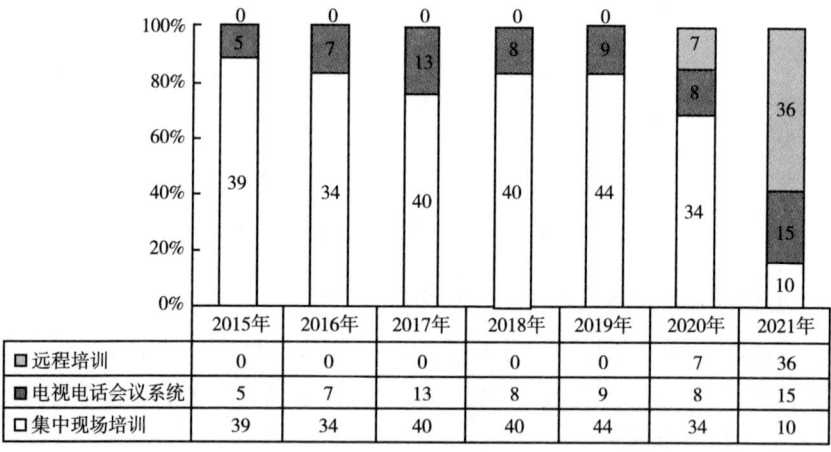

图3 武汉分行2015—2021年培训项目培训形式统计

4. 培训评估以现场评估为主

在开展培训评估时，培训评估方法单一，且高度依赖现场评估。具体表现为：培训评估大多数为单向评估，即只收集学员对培训的反馈，而较少收集讲师、主办部门等对培训的评价；评估方法主要以问卷调查和现场访谈为主，且课程评估问卷往往参照已有的评估指标体系设计，问卷内容同质化，没有针对不同类型、不同内容、不同层次的培训项目进行差异化设计。

（二）新冠疫情对基层央行培训工作造成的冲击

1. 面对面发现培训需求的方式不再适用

相比以往培训管理部门及实施部门可以运用资料分析法、问卷调查法、现场访谈法、工作观察法等多种方法分析和发现培训需求，在新冠疫情时，由于疫情防控要求限制，职工多通过线上方式或即时通信工具进行远程交流，面对面的交流少了，导致工作观察法、现场访谈法等需要现场开展分析的方法使用减少，转而更加依赖资料分析法、线上问卷调查法来获取培训需求。

2. 获取培训资源更加艰难

新冠疫情对社会生产和工作、生活造成了巨大影响，间接导致基层央行培训资源的获取更加艰难。

（1）培训资金变得更为紧张，集中现场培训所需经费难以保障。

近两年，新冠疫情对经济造成很大冲击，从中央到地方政府，都在倡导过"紧日子"，人民银行各项费用预算也持续大幅压减，基层行资金缺口及矛盾更加突出。武汉分行近两年培训经费每年压缩40%左右，资金的紧张导致集中现场培训所需经费难以得到保障，以集中现场培训为主的培训模式难以为继，积极推广线上培训成为必然趋势。

（2）优质师资力量"请进来"和基层央行培训"走出去"受限。

以往培训中，一方面可以邀请中国人民银行郑州培训学院、知名高校等机构的知名专家、学者来基层行进行现场授课；另一方面，基层行也可以组织干部职工到上述机构开展培训，让学员与专家、学者进行面对面交流。受新冠疫情影响，部分省份管控措施严格，导致高校教授不愿意或者不方便到外省开展现场授课；同时，在疫情没有"清零"的情况下，上述机构也不能与基层央行合作举办集中现场培训班。对于偏理论层面的知识培训和需要开阔眼界的素质提升培训，无法聘请优质的专家、学者授课，培训效果将大打折扣。

（3）培训实施场景受限，传统的集中现场培训难以开展。

新冠疫情发生以前，可供选择的室内培训场地很多，例如基层行办公楼内的会议室、各类培训中心，外部承办大型会议的酒店，承接培训项目的高校教室。但在疫情防控的情况下，酒店不再承接培训项目，高校校园实行封闭管理，校外人员禁止进入校区；而基层行的会议室空间有限，为满足疫情防控，学员实施间隔就座导致会议室无法容纳较多的干部职工一同进行培训。

3. 培训项目实施方式面临重大挑战

（1）过多关注完成培训任务而忽略了培训效果。

在疫情防控和培训经费被大幅缩减的情况下，基层央行的培训管理人员对于培训项目的关注点，被更多地转移至诸如如何在不违反疫情防控要求的情况下实施培训、如何分配有限的培训资源来平衡各部门之间的培训需求、如何尽量完成上级行下达的基本培训任务等方面，而忽略了对培训效果的追求。

（2）线下培训方式受限，现场教学难以开展。

一是传统的集中现场培训难以开展。疫情发生以来，各地方政府出台了各类防控措施，疫情严重时，一度要求"严控聚集性活动，原则上不举办规模聚集性活动"，因而传统的集中现场培训模式难以为继。二是现场教学项目无法展开。疫情之前，党性教育中有一项必不可少的学习环节，即赴红色教育基地开展现场教学。然而疫情期间，一些红色教育基地对参观的人流量进行了限制，不接待学习团体只接受个人预约，由此给干部培训中的党性教育带来不便。此外，一些经济金融业务培训中，往往会有组织干部职工到当地知名企业实地走访的课程，疫情期间也无法成行。

4. 现场评估难以开展，培训评估方法需作出调整。

与发现培训需求存在的矛盾类似，疫情防控形势下，培训项目挪至线上后，培训评估方法也需相应地改到调整到线上，评估中多采用线上问卷调查法、线上考试法，而访谈法、工作观察法等现场评估方法难以实施。

三、基层央行"2+2+4"培训新模式的构建

由于新冠疫情对基层央行培训工作造成的冲击，基层央行以集中现场培训为主的培训模式已不再适应疫情防控常态化新形势，武汉分行结合辖内培训实际，从培训的理论基础、核心内容、培训方式、培训评估等几方面进行探讨，对培训模式进行改进创新，提出了适应疫情防控常态化的基层央行"2+2+4"培训新模式。

（一）"2+2+4"培训新模式的理论基础

任何培训模式都是在一定教育培训理论或思想的基础上形成的。疫情防控新形势下培训新模式的探讨是建立在教育学、心理学、社会学等众多理论基础之上，其中，对人民银行干部培训实践具有启发意义的主要是美国学者诺尔斯1965年提出的成人学习理论。

成人学习理论认为，相对于未成年人，成人具有更多的经验和更强的学习能力，能够更好地理解、掌握新鲜事物的认知结构。由于成年人承担更多的社会角色，其学习不是尽可能多地获取知识和信息，而是补齐所短、取其所需。成人学习具备以下四个特点：

（1）功能导向。成人学习学以致用的目的性较强，学习某项内容是想要达成某个目标或者取得某种成就的必要手段，比如个人事业成功和职业发展的需要，他们对意义不清晰、效果不明显的培训较为反感。

（2）追求认可。成人学习的内在激励不仅来自学习之后的成长本身，更来自于成长之后的正向反馈。在学习的过程中，成年人渴望获得感，渴望自己的进步被人发现，渴望因为自身进步、贡献价值后获得的即时认可。

（3）合作共赢。成人学习的环境需要具有宽容度、接纳性和支持力，即在成人学习环境中，成人与培训讲师是一种互相尊重、交流分享、充分参与、合作共赢的关系。

（4）本质维度。成人学习过程中更偏重于对问题更深层次的探讨和对问题核心本质把握的维度观，对同一个问题，在不同的主体、时间、环境和角度下，可能会有多种意见和看法。

基于成人学习理论，好的培训应该具有以下特征：一是以学员为主体，尊重、服务学员，为学员带来价值；二是坚持问题导向，培训的目标是为了解决组织和学员的现实问题，培训内容可以提高学员解决现实问题的知识和能力；三是综合运用多种培训方式，充分挖掘培训资源，培训过程要有趣味性和互动性，激发学员的学习兴趣和动力；四是双向沟通和持续跟踪，双向沟通反馈畅通及时，事前、事中、事后持续跟踪培训需求、表现和效果。

（二）"2+2+4"培训新模式的核心内容

基于成人学习理论，针对疫情防控新形势下基层央行培训工作实际，武汉分行探索构建了疫情防控新形势下基层央行"2+2+4"培训新模式（见图4）。

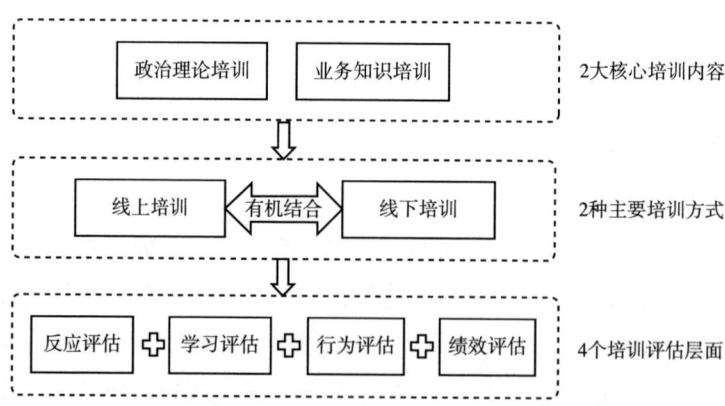

图4　疫情防控新形势下基层央行"2+2+4"培训新模式

1. 坚持目标导向，明确政治理论和业务知识2大核心培训内容

培训内容是培训项目的核心，是培训目标最直接的体现。总体来看，人民银行作为党领导下的政府职能部门，要高效履职，则员工需要具有过硬的政治理论基础和扎实的业务知识功底。因此，新模式综合目前基层央行培训的任务要求和现状特点，明确了政治理论和业务知识2大核心培训内容。而在具体培训项目实施中，2大核心培训内容的细化，则在于精准发现获取培训需求。培训需求一般从组织需求、岗位需求、个人需求三个层面进行分析。

（1）组织需求分析。

组织层面的培训需求信息往往来源于组织的高层。这类信息可以通过参加组织的高层会议或者与高层管理者面谈，也可以通过研究组织战略相关的重要文件、重要会议材料、组织的重要纲领性文件等档案资料法获得。2018年，中共中央印发《2018—2022年全国干部教育培训规划》，对干部教育培训的内容、不同层次的干部队伍教育以及培训频次等方面都提出了明确要求，这是近年来全国干部教育培训的纲领性文件，也是全国干部教育培训工作的根本指南。同时，人民银行总行和各级分支机构也结合各自实际，相应制定了实施意见和培训计划。2020年人民银行组织工作会议上，时任中国人民银行党委书记的郭树清明确提出"要建立一支政治强、懂国情、接地气、复合型、国际化的高素质专业化央行干部队伍"，这是对央行干部队伍的整体要求，是未来一个时期人民银行各级干部教育的核心目标。此外，各单位领导班子根据各地区实际，也会对干部队伍建设、基层央行履职提出具体要求，这些要求共同构成了各基层央行教育培训工作的组织需求。

（2）岗位需求分析。

岗位需求分析侧重两个方面，一是岗位胜任力方面，二是工作要求方面。囿于疫情防控形势，大规模的现场访谈、小组讨论等需要人员线下密集接触的需求分析方法需要调整至线上，而可以线上开展的问卷调查法、绩效分析法、经验判断法则可以继续沿用。在疫情防控常态化形势下，将各种方法结合运用，由各部门对本部门的任务要求、绩效短板、关键事件进行分析，提出培训需求，得到岗位层面的有效培训需求信息。如对于某业务部门，辖内各单位在该业务条线上的某项知识短板，则是该部门举办培训项目的岗位需求。

（3）个人需求分析。

个人层面的需求信息一般来源于基层员工。培训管理者和培训项目组织者除了常见的问卷调查法之外，还可以运用小组讨论法、工作观察法、绩效分析法、专项测评法、关键事件法等方法来获取信息。

2. 坚持因事因地制宜，灵活运用"线上""线下"2种培训方式

输出核心培训内容的途径就是培训方式，只有通过良好有效的培训方式才能确保培训内容的有效输出，实现培训目的。国外学者对教育培训的方式的研究也比较多。Joseph La Palombar和Myron Weiner（2014）探索了"线上+线下"的方式，采取了违反常规的培训方法进行研究，提高了培训教学的有效性。学者认为培训应该与时俱进，与时代发展同步，反对滞后的培训内容和单一的培训方式。Joseph La Palombar和Myron Weiner（2019）使用多样化的方式，对国家公务员的教学内容等进行讨论，提高了教学方法的有效性，学者认为教学方法的多样性对提高教学的有效性有重要的意义。

线上培训方式是随着信息技术发展而产生的一种新兴的培训方式，它借助互联网和移动通信技术，极大地拓展了培训资源的开发与选择，突破了培训时间和空间的限制，具有方便快捷、内容丰富、自由灵活、低成本等优势，但在交互性和培训监督等方面存在不足。线下培训作为最为传统的培训方式，在师生交互、问题反馈、流程监督等方面有着诸多优势，但在疫情防控常态化、培训经费紧缩的背景下，线下培训的开展受到掣肘，而且线下培训的资源选择受限，师资情况良莠不齐，最终的培训效果也存在一定的不确定性。

综合学界研究和实践经验，在疫情防控常态化和培训预算大幅度压缩的形势下，根据疫情防控形势灵活选择线上或线下方式，可以很大程度上摆脱时空限制，确保培训任务按时按量完成。

（1）疫情比较严重的情况下开展培训。

疫情较为严重，指的是所在城市新冠感染人数众多，疫情防控措施严格，人员完全不能流动，只能居家办公的情况。在这种形势下，可以采用央行网院等互联网平台开展培训。

（2）疫情较为缓和的情况下开展培训。

疫情较为缓和，指的是疫情基本处于可控范围，干部职工可以正常上班，人员流动不再受到严格限制，可以有限流动，人员可以在一定人数范围内有限聚集。在这种形势下，如培训内容需保密，只能采用电视电话会议系统开展培训；如培训内容无须保密，则可采用电视电话会议系统、腾讯会议、钉钉等平台开展培训。

（3）疫情"清零"的情况下开展培训。

疫情"清零"，指的是疫情被完全控制住，不再有新增病例，人员可以随意流动。这种情况下，培训工作可以正常开展，在资金充足的情况下，可以开展集中现场培训；在资金不充足的情况下，可通过电视电话会议系统、腾讯会议、钉钉等互联网平台开展远程培训；也可采取"局部集中+远程直播"的模式开展培训。

3.坚持效果导向，从4个层面全面深入开展培训评估

培训评估是对培训目标是否实现以及实现程度的综合性评价。20世纪50年代，美国柯克帕特里克教授首先提出了柯氏四级评估法理论（Kirkpatrick Model）（见表1）。这一理论从参训者的反应、学习、行为及绩效对组织的影响四个层次进行评估，四个层次中又可以细分为不同的二级指标。反应评估主要是指参训者对培训项目的评价，参与者包括培训的教师、参训者以及工作人员等，培训项目包含培训的材料、师资、设备、技术、方法等；学习评估是评估参训者对相关原理、事实、技术和技能的获取程度；行为评估是检测参训者在培训项目中所学习的技能和知识的转化程度，测量有否改善；绩效评估主要是指组织的绩效是否得到提升。

表1　　　　　　　　　　　培训评估内容

层次	问题
反应评估	参训学员是否对培训项目满意？
学习评估	参训学员在培训中学到了什么？
行为评估	参训学员在学习基础上是否改变了行为？
绩效评估	参训学员行为上的改变是否对组织产生了积极影响？

从操作难易程度和评估周期来看，反应和学习层面评估操作较为简便，评估周期较短，但存在的问题也较为明显，即评估主体为培训学员，仅从单一角度进行培训评估难以反映培训全面真实效果。而行为评估和绩效评估由于测度难度较大、标准难以统一，一定程度上也影响了评估的准度和效力，且操作程序较为复杂、评估周期较长，评估成本较大，但最大的优势在于评估效果直观。

从基层央行培训实践来看，目前的培训评估主要停留在反应和学习层面，行为和绩效评估应用较少。为全面真实评估培训效果，新模式尝试综合运用"线上""线下"评估方式，从反应、学习、行为和绩效4个层面来对培训项目进行综合评估。

四、"2+2+4"培训新模式的实践应用

为尽量减少新冠疫情对培训工作的影响，确保《2018—2022年全国干部教育培训规划》和总行布置的年度培训任务能够在武汉分行湖北辖内顺利落实，武汉分行从2020年疫情暴发开始，对培训工作进行全流程梳理、思考，结合辖内培训实际，在培训工作中对"2+2+4"培训新模式进行了实践应用和探究。

（一）细化"2"大核心培训内容

基层央行作为党领导下的政府职能部门，政治理论和业务知识是培训中的2大核心培训内容。而在具体培训项目实施中，需要对2大核心培训内容进行细化。武汉分行在具体实践中，对于某一具体培训项目，

都会从组织需求、岗位需求、个人需求三个层面进行分析，从而细化培训内容。

1. 组织层面

组织层面的培训需求注重分析党中央、总行党委、分行党委在组织建设方面的工作部署以及央行业务发展趋势，组织培训需求是必须坚决贯彻执行的培训需求。

分析方法：文件资料法、线上访谈法。

（1）文件资料法：通过关注党中央、总行的相关重要文件、重要会议和组织发展动态，确定组织上对培训工作的要求，如《2018—2022年全国干部教育培训规划》以及总行《关于〈2018—2022年全国干部教育培训规划〉的落实意见》指出，习近平新时代中国特色社会主义思想是培训工作的中心。此外，党的100周年纪念、党的全国代表大会会议精神、党的中央委员会全体会议精神等重大活动，都是我们开展政治理论培训的重点。

（2）线上访谈法：通过与单位高层、中层管理者请示、沟通，获取单位领导对于组织发展的想法，从中找到培训工作的开展重点。如单位领导注重青年干部的培养，则针对青年干部开展相关培训就是培训重点。

2. 岗位层面

岗位层面的培训需求分析主要针对某一业务条线的工作需要确定培训需求。如武汉分行每年每个部门主办的业务培训，大都是为了满足岗位培训需求。

分析方法：工作观察法、线上访谈法。

（1）工作观察法：通过在工作中观察本单位即将拓展的某项业务或下级单位在某方面工作能力的不足，以此确定培训需求。如人民银行推行LPR，对于货币信贷条线的同事来说，学习LPR就是货币信贷条线的岗位需求。

（2）线上访谈法：通过与本业务条线的同事线上交流，了解他们对于本岗位的困惑和工作中的不足，以此确定培训需求。

3. 个人层面

个人层面的培训需求分析主要是了解干部职工对于培训的认知、态度、兴趣点。

分析方法：电子调查问卷法

通过设置标准化的电子调查问卷，可以快速、大范围地获取调查数据，得到参与调研人的相关信息。

疫情防控常态化情形下，武汉分行针对干部职工培训需求开展过电子问卷调查，结果显示，干部职工对远程培训内容需求中，业务知识、政治理论培训占比靠前，分别为83.25%、65.98%，党务知识、综合能力、通识知识分别占55.41%、54.25%、33.12%。此外，参与问卷干部中，89.58%认为央行网院还需进一步丰富课程内容，48.65%认为央行网院需进一步改进交互功能、增加平台信息通知和推介功能。

（二）围绕"2"大核心培训内容开发和管理培训资源

培训资源是培训项目开展的基础，也是培训能够有效实施的保障，新冠疫情发生以来，武汉分行从以下几个方面加强了培训资源的开发和管理，为"2+2+4"培训新模式的顺利实施提供资源基础。

1. "内部开发+外部引进"拓展培训师资

（1）内部开发。

内部开发的授课老师主要是各部门的业务骨干。业务骨干熟悉基层央行情况，培训过程中对内容把控较为熟练，沟通会更为顺畅，且培训过程中能将工作重点、难点、注意事项予以讲解，更有利于基层央行业务的进步。

内训师主要在各部门主办的业务培训中使用较多，疫情以来，武汉分行主办的新行员入职培训和各处室主办的业务培训，授课老师几乎都是各部门的业务骨干，且近几年也在不断选派人员参加总行的内训师培训班，提升内部开发授课老师的讲课水平。

武汉分行在培养内训师时有一定的标准，选中的业务骨干需要有出色的能力和业绩，具备较好的表达力、学习力和责任心。此外，在培训中武汉分行也对内部开发的授课老师有一定的激励措施，如发放讲课费等资金奖励。

（2）外部引进。

从外部机构引进授课老师指由基层人民银行与高等院校、直附属培训机构、科研院校或其他社会培训机构合作，双方共同约定师资、办学条件、课程内容，签订合作合同，采取"远程直播"的形式开展培训。

疫情以来，武汉分行与人民银行郑州培训学院、北京大学、中国人民大学等开展合作，针对培训主题选择最匹配的优质师资。这些引入的授课老师眼界宽、给武汉分行带来了新的理念、新的方法和新的工具，深受参训学员欢迎，增添了"线上培训"吸引力，对培训效果的提升有较大好处。

武汉分行在选择外部培训机构合作开展直播授课时，首先会明确培训需求，再根据需求选择合适的机构，在决定合作前对机构有一个深入的考察，尽量选择有一定知名度、口碑较好的机构、高校合作；选择授课老师时会考虑培训主题是否为该老师擅长的授课领域；此外在签订合同条款时尽量对双方的权、责、利有明确的说明。

2.拓展网络课程资源

疫情以来，武汉分行将央行网院课程进行梳理，发给分行各部门和辖内各单位，鼓励用好网络培训资源开展网络培训。此外，在实际培训中，拓展思路，从中国干部网络学院等权威、优质的网络学习平台中筛选课程，大大拓展了课程资源。

3.选用多种互联网平台作为培训媒介

由于疫情防控需要人员尽量避免聚集，疫情发生以来，在传统课堂这一媒介之外，武汉分行着重开发了远程培训媒介。对于具有一定保密性的培训，利用电视电话会议系统、央行网院等业务网平台开展；对于可以公开传播的内容，则采用腾讯会议、钉钉等互联网平台开展培训。

4.拓宽培训经费来源

疫情发生以来，中央带头过"紧日子"，基层人民银行的培训经费也非常紧张，可支配的资金资源非常有限。在实际操作中，武汉分行根据培训需求，做好培训资金的使用筹划，避免资金的浪费。同时，在符合内部管理规章制度的前提下,让有专项经费的部门采用专项经费开展培训,部分党务部门主办的培训,尽量使用党费。

(三)灵活运用"线上""线下"2种培训形式

从2020年新冠疫情暴发以来,疫情形势时好时坏,疫情防控要求也时严时松,在不同的疫情防控形势下举办培训,所需要遵守的防控措施不同,所能采取的培训方式也存在很大差异。武汉分行和辖内各单位在实际培训中进行了大量的探索,在实际培训中灵活运用"线上""线下"两种培训形式,较好地满足了疫情防控常态化下基层央行培训需求。

1. 疫情比较严重的情况下开展培训

实践案例:武汉分行利用央行网院开展"武汉分行湖北辖内学习贯彻党的十九届四中全会精神远程培训"。

(1)培训需求和资源分析。

培训需求分析:根据总行文件要求,必须在规定时间内完成党的十九届四中全会精神培训(组织需求);干部职工居家办公,有大量时间可以学习,也渴望学习(个人需求)。

培训资源分析:央行网院互联网平台已经试运行完成,可以使用(平台资源);央行网院上有整套党的十九届四中全会精神解读课程(课程资源)。

(2)实施步骤。

第一步:熟悉央行网院互联网平台的使用方法;

第二步:对平台上配套课程进行全面试听,确保课程无问题;

第三步:向央行网院互联网平台管理员申请开展培训项目;

第四步:组织分行机关和辖内各单位干部职工登录学习;

第五步:定期统计学习情况,督促学员完成学习;

第六步:开展线上评估,收集学员反馈意见。

(3)基本特点。

优点:省钱;培训不受时间、空间限制,学员可以随时随地学习;课程可以反复观看。

缺点:课程为录播视频,老师和学员之间缺少互动;学习氛围没有现场集中培训浓厚。

2. 疫情较为缓和的情况下开展培训

实践案例一：鄂州市中心支行使用腾讯会议开展培训（"我们一起学业务"活动）。

操作流程：疫情期间利用线上培训+线下评估的模式，"学业务"活动形成了"课前、课中、课后"流程化教学方式。

课前有规划。课前中心支行组织人事部门负责制定培训规划、列出培训时间表，在微信群里发送培训通知和培训链接。

课中有干货。业务培训普遍采用PPT方式，通过腾讯视频连屏的方式进行投放。授课可设置主持人和多名联席主持人，帮忙场控，页面窗口下面有更多显示，用于互动交流和学员管理。

课后有评估。课后邀请部分听课者填写调查问卷，从总体评估意见、具体课程和师资评估两个大方向，内容设计、师资安排、培训管理、培训形式、教学满意度五个小方向进行评估，以此来检测学习情况，并对"学业务"活动的开展进行逐步完善，以求讲好每一堂课。

优点：操作便捷，培训不易受时间、空间限制。

缺点：交流环节稍显迟缓，若交流人员比较多并发举手表情示意时，在后台聊天显示中容易忽视。

实践案例二：孝感市中心支行利用钉钉平台开展培训。

（1）实施步骤。

定好培训内容，选好授课老师后，科技部门提前在钉钉上创建群组并通过群组发起直播，干部职工登录钉钉App即可看到直播提示，点击进入直播就能在各自的办公区域进行同步培训。

（2）主要特点。

优点：

对于参训者来说：一是不需要所有参训人员都集中到一起，能很好地适应当前疫情防控常态化的要求；二是不受时空限制，只要有网络便能随时随地参加培训，缓解了工学矛盾；三是钉钉群在线直播会全程自动录制自动保存，每次直播培训结束后，参训者可通过直播回放反复观看学习。

对于授课/组织者来说：一是利用钉钉平台开展线上培训可以扩大参训者的范围，参训名额不受限制，节约经费；二是发起直播操作简便；三是直播培训结束后，可一键统计出参训者听课情况，包括中途离开、听课时长过短、未参与听课等，方便培训管理。

缺点：

一是容易流于形式，学习效果无法得到保证，参训者使用自己的手机或电脑进行学习，授课者难以掌握参训者的听课状态，不能根据参训者的情况调整授课的进度及方式；二是互动效果较弱，虽然参训者在收看直播时可将疑问发送到群组内，或者申请连麦提问，但是没有面对面交流的效果好。

3. 疫情"清零"的情况下开展培训

实践案例：武汉分行以"局部集中+远程直播"模式举办处级干部学习党的十九届五中全会精神培训班。

（1）基本情况。

开展党的十九届五中全会精神培训是总行下达的政治任务（组织需求），在培训经费异常紧张的情况下，武汉分行按照资源集约使用原则，将有限的培训经费用在提高授课质量上，与中国人民大学合作，聘请专家学者远程授课，举办处级干部党的十九届五中全会精神培训班。培训采取"局部集中+远程直播"的形式举办，分行机关设主会场、各单位设分会场，授课老师在主会场或在直播平台授课，学员在各单位会场听课。

（2）主要特点。

优点：一是节约资金，由于不需要提供住宿和餐饮服务，可以节约很大一笔资金；二是节约时间，参训学员在单位就能参加培训，不需要往返于培训地点和单位；三是培训形式优势明显。"局部集中+远程直播"模式，既能避免因人员流动带来疫情防控风险，又因学员部分集中，能最大限度地营造良好的学习氛围；四是师资选择范围广，既可以选择外聘教师，又可以选择单位业务骨干授课。

缺点：一是学员管理较为麻烦，需要经常关注各会场的学员参训情况，做好学员管理工作；二是学习效果不均衡，分会场的学员由于是以视频形式参加培训，学习效果较主会场会差一些。

（四）围绕"4"个层面灵活开展培训评估

疫情防控常态化下，在采用"2+2+4"培训新模式开展培训活动时，武汉分行围绕反应、学习、行为和绩效4个层面，结合疫情防控形势，多种评估形式并用，根据不同的培训形式，灵活开展线上、线下培训评估。

1."央行网院"远程培训项目的评估

疫情防控情况下，央行网院远程培训项目的评估主要侧重于反应、学习两个层面，采取电子问卷调查的方式收集参训学员对培训项目的意见建议，通过线上考试的方式考核参训学员的培训内容掌握程度，同时运用线上访谈的方式，收集参训学员、培训组织者对培训的意见建议。

2."腾讯会议""钉钉"类直播培训项目的评估

直播培训项目的评估会根据培训内容灵活选择评估聚焦的层面，除了通过问卷调查、线上访谈的方式从反应层面进行评估，如培训内容为业务类培训，则还会结合工作观察法从行为、绩效层面进行评估。

3."局部集中+远程直播"类培训项目的评估

"局部集中+远程直播"类培训项目的评估以线下评估为主，各培训分会场负责本培训会场的评估，除通过问卷调查、访谈等方式开展反应层面的评估外，还会以小组讨论的形式开展学习、行为层面的评估（在2020年武汉分行新录用新行员培训班上运用过此方法，效果较好）。

五、对"2+2+4"培训新模式的展望

通过对"2+2+4"培训新模式的理论探索和实践应用，武汉分行发现该模式能很好地适应疫情防控常态化要求，对于基层央行在疫情防控

常态化下高效开展培训工作具有较好的指导作用。但是该模式在如何更高效发挥网络培训效能、如何更高效开展评估等方面还存在需要明确和完善的地方。

（一）树立"大培训"理念，充分挖掘新模式中线上培训潜力

一是建立开放式培训理念。完善以央行网院为主体、其他互联网平台资源为补充的线上培训架构，结合实际灵活拓展使用多种培训平台和资源，高效满足培训需求。二是加强线上培训宣传和指导。进一步加大线上培训优势的宣传力度，引导基层行培训主管部门、业务部门拓宽线上培训思维，逐步形成以人事部门为主导、业务部门主办、干部职工主动参与的线上培训格局。加强对培训主办部门、基层培训主管部门线上培训途径、方法和技术等的培训指导，推介线上培训经典案例。

（二）完善央行网院建设，丰富新模式的培训资源

一是明确核心功能定位。央行网院作为内部学习平台，主要应围绕央行干部教育培训核心目标要求，将政治理论、业务能力、基本素质等作为课程建设重点，服务于党的建设、服务于高素质干部人才队伍建设、服务于高效履职，对于在疫情防控常态化情况下开展业务类培训，央行网院具有无可比拟的优势。二是建立和完善分级分类课程体系。由组织人事部门牵头建立适合各职级干部的课程体系，如新行员、新任处级和厅局级干部培训系列课程等。由业务部门共同参与完善各业务类别课程体系建设，建立央行整体业务课程框架，逐步实现各业务条线进阶式课程体系，保证与业务需求发展、干部成长相适应。三是完善课程资源管理。加强现有课程分类管理，规范统一课程分类标准、明晰分类标签。进一步完善央行网院课程准入机制，引入优质网络培训资源，提升课程质量。发挥分支机构功能作用，采取"总行开发为主、分行支持一点、中支推荐一点"的办法，丰富课程资源；赋予各省级机构在央行网院上挂课程的一定权限，满足区域性需求。四是丰富课程展现形式。适当增加直播课程和短视频课程，提升在线学习的互动性和平台吸引力。推进教学课件向"自学主导"的形式改变，强化三分屏课件、动漫课件

以及情景模拟课件等符合在线学习特点的课程开发及普及应用。

（三）拓展线上培训形式渠道，增强新模式培训效果和体验感

一是拓展外部优质资源渠道。加大接入中组部干部网络学院、学习强国等高层次主流网络学习平台资源，增强培训政治性和时效性；灵活运用网易公开课、高校优质资源等，增强内容丰富性和开放性。二是推动线上线下学习融合发展。探索在线研究型学习模式、翻转课堂模式和线下集中辅导交流模式等，促进线上培训和现场培训优势互补，提升学习效果。

（四）探索培训评估量化，增强新模式培训评估效果

目前基层央行在使用柯氏四级评估法时侧重于反应层面和学习层面的评估，行为评估和绩效评估由于测度难度较大、标准难以统一，基层央行在开展行为评估和绩效评估时，基本采用以工作观察为主的模糊处理方法，如能在行为层面、绩效层面探索出一条适合基层央行的量化的评估标准，对于增加新模式的培训评估效果具有很好的理论和实践意义。

六、研究结论

（一）新冠疫情对基层央行培训工作造成了巨大冲击

一直以来，基层央行培训活动都是以集中现场培训为主，新冠疫情暴发后，对基层央行冲击很大，表现在：面对面发现培训需求的方式不再适用；培训资金短缺、授课老师难以现场授课、培训实施场景受限，培训资源的获取受到很大影响；线下培训方式受限；开展培训评估时，现场评估难以开展。基层央行以集中现场培训为主的培训模式不再适应疫情防控常态化要求，需要进行调整。

（二）"2+2+4"培训模式是基层央行在疫情防控常态化形势下开展培训工作的创新

面对新冠疫情对基层央行培训工作造成的冲击，武汉分行结合辖内培训实际，从培训的理论基础、核心内容、培训方式、培训评估等几方面进行探讨,对培训模式进行改进创新,提出了适应疫情防控常态化的基层央行"2+2+4"培训新模式,即"党务理论和业务知识2大核心培训内容、线上线下2种培训方式、柯氏4级评估法"。

(三)从实践效果看,"2+2+4"培训新模式对基层央行在疫情防控常态化下开展培训具有较好的指导作用

从武汉分行在培训工作中对"2+2+4"培训新模式进行的实践应用和探究来看,疫情防控常态化下,新模式对于基层央行在培训工作中细化核心培训内容,开发和管理培训资源(包括师资、课程、培训媒介、培训经费),灵活运用"线上+线下"培训模式应对疫情,围绕反应、学习、行为和绩效4个层面开展培训评估具有很好的指导作用。

(四)"2+2+4"培训新模式尚需在高效发挥线上培训效能、高效开展评估方面加以完善

一是需要加强线上培训宣传和指导,充分挖掘新模式中线上培训潜力。二是要完善央行网院建设,丰富新模式的培训资源。三是推动线上线下学习融合发展,拓展线上培训形式渠道,增强新模式培训效果和体验感。四是在行为层面、绩效层面探索出一条适合基层央行的量化的评估标准,增强新模式培训评估效果。

参考文献

[1]胡瑞香.员工培训管理理论及培训创新研究[J].中外企业家,2019.

[2]李林麟.定州市党员教育培训现状分析与模式探究[D].保定:河北大学,2020.

[3]严爱珍.国外政党党员教育、管理、监督与服务的党内法规研究[J].上海党史与党建,2019(11):4.

[4]周伟欣.福州市直财政系统公务员培训研究[D].福州:福建农林大学,2020.

[5] 刘晓峰.新时期成人教育培训课程教学模式研究——评《成人教育发展研究》[J].科技管理研究,2021,41(16):1.

[6] 赵德成,梁永正.培训需求分析:内涵,模式与推进[J].教师教育研究,2010(06):6.

[7] 张修学.公务员培训的国际借鉴[J].国家行政学院学报,2000(04):5.

[8] 刘宝发,杨庆芳.企业培训模式综述[J].科技进步与对策,2004,21(04):3.

[9] SONG GuoXue,宋国学.Competency-based Training Models基于胜任特征的培训模式[J].心理科学进展,2010,18(01):144-150.

[10] 郑坚,张晶晶,田春雨.构建"雇主主导"型培训模式的新尝试——英国学徒税制度研究[J].外国教育研究,2019,46(06):13.

[11] 冯晓英,宋琼,张铁道,等."互联网+"教师培训NEI模式构建——基于扎根理论的研究[J].开放教育研究,2019,25(02):89-98.

[12] 魏午英.基于培训有效性的企业员工培训问题与对策探讨[J].东方企业文化,2014(20):2.

[13] 刘湘丽.我国企业职工培训现状分析[J].中国工业经济,2000(07):5.

[14] 汤学良,吴万宗.员工培训、出口与企业生产率——基于中国制造业企业数据的研究[J].财贸研究,2015(05):10.

[15] 王丽梅,张宗坪.有效的员工培训:效率+效果——基于成本收益分析[J].科技管理研究,2010(15):120-124.

[16] 李杨,吴泗宗.企业员工培训评估中存在的问题与对策研究——以某家电制造企业为案例[J].山东社会科学,2015(04):5.

[17] 李晨,王宝石.建构中小企业员工培训管理体系的思路与对策[J].科技管理研究,2011,31(13):4.

[18] 马延伟.当前我国职工培训的问题与对策[J].教育研究,2015,36(11):7.

[19] 孙永波, 胡晓鹃, 丁沂昕. 员工培训, 工作重塑与主动性行为——任务情境的调节作用 [J]. 外国经济与管理, 2020（01）: 15.

[20] 罗哲, 易艳玲. 基于CIPP模型和柯式模型构建我国公务员培训评估体系 [J]. 中国行政管理, 2007（04）: 3.

[21] 陈芳, 李铁斌. 基于胜任力的测查式公务员培训新探——以湖北省省直机关处级公务员为例 [J]. 中国行政管理, 2012（07）: 4.

[22] 吴渊. 公务员在职培训模式创新的理论逻辑与实践路径——基于跨界学习的视角 [J]. 中国成人教育, 2019（12）: 5.

[23] 任康磊. 培训管理实操：从入门到精通 [M]. 北京: 人民邮电出版社, 2019.

[24] Kirkpatrick D L. Great ideas revisited: Revisiting Kirkpatrick's four-level model [J]. Training & Development, 1996.

课题主持人：夏国栋
课题组成员：杨海维　毛政科　孟　伟　王乐颖
执　笔　人：毛政科　孟　伟　王乐颖

浅析房地产贷款集中度管理制度对地方法人银行的影响

——以仙桃农村商业银行为例

中国人民银行仙桃市支行课题组

摘要：房地产贷款集中度管理制度（后文简称"新规"）是我国房地产金融宏观审慎管理的一项长期性制度安排，是坚持"房住不炒"定位和坚持"以人民为中心"理念的重要举措，是防范金融体系对房地产贷款过度集中带来的潜在系统性风险、促进房地产市场平稳发展的迫切需要，是构建新发展格局、促进经济结构优化升级的必然要求。本文以仙桃农村商业银行为例，选取其新规实施前十年的年度数据（2010—2020年）和新规实施后的月度数据（2021年1—9月），通过分析新规实施前后农商行房地产贷款和个人住房贷款情况，探索归纳新规实施产生的影响和执行过程中存在的问题，并提出政策建议和风险管理措施。

关键词：房地产贷款集中度；农村商业银行；影响；政策建议

一、调研背景

自住房制度改革以来，房地产市场因上下游产业链长且横跨生产、消费、流通等多领域，对我国经济持续快速增长发挥了显著的拉动作用。然而，随着房地产市场金融化、泡沫化日趋严重，大量风险积聚。为防范化解房地产市场风险，"十四五"规划提出了"推动金融、房地产同实体经济均衡发展"，中央经济工作会议提出解决大城市住房问题，必须深化供给侧结构性改革。2020年12月31日，中国人民银行、中国银行保险监督管理委员会发布《关于建立银行业金融机构房地产贷款集中度管理制度的通知》（银发〔2020〕322号）（以下简称《通知》），正式明确银行业金融机构房地产贷款集中度管理制度的机构覆盖范围、管理要求和调整机制等，目的是增强银行业金融机构抵御房地产市场波动的能力，防范金融体系对房地产贷款过度依赖带来的潜在系统性风险，提高银行业金融机构发展稳健性。新规颁布后，银行金融机构及房地产市场受到不同程度影响，本文以仙桃农村商业银行为例，探索新规实施对本地区银行机构的影响及银行机构在应对过程中的问题，并提出具体政策建议和应对措施。

二、仙桃农村商业银行基本情况

仙桃农村商业银行是中国银监会批准设立的地方性法人银行，于2012年8月16日正式挂牌开业，是在原仙桃市农村信用合作联社的基础上成立的股份制农村商业银行，注册资本为39 392.9万元。近年来，该行紧紧围绕"三大银行"发展战略，加快转型发展和风险防控，各项工作呈现良好发展态势。截至2020年末，该行注册资本65 794.3万元，共有股东2 704个、股权65 794.3万股，其中法人股东29个、股权23 714.59万元，占比36.04%；自然人股东2 675人，股本42 079.71万元，占比63.96%。下辖1个营业部、20个支行、31个分理处、9个离行式自助银行和170个惠农服务点，机构网点遍布城乡，是仙桃市网点覆盖面最广、服务人员最多、业务规模最大、社会贡献最突出的金融机构之一。

仙桃农村商业银行立足农村，以服务"三农"和扶持中小微企业为经营目标，在取得自身长足发展的同时，有力地支持了地方经济的发展（具体经营发展情况和主要监管指标见表1、表2、表3）。

表1　仙桃农村商业银行经营发展情况（2010—2020年）

时间	资产规模（万元）	各项贷款（万元）	户均贷款（万元）	涉农贷款（万元）	小微企业贷款（万元）	不良贷款率（%）	负债规模（万元）	各项存款（万元）	注册资本（万元）	资本充足率（%）	净利润（万元）
2010年末	590 519	204 502	12	185 714	87 271	1.31	534 188	476 390	39 393	18.27	9 255
2011年末	699 990	323 451	18	237 600	93 498	1.45	662 536	655 268	39 393	13.52	7 506
2012年末	834 301	398 522	25	297 711	123 416	2.35	776 152	735 717	39 393	13.42	6 791
2013年末	989 107	495 303	35	461 520	143 717	2.29	925 695	903 948	39 393	12.03	8 835
2014年末	1 073 643	531 693	42	481 148	195 738	2.41	1 004 856	978 450	39 393	12	7 993
2015年末	1 402 710	615 066	51	572 469	239 996	3.52	1 309 756	1 198 105	53 768	14.15	7 401
2016年末	1 514 673	718 036	63	606 405	273 436	4.2	1 419 109	1 366 887	64 517	12.74	7 000
2017年末	1 667 080	851 577	51	684 145	285 404	3.36	1 570 149	1 533 489	64 517	12.67	7 501
2018年末	1 906 023	984 879	46	770 081	296 049	3.47	1 807 283	1 756 372	64 517	11.3	8 001
2019年末	2 156 985	1 102 043	44	878 319	286 588	3.23	2 054 370	1 986 890	64 517	11.04	10 000
2020年末	2 628 164	1 246 917	45	906 074	270 393	2.64	2 520 242	2 309 631	65 794	11.1	10 001

表2　仙桃农村商业银行经营发展情况（2021-01—2021-09）

时间	资产规模（万元）	各项贷款（万元）	户均贷款（万元）	涉农贷款（万元）	小微企业贷款（万元）	不良贷款率（%）	负债规模（万元）	各项存款（万元）	注册资本（万元）	资本充足率（%）	净利润（万元）
2021-01	2 834 963	1 313 980	44.85	939 714	279 316	2.47	2 687 986	2 533 240	65 794.3	10.82	3 055
2021-02	2 959 813	1 327 992	44.88	940 848	283 876	2.69	2 815 708	2 815 708	65 794.3	10.26	616
2021-03	2 994 209	1 369 256	44.04	941 301	288 238	2.3	2 843 551	2 694 086	65 794.3	10.7	7 242
2021-04	2 949 038	1 386 558	44.26	933 826	286 113	2.55	2 796 719	2 675 861	65 794.3	10.88	8 908
2021-05	2 971 077	1 383 797	44.05	921 967	284 691	2.58	2 818 032	2 691 786	67 044.44	10.86	13 856
2021-06	3 006 742	1 402 458	44.05	945 603	289 455	2.29	2 848 906	2 688 548	67 044.44	11.03	18 616
2021-07	3 023 494	1 393 113	43.49	937 181	278 351	2.63	2 862 233	2 700 400	67 044.44	11.35	22 044
2021-08	2 997 720	1 402 187	42.97	945 750	281 258	2.63	2 837 305	2 714 085	67 044.44	11.11	25 833
2021-09	2 936 977	1 401 244	42.64	934 230	275 208	2.45	2 786 955	2 664 692	67 044.44	10.93	20 572

表3　　　　仙桃农商行主要监管指标（2018—2020年）

时间	资本充足率	核心资本充足率	不良贷款率	拨备覆盖率
2018年	11.30%	10.29%	3.47%	184.43%
2019年	11.04%	10.03%	3.23%	206.35%
2020年	11.10%	9.99%	2.64%	304.31%

三、新规实施前后农商行房地产贷款情况分析

仙桃农村商业银行属于县域农合机构，应遵循房地产贷款集中度管理的第四档要求，即房地产贷款占比上限为17.5%（±2.5%），个人住房贷款占比上限为12.5%（±2.5%）。超出2个百分点及以上，业务调整过渡期为4年（2021年初—2024年末）。

（一）新规实施前农商行房地产贷款情况分析（见表4、表5和图1）

表4　　　　　2010—2020年房地产贷款相关数据

时间	各项贷款余额（万元）	房地产贷款余额（万元）	房地产贷款占比	房地产贷款增速	房地产贷款比例上限	是否达标	房地产贷款超出量（万元）	房地产贷款超出占比
2010年末	204 502	12 468	6.10%	—	19.5%	是	—	—
2011年末	323 451	43 607	13.48%	249.75%	19.5%	是	—	—
2012年末	398 522	59 580	14.95%	36.63%	19.5%	是	—	—
2013年末	495 303	93 034	18.78%	56.15%	19.5%	是	—	—
2014年末	531 693	103 551	19.48%	11.30%	19.5%	是	—	—
2015年末	615 066	147 740	24.02%	42.67%	19.5%	否	27 802.13	4.52%
2016年末	718 036	164 944	22.97%	11.64%	19.5%	否	24 926.98	3.47%
2017年末	851 577	219 750	25.81%	33.23%	19.5%	否	53 692.485	6.31%
2018年末	984 879	364 225	36.98%	65.75%	19.5%	否	172 173.595	17.48%
2019年末	1 102 043	455 968	41.37%	25.19%	19.5%	否	241 069.615	21.87%
2020年末	1 246 917	433 113	34.73%	-5.01%	19.5%	否	189 964.185	15.23%

说明：主要指标计算公式为：房地产贷款占比=房地产贷款余额÷人民币各项贷款余额

房地产贷款增速=（本年度房地产贷款余额-上年度房地产贷款余额）÷上年度房地产贷款余额

房地产贷款超出量=房地产贷款余额-各项贷款余额×房地产贷款比例上限

房地产贷款超出占比=房地产贷款占比-房地产贷款比例上限

表5　　　　　　　　2010—2020年个人住房贷款相关数据

时间	各项贷款余额（万元）	个人住房贷款余额（万元）	个人住房贷款占比	个人住房贷款增速	个人住房贷款比例上限	是否达标	个人住房贷款超出量（万元）	个人住房贷款超出占比
2010年末	204 502	5 960	2.91%	—	15%	是	—	—
2011年末	323 451	32 752	10.13%	449.53%	15%	是	—	—
2012年末	398 522	45 380	11.39%	38.56%	15%	是	—	—
2013年末	495 303	70 414	14.22%	55.17%	15%	是	—	—
2014年末	531 693	74 323	13.98%	5.55%	15%	是	—	—
2015年末	615 066	90 680	14.74%	22.01%	15%	是	—	—
2016年末	718 036	100 594	14.01%	10.93%	15%	是	—	—
2017年末	851 577	141 665	16.64%	40.83%	15%	否	13 928.45	1.64%
2018年末	984 879	286 887	29.13%	102.51%	15%	否	139 155.15	14.13%
2019年末	1 102 043	402 656	36.54%	40.35%	15%	否	237 349.55	21.54%
2020年末	1 246 917	378 632	30.37%	-5.97%	15%	否	191 594.45	15.37%

说明：个人住房贷款占比=个人住房贷款余额÷人民币各项贷款余额

个人住房贷款增速=（本年度个人住房贷款余额−上年度个人住房贷款余额）÷上年度个人住房贷款余额

个人住房贷款超出量=个人住房贷款余额−各项贷款余额×个人住房贷款比例上限

个人住房贷款超出占比=个人住房贷款占比−个人住房贷款比例上限

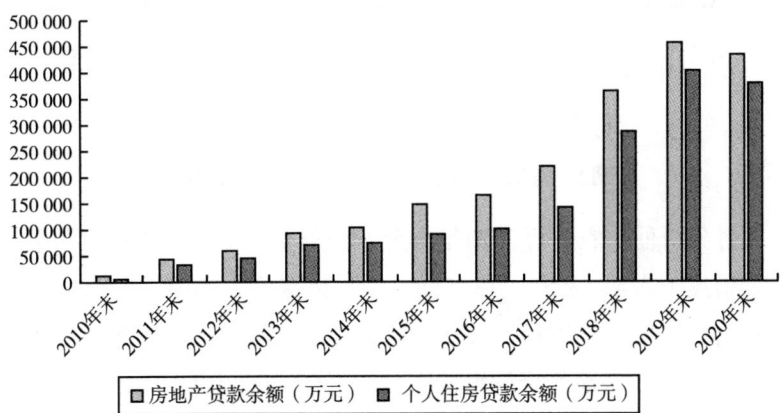

图1　2010—2020年房地产贷款和个人住房贷款余额

通过分析仙桃农商行2010年末至2020末年房地产贷款余额和个人住房贷款余额（见表4、表5和图1），总体来看，2010年末至2020年末仙桃农商行房地产贷款和个人住房贷款余额规模逐年扩大，其中，房地产贷款余额从2010年末的12 468万元迅速攀升至2019年末的455 968万元并达到峰值，在2020年末回落至433 133万元；个人住房贷款余额从2010年末的5 960万元增长至2019年末的402 656万元并达到峰值，在2020年末略微下降至378 632万元。

通过分析仙桃农商行2010年末至2020末年房地产贷款占比和个人住房贷款占比（表4、表5和图2），总体来看，2010年末至2020年末仙桃农商行房地产贷款余额占各项贷款余额的占比值保持扩大趋势，从2020年末的6.10%增加至2019年末的41.37%并达到峰值，2020年末开始下降。个人住房贷款占比发展趋势相似，从2010年末的2.91%增加至2019年末的36.54%，并达到峰值，2020年末开始下降。

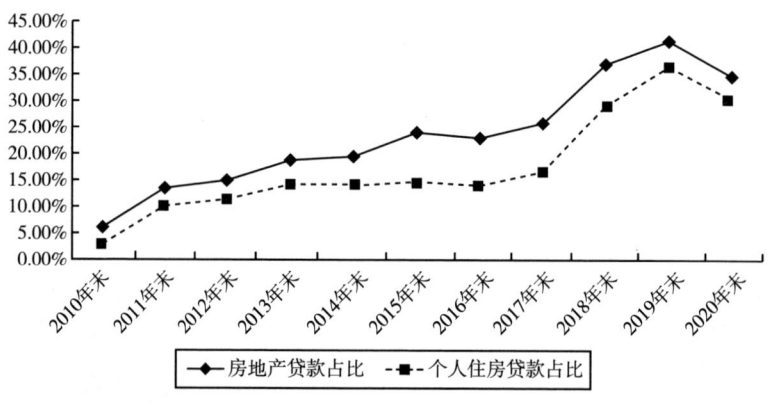

图2 房地产贷款占比和个人住房贷款占比

通过分析仙桃农商行2010年末至2020末年房地产贷款占比和个人住房贷款增速（表4、表5、图3和图4），总体来看，2010年末至2020年末仙桃农商行房地产贷款和个人住房贷款增速整体呈下降趋势，且从2012年末到2018年末房地产贷款增速在11%至66%区间内波动，2018年末达到峰值65.75%后开始下降。个人住房贷款受调控政策、购房需求、房产增值预期等因素的影响，增速在5%至103%间大幅度波动，2018年末达到最大增速102.51%后开始快速下降,房地产贷款增速与个人住房贷款增速均在2020年末出现负值,标志着房地产贷款和个人住房贷款开始负增长。

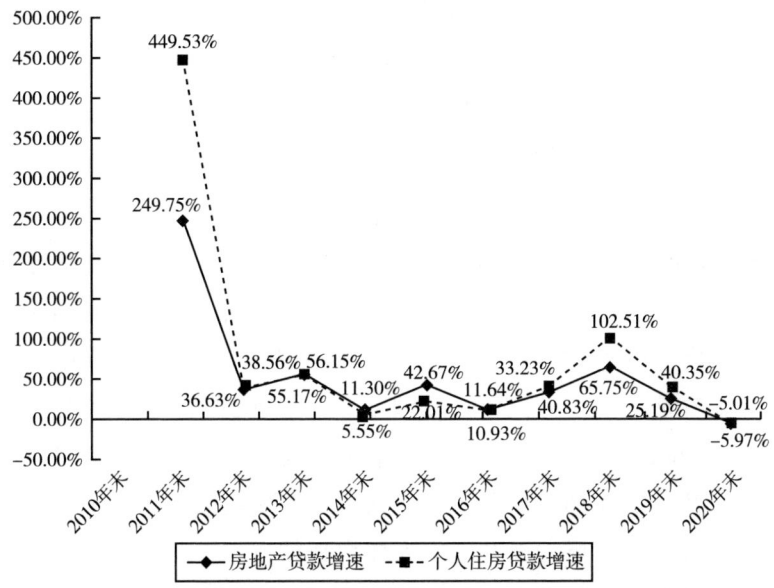

图3　2010—2020年末房地产贷款增速和个人住房贷款增速

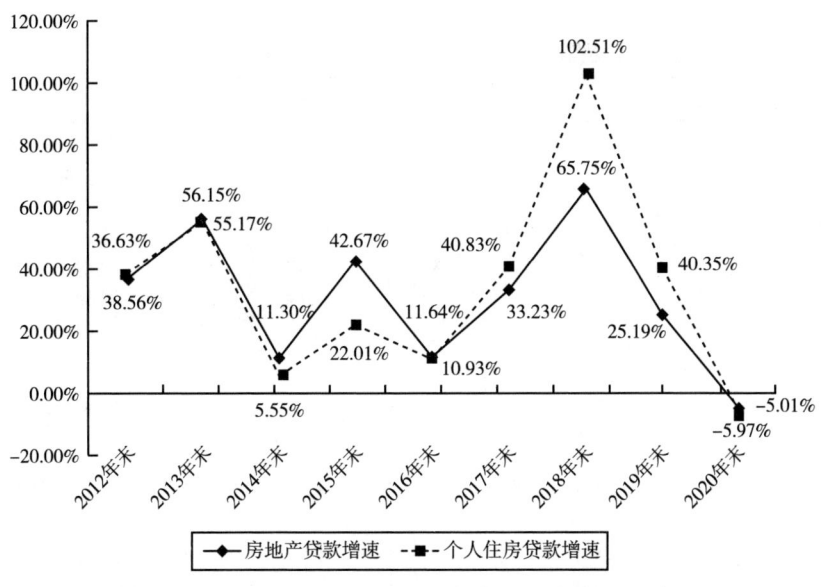

图4　2012—2020年末房地产贷款增速和个人住房贷款增速

综上所述，新规实施前，仙桃农商行的房地产贷款和个人住房贷款业务体量大、占比高、增速快，亟待调控。就房地产贷款集中度管理要求来看，仙桃农商行房地产贷款占比和个人住房贷款占比分别从2015年末、2017年末开始超过上限，且在2020年末均超2个百分点以上。因此，仙桃农商行迫切需要在四年内调整两项指标，以满足银行业金融机构房地产贷款集中度管理制度的要求。

（二）仙桃农商行新规执行计划及测算情况

仙桃农商行房地产贷款集中度调整过渡期为4年，期间的年度调整目标为：2020年末房地产贷款占比为34.73%（其中，房地产项目和商业用房按揭贷款占比4.37%，个人住房按揭占比30.37%），力争在2024年末将房地产贷款占比下降至合理水平，其中，2021年末房地产贷款占比下降至31.36%，个人住房贷款占比下降至26.86%。2022年末房地产贷款占比下降至27.36%，个人住房贷款占比下降至22.86%。2023年末房地产贷款占比下降至22.86%，个人住房贷款占比下降至18.36%。2024年末房地产贷款占比下降至19.5%，其中，房地产项目和商业用房按揭贷款占比调至4.5%，个人住房贷款占比下降至15%。

表6　仙桃农商行房地产贷款集中度调整计划表　　单位：亿元

截止日	各项贷款计划余额	各项贷款拟净增	房地产贷款							二、个人住房按揭贷款	
			计划余额	计划占比	调整幅度	一、商业房地产贷款					
						小计	其中：房地产开发贷款	其中：商用房按揭贷款	计划占比	个人住房按揭贷款	计划占比
2020年末	124.69	—	43.31	34.73%	—	5.45	1.03	4.42	4.37%	37.86	30.37%
2021年末	139.69	15.00	43.81	31.36%	-3.37%	6.29	1.03	5.25	4.50%	37.52	26.86%
2022年末	154.69	15.00	42.32	27.36%	-4.00%	6.96	1.03	5.93	4.50%	35.36	22.86%

续表

截止日	各项贷款计划余额	各项贷款拟净增	房地产贷款			一、商业房地产贷款				二、个人住房按揭贷款	
			计划余额	计划占比	调整幅度	小计	其中:房地产开发贷款	其中:商用房按揭贷款	计划占比	个人住房按揭贷款	计划占比
2023年末	169.69	15.00	38.79	22.86%	-4.50%	7.64	1.03	6.60	4.50%	31.16	18.36%
2024年末	184.69	15.00	36.01	19.50%	-3.36%	8.31	1.03	7.28	4.50%	27.70	15.00%

个人住房按揭贷款测算如下：2020年末全部贷款124.69亿元，假定4年内每年贷款净增15亿元，则2021年、2022年、2023年、2024年贷款余额分别达139.69亿元、154.69亿元、169.69亿元、184.69亿元。2020年末个人住房按揭贷款余额37.86亿元，占比逐年下降，2021年末个人住房按揭贷款占比比上年下降3.5%，控制在26.86%左右，则余额应控制在37.52亿元。2022年个人住房按揭贷款占比比上年下降4%，控制在22.86%左右，则余额应控制在35.36亿元。2023年个人住房按揭贷款占比比上年下降4.5%，控制在18.36%左右，则余额应控制在31.16亿元。2024年个人住房按揭贷款占比比上年下降3.36%，控制在15%左右，则余额应控制在27.70亿元。

商业房地产贷款测算如下：根据指标规定，房地产贷款控制在19.5%，个人住房按揭贷款占比15%，由此可推断商业房地产贷款占比控制在4.5%以内。农商行2020年末商业房地产贷款5.45亿元，占比4.37%。至2024年余额可增加至8.31亿元，占比控制在4.5%以内。

（三）新规实施后农商行房地产贷款情况分析

截至2021年9月末，仙桃农商行各项贷款余额为1 401 245万元，房地产贷款余额为410 828万元，个人住房贷款余额为364 011万元。房地产贷款余额占人民币各项贷款余额的比重为29.32%，相比《通知》出台时（2020年末占比34.73%）下降5.42个百分点；个人住房贷款余额占人民币各项贷款余额的比重为25.98%，相比《通知》出台时（2020年末占比30.37%）下降4.39个百分点（见表7、表8）。

表7　　　　　　2021年1—9月房地产贷款相关数据

时间	各项贷款余额（万元）	房地产贷款余额（万元）	房地产贷款占比	房地产贷款增速	房地产贷款比例上限	是否达标	房地产贷款超出量（万元）	房地产贷款超出占比
2021年1月末	1 313 980	440 717	33.54%	—	19.5%	否	184 490.9	14.04%
2021年2月末	1 327 992	434 292	32.70%	−1.46%	19.5%	否	175 333.56	13.20%
2021年3月末	1 369 257	428 807	31.32%	−1.26%	19.5%	否	161 801.885	11.82%
2021年4月末	1 386 558	427 454	30.83%	−0.32%	19.5%	否	157 075.19	11.33%
2021年5月末	1 383 797	422 746	30.55%	−1.10%	19.5%	否	152 905.585	11.05%
2021年6月末	1 402 458	418 514	29.84%	−1.00%	19.5%	否	145 034.69	10.34%
2021年7月末	1 393 113	414 323	29.74%	−1.00%	19.5%	否	142 665.965	10.24%
2021年8月末	1 402 188	413 077	29.46%	−0.30%	19.5%	否	139 650.34	9.96%
2021年9月末	1 401 245	410 828	29.32%	−0.54%	19.5%	否	137 585.23	9.82%

表8　　　　　　2021年1—9月个人住房贷款相关数据

时间	各项贷款余额（万元）	个人住房贷款余额（万元）	个人住房贷款占比	个人住房贷款增速	个人住房贷款比例上限	是否达标	个人住房贷款超出量（万元）	超出占比
2021年1月末	1 313 980	384 797	29.28%	—	15%	否	187 700.00	14.28%
2021年2月末	1 327 992	379 695	28.59%	−1.33%	15%	否	180 496.20	13.59%

浅析房地产贷款集中度管理制度对地方法人银行的影响

续表

时间	各项贷款余额（万元）	个人住房贷款余额（万元）	个人住房贷款占比	个人住房贷款增速	个人住房贷款比例上限	是否达标	个人住房贷款超出量（万元）	超出占比
2021年3月末	1 369 257	374 635	27.36%	−1.33%	15%	否	169 246.45	12.36%
2021年4月末	1 386 558	373 548	26.94%	−0.29%	15%	否	165 565.30	11.94%
2021年5月末	1 383 797	369 580	26.71%	−1.06%	15%	否	162 010.45	11.71%
2021年6月末	1 402 458	366 246	26.11%	−0.90%	15%	否	155 877.30	11.11%
2021年7月末	1 393 113	365 112	26.21%	−0.31%	15%	否	156 145.05	11.21%
2021年8月末	1 402 188	364 529	26.00%	−0.16%	15%	否	154 200.80	11.00%
2021年9月末	1 401 245	364 011	25.98%	−0.14%	15%	否	153 824.25	10.98%

从图5可以看出，2021年1月开始，房地产贷款余额和个人住房贷款余额呈稳步下降趋势。

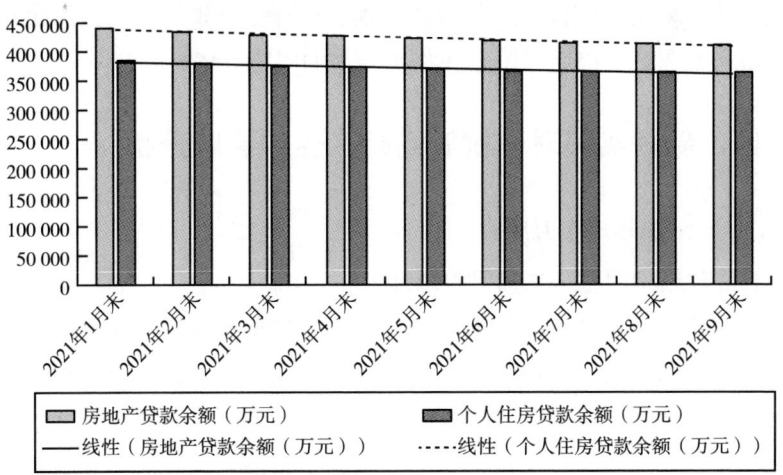

图5　2021年1—9月房地产贷款和个人住房贷款余额

575

从图6可以看出，2021年1月开始，房地产贷款余额占比和个人住房贷款余额占比呈稳步下降趋势。

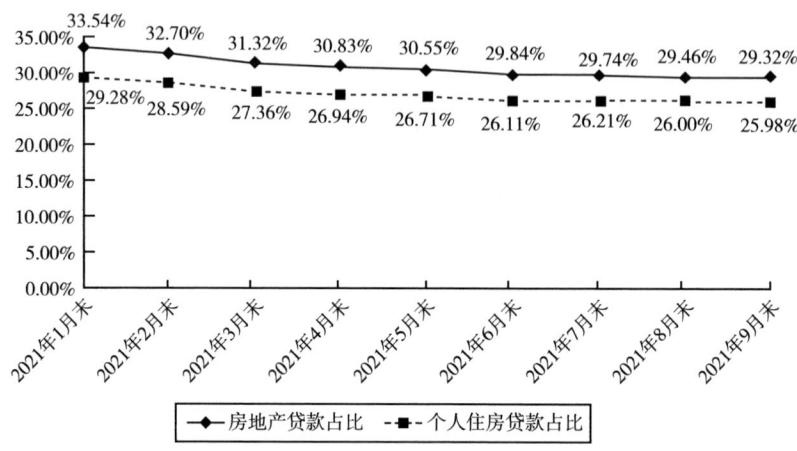

图6　2021年1—9月房地产贷款占比和个人住房贷款占比

综上所述，新规实施初期，仙桃农商行房地产贷款和个人住房贷款的余额与占比均在逐渐下降。可以预见，在新规实施下阶段，农商行表内房地产贷款增速将向各项贷款平均增速收敛，房地产信贷总量增速及占比将趋于正常，未来房地产贷款业务也将回归合理。同时，可从侧面反映出监管机构在调控房地产贷款规模，确保金融资源流向国家重点发展领域和薄弱环节以服务国家战略大局上的坚定立场。

四、新规实施对仙桃农商行产生的影响分析

（一）短期经营压力加大

1. 贷款结构调整，未知风险增加

新规实施倒逼商业银行调整信贷结构，房地产贷款占比较高的银行需要收缩，将更多信贷资金投向非房地产领域。当前仙桃农商行房地产贷款的不良率为1.21%，低于全行贷款不良率1.48个百分点，风险整体可控。然而，信贷结构发生调整，必然加大对中小微企业及其他类型贷款的投放力度，非房地产贷款投放占比将进一步提高，而中小微企业及

个人抗风险能力较弱，银行信贷风险升高，贷款占比"一升一降"，也可能导致全行贷款不良率升高。

2. 贷款增速下降，客户群体收窄

受实体经济不景气和新冠疫情的影响，仙桃辖内工业企业新增信贷需求不稳定，部分优质企业投资较为谨慎，不少企业选择提前偿还贷款不再续贷，市场融资需求规模大幅萎缩。当个人住房按揭贷款投放减少，必然加剧贷款投放增速下降。同时，按下房地产业务的"暂停键"将导致客户群体收窄，客户黏性减弱，短期内对银行机构业务拓展会产生较大影响。

3. 利息收入减少，盈利能力下降

仙桃农商行近几年房地产贷款占比约为30%，受房地产贷款的影响，存贷比仅为50%，严重影响收益和利润。2020年仙桃农商行房地产贷款实现利息收入26 613万元，占贷款利息收入总额的40.45%，预计到2021年房地产贷款收息将下降6 000多万元，降幅为22.55%。随着房贷业务占比逐年下降，利息收入将会进一步下滑。

（二）业务发展趋于谨慎

1. 合规发展房地产贷款业务

在房地产贷款强监管背景下，银行机构房地产贷款业务将由野蛮发展阶段步入合规发展阶段。一是严把开发商准入关。严格审查房地产开发商的资质、信誉。对开发商的资质等级、信用水平、资金实力、财务状况、履行约力，以及拟合作楼盘项目合法性、资金到位情况、工程进度情况以及市场销售前景等进行严格审查，拒绝信用记录差、项目审批手续不全、曾出现烂尾工程的开发商，从源头上遏止"假按揭"的产生。加强对开发商的开发能力及楼盘获利能力的预测，除要求开发商提供必要的手续外，还要对其财务状况进行严格的贷前审查，对资质较低的开发商提高保证金比例，积极对二级资质企业开展授信，择优筛选三级资质企业，谨慎介入三级以下企业。二是严把客户群体准入关。选择信用好、风险低、潜力大的优质客户，坚持以国家和社会管理者、经理人员、私营企业主、高级专业技术人员、中高收入行业从业人员和个体工商户为目标客户群体,重点对国家公务员、国企或外资的高管及营销人员,就职于优势行业且自身素质较高的年轻人等优质客户发放个人按揭贷款。

2.稳健发展微贷业务

新规实施后,为弥补房地产信贷业务流失造成的营收损失,仙桃农商行加快发展其微贷业务:大力开发农民专业合作社、家庭农场、种养大户、个体工商户等名单客户;围绕地域特色产业优势,拓展对机械电子、纺织服装、非织造布、食品加工、医药化工等优势产业及新兴产业,以及新型农业经营主体、服装加工、无纺布加工、养鳝养鳖、稻蛙联养等特色产业的信贷业务,逐步扩大微贷业务客户群体。

五、新规执行过程中存在的阻碍和问题

(一)本源回归问题:支农支小力度不够,转型缓慢

从表9和图7可以看出,涉农贷款仍是农商行贷款业务的重中之重,占比维持较高水准,但从2021年后几乎维持在水平状态,没有出现明显增幅,小微企业贷款变化情况类似,说明农商行目前支农支小力度不够,贷款结构转型较为缓慢,仍然处于单方面降低房地产贷款和个人住房贷款的阶段,没有实现降低房地产贷款和提高涉农涉微贷款"两头并进"的目标。

表9　　2010年—2021年9月末各项贷款余额及占比

时间	各项贷款余额(万元)	房地产贷款余额(万元)	涉农贷款余额(万元)	涉农贷款占比	小微贷款余额(万元)	小微贷款占比
2010年末	204 502	12 468	185 714	90.81%	87 271	42.67%
2011年末	323 451	43 607	237 600	73.46%	93 498	28.91%
2012年末	398 522	59 580	297 711	74.70%	123 416	30.97%
2013年末	495 303	93 034	461 520	93.18%	143 717	29.02%

续表

时间	各项贷款余额（万元）	房地产贷款余额（万元）	涉农贷款余额（万元）	涉农贷款占比	小微贷款余额（万元）	小微贷款占比
2014年末	531 693	103 551	481 148	90.49%	195 738	36.81%
2015年末	615 066	147 740	572 469	93.07%	239 996	39.02%
2016年末	718 036	164 944	606 405	84.45%	273 436	38.08%
2017年末	851 577	219 750	684 145	80.34%	285 404	33.51%
2018年末	984 879	364 225	770 081	78.19%	296 049	30.06%
2019年末	1 102 043	455 968	878 319	79.70%	286 588	26.01%
2020年末	1 246 917	433 113	906 074	72.67%	270 393	21.68%
2021年1月末	1 313 980	440 717	939 714	71.52%	279 316	21.26%
2021年2月末	1 327 992	434 292	940 848	70.85%	283 876	21.38%
2021年3月末	1 369 257	428 807	941 301	68.75%	288 238	21.05%
2021年4月末	1 386 558	427 454	933 826	67.35%	286 113	20.63%
2021年5月末	1 383 797	422 746	921 967	66.63%	284 691	20.57%
2021年6月末	1 402 458	418 514	945 603	67.42%	289 455	20.64%
2021年7月末	1 393 113	414 323	937 181	67.27%	278 351	19.98%
2021年8月末	1 402 188	413 077	945 750	67.45%	281 258	20.06%
2021年9月末	1 401 245	410 828	934 230	66.67%	275 208	19.64%

说明：涉农贷款占比=涉农贷款余额÷各项贷款余额×100%

小微贷款占比=小微贷款余额÷各项贷款余额×100%

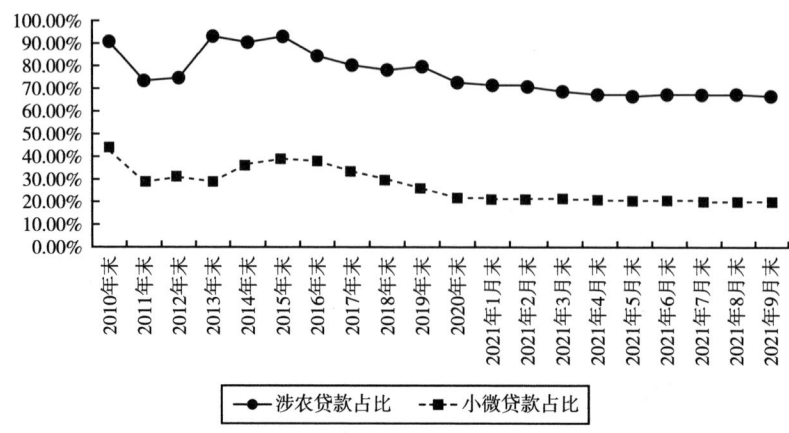

图7 2010年—2021年9月末涉农贷款和小微贷款占比变化

（二）业务发展问题：过度依赖房地产信贷，资产配置能力有待提升

仙桃农商行的存贷比一直处于较低水平，近几年的房地产贷款占比又较高，随着其房贷业务的占比逐年下降，过度依赖房地产信贷的机构网点的营收将会进一步下滑。我国房地产整体贷款余额较大，新规的实施倒逼银行优化资产结构，伴随着房地产类贷款规模下降，大量信贷资金从房地产市场释放，商业银行资产配置面临重大调整，特别是在低利率环境以及"资产荒"背景下，将对银行资产优化能力提出重大考验。

（三）风险管控问题：消费贷流向住房贷，一刀切式降贷款

经济转型期，国内"资产荒"使得金融业争抢优质项目，加之疫情之下房地产监管政策力度稍有放松，中小银行极易铤而走险，抢占中大型银行释放出的房地产信贷资源，出现大额消费贷流入住房贷的情况，容易发生监管套利和虚假借贷的风险。

此外，为符合新规要求，银行不可避免抽贷断供，容易出现一刀切的情况，使部分房地产企业难以存续，轻则被兼并收购，重则破产清算。如果银行应对不良或突发风险处置不当，极易导致局部房地产市场震荡和房价"量价齐跌"，诱发区域金融危机。

（四）社会舆论问题：市场出现短期阵痛，新规持续施行的压力增加

新规实施后，个别高周转、高负债房地产开发企业陷入流动性困境，出现债务危机，部分城市出现土地流拍、房价下跌等现象，购房者也抱怨按揭贷款申请时限变长、按揭利率走高，短期内不确定因素笼罩国内房地产市场，甚至出现了"大而不能倒""放松调控""救市"等声音，对银行机构新政落实造成了舆论压力，房地产调控进入了"深水区"。

六、建议

（一）回归服务本源，支持实体经济

立足"三农"和民营小微企业，大力支持辖内实体经济发展。一是支持乡村振兴。围绕乡村振兴战略，深入调查辖内农户及各类农村经济主体的资金需求，不断深化"三农"金融服务，大力支持农村新型农业经营主体，推进农村产业融合与农村经济的发展壮大。二是支持中小微企业。以绿色金融、科技金融为重点，使信贷资金更多流向绿色发展、科技创新的中小微企业和个体工商户。三是支持自主创业。以助推全民创业就业为突破口，探索开发免抵押、手续简、放款快的"线上+线下"微贷产品，助力"四乡"人员、高校毕业生、复退军人、失业人士自主创业。

（二）优化信贷结构，拓展业务范围

在低利率环境以及"资产荒"背景下，伴随房地产贷款规模下降及占比增速回归，大量信贷资金不断从房地产市场释放，银行资产配置面临重大调整。仙桃农商银行应在立足"三农"和中小微企业，主动调整业务结构，统筹考虑国家战略布局、区域市场结构及自身业务优势，加大对制造业、高新技术产业、绿色产业等国家重点支持领域和薄弱环节的信贷支持，创新金融产品及服务，拓展非房地产业务领域。

（三）严格内部管理，防范信贷风险

要高度关注、防范化解经营用途贷款违规流入房地产领域的风险。

一是从严加强经营用途贷款的信贷管理，进一步规范经营贷主体资格、承贷行和贷款审查部门的职责、经营贷审查内容、贷后管理责任以及强化经营贷监督管理等。二是从严加强住房按揭贷款的信贷管理，进一步规范按揭贷款的准入标准、申请人按揭资格审查、首付款审查、还款来源审查等内容。三是从严加强其他消费类贷款的信贷管理，建立台账并严格把关，合规记载信息，实行贷前、贷中、贷后的贷款用途真实性审查，并不定期对消费类贷款真实性审查情况开展督查，严控消费类贷款流入房地产领域。

（四）加大调控力度，坚持创新发展

房地产调控实践证明，调控政策已经发挥作用，且是精准有效的，个别房企和个别城市出现的"短期阵痛"不应该成为放松管控的理由。因此，监管机构及银行机构要顶住舆论压力，不折不扣将调控政策落实到位。同时，银行机构要秉持可持续发展理念，坚持创新思维，大力发展科创金融、住房租赁金融、养老金融、绿色金融等，运用好金融科技，尝试建立适应型授信模型、重检制度、整合资源，搭建共享金融服务平台，提升综合金融服务能力，坚持发展创新思维，实现可持续发展。

参考文献

[1] 夏丹. 房地产贷款集中度管理带来的新影响及银行房贷业务新战略 [J]. 中国银行业，2021（02）：53-55.

[2] 刘洋帆，林珊. 房企融资信贷集中度：高处不胜寒——基于2020年度房企融资走势的分析 [J]. 银行家，2021（03）：22-25.

[3] 李路. 房贷集中度管理如何影响房地产与银行业？[J]. 银行家，2021（03）：20-21+6.

[4] 李佩珈. 房地产贷款集中度新规的影响及相关建议 [J]. 中国银行业，2021（01）：41-43.

[5] 戴志锋. 银行房贷集中度管理：结构性调整，总体影响有限[J]. 银行家，2021（03）：14-16.

课题主持人：李　敬
课题组成员：蔡玉洁　郭紫嫣　熊天秀